高等学校土木工程学科专业指导委员会规划教材
（按高等学校土木工程本科指导性专业规范编写）

路基路面工程

（道路与桥梁工程专业方向适用）

黄晓明　主编
唐伯明　主审

中国建筑工业出版社

图书在版编目(CIP)数据

路基路面工程/黄晓明主编. —北京：中国建筑工业出版社，2014.7
高等学校土木工程学科专业指导委员会规划教材（道路与桥梁工程专业方向适用）
ISBN 978-7-112-16746-3

Ⅰ.①路… Ⅱ.①黄… Ⅲ.①路基-道路工程-高等学校-教材②路面-道路工程-高等学校-教材 Ⅳ.①U416

中国版本图书馆 CIP 数据核字(2014)第 074302 号

路基路面工程是高等学校土木工程专业道路与桥梁工程方向的专业必修课。本书在编写过程中，融入了最新的规范、标准、方法以及最新的科研成果。本书按照《高等学校土木工程本科指导性专业规范》和最新的国家标准及行业规范编写，主要内容包括：概论、路基土的特性及荷载-变形特性、一般路基设计、路基变形分析与稳定性验算、挡土墙设计、路基施工、路基的养护与维修、交通荷载及路面设计参数、碎(砾)石路面、无机结合料稳定材料基层、沥青路面及其结构设计、水泥混凝土路面及其结构设计、路面施工、路面养护与管理等。

本书可作为高等学校土木工程专业的教材，也可供从事路基路面工程设计与施工的工程技术人员参考使用。

责任编辑：王 跃 吉万旺
责任设计：陈 旭
责任校对：张 颖 赵 颖

* * *

高等学校土木工程学科专业指导委员会规划教材
（按高等学校土木工程本科指导性专业规范编写）

路 基 路 面 工 程
（道路与桥梁工程专业方向适用）

黄晓明 主编
唐伯明 主审

*

中国建筑工业出版社出版、发行(北京西郊百万庄)
各地新华书店、建筑书店经销
北京天成排版公司制版
北京圣夫亚美印刷有限公司印刷

*

开本：787×1092 毫米 1/16 印张：34½ 字数：708 千字
2014 年 8 月第一版 2014 年 8 月第一次印刷
定价：**66.00** 元
ISBN 978-7-112-16746-3
(25562)

版权所有　翻印必究
如有印装质量问题，可寄本社退换
（邮政编码 100037）

本系列教材编审委员会名单

主　　　任：李国强

常务副主任：何若全　沈元勤　高延伟

副　主　任：叶列平　郑健龙　高　波　魏庆朝　咸大庆

委　　　员：（按拼音排序）

陈昌富　陈德伟　丁南宏　高　辉　高　亮　桂　岚
何　川　黄晓明　金伟良　李　诚　李传习　李宏男
李建峰　刘建坤　刘泉声　刘伟军　罗晓辉　沈明荣
宋玉香　王　跃　王连俊　武　贵　肖　宏　许　明
许建聪　徐　蓉　徐秀丽　杨伟军　易思蓉　于安林
岳祖润　赵宪忠

组 织 单 位：高等学校土木工程学科专业指导委员会
中国建筑工业出版社

出 版 说 明

近年来，高等学校土木工程学科专业教学指导委员会根据其研究、指导、咨询、服务的宗旨，在全国开展了土木工程学科教育教学情况的调研。结果显示，全国土木工程教育情况在 2000 年以后发生了很大变化，主要表现在：一是教学规模不断扩大，据统计，目前我国有超过 400 余所院校开设了土木工程专业，有一半以上是 2000 年以后才开设此专业的，大众化教育面临许多新的形势和任务；二是学生的就业岗位发生了很大变化，土木工程专业本科毕业生中 90％以上在施工、监理、管理等部门就业，在高等院校、研究设计单位工作的本科生越来越少；三是由于用人单位性质不同、规模不同、毕业生岗位不同，多样化人才的需求愈加明显。土木工程专业教指委根据教育部印发的《高等学校理工科本科指导性专业规范研制要求》，在住房和城乡建设部的统一部署下，开展了专业规范的研制工作，并于 2011 年由中国建筑工业出版社正式出版了土建学科各专业第一本专业规范——《高等学校土木工程本科指导性专业规范》。为紧密结合此次专业规范的实施，土木工程教指委组织全国优秀作者按照专业规范编写了《高等学校土木工程学科专业指导委员会规划教材（专业基础课）》。本套专业基础课教材共 20 本，已于 2012 年底前全部出版。教材的内容满足了建筑工程、道路与桥梁工程、地下工程和铁道工程四个主要专业方向核心知识（专业基础必需知识）的基本需求，为后续专业方向的知识扩展奠定了一个很好的基础。

为更好地宣传、贯彻专业规范精神，土木工程教指委组织专家于 2012 年在全国二十多个省、市开展了专业规范宣讲活动，并组织开展了按照专业规范编写《高等学校土木工程学科专业指导委员会规划教材（专业课）》的工作。教指委安排了叶列平、郑健龙、高波和魏庆朝四位委员分别担任建筑工程、道路与桥梁工程、地下工程和铁道工程四个专业方向教材编写的牵头人。于 2012 年 12 月在长沙理工大学召开了本套教材的编写工作会议。会议对主编提交的编写大纲进行了充分的讨论，为与先期出版的专业基础课教材更好地衔接，要求每本教材主编充分了解前期已经出版的 20 种专业基础课教材的主要内容和特色，与之合理衔接与配套、共同反映专业规范的内涵和实质。此次共规划了四个专业方向 29 种专业课教材。为保证教材质量，系列教材编审委员会邀请了相关领域专家对每本教材进行审稿。

本系列规划教材贯彻了专业规范的有关要求，对土木工程专业教学的改革和实践具有较强的指导性。在本系列规划教材的编写过程中得到了住房和城乡建设部人事司及主编所在学校和单位的大力支持，在此一并表示感谢。希望使用本系列规划教材的广大读者提出宝贵意见和建议，以便我们在重印再版时得以改进和完善。

高等学校土木工程学科专业指导委员会
中国建筑工业出版社
2014 年 4 月

前　言

　　《路基路面工程》是高等学校土木与交通工程领域中公路工程、交通工程、城市道路工程、桥梁隧道工程、机场工程等专业的必修课。涉及的主要专业有道路桥梁与渡河工程(081006M)、土木工程(081001)(道路工程方向)、港口航道与海岸工程(081103)(道路工程方向)、交通运输(081801)(道路工程方向)、交通工程(081802)(道路工程方向)、交通设备与控制工程(081806M)(道路工程方向)等。

　　随着土木和交通工程教育的发展，各校提出了多类人才培养的新模式，以满足土木和交通工程对人才的新需求。本教材编写过程着重强调：(1)把握路基路面工程的最新发展趋势，使本教材反映国内外的最新研究成果、反映行业规范的最新成果和最新的行业规范；(2)把握最新的教学成果和教学方法，使教材充分体现教学多样化和个性化趋势的统一，充分体现现代化教学技术手段和立体化教学，充分体现国际化教学和突出国际化，充分体现理论教学与实践教学的有机结合；(3)把握教材编写的基本要求，使教材做到清晰教学进程和理清内容安排，整理概念叙述和保证概念明确，通过现代教学手段适时跟进实践教学。教材在加强基础理论和明确基本概念的同时，努力突出课程的工程性和实践性。

　　本书在编写过程中，力争融入最新的规范、标准和方法，融入最新的科研成果。因此，教材编写要求按照《高等学校土木工程本科指导性专业规范》及最新的《公路路基设计规范》JTG D40—2004、《公路沥青路面设计规范》JTG D50—2006、《公路水泥混凝土路面设计规范》JTG D40—2011、《公路沥青路面施工技术规范》JTG F40—2004、《公路水泥混凝土路面施工技术细则》JTG F30—2014、《公路养护技术规范》JTG H10—2009 等进行。

　　全书共 14 章，第 1、2、8、9 章由东南大学黄晓明教授编写，第 6、7、13 章由浙江大学黄志义教授编写，第 12 章由同济大学杨群博士编写，第 5、14 章由重庆交通大学朱洪洲博士编写，第 3、4 章由长沙理工大学张军辉博士编写，第 10、11 章由长安大学张久鹏博士编写。

　　全书由东南大学黄晓明教授主编，并担任全书统稿工作。

　　本书采用国家法定计量单位，即国际单位制(SI)。本书如有未尽善之处，希望有关院校师生及读者提出宝贵意见，以便及时修改完善，联系邮箱：huangxmseu@gmail.com。

黄晓明
2013 年 9 月于东南大学

目 录

第1章 概论 ………… 1
本章知识点 ………… 1
1.1 路基路面工程的发展 ………… 1
1.2 路基路面工程的特点及功能要求 ………… 8
    1.2.1 路基路面工程的特点 ………… 8
    1.2.2 路基路面工程的功能要求 ………… 9
1.3 路基路面结构与层位功能 ………… 11
    1.3.1 路基横断面 ………… 11
    1.3.2 路面横断面 ………… 12
    1.3.3 路拱横坡度 ………… 13
    1.3.4 路基路面结构分层及层位功能 ………… 14
    1.3.5 路面的分类 ………… 16
1.4 路基路面结构的影响因素 ………… 18
    1.4.1 路基路面稳定性的影响因素 ………… 18
    1.4.2 路基路面结构的环境因素影响 ………… 19
1.5 公路的自然区划 ………… 23
练习与讨论 ………… 26

第2章 路基土的特性及荷载-变形特性 ………… 28
本章知识点 ………… 28
2.1 路基土的分类及其工程性质 ………… 28
    2.1.1 路基土的工程分类 ………… 28
    2.1.2 路基土的工程性质 ………… 33
2.2 路基湿度状况及路基临界高度 ………… 34
    2.2.1 影响路基路面稳定的因素 ………… 34
    2.2.2 路基湿度的来源 ………… 35
    2.2.3 大气温度及其对路基水温状况的影响 ………… 36
    2.2.4 路基干湿类型 ………… 36
    2.2.5 路基土的基质吸力与饱和度 ………… 39
    2.2.6 路基的临界高度 ………… 40
2.3 路基土的应力-应变关系 ………… 40
    2.3.1 路基受力状况 ………… 41
    2.3.2 路基工作区 ………… 41
    2.3.3 路基土的受力特性 ………… 42
    2.3.4 路基的强度指标 ………… 44
    2.3.5 路基的回弹模量参数及CBR要求 ………… 49
2.4 路基设计参数 ………… 51
练习与讨论 ………… 52

第3章 一般路基设计 ………… 54
本章知识点 ………… 54
3.1 一般路基的概念及一般路基设计的内容 ………… 54
    3.1.1 路基设计的一般要求 ………… 54
    3.1.2 一般路基设计的内容 ………… 55
3.2 路基断面设计 ………… 55
    3.2.1 路基断面形式 ………… 55
    3.2.2 路基断面设计 ………… 58
3.3 路基填料的选择 ………… 60
    3.3.1 不同路基土的路用性能 ………… 60
    3.3.2 路床填料选择 ………… 61
    3.3.3 路堤填料选择 ………… 61
3.4 路基边坡设计 ………… 62
    3.4.1 路基边坡坡度 ………… 62
    3.4.2 路堤边坡 ………… 63
    3.4.3 路堑边坡 ………… 63
3.5 路基排水设计 ………… 66
    3.5.1 排水的目的与要求 ………… 66
    3.5.2 路基排水设计的一般原则 ………… 67

3.5.3 路基排水设备的构造与布置 … 68
3.6 路基防护与加固 … 79
　3.6.1 防护与加固的目的 … 79
　3.6.2 防护与加固工程的分类 … 80
　3.6.3 坡面防护 … 81
　3.6.4 冲刷防护 … 84
　3.6.5 软土地基加固 … 87
3.7 路基附属设施 … 90
　3.7.1 取土坑与弃土堆 … 90
　3.7.2 护坡道与碎落台 … 91
　3.7.3 堆料坪与错车道 … 92
3.8 新材料在路基设计中的
　　应用 … 92
　3.8.1 轻质回填材料 … 92
　3.8.2 土壤固化剂 … 94
练习与讨论 … 95

第4章 路基变形分析与稳定性验算 … 96
本章知识点 … 96
4.1 路基变形组成与分析方法 … 96
　4.1.1 地基沉降的组成 … 96
　4.1.2 地基沉降计算方法 … 98
　4.1.3 地基固结度计算 … 101
4.2 稳定性分析的基本方法 … 103
　4.2.1 边坡稳定性分析的极限
　　　　平衡法 … 103
　4.2.2 直线滑动面的边坡稳定性
　　　　分析 … 104
　4.2.3 Fellenius 法 … 107
　4.2.4 简化 Bishop 法 … 108
　4.2.5 不平衡推力法 … 112
　4.2.6 各种方法的适用性分析 … 112
4.3 路基稳定性验算 … 115
　4.3.1 滑动面位置的选择 … 115
　4.3.2 行车荷载的计算 … 117
　4.3.3 边坡稳定分析的总应力法和
　　　　有效应力法 … 118
　4.3.4 抗剪强度指标的选取 … 119

4.3.5 地震地区边坡稳定性分析 … 121
4.3.6 浸水路基的稳定性分析 … 124
4.3.7 边坡稳定安全系数的取值 … 127
4.4 特殊路基分析 … 128
　4.4.1 软土地区路基 … 128
　4.4.2 红黏土与高液限土地区路基 … 134
　4.4.3 膨胀土路基设计 … 136
　4.4.4 黄土地区路基设计 … 139
　4.4.5 多年冻土地区路基 … 144
练习与讨论 … 148

第5章 挡土墙设计 … 150
本章知识点 … 150
5.1 挡土墙的类型和构造 … 150
　5.1.1 挡土墙的类型 … 151
　5.1.2 挡土墙的构造 … 153
5.2 挡土墙土压力计算 … 157
　5.2.1 作用在挡土墙上的力系 … 157
　5.2.2 一般条件下库仑主动土压力
　　　　计算 … 158
　5.2.3 特殊情况下土压力计算 … 163
5.3 一般挡土墙稳定性验算 … 170
　5.3.1 极限状态设计法的设计
　　　　原则 … 171
　5.3.2 设计荷载 … 171
　5.3.3 挡土墙的稳定性验算 … 174
5.4 浸水挡土墙设计 … 180
　5.4.1 浸水挡土墙的土压力计算 … 180
　5.4.2 静水压力、动水压力和上浮力的
　　　　计算 … 182
　5.4.3 浸水挡土墙的稳定性验算 … 183
5.5 轻型挡土墙设计 … 184
　5.5.1 锚杆挡土墙 … 184
　5.5.2 悬臂式挡土墙 … 188
5.6 加筋土挡土墙设计 … 193
　5.6.1 加筋土的基本原理 … 194
　5.6.2 加筋土挡土墙的构造 … 194
　5.6.3 加筋土挡土墙的结构计算 … 196
5.7 挡土墙布置 … 200

练习与讨论 ……………………… 202

第6章 路基施工 ……………… 203
本章知识点 …………………………… 203
6.1 概述 …………………………… 203
6.1.1 路基施工的基本概念 …… 203
6.1.2 路基施工特点 …………… 203
6.1.3 路基施工内容 …………… 204
6.1.4 施工的基本方法 ………… 205
6.1.5 施工准备工作 …………… 206
6.2 土质路基施工要点 …………… 207
6.2.1 基本要求 ………………… 207
6.2.2 路堤填筑 ………………… 208
6.2.3 路堑开挖 ………………… 210
6.3 路基压实 ……………………… 213
6.3.1 路基压实的目的与意义 … 213
6.3.2 路基压实的机理 ………… 213
6.3.3 影响压实效果的因素 …… 214
6.3.4 路基压实标准与质量控制 … 215
6.3.5 压实机具的选择与使用 … 217
6.4 石质路基爆破施工 …………… 219
6.4.1 路基爆破施工的作用及流程 …… 219
6.4.2 爆破作用原理 …………… 220
6.4.3 炸药、起爆器材及起爆方法 …………………… 221
6.4.4 药包的爆破作用原理 …… 224
6.4.5 地形对爆破效果影响 …… 225
6.4.6 中小型爆破方法 ………… 226
6.4.7 大爆破 …………………… 231
6.4.8 爆破作业及注意事项 …… 232
6.5 桥梁及涵洞衔接段施工 ……… 234
6.5.1 桥洞衔接段路基病害原因分析 ……………… 234
6.5.2 台背回填区施工技术 …… 235
6.5.3 台背回填区路基沉降治理技术 ……………… 236
练习与讨论 …………………………… 238

第7章 路基的养护与维修 ……… 239
本章知识点 …………………………… 239
7.1 概述 …………………………… 239
7.2 路基的主要破坏类型及产生的原因 …………………………… 240
7.2.1 路基的病害原因 ………… 240
7.2.2 路基的常见病害 ………… 241
7.3 路基各组成部分的养护 ……… 244
7.3.1 路基养护的作业范围 …… 244
7.3.2 路基各组成部分养护基本要求 …………………… 244
7.3.3 路肩及边坡日常养护 …… 245
7.3.4 路基排水设施的养护 …… 245
7.3.5 路基防护工程养护 ……… 245
7.4 路基翻浆的防治 ……………… 246
7.4.1 路基翻浆的原因及预防 … 246
7.4.2 路基翻浆的治理 ………… 247
7.5 路基滑塌、崩塌的防治 ……… 248
7.5.1 路基滑塌、崩塌现象及原因 ……………………… 248
7.5.2 路基滑塌、崩塌的治理 … 248
7.6 特殊地区路基养护与维修 …… 249
7.6.1 泥沼和软土地区 ………… 249
7.6.2 膨胀土地区路基 ………… 254
7.6.3 黄土地区路基 …………… 255
7.6.4 盐渍土地区路基 ………… 256
7.6.5 沙漠地区路基 …………… 257
7.6.6 多年冻土地区的路基 …… 257
练习与讨论 …………………………… 258

第8章 交通荷载及路面设计参数 … 259
本章知识点 …………………………… 259
8.1 交通荷载对路面的作用 ……… 259
8.1.1 车辆的种类 ……………… 259
8.1.2 车辆的轴型 ……………… 260
8.1.3 静态车辆对道路的作用 … 263
8.1.4 运动车辆对道路的作用 … 264
8.1.5 车轮轮迹横向分布 ……… 266
8.2 标准轴载与轴载换算 ………… 267
8.2.1 交通量 …………………… 267
8.2.2 标准轴载 ………………… 268

8.2.3 轴载换算 ………………… 269
8.2.4 累计标准轴载作用次数 … 270
8.3 路面材料的设计参数 ……………… 270
8.3.1 无机结合料稳定材料 …… 271
8.3.2 沥青材料 ………………… 276
8.3.3 水泥混凝土材料 ………… 281
8.3.4 级配碎石 ………………… 283
练习与讨论 ……………………………… 286

第9章 碎(砾)石路面 ……………… 288
本章知识点 ……………………………… 288
9.1 碎(砾)石路面的力学特性 ………… 289
9.1.1 碎(砾)石路面的强度构成 …… 289
9.1.2 碎(砾)石路面的强度影响因素 ……………………… 289
9.1.3 碎(砾)石路面的非线性 … 293
9.1.4 碎(砾)石路面的各向异性 … 294
9.1.5 级配碎石混合料的室内试验 ……………………… 294
9.2 碎石路面与基层 …………………… 297
9.2.1 水结碎石路面 …………… 297
9.2.2 泥结碎石路面 …………… 298
9.2.3 泥灰结碎石路面 ………… 299
9.2.4 干压碎石基层 …………… 300
9.3 级配碎石路面 ……………………… 300
9.3.1 级配碎(石)面层 ………… 300
9.3.2 级配碎石基层 …………… 301
练习与讨论 ……………………………… 304

第10章 无机结合料稳定材料基层 … 305
本章知识点 ……………………………… 305
10.1 概述 ……………………………… 305
10.2 无机结合料稳定材料的物理及力学特性 …………………………… 306
10.2.1 无机结合料稳定材料的组成结构 ………………… 306
10.2.2 无机结合料稳定材料的应力—应变特性 ………… 307
10.2.3 无机结合料稳定材料的疲劳特性 ………………… 308
10.2.4 无机结合料稳定材料的干缩特性 ………………… 309
10.2.5 无机结合料稳定材料的温度收缩特性 …………… 311
10.3 石灰稳定类基层 ………………… 311
10.3.1 石灰稳定土强度形成原理 … 311
10.3.2 影响强度的因素 ………… 312
10.3.3 石灰土混合料设计 ……… 314
10.3.4 石灰土基层的应用 ……… 316
10.3.5 碎(砾)石灰土底基层 …… 316
10.3.6 石灰稳定土基层缩裂防治 … 316
10.4 水泥稳定类基层 ………………… 317
10.4.1 强度形成原理 …………… 317
10.4.2 影响强度的因素 ………… 319
10.4.3 材料要求及混合料组成设计 ……………………… 320
10.5 工业废渣稳定基层 ……………… 321
10.5.1 工业废渣的种类及利用方式 ……………………… 322
10.5.2 石灰工业废渣强度形成原理及力学特征 ………… 322
10.5.3 材料要求及混合料组成设计 ……………………… 323
10.5.4 石灰煤渣类基层 ………… 325
10.5.5 石灰粉煤灰类基层 ……… 325
练习与讨论 ……………………………… 326

第11章 沥青路面及其结构设计 …… 327
本章知识点 ……………………………… 327
11.1 沥青路面的分类及选用 ………… 327
11.1.1 沥青路面的分类 ………… 327
11.1.2 沥青路面类型的选择 …… 329
11.2 沥青路面的破坏状态、设计指标及标准 ……………………… 330
11.2.1 沥青路面的破坏状态 …… 330
11.2.2 沥青路面的设计指标与标准 ……………………… 335
11.2.3 沥青路面使用性能的气候分区 ………………… 338

9

11.3 沥青路面结构组合设计 ……… 342
  11.3.1 沥青路面结构组合 …… 342
  11.3.2 沥青面层结构 ………… 345
  11.3.3 基层和底基层结构 …… 345
  11.3.4 其他功能层 …………… 347
11.4 弹性层状体系理论 ………… 348
  11.4.1 基本假设与解题方法 … 348
  11.4.2 主应力计算 …………… 352
11.5 我国沥青路面厚度设计 …… 353
  11.5.1 现行设计方法 ………… 354
  11.5.2 未来基于使用性能的设计
      方法 ……………………… 362
11.6 路面结构排水设计 ………… 368
  11.6.1 路面表面排水 ………… 369
  11.6.2 中央分隔带排水 ……… 372
  11.6.3 路面内部排水 ………… 375
  11.6.4 边缘排水系统 ………… 376
  11.6.5 排水基层的排水系统 … 377
11.7 沥青路面改建设计 ………… 379
  11.7.1 原有路面结构调查 …… 379
  11.7.2 现有道路结构强度评定 … 380
  11.7.3 补强厚度的计算 ……… 381
11.8 现代沥青混凝土路面新
    技术 …………………………… 382
  11.8.1 桥面铺装 ……………… 382
  11.8.2 隧道路面 ……………… 384
  11.8.3 排水型路面 …………… 385
  11.8.4 低噪声路面 …………… 386
11.9 国外主要沥青路面设计方法
    概述 …………………………… 389
  11.9.1 MEPDG 设计方法 …… 389
  11.9.2 Shell 法 ………………… 393
  11.9.3 AI 设计法 ……………… 395
练习与讨论 ………………………… 398

第12章 水泥混凝土路面及其结构
    设计 ………………………………… 400
本章知识点 ………………………… 400
12.1 概述 ………………………… 400

12.2 水泥混凝土路面的分类与
    构造 …………………………… 401
  12.2.1 水泥混凝土路面的分类 … 401
  12.2.2 水泥混凝土路面构造 … 402
12.3 弹性地基板理论 …………… 406
  12.3.1 简介 …………………… 406
  12.3.2 荷载应力分析 ………… 407
12.4 水泥混凝土路面的温度应力
    分析 …………………………… 412
  12.4.1 胀缩应力 ……………… 412
  12.4.2 翘曲应力 ……………… 413
12.5 水泥混凝土路面的破坏状态、
    设计指标和标准 ……………… 414
  12.5.1 水泥混凝土路面的破坏
      状态 ……………………… 414
  12.5.2 设计指标 ……………… 416
  12.5.3 设计标准 ……………… 417
12.6 路面结构设计的可靠度理论 … 419
  12.6.1 概述 …………………… 419
  12.6.2 可靠性理论 …………… 419
12.7 水泥混凝土路面结构
    组合设计 ……………………… 423
  12.7.1 水泥混凝土路面板类型 … 423
  12.7.2 水泥混凝土路面板类型
      选择 ……………………… 424
  12.7.3 基层设计 ……………… 425
  12.7.4 路基和垫层设计 ……… 428
  12.7.5 路肩设计 ……………… 429
12.8 水泥混凝土路面厚度设计 … 430
  12.8.1 弹性地基的综合回弹模量 … 431
  12.8.2 单层板模型的设计方法与
      实例 ……………………… 433
  12.8.3 分离式双层板模型设计方法与
      实例 ……………………… 438
  12.8.4 复合板模型设计方法 … 443
12.9 水泥混凝土路面结构排水
    设计 …………………………… 444
  12.9.1 排水设计的基本要求 … 444

12.9.2 排水设计 445
12.10 特种水泥混凝土路面设计 ... 450
　12.10.1 低噪声水泥混凝土路面 450
　12.10.2 高弯拉强度混凝土路面 451
　12.10.3 彩色水泥混凝土路面 453
　12.10.4 碾压混凝土路面 454
　12.10.5 其他水泥混凝土路面 455
12.11 现代水泥混凝土路面新技术 456
　12.11.1 解决水泥路面早期破损多而快问题的新技术 456
　12.11.2 提高水泥路面行车舒适性的新技术 458
　12.11.3 水泥路面养护新技术 459
　12.11.4 其他水泥路面新技术 460
12.12 国外主要水泥混凝土路面设计方法概述 462
　12.12.1 美国波特兰水泥协会设计法 462
　12.12.2 美国各州公路与运输工作者协会（AASHTO）设计法 466
　12.12.3 其他设计方法概述 469
练习与讨论 471

第13章 路面施工 473
本章知识点 473
13.1 概述 473
　13.1.1 路面施工的特点、重要性及发展 473
　13.1.2 路面施工基本要求与主要步骤 475
　13.1.3 路面施工基本方法 475
　13.1.4 路面施工主要机械设备 476
13.2 级配碎石层的组成设计与施工 483
　13.2.1 级配碎石材料要求及级配组成 483
　13.2.2 施工要求 483
　13.2.3 级配碎石基层施工 483

13.3 无机结合料稳定材料基层的施工与质量控制 484
　13.3.1 施工机具设备及检测仪器 ... 484
　13.3.2 摊铺施工 485
13.4 沥青混凝土路面摊铺施工与质量控制 486
　13.4.1 沥青表面处置 487
　13.4.2 沥青贯入式路面 488
　13.4.3 热拌沥青混合料路面施工 ... 490
　13.4.4 沥青路面的质量检测 494
13.5 水泥混凝土路面的施工与质量控制 497
　13.5.1 施工前的准备工作 497
　13.5.2 施工程序和施工技术 498
　13.5.3 冬期和夏季施工 502
13.6 路面材料的再生利用 502
　13.6.1 路面材料再生利用的目的和意义 502
　13.6.2 沥青路面材料的再生利用 ... 503
　13.6.3 水泥混凝土路面材料的再生利用 505
练习与讨论 507

第14章 路面养护与管理 508
本章知识点 508
14.1 概述 508
14.2 沥青路面主要病害及处治 ... 509
14.3 水泥混凝土路面主要病害及处治 513
14.4 路面破损状况评价 515
　14.4.1 损坏类型 515
　14.4.2 损坏分级 516
　14.4.3 损坏状况评价 517
14.5 路面行驶质量评价 518
　14.5.1 平整度测定方法 519
　14.5.2 国际平整度指数（IRI） 521
　14.5.3 行驶质量评价 521
14.6 路面结构承载能力评价 522
　14.6.1 评定方法 522

14.6.2 路面结构承载能力的评价 … 523
14.7 路面抗滑性能评价 … 524
　14.7.1 测定方法 … 525
　14.7.2 抗滑性能评价 … 527
14.8 路面使用性能综合评价 … 527
14.9 路面养护管理系统(PMS)
　　概述 … 528
　14.9.1 路面管理与路面管理系统 … 528
　14.9.2 路面管理系统的分级 … 529
　14.9.3 路面管理系统的结构与
　　　　 组成 … 530
　14.9.4 路面管理系统的功能 … 532
练习与讨论 … 533
参考文献 … 534

第1章 概论

本章知识点

【知识点】 路基路面工程的工程特点及功能要求；路基路面工程的基本组成、特点及要求；路基与路面结构层位布置及影响因素；公路自然区划。

【重　点】 路基路面结构的组成及受力特点，路面结构层位布置要求；路基路面结构环境影响因素分析，探讨路基路面结构的功能要求。

【难　点】 路基及路面结构层受力特点，材料强度理论及其应用。

1.1 路基路面工程的发展

中国是一个有 5000 多年文明史的国家。在这历史的长河中，我国勤劳、智慧的各族人民，在道路，桥梁的修建和车辆制造以及交通管理等方面都取得过辉煌的成就，是我国古代灿烂文化的一部分。道路交通对于繁荣经济和交流文化，对于维护民族团结和国家统一，都作出了巨大贡献。中国古代道路和桥梁建筑，在世界上曾处于过领先地位，在世界道路交通史上留下了光辉的篇章。

公路，在我国历史上习称为"道路"。早在公元前 2000 年，我国已出现可行驶牛、马车的道路。秦朝时期的这种道路称为"驰道"，较长时期称为"驿道"，并强调"车同轨、书同文"。公元前 2 世纪，我国通往中亚细亚和欧洲的丝绸之路开始发展起来。唐代是我国古代道路发展的鼎盛时期，初步形成了以城市为中心的四通八达的道路网。元明时有"大道"之称。清代道路网系统分为三等，即将由京都通往各省会间的道路称为"官马大路"、由各省会通往各地城市的联络支线称为"大路"、市区内街道成为"马路"。"官马大路"分东北路、东路、西路和中路四大干线，共长 2000 多公里。到了清代末期和明国初期，由于汽车和近代筑路法的输入，开始有了"汽车路"的名称。其后随着外文资料的输入，将英语"Public Road"译为"公路"，并将"highway"一词也译为"公路"。国民政府成立后，一般将城市以外的汽车路成为"公路"，将市内和市郊的汽车路称为"道路"。在某些情况下，"公路"与"道路"两词互为通用。

近代出现的公路与古代的土路其功能截然不同。公路为近代交通工具的载体,在交通流量和行驶速度日益增长的情况下,对公路的建设要求不断提高,这些都是古代道路无法比拟的。近代公路建筑,随着测量技术、筑路技术、筑路材料和检测技术的发展,其结构不断完善和发展,它包括了由路基、路面、桥梁、涵洞、隧道、渡口、防护、景观及交通工程等构成的公路建设内容。

汽车工业的发展,促进了公路建设的发展。公路运输较铁路、水运、航空、管道等运输方式,有其独特的特点,即直达、迅速、适应性强和服务面广。因此,汽车运输一出现,就在经济、政治、军事、文化和旅游等方面占有重要的地位。为了提高汽车运输的服务质量,公路的通车里程在不断增长,路基路面的建设质量、公路的等级也在不断提高。

1949 年新中国成立以来,我国进入了社会主义建设的伟大时代。由于工农业生产迅速发展,人民生活逐步提高,尤其是建立和发展了汽车工业和石油工业,使我国公路交通事业得到了迅速的发展。特别是 1978 年以后,国家执行了以经济建设为中心的政策,开始了建设有中国特色的社会主义的新时期。公路建设也开创了崭新的局面。

至 2013 年底,全国公路总里程 435.62 万 km(图 1-1)、高速公路为 10.44 万 km。2012 年有铺装路面和简易铺装路面公路里程 279.86 万 km,占公路总里程的 66.0%。各类型路面里程分别为:有铺装路面 229.51 万 km,其中沥青混凝土路面 64.19 万 km,水泥混凝土路面 165.32 万 km;简易铺装路面 50.35 万 km,未铺装路面 143.89 万 km(图 1-2)。"五纵七横"国道主干线基本建成通车,初步形成了连接重要城市及地区的高速公路通道,许多经济发达地区高速公路干线网络正在形成(图 1-3、图 1-4)。全国拥有公路营运汽车 1339.89 万辆,拥有载货汽车 1253.19 万辆、8062.14 万吨位,平均吨位 6.43 吨/辆。其中,普通载货汽车 1184.58 万辆、6963.29 万吨位,平均吨位 5.88 吨/辆;专用载货汽车 68.60 万辆、1098.85 万吨位,平均吨位 16.02 吨/辆。拥有载客汽车 86.71 万辆、2166.55 万客位,平均客位 24.99 客位/辆。其中,大型客车 28.70 万辆、1222.82 万客位,平均客位 42.60 客位/辆。

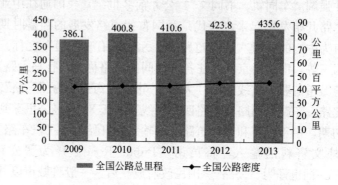

图 1-1 2009~2013 全国公路总里程及公路密度

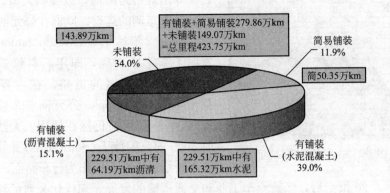

图 1-2　2012 全国公路总里程路面构成

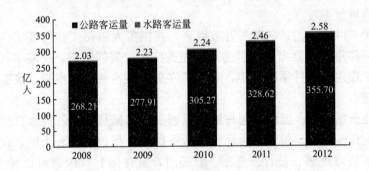

图 1-3　2008~2012 年全国公路及水路客运量

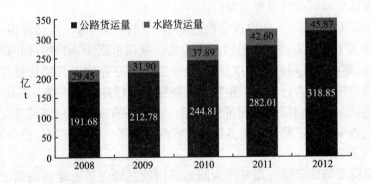

图 1-4　2008~2012 年全国公路及水路货运量

公路运输已渗入到经济建设和社会生活的各个方面，在国民经济中占有越来越重要的地位。高速公路的建设和使用，为汽车快速、高效、安全、舒适地运行提供了良好的条件，标志着我国的公路运输事业和科学技术水平进入了一个崭新的时代。

路基路面直接承受行驶车辆的作用，是道路工程的重要组成部分，通常都根据车辆行驶的需要，选用优质材料建成。如我国古代曾以条石、块石或

图 1-5 古罗马道路的表面

石板等铺筑道路路面,以提供人畜以及人力、兽力车辆的运行。欧洲在公元前 3500 年,在美索不达米亚(Mesopotamia),继发明了车轮后不久,即用石料修筑了第一条有硬质路面的道路。在古罗马的范·阿派(Via Appia)公元前 312 修筑的道路(图 1-5)目前仍然在使用。大约公元前 3000 前,闪族人(Sumerians)开始使用沥青胶结贝壳或石料作为行车路面。

进入 20 世纪后,随着汽车工业和交通运输的发展,现代化公路的路基路面工程逐步形成了新的学科分支。它主要研究公路,城市道路和机场跑道路基路面的合理结构、设计原理、设计方法、材料性能要求以及施工、养护、维修和管理技术等。

半个多世纪,尤其是改革开放以来,我国广大道路工程科技工作者,从我国实际和建设需要出发,引进外国先进技术,刻苦钻研、反复实践,在路基路面工程建设和科学研究中,取得了许多突破性的系列成果。主要包括以下诸方面:

公路自然区划、温度区划与降雨区划 我国幅员辽阔,各地自然条件和道路的工程性质差异很大。为此将自然条件大致相近者划分为区,在同一区划内从事公路规划、设计、施工、管理时,有许多共性因素可以相互参照。我国现行的《公路自然区划标准》分三级区划,一级区划是根据地理、地貌、气候、土质等因素将我国划分为七个大区,二级区划以气候和地形为主导因素,三级区划以行政区域作为界限。

土的工程分类 土是填筑公路路基的主要材料,由于天然成因的差异,不同的路基土表现出截然不同的工程特性。我国依据土颗粒组成特征、土的塑性指标(塑限、液限和塑性指数)、土中有机质存在情况,将公路用土按不同的工程特性划分为巨粒土、粗粒土、细粒土和特殊土四大类,并细分为 12 种土。确认土的类别需应用标准的仪器,按统一的规程进行测试界定。为了在野外勘查中能对不同土类作鉴别,系统地总结了"简易鉴别、分类和描述"的方法与细节。

路基强度与稳定性 路基作为路面结构的基础应具有足够的强度和稳定性,我国较早就确定以回弹模量作为评价路基强度与稳定性的力学指标,并形成了成套的室内外试验标准方法与仪器。为了在施工中以物理量指标控制工程质量从而保证达到规定的强度指标,广泛开展了不同土种的最佳含水率与最大密实度相关关系的研究,并且统一以重型击实试验法作为基本控制标准。为了提高路基的强度与稳定性,根据不同类别土壤的特性,研究了粒料加固、石灰加固、水泥加固、专用固化剂加固等行之有效的技术措施。在多年冻土地区、膨胀土地区、沙漠地区、黄土地区、盐渍土地区等特殊地区,通过研究采用各种有效技术修建公路路基取得十分宝贵的经验。

高路堤修筑技术与支挡结构 为了提高高路堤路基的稳定性，研究提出的技术措施包括减轻路堤自重，采用轻质粉煤灰，或采用轻质塑料块修筑路基；修筑轻型路基支挡结构，特别是加筋土挡墙的研究和工程建设在我国取得了许多成果，例如条带加筋、网络加筋、土工织物加筋等均取得良好效果。

软土地基稳定技术 在软土地基上修筑路基路面，天然地面的自然平衡状态将发生改变，在很长时间内路基将不断固结而产生路基变形。为此广泛研究了软土的调查与判别方法，提出了许多改变软土地基性质的技术措施，如砂井或塑料板排水固结法、砂层排水加载预压法、真空预压技术、碎石桩复合地基加固技术和无机结合料深层加固法等。在力学分析的研究方面，通过现场跟踪观测与建立预测分析模型，来预估与控制软土地基加固后的工后沉降，从而提高路基的稳定性。

岩石路基爆破技术 利用爆破技术开山筑路在我国有悠久的历史。但是在最近几十年中我国在山区筑路工程中有新的发展，创造了系统的大爆破技术，每次总装炸药量多达数十吨，一次爆破可清除岩石数十万立方米。大爆破以现代爆破理论为基础，事先进行周密的勘测与调查，经过精心设计的大爆破不仅能降低造价，缩短工期，而且能够使爆破后形成的坡面状况十分接近路基横断面设计要求。同时在山区，对于大粒径填料可以通过高能量压实机械保证路基的强度和稳定性，从而提高了大粒径填料的利用率。

沥青路面结构 20世纪60年代初，随着我国石油资源的大规模开发，揭开了用国产沥青筑路的序幕。早期的沥青路面主要是铺设在现有中级路面上的薄层表面处治层，以改善其行车条件。20世纪70年代末，逐步形成了以贯入式路面为主的沥青路面承重结构。20世纪80年代末，开始兴建高速公路，沥青路面作为一种主要形式。尤其是通过30多年的集中攻关，对半刚性基层沥青路面进行了系统的研究。在集中研究和总结的基础上，形成了我国沥青路面的主要结构。通过较长时间的科学研究形成了我国半刚性基层沥青路面设计、施工及管理成套技术，包括沥青原材料的生产工艺、装备；沥青材料的技术指标与标准、试验设备及方法；沥青混合料的技术指标与标准、混合料设计技术、混合料性能检测设备及方法；沥青路面现代化施工整套设备、施工技术与施工管理等。近年来，我国又进行了柔性基层（包括沥青稳定基层 ATB、级配碎石基层、排水性沥青稳定基层）的设计与使用性能的研究，逐步形成了适合中国特点的沥青路面结构与材料设计方法。

水泥混凝土路面结构 20世纪70年代中期，交通运输发展加快，部分干线公路、城市道路及厂矿道路为提高承重能力，相继采用水泥混凝土路面结构。随后，针对水泥混凝土路面各方面存在的问题，开展了系统而具有相当规模的科学研究。从而在我国形成了关于水泥混凝土路面结构的整套技术，包括道路水泥的性能、指标、标准以及生产工艺；水泥混凝土路面基层的作

1.1 路基路面工程的发展

用，水泥混凝土路面结构性能与设计方法；接缝构造、工作原理以及接缝设计方法；水泥混凝土路面小规模施工和大规模现代化施工成套装备及施工方法、施工组织管理等。在20世纪80年代中期，东南大学负责在江苏盐城修筑了我国第一条连续配筋水泥混凝土路面；20世纪90年代中期又在江苏镇江修筑了更大规模的连续配筋水泥混凝土路面，2001年南京绕城公路修筑了连续配筋水泥混凝土+沥青混凝土的路面结构，首次进行了长久性沥青路面的尝试，为我国连续配筋水泥混凝土路面的使用奠定了一定的基础。对钢纤维混凝土路面、碾压混凝土路面、复合结构混凝土路面等新型路面结构开展系统研究并取得一批实用性研究成果。

沥青路面设计理论与方法 中国道路科技工作者通过广泛的调查研究和理论探索，形成了符合中国实际的沥青路面设计理论与方法体系，它吸取了世界上各种流派的学术思想以及各个国家设计方法的优点。在力学理论基础方面，建立了弹性力学多层结构承受多个圆形荷载的分析系统及相应的计算机程序；提出了以弯沉为控制设计指标、弯拉应力为验算指标的设计指标体系，并通过调查或试验得到了相应的标准控制值；形成了符合我国当时交通状况的荷载模式及交通分析方法；提出了相应的设计参数、标准、测试仪器与方法。近年来，在路面功能设计、可靠度设计等方面的研究取得了明显的进展。

水泥混凝土路面设计理论与方法 20世纪70年代起，我国道路科技工作者对水泥混凝土路面设计进行较系统且具有相当规模的研究。在力学基础理论方面，运用解析法及有限元法建立了弹性力学层状结构，弹性地基板体结构模型，形成了整套分析计算方法与计算机程序；建立了以弹性力学为基础，以混凝土弯拉疲劳应力、温度疲劳应力综合作用的设计体系与方法；研究并建立了地基支承、疲劳效应、动力效应等一整套设计参数的取值与测试方法。通过系统的水泥混凝土路面参数变异性分析、可靠度设计方法等研究，其研究成果为现行的以可靠度为指标的水泥混凝土路面设计方法所采用。

半刚性基层沥青路面结构 利用石灰、水泥、工业废料等无机结合料修筑半刚性基层沥青路面始于20世纪60年代初，50多年间，对半刚性基层材料的强度发展规律、强度机理、路用性质等进行了广泛的研究。由于这种路面结构强度高、稳定性好，而且造价较低，比较适合我国的实际，目前已成为我国高等级公路与城市道路主要的结构形式。目前对它的长期使用性能、变形和破坏规律等问题正在进行深入的研究，同时也在开展密级配沥青稳定基层、排水性沥青稳定基层、排水性沥青面层、长久性沥青路面、沥青混凝土+连续配筋水泥混凝土路面结构等的研究及应用工作。

沥青路面材料组成设计 沥青路面材料组成设计是路面施工的关键。通过对无机结合料稳定材料的深入研究，提出了无机结合料稳定材料的组成设计方法和控制指标和标准，同时提出了完整的施工控制技术要求，保证了无机结合料稳定基层的耐久性。同时，对沥青混合料组成设计也提出了完整的技术指标与标准,通过沥青的合理优选、集料的严格控制和施工过程的严格把关,提高了沥青路面的使用耐久性。结合我国国情,在中国推广使用 SMA、Superpave 技术,并研究了 OGFC、排水性表面层(Porous Asphalt Pavement)和基层技术(ATPB)等在中国的应用技术,进一步提高了沥青路面的使用质量和使用品质。

路面使用性能与表面特性 路面的平整度、破损程度、承载能力及抗滑性能是路面使用性能的重要方面。目前,我国已就这些性能对行车的影响;这些性能与路面结构设计、材料、施工的关系;量测手段与量测方法;评价的指标与标准;在车辆的反复作用下性能的衰减及恢复等开展了广泛的研究,有的已成功地应用于工程之中。开展了低噪声沥青路面技术、排水性(抗水漂)沥青表面层技术、开级配沥青磨耗层(OGFC)技术等的研究,提高沥青路面的表面使用性能,提高沥青路面的使用安全性、舒适性。

路面养护管理 将系统工程的理论与方法用于协调路面养护,形成路面管理系统是 20 世纪 80 年代后的新动向。多年来,我国在路面性能的非破损快速跟踪检测、路面性能预估模型的建立、路面管理网络系统的建立以及项目级和路网级优化管理决策等方面取得了系列研究成果。路面使用性能的检测技术也有了很大的进步,路面弯沉检测、抗滑性能检测、平整度检测、路面破损检测等也由过去的人工检测向现代化的检测系统发展,有自动弯沉检测车、落锤式弯沉仪(FWD)、路面厚度雷达测试车、路面多功能监测车等,可为路面管理系统提供完整的路面使用状况数据。

综上所述,路基路面工程作为一个学科分支,在我国随着交通运输的发展,正在以较快的速度逐步接近国外同类学科的前沿。进入 21 世纪,交通运输不论是在中国,还是在其他发达国家,仍然是一个重要的科技领域。我国道路科技工作者将会从中国的实际出发,不断吸取交叉学科的新成就以及世界各国的有用经验,全面推动路基路面工程学科的发展,为我国交通运输现代化做出贡献。根据当前路基路面工程科学技术的发展趋势,对于以下几方面学科的交叉与发展特别应该引起重视。

1. 材料科学 回顾历史,路基路面工程每一项新技术的出现,首先在材料方面有所突破。如路基土壤的改良与稳定路基的技术措施、沥青材料、水泥材料的改性研究,路用塑料等都与材料科学有关。材料微观结构研究,复合材料研究的许多成果也正在被引入路基路面工程,尤其是提高沥青路面耐久性添加剂(如抗剥离剂、聚合物改性材料、高黏度沥青添加剂等)、沥青再生添加剂等。

2. 岩土工程学 路基路面作为地基结构物依托天然地表的岩石与土壤构筑而成。因此路基路面工程在诸多方面借鉴于岩土工程学的科技成果,如土力学、岩石力学、地质学、土质学、水文地质学等都是路基路面工程学科的重要基础理论。

3. 结构分析理论 路基路面设计由经验为主的方法演变成以结构分析理论为主的方法是一次飞跃。由于结构的复杂性以及车辆荷载与环境因素变化的复杂性，目前多数国家的设计方法所依据的静力线弹性力学分析理论还是不能完全满足要求，许多学者仍致力于路基路面结构分析的力学基础研究，如动力荷载与结构动力效应、非线性、黏弹性、黏弹塑性等数学、力学模型的建立以及适用于各种要求、各种边界条件的数学分析方法和数值解法。今后进一步发展有可能使宏观结构分析与材料的组成、材料的特性以及材料的微观结构与微观力学相融为一体，成为路基路面工程设计的重要基础。

4. 机电工程 现代化道路与机场路基路面工程的固有性能及使用品质越来越多地依赖于施工装备的性能与施工工艺，如振动压路机的吨位、频率与振幅对于各种结构层产生的效果截然不同。许多专用施工设备就是根据结构强度形成理论和工艺要求专门进行设计的。因此有些国家在研究一项路面工程新技术时，将施工工艺与施工装备也列入研究计划作同步开发研究。

5. 自动控制与量测技术 为确保路基路面的工程质量和良好的使用品质，必须在施工过程中严格控制各项指标，如材料用量、加热温度、碾压吨位、碾压质量等，竣工后以及开放运行在使用过程中需要长期作跟踪监测。所有这些控制与量测都在逐步采用高新技术，以达到较高的精确度，如配料自动控制、平整度自动控制等。在量测技术方面引用高速摄影、激光装置、红外线装置量测各项质量指标及性能指标等。路面响应的检测也由过去的应变片测定向振弦式应变计和光纤应变测量过渡，路面应变测试不仅能测定某点的应变，还能测定应变场、弯沉盆、温度场等，应变检测不仅能测定相对值，还能测定绝对值。

6. 现代管理科学 从现代管理科学的角度来看，路基路面工程在一个区域范围内属于一个大系统，而且从规划、设计、施工、养护、维修、管理全过程来看，延续数十年之久。通过大型的管理系统，对区域范围内路基路面工程各个阶段的信息进行跟踪、采集、存储、处理、定期作评估和预测，必要时提出维修决策，投放资金进行维修养护，使路基路面始终具有良好的使用性能，这是现代化管理的总的概念，有许多国家已在这方面取得实质性的进展，用于工程实践。这对于节约维修养护投资，提高运输效率有重要作用。

1.2 路基路面工程的特点及功能要求

1.2.1 路基路面工程的特点

路基和路面是道路的主要工程结构物。路基是在天然地表面按照道路的设计线型（位置）和设计横断面（几何尺寸）的要求开挖或堆填而成的岩土结构物。路面是在路基顶面的行车部分用各种混合料铺筑而成的层状结构物。路基是路面结构的基础，是公路工程的主要组成部分，坚实而又稳定的路基为路面结构长期承受汽车荷载提供了重要的保证,而路面结构层的存在又保护了路基,使之避免了直接经受车辆和大气的破坏作用,长久处于稳定状态。路面损坏往往与路基填料不当,路基排水不畅,压实度不够,强度低等有直接关系。路基和路面相辅相成,实际上是不可分离的整体,应综合考虑它们的工程特点,综合解决两者的强度、稳定性和耐久性等工程技术问题。

路基与路面工程是道路工程的主要组成部分,工程数量十分可观,例如微丘区的三级公路,每公里土石方数量约 8000~16000m^3,山岭、重丘区的三级公路每公里可达 20000~60000m^3,对于高速公路,数量更为可观。路面结构在道路造价中所占比重很大,一般都要达到 30% 左右,有时将超过 50%。因此,精心设计,精心施工,使路基路面能长时期具备良好的使用性能,对节约投资,提高运输效益,具有十分重要的意义。

路基路面是一项线形工程,有的公路延续数百公里,甚至上千公里。公路沿线地形起伏、地质、地貌、气候特征多变,再加上沿线城镇经济发达程度与交通繁忙程度不一,因此决定了路基与路面工程复杂多变的特点,工程技术人员必须掌握广博的知识,善于识别各种变化的环境因素,恰当地进行处理,建造出理想的路基路面工程结构。

现代化公路运输,不仅要求道路能全天候通行车辆,而且要求车辆能以一定的速度,安全、舒适而经济地在道路上运行。这就要求路基路面具有良好的使用性能,提供良好的行驶条件和服务水平。

1.2.2 路基路面工程的功能要求

为了保证公路与城市道路最大限度地满足车辆运行的要求,提高行车速度,增强安全性和舒适性,降低运输成本和延长道路使用年限,要求路基路面具有下述基本性能:

1. 承载能力

行驶在路面上的车辆,通过车轮把荷载传给路面,由路面传给路基,在路基路面结构内部产生应力、应变及位移。如果路基路面结构整体或某一组成部分的强度或抗变形能力不足以抵抗这些应力、应变及位移,则路面会出现断裂、路基路面结构会出现沉陷,路面表面会出现波浪或车辙,使路况恶化,服务水平下降。因此,要求路基路面结构整体及其各组成部分都具有与行车荷载相适应的承载能力。

结构承载能力是指路面结构承受荷载的能力。路面结构应具有足够的强度以抵抗车轮荷载引起的各个部位的各种应力,如压应力、拉应力、剪应力等,使路面各个部位的各种应力在规定的范围内,保证路面结构不发生压碎、拉断、剪切等各种破坏,或者路面结构应能抵抗车轮荷载引起的各个部位的各种应变,如压应变、拉应变、剪应变等,使路面各个部位的各种应变在规定的范围内,使得在车轮荷载作用下不发生过量的应变或变形,保证不发生车辙、沉陷或波浪等各种病害。

2. 稳定性

路面结构的稳定性包括高温稳定性、低温抗裂性和水稳定性。

在天然地表面建造的道路结构物改变了自然的平衡，在达到新的平衡状态之前，道路结构物处于一种暂时的不稳定状态。新建的路基路面结构坦露在大气之中，经常受到大气温度、降水与湿度变化的影响，结构物的物理、力学性质将随之发生变化，处于另外一种不稳定状态。路基路面结构能否经受这种不稳定状态，而保持工程设计所要求的几何形态及物理力学性质，称为路基路面结构的稳定性。

在地表上开挖或填筑路基，必然会改变原地面地层结构的受力状态。原来处于稳定状态的地层结构，有可能由于填挖筑路而引起不平衡，导致路基失稳。如在软土地层上修筑高路堤，或者在岩质或土质山坡上开挖深路堑时，有可能由于软土层承载能力不足，或者由于坡体失去支承，而出现路堤沉落或坡体坍塌破坏。路线如选在不稳定的地层上，则填筑或开挖路基会引发滑坡或坍塌等病害出现。因此，在选线、勘测、设计、施工中应密切注意，并采取必要的工程措施，以确保路基有足够的稳定性。

大气降水使得路基路面结构内部的湿度状态发生变化，低洼地带路基排水不良，长期积水，会使得矮路堤软化，失去承载能力。山坡路基，有时因排水不良，会引发滑坡或边坡滑塌。水泥混凝土路面，如果不能及时将水分排出结构层，会发生唧泥现象，冲刷基层，导致结构层提前破坏。沥青混凝土路面中水分的侵蚀，会引起沥青结构层剥落，结构松散。砂石路面，在雨期时，会因雨水冲刷和渗入结构层，而导致强度下降，产生沉陷、松散等病害，因此，防水、排水是确保路基路面稳定的重要方面。

大气温度周期性的变化对路面结构的稳定性有重要影响，高温季节沥青路面软化，在车轮荷载作用下产生永久性变形，水泥混凝土结构在高温季节因结构变形产生过大内应力，导致路面压曲破坏。北方冰冻地区，在低温冰冻季节，水泥混凝土路面、沥青路面、半刚性基层由于低温收缩产生大量裂缝，最终失去承载能力。在严重冰冻地区，低温引起路基的不稳定是多方面的，低温会引起路基收缩裂缝，地下水源丰富的地区，低温会引起冻胀，路基上面的路面结构也随之发生断裂。春天融冻季节，在交通繁重的路段，有时引发翻浆，路基路面发生严重的破坏。

3. 耐久性

路基路面工程投资昂贵，从规划、设计、施工至建成通车需要较长的时间，对于这样的大型工程都应有较长的使用年限，一般的道路工程使用年限至少数十年。承重并经受车辆直接碾压的路面部分要求使用年限 20 年以上，因此路基路面工程应具有耐久的性能。

路基路面在车辆荷载的反复作用与大气水温周期性的重复作用下，路面使用性能将逐年下降，强度与刚度将逐年衰变，路面材料的各项性能也可能由于老化衰变，而引起路面结构的损坏。至于路基的稳定性也可能在长期经受自然因素的侵袭后，逐年削弱。因此，提高路基路面的耐久性，保持其强度、刚度、几何形态经久不衰，除了精心设计、精心施工、精选材料之外，要把长年的养护、维修、恢复路用性能的工作放在重要的位置。

4. 表面平整度

路面表面平整度是影响行车安全、行车舒适性以及运输效益的重要使用性能。特别是高速公路，对路面平整度的要求更高。不平整的路表面会增大行车阻力，并使车辆产生附加的振动作用。这种振动作用会造成行车颠簸，影响行车的速度和安全、驾驶的平稳以及乘客的舒适。同时，振动作用还会对路面施加冲击力，从而加剧路面和汽车机件的损坏及轮胎的磨损，并增大油料的消耗。而且，不平整的路面还会积滞雨水，加速路面的破坏。因此，为了减少振动冲击力，提高行车速度和增进行车舒适性、安全性，路面应保持一定的平整度。

优良的路面平整度，要依靠优良的施工装备，精细的施工工艺，严格的施工质量控制以及经常和及时的养护来保证。同时，路面的平整度同整个路面结构及路基顶面的强度和抗变形能力有关，同结构层所用材料的强度、抗变形能力以及均匀性有很大关系。强度和抗变形能力差的路基路面结构和面层混合料，经不起车轮荷载的反复作用，极易出现沉陷、车辙和推挤破坏，从而形成不平整的路面表面。

5. 表面抗滑性能

路面表面要求平整，但不宜光滑，汽车在光滑的路面上行驶时，车轮与路面之间缺乏足够的附着力或摩擦力。雨天高速行车、紧急制动、突然启动或爬坡、转弯时，车轮也易产生空转或打滑，致使行车速度降低，油料消耗增多，甚至引起严重的交通事故。通常用摩擦系数表征抗滑性能，摩擦系数小，则抗滑能力低，容易引起滑溜交通事故。对于城市道路的交叉口，由于车辆经常需要制动，一般要求具有较高的抗滑性能。对于高速公路，由于高速车辆在雨天容易产生滑溜或水漂，需要路面有较高的纹理深度，减少车辆在制动时出现水漂现象。

路面的抗滑性能在低速时主要取决于集料表面的微观纹理，高速时主要取决于路面表面的宏观纹理。路面表面的抗滑能力可以通过采用坚硬、耐磨、表面粗糙的粒料组成路面表层材料来实现，有时也可以采用一些工艺措施来实现，如水泥混凝土路面的刷毛或刻槽等。此外，路面上的积雪、浮冰或污泥等，也会降低路面的抗滑性能，必须及时予以清除。

1.3 路基路面结构与层位功能

1.3.1 路基横断面

路基横断面由路基和路面结构两部分组成。路基宽度沿横断面方向由行车道、中间带、硬路肩和土路肩所组成。各部分的宽度与道路等级、设计行车速度等有关，图1-6是典型的路基横断面和几种高速公路的路基横断面。

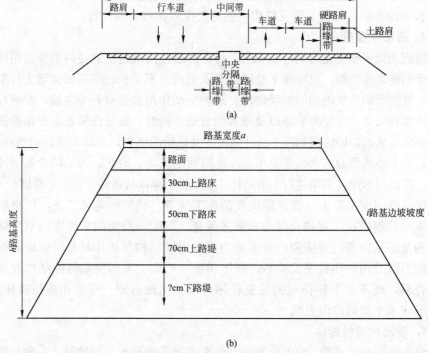

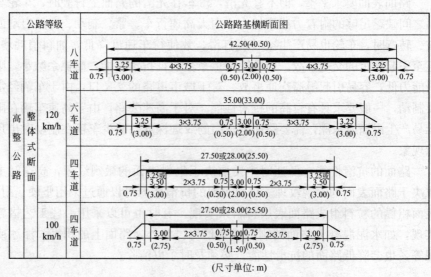

图 1-6 典型的路基横断面的几种高速公路的路基横断面
(a)路基横断面图；(b)路基横断面分布图；(c)几种高速公路的路基横断面

填方路基结构 0~30cm 称为上路床，30~80cm 称为下路床，80~150cm 称为上路堤，150cm 以下称为下路堤，不同的范围对填土有不同的要求。

1.3.2 路面横断面

路面横断面的形式随道路等级的不同，可选择不同的形式，通常分为槽式横断面和全铺式横断面，如图 1-7 所示。

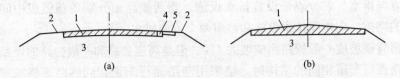

图 1-7　路面横断面形式
1-路面；2-路肩；3-路基；4-路缘石；5-加固路肩

1. 槽式横断面

在路基上按路面行车道及硬路肩设计宽度开挖路槽，保留土路肩，形成浅槽，在槽内铺筑路面。也可采用培槽方法，在路基两侧培槽，或半填半挖的方法培槽。这种路面横断面由于路肩部分采用不透水的材料填筑，进入路面结构的水将不易被排出路肩外。路面横断面形式见图 1-7(a)所示。

2. 全铺式横断面

在路基全部宽度内都铺筑路面。在高等级公路建设中，有时为了将路面结构内部的水分迅速排出，在全宽范围内铺筑基层材料保证水分由横向排入边沟。有时考虑到道路交通的迅速增长，适应扩建的需要，将硬路肩及土路肩的位置全部按行车道标准铺筑面层。在盛产石料的山区或较窄的路基上，全宽铺筑中、低级路面。路面横断面形式见图 1-7(b)所示。

1.3.3　路拱横坡度

为了保证路面上雨水及时排出，减少雨水对路面的浸润和渗透，减弱路面结构强度，路面表面应做成直线型或抛物线形的路拱。等级高的路面，平整度和水稳定性较好，透水性也小，通常采用直线形路拱和较小的路拱横坡度。等级低的路面，为了有利于迅速排除路表积水，一般采用抛物线形路拱和较大的路拱横坡度。表 1-1 列出了各种不同类型路面的路拱平均横坡度。

路拱坡度　　　　　　　　　　　　　　　　　表 1-1

路面类型	路拱坡度(%)
沥青混凝土、水泥混凝土	1～2
其他沥青路面	1.5～2.5
半整齐石块	2～3
碎、砾石等粒料路面	2.5～3.5
低级路面	3～4

选择路拱横坡度，应充分考虑有利于行车平稳和有利于横向排水两方面的要求。在干旱或有积雪、浮冰地区，应采用低值，多雨地区采用高值；当道路纵坡较大或路面较宽，或行车速度较高，或交通量和车辆载重较大，或常有拖挂汽车行驶时，应采用平均横坡度的低值，反之则应取用高值。

高速公路和一级公路设有中央分隔带。通常采用两种方式布置路拱横断面。若分隔带未设置排水设施，则做成中间高、两侧路面低，由单向横坡向路肩方向排水。若分隔带设置排水设施，则两侧路面分别单独做成中间高两边低的路拱，向中间排水设施和路肩两个方向排水。

路肩横坡度一般较路面横坡大1%。但是高速公路和一级公路的硬路肩采用与路面行车道相同的结构时，应采用与路面行车道相同的路面横坡度。路拱坡度主要是考虑路面排水的要求，路面越粗糙，要求路拱坡度越大。因此，路拱坡度应根据路面类型和当地自然条件，路拱坡度过大对行车不利，故路拱坡度应限制在一定范围内，具体按表1-1规定的数值采用。同时路肩横向坡度一般应较路面横向坡度大1%~2%。

1.3.4 路基路面结构分层及层位功能

行车荷载和自然因素对路基路面的影响，随深度的增加而逐渐变化(图1-8)，计算结果表明，荷载作用下垂直应力随着深度的增加而变小，弯拉应力一般为表面受压和底面受拉，剪切应力先增加后减小。因此，对路面材料的强度、抗变形能力和稳定性的要求也随深度的增加而逐渐变化(图1-8)。为了适应这一特点，路面结构通常分层铺筑，按照使用要求、受力状况、土基支承条件和自然因素影响程度的不同，分成若干层次。通常按照各个层位功能的不同，路面结构一般由面层、基层、底基层和路基等组成(图1-9和图1-10)，必要时设置垫层，垫层作为介于土基与基层之间温度和湿度的过渡层。高速公路、一级公路基层，应采用水泥混凝土、水泥稳定粒料、石灰粉煤灰稳定粒料、沥青混合料(包括密级配沥青混凝土DAC、沥青稳定粒料ATB、排水型沥青混凝土ATPB、富油沥青疲劳层)以及级配碎砾石等材料铺筑，高速公路、一级公路底基层和二级及二级以下公路基层和底基层，除上述类型材料外，也可采用水泥稳定土、石灰稳定土、石灰粉煤灰稳定土、石灰工业废渣、填隙碎石等或其他适宜的当地材料铺筑。各级公路当需要设置垫层时，一般可采用水稳性好的粗粒料或各种稳定类材料铺筑。图1-10为典型沥青路面结构的受力变化图，根据路面结构的受力特点，图1-8给出了不同层位的功能要求。

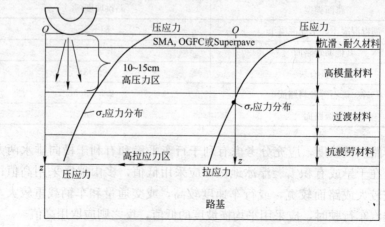

图1-8 路面结构受力特点及层位功能要求

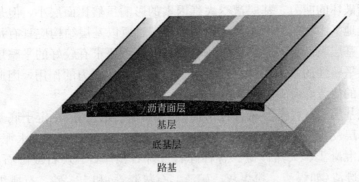

图 1-9 沥青路面结构分层图

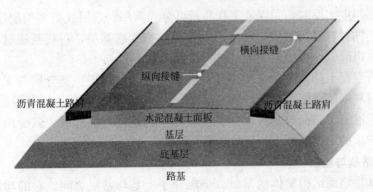

图 1-10 水泥混凝土路面结构和受力特点

1. 面层

面层是直接同行车和大气接触的表面层次，它承受较大的行车荷载的垂直力、水平剪切力和冲击力的作用。同时还受到降水的浸蚀和气温变化的影响。因此，同其他层次相比，面层应具备较高的结构强度抵抗垂直应力作用、较高的抗变形能力抵抗剪切作用、较好的水稳定性抵抗水损害和很好的温度稳定性抵抗车辙，其表面还应有良好的抗滑性和平整度。

修筑面层所用的材料主要有：水泥混凝土、沥青混凝土、沥青碎（砾）石混合料、砂砾或碎石掺土或不掺土的混合料以及块料等。

沥青面层有时分两层、三层或更多的层次铺筑，如高速公路沥青面层总厚度在 18～20cm 时可分为上、中、下三层铺筑，并根据各分层的要求采用不同的级配类型。水泥混凝土路面也有分上下两层铺筑，分别采用不同强度等级的水泥混凝土材料。也有水泥混凝土路面或连续配筋水泥混凝土上加铺 4～10cm 沥青混凝土这样的复合式结构。但是砂石路面上所铺的 2～3cm 厚的磨耗层或 1cm 厚的保护层，以及厚度不超过 1cm 的简易沥青表面处治，不能作为一个独立的层次，应看作为面层的一部分。

2. 基层

基层主要承受由面层传来的车辆荷载作用力（包括垂直力和拉应力），将垂直力扩散到下面的垫层和土基中去；承受拉应力作用并维持良好的耐久性。因此基层是路面结构中的承重层，应具有一定的强度和刚度，并具有良好的抵抗疲劳破坏的能力。基层遭受大气因素的影响虽然比面层小，但是仍然有可能经受地下水和通过面层渗入雨水的浸湿，所以基层结构应具有足够的水稳定性。基层表面虽不直接供车辆行驶，但仍然要求有较好的平整度，这是保证面层平整性的基本条件。由于基层一般受到拉应力的作用，因此，必须保证基层的疲劳寿命满足设计要求。

修筑基层的材料主要有各种结合料（如石灰、水泥等）稳定土底基层，沥青稳定基层及各种结合料（如石灰、水泥等）稳定碎（砾）石、贫水泥混凝土、普通水泥混凝土、天然砂砾、各种碎石或砾石、片石、块石或圆石的基层，各种工业废渣（如煤渣、粉煤灰、矿渣、石灰渣等）和土、砂、石所组成的混合料等。

基层厚度太厚时，为保证工程质量可分为两层、三层或更多的层次铺筑。当采用不同材料修筑基层时，基层的最下层称为底基层，对底基层材料质量的要求可以降低，可使用当地材料来修筑。

沥青混凝土路面必须采取措施保证沥青层与沥青层、沥青层与无机结合料稳定材料基层之间具有良好的粘结状态，增加整体性材料的疲劳寿命。

水泥混凝土路面与基层之间也应设置水稳定性好的材料，减少由于水的作用而产生的水泥混凝土路面与基层之间唧泥现象。

3. 路基与垫层

路基是路面结构整体的基础。垫层介于土基与基层之间，它的功能是改善土基的湿度和温度状况，以保证面层和基层的强度、刚度和稳定性不受土基水温状况变化所造成的不良影响。垫层另一方面的功能是将基层传下的车辆荷载应力加以扩散，以减小土基产生的应力和变形。同时垫层也能阻止路基土挤入基层中，影响基层结构的性能。

修筑垫层的材料，强度要求不一定高，但水稳定性和隔温性能要好。常用的垫层材料分为两类，一类是由松散粒料，如砂、砾石、炉渣等组成的透水性垫层；另一类是用水泥或石灰稳定土等修筑的稳定类垫层。

1.3.5　路面的分类

路面类型可以从不同角度来划分，但是一般都按面层所用的材料区分，如水泥混凝土路面、沥青路面、砂石路面等。但是在工程设计中，主要从路面结构的力学特性的相似性出发，可以将路面结构划分为柔性路面（沥青混凝土路面）、刚性基层沥青路面（复合式路面）和刚性路面三类。根据基层材料类型及组合的不同又可以分为将沥青混凝土路面划分为柔性基层沥青路面，半刚性基层沥青路面、刚性基层沥青路面、组合式基层沥青路面。国外一般将水泥混凝土路面和沥青混凝土路面称为有铺装路面；表面处治、沥青碎石、沥青贯入式路面称为简易铺装路面；砂石路面等归入未铺装路面。砂石路面是以砂、石为骨料，以土、水、灰为结合料，通过一定的配合比铺筑而成的路面，包括级配砂（砾）石路面、泥结碎石路面、水结碎石路面、填隙碎石路面及其他粒料路面。

1. 柔性基层沥青路面

柔性基层沥青路面的总体结构刚度较小，在车辆荷载作用之下产生的弯沉变形较半刚性基层沥青路面大。虽然路面结构某一层的抗弯拉强度较低，但通过合理的结构组合和厚度设计可以保证路面结构整体具有很强的抵抗荷载作用的能力，同时通过各结构层将车辆荷载传递给土基，使土基承受的单位压力在一定的范围内。路基路面结构主要靠抗压强度和抗剪强度承受车辆荷载的作用。柔性基层主要包括各种未经处理的粒料基层和各类沥青层、碎(砾)石层或块石层组成的路面结构。

2. 半刚性基层沥青路面

用水泥、石灰等无机结合料处治的土或碎(砾)石及含有水硬性结合料的工业废渣修筑的基层，在前期具有柔性基层的力学性质，后期的强度和刚度均有较大幅度的增长，但是最终的强度和刚度仍小于水泥混凝土。由于这种材料的刚性处于柔性基层与刚性基层之间，因此把这种基层和铺筑在它上面的沥青面层统称为半刚性基层沥青路面。

3. 刚性基层沥青路面(复合式路面)

用水泥混凝土(包括普通混凝土、钢筋混凝土(RCP)、连续配筋混凝土(CRCP)、钢纤维混凝土、预应力混凝土、装配式混凝土、碾压混凝土)作基层的沥青混凝土做面层的路面结构。水泥混凝土具有强度高、稳定性好等特点，沥青混凝土具有行车舒适、噪声小，这种复合式路面可以避免各自的缺点，具有良好的使用性能和耐久性。普通混凝土、钢筋混凝土(RCP)基层沥青路面由于接缝处的反射裂缝，对使用性能有一定的影响；连续配筋混凝土基层(CRCP)沥青混凝土路面由于连续的配筋将水泥混凝土的裂缝宽度约束在一定的范围内(一般要求小于 1mm)，故其有良好的使用性能和耐久性，但必须采取措施保证沥青层与沥青层、沥青层与水泥混凝土层之间有良好的粘结状态。

4. 水泥混凝土路面

水泥混凝土路面主要指用水泥混凝土作面层(包括普通混凝土(JPCP)、钢筋混凝土(JRCP)、连续配筋混凝土(CRCP)、钢纤维混凝土、预应力混凝土、装配式混凝土、碾压混凝土)的路面结构。水泥混凝土的强度高，与其他筑路材料比较，它的抗弯拉强度高，并且有较高的弹性模量，故呈现出较大的刚性，在车辆荷载作用下，水泥混凝土结构层处于板体工作状态，竖向弯沉较小，路面结构主要靠水泥混凝土板的抗弯拉强度承受车辆荷载。通过板体的扩散分布作用，传递给路基上的单位压力较柔性路面小得多。

5. 组合式基层沥青路面

沥青路面的基层含有无机结合料稳定材料、水泥混凝土材料等刚度较大或相对较大的材料，但是在沥青层与刚度相对较大的材料之间夹有柔性材料。如沥青混凝土层＋级配碎石＋无机结合料稳定材料层的路面结构、沥青混凝土层＋级配碎石＋普通水泥混凝土材料层的路面结构、沥青混凝土层＋级配碎石＋碾压式水泥混凝土材料层的路面结构等。

1.4 路基路面结构的影响因素

1.4.1 路基路面稳定性的影响因素

路基路面裸露在大气中，其稳定性在很大程度上由当地自然条件所决定。因此，深入调查公路沿线的自然条件，从总体到局部，从大区域到具体路段的自然情况，分析研究，掌握其规律及对路基路面稳定性的影响，因地制宜地采取有效的工程措施，以确保路基路面具有足够的强度和稳定性。

路基路面的稳定性与下列因素有关

1. 地理条件

公路沿线的地形、地貌和海拔高度不仅影响路线的选定，也影响到路基与路面的设计。平原、丘陵、山岭各区地势不同，路基的水温情况也不同。平原区地势平坦，排水困难，地表易积水，地下水位相应较高，因而路基需要保持一定的最小填土高度，路面结构层应选择水稳定性良好的材料，并采取一定的结构排水设施；丘陵区和山岭区，地势起伏较大，路基路面排水设计至关重要，否则会导致稳定性下降，出现破坏现象，影响路基路面的稳定性。

2. 地质条件

沿线的地质条件，如岩石的种类、成因、节理，风化程度和裂隙情况，岩石走向、倾向、倾角、层理和岩层厚度，有无夹层或遇水软化的夹层以及有无断层或其他不良地质现象（岩溶、冰川、泥石流、地震等）都对路基路面的稳定性有一定的影响。

3. 气候条件

气候条件如气温、降水、湿度、冰冻深度、日照、蒸发量、风向、风力等都会影响公路沿线地面水和地下水的状况，并且影响到路基路面的水温情况。

在一年之中，气候有季节性的变化，因此路基路面的水温情况也随之变化。气候还受地形的影响，例如山顶与山脚，山南坡与山北坡气候有很大的差别。这些因素都会严重影响路基路面的稳定性。

4. 水文和水文地质条件

水文条件有公路沿线地表水的排泄，河流洪水位，常水位，有无地表积水和积水时期的长短，河岸的淤积情况等。水文地质条件有地下水位，地下水移动的规律，有无层间水、裂隙水、泉水等。所有这些地面水及地下水都会影响路基路面的稳定性，如果处理不当，常会引起各种病害。

5. 土的类别

土是建筑路基和路面的基本材料，不同的土类具有不同的工程性质，因而将直接影响路基和路面的强度与稳定性。

不同的土类含有不同粒径的土颗粒，砂粒成分多的土，强度构成以内摩擦力为主，强度高，受水的影响小，但施工时不易压实。较细的砂，在渗流情况下，容易流动，形成流砂。黏粒成分多的土，强度形成以黏聚力为主，其强度随密实程度的不同，变化较大，并随湿度的增大而降低。粉土类土毛细现象强烈，路基路面的强度和承载力随着毛细水上升，湿度增大而下降，在负温度坡差作用下，水分通过毛细作用移动并积聚，使局部土层湿度大幅度增加，造成路基冻胀，最后导致路基翻浆，路面结构层断裂等各种破坏。

1.4.2 路基路面结构的环境因素影响

路基路面结构直接暴露在大气之中，经受着自然环境因素的影响。温度和湿度是对路基路面结构有重要影响的自然环境因素，路基路面结构的温度和湿度状况随周围环境的变化而变化，路基路面体系的性质与状态也随之发生变化。

路基土和路面材料的强度与刚度随路面结构内部温度和湿度的变化有时会有大幅度的增减。图1-11给出了沥青混凝土的动弹性模量随温度升高和作用时间的延长而降低的情况。图1-12所示为路基回弹模量随湿度增长而急剧下降的情况。

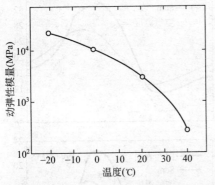
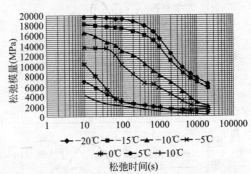

图1-11 温度和作用时间对沥青混凝土弹性模量的影响

路基土和路面材料的体积随路基路面结构内温度和湿度的升降而引起膨胀和收缩。由于温度和湿度是随环境而变化的，而且沿着结构的深度呈不均匀分布，因此在不同时期和不同深度处，胀缩的变化也是不相同的。如果这种不均匀的胀缩因某种原因受到约束而不能实现时，路基和路面结构内便会产生附加应力，即温度应力和湿度应力。

路基土和路面材料的几何性质和物理性质随温度与湿度产生的变化，将使路基路面结构设计复杂化。如不能充分估计这种因自然环境因素变化产生的后果，则路基路面结构在车轮荷载和自然因素共同作用之下，将提前出现损坏，缩短路面的使

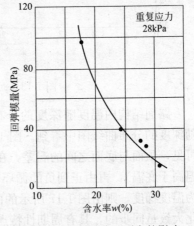

图1-12 湿度对路基刚度的影响

用年限。因此，在分析和设计路基路面结构时，除了充分考虑车轮荷载可能引起的各种损伤之外，还应考虑自然因素的影响。

大气的温度在一年四季和一昼夜之间发生着周期性的变化。受大气直接影响的路面温度也相应地在一年之间和一日之间发生着周期性的变化。图 1-13 和图 1-14 分别显示了夏季晴天沥青面层内温度的昼夜变化观测结果和沥青路面温度在不同季节延深度的变化曲线。图 1-15 为水泥混凝土面层内温度的昼夜变化观测结果。由图可见，路表面温度变化与气温变化大致是同步的，但是由于部分太阳辐射热被路面所吸收，路表面的温度较气温高，尤其是沥青路面，由于吸热量高，温度增值的幅度超过水泥混凝土路面。面层结构内不同深度处的温度同样随气温的变化呈周期性变化，升降的幅度随深度的增加而减小。其峰值的出现也随深度的增加而越来越滞后。路面深度与温度的变化关系表明，路面最高温度一般出现在夏天的路面深度 4~5cm 的位置，因此，进行温度观测时必须注意在路面深度 4~5cm 的位置埋置传感器。

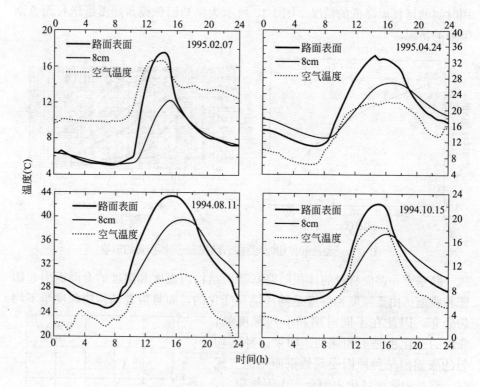

图 1-13　沥青面层温度日变化曲线

路面结构内温度随深度的分布状况，可以从一天内不同时刻的路面温度随深度的分布曲线图中看到。图 1-16 即为水泥混凝土面层的一个实例。由图可见，顶面与底面之间的温差，在一天内经历了由负（顶温低于底温）到正（顶温高于底温），再由正到负的循环变化。如果以单位深度内的平均温度坡差作为温度梯度，则由图 1-17 所示的曲线可以看出，温度梯度的变化与气温的变化大致是同步的，具有周期性特点。

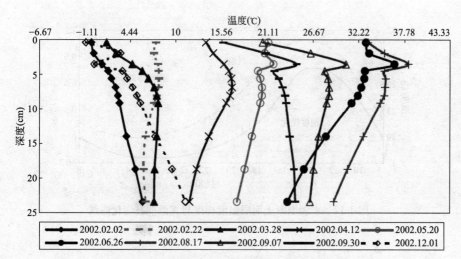

图 1-14　不同季节沥青面层温度与深度变化曲线

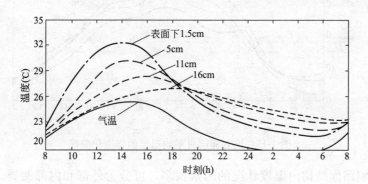

图 1-15　水泥混凝土面层温度日变化曲线

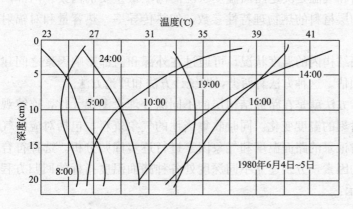

图1-16　一天内不同时刻沿水泥混凝土面层深度的温度变化曲线

除了日变化之外，一年四季面层不同深度处的温度还随气温的变化而经历着年变化，图 1-18 所示为沥青面层不同深度处的月平均气温变化的情况，可以看出，平均气温最高和最低的 7 月和 1 月份，面层的平均气温也相应为最高值和最低值。

1.4　路基路面结构的影响因素

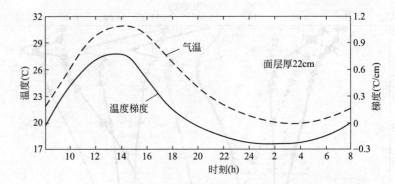

图 1-17 水泥混凝土面层温度梯度与气温的日变化曲线

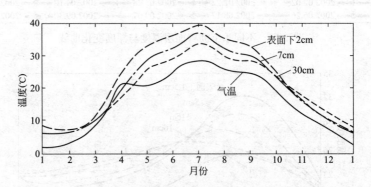

图 1-18 沥青面层月平均温度的年变化曲线

影响路面结构内温度状况的因素很多,可分为外部和内部两类。外部条件主要是气象条件,如太阳辐射、气温、风速、降水量和蒸发量等。而其中,太阳辐射和气温是决定路面温度状况的两项最重要的因素。内部因素则为路面各结构层材料的热物理特性参数,如热传导率、热容量和对辐射热的吸收能力等。

路面结构内的温度状况,可通过在外部和内部影响因素之间建立联系的方法来预估。这种方法有两类,即统计方法和理论方法。

统计方法就是在路面结构层的不同深处埋设测温元件,连续观测年循环内不同时刻的温度变化。同时收集当地的气象资料,包括对应的气温和辐射热等。对记录的路面温度和气象因素进行逐步回归分析。选择符合显著性检验要求的因素,分别建立不同深度处各种路面温度指标的回归方程式。如式 (1-1)所示:

$$T_{max} = a + bT_{a \cdot max} + cQ \tag{1-1}$$

式中 T_{max}——路面某一深度处的最高温度(℃);

$T_{a \cdot max}$——相应的日最高气温(℃);

Q——相应的太阳日辐射热,(J/m^2);

a、b、c——回归常数。

由于统计方法不可能包含所有的复杂因素,所以计算的精确度有地区局限性，可以在条件相似的地区参考使用。理论法应用热传导理论方程式推演出各项气象资料和路面材料热物理特性参数组成的温度预估方程式。通常，由于参数确定的难度大、理论假设的理想化，预估的结果与实测结果有一定的差距。

大气湿度的变化，通过降水，地面积水和地下水浸入路基路面结构，是自然环境影响的另一个重要方面，它除了影响路基土湿度的变化，使路基产生各种不稳定状态之外，对路面结构层也有许多不利的影响。

路基路面结构的强度、刚度及稳定性在很大程度上取决于路基的湿度变化。例如在北方季节性冰冻地区，冰冻开始时，路基水分向冻结线积聚形成冻胀，春暖融冻初期形成翻浆的现象较普遍。而在南方非冰冻区，当雨期来临时，未能及时排除的地面积水和离地面很近的地下水将使路基土浸润而软化。

保持路基干燥的主要方法是设置良好地面排水设施和路面结构排水设施，经常养护保持畅通。地下水对路基湿度的影响随地下水位的高低与土的性质而异。通常认为受地下水影响的高度对黏土为 6m，砂质黏土或粉土约为 3m，砂土为 0.9m。在这个深度范围内，路基湿度受地下水位控制，其影响程度随土质而异，在这个范围以上部分，路基湿度主要受大气降水、蒸发以及地面排水控制，对于干旱地区，路基的湿度主要受空气相对湿度的控制，受降水的影响很小，相当于当地覆盖土相同深度处的湿度。

面层的透水性对路基路面的湿度有很大影响，若采用不透水的面层结构，将减少降水和蒸发的影响。在道路完工 2~3 年内，路面结构与路基上部中心附近的湿度逐渐趋向稳定。对于透水的面层结构，若不作专门处理，则路面结构和上层路基的湿度状况将受到降水和蒸发的影响而产生季节性的变化。

路肩以下路基湿度的季节性变化对路面结构及以下的路基也有影响。通常在路面边缘以内 1m 左右，湿度开始增大，直至路面边缘与路肩下的湿度相当，路肩如果经过处治，防止雨水渗入，则路面下的土基湿度将趋向于稳定，与路基中心湿度相当。

1.5 公路的自然区划

我国地域辽阔，又是一个多山国家。从北向南分处于寒带、温带和热带。从青藏高原到东部沿海高程相差 4000m 以上，因此自然因素变化极为复杂。不同地区自然条件的差异同公路建设有密切关系。为了区分各地自然区域的筑路特性，经过长期研究，制定了《公路自然区划标准》JTJ003—86。公路自然区划的划分主要根据以下三原则制定：

1. 道路工程特征相似的原则。即在同一区划内，在同样的自然因素下筑路具有相似性，例如，北方不利季节主要是春融时期，有翻浆病害；南方不利季节在雨期，有冲刷、水毁等病害。
2. 地表气候区划差异性的原则。即地表气候是地带性差异与非地带性差异的综合结果。通常，地表气候随着当地纬度而变，如北半球，北方寒冷，南方温暖，这称为地带性差异。除此之外，还与高程的变化有关，即沿垂直方向的变化，如青藏高原，由于海拔高，与纬度相同的其他地区相比，气候更加寒冷，即称为非地带性差异。

3. 自然气候因素既有综合又有主导作用的原则。即自然气候的变化是各种因素综合作用的结果，但其中又有某种因素起着主导作用。例如道路冻害是水和热综合作用的结果，但是在南方，只有水而没有寒冷气候的影响，不会有冻害，说明温度起主导作用；西北干旱区与东北潮湿区；同样都有负温度，但前者冻害轻于后者，说明水起主导作用。

我国公路自然区划，采用三级分区。一级区划主要按大范围的气候、地理和地貌等条件的差异，将全国划分为冻土、湿润、干湿过渡、湿热、潮暖、干旱和高寒 7 个大区。二级区划是在一级区划基础上以潮湿系数为主进行划分。三级区划是在二级区内划分更低一级的区域或类型单元。

1. 一级区划

一级区划以全国性的纬向地带性和构造区域性为依据，根据对公路工程具有控制作用的地理、气候因素来拟定，对纬向性的，特别是东部地区的界线，采用了气候指标；对非纬向性的，特别是西部地区的界线，则较多地强调构造和地貌因素；中部个别地区则采用土质作为指标。

(1) 以全年均温 $-2℃$ 等值线，作为多年冻土和季节性冻土的分界线；

(2) 以一月份均温 $0℃$ 等值线，作为季节性冰冻区的分界线；

(3) 按我国自然地形的特点，以 1000m 和 3000m 等高线为界划分三级阶梯，三级阶梯的存在使气候具有不同的特色，成为划分一级区的主要标志；

(4) 秦岭淮河以南不冻区，因雨型、雨量、不利季节与不利月份的差异，划分为东、西两大片；

(5) 根据黄土对筑路的特殊性及其处于过渡的地区位置，同其他区域分开。

这样，根据气候、地理、地貌等综合性指标相互交错与迭合，将全国划分为 7 个一级区(见图 1-19)。即：

Ⅰ区——北部多年冻土区

该区北部为连续分布多年冻土，南部为岛状分布多年冻土。对于泥沼地多年冻土层，最重要的道路设计原则是保温，不可轻易挖去覆盖层，使路堤下保持冻结状态，若受大气热量影响融化，后患无穷。对于非多年冻土层的处理方法则不同，须将泥炭层全部或局部挖去，排干水分，然后填筑路堤。该区主要是林区道路，路面结构为中级路面。林区山地道路，因表土湿度大，地面径流大，最易翻浆，应采取换土，稳定土，砂垫层等处理方法。

Ⅱ区——东部温润季冻区

该区路面结构突出的问题是防止翻浆和冻胀。翻浆的轻重程度取决于路基的潮湿状态。可根据不同的路基潮湿状态采取措施。该区缺乏砂石材料，采用稳定土基层已取得一定的经验。

Ⅲ区——黄土高原干湿过渡区

该区特点是黄土对水分的敏感性，干燥土基强度高、稳定性好。在河谷盆地的潮湿路段以及灌区耕地，土基稳定性差，强度低，必须认真处理。

Ⅳ区——东南湿热区

该区雨量充沛集中，雨型季节性强，台风暴雨多，水毁、冲刷、滑坡是道路的主要病害，路面结构应结合排水系统进行设计。该区水稻田多，土基湿软，强度低，必须认真处理。由于气温高、热季长，要注意黑色面层材料的热稳定性和防透水性。

Ⅴ区——西南潮暖区

该区山多，筑路材料丰富，应充分利用当地材料筑路，对于水文不良路段，必须采取措施，稳定路基。

Ⅵ区——西北干旱区

该区大部分地下水位很低，虽然冻深多在100～150cm以上，但一般道路冻害较轻。个别地区，如河套灌区，内蒙古草原洼地，地下水位高，翻浆严重。丘陵区1.5m以上的深路堑冬季积雪厚，雪水浸入路面造成危害，所以沥青面层材料应具有良好的防透水性，路肩也应作防水处理。由于气候干燥，砂石路面经常出现松散、搓板和波浪现象。

Ⅶ区——青藏高寒区

该区局部路段有多年冻土，须按保温原则设计，由于地处高原，气候寒冷，昼夜气温相差很大，日照时间长，沥青老化很快，又因为年平均气温相对偏低，路面易遭受冬季雪水渗入而破坏。

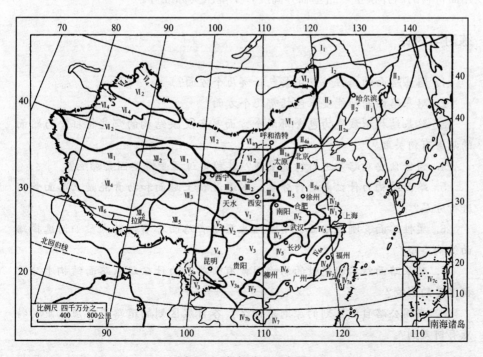

图1-19 气候分区示意图

1.5 公路的自然区划

2. 二级区划

在一级区划的基础上，以潮湿系数 K 为主要标志，综合考虑其他气候、地貌、土质、地下水和自然病害等多种因素，将全国划分为 33 个二级区和 19 个副区（亚区）。

潮湿系数 K 值按其大小分为 6 个等级：

过湿区	$K>2.00$
中湿区	$2.00>K>1.50$
润湿区	$1.50>K>1.00$
润干区	$1.00>K>0.50$
中干区	$0.50>K>0.25$
过干区	$K<0.25$

潮湿系数 K 值为年降水量 R 与年蒸发量 Z 之比，即：

$$K=\frac{R}{Z} \tag{1-2}$$

3. 三级区划

三级区划是二级区划的进一步具体化，按各区内气候、地貌、土质、水文等方面的差异，划分为更低一级的区划单位或类型单位。三级区划目前未列入全国区划图内，由各省、市和自治区结合当地自然条件自行划分。

各级区划的范围不同，在公路工程上的应用也各有侧重。一级区划主要为全国性的公路总体规划和设计服务；二级区划主要为各地的公路路基路面设计、施工、养护提供较全面的地理、气候依据和有关计算参数，如土基和路面材料的回弹模量，路基临界高度，土基压实标准等。

练习与讨论

1. 路基路面的工程特点主要包括哪几个方面？
2. 路基路面的功能要求包括哪几个方面？
3. 路基结构承载能力包含哪两个方面？各反映结构的哪些特征？与路面的病害有何关联？
4. 为什么要对路基进行特别重视？其稳定过程受哪些因素影响？
5. 路面结构为什么要进行分层，水泥混凝土路面和沥青混凝土路面如何进行分层？
6. 柔性路面、刚性路面、半刚性基层沥青路面各有何特点？如何选择路面结构类型？
7. 路基路面结构稳定性的影响因素有哪些？为什么路基路面结构十分重视温度的影响？
8. 我国公路自然区划的原则是什么？各自然区划的道路设计应注重的特点有何差别？

小组讨论(1)：路基路面结构与温度关系密切，通过分析沥青混凝土路面和水泥混凝土路面与温度的关系，请结合不同路面的破坏特征，介绍沥青路面和水泥混凝土路面的功能要求与层位布置特点。

小组讨论(2)：公路是一种线状构造物，沿线环境和地质变化复杂，请通过选择一条典型道路(如312国道上海-霍尔果斯、104国道北京-福州)介绍沿线的特点，说明进行公路自然区划的意义和必要性。

第2章 路基土的特性及荷载-变形特性

本章知识点

> 【知识点】 路基土的分类方法及路基土的选择要求；路基湿度状况的变化规律及湿度状况表征方法；路基临界高度表征及确定方法；路基土的受力特性；路基土强度参数概念及测定方法；路基工作区概念及其计算方法。
> 【重 点】 路基土的分类方法与要求；路基湿度状况表征方法；路基土强度参数测定方法及参数范围。
> 【难 点】 路基湿度状况内涵及判断；路基土强度参数概念。

2.1 路基土的分类及其工程性质

2.1.1 路基土的工程分类

1. 土的粒组划分

世界各国公路用土的分类方法虽然不尽相同，但是分类的依据则大致相近，一般都根据土颗粒的粒径组成、土颗粒的矿物成分或土的有机质的存在、土的塑性指标进行区划。我国公路用土依据土的颗粒组成特征、土的塑性指标和土中有机质存在的情况，分为巨粒土、粗粒土、细粒土和特殊土四类，并进一步细分为 12 种土。土的颗粒组成特征用不同粒径粒组在土中的百分含量表示。土的颗粒应根据图 2-1 所列粒径范围划分粒组。

200		60	20		5	2		0.5	0.25		0.075		0.002(mm)
巨粒组			粗粒组									细粒组	
漂石(块石)	卵石(小块石)	砾(角砾)			砂					粉粒	黏粒		
		粗	中	细		粗	中	细					

图 2-1 粒组划分图

土颗粒级配曲线的坡度与形状分别采用不均匀系数 C_u 和曲率系数 C_c 来表示。不均匀系数 C_u 和曲率系数 C_c 定义为：

$$C_u = \frac{d_{60}}{d_{10}} \tag{2-1}$$

$$C_c = \frac{d_{30}^2}{d_{60} \times d_{10}} \tag{2-2}$$

式中：d_{10}、d_{30} 和 d_{60}——土的特征粒径(mm)，在土的粉径分布曲线上，小于该粒径的土粒质量分别为总土质量的 10%、30%、60%。

土分类总体系包括四类并且细分为 12 种，如图 2-2 所示。

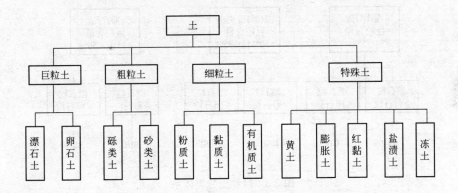

图 2-2 土分类总体系

公路用土分类的基本代号如表 2-1 所示。

土的基本代号表　　　　　　　　　　　表 2-1

名称	代号	名称	代号	名称	代号
漂石	B	级配良好砂	SW	含砾低液限黏土	CLG
块石	B_a	级配不良砂	SP	含砂高液限黏土	CHS
卵石	C_b	粉土质砂	SM	含砂低液限黏土	CLS
小块石	CB_a	黏土质砂	SC	有机质高液限黏土	CHO
漂石夹土	BSl	高液限粉土	MH	有机质低液限黏土	CLO
卵石夹土	CbSl	低液限粉土	ML	有机质高液限粉土	MHO
漂石质土	SlB	含砾高液限粉土	MHG	有机质低液限粉土	MLO
卵石质土	SlCb	含砾低液限粉土	MLG	黄土(低液限黏土)	CLY
级配良好砾	GW	含砂高液限粉土	MHS	膨胀土(高液限黏土)	CHE
级配不良砾	GP	含砂低液限粉土	MLS	红土(高液限粉土)	MHR
细粒质砾	GF	高液限黏土	CH	红黏土	R
粉土质砾	GM	低液限黏土	CL	盐渍土	St
黏土质砾	GC	含砾高液限黏土	CHG	冻土	Ft

关于各类土符号可见最新版《公路土工试验规程》JTG E40—2007。

2. 巨粒土

试样中巨粒组土颗粒(大于 60mm 的颗粒)质量多于总质量 15% 称为巨粒

土,巨粒组分类体系见图 2-3。如果巨粒组土粒质量多于总质量 75% 的土称为漂(卵)石;如果巨粒组土粒质量多于总质量 50%～75%(含 75%)的土称为漂(卵)石夹土;如果巨粒组土粒质量多于总质量 15%～50%(含 50%)的土称为漂(卵)石质土;如果巨粒组土粒质量少于或等于总质量 15% 的土,可扣除巨粒,按粗粒土或细粒土的相应规定分类定名。

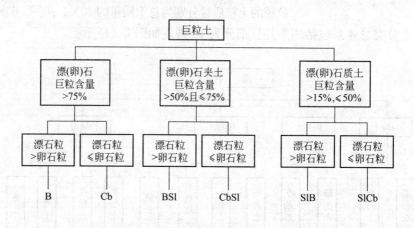

图 2-3 巨粒土分类体系

注:1. 巨粉土分类体系中的漂石换成块石,B 换成 B_a,即构成相应的块石分类体系。
2. 巨粉土分类体系中的卵石换成小块石,C_b 换成 C_b,即构成相应的小块石分类体系。

3. 粗粒土

试样中巨粒组土粒质量少于或等于总质量 15%,且巨粒组土粒与粗粒组土粒质量之和多于总质量的 50% 的土称为粗粒土。

粗粒土中砾粒组质量多于砂粒组质量的土称为砾类土,砾类土应根据其中细粒含量和类别以及粗粒组的级配进行分类,具体见图 2-4。

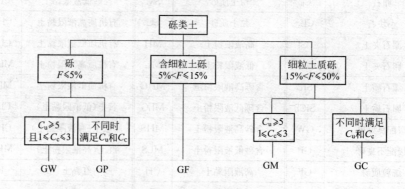

图 2-4 砾类土分类体系

注 砾类土分类体系中的砾石换成角砾,G 换成 Ga,即构成相应的角砾土分类体系

粗粒土中砾粒组质量少于或等于砂粒组质量的土称为砂类土,砂类土应根据其中细粒含量和类别以及粗粒组的级配进行分类,具体见图 2-5。

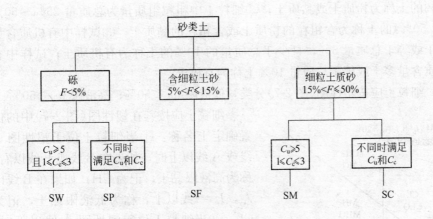

图 2-5 砂类土分类体系

注：需要时，砂可进一步细分为粗砂、中砂和细砂。

粗砂——粉径大于 0.5mm 颗粒多于总质量 50%；中砂——粉径大于 0.25mm 颗粒多于总质量 50%；细砂——粉径大于 0.075mm 颗粒多于总质量 75%。

4. 细粒土

试样中细粒土（小于 0.075mm）土粒质量不小于总质量 50% 的土称为细粒土。分类体系见图 2-6。

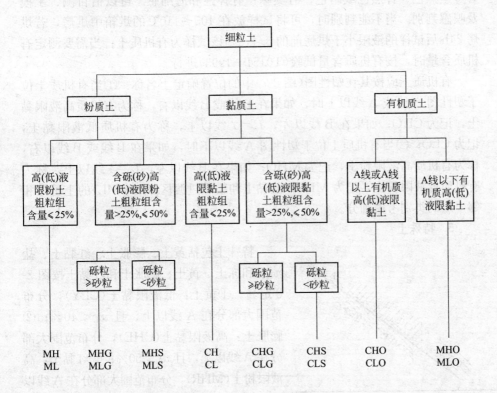

图 2-6 细粒土分类体系

细粒土应按下列规定划分：①细粒土中粗粒组质量少于或等于总质量

25%的土称为粉质土或黏质土;②细粒土中粗粒组质量为总质量25%～50%(含50%)的土称为含粗粒的粉质土或含粗粒的黏质土;③试样中有机质含量多于或等于总质量5%,且少于总质量的10%的土称为有机质土;试样中有机质含量多于或等于总质量10%土称为有机土。

细粒土应按塑性图(图2-7)分类,低液限$w_L<50\%$;高液限$w_L \geq 50\%$。

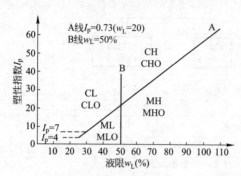

图2-7 塑性图

细粒土应按其在塑性图(图2-7)中的位置确定土名称:①当细粒土位于塑性图A线或A线以上时,如果在B线或B线以右,称为高液限黏土,记为CH;如果在B线以左,$I_p=7$线以上,称为低液限黏土,记为CL;②当细粒土位于塑性图A线以下时,如果在B线或B线以右,称为高液限粉土,记为MH;如果在B线以左,$I_p=4$线以上,称为低液限粉土,记为ML;③黏土和粉土过渡区(CL～ML)的土可按相邻土层的类别考虑细分。

土中有机质包括未完全分解的动植物残骸和完全分解的无定形物质。后者多呈黑色、青黑色或暗色;有臭味;有弹性和海绵感。可以借目测、手摸及嗅感判别。当不能判别时,可将试样放在105～110℃的烘箱中烘烤,若烘烤24h后试样的液限小于烘烤前的3/4,则该试样为有机质土;当需要测定有机质含量时,按有机质含量试验(T0151—1993)进行。

有机质土应按其在塑性图(图2-7)中的位置确定土名称:①当有机质土位于塑性图A线或A线以上时,如果在B线或B线以右,称为有机质高液限黏土,记为CHO;如果在B线以左,$I_p=7$线以上,称为有机质低液限黏土,记为CLO;②当有机质土位于塑性图A线以下时,如果在B线或B线以右,称为有机质高液限粉土,记为MHO;如果在B线以左,$I_p=4$线以上,称为有机质低液限粉土,记为MLO;③黏土和粉土过渡区(CL～ML)的土可按相邻土层的类别考虑细分。

5. 特殊土

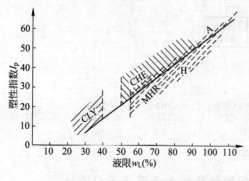

图2-8 特殊土塑性图

特殊土包括黄土、膨胀土、红黏土、盐渍土和冻土。黄土、膨胀土和红黏土按图2-8定名。①黄土:低液限黏土(CLY),分布范围大部分在A线以上,且$w_L<40\%$;②膨胀土:高液限黏土(CHE),分布范围大部分在A线以上,且$w_L>50\%$;③红黏土:高液限粉土(MHR),分布范围大部分在A线以下,且$w_L>55\%$。盐渍土按表2-2分类,冻土按冻结状态持续时间分为多年冻土、隔年冻土和季节性冻土,具体按表2-3分类。

盐渍土分类表　　　　　　　表 2-2

名称 \ 土层中平均总盐量（质量%）	Cl^-/SO_4^{2-} 比值	氯盐渍土	亚氯盐渍土	亚硫酸盐渍土	硫酸盐渍土
		>2.0	1.0~2.0	0.3~1.0	<0.3
弱盐渍土		0.3~1.5	0.3~1.0	0.3~0.8	0.3~0.5
中盐渍土		1.5~5.0	1.0~4.0	0.8~2.0	0.5~1.5
强盐渍土		5.0~8.0	4.0~7.0	2.0~5.0	1.5~4.0
过盐渍土		>8.0	>7.0	>5.0	>4.0

冻土分类表　　　　　　　表 2-3

类型	持续时间 t（年）	地面温度（℃）特征	冻融特征
多年冻土	$t \geqslant 2$	年平均地面温度≤0	季节融化
隔年冻土	$2 > t \geqslant 1$	最低月平均地面温度≤0	季节冻结
季节冻土	$t < 1$	最低月平均地面温度≤0	季节冻结

2.1.2 路基土的工程性质

各类公路用土具有不同的工程性质，在选择路基填筑材料以及修筑稳定土路面结构层时，应根据不同的土类分别采取不同的工程技术措施。

巨粒土包括漂石（块石）和卵石（块石），有很高的强度和稳定性，用以填筑路基是良好的材料。亦可用于砌筑边坡。

级配良好的砾石混合料，密实程度好，强度和稳定性均能满足要求。除了填筑路基之外，可以用于铺筑中级路面，经适当处理后可以铺筑高级路面的基层、底基层。

砂土无塑性，透水性强，毛细上升高度小，具有较大的内摩擦系数，强度和水稳定性均好，但砂土粘结性小，易于松散，压实困难，但是经充分压实的砂土路基，压缩变形小，稳定性好。为了加强压实和提高稳定性，可以采用振动法压实，并可掺加少量黏土，以改善级配组成。

砂性土含有一定数量的粗颗粒，又含有一定数量的细颗粒，级配适宜，强度、稳定性等都能满足要求，是理想的路基填筑材料。如细粒土质砂土，其粒径组成接近最佳级配，遇水不粘结，不膨胀，雨天不泥泞，晴天不扬尘，便于施工。

粉性土含有较多的粉土颗粒，干时虽有黏性，但易于破碎，浸水时容易成为流动状态。粉性土毛细作用强烈，毛细上升高度大（可达 1.5m）。在季节性冰冻地区容易造成冻胀，翻浆等病害。粉性土属于不良的公路用土，如必须用粉性土填筑路基，则应采取技术措施改良土质并加强排水、采取隔离水等措施。

黏性土中细颗粒含量多，土的内摩擦系数小而黏聚力大，透水性小而吸水能力强,毛细现象显著,有较大的可塑性。黏性土干燥时较坚硬,施工时不易破碎。浸湿后能长期保持水分,不易挥发,因而承载力小。对于黏性土如在适当含水率时加以充分压实和设置良好的排水设施,筑成的路基也能获得稳定。

重黏土工程性质与黏性土相似,但其含黏土矿物成分不同时,性质有很大差别。黏土矿物主要包括蒙脱土、伊里土、高岭土。蒙脱土主要分布在东北地区,其塑性大,吸湿后膨胀强烈,干燥时收缩大,透水性极低,压缩性大,抗剪强度低。高岭土分布在南方地区,其塑性较低,有较高的抗剪强度和透水性,吸水和膨胀量较小。伊里土分布在华中和华北地区,其性质介于上述两者之间。重黏土不透水,黏聚力特强,塑性很大,干燥时很坚硬,施工时难以挖掘与破碎。

总之,土作为路基建筑材料,砂性土最优,黏性土次之,粉性土属不良材料,最容易引起路基病害。重黏土,特别是蒙脱土也是不良的路基土。此外,还有一些特殊土类,如有特殊结构的土(黄土)、含有机质的土(腐殖土)以及含易溶盐的土(盐渍土)等,用以填筑路基时必须采取相应技术措施。

2.2 路基湿度状况及路基临界高度

2.2.1 影响路基路面稳定的因素

路基路面裸露在大气中,其稳定性在很大程度上由当地自然条件所决定。因此,深入调查公路沿线的自然条件,从总体到局部,从大区域到具体路段的自然情况,分析研究,掌握其规律及对路基路面稳定性的影响,因地制宜地采取有效的工程措施,以确保路基路面具有足够的强度和稳定性。

路基路面的稳定性与下列因素有关:

1. 地理条件

公路沿线的地形,地貌和海拔高度不仅影响路线的选定,也影响到路基与路面的设计。平原、丘陵、山岭各区地势不同,路基的水温情况也不同。平原区地势平坦,排水困难,地表易积水,地下水位相应较高,因而路基需要保持一定的最小填土高度,路面结构层应选择水稳定性良好的材料,并采取一定的结构排水设施;丘陵区和山岭区,地势起伏较大,路基路面排水设计至关重要,否则会导致稳定性下降,出现破坏现象,影响路基路面的稳定性。

2. 地质条件

沿线的地质条件,如岩石的种类、成因、节理、风化程度和裂隙情况,岩石走向、倾向、倾角、层理和岩层厚度,有无夹层或遇水软化的夹层以及有无断层或其他不良地质现象(岩溶、冰川、泥石流、地震等)都对路基路面的稳定性有一定的影响。

3. 气候条件

气候条件如气温、降水、湿度、冰冻深度、日照、蒸发量、风向、风力等都会影响公路沿线地面水和地下水的状况，并且影响到路基路面的水温情况。

在一年之中，气候有季节性的变化，因此路基路面的水温情况也随之变化。气候还受地形的影响，例如山顶与山脚，山南坡与山北坡气候有很大的差别。这些因素都会严重影响路基路面的稳定性。

4. 水文和水文地质条件

水文条件如公路沿线地表水的排泄，河流洪水位，常水位，有无地表积水和积水时期的长短，河岸的淤积情况等。水文地质条件如地下水位，地下水移动的规律，有无层间水、裂隙水、泉水等。所有这些地面水及地下水都会影响路基路面的稳定性，如果处理不当，常会引起各种病害。

5. 土的类别

土是建筑路基和路面的基本材料，不同的土类具有不同的工程性质，因而将直接影响路基和路面的强度与稳定性。

不同的土类含有不同粒径的土颗粒，砂粒成分多的土，强度构成以内摩擦力为主，强度高，受水的影响小，但施工时不易压实。较细的砂，在渗流情况下，容易流动，形成流砂。黏粒成分多的土，强度形成以黏聚力为主，其强度随密实程度的不同，变化较大，并随湿度的增大而降低。粉土类土毛细现象强烈，路基路面的强度和承载力随着毛细水上升，湿度增大而下降，在负温度坡差作用下，水分通过毛细作用移动并积聚，使局部土层湿度大幅度增加，造成路基冻胀，最后导致路基翻浆，路面结构层断裂等各种破坏。

2.2.2 路基湿度的来源

路基的强度与稳定性在很大程度上与路基的湿度以及大气温度引起的路基的水温状况有密切的关系。路基在使用过程中，受到各种外界因素的影响，使湿度发生变化。路基湿度的来源可分为以下几方面：

(1) 大气降水——大气降水通过路面、路肩边坡和边沟渗入路基；

(2) 地面水——边沟的流水、地表径流水因排水不良，形成积水、渗入路基；

(3) 地下水——路基下面一定范围内的地下水浸入路基；

(4) 毛细水——路基下的地下水，通过毛细管作用，上升到路基；

(5) 水蒸气凝结水——在土的空隙中流动的水蒸气，遇冷凝结成水；

(6) 薄膜移动水——在土的结构中水以薄膜的形式从含水率较高处向较低处流动，或由温度较高处向冻结中心周围流动。

上述各种导致路基湿度变化的水源，其影响程度随当地自然条件和气候特点以及所采取的工程措施等而不同。

2.2.3 大气温度及其对路基水温状况的影响

路基湿度除了水的来源之外，另一个重要因素是受当地大气温度的影响。由于湿度与温度变化对路基产生的共同影响称为路基的水温状况。沿路基深度出现较大的温度梯度时，水分在温差的影响下以液态或气态由热处向冷处移动，并积聚在该处。这种现象特别是在季节性冰冻地区尤为严重。

我国华北、东北和西北地区为季节性冰冻地区。这些地区的路基在冬季冻结的过程中会在负温度坡降的影响下，出现湿度积聚现象。气温下降到0℃以下，路面和路基结构内的温度也随之由上而下地逐渐降到零下。在负温度区内，自由水、毛细水和弱结合水随温度降低而相继冻结，于是土粒周围的水膜减薄，剩余了许多自由表面能，增加了土的吸湿能力，促使水分由高温处向上移动，以补充低温处失去的部分。由试验得知，在温度下降到-3℃以下时，土中未冻结的水分在负温差的影响下实际上已不可能向温度更低处移动，因此，负温度区的水分移动一般发生在$0 \sim -3$℃等温线之间。在正温度区内，因零度等温线附近土中自由水和毛细水的冻结，形成了与深层次土层之间的温度坡差，从而促使下面的水分向零度等温线附近移动。而这部分上移的水分便又成了负温度区水分移动的补给来源。这就造成了上层路基湿度的大量积聚。

积聚的水冻结后体积增大，使路基隆起而造成面层开裂，即冻胀现象。春暖化冻时，路面和路基结构由上而下逐渐解冻。而积聚在路基上层的水分先融解，水分难以迅速排除，造成路基上层的湿度增加，路面结构的承载能力便大大降低。若是在交通繁重的地区，经重车反复作用，路基路面结构会产生较大的变形，严重时，路基土以泥浆的形式从胀裂的路面缝隙中冒出，形成了翻浆。冻胀和翻浆的出现，使路面遭受严重损坏。

当然并不是在季节性冰冻地区所有的道路都会产生冻胀与翻浆，对于渗透性较高的砂性土以及渗透性很低的黏性土，水分都不容易积聚，因此不易发生冻胀与翻浆，而相反，对于粉性土和极细砂则由于毛细水活动力强，极易发生冻胀与翻浆。周边的水文条件和气候条件亦是重要原因。地面排水不良，地下水位高，路基湿度大，水源充足。冬季温和与寒冬反复交替，路基冻结缓慢，这些都是产生冻胀与翻浆重要的自然条件。

2.2.4 路基干湿类型

路基的强度与稳定性，同路基的干湿状态有密切关系，并在很大程度上影响路面结构设计。路基按其干湿状态不同，分为四类：干燥、中湿、潮湿和过湿。上述四种干湿类型以分界稠度w_{c1}、w_{c2}和w_{c3}来划分。为了保证路基路面结构的稳定性，一般要求路基处于干燥或中湿状态。过湿状态的路基必须经处理后方可铺筑路面。

1. 土的稠度

稠度w_c定义为土的含水率w与土的液限w_L之差和土的塑限w_p与液限

w_L 之差的比值。即

$$w_c = (w_L - w)/(w_L - w_p) \qquad (2\text{-}3)$$

式中　w_c——土的稠度；

　　　w_L——土的液限；

　　　w——土的含水率；

　　　w_p——土的塑限。

土的稠度较准确地表示了土的各种形态与湿度的关系，稠度指标综合了土的塑性特性，包含了液限与塑限，全面直观地反映了土的硬软程度，物理概念明确。

(1) $w_c = 1.0$，即 $w = w_p$，为半固体与硬塑状的分界值；

(2) $w_c = 0$，即 $w = w_L$，为流塑与流动状的分界值；

(3) $0 < w_c < 1$，即 $w_p < w < w_L$，土处于可塑状态。

2. 80cm 深度内土的平均稠度确定

在公路勘测设计中，确定路基的干湿类型需要在现场进行勘查，对于原有公路，按不利季节路槽底面以下 80cm 深度内土的平均稠度确定。于路槽底面以下 80cm 内，每 10cm 取土样测定其天然含水率、塑限含水率和液限含水率，以式(2-4)和式(2-5)求算：

$$w_{ci} = (w_{Li} - w_i)/(w_{Li} - w_{Pi}) \qquad (2\text{-}4)$$

$$\overline{w_c} = \frac{\sum_{i=1}^{n} w_{ci}}{n} \qquad (2\text{-}5)$$

式中　w_i——路槽底面以下 80cm 内，每 10cm 为一层，第 i 层上的天然含水率；

　　　w_{Li}——同一层土的液限含水率(76g 平衡锥)；

　　　w_{Pi}——同一层土的塑限含水率；

　　　w_{ci}——第 i 层的稠度；

　　　$\overline{w_c}$——路槽以下 80cm 内土的算术平均稠度。

3. 以土的稠度判别土的干湿类型

以稠度作为路基干湿类型的划分标准较合理，但是在不同的自然区划，不同的土组的分界稠度也不同，详情见表 2-4。

各自然区划路基干湿分界稠度　　　　表 2-4

自然区划 \ 土组 分界稠度	土质砂				黏质土				粉质土				附注
	w_{c0}	w_{c1}	w_{c2}	w_{c3}	w_{c0}	w_{c1}	w_{c2}	w_{c3}	w_{c0}	w_{c1}	w_{c2}	w_{c3}	
$II_{1,2,3}$	1.87	1.19	1.05	0.91	1.29	1.20	1.03	0.86	1.12	1.04	0.96	0.81	黏性土：分母适用于 $II_{1,2}$ 区；
					1.20	1.12	0.94	0.77		0.96	0.89	0.73	粉性土：分母适用于 II_{2a} 区
II_4、II_5	1.87	1.05	0.91	0.78	1.29	1.20	0.86	0.86	1.12	1.04	0.89	0.73	

续表

自然区划 \ 分界稠度 \ 土组	土质砂				黏质土				粉质土				附注
	w_{c0}	w_{c1}	w_{c2}	w_{c3}	w_{c0}	w_{c1}	w_{c2}	w_{c3}	w_{c0}	w_{c1}	w_{c2}	w_{c3}	
Ⅲ									1.20	1.12	0.96	0.81	分子适用于粉土地区;
									1.04	0.89	0.73		分母适用于粉质黏土地区
Ⅳ	1.73	1.32	1.05	0.91	1.20	1.03	0.94	0.77	1.04	0.96	0.89	0.73	
Ⅴ					1.20	1.08	0.76	0.77	1.04	0.96	0.81	0.73	
Ⅵ	2.00	1.19	0.97	0.78	1.29	1.12	0.98	0.86	1.20	1.04	0.89	0.73	
Ⅶ	2.00	1.32	1.10	0.91	1.29	1.12	0.98	0.86	1.20	1.04	0.89	0.73	

注:w_{c0}——干燥状态路基常见下限稠度;

w_{c1}、w_{c2}、w_{c3}——分别为干燥和中湿、潮湿和过湿状态的分界稠度。

根据 w_c 判别路基的干湿类型,要按照道路所在的自然区划和路基土的类别,查表2-4,与分界稠度作比较,并按表2-5所列区划界限确定道路所属的路基干湿类型。

路基干湿类型 表2-5

路基干湿类型	路基平均稠度$\overline{w_c}$与分界相对稠度的关系	一般特性
干燥	$\overline{w_c} \geq w_{c1}$	路基干燥稳定,路面强度和稳定性不受地下水和地表积水影响,路基高度 $H \geq H_1$
中湿	$w_{c1} > \overline{w_c} \geq w_{c2}$	路基上部土层处于地下水或地表积水影响的过渡带区内,路基高度 $H_2 \leq H < H_1$
潮湿	$w_{c2} > \overline{w_c} \geq w_{c3}$	路基上部土层处于地下水或地表积水毛细影响区内,路基高度 $H_3 \leq H < H_2$
过湿	$\overline{w_c} < w_{c3}$	路基极不稳定、冰冻区春融翻浆,非冰冻区弹簧,路基经处理后方可铺筑路面,路基高度 $H < H_3$

对于新建道路,路基尚未建成,无法按上述方法现场勘查路基的湿度状况,可以用路基临界高度作为判别标准。当路基的地下水位或地表积水水位一定的情况下,路基的湿度由下而上逐渐减少,如图2-9所示。与分界稠度相对应的路基离地下水位或地表积水水位的高度称为路基临界高度 H。即:

H_1 相对应于 w_{c1},为干燥和中湿状态的分界标准;

H_2 相对应于 w_{c2},为中湿与潮湿状态的分界标准;

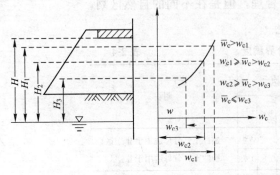

图2-9 路基临界高度与路基干湿类型

H_3 相对应于 w_{c3}，为潮湿和过湿状态的分界标准。

在设计新建道路时，如能确定路基临界高度值，则可以此作为判别标准，与路基设计高度作比较，由此确定路基的干湿类型，如表 2-5 所示。

2.2.5 路基土的基质吸力与饱和度

采用平均稠度指标 w_c 作为路基湿度评价指标，虽然综合了土的塑性特性，包含了液限（w_L）与塑限（w_P），也能反映土的软硬程度，但是对于塑性指数为零或接近于零的土组，土的平均稠度不能全面反映路基土的工作状态。

若土粒的相对密度 G_s 和土密度 ρ_d 已经确定，根据重力含水率 w、饱和度 S 和体积含水率 θ_w 之间的相互关系，只要测定 w、S 和 θ_w 变量中的任何一个，就可得出另外两个。如果吸湿过程或干燥过程中土样体积没有变化或者变化较小，则采用其中任何一个变量中对表征土体湿度状况已经足够。但是大多数情况下，土体体积随着湿度变化而变化，这样即使重力含水率不变，体积含水率和饱和度都会变化，因而表征湿度时，需要考虑包括土体孔隙率和重力含水率两个因素，而饱和度和体积含水率均包含了含水率和密度两个参数，故可以选择饱和度和体积含水率中的一个来表征土体湿度状况。

基质吸力（h_m）定义为压力势与重力势差值，即 $h_m=u_a-u_w$；总吸力（ψ）定义为基质吸力与渗透吸力之和，$\psi=h_m+h_s$（u_w—重力势；u_a—压力势；u_m—基质势；u_s—渗透势）；在工程实践中，因湿度改变引起的渗透吸力对工程性质影响很少，这种情况下渗透吸力忽略不计 $h_s=0$。总吸力可由基质吸力来表达 $h_m=\psi=u_a-u_w$。一般情况下孔隙气压力等于大气压力，此时 $u_a=0$，而总势能可简化为等于负孔隙水压力 u_w，即基质吸力 $h_m=\psi=-u_w$。

路面竣工后路基在整个使用期内处于非饱和状态，其湿度状况主要由基质吸力所决定，根据非饱和土土力学理论，非饱和状态土的含水率与基质吸力的关系就是土-水特性曲线，只要知道路路基土基质吸力，就可以由土-水特性曲线预估路基湿度状况（饱和度）（图 2-10）。

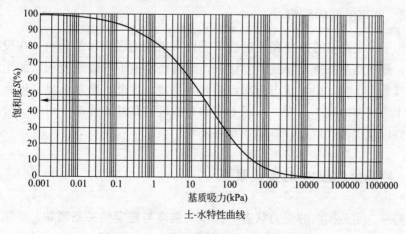

土-水特性曲线

图 2-10　土-水特性曲线预估含水率方法图

基质吸力主要受地下水、土组类型、气候等因素影响。表征气候因素的参数有降雨量、蒸发量、降雨天数、相对湿度、年均温度、日照时间及 TMI 湿度指数等；土组表征参数主要有 P_{200} 和塑性指数（PI）。

年度 TMI 湿度指数由式（2-6）计算：

$$TMI_y = \frac{100(R_y) - 60(DF_y)}{PE_y} \tag{2-6}$$

式中　R_y——年度净流量（cm）；

　　　DF_y——年度缺水量（cm）；

　　　PE_y——年度蒸发蒸腾总量（cm）。

路基土质吸力预估模型，如式（2-7）：

$$\begin{cases} h_m = y \cdot \gamma_w & \text{地下水位控制的基质吸力预估模型} \\ h_m = \alpha\{e^{[\beta/(TMI+\gamma)]} + \delta\} & \text{气候因素控制的基质吸力预估模型} \end{cases} \tag{2-7}$$

式中　y——计算点与地下水之间距离（cm）。

　　　γ_w——水的重度；

　　　TMI——湿度指数；

α、β、γ、δ——回归参数（表 2-6），与 $wPI = P_{200} \times PI$ 有关，PI 为塑性指数。

路基土基质吸力 TMI-wPI 预估模型回归参数　　表 2-6

wPI	α	β	γ	δ
0	0.300	419.07	133.45	15.0
0.5	0.300	521.50	137.30	16.0
5	0.300	663.50	142.50	17.5
10	0.300	801.00	147.60	25.0
20	0.300	975.00	152.50	32.0
50	0.300	1171.20	157.50	27.8

利用预估的路基土质吸力结合土-水特性曲线，就可以预估路基土饱和度。

2.2.6　路基的临界高度

为了保证路基的强度和稳定性不受地下水及地表积水的影响，在设计路基时，要求路基保持干燥或中湿状态，路槽底距地下水或地表积水的距离要大于或等于干燥、中湿状态所对应的临界高度。因此，路基临界高度是路基处于干湿状态的最小高度，不同土质和自然区的路基临界高度可见《公路沥青路面设计规范》JTG D50—2006 附录 F。

2.3　路基土的应力-应变关系

路基一定范围内的受力状态对路基的强度与稳定性关系密切，必须控制路基的荷载在一定的范围内。

2.3.1 路基受力状况

路基承受着路基自重和汽车轮重这两种荷载。在两种荷载共同作用之下，在一定深度范围内，路基土处于受力状态。正确的设计应使得路基所受的力在弹性限度范围内，而当车辆驶过后，路基能恢复原状，以保证路基相对稳定，路面不致引起破坏。

路基土在车轮荷载作用下所引起的垂直应力 σ_z 可用近似公式(2-8)计算。计算时假定车轮荷载为一圆形均布垂直荷载，路基为一弹性均质半空间体(见图2-11)，则

$$\sigma_z = \frac{p}{1+2.5\left(\dfrac{Z}{D}\right)^2} \quad (2-8)$$

式中 p ——车轮荷载的均布单位压力(kPa)；
D ——圆形均布荷载作用面积的直径(m)；
Z ——圆形均布荷载中心下应力作用点的深度(m)。

路基土本身自重在路基内深度为 Z 处所引起的垂直压应力 σ_B 按式(2-9)计算：

$$\sigma_B = \gamma Z \quad (2-9)$$

式中 γ ——土的重度，kN/m^3；
Z ——应力作用点深度(m)。

虽然路面结构材料的重度比路基土的重度略大，但是结构层的厚度相对于路基某一深度而言，这个差别可以忽略，仍可视作为均质土体。

路基内任一点处的垂直应力包括由车轮荷载引起的 σ_z 和由路基自重引起的 σ_B 两者的共同作用，如图2-11所示。

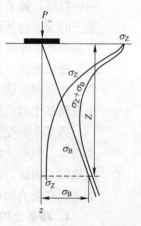

图2-11 路基中应力分布图

2.3.2 路基工作区

在路基某一深度 Z_a 处，当车轮荷载引起的垂直应力 σ_z 与路基土自重引起的垂直应力 σ_B 相比所占比例很小，仅为1/5～1/10时，该深度 Z_a 范围内的路基称为路基工作区。在工作区范围内的路基，对支承路面结构和车轮荷载影响较大，在工作区范围以外的路基，影响逐渐减少。

路基工作区深度 Z_a 可以用式(2-10)计算：

$$Z_a = \sqrt[3]{\frac{KnP}{\gamma}} \quad (2-10)$$

式中 Z_a ——路基工作区深度(m)；
P ——一侧轮重荷载(kN)；
K ——系数，取 $K=0.5$；
γ ——土的重度(kN/m^3)；
n ——系数，$n=5$ 和 10。

由于路基路面不是均质体，路面的刚度和重度较路基土大，路基工作区

的实际深度随路面刚度和厚度的增加而减少。因此,需要将路面折算为与路基同一性质的整体,得到沥青路面的当量厚度 h_e,即

$$h_e = \sum h_i \sqrt[2.5]{\frac{E_i}{E_0}} \tag{2-11}$$

式中　h_i、E_i——沥青路面结构的厚度(cm)和模量(MPa);
　　　E_0——路基顶面的综合模量(MPa)。

由式(2-10)可见,路基工作区随车轮荷载的加大而加深。

路基工作区内,路基的强度和稳定性对保证路面结构的强度和稳定性极为重要,对工作区深度范围内的土质选择,路基的压实度应提出较高的要求。

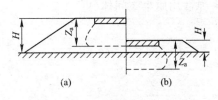

图 2-12　工作区深度和路基高度
(a)路堤高度大于 Z_a;(b)路堤高度小于 Z_a

当工作区深度大于路基填土高度时(图 2-12),行车荷载的作用不仅施加于路堤,而且施加于天然地基的上部土层,因此,天然地基上部土层和路堤应同时满足工作区的要求,均应充分压实。

2.3.3　路基土的受力特性

路基是路面结构的支承体,车轮荷载通过路面结构传至路基。所以路基土的应力—应变特性对路基路面结构的整体强度和刚度有很大影响。路面结构的损坏,除了它本身的原因之外,路基土的变形过大是重要原因之一。路基土的变形包括弹性变形和塑性变形两部分。过大的塑性变形将导致各种沥青路面产生车辙和纵向不平整。对于水泥混凝土路面,路基土的塑性变形将引起板块断裂。弹性变形过大将使得沥青面层或水泥混凝土面板产生疲劳开裂。在路面结构总变形中,路基的变形占很大部分,约占 70%~95%,所以提高路基土的抗变形能力是提高路基路面结构整体强度和刚度的重要措施。

路基土的受力特性是由构成路基用土的物理性质决定的。路基用土的种类很多,但不论何种土都是由固态矿物颗粒、孔隙中的水以及气体三大部分组成的。因此,土是一种由固体颗粒、水和气体组成的三相体系。土最突出的是土在受力时的非线性变形特性。

1. 路基土的非线性变形特性

路基土在受力时的非线性变形特性取决于土的非线性性质。室内三轴试验表明,土的应力-应变关系曲线,一般没有直线段,应力消失后恢复不到原先的形状(图 2-13)。这是因为土在受力后,三相结构改变了原来的状态,作为土的骨架的矿物颗粒发生相对移动,而这种移动引起的变形,有一部分是属于不可恢复的残余变形。由此说明,土除了具有非线性变形性质外,还有塑性变形性质。

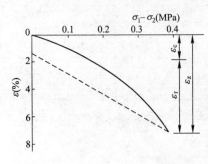

图 2-13　土的应力—应变关系曲线

弹性模量是表征弹性材料或弹性体在受力时应力—应变关系的比例常数,但由于路基土的应力—应变关系呈非线性,因此,只有认为路基土的弹性

模量 E 是一个条件变量，它随应力—应变关系的改变而变化。

在路面设计中，如果完全按照路基土的非线性、塑性变形等特性决定它的计算参数(主要是路基土的弹性模量 E)，则会使设计方法复杂化，甚至需改变路面设计的理论体系。因此，必须根据路基土在路面结构中的实际工作状态，对其非线性性质作相应的修正或简化处理。修正或简化的原则是表征路基土应力—应变特性的参数在理论计算中应与实际状况吻合。对路基土的应力—应变关系曲线进行线性处理的最简单的方法是切线法和割线法，即将路基土的应力—应变关系曲线上某点的切线斜率或某一范围的割线斜率作为路基的模量。用切线法和割线法确定的模量有以下几种：

(1) 初始切线模量——应力值为零时的应力—应变曲线的正切，如图 2-14 中虚线①所示，代表加荷开始时土的应力—应变关系。

(2) 切线模量——某一应力级位处应力—应变曲线的斜率，如图 2-14 中虚线②所示，反映土在该级位应力—应变变化的精确关系。

(3) 割线模量——以某一应力值对应的曲线上的点同起始点相连的割线的斜率，如图 2-14 中的虚线③所示，反映在该应力级范围内的应力—应变关系的平均情况。

(4) 回弹模量——应力卸除阶段应力—应变曲线的割线模量，如图 2-14 中虚线④所示，反映路基土在回弹变形范围内的应力—应变关系的平均情况。

前三种模量取值时的应变值是包含残余应变(ε_1)和回弹应变(ε_2)在内的总应变(ε_z)，而回弹模量取值时已扣除残余应变后的回弹应变。因此，一般将记入残余变形的模量称为形变模量。而回弹模量能反映土所具有的那部分弹性性质，所以，在以弹性力学为理论基础的路面设计方法中，往往将土的回弹模量视为土的弹性模量，并且作为路面设计中的一项重要计算参数。

2. 路基土的流变性质

路基土在荷载作用下的变形不仅与荷载大小有关，而且还与荷载作用的持续时间有关，是一种具有流变性质的材料。土颗粒之间力的传递以及土颗粒与土颗粒之间相对移动都需要一定的时间，通常在施加荷载的初始阶段，变形的大小随着荷载持续时间的延长而增大，以后逐渐趋于稳定。室内模型试验表明，回弹变形与荷载的持续时间关系不大，因而路基土的流变性质主要同塑性变形有关，图 2-15 表示荷载作用时间与土的回弹变形、塑性变形以及总变形的关系。

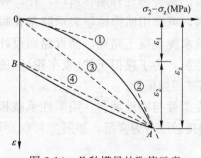

图 2-14 几种模量的取值示意

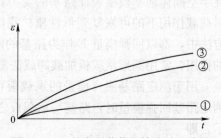

图 2-15 土的变形荷载的持续时间关系
①—回弹变形；②—塑性变形；③—总变形

车辆在路面上行使，车轮对路面下路基的作用时间随车辆行驶速度的变化而变化，但通常都很小，在这短暂的一瞬间，产生的塑性变形比之于静荷载长期作用下的塑性变形小得多。因此，一般情况下，路基的流变性质可以不予考虑。

3. 重复荷载作用下路基土的变形特性

路基土承受着车轮荷载的多次重复作用，每一次荷载作用时，路基土产生的变形均可分为弹性变形和塑性变形两部分。弹性变形部分随着荷载的消失立即恢复，而塑性变形部分因不能恢复而形成残余变形，这种残余变形会随着荷载重复作用次数的增加而累积。但是，随着荷载重复作用次数的增加，每一次产生的塑性变形都逐渐减小。所以，它的变形累积速度随作用次数的增加而减缓。

路基土在荷载的重复作用下产生的变形累积，最终可导致两种不同的情况：一种是土体逐渐压密，土的颗粒之间进一步靠拢，但是不会产生引起土体整体破坏的剪切面，路基土被压实而稳定；另一种是荷载的重复作用造成土体的剪切变形不断发展，形成整体破坏的剪切面，最后达到破坏阶段，路基土失去支承荷载的能力。

实验表明，较干的土（相对含水率小于 0.7），在相对荷载小于 0.45~0.55 的情况下，荷载的重复作用结果将使土固结硬化；而相对荷载大于此值时，土在荷载作用下（相对含水率大于 0.7~0.8），要保持土体不发生破坏变形的安全相对荷载值急剧降低，对于黏性土小于 0.09，砂性土小于 0.12~0.15，粉性土不超过 0.10。

2.3.4 路基的强度指标

目前，世界各国在路面力学计算中采用的路基模型主要有弹性半空间体模型和文克勒模型两种。前者用反映路基应力—应变特性的弹性模量 E 和泊松比 μ 作为路基土的刚度指标；后者用路基反应模量 K 表征路基受力后的变形性质，此外，用于表征路基土承载能力和进行路面设计的强度指标尚有加州承载比 CBR 值等。

1. 路基回弹模量

路基回弹模量能较好地反映路基所具有的部分弹性性质，所以，在以弹性半空间体地基模型表征路基的受力特性时，可以用回弹模量表示路基在瞬时荷载作用下的可恢复变形性质。我国公路水泥混凝土路面、沥青路面设计方法中，都以回弹模量 E 作为路基的刚度指标。为了模拟车轮（或车轮）印迹的作用，常用圆形承载板加载卸载法测定路基回弹模量。

用于测定路基回弹模量的承载板可分为柔性与刚性两种。用柔性承载板测定路基回弹模量时，路基与承载板之间的接触压力为常量，如图 2-16(a)所示，即

$$p(r)=\frac{P}{\pi r^2} \tag{2-12}$$

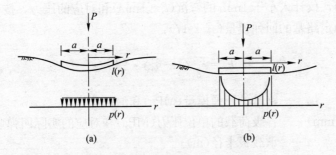

图 2-16 路基在圆形承载板下的压力与挠度分布曲线
(a)柔性承载板；(b)刚性承载板

承载板的挠度 $l(r)$ 与坐标 r 有关，在承载板中心处($r=0$)，即：

$$l_{r=0}=\frac{2pa(1-\mu_0^2)}{E_0} \tag{2-13}$$

在柔性承载板边缘处($r=a$)，其挠度可以按下式计算：

$$l_{r=a}=\frac{4pa(1-\mu_0^2)}{\pi E_0} \tag{2-14}$$

因此，当测得承载板中心或边缘处的挠度之后，假如土的泊松比 μ 为已知值，即可通过公式(2-13)或式(2-14)反算得到路基回弹模量 E 值。

用刚性承载板测定路基回弹模量时，承载板下路基顶面的挠度为等值，不随坐标 r 而变化。但是板底接触压力则随 r 值而变化，成鞍形分布，如图 2-16(b)所示，其挠度 l 值和接触压力 $p(r)$ 值可分别按式(2-15)与式(2-16)计算：

$$l=\frac{2pa(1-\mu_0^2)}{E_0}\cdot\frac{\pi}{4} \tag{2-15}$$

$$p(r)=\frac{1}{2}\frac{pa}{\sqrt{a^2-r^2}} \tag{2-16}$$

式中　l——承载板挠度(m)；
　　　$p(r)$——接触压力(MPa)；
　　　r——计算点离承载板中心的距离(m)；
　　　P——总压力(MN)；
　　　p——单位压力(MPa)；
　　　a——承载板半径(m)；
E_0、μ_0——路基的回弹模量(MPa)和泊松比。

测得刚性承载板的挠度之后，即可按公式(2-15)反算路基回弹模量值 E。

在实际测定中，刚性承载板用得较多，因为它的挠度较易量测，总压力较易控制。承载板直径通常采用标准车辆轮印当量圆直径。

测定时宜采用逐级加载-卸载法。每一级荷载经过加载和卸载，稳定 1min，测得回弹弯沉之后，再加下一级荷载，如此施加 n 级荷载后，即可点绘出荷载-回弹弯沉曲线。在多数情况下，试验曲线呈非线性。在确定模量时，可以根据路基实际受的压力范围或可能产生的弯沉范围在曲线上取值。

2.3 路基土的应力-应变关系

路面设计中，仅计入小于1mm的弯沉（$l_i \leqslant 1\text{mm}$）和对应的压力，按1mm线性归纳法来确定路基的回弹模量（式2-17）：

$$E_0 = \frac{\pi a}{2}(1-\mu_0^2) \cdot \frac{\Sigma p_i}{\Sigma l_i} \tag{2-17}$$

式中　　E_0、μ_0——路基的回弹模量（MPa）和泊松比；

　　　　p_i、l_i（$l_i \leqslant 1\text{mm}$）——各级荷载的单位压力（MPa）和对应的实际回弹弯沉（m）；

　　　　a——承载板半径（m）。

处理数据时，以单位压力 p_i 为横坐标（向右），回弹变形 l_i 为纵坐标（向下），绘制 p_i 与 l_i 的关系曲线。如果曲线开始段出现上凹现象，需要进行修正。修正时，一般情况下将第一点和第二点连成直线，并延长此直线与纵坐标相交，此交点即为新原点。同时，由于汽车后轴对路基回弹变形有影响，需要计算各级荷载作用下的影响量。原点修正后得各级荷载下的回弹变形加上相应的影响量，就是该级荷载下的实际回弹弯沉。

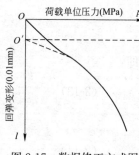

图 2-17　数据修正方式图

由于水泥混凝土路面有较大的荷载扩散能力，所以路基顶面受到的压力比沥青路面要小得多。显然，水泥混凝土路面下路基更接近于弹性工作状态，其回弹模量值要比沥青路面下路基大得多。我国现行水泥混凝土路面设计方法，路基回弹模量采用了与沥青路面相同的测定与取值方法，即采用沥青路面下路基的回弹模量值，再提高一定的倍数，使模量取值更符合水泥混凝土路面下路基的实际工作状态，通常是将路基与基层一并考虑，在测得基层顶面的回弹模量后，提高一定的倍数作为水泥混凝土路面下地基（路基＋基层）的综合回弹模量值。

2. 路基反应模量

前面介绍的路基回弹模量是表征弹性半空间体地基荷载与变形的关系，路基反应模量是表征文克勒地基的变形特性。文克勒地基模型是原捷克斯洛伐克工程师文克勒（Winkler）1876年提出的，其基本假定是地基上任一点的弯沉 l 仅与作用于该点的压力 p 成正比，而与相邻点处的压力无关。反映压力与弯沉值关系的比例常数 K 称为路基反应模量，即：

$$K = \frac{p}{l} \tag{2-18}$$

式中　K——路基的反应模量（MPa/m 或 MN/m³）；

　　　p——单位压力（MPa）；

　　　l——弯沉值（m）。

根据上述假定，可以把地基看作是无数彼此分开的小土柱组成的体系，或者是无数互不相连的弹簧体系，如图 2-18 所示。文克勒地基又可称为稠密液体地基，路基反应模量 K 相当于液体的密度，地基反力相当于液体的浮力。

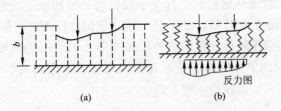

图 2-18 文克勒地基模型

文克勒地基模型由于假设简单，K值测试方便，被广泛采用，但这种地基模型有明显的缺点，它忽略了地基中剪应力的存在，与实际情况出入较大。

路基反应模量K值，用刚性承载板试验测定，通过逐级加载测定相应的总弯沉值，得到荷载-弯沉曲线。由于路基变形的非线性特性，K值随所受的压力(或弯沉)而变化。为了使所确定的路基反应模量值有代表性，通常有两种做法：当地基较软弱时，取$l=0.127$cm时相对应的压力p计算路基反应模量；当地基较为坚硬时，取单位压力$p=0.07$MPa时相对应的弯沉值l计算路基反应模量。

试验表明，路基反应模量值受承载板直径影响较大。承载板直径越小，K值越大。但当直径$D \geqslant 76$cm时，D的变化对K值影响较小，如图2-19所示。所以，测定K值的承载板试验规定采用76cm直径的承载板。

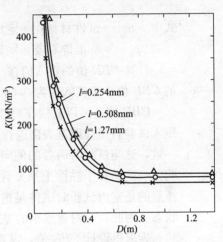

图 2-19 路基反应模量k同承载板直径D的关系

3. 加州承载比 CBR

加州承载比 CBR 是美国加利福尼亚州提出的一种评定基层材料承载能力的试验方法。承载能力以材料抵抗局部荷载压入变形的能力表征，并采用标准碎石的承载能力为标准，以相对值的百分数表示 CBR 值。这种方法后来也用于评定路基土的强度。由于 CBR 的试验方法简单，设备造价低廉，在许多国家得到广泛应用。采用 CBR 法确定沥青路面厚度，有配套的图表，应用十分方便，受到工程技术人员的欢迎。

CBR 室内试验装置如图 2-20 所示。在直径15.24cm、高17.78cm的金属筒内，放入12.70cm高的试样。试样按路基施工时的含水率和密实度在试筒内制备。将试样浸水4d，以模拟路基的最不利工作状态。为模拟路面结构对路基的作用，在试样浸水过程中及压入试

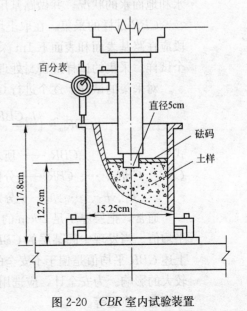

图 2-20 CBR 室内试验装置

2.3 路基土的应力-应变关系

验时，在其顶面施加环形砝码，其大小根据路面结构状况确定，但不得小于45.3N，通常情况下采用111.2N，压入的金属圆柱压头底面积为19.35cm²。

试验时，荷载按试件顶面每分钟压入变形0.127cm的速度施加，记录每压入0.254cm时的单位压力 p 值，直至压入变形量达到1.27cm时为止。标准碎石的承载力由试验测得，列于表2-7。

标准碎石的承载力   表2-7

贯入值(cm)	0.254	0.508	0.762	1.016	1.270
标准压力(kPa)	7.030	10.550	13.360	16.170	18.230

CBR值按式(2-19)计算：

$$CBR = \frac{p}{p_0} \times 100\% \qquad (2-19)$$

式中 p——试件材料在一定贯入值情况下的单位压力(MPa)；

p_0——标准碎石要相同贯入值情况下的单位压力(MPa)；

计算CBR值的贯入值在一般情况下取0.254cm，当贯入值为0.254cm时的CBR值小于贯入值为0.508cm值时，应当采用后者为准。

CBR值还可以直接在野外测定，试验方法基本上与室内试验相同，但其压入试验直接在路基表面进行。野外试验所得的CBR值有时与室内试验值不一致，这与试验时两者的侧向限制条件不完全相同有关，这对粗颗粒材料影响大一些。对于黏性土只要含水率和密实度相同，试验结果是一样的。应该注意的是室内试验时试件是饱水的，而野外试验时路基是处于施工时的湿度状态。因此，应对含水率的差别进行修正，才能建立两者的关系。

为求得设计CBR值，需要进行预备调查和CBR试验。

预备调查主要是搜集地形、地质资料和以往的土质调查资料，了解地下水和地面水的状况，并做路基用土或者取土坑的土工试验。

CBR试样的采集，在取土坑处，应在不同的位置取几个试样；在挖方地段应在路基表面和表面下1m深范围内，根据土质变化情况，在不同位置取几个试样。采集的试样应密封处理，以保持原有的含水率。

对采集的试样，逐个进行CBR试验。某点处的CBR值按式(2-20)求出：

$$CBR_m = \left(\frac{h_1 CBR_1^{\frac{1}{3}} + h_2 CBR_2^{\frac{1}{3}} + \cdots + h_n CBR_n^{\frac{1}{3}}}{100}\right)^3 \qquad (2-20)$$

式中 CBR_m——所求点CBR的加权平均值；

CBR_1、CBR_2、$\cdots$、CBR_n——分别为各层土的CBR值；

h_1、h_2、$\cdots$、h_n——分别为各层土的厚度(cm)，$h_1 + h_2 + \cdots + h_n = 100$cm

通常，把层厚不足20cm的土层，合并到上下别的层次里再计算CBR的平均值。当发现中间某层的CBR值较低时，说明路基内部有软弱夹层，采用上述CBR平均值是偏于不安全的，因为路基中的软弱夹层对路面结构会产生较大的影响。为安全计，应选用软弱层的CBR值，或者采取工程措施，如稳定处理、换土等。

通过预备调查和 CBR 试验，按式(2-20)求出各点的 CBR 值后，去掉路段或场区内各点 CBR 值中的异常值，按式(2-21)确定该路段或场区的设计 CBR 值：

$$CBR_s = CBR_p - \frac{CBR_{max} - CBR_{min}}{c} \quad (2-21)$$

式中 CBR_s ——路段或场区的设计 CBR 值；

CBR_p ——路段或场区内各点的 CBR 值的算术平均值；

c ——系数，与试样个数有关，见表2-8。

C 值表　　　　　表2-8

个数	2	3	4	5	6	7	8	9	≥10
C	1.41	1.91	2.24	2.48	2.67	2.83	2.96	3.08	3.18

2.3.5 路基的回弹模量参数及 CBR 要求

路基回弹模量与 CBR 的关系一直是世界各国在路基土研究中比较关心的内容。表2-9给出了国内外部分路基土回弹模量与 CBR 的关系，设计时可以根据实际参考选用。如果 E_0 为静弹性模量，则可取 $E_0 = 5CBR$，如果 E_0 为动弹性模量(动态重复荷载作用下测定的模量)，则可取 $E_0 = 10CBR$。

路基土回弹模量与 CBR 的关系　　　　　表2-9

资料来源	关系式	附注
壳牌石油公司	$E_0 = 10CBR$	E_0 为动弹性模量
	$E_0 = 5CBR$	E_0 为静弹性模量
英国 TRRL	$E_0 = 17.6(CBR)^{0.64}$	E_0 为动弹性模量
美国地沥青协会法 AI	$E_0 = 10.5CBR$	E_0 为动弹性模量
日本道路公团	$E_0 = 2\sim 4CBR$	E_0 为静弹性模量
法国	$E_0 = 3\sim 5CBR$	E_0 为静弹性模量
澳大利亚	$E_0 = 10CBR$	E_0 为动弹性模量
交通部公路所	$E_0 = 5\sim 7.5CBR$	E_0 为直径为5cm的承载板测得

我国在测定路基回弹模量时，常采用直径30.4cm的刚性承载板用加载—卸载的试验方法。试验通常在不利时期进行，并取有84.1%概率的回弹模量值作为路基回弹模量的计算值。我国《公路水泥混凝土路面设计规范》JTG D40—2011给出了路基回弹模量设计参数选用的参考值及湿度调整系数(见表2-10和表2-11)。

路基回弹模量设计参数参考值　　　　　表2-10

土组	取值范围(MPa)	代表值(MPa)
级配良好砾(GW)	240~290	250
级配不良砾(GP)	170~240	190

2.3 路基土的应力-应变关系

续表

土组	取值范围(MPa)	代表值(MPa)
含细粒土砾(GF)	120~240	180
粉土质砾(GW)	160~270	220
黏土质砾(GC)	120~190	150
级配良好砂(SW)	120~190	150
级配不良砂(SP)	100~160	130
含细粒土砂(SP)	80~160	120
粉土质砂(SM)	120~190	150
黏土质砂(SC)	80~120	100
低液限粉土(ML)	70~110	90
低液限黏土(CL)	50~100	70
高液限粉土(MH)	30~70	50
高液限黏土(CH)	20~50	30

注：1. 对于砾和砂，D_m（通过率为60%时的颗粒粒径）大时，模量取高值；D_m小时，模量取低值。
　　2. 对于其他含细粒的土组，小于0.075mm颗粒含量大和塑性指数高时，模量取低值；反之，模量取高值。

路基回弹模量湿度调整系数表　　　　　表2-11

土组	路床顶距地下水位的距离(m)					
	1.0	1.5	2.0	2.5	3.0	4.0
细粒质砾(GF) 土质砾(GM、GC)	0.81~0.88	0.86~1.00	0.91~1.00	0.96~1.00	—	—
细粒质砂(SP) 土质砂(SM、SC)	0.80~0.86	0.83~0.97	0.87~1.00	0.90~1.00	0.94~1.00	—
低液限粉土(ML)	0.71~0.74	0.75~0.81	0.78~0.89	0.82~0.97	0.86~1.00	0.94~1.00
低液限黏土(CL)	0.70~0.73	0.72~0.80	0.74~0.88	0.75~0.95	0.77~1.00	0.81~1.00
高液限粉土(MH) 高液限黏土(CH)	0.70~0.71	0.71~0.75	0.72~0.78	0.73~0.82	0.73~0.86	0.74~0.94

注：1. 小于0.075mm颗粒含量大和塑性指数高时，调整系数取低值；反之，调整系数取高值。
　　2. 当表中调整系数最大值为1.00时，调整系数取高值。

我国《公路路基设计规范》JTG D40—2004和《公路路基施工技术规范》JTG F10—2006对路基土作为填料的CBR提出了最低值要求(表2-12)。

公路路基填料的基本要求　　　　　表2-12

填料应用部位 (路面底标高以下深度，m)		填料最小强度(CBR)(%)			填料最大粒径 (mm)
		高速公路 一级公路	二级公路	三、四级 公路	
路堤	上路床(0~0.30)	8	6	5	100
	下路床(0.30~0.80)	5	4	3	100
	上路堤(0.80~1.50)	4	3	3	150
	下路堤(>1.50)	3	2	2	150

续表

| 填料应用部位 | 填料最小强度(CBR)(%) | | | 填料最大粒径 |
(路面底标高以下深度, m)	高速公路一级公路	二级公路	三、四级公路	(mm)
零填及挖方路基 (0~0.30)	8	6	5	100
零填及挖方路基 (0.30~0.80)	5	4	3	100

注：1. 表列强度按《公路土工试验规程》JTG E40 规定的浸水 96h 的 CBR 试验方法测定；
2. 三、四级分路铺筑沥青混凝土和水泥混凝土路面时，应采用二级公路的规定。

2.4 路基设计参数

为确定合理的边坡坡度，进行路基稳定性分析时需要试验确定相应参数。《公路路基设计规范》JTG D40 规定，路基稳定性分析的强度参数应根据填料场地情况，选择有代表性的土样进行室内试验，并结合现场情况确定。

（1）路堤填土的强度参数 c、φ 值采用直接快剪或三轴不排水快剪试验获得。实验的制备要求及稳定性分析各阶段采用的试验方法见表 2-13。当路堤填料为粗粒土或填石料时，应采用大型三轴试验仪进行。

路堤填土采用的强度指标 表 2-13

控制稳定的时期	强度计算方法	土类	试验方法	采用的强度指标	试样起始状态	备注
施工期	总应力法	渗透系数小于 10^{-7}cm/s	直剪快剪	c_u、φ_u	填筑含水率和填筑密度。当难以获得填筑含水率和填筑密度时，或进行初步稳定分析时，密度采用要求达到的密度，含水率按击实曲线上要求密度对应的较大含水率	
施工期	总应力法	任何渗透系数	三轴不排水剪	c_u、φ_u	填筑含水率和填筑密度。当难以获得填筑含水率和填筑密度时，或进行初步稳定分析时，密度采用要求达到的密度，含水率按击实曲线上要求密度对应的较大含水率	
运营期	总应力法	渗透系数小于 10^{-7}cm/s	直剪固结快剪	c_{cu}、φ_{cu}	同上	用于新建路堤的稳定性分析
运营期	总应力法	任何渗透系数	三轴固结不排水剪	c_{cu}、φ_{cu}	同上	用于新建路堤的稳定性分析
运营期	总应力法	渗透系数小于 10^{-7}cm/s	直剪快剪	c_u、φ_u	同上，但要预先饱和	用于新建路堤边坡的浅层稳定性分析
运营期	总应力法	任何渗透系数	三轴不排水剪	c_u、φ_u	同上，但要预先饱和	用于新建路堤边坡的浅层稳定性分析
运营期	总应力法	渗透系数小于 10^{-7}cm/s	直剪快剪	c_u、φ_u	取路堤原状土	用于已建路堤的稳定性分析
运营期	总应力法	任何渗透系数	三轴不排水剪	c_u、φ_u	取路堤原状土	用于已建路堤的稳定性分析

（2）分析高路堤的稳定性时，地基的强度参数 c、φ 值宜采用直接固结快剪或三轴固结不排水剪试验获得。

（3）分析路堤沿斜坡地基或软弱层带滑动的稳定性时，应结合场地条件，选择控制性层面的土层试验获得强度参数 c、φ 值，采用直接固结快剪或三轴固结不排水剪试验获得 c、φ 值。当可能存在地下水时，应采用饱水试件进行固结快剪或三轴固结不排水剪试验获得 c、φ 值。

(4) 分析岩体边坡时，岩体抗剪强度指标宜根据现场原位试验确定。试验应符合现行国家标准《工程岩体试验方法标准》GB/T 50266 的规定。当无条件进行试验时，可采用《工程岩体分级标准》GB 50218 及表 2-14 和反算分析等方法综合确定。岩体内摩擦角可由岩块内摩擦角标准值按岩体裂隙发育程度乘以表 2-16 所列的折减系数确定。土体力学参数宜采用原位剪切试验及反算分析等方法综合确定。土质边坡按水土合算原则计算时，地下水位以下的土宜采用三轴试验土的自重固结不排水抗剪强度指标；按水土分算原则计算时，地下水位以下的土宜采用土的有效抗剪强度指标。

(5) 粉煤灰使用前应通过试验确定其粘结强度 c 值和内摩擦角 φ 值，同时应试验确定粉煤灰的渗透系数、压缩系数和毛细水上升高度。

结构面抗剪强度指标准值　　　　　　　　　　表 2-14

结构面类型		结构面结合程度	内摩擦角 φ (°)	黏聚力 c(MPa)
硬性结构面	1	结合好	>35	>0.13
	2	结合一般	35～27	0.13～0.09
	3	结合差	27～18	0.09～0.05
软弱结构面	4	结合很差	18～12	0.05～0.02
	5	结合极差(泥化层)	根据地区经验确定	

注：1. 表中数值已考虑结构面的时间效应；
2. 极软岩、软岩取表中低值；
3. 岩体结构面连通性差，取表中的高值；
4. 岩体结构面浸水时取表中的低值。

边坡岩体内摩擦角折减系数　　　　　　　　　　表 2-15

边坡岩体特性	内摩擦角的折减系数	边坡岩体特性	内摩擦角的折减系数
裂隙不发育	0.90～0.95	裂隙发育	0.80～0.85
裂隙较发育	0.85～0.90	碎裂结构	0.75～0.80

练习与讨论

1. 我国公路用土如何进行类型划分？土的粒组又如何区分？
2. 不同路基土有何工程特点？如何根据因地取材的原则选择路基填料？
3. 什么是路基干湿类型和路基临界高度？如何确定路基的干湿类型和路基临界高度？
4. 何谓路基工作区？当工作区深度大于路基填土高时应采取何措施？为什么？
5. 一公路修建在 Ⅳ 4 区，黏性土，经测定路基 80cm 范围内的平均稠度 w_c 为 1.18，请问干湿类型处于什么状态？当 w_c 为 1.30、1.08 时，路基干湿类型又处于什么状态？

6. 一公路修筑在V_1区，粉性土，请问当路基高度分别为 2.5m、2.0m、1.5m 时，路基干湿类型可能处于什么状态？

7. 已知道路路面结构为 4cmAC＋6cmAC＋8cmAC＋38cm 水泥稳定碎石＋20cm 二灰土，抗压模量分别为 1800MPa、1600MPa、1400MPa、1900MPa、和 900MPa，路基模量为 45MPa，路基高度为 3.0m，请计算路基工作区范围。(AC—沥青混凝土，荷载规定：黄河 JN150 后轴 100kN，压力 0.707MPa，轮印直径 30cm)

8. 已知道路路面结构为 4cmAC＋6cmAC＋18cm 水泥稳定碎石＋20cm 二灰土，抗压模量分别为 1600MPa、1200MPa、1900MPa、和 900MPa，路基模量为 45MPa，路基高度为 2.0m，请计算路基工作区范围。(荷载规定：黄河 JN150 后轴 100kN，压力 0.707MPa，轮印直径 30cm)

9. 何为路基顶面综合模量 E 和路基反应模量 K？什么是 CBR？

10. 请说明路基顶面综合模量 E 和路基反应模量 K 的测试要求？

> 小组讨论(1)：路基工作区计算时荷载应力有两种计算方法：①用简化布辛尼斯克公式进行计算；②用层状体系计算软件计算，请结合习题 8 和 9 讨论荷载大小、不同路面结构工作区深度的影响、应力计算方法对工作区深度的影响。
>
> 小组讨论(2)：请讨论路基顶面综合模量 E 和路基反映模量 K 的意义和在路面设计中的作用，如何结合路基湿度的变化选择路基顶面综合模量 E 或路基反应模量 K。

第3章 一般路基设计

本章知识点

> 【知识点】 路基横断面结构形式及设计要求;路基填料选择的基本要求;土质路基和石质路基边坡形式与设计要求;路基排水基本原则与设计内容;路基防护与加固的类型与选择及设计要求。
>
> 【重　点】 路基横断面结构形式与填料选择;路堤和路堑的排水设计要求。
>
> 【难　点】 路基横断面结构形式与边坡坡度设计、路基填料选择及施工要求的关联性。

3.1 一般路基的概念及一般路基设计的内容

3.1.1 路基设计的一般要求

公路路基是路面的基础,承受着土体本身的自重和路面结构的重量,同时还承受由路面传递下来的行车荷载,所以路基是公路的承重主体。

公路路基属于带状结构,随着天然地面的高低起伏标高不同,路基设计需根据路线平、纵、横设计,精心布置,确定标高,为路面结构提供具有足够宽度的平顺基面。路基设计之前,应做好全面调查研究,充分收集沿线地质、水文、地形、地貌、气象、地震等设计资料。

路基承受行车荷载作用,主要是在应力作用区,其深度一般在路基顶面以下 0.8m 范围以内。此部分为路面结构的路床,其强度与稳定性要求,可根据路基路面综合设计的原则确定。坚固的路基,不仅是路面强度与稳定性的重要保证,而且能为延长路面使用寿命创造有利条件,所以路基路面的综合设计极为重要。

为了确保路基的强度与稳定性,使路基在外界因素作用下,不致产生不允许的变形,在路基的整体结构中还必须包括各项附属设施,其中有路基排水,路基防护与加固,以及与路基工程直接相关的设施,如弃土堆、取土坑、护坡道、碎落台、堆料坪及错车道等。

由于路基标高与原地面标高有差异,且各路段岩土性质的变化,因此,各路段的路基横断面形状差别很大。路基设计应根据当地自然条件和工程地质条件，选择适当的路基横断面形式和边坡坡度。

一般路基通常指在正常的地质与水文等条件下，填方高度和挖方深度小于规范规定高度和深度的路基。通常认为一般路基可以结合当地的地形、地质情况，直接选用典型断面图或设计规定，不必进行个别论证和验算。

对于超过规范规定的高填、深挖路基，以及地质和水文等条件特殊的路基，为确保路基具有足够的强度与稳定性，需要进行个别设计和验算。路基设计宜避免高路堤与深路堑。当路基中心填方高度超过20m、中心挖方深度超过30m时，宜结合路线方案与桥梁、隧道等构造物或分离式路基作方案比选。在进行方案比选时，既要考虑建设期间的工程量、施工方法等因素，又要考虑运营期间因路基病害所增加的养护维修工程量和因此造成的运营效益损失，还要考虑整个社会效益。在工程投资相差不多的情况下，应优先选用桥隧工程以及采用新技术、新工艺、新材料的工程方案。

3.1.2 一般路基设计的内容

路基设计应从地基处理、路基填料选择、路基强度与稳定性、防护工程、排水系统以及关键部位路基施工技术等方面进行综合设计。在工程地质和水文地质条件良好的地段修筑的一般路基，其设计包括以下内容：(1)选择路基断面形式，确定路基宽度和高度；(2)选择路堤填料与压实标准；(3)确定边坡形状与坡度；(4)路基排水系统布置和排水结构设计；(5)路基防护与加固设计；(6)附属设施设计。

3.2　路基断面设计

3.2.1　路基断面形式

通常根据公路路线设计确定的路基标高与天然地面标高是不同的，路基设计标高低于天然地面标高时，需进行挖掘；路基设计标高高于天然地面标高时，需进行填筑。由于填挖情况的不同，路基横断面的典型形式可归纳为路堤、路堑和填挖结合三种类型。路堤是指全部用岩土填筑而成的路基，路堑是指全部在天然地面开挖而成的路基，此两者是路基的基本类型。当天然地面横坡大，且路基较宽，需要一侧开挖而另一侧填筑时，为填挖结合路基，也称为半填半挖路基。在丘陵或山区公路上，填挖结合是路基横断面的主要形式。

1. 路堤

图3-1所示为路堤的几种常见横断面形式。按路堤的填土高度不同，划分为矮路堤、高路堤和一般路堤。填土高度小于1.0~1.5m者，属于矮路堤；填土高度大于18m(土质)或20m(石质)的路堤属于高路堤；填土高度在1.5~18m范围内的路堤为一般路堤。随其所处的条件和加固类型的不同，还有浸

水路堤、护脚路堤及挖沟填筑路堤等形式。

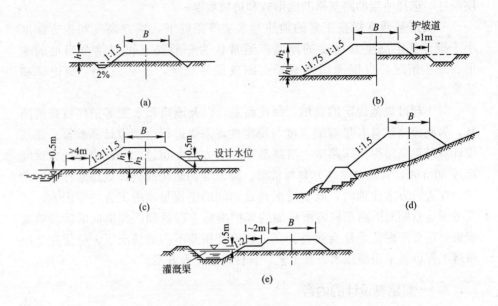

图 3-1　路堤的几种常用横断面形式
(a) 矮路堤；(b) 一般路堤；(c) 浸水路堤；(d) 护脚路堤；(e) 挖沟填筑路堤

矮路堤常在平坦地区取土困难时选用。平坦地区地势低，水文条件较差，易受地面水和地下水的影响，设计时应注意满足最小填土高度的要求，力求不低于规定的临界高度，使路基处于干燥或中湿状态。路基两侧均应设边沟。矮路堤的高度通常接近或小于路基工作区的深度，除填方路堤本身要求满足规定的施工要求外，天然地面也应按规定进行压实，达到规定的压实度，必要时进行换土或加固处理，以保证路基路面的强度和稳定性。

填方高度不大（$h=2\sim3m$）时，填方数量较少，全部或部分填方可以在路基两侧设置取土坑，使之与排水沟渠结合。为保护填方坡脚不受流水侵害，保证边坡稳定，可在坡脚与沟渠之间预留 1～2m 甚至大于 4m 宽度的护坡道。地面横坡较陡时，为防止填方路堤沿山坡向下滑动，应将天然地面挖成台阶，或设置石砌护脚。

高路堤的填方数量大、占地多，为使路基稳定和横断面经济合理，需进行个别设计，高路堤和浸水路堤的边坡可采用上陡下缓的折线形式或台阶形式，如在边坡中部设置护坡道。为防止水流侵蚀和冲刷坡面，高路堤和浸水路堤的边坡须采取适当的坡面防护和加固措施，如铺草皮、砌石等。

2. 路堑

图 3-2 所示是路堑的几种常见横断面形式，有全挖路基、台口式路基及半山洞路基。

挖方边坡可视高度和岩土层情况设置成直线或折线。挖方边坡的坡脚处设置边沟，以汇集和排除路基范围内的地表径流。路堑的上方应设置截水沟，以拦截和排除流向路基的地表径流。

挖方弃土可堆放在路堑的下方。边坡坡面易风化时，在坡脚处设置0.5~1.0m的碎落台，坡面可采用防护措施。

陡峻山坡上的半路堑，路中线宜向内侧移动，尽量采用台口式路基（图3-2b），避免路基外侧的少量填方。遇有整体性的坚硬岩层，为节省石方工程，可采用半山洞路基（图3-2c）。

挖方路基处土层地下水文状况不良时，可能导致路面的破坏，所以对路堑以下的天然地基，要人工压实至规定的密实程度，必要时还应翻挖，重新分层填筑、换土或进行加固处理，采取加铺隔离层，设置必要的排水设施。

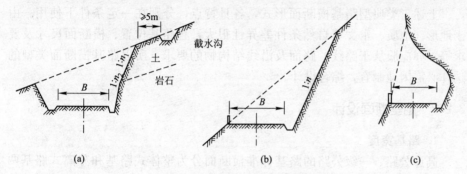

图3-2 路堑的几种常用横断面形式
(a) 全挖路基；(b) 台口式路基；(c) 半山洞路基

3. 半填半挖路基

图3-3所示是半填半挖路基的几种常见横断面形式。位于山坡上的路基，通常取路中心的标高接近原地面的标高，以便减少土石方数量，保持土石方数量横向平衡，形成半填半挖路基。若处理得当，路基稳定可靠，是比较经济的断面形式。

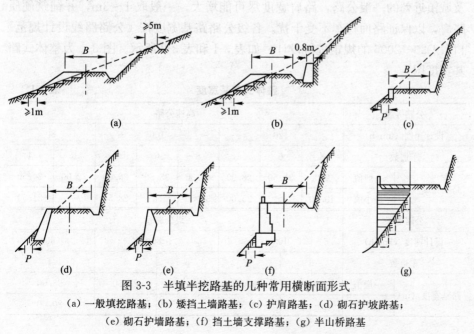

图3-3 半填半挖路基的几种常用横断面形式
(a) 一般填挖路基；(b) 矮挡土墙路基；(c) 护肩路基；(d) 砌石护坡路基；
(e) 砌石护墙路基；(f) 挡土墙支撑路基；(g) 半山桥路基

半填半挖路基兼有路堤和路堑两者的特点,上述对路堤和路堑的要求均应满足。填方部分的局部路段,如遇原地面的短缺口,可采用砌石护肩。如果填方量较大,也可就近利用废石方砌筑护坡或护墙,石砌护坡和护墙相当于简易式挡土墙,承受一定的侧向压力。有时填方部分需要设置路肩(或路堤)式挡土墙,确保路基稳定,进一步压缩用地宽度。石砌护肩、护坡与护墙以及挡土墙等路基分别如图3-3(c)~(f)所示。如果填方部分悬空,而纵向又有适当的基岩时,则可以沿路基纵向建成半山桥路基,如图3-3(g)所示。

上述三类典型路基横断面形式,各具特点,分别在一定条件下使用。由于地形、地质、水文等自然条件差异性很大,且路基位置、横断面尺寸及要求等,亦应服从于路线、路面及沿线结构物的要求,所以路基横断面类型的选择必需因地制宜,综合设计。

3.2.2 路基断面设计

1. 路基宽度

高速公路、一级公路的路基标准横断面分为整体式路基和分离式路基两类,整体式路基的标准横断面应由车道、中间带(中央分隔带、左侧路缘带)、路肩(右侧硬路肩、土路肩)等部分组成;分离式路基的标准横断面应由车道、路肩(右侧硬路肩、左侧硬路肩、土路肩)等部分组成。二级公路路基的标准横断面应由车道、路肩(右侧硬路肩、土路肩)等部分组成。三级公路、四级公路路基的标准横断面应由车道、路肩等部分组成。

路基宽度为行车道路面及其两侧路肩宽度之和。当设有中间带、爬坡车道、加(减)速车道、错车道时,还应计入该部分的宽度。技术等级高的公路及城镇近郊的一般公路,路肩宽度尽可能增大,一般取1~3m,并铺筑硬质路肩,以保证路面行车不受干扰。各级公路路基宽度按《公路路线设计规范》JTG D20—2006的规定进行设计,如表3-1和表3-2所示。图3-4为整体式路基宽度图。

整体式路基宽度　　　　　表3-1

公路等级		高速公路							
设计速度(km/h)		120			100			80	
车道数		8	6	4	8	6	4	6	4
路基宽度(m)	一般值	42.00	34.50	28.00	41.00	33.50	26.00	32.00	24.50
	最小值	40.00	—	25.00	38.50	—	23.50	—	21.50
公路等级		一级公路							
设计速度(km/h)		100		80		60			
车道数		6	4	6	4	4			
路基宽度(m)	一般值	33.50	26.00	32.00	24.50	23.00			
	最小值	—	23.50	—	21.50	20.00			

续表

公路等级		二级公路		三级公路		四级公路	
设计速度（km/h）		80	60	40	30	20	
车道数		2	2	2	2	2或1	
路基宽度（m）	一般值	12.00	10.00	8.50	7.50	6.50（双车道）	4.50（单车道）
	最小值	10.00	8.50	—	—		

注：1. "一般值"为正常情况下的采用值；
　　2. "最小值"为条件受限制时可采用的值。

高速公路、一级公路分离式路基宽度　　　　　表3-2

公路等级		高速公路							
设计速度（km/h）		120			100			80	
车道数		8	6	4	8	6	4	6	4
路基宽度（m）	一般值	22.00	17.00	13.75	21.75	16.75	13.00	16.00	12.25
	最小值	—	—	13.25	—	—	12.50	—	11.25
公路等级		一级公路							
设计速度（km/h）		100		80		60			
车道数		6	4	6	4	6	4	4	
路基宽度（m）	一般值	16.75	13.00	16.00	12.25	11.25			
	最小值	—	12.50	—	11.25	10.25			

注：1. 八车道的内侧车道宽度如采用3.50m，相应路基宽度可减0.25m；
　　2. 表中所列"一般值"为正常情况下的采用值；"最小值"为条件受限制时可采用的值。

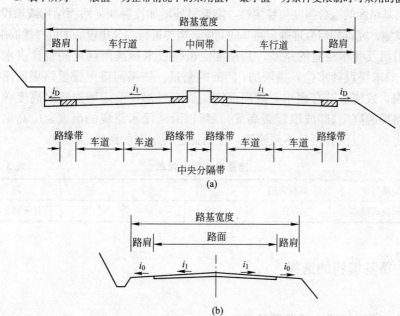

图3-4　整体式公路路基宽度图
(a) 高速公路和一级公路；(b) 二、三、四级公路

3.2 路基断面设计

路基占用土地，是公路通过农田或用地受限制地区时的突出问题。建路占地必需综合规划，统筹兼顾，讲究经济效益，农业与交通相互促进。公路建设应尽可能利用非农业用地，少占农田。高速公路局部路段可选用高架道路，以桥代路。山坡路基应尽量使填挖平衡，扩大和改善林业用地，保护林区牧地，防止水土流失，维护生态平衡。减少高填深挖，利用植物防护，绿化与美化路基。所有这些，在路基设计与施工过程中，亦应予以综合考虑。

2. 路基高度

路基高度是指路堤的填筑高度和路堑的开挖深度，是路基设计标高和地面中心线标高之差。路基设计标高，无中央分隔带的公路，为路基边缘高度；有中央分隔带的公路，为中央分隔带外侧边缘的高度；在设置超高加宽路段，则为设置超高加宽前的路基边缘高度。

路基的填挖高度，是在路线纵断面设计时，综合考虑路线纵坡要求、路基稳定性和工程经济等因素确定的。从路基的强度和稳定性要求出发，路基上部土层应处于干燥或中湿状态，路基高度应根据临界高度并结合公路沿线具体条件和排水及防护措施确定路堤的最小填土高度。

《公路路基设计规范》JTG D30—2004 规定 0~80cm 为路床，其中 0~30cm 为上路床，30~80cm 为下路床；80~150cm 为上路堤，150cm 以下为下路堤。

高路堤和深路堑的土石方数量大，占地多，施工困难，边坡稳定性差，行车不利，应尽量避免使用，不得已而一定要用时，应进行个别特殊设计。

为保证路基稳定，应尽量满足路基临界高度的要求，若路基高度低于按地下水位或地面积水位计算的临界高度，可视为矮路堤。矮路堤通常处于行车荷载应力作用区范围内，同时经受着地面和地下水不利水温状况的影响。有时为了增强路基路面的综合强度与稳定性，需要另外增加投资加强路面结构或增设地下排水设施。究竟如何合理确定路基的高度，需要进行综合比较后才可择优取用。

沿河及受水浸淹的路基，其高度应根据技术标准所规定的设计洪水频率（表 3-3）求得设计水位，再增加 0.5m 的余量。如果河道因设置路堤而压缩过水面积，致使上游有壅水，或河面宽阔而有风浪，就应增加壅水高度和波浪冲上路堤的高度（即波浪侵袭高度）。所以沿河浸水路堤的高度，应高出上述各值之和，以保证路基不致淹没，并据此进行路基的防护与加固。

路基设计洪水频率　　　　表 3-3

公路等级	高速公路	一	二	三	四
设计洪水频率	1/100	1/100	1/50	1/25	视具体情况确定

3.3 路基填料的选择

3.3.1 不同路基土的路用性能

理想的路基填料应当是稳定性好、压缩性小、便于施工压实及运距短的土、石材料。不同的路基土具有不同的性能，其作为路基填料时对路基的强度和水稳定性影响不同。

（1）砾石、不宜风化的石块。渗水性强，水稳定性好，强度高，为良好的填料，石块空隙间用小石料充填密实并经充分压实后，路堤残余沉降小，车辆荷载作用下的塑性变形小。

（2）碎石土、卵石土、砾石土、粗砂、中砂。渗水性强、水稳定性好。属施工性能良好的填料，但其中黏性土含量过多时，水稳定性下降较多。

（3）砂性土。既含有一定数量的粗颗粒，使之具有足够的强度和水稳定性，又含有一定数量的细颗粒，从而把粗颗粒结合在一起，为填筑路堤的良好填料。

（4）黏性土。渗水性很差，干燥时强度高而不易挖掘，浸水后水稳定性差，强度下降，变形大，在充分碾压和有良好排水设施情况下，筑成的路基也能获得稳定。

（5）粉性土。含有较多的粉土粒，干时有一定的粘结性，但易被压碎，浸水时很快被湿透，毛细现象严重，在季节性冰冻地区易产生湿度积聚，造成冻胀翻浆，水饱和时有振动液化问题，是最差的一种筑路材料。

（6）重黏土。渗水性极差，塑性指数和液限都很高，干时坚硬，难挖掘，湿时膨胀性和塑性都很大，不宜用作路基填料。

3.3.2 路床填料选择

路床填料应均匀、密实，最大粒径应小于100mm，并符合表3-4规定。

路床土最小强度和压实度要求　　　　　　　表3-4

项目分类	路面底面以下深度(m)	路床土最小强度(CBR)(%)			压实度(%)		
		高速公路、一级公路	二级公路	三、四级公路	高速公路、一级公路	二级公路	三、四级公路
填方路基	0～0.3	8	6	5	≥96	≥95	≥94
	0.3～0.8	5	4	3	≥96	≥95	≥94
零填及挖方路基	0～0.3	8	6	5	≥96	≥95	≥94
	0.3～0.8	5	4	3	≥96	≥95	—

注：1. 表列数值系按《公路土工试验规程》JTG E40—2007中重型击实试验法求得的最大干密度的压实度。对于天然含水率高于最佳含水率的土样采用湿土法击实，对于天然含水率低于最佳含水率的土样采用干土法击实。
2. 当三、四级公路铺筑沥青混凝土和水泥混凝土路面时，其压实度应采用二级公路的规定值。

3.3.3 路堤填料选择

填方路基应优先选用级配较好的砾类土、砂类土等粗粒土作为填料，填料最大粒径应小于150mm。泥炭、淤泥、冻土、强膨胀土、有机质土及易溶盐超过允许含量的土等，不得直接用于填筑路基。冰冻地区的路床及浸水部分的路堤不应直接采用粉质土填筑。当采用细粒土填筑时，路堤填料最小强度应符合表3-5的规定。液限大于50%、塑性指数大于26的细粒土，不得直接作为路堤填料。

浸水路堤应选用渗水性良好的材料填筑。当采用细砂、粉砂作填料时,应考虑振动液化的影响。桥涵台背和挡土墙墙背应优先选用渗水性良好的填料。在渗水材料缺乏的地区,采用细粒土填筑时,宜用石灰、水泥、粉煤灰等无机结合料进行处治。

适用于各级公路的以重型击实方法为标准的路堤压实度和相应的路堤最小强度,见表3-5所列。

路堤压实度及路堤填土最小强度要求 表 3-5

类别	路床低以下深度(m)	压实度(%)			填土最小强度(CBR)(%)		
		高速公路、一级公路	二级公路	三、四级公路	高速公路、一级公路	二级公路	三、四级公路
上路堤	0.8~1.50	≥94	≥94	≥93	4	3	3
下路堤	1.50 以下	≥93	≥92	≥90	3	2	2

3.4 路基边坡设计

3.4.1 路基边坡坡度

路基边坡坡度对路基稳定十分重要,确定路基边坡坡度是路基设计的重要任务。公路路基的边坡坡度,可用边坡高度 H 与边坡宽度 b 之比值表示,并取 $H=1$,如图3-5所,$H:b=1:0.5$(路堑边坡)或 $1:1.5$(路堤边坡),通常用 $1:n$(路堑)或 $1:m$(路堤)表示其坡率,称为边坡坡率。

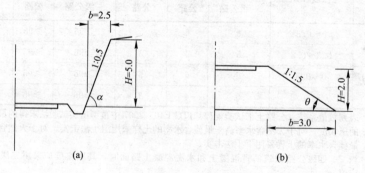

图 3-5 路基边坡坡度示意图
(a) 路堑;(b) 路堤

路基边坡坡度的大小,取决于边坡的土质、岩石的性质及水文地质条件等自然因素和边坡的高度。在陡坡或填挖较大的路段,边坡稳定不仅影响到土石方工程量和施工的难易,而且是路基整体稳定性的关键。因此,确定边坡坡度对于路基的稳定性和工程的经济合理性至关重要。一般路基的边坡坡度可根据多年工程实践经验和设计规范推荐的数值采用。

3.4.2 路堤边坡

一般路堤边坡坡度可根据填料种类和边坡高度按表 3-6 所列的坡度选用。

路堤边坡坡度表　　　　　表 3-6

填料类别	边坡坡率	
	上部高度($H\leqslant 8m$)	下部高度($H\leqslant 12m$)
细粒土	1∶1.5	1∶1.75
粗粒土	1∶1.5	1∶1.75
巨粒土	1∶1.3	1∶1.5

路堤边坡高度超过表列数值时，属高路堤，应进行单独设计。

沿河浸水路堤的边坡坡度，在设计水位以下视填料情况可采用 1∶1.75～1∶20，在常水位以下部分可采用 1∶2.0～1∶3.0。

当公路沿线有大量天然石料或路堑开挖的废石方时，可用以填筑路堤。填石路堤应由不易风化的较大（大于 25cm）石块砌筑，边坡坡度一般可用 1∶1。

陡坡上的路基填方可采用砌石如图 3-6 所示，砌石应用当地不易风化的开山片石砌筑。

砌石顶宽一律采用 0.8m，基底面以 1∶5 的坡率向路基内侧倾斜，砌石高度不宜超过 15m，砌石内外坡率不宜大于表 3-7 的规定值。

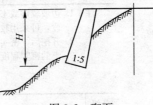

图 3-6　砌石

砌石边坡坡度表　　　　　表 3-7

序号	高度(m)	内坡坡度	外坡坡度
1	≤5m	1∶0.3	1∶0.5
2	≤10m	1∶0.5	1∶0.67
3	≤15m	1∶0.6	1∶0.75

在地震地区，应参照《公路工程抗震设计规范》JTG B02—2013 的有关规定。该规范规定，高速公路和一级公路的路堤，边坡高度大于表 3-8 的规定时，应放缓边坡坡度。

路堤边坡高度限值(m)　　　　　表 3-8

填料	基本烈度	
	8	9
岩块和细粒土(粉性土和有机质土除外)	15	10
粗粒土(细砂、极细砂除外)	6	3

注：根据《中国地震动参数区划图》GB 18306—2001，不再采用地震基本烈度的概念，取之为地震动峰值加速度系数。8 度换算为动峰值加速度系数 0.20g、0.30g，9 度换算为 0.40g。

3.4.3 路堑边坡

路堑是从天然地层中开挖出来的路基结构物，设计路堑边坡时，首先应

3.4 路基边坡设计

从地貌和地质构造上判断其整体稳定性。在遇到工程地质或水文地质条件不良的地层时，应尽量使路线避绕；而对于稳定的地层，则应考虑开挖后是否会由于减少支承，坡面风化加剧而引起失稳。

影响路堑边坡稳定的因素较为复杂，除了路堑深度和坡体土石的性质之外，地质构造特征、岩石的风化和破碎程度、土层的成因类型、地面水和地下水的影响、坡面的朝向以及当地的气候条件等都会影响路堑边坡的稳定性，在边坡设计时必须综合考虑。

土质（包括粗粒土）路堑边坡，应根据边坡高度、土的密实程度、地下水和地面水的情况、土的成因及生成时代等因素，参照表3-9和表3-10选定。

土质挖方边坡坡度表　　　　　　　　　　　　　　　　　表3-9

土的类别		边坡坡率
黏土、粉质黏土、塑性指数大于3的粉土		1∶1
中密以上的中砂、粗砂、砾砂		1∶1.5
卵石土、碎石土、圆砾土、角砾土	胶结和密实	1∶0.75
	中密	1∶1

注：1. 边坡较矮或土质比较干燥的路段，可采用较陡的边坡坡度；边坡较高或土质比较潮湿的路段，可采用较缓的边坡坡度。
2. 开挖后，密实程度很容易变松的砂土及砂砾等路段，应采用较缓的边坡坡度。
3. 土的密实程度的划分见表3-10。

土的密实程度划分表　　　　　　　　　　　　　　　　　表3-10

分级	试坑开挖情况
较松	铁锹很容易铲入土中，试坑坑壁容易坍塌
中密	天然坡面不易陡立，试坑坑壁有掉块现象，部分需用镐开挖
密实	试坑坑壁稳定，开挖困难，土块用手使力才能破碎，从坑壁取出大颗粒处能保持凹面形状
胶结	细粒土密实度很高，粗颗粒之间呈弱胶结，试坑用镐开挖困难，天然坡面可以陡立

岩石路堑边坡，一般根据地质构造与岩石特性，对照相似工程的成功经验选定边坡坡率。岩石的种类、风化程度及边坡的高度是决定坡率的主要因素，设计时可根据这些因素参照表3-11～表3-13选定。

岩石挖方边坡坡度表　　　　　　　　　　　　　　　　　表3-11

边坡岩体类型	风化程度	边坡坡率	
		$H \leq 15m$	$15 \leq H < 30m$
Ⅰ类	未风化、微风化	1∶0.1～1∶0.3	1∶0.1～1∶0.3
	弱风化	1∶0.1～1∶0.3	1∶0.3～1∶0.5
Ⅱ类	未风化、微风化	1∶0.1～1∶0.3	1∶0.3～1∶0.5
	弱风化	1∶0.3～1∶0.5	1∶0.5～1∶0.75
Ⅲ类	未风化、微风化	1∶0.3～1∶0.5	
	弱风化	1∶0.5～1∶0.75	

续表

边坡岩体类型	风化程度	边坡坡率	
		$H \leqslant 15m$	$15 \leqslant H < 30m$
Ⅳ类	弱风化	1:0.5～1:1	
	强风化	1:0.75～1:1	

注：1. 有可靠的资料和经验时，可不受本表限制。
2. Ⅳ类强风化包括各类风化程度的极软岩。

岩质边坡的岩体分类　　　　　　　　　　表 3-12

	岩体完整程度	结构面结合程度	结构面产状	直立边坡自稳能力
Ⅰ	完整	结构面结合良好或一般	外倾结构面或外倾不同结构面的组合线倾角大于75°或小于35°	30m高边坡长期稳定，偶有掉块
Ⅱ	完整	结构面结合良好或一般	外倾结构面或外倾不同结构面的组合线倾角35°～75°	15m高的边坡稳定，15～30m高的边坡欠稳定
	完整	结构面结合差	外倾结构面或外倾不同结构面的组合线倾角大于75°或小于35°	
	较完整	结构面结合良好或一般或差	外倾结构面或外倾不同结构面的组合线倾角小于35°，有内倾结构面	边坡出现局部塌落
Ⅲ	完整	结构面结合差	外倾结构面或外倾不同结构面的组合线倾角35°～75°	8m高的边坡稳定，15m高的边坡欠稳定
	较完整	结构面结合良好或一般	外倾结构面或外倾不同结构面的组合线倾角35°～75°	
	较完整	结构面结合差	外倾结构面或外倾不同结构面的组合线倾角大于75°或小于35°	
	较完整（碎裂镶嵌）	结构面结合良好或一般	结构面无明显规律	
Ⅳ	较完整	结构面结合差或很差	外倾结构面以层面为主，倾角多为35°～75°	8m高的边坡不稳定
	不完整（散体、碎裂）	碎块间结合很差		

岩体完整程度划分　　　　　　　　　　表 3-13

岩体完整程度	结构面发育程度	结构类型	完整性系数 K_v
完整	结构面1～2组，以构造节理或层面为主，密闭型	巨块状整体结构	>0.75
较完整	结构面2～3组，以构造节理或层面为主，裂隙多呈密闭型，部分为微张型，少有充填物	块状结构、层状结构、镶嵌碎裂结构	0.35～0.75

3.4 路基边坡设计

续表

岩体完整程度	结构面发育程度	结构类型	完整性系数 K_V
不完整	结构面大于3组，在断层附近受构造物作用影响较大，裂隙以张开型为主，多有充填物，厚度较大	碎裂状结构、散体结构	<0.35

注：完整性系数 $K_V = \left(\dfrac{v_R}{v_P}\right)^2$，$v_R$ 为弹性纵波在岩体中的传播速度；v_P 为弹性纵波在岩块中的传播速度。

由于地表岩层和自然条件以及路基构造要求与形式变化极大，岩石路堑边坡坡率难以定型，表列数值为一般条件下的经验数值，运用时应结合当地的工程地质和水文条件，参考各地现有自然稳定的山坡和人工成型稳定的山坡，加以对比选用。必要时应进行个别设计和稳定性验算，还必须采用排水和护坡与加固等技术措施。

在地震地区的岩石路堑边坡坡率应参考《公路工程抗震设计规范》JTG B02—2013规定：当岩石路堑边坡高度超过10m时，边坡坡度应按表3-14采用。

地震区高度超过10m的岩石挖方边坡的坡度　　　　表3-14

岩石种类	基本烈度	
	8	9
风化岩石	1：0.6～1：1.5	1：0.75～1：1.5
一般岩石	1：0.1～1：0.5	1：0.2～1：0.6
坚石	1：0.1～直立	1：0.1～直立

3.5　路基排水设计

3.5.1　排水的目的与要求

路基的强度与稳定性同水的关系十分密切。路基路面的病害有多种，形成病害的因素亦很多，但水的作用是主要因素之一，因此，必须十分重视路基排水设计。

根据水源的不同，影响路基的水流可分为地面水和地下水两大类，与此相适应的路基排水工程分为地面排水和地下排水。

地面水包括大气降水（雨和雪）以及海、河、湖、水渠、水库水。地面水对路基产生冲刷和渗透，冲刷可能导致路基整体稳定性受损害，形成水毁现象。渗入路基土体的水分，使土体过湿而降低路基强度。地下水包括上层滞水、潜水、层间水等，对路基的危害程度因条件不同而异。轻者能使路基湿软，降低路基强度；重者会引起冻胀、翻浆或边坡滑坍，甚至整个路基沿倾斜基底滑动。水还可能造成掺有膨胀土的路基工程毁灭性的破坏。

路基排水的任务，就是将路基范围内的土基湿度降低到一定的限度以内，保持路基常年处于干燥状态，确保路基、路面具有足够的强度与稳定性。

路基设计时，必须考虑将影响路基稳定性的地面水排除和拦截于路基用地范围以外，并防止地面水漫流、滞积或下渗。对于影响路基稳定性的地下水，则应予以隔断、疏干、降低，并引导至路基范围以外的适当地点。

路基施工中，首先应校核全线路基排水系统的设计是否完备和妥善，必要时应予以补充或修改，应重视排水工程的质量和使用效果。此外，应根据实际情况与需要，设置施工现场的临时性排水措施，以保证路基土石方及附属结构物在正常条件下进行施工作业，消除路基基底和土体内与水有关的隐患，保证路基工程质量，提高施工效率。

路基养护中，对排水设施应定期检查与维修，以保证排水设施正常使用，水流畅通，并根据实际情况不断改善路基排水条件。

路界地表排水的目的是把降落在路界范围内的表面水有效地汇集并迅速排除出路界，同时把路界外可能流入的地表水拦截在路界范围外，以减少地表水对路基和路面的危害以及对行车安全的不利。通常地表排水可以划分为路面表面排水、中央分隔带排水、坡面排水三部分。中央分隔带排水，视其宽度和表面横向坡度倾向，可以包括中央分隔带和左侧路缘带，或者仅为中央分隔带，而在设超高路段，它还包括上侧半幅路面的表面水。坡面排水包括路堤坡面、路堑坡面和倾向路界的自然坡面的排水。

3.5.2 路基排水设计的一般原则

在排水设计过程中，要注意以下原则：

1. 排水设施要因地制宜、全面规划、合理布局、综合治理、讲究实效、注意经济，并充分利用有利地形和自然水系。一般情况下地面和地下设置的排水沟渠，宜短不宜长，以使水流不过于集中，做到及时疏散，就近分流。

2. 各种路基排水沟渠的设置，应注意与农田水利相配合，必要时可适当地增设涵管或加大涵管孔径，以防农业用水影响路基稳定，并做到路基排水有利于农田排灌。路基边沟一般不应用作农田灌溉渠道，两者必需合并使用时，边沟的断面应加大，并予以加固，以防水流危害路基。

3. 设计前必须进行调查研究，查明水源与地质条件，重点路段要进行排水系统的全面规划，考虑路基排水与桥涵布置相配合、地下排水与地面排水相配合、各种排水沟渠的平面布置与竖向布置相配合，做到路基路面综合设计和分期修建。对于排水困难和地质不良的路段，还应与路基防护加固相配合，并进行特殊设计。

4. 路基排水要注意防止附近山坡的水土流失，尽量不破坏天然水系，不轻易合并自然沟溪和改变水流性质，尽量选择有利地质条件布设人工沟渠，减少排水沟渠的防护与加固工程。对于重点路段的主要排水设施以及土质松软和纵坡较陡地段的排水沟渠，应注意必要的防护与加固。

3.5 路基排水设计

5. 路基排水要结合当地水文条件和道路等级等具体情况，注意就地取材，以防为主，既要稳固适用，又必须讲究经济效益。

3.5.3 路基排水设备的构造与布置

1. 地面排水设备

常用的路基地面排水设备包括边沟、截水沟、排水沟、跌水与急流槽等，必要时还有渡槽、倒虹吸及积水池等。这些排水设备分别设在路基的不同部位，各自的排水功能、布置要求或构造形式均有所差异。路基地表排水设施的径流量计算，对高速公路、一级公路应采用15年，其他等级公路应采用10年的重现期内任意30min的最大降雨强度。沟槽顶面高度应高出设计水位不小于0.1m。

（1）边沟

设置在挖方路基的路肩外侧或低路堤的坡脚外侧，多与路中线平行，用以汇集和排除路基范围内和流向路基的少量地面水。平坦地面填方路段的路旁取土坑，常与路基排水设计综合考虑，使之起到边沟的排水作用。

边沟的排水量不大，一般不需要进行水文、水力计算，依据沿线具体条件，选用标准横断面形式。边沟紧靠路基，通常不允许其他排水沟渠的水流引入，亦不能与其他人工沟渠合并使用。

边沟不宜过长，尽量使沟内水流就近排至路旁自然水沟或低洼地带，必要时设置涵洞，将边沟水横穿路基从另一侧排出。

边沟的纵坡坡度应结合路线纵坡、地形、土质、出水口位置等情况选定，宜与路线纵坡坡度一致，且不宜小于0.3%，困难情况下，不应小于0.1%。当路线纵坡坡度小于沟底最小不淤积纵坡坡度时，边沟宜采用沟底最小不淤积纵坡坡度，并缩短边沟出水口的间距。

边沟出水口的间距，应结合地形、地质条件以及桥涵和天然沟渠位置，经水力计算确定。梯形、矩形边沟不宜超过500m，多雨地区不宜超过300m；三角形和碟形边沟不宜超过200m。

边沟的横断面形式，有梯形、矩形、三角形及流线形，如图3-7所示。边沟横断面一般采用梯形，内侧边坡为1:1.0~1:1.5，外侧边坡坡度与挖方边坡坡度相同。石方路段的边沟宜采用矩形横断面，其内侧边坡直立，坡面应采用浆砌片石防护，外侧边坡坡度与挖方边坡坡度相同。少雨浅挖地段的土质边沟可采用三角形横断面，其内侧边坡宜采用1:2~1:3，外侧边坡坡度与挖方边坡坡度相同。三角形边坡的水流条件较差，流量较大时沟深宜适当加大。

梯形边沟的底宽与深度约0.4~0.6m，水流少的地区或路段，取低限或更小，但不宜小于0.3m；降水量集中或地势偏低的路段，取高限或更大一些。流线形边沟，是将路堤横断面的边角整修圆滑，可以防止路基旁侧积砂或堆雪，适用于沙漠或积雪地区的路基。

边沟可采用浆砌片石，栽砌卵石和水泥混凝土预制块防护。边沟出水口

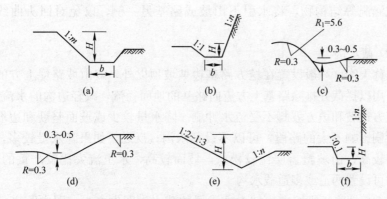

图 3-7 边沟的横断面形式示意图(单位：m)
(a)、(b) 梯形；(c)、(d) 流线形；(e) 三角形；(f) 矩形

附近，水流冲刷比较严重，必须慎重布置和采取相应措施。

图 3-8 是路堑与高路堤衔接处的边沟排水布置图，由于边沟泄出水流流向路堤坡脚处，两者高差大，必须因地制宜，根据地形与地质等具体条件，将出水口延伸至坡脚以外，以免边沟水冲刷填方坡脚。

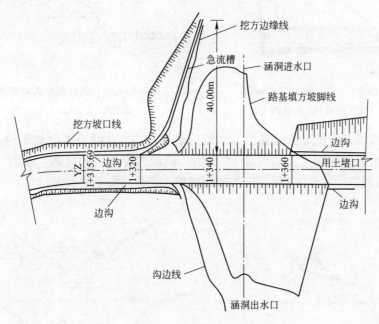

图 3-8 路堑与高路堤的边沟出口布置图

边沟水流流向桥涵进水口时，为避免边沟流水产生冲刷，应作适当处治，图 3-9 是涵洞进口设置窨井的一例。此外还应根据地形等条件，在桥涵进口前或在其他水流落差较大处，设置急流槽与跌水等结构物，将水流引入桥涵或其他指定地点。

当边沟水流流至回头曲线处，一般边沟水较满，且流速较大，此时宜顺着边沟方向沿山坡设置引水沟，将水引至路基范围以外的自然沟中，或设急流槽或涵洞等结构物,将水引下山坡或路基另一侧,以免对回头曲线路段冲刷。

(2) 截水沟

又称天沟,一般设置在挖方路基边坡坡顶以外,或山坡路堤上方的适当地点,用以拦截并排除路基上方流向路基的地面径流,减轻边沟的水流负担,保证挖方边坡和填方坡脚不受流水冲刷。降水量较少或坡面坚硬和边坡较低以致冲刷影响不大的路段,可以不设截水沟;反之,如果降水量较多,且暴雨频率较高,山坡覆盖层比较松软,坡面较高,水土流失比较严重的地段,必要时可设置两道或多道截水沟。

图3-9是路堑段挖方边坡上方设置的截水沟图例之一,图中距离 d 一般应大于5.0m,地质不良地段可取10m或更大。截水沟下方一侧,可堆置挖沟的土方,要求做成顶部向沟倾斜2%的土台。路堑上方设置弃土堆时,截水沟的位置及断面尺寸,如图3-10所示。

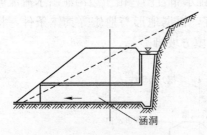

图3-9 边沟泄水流入涵前
窨井剖面图(单级跌水)

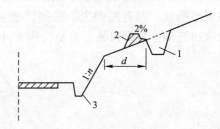

图3-10 挖方路段截水沟示意图
1—截水沟;2—土台;3—边沟

山坡填方路段可能遭到上方水流的破坏作用,此时必需设截水沟,以拦截山坡水流保护路堤。如图3-12所示,截水沟应与坡脚之间,要有不小于2.0m的间距,并做成2%的向沟倾斜横坡,确保路堤不受水害。

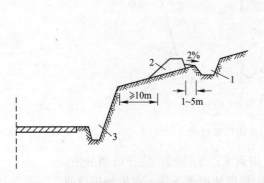

图3-11 挖方路段弃土堆与截水沟关系图
1—截水沟;2—弃土堆;3—边沟

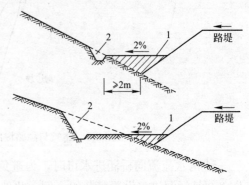

图3-12 填方路段上的截水沟示意图
1—土台;2—截水沟

截水沟的横断面形式,一般为梯形,沟的边坡坡度,因岩土条件而定,一般采用1:1.0~1:1.5,如图3-13所示。沟底宽度 b 不小于0.5m,沟深 h 按设计流量而定,亦不应小于0.5m。

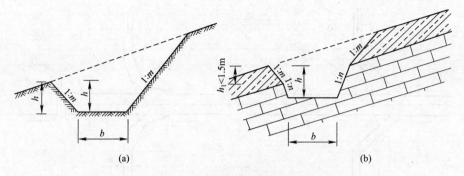

图 3-13 截水沟的横断面图例
(a) 土沟；(b) 石沟

截水沟的位置，应尽量与绝大多数地面水流方向垂直，以提高截水效能和缩短沟的长度。截水沟应保证水流畅通，就近引入自然沟内排出，必要时配以急流槽或涵洞等泄水结构物将水流引入指定地点。截水沟水流不应引入边沟，当必须引入时，应增大边沟横断面，并进行防护。沟底应具有 0.3% 以上的纵坡，沟底和沟壁要求平整密实、不滞流、不渗水，必要时予以加固和铺砌。截水沟的长度以 200～500m 为宜。

(3) 排水沟

排水沟的主要用途在于引水，将路基范围内各种水源的水流（如边沟、截水沟、取土坑、边坡和路基附近积水），引至桥涵或路基范围以外的指定地点。当路线受到多段沟渠或水道影响时，为保护路基不受水害，可以设置排水沟或改移渠道，以调节水流，整治水道。

排水沟的横断面，一般采用梯形，尺寸大小应经过水力水文计算选定。用于边沟、截水沟及取土坑出水口的排水沟，横断面尺寸根据设计流量确定，底宽与深度不宜小于 0.5m，土沟的边坡坡度约为 1∶1～1∶1.5。

排水沟的位置，可根据需要并结合当地地形等条件而定，离路基尽可能远些，距路基坡脚不宜小于 2m，平面上应力求直捷，需要转弯时亦应尽量圆顺，做成弧形，其半径不宜小于 10～20m，连续长度宜短，一般不超过 500m。

排水沟水流注入其他沟渠或水道时，应使原水道不产生冲刷或淤积。通常应使排水沟与原水道两者成锐角相交，交角不大于 45°，有条件可用半径 $R=10b$（b 为沟顶宽）的圆曲线朝下游与其他水道相接，如图 3-14 所示。

排水沟应具有合适的纵坡，以保证水流畅通，不致流速太大而产生冲刷，亦不可流速太小而形成淤积，为此宜通过水文水力计算而择优选定。一般情况下，可取 0.5%～1.0%，不小于 0.3%，亦不宜大于 3%。若纵坡大于 3%，应采取相应的加固措施。

路基排水沟渠的加固类型有多种，表 3-15 为土质沟渠各种加固类型，图 3-15 为沟渠加固横断面图，设计时可结合当地条件，根据沟渠土质、水流速度、沟底纵坡和使用要求等而定。

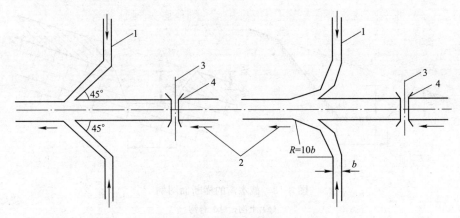

图 3-14 排水沟与水道衔接示意图
1—排水沟；2—其他渠道；3—路基中心线；4—桥涵

沟渠加固类型　　　　　　　　　　　　　　表 3-15

形式	名称	铺砌厚度(cm)
简易式	平铺草皮	单层
	竖铺草皮	叠铺
	水泥砂浆抹平层	2～3
	石灰三合土抹平层	3～5
	黏土碎(砾)石加固层	10～15
	石灰三合土碎(砾)石加固层	10～15
干砌式	干砌片石	15～25
	干砌片石砂浆勾缝	15～25
	干砌片石砂浆抹平	20～25
浆砌式	浆砌片石	20～25
	混凝土预制块	
	砖砌水槽	6～10

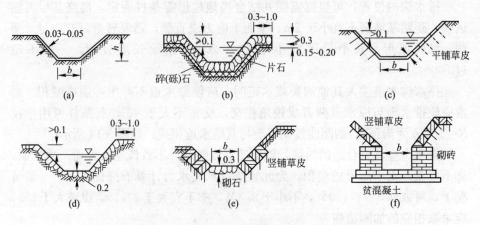

图 3-15 沟渠加固断面图(单位：m)
(a) 石灰三合土抹平层；(b) 干砌片石(碎石垫平)；(c) 平铺草皮；
(d) 浆砌片石(碎石垫平)；(e) 竖铺草皮，砌石底；(f) 砖砌水槽

沟渠加固类型与沟底纵坡有关,表3-16所列可供设计时参照使用。

加固类型与沟底纵坡关系　　　　　　表3-16

纵坡(%)	<1	1~3	3~5	5~7	>7
加固类型	不加固	1. 土质好,不加固 2. 土质不好,简易加固	简易加固或干砌式加固	干砌式或浆砌式加固	浆砌式加固或改用跌水

(4) 跌水与急流槽

跌水与急流槽是路基地面排水沟渠的特殊形式,用于纵坡大于10%、水头高差大于1.0m的陡坡地段。由于纵坡陡、水流速度快、冲刷力大,要求跌水与急流槽的结构必需稳固耐久,通常应采用浆砌块石或水泥混凝土预制块砌筑,并具有相应的防护加固措施。

跌水的构造有单级和多级之分,沟底有等宽和变宽之别。单级跌水适用于排水沟渠连接处,由于水位落差较大,需要消能或改变水流方向,图3-16表示路基边沟水流通过涵洞排泄时,采用单级跌水(相当于雨水井)的示例之一。较长陡坡地段的沟渠,为减缓水流速度,并予以消能,可采用多级跌水,图3-17即为示例之一。多级跌水底宽和每级长度,可以采用各自相等的对称形,亦可根据实地需要,做成变宽或不等长度与高度。

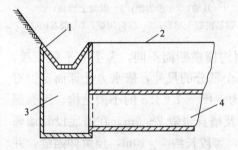

图3-16　边沟与涵洞单级跌水连接图
1—边沟;2—路基;3—跌水井;4—涵洞

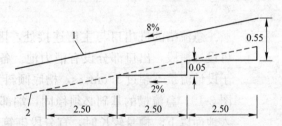

图3-17　多级跌水纵剖面图(单位:m)
1—沟顶线;2—沟底线

按照水力计算特点,跌水的基本构造可分为进水口、消力池和出水口三个组成部分,如图3-18所示。各个组成部分的尺寸,由水力计算而定。一般情况下,如果地质条件良好,地下水位较低,设计流量小于1.0~2.0m³/s,跌水台阶(护墙)高度p,最大不超过2.0m。常用的简易多级跌水,台高约0.4~0.5m,护墙用石砌或混凝土结构,墙基埋置深度为水深a的1.0~1.2倍,并不小于1.0m,且应深入冰冻线以下,石砌墙厚约0.25~0.30m。消力池起消能作用,要求坚固稳定,底部具有1%~2%的纵坡,底厚约0.35~0.40m,壁高应比计算水深至少大0.20m,壁厚与护墙厚度相仿。消力池末端设有消力槛,槛高c依计算而定,要求低于池内水深,约为护墙高度的1/5~1/4,即$c=(0.2~0.25)p$,一般取$c=15~20$cm。消力槛顶部厚度约为0.3~0.4m,底部预留孔径为5~10cm的泄水孔,以利水流中断时排泄池内的积水。

跌水两端的土质沟渠，应注意加固，保持水流畅通，不致产生水流冲刷和淤积，以充分发挥跌水的排水效能。急流槽的纵坡，比跌水的平均纵坡更陡，结构的坚固稳定性要求更高，是山区公路回头展线，沟通上下线路基排水及沟渠出水口的一种常见排水设施。急流槽主体部分的纵坡，依地形而定，一般可达67%(1∶1.5)，如果地质条件良好，需要时还可更陡，但结构要求更严，造价亦相应提高，设计时应通过比较而定。

急流槽多用砌石（抹面）和水泥混凝土结构，亦可利用岩石坡面挖槽。如临时急需时，可就近取材，采用竹木结构。

急流槽的构造，如图3-19所示。按水力计算特点，亦由进口、主槽（槽身）和出口三部分组成。

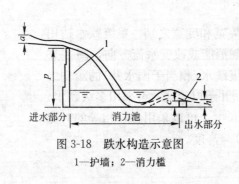
图3-18　跌水构造示意图
1—护墙；2—消力槛

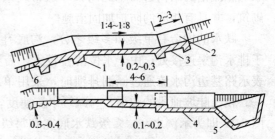
图3-19　急流槽构造示意图（单位：m）
1—耳墙；2—消力池；3—混凝土槽底；
4—钢筋混凝土槽底；5—横向沟渠；6—砌石护底

急流槽的进出口与主槽连接处，因沟槽横断面不同，为了能平顺衔接，可设过渡段，出口部分设有消力池。各个部分的尺寸，依水力计算而定。对于设计流量不超过 $1.0 m^3/s$，槽底倾斜为 $1∶1 \sim 1∶1.5$ 的小型结构，可参照图3-19。急流槽的基础必须稳固，端部及槽身每隔2～5m，在槽底设耳墙埋入地面以下。槽身较长时，宜分段砌筑，每段长约5～10m，预留伸缩缝，并用防水材料填缝。

(5) 倒虹吸与渡水槽

当水流需要横跨路基，同时受到设计标高的限制，可以采用管道或沟槽，从路基底部或上部架空跨越，前者称倒虹吸，后者为渡水槽，分别相当于涵洞和渡水桥，两者属于路基地面排水的特殊结构物，并且多半是配合农田水利所需而采用。

倒虹吸的设置往往是因路基横跨原有沟渠，且沟渠水位高于路基设计标高，不能按正常条件设置涵洞，此时采用倒虹吸是可行的方案之一，图3-20是其布置图式的一种。

倒虹吸是借助上下游沟渠水位差，利用势能迫使水流降落，经路基下部管道流向路基另一侧，再复升流入下游水渠。由于所设管道为有压管道，竖井式倒虹吸的水流成多次垂直改变方向，水流条件较差，结构要求较高，容易漏水和淤塞，且难以清理和修复，应尽量不用或少用，使用时需合理设计，进行水力计算，选择最佳设计方案，并要求施工保证质量，使用时要经常检

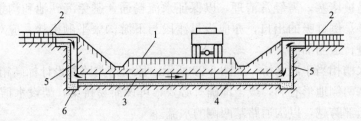

图 3-20 竖井式倒虹吸布置图
1—路基；2—原沟渠；3—洞身；4—垫层；5—竖井；6—沉淀池

查维修。

倒虹吸管道有箱形和圆形两种，以水泥混凝土和钢筋混凝土结构为主，临时性简易管道可用砖石结构，永久性或急需时亦可改用钢铁管道。管道的孔径约 0.5~1.5m，管道附近的路基填土厚度，一般不小于 1.0m，以免行车荷载压力过于集中，严寒地区亦可赖以防冻。考虑到倒虹吸的泄水能力有限以及为了施工和养护方便，管道亦不宜埋置过深，以填土高度不超过 3.0m 为宜。

倒虹吸管道两端设竖井，井底标高低于管道，起沉淀泥砂与杂物作用。亦可改用斜管式或缓坡式，以代替竖井式升降管，此时水流条件有所改善，但路基用地宽度增大，管道长度增加。为减少堵塞现象，设计时要求管道内水流的速度，不小于 1.5m/s，并在进口处设置沉砂池和拦泥栅，如图 3-21 所示。

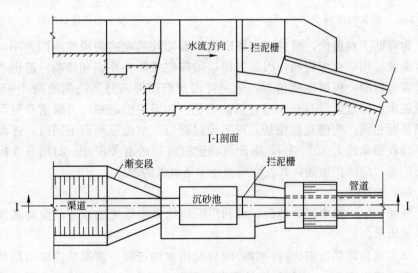

图 3-21 倒虹吸管上游进口构造图

倒虹吸管进口处所设的沉砂池，位于原沟渠与管道之间的过渡段，池底和池壁采用砌石抹面或混凝土，厚度约 0.3~0.4m（砌石）或 0.25~0.30m（混凝土），池的容量以不溢水为度。水流经过沉砂池后，水中仍含有细粒泥砂或轻质漂浮物，可设网状拦泥栅予以清除，确保虹吸管道不致堵塞，但拦泥栅本身容易被堵塞,需经常清理,以保证水流畅通,避免沉砂池和沟渠溢水而危害路基。倒虹吸的出口,亦应设过渡段与下游沟渠平顺衔接,应对原有土质沟渠进行适当加固。

渡水槽相当于渡水桥,如图3-22所示。原水道与路基设计标高相差较大,如果路基两侧地形有利,或当地确有必要,可设简易桥梁,架设水槽或管道,从路基上部跨越,以沟通路基两侧的水流。

渡水槽的架设应满足道路对净空与美化的要求,其构造与桥梁相似,但主要作用是沟通水流,故除应在结构上具有足够强度而外,在效能上应适合排水的要求,其中包括进出口的衔接以及防止冲刷和渗漏等。

渡水槽由进出水口、槽身和下部支承三部分组成,其中进(出)口段的构造,参见图3-23。

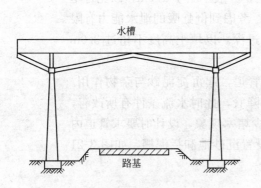

图3-22 渡水槽图例

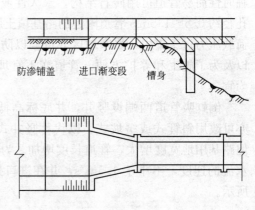

图3-23 渡水槽进出口布置图

为降低工程造价,槽身过水横断面一般均较两端的沟渠横断面为小,槽中水流速度相应有所提高,因此进出口段应注意防止冲刷和渗漏。进出水口处设置过渡段,根据土质情况,分别将槽身两端伸入路基两侧地面2~5m,而且进出水口过渡段宜长一些,以防淤积。如果主槽较短,可取槽身与沟渠的横断面相同,沟槽直接衔接,可不设过渡段。水流横断面不同时,过渡段的平面收缩角约为10°~15°,据此可确定过渡段的有关尺寸。与槽身连接的土质沟渠,应防护加固,其长度至少是沟渠水深的四倍。

(6) 蒸发池

气候干旱、排水困难地段,可利用沿线的集中取土坑或专门设置蒸发池排除地表水。

蒸发池与路基边沟(或排水沟)间应设排水沟连接。蒸发池边缘与路基边沟距离不应小于5m,面积较大的蒸发池不得小于20m。池中水位应低于排水沟的沟底。

蒸发池的容量应以一个月内路基汇流入池中的雨水能及时完成渗透与蒸发作为设计依据。每个蒸发池的容水量不宜超过200~300m³,蓄水深度不应大于1.5~2.0m。

蒸发池的设置不应使附近地面形成盐渍化或沼泽化。

2. 地下排水设备

路基及边坡土体中的上层滞水或埋藏很浅的潜水称为地下水，当地下水影响路基、路面强度或边坡稳定时，应设置暗沟(管)、渗沟、检查井等地下排水设施。

常用的路基地下排水设备有：盲沟、渗沟和渗井等，其特点是排水量不大，主要是以渗流方式汇集水流，并就近排出路基范围以外。对于流量较大的地下水，应设置专用地下管道予以排除。

由于地下排水设备埋置地面以下，不易维修，在路基建成后又难以查明失效情况，因此要求地下排水设备能牢固有效。

(1) 暗沟

相对于地面排水的明沟而言，暗沟又称盲沟，具有隐蔽工程的含义。从盲沟的构造特点出发，由于沟内分层填以大小不同的颗粒材料，利用渗水材料透水性将地下水汇集于沟内，并沿沟排泄至指定地点，此种构造相对于管道流水而言，习惯上称之为盲沟，在水力特性上属于紊流。

图 3-24 为一侧边沟下面所设的盲沟，用以拦截流向路基的层间水，防止路基边坡滑坍和毛细水上升危及路基的强度与稳定性。图 3-25 是路基两侧边沟下面均设盲沟，用以降低地下水位，防止毛细水上升至路基工作区范围内，形成水分积聚而造成冻胀和翻浆，或土基过湿而降低强度等。

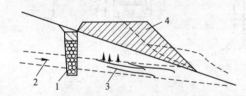
图 3-24 一侧边沟下设盲沟
1—盲沟；2—层间水；3—毛细水；4—可能滑坡线

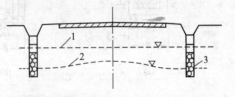
图 3-25 两侧边沟下设盲沟
1—原地下水位；2—降低后地下水位；3—盲沟

图 3-26 是设在路基挖方与填方交界处的横向盲沟，用以拦截和排除路堑下层间水或小股泉水，保持路堤填土不受水害。

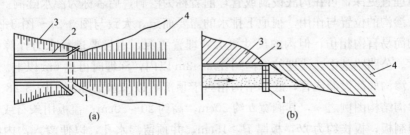
图 3-26 挖填交界处横向盲沟
1—盲沟；2—边沟；3—路堑；4—路堤

以上所述的盲沟，沟槽内全部填满颗粒材料，可以理解为简易盲沟，其构造比较简单，横断面成矩形，亦可做成上宽下窄的梯形，沟壁倾斜度约 $1:0.2$，底宽 b 与深度 h 之比大致为 $1:3$，深约 $1.0\sim1.5$m，则底宽约 $0.3\sim$

0.5m。盲沟的底部中间填以粒径较大(3~5cm)的碎石,其空隙较大,水可在空隙中流动。粗粒碎石两侧和上部,按一定比例分层(层厚约10cm)填以较细粒径的粒料,逐层粒径比例大致按6倍递减。盲沟顶部和底面,一般设有厚30cm以上的不透水层,或顶部设有双层反铺草皮。

简易盲沟的排水能力较小,不宜过长,沟底具有1‰~2‰的纵坡,出水口底面标高应高出沟外最高水位20cm,以防水流倒渗。

寒冷地区的暗沟,应做防冻保温处理或将暗沟设在冻结深度以下。

(2) 渗沟

采用渗透方式将地下水汇集于沟内,并通过沟底通道将水排至指定地点,此地下排水设备统称为渗沟,其作用是降低地下水位或拦截地下水,其水力特性是紊流,但在构造上与上述简易盲沟有所不同。

渗沟有三种结构形式,如图3-27所示。

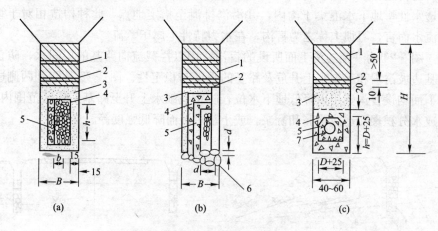

图 3-27 渗沟结构图式(单位:cm)
(a) 盲沟式;(b) 渗洞;(c) 渗水隧洞
1—黏土夯实;2—双层反铺草皮;3—粗砂;4—石屑;5—碎石;6—浆砌片石沟洞;7—预制混凝土管

盲沟式渗沟与上述简易盲沟相似,但构造更为完善。当地下水流量较大,要求埋置更深,可在沟底设洞或管,前者称为渗洞,后者称为渗水隧洞。

渗沟的位置与作用,视地下排水的需要而定,大致与图3-24~图3-26所示的简易盲沟相仿,但沟的尺寸更大,埋置更深,而且要进行水力计算确定尺寸。公路路基中,浅埋的渗沟约在2~3m以内,深埋时可达6m以上。

渗沟底部设洞或管,底部结构相当于顶部可以渗水的涵洞。图3-28是洞式渗沟结构图例之一,其洞宽b约20cm,高约20~30cm;盖板用条石或混凝土预制板;板长约为$2b$,板厚$P\geqslant 15cm$,并预留渗水孔,以便渗入沟内的水汇集于洞内排出。洞身要求埋入不透水层内,如果地基软弱还应铺设砂石基础;洞身埋在透水层中,必要时在两侧和底部加设隔水层,以达到排水的目的。洞底设置不小于0.5‰的纵坡,使集水通畅排出。

当排除地下水的流量更大或排水距离较长,可考虑采用管式渗沟。渗沟底部埋设的管道,一般为陶土或混凝土的预制管,管壁上半部留有渗水孔,渗水孔交错排列，设于边沟下的管或渗沟，如图 3-29 所示。管的内径 D 由水力计算而定，一般约 0.4～0.6m，管底设基座。对于冰冻地区，为防止冻结阻塞，除管道埋在冰冻线以下外，必要时采取保温措施，管径亦宜较大一些。

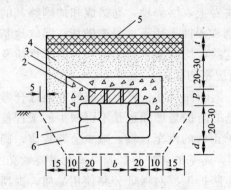
图 3-28 洞式渗沟结构示意图（单位：cm）
1—浆砌块石；2—碎砾石；3—盖板；
4—砂；5—双层反铺草皮或土工布；6—基础

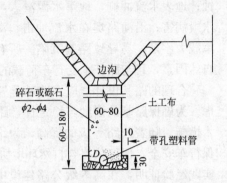
图 3-29 管式渗沟（尺寸单位：cm）

（3）渗井

渗井属于水平方向的地下排水设备，当地下存在多层含水层，其中影响路基的上部含水层较薄，排水量不大，且平式渗沟难以布置，采用立式（竖向）排水，设置渗井，穿过不透水层，将路基范围内的上层地下水，引入更深的含水层中去，以降低上层的地下水位或全部予以排除。图 3-30 为圆形渗井的结构与布置图例。

渗井的平面布置以及孔径与渗水量，按水力计算而定，一般为直径 1.0～1.5m 的圆柱形。亦可是边长为 1.0～1.5m 的方形。井深视地层构造情况而定，井内由中心向四周按层次分别填入由粗而细的砂石材料，粗料渗水，细料反滤。填充料要求筛分冲洗，施工时需用

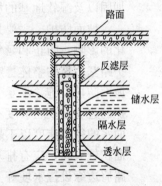
图 3-30 渗井结构与布置图例

铁皮套筒分隔填入不同粒径的材料，要求层次分明，不得粗细材料混杂，以保证渗井达到预期排水效果。

鉴于渗井施工不易，单位渗水面积的造价高于渗沟，一般尽量少用。有时，因土基含水率较大，严重影响路基、路面的强度，其他地下排水设备不易布置，其他技术措施如隔离层的造价较高，此时渗井可作为方式之一，设计时应进行分析比较，有条件地选用。

3.6 路基防护与加固

3.6.1 防护与加固的目的

由岩土所筑成的路基，大多暴露于空间，长期受自然因素的作用，岩土

在不利水温条件作用下，物理、力学性质将发生变化。浸水后湿度增大，土的强度降低；岩性差的岩体，在水温变化条件下，加剧风化；路基表面在温差作用下形成胀缩循环，在湿差作用下形成干湿循环，可导致强度衰减和剥蚀；地表水流冲刷，地下水源浸入，使岩土表层失稳，易造成和加剧路基的水毁病害；沿河路堤在水流冲击、淘刷和浸蚀作用下，易遭破坏；湿软地基承载力不足，易导致路基沉陷。所有这些，均取决于岩土的物理力学性质及自然因素，且与路基承受行车荷载的情况密切相关。

合理的路基设计，应在路基位置、横断面尺寸、岩土组成等方面综合考虑。为确保路基的强度与稳定性，路基的防护与加固也是不可缺少的工程技术措施。随着公路等级的提高，为维护正常的汽车运输，减少公路灾害，确保行车安全，保持公路与自然环境协调，路基的防护与加固更具有重要意义。实践经验证明，在高等级公路建设中，防护工程对保证公路使用品质、提高投资效益均具有重要的意义。

3.6.2 防护与加固工程的分类

路基防护与加固设施，主要有边坡坡面防护、沿河路堤河岸冲刷防护与加固以及湿软地基的加固处治。

坡面防护，主要是保护路基边坡表面免受雨水冲刷，减缓温差及湿度变化的影响，防止和延缓软弱岩土表面的风化、碎裂、剥蚀演变进程，从而保护路基边坡的整体稳定性，在一定程度上还可兼顾路基美化和协调自然环境。坡面防护设施，不承受外力作用，必须要求坡面岩土整体稳定牢固。简易防护的边坡高度与坡度不宜过大，土质边坡坡度一般不陡于 $1:1 \sim 1:1.5$。地面水的径流速度以不超过 2.0m/s 为宜，水亦不宜集中汇流。雨水集中或汇水面积较大时，应有排水设施相配合，如在挖方边坡顶部设截水沟，高填方的路肩边缘设拦水埂等。

常用的坡面防护设施有植物防护（种草、铺草皮、植树等）和工程防护（抹面、喷浆、勾缝、石砌护面等）。前者可视为有"生命"（成活）防护，后者属无机物防护。有"生命"防护以土质边坡为主，无机物防护以石质路堑边坡为主。在一定程度上，有"生命"防护在边坡稳定和改善路容方面优于无机物防护。

沿河滨海路堤、河滩路堤及水泽区路堤，亦包括桥头引道以及路基边旁的堤岸常年或季节性浸水，受流水冲刷、拍击和淘洗，造成路基浸湿、坡脚淘空或水位骤降时路基内细粒填料流失，致使路基失稳，边坡崩塌。所以沿河路堤河岸冲刷防护与加固主要针对水流的破坏作用而设，起防水治害和加固堤岸双重功效。

湿软地基的承载能力较差，如泥沼与软土、低洼的湖(海)相沉积土层、人为垃圾杂填土等，填筑路基前必需予以加固，以防路基沉陷、滑移或产生其他病害。湿软地基加固，规模大，造价高，应注意方案比较，研究技术和经济方面的可行性，力求从简，尽量就地取材。

3.6.3 坡面防护

1. 植物防护

植物防护，可美化路容，协调环境，调节边坡土的湿温状况，起到固结和稳定边坡的作用。它对于坡高不大，边坡比较平缓的土质坡面是一种简易有效的防护设施，其方法有种草、铺草皮和植树。

种草适用边坡坡度不陡于 1:1，土质适宜种草，不浸水或短期浸水但地面径流速度不超过 0.6m/s 的边坡。草的品种应适应当地自然条件，最好是根系发达，中茎低矮，多年生长，几种草籽混种。不宜种草的坡面，可以铺 5~10cm 厚的种植土层，土层与原坡面结合稳固。

当坡面冲刷比较严重，边坡较陡，径流速度大于 0.6m/s，容许最大速度为 1.8m/s 时，应根据具体条件（坡度与流速等），分别采用平铺（平行于坡面）水平叠置、垂直坡面或与坡面成一半坡角的倾斜叠置草皮，还可采用片石铺砌成方格或拱式边框，方格或框内再铺草皮，如图 3-31 所示。铺草皮需预先备料，草皮可就近培育，切成整齐块状，然后移铺在坡面上。铺时应自下而上，并用竹木小桩将草皮钉在坡面上，使之稳固。草皮根部土应随草切割，坡面要预先整平，必要时还应加铺种植土，草皮应随挖随铺，注意相互贴紧。

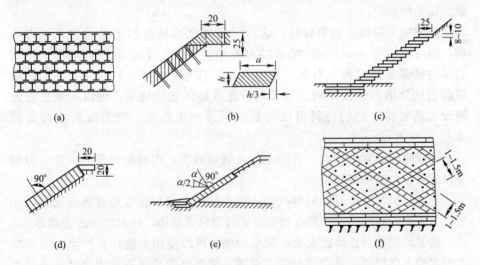

图 3-31 草皮防护示意图（除已注明尺寸外，其余单位为 cm）
(a) 平铺平面；(b) 平铺剖面；(c) 水平叠铺；(d) 垂直叠铺；(e) 斜交叠铺；(f) 网格式
（图中 h 为草皮厚度，约 5~8cm，a 为草皮边长，约 20~25cm）

植树主要用在堤岸边的河滩上，用来降低流速，促使泥砂淤积，防水直接冲刷路堤。多排林堤岸与水流方向斜交，还可起挑水改变水流方向的作用。沙漠与雪害地区，防护林带还起阻沙防雪作用。树木的品种与种植位置及宽度，应根据防护要求、流水速度等因素，参见有关设计手册、结合当地经验而定。城市或风景区的植物防护，应与有关部门协调配合。

土质边坡防护也可采用拉伸网草皮、固定草种布或网格固定撒种，用土工合成材料进行土质边坡防护的边坡坡度宜在1:1.0～1:2.0之间。拉伸网草皮是在土工网或土工垫等土工合成材料上铺设3～5cm的种植土层，经过撒种、养护后形成的人工草皮。固定草种布（也可称植生带）是在土工织物纺织时将草种固定于土工织物中，然后到现场铺筑以促使草皮生长的一种土工合成材料草皮制品。网格固定撒种是先将土工网固定于需防护的边坡上，然后撒播草种形成草皮的一种边坡防护方法。

2. 工程防护

当不宜使用植物防护或考虑就地取材时，采用砂石、水泥、石灰等矿质材料进行坡面防护是常用的防护形式，主要有砂浆抹面、勾缝或喷涂以及石砌护坡或护面墙等。这些形式各自适合于一定条件。

抹面防护适于石质挖方坡面，岩石表面易风化，但比较完整，尚未剥落，如页岩、泥砂岩、千枚岩的新坡面。对此应及时予以封面，以预防风化成害。常用的抹面材料有石灰浆等，其中石灰为胶结料，要求精选。混合料如加纸筋或竹筋，可提高强度，防止开裂；如掺加适量制盐副产品卤水，因含有氯化钙与氯化镁，可使抹面加速硬化和预防开裂。抹面用料的配合比与用量，参见有关手册。抹面厚度视材料与坡面状况而定，一般2～10cm。操作前，应清理坡面风化层、浮土与松动碎块、填坑补洞，洒水润湿。抹面后，应拍浆、抹平和养护。

喷浆施工简便，效果较好，适用于易风化而坡面不平整的岩石挖方边坡，厚度一般为5～10cm。喷浆的水泥用量较大，重点工程可选用。比较经济的砂浆是用水泥、石灰、河砂及水，按重量比1:1:6:3配比。喷浆前后的处治与抹面相同。对坡面较陡或易风化的坡面，可以在喷浆前先铺设加筋材料，加筋材料可以用铁丝网或土工格栅，喷浆坡面应设置排水孔。

比较坚硬的岩石坡面，为防水渗入缝隙成害，视缝隙深浅与大小，分别予以灌浆、勾缝或嵌补等。

上述防护方法，可以局部处治，综合使用，并与放缓边坡等方法加以比较，力求实用和经济。如果在坡面防护时着色或修饰，还有助于改善路容。

路基坡面为防止地面水流或河水冲刷，可以使用干砌片石护面，图3-32所示为浸水路堤单层或双层护面示意图。重要路段或暴雨集中地区的土质高边坡以及桥涵附近坡面与岩坡、地面排水沟渠等，亦可干砌片石加固。片石护面，要求坡面稳固，先垫以砂层，然后自下而上平整地铺砌片石，片石应逐块嵌紧且错缝，护面厚度一般不小于20cm，干砌要勾缝，必要时改用浆砌，护面顶部封闭，以防渗水。

护面墙是浆砌片石的坡面覆盖层，用于封闭各种软质岩层和较破碎的挖方边坡。要求墙面紧贴坡面，表面砌平，厚度可不一。护面墙石料应符合规格。护面墙除自重外，不承受其他荷重，亦不承受墙背土压力。其构造与布置，如图3-33所示。墙高与厚度及路堑边坡的关系，参见表3-17。

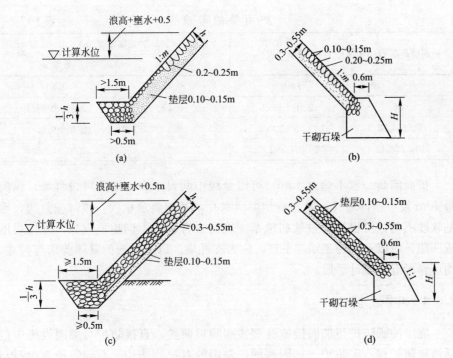

图 3-32 片石护面示意图
(a)、(b) 单层；(c)、(d) 双层
(图中 H 为干砌石垛高度，约 20~30cm，h 为护面厚度，大于 20cm)

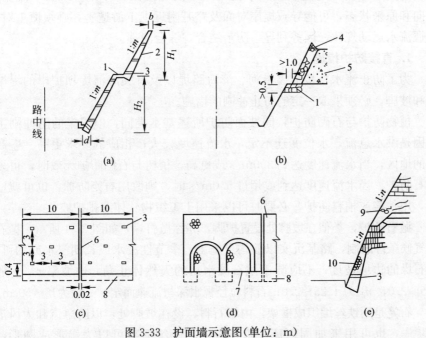

图 3-33 护面墙示意图（单位：m）
(a) 双层式；(b) 单层式；(c) 墙面；(d) 拱式；(e) 混合式
1—平台；2—耳墙；3—泄水孔；4—封顶；5—松散夹层；
6—伸缩缝；7—软地基；8—基础；9—支补墙；10—护面墙

3.6 路基防护与加固

护面墙的厚度　　　　　　　　表3-17

护面墙高度 H(m)	路堑边坡	护面墙厚度(m)	
		顶宽 b	底宽 d
≤2	1:0.5	0.40	0.40
≤6	陡于 1:0.5	0.40	$0.40+0.10H$
$6<H≤10$	1:0.5~1:0.75	0.40	$0.40+0.05H$
$10<H≤15$	1:0.75~1:1	0.60	$0.60+0.05H$

护面墙高一般不超过10m，可以分级中间设平台，墙背可设耳墙，纵向每10m设一条伸缩缝，墙身应预留泄水孔，基础要求稳固，顶部应封闭。墙基软硬不匀，可设拱跨过软弱地基。坡面常有各种不同地质现象，开挖后形成凹陷，应以石砌圬工填塞平整，称为支补墙。以上构造的具体要求与尺寸，均可参考有关设计手册。

3.6.4 冲刷防护

堤岸冲刷防护与加固措施有直接和间接两类。直接防护与加固设施中包括植物防护和石砌防护与加固两种，常用的有植物防护、石砌防护或抛石与石笼防护，以及必要时设置的支挡（驳岸等）。间接防护主要指导治结构物，如丁坝、顺坝、防洪坝、拦水坝等。必要时进行疏浚河床、改变河道，目的是改变流水方向，避免或缓和水流对路基的直接破坏作用。改变水流流速、流向和原来状态，可能导致堤岸对面及路基附近上下游遭害，必须慎重对待，掌握流水运动规律，因势利导，防治结合，综合治理。

1. 直接防护措施

为了防止流水直接危害沿河、滨海路堤以及有关海河堤坝护岸的堤岸边坡和坡脚，必须采取一定的防止冲刷的措施。

植物防护与石砌防护，同坡面防护所述基本类同，但堤岸的防冲刷主要原因是洪水急流，水位变迁不定，水流速度较大，相应的要求更高。盛产石料的地区，当水流速度达到3.0m/s或更高，植树与石砌防护无效时，可采用抛石防护。当水流速度达到或超过5.0m/s时，则改用石笼防护，也可就地取材，用竹笼或梢料防护，必要时可以采用土工织物软体沉排护坡。

抛石防护，类似在坡脚处设置护脚，亦称抛石垛，如图3-34所示。抛石不受气候条件限制，路基沉实以前均可施工，季节性浸水或长期浸水亦均可用。抛石垛的边坡坡度，不应陡于抛石浸水后的天然休止角，边坡率 m_1 一般为1.5~2.0，m_2 为1.25~2.0；石料粒径视水深与流速而定，一般为15~50cm。

石笼是用铁丝编织成框架，内填石料，设在坡脚处，以防急流和大风浪破坏堤岸，也可用来加固河床，防止淘刷。铁丝框架可以为箱形或圆形，如图3-35(a)、(b)所示。笼内填石的粒径，最小不小于4.0cm，一般为5~20cm，外层应用大且棱角突出石料，内层可用较小石块填充。石笼在坡脚处排列，用于防止冲刷淘底时，应平铺并与坡脚线垂直，而且堤岸一端固定，另一端不必

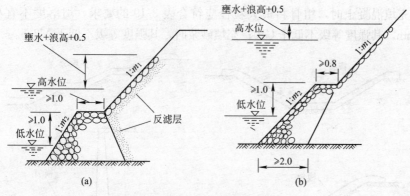

图 3-34 抛石防护示意图(单位：m)
(a) 新堤石垛；(b) 旧堤石垛

固定，淘刷后可以向下沉落贴于底面；用于防止堤岸边坡冲刷时，则垒码平铺成梯形，如图 3-35(c)、(d)所示。单个石笼的大小，以不被相应速度的水流冲动为宜，铺设时须用碎(砾)石垫层铺平，底层各角，可用铁棒固定于基底。

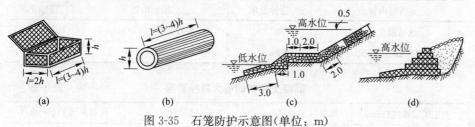

图 3-35 石笼防护示意图(单位：m)
(a) 箱形笼；(b) 圆柱形笼；(c) 防止淘底；(d) 防护岸坡

土工织物软体沉排是在土工织物上以块石或预制混凝土块体为压重的护坡结构，一般适用于水下工程及预计可能发生冲刷的河床和岸坡土面上。主要有单片垫和双片垫两种结构形式。单片垫是利用土工织物拼接成大面积的排体；双片垫是将两块单片垫重叠后按一定距离和形式将两片垫连接在一起而构成管状或格状空间，其中再填充透水性土石料(如砂卵石等)，起到防冲与反滤的作用，双片垫的结构形式如图 3-36 所示。

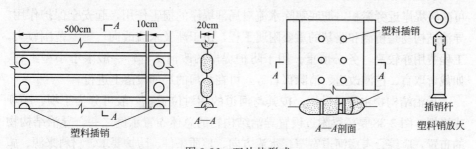

图 3-36 双片垫形式

土工模袋是一种双层织物袋，袋中充填流动性混凝土、水泥砂浆或稀石混凝土，凝固后形成高强度和高刚度的硬结板块。其主要应用场合及铺设形式如图 3-37 所示。土工模袋材料应满足表 3-18 的技术要求，袋内可充填混凝土或砂浆。充填混凝土时，粗骨料最大粒径应符合表3-19的要求，坍落度不宜小于200mm，其强度等级不低于C10；充填砂浆时，其强度等级不低于M2.5。

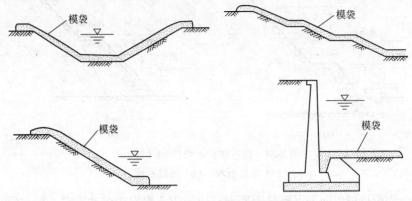

图3-37　土工模袋的应用与铺设

土工模袋材料要求　　表3-18

指标内容	指标要求	指标内容	指标要求
顶破强度(N)	≥1500	等效孔径0.95(mm)	0.07～0.15
渗透系数(10^{-3}cm/s)	0.86～10	延伸率(%)	≤15

混凝土骨料的最大粒径要求　　表3-19

土工模袋厚度(mm)	集料最大粒径(mm)	土工模袋厚度(mm)	集料最大粒径(mm)
150～250	≤20	≥250	≤40

采用土工模袋护坡的坡度不得陡于1:1。如在水下施工，水流速度不宜大于1.5m/s。模袋选型应根据工程要求和当地土质、地形、水文、经济与施工条件等确定。应根据水流量选定模袋滤水点分布数量，当选用无滤水点模袋时，应增设渗水滤管。模袋应用尼龙绳缝制。

2. 间接防护措施

设置导治结构物可改变水流方向，消除和减缓水流对堤岸直接破坏，同时可减轻堤岸近旁淤积，彻底解除水流对局部堤岸的损害作用，起安全保护作用。导治结构物是桥涵和路基的重要附属工程，由于涉及水流改向，影响范围较大，工程费用亦较高，务必慎重。用于防护堤岸的改河工程，一般限于小型工程，如裁弯取直、挖滩改道、清除孤石等，可在小河的局部段落上进行。

导治结构物主要是设坝，按其与河道的相对位置，一般可分为丁坝、顺坝或格坝。图3-38是桥梁附近设置导治结构物的总体布置示例之一。导治结构物的布置，应综合考虑河道宽窄、水流方向、地质条件、防护要求、材料来源、施工条件和工程经济等，要综合考虑，全面治理，要避免河床更多压缩，或因水位提高和水流改向，而危害河对岸或附近地段的农田水利、地面建筑及堤岸等。

顺坝大致与堤岸平行，主要作用为导流、束水、调整流水曲度、改善流态。格坝在平面上成网格状，设于顺坝与堤岸之间，防止高水位时水流溢入

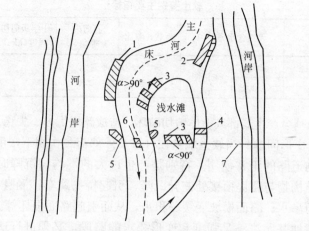

图 3-38 导治结构物综合布置示例
1—顺坝；2—格坝；3—挑水坝（丁坝）；4—拦水坝；5—导流坝；6—桥墩；7—路中线

冲刷坝内岸坡和坡脚，并促进格间的淤积。丁坝大致与堤岸垂直或斜交，将水流挑离堤岸，束河归槽，改善流态。顺坝亦称导流坝，丁坝亦称挑水坝。

导治结构物的布置是工程成败的关键。布置恰当能收到预期效果；布置不当反而恶化水流，造成水毁。关键在于合理设计导治线，符合预定的河轴线和河岸线要求，亦取决于选择导治水位，不致出现不利的冲刷情况。导治线与导治水位，应依据对于水流和河岸、河床地形、地质情况、水流对上下游对岸的影响等因素，综合分析和设计计算而定。

顺坝与丁坝均用石块修建成梯形横断面，坝体分为坝头、坝身和坝根三个组成部分，横断面尺寸依构造要求、施工条件和使用需要而定，并应进行稳定性计算。

公路工程中的改河，主要目的是：将直接冲刷路基的水流引向旁处；路基占用河槽后，需要拓宽河道；挖滩改河，清除孤石，改移河道，以保护路基；裁弯取直，有利布置路线或桥涵。这些措施，如经过论证可行，确有必要且效益高时，方可通过设计计算，最后实施。

导治结构物的构造与要求以及结构物与改河工程的具体设计计算方法，在路基设计手册等文献中已有详细规定与建议，可供查用。

3.6.5 软土地基加固

在沿海、滨湖和江河三角洲地带修建道路，常遇到近代沉积的高含水率和大孔隙的黏质土、粉质土、有机质土或泥炭等软土层。因此在公路勘查期间首先应收集地质资料，确定软土分布范围、构造与成因。表3-20所示为软土鉴别的主要指标。

由于软土的固有复杂特性，其上修筑的道路常出现过大的沉降变形，造成不同程度的路基路面变形、损坏，影响行车舒适度和安全性，缩短道路使用寿命。通常，软土路基问题及其危害概括起来主要有如下两个方面：

（1）强度及稳定问题。当软土地基的抗剪强度不足以承受路堤及路面外荷

软土鉴别主要指标　　　　　　表 3-20

土类	天然含水率(%)	天然孔隙比	直剪内摩擦角(°)	十字板剪切强度(kPa)	压缩系数(MPa^{-1})
黏质土、有机质土	≥35	≥1.00	≤5	<35	>0.5
粉质土	≥30	≥液限 ≥0.90	≤8		>0.3

载时，软土地基会产生局部或整体剪切破坏，造成路堤塌方、失稳及桥台破坏。

(2) 沉降变形问题。当软土地基在自重及外部荷载作用下产生过大的沉降变形时，影响道路的正常使用。特别是产生过大的不均匀沉降时，造成路面开裂破坏，结构物与路堤衔接处差异沉降，引起桥头跳车、涵身、通道凹陷、沉降缝拉宽而渗水；路面横坡变缓、积水，从而引起路面损坏等。

对于天然地基无法满足强度和变形要求的路段，必须进行适当处理，如切实做好软土地基的处理及变形控制，减少工后沉降和沉降差。

软土地基处理方法对加固效果和施工工期有着重大影响，而且直接关系到工程费用的高低。软土地基处理有许多种不同的方法，如按处理效果可分为临时处理和永久处理；按处理深度可分为浅层处理和深层处理；按处理的方式又可分为化学处理和物理处理等。由于地基条件不同以及工程对地基的要求不同，而且施工机械、材料来源也因地区和部门不同而有较大的差别，因此，应针对每一具体工程进行细致分析，从地基条件、处理要求、工程费用、材料、机械设备来源以及工程进度等各方面进行综合考虑，以选出技术上可靠，经济上合理，且能满足施工进度要求的最佳处理方案，也可采用两种或两种以上的组合处理方案，同时还应考虑环境保护、节约能源等方面因素，各种软基处理方法有着各自的特点及适用条件。表 3-21 汇总了常用的软基处理方法及其特点。

各种地基处理方法及特点　　　　　　表 3-21

处理方式		描述
浅层处理	硬壳层补强法	① 此法适用于硬壳层有效厚度超过临界厚度时 ② 采用硬壳层补强法能充分调动原有地基硬壳层承载潜力，其处治方法快速、实用且简单，施工质量易于控制；处治费用较低，经济效益好
	垫层法	① 在软土地基地面上，铺设一层特殊材料，再在其上填筑路堤，称为垫层法 ② 如地表无硬壳层或为透水性硬壳层，垫层材料宜选用砂石等透水性材料，统称为排水垫层。当软土层为黏性软土或硬壳层，封水条件较好时，不宜采用透水性垫层，应使用加固型垫层 ③ 采用垫层法处治软土地基应采用就地取材的原则，其垫层法施工快速、投资少、效益高
	置换法	① 指将路床顶面以下一定范围的软弱土层利用人工、机械或其他方法清除，分层置换强度较高的砂、碎石、山坡石、改良土以及其他性能稳定和无侵蚀性的材料，并振实(压实)到要求的密实度，形成强度较高的地基 ② 置换填土与原土相比，具有承载力高、刚度大、变形小的优点。用砂石换填还可以提高地基的排水固结速度，消除膨胀性土地基的胀缩性及湿陷性土层的湿陷性。且换填质地较好的土料和石料，并采取相应的压实或振实工艺进行压实达到密实度的要求，其施工质量易于控制 ③ 该方法需从路段周围借调或购买符合要求的黏土或石料，因此造成填方案造价偏高；此外，对挖除的淤泥还需二次处理弃土，对环境会造成一定污染，需要额外的处理费用，其换填部分主要集中在软土地基上层，深度较大时其经济效益较差，其处理深度一般为 2.0~3.0m

续表

处理方式		描述
排水固结法	堆载预压法	① 该方法是在上部荷载作用之前，对天然地基施加荷载预压，同时采取一些措施加速土中水的排出，促使土体孔隙减小，逐渐固结，从而达到提高软土地基承载能力、减小工后沉降的目的 ② 适用于饱和软土、吹填土、松散粉土以及新近沉积土施工的地基处理，对存在连续薄砂层（或透镜体）的地基处理效果特别好，由于施工工艺简单、造价低，工后沉降量很小，能满足工后沉降要求，目前仍是高速公路软土地基处理的主要方法 ③ 施工周期长，往往在工期上需要较长时间进行预压。且在高速公路采用该方法处理软基时，堆载材料一部分是路堤本身填料，另一部分作为超载的是固体或液体（水）重物。具体实施时，要按规定的方法和速度逐步将堆载材料堆放到路堤地基上。如采用超载预压，预压完成后需将超载即路床标高以上的堆载材料卸出路堤。超载、卸载是一项很烦琐的工作，受控因素较多，此外还应考虑卸载材料的运输、堆放，环境影响等问题
	塑料排水板	① 利用插板机械在含水率大、孔隙比大、压缩性高、深厚的软土地基中插设具有良好透水性的塑料排水板，从而在软土地基中形成竖向的排水通道 ② 质量易控制；适应地基变形能力强，重量轻（25kg/200m），搬运方便；插设机械形式较多，凡能施工袋装砂井的机械，均可用于插塑料排水板；断面尺寸小，插时对地基扰动小，连续性好；施工速度快，劳动强度小，不需灌砂工序，运输方便；施工场地整洁；排水效果好 ③ 此法要求必须进行堆载预压，因此工期相对较长，处理深度一般在15～20m之间，最大可达25m，对加速排水效果较好，处理费用低
	袋装砂井	① 直径仅8cm左右。由于设置砂井，周围的土有时会受到大的扰动，使透水性与地基的强度下降，所以施工时尽量减小对周围土的扰动 ② 适用于透水性低的软弱黏性土，但对于泥炭土等有机质沉积物不适用。 ③ 适用于软土层厚度大于5m的情况，最大有效处理深度为18m
	土工合成材料加筋	① 在软弱土层（如人工填土的路堤）中放入能承受拉力的加筋材料如土工合成材料、竹筋、钢条、钢带、尼龙绳等组合形成人工复合土体，利用土体颗粒与拉筋之间的摩擦力使它们形成一个整体，产生整体化的强度，起到可承受抗拉、抗剪、抗压或抗弯的作用，从而提高地基承载力、减少沉降和增加地基的稳定性。土工合成材料一般是加固软土表层土体，常与深层加固体联合使用 ② 重量轻，整体连续性好（目前在长度上可制成数百米至上千米，可作为较大面积的整体）；施工方便，抗拉强度较高，耐腐蚀性和抗微生物侵蚀性好。布织型的当量孔隙直径小，渗滤性好、质地柔软能与土很好结合 ③ 抗紫外线能力低，如暴露受到紫外线阳光，直接照射容易衰化，但如不直接暴露，抗老化及耐候性能仍是较高的
深层复合地基法处理软基	砂（碎石）桩	① 挤实砂（碎石）桩是以冲击或振动的方法强力将砂、石等材料挤入软土地基中，形成较大的密实柱体。挤密砂（碎石）桩在软弱黏性土地基中主要起置换作用和排水作用 ② 增加了地基整体抗剪能力，提高承载力，防止地基产生滑动破坏；由于荷载产生桩间的应力集中，减少了固结沉降；由于密实的碎石桩的排水作用，提前完成剩余沉降；由于复合地基利用，可以减少差异沉降；设备简单，施工方便 ③ 适用于具有一定强度的砂土或黏土地基，在淤泥层中由于其土体的强度过于低弱，以致土的约束力难以平衡填料挤入孔壁的力，难以形成桩体，成桩质量差。此外，该工法需要大量级配良好的碎石或砂料，所以造价较高，最大有效处理深度20m

3.6 路基防护与加固

续表

处理方式		描述
深层复合地基法处理软基	生石灰桩	① 用打砂桩的方法,在黏性土地基中用生石灰做成柱体,通过生石灰的消解吸水、继而生成水化物和毛细管的吸水作用,降低黏性土中的含水率,从而提高地基强度,减小沉降量 ② 用它改善地基,有不需要上置荷载、短时间内能发挥作用的优点。不过,如果穿过滞水砂层,或者与地表水接触,其效果显著降低。其次,由于吸水会产生高热,所以在使用、储存时必须注意卫生及安全。设计方法中,因生石灰桩的膨胀压力、膨胀率、吸水效果及桩的强度等,改善地基强度的机理不明确,必须积累石灰桩加固软土地基的实测资料,确立合理的设计方法 ③ 软土的pH值过低,即若桩周土为酸性土,将减弱桩身强度的提高,相反pH值愈高,愈为有利;加固效果与软土的渗透性能有关,一般来说渗透系数较高,加固效果也较好;渗透系数过低,将影响消化反应的速度,影响水硬性,因而加固效果也较低;石灰桩最有利于含高岭土为主的软土,钙化反应强烈,最大有效处理深度为20m
	CFG桩	① 是针对碎石桩承载特性的一些不足,加以改进而发展起来的,是一种半柔性半刚性桩,即称半刚性桩 ② 具有沉降变形小、承载力提高幅度大、适用范围较广、社会和经济效益明显等特点。可用于加固填土、饱和及非饱和黏性土、松散的砂土、粉土等。处理深度可达20m
	搅拌法	① 通过搅拌机械将胶结材料与地基的软土搅拌成桩柱体。具有施工工期短、无公害、施工过程无噪声、不排污、对相邻建筑物影响小等优点 ② 粉喷桩处理法(干法)适用于高含水率的软土,低含水率的软土以浆喷(湿法)为佳;但含水率高低并无明确的分界线,应按照工程实际情况和现场试验(有条件时)确定,一般含水率适用范围30%～70%。此外,对于高液限土不宜用深层搅拌法,尤其不能用水泥粉喷搅拌法 ③ 由于石灰生产量不多,且多是散装料,运输、计量、粉碎均很困难,所以目前绝大部分用水泥
	管桩	① 适用于处理黏性土、粉土、淤泥质土、砂土及已完成自重固结的素填土等地基 ② 造价高,有效处理桩长长,处理深度大,质量容易控制,承载力高

3.7 路基附属设施

为了确保路基的强度、稳定性和行车安全,与一般路基工程有关的附属设施有取土坑、弃土堆、护坡道、碎落台、堆料坪及错车道等。这些设施是路基设计的组成部分,正确合理地设置是十分重要的。

3.7.1 取土坑与弃土堆

路基土石方的挖填平衡,是公路路线设计的基本原则,但往往难以做到完全平衡。土石方数量经过合理调配后,仍然会有部分借方和弃方(又称废方),路基土石方的借弃,首先要合理选择地点,即确定取土坑或弃土堆的位置。选点时要兼顾土质、数量、用地及运输条件等因素,还必须结合沿线区域规划、因地制宜,综合考虑,维护自然平衡,防止水土流失,做到借之有利、弃之无害。借弃所形成的坑或堆,要求尽量结合当地地形,充分加以利用，并注意外形规整，弃堆稳固。对高等级公路或位于城郊附近的干线公路，尤应注意。

平坦地区，如果用土量较少，可以沿路两侧设置取土坑，与路基排水和农田灌溉相结合。路旁取土坑，大致如图 3-39 所示，深度约 1.0m 或稍大一些，宽度依用土数量和用地允许而定。为防止坑内积水危害路基，当堤顶与坑底高差不足 2.0m 时，在路基坡脚与坑之间需设宽度不小于 1.0m 的护坡平台，坑底设纵横排水坡及相应设施。

河水淹没地段的桥头引道近旁，一般不设取土坑，如设取土坑要距河流中水位边界 10m 以外，并与导治结构物位置相适应。此类取土坑要求水流畅通，不得长期积水危及路基或构造物的稳定。

路基开挖的废方，应尽量加以利用，如用以加宽路基或加固路堤，填补坑洞或路旁洼地，亦可兼顾农田水利或基建等所需，做到变废为用，弃而不乱。

废方一般选择路旁低洼地，就近弃堆。原地面倾斜坡度小于 1∶5 时，路旁两侧均可设弃土堆，地面较陡时，宜设在路基下方。沿河路基爆破后的废石方，往往难以远运，条件许可时可以部分占用河道，但要注意河道压缩后，不致壅水危及上游路基及附近农田等。

图 3-40 所示为路旁弃土堆一例，要求堆弃整平，顶面具有适当横坡，并设平台、三角土块及排水沟，宽度 d 与地面土质有关，最少 3.0m，最大可按路堑深度加 5.0m，即 $d \geqslant H + 5.0m$。积砂或积雪地段的弃土堆，宜有利于防砂防雪，可设在迎面一侧，并具有足够距离。

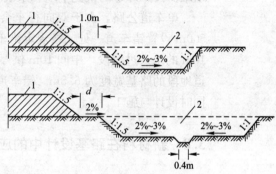

图 3-39 路旁取土坑示意图
1—路堤；2—取土坑

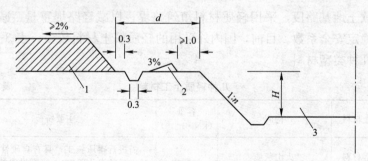

图 3-40 路旁弃土堆示意图
1—弃土堆；2—平台与三角土块；3—路堑

3.7.2 护坡道与碎落台

护坡道是保护路基边坡稳定性的措施之一，设置的目的是加宽边坡横向距离，减小边坡平均坡度。护坡愈宽，愈有利于边坡稳定，但最少为 1.0m。宽度大，则工程数量亦随之增加，要兼顾边坡稳定性与经济合理性。通常护

坡道宽度 d，视边坡高度 h 而定，$h \geqslant 3.0$m 时，$d=1.0$m；$h=3\sim 6$m 时，$d=2$m；$h=6\sim 12$m 时，$d=2\sim 4$m。

护坡道一般设在挖方坡脚处，边坡较高时亦可设在边坡上方及挖方边坡的变坡处。浸水路基的护坡道，可设在浸水线以上的边坡上。

碎落台设于土质或石质土的挖方边坡坡脚处，主要供零星土石碎块下落时临时堆积，以保护边沟不致阻塞，亦有护坡道的作用。碎落台宽度一般为 1.0～1.5m，如兼有护坡作用，可适当放宽。碎落台上的堆积物应定期清理。

3.7.3 堆料坪与错车道

路面养护用矿质材料，可就近选择路旁合适地点堆置备用。亦可在路肩外缘设堆料坪，其面积可结合地形与材料数量而定，例如每隔 50～100m 设一个堆料坪，长约 5～8m，宽 2m。

高级路面或采用机械化养路的路段，可以不设，或另设集中备用料场，以维护公路外形的视觉平顺和景观优美。

单车道公路，由于双向行车会车和相互避让的需要，通常应每隔 200～500m 设置错车道一处。按规定错车道的长度不得短于 30m，两端各有长度为 10m 的出入过渡段，中间 10m 供停车用。单车道的路基宽度为 4.5m，而错车道地段的路基宽度为 6.5m。错车道是单车道路基的一个组成部分，应与路基同时设计与施工。

3.8 新材料在路基设计中的应用

3.8.1 轻质回填材料

在软土地基路段，采用轻质材料填筑路堤，以减轻路堤重量、减少沉降并增大稳定安全系数。目前，国内外采用的轻质填土材料较多，表 3-22 列出常用的几种类型材料。

几种轻质土工材料　　　　表 3-22

轻质填土材料	构成	容重 (kN·m^{-3})	主要特征
粉煤灰等材料构成的轻质土	火山灰质矿渣颗粒	12～16	需进行碾压施工；具有自硬性（火山灰质成分的水化反应）；废弃材料的再利用；不能期待太大的减重效果
泡沫塑料块体轻质土（EPS）	泡沫塑料块	0.16～0.3	超重量的合成树脂发泡体；价格昂贵；不能利用建筑废弃土；对水的浮力抵抗差
泡沫塑料颗粒混合轻质土	土砂、泡沫塑料颗粒及稳定材料（水泥）	7 以上	重度可自由调整；与土的变形特性相似；可利用废弃土制作
气泡混合轻质土	土砂、水泥、水及气泡	5 以上	重度和强度可自由调整；具有流动性、自硬性；可利用废弃土制作；不需机械压实作业；力学性能，隔热、隔声等效果佳

下面对以上各种轻质材料构成的轻质土在路堤中的应用作简要的介绍。

1. 粉煤灰轻质土路堤

在公路工程中，常用的轻质材料为粉煤灰。与土质路堤相比，由于粉煤灰路堤自重减轻，软弱地基和路堤的沉降变形得到改善，总沉降量可减少20%～30%，相应地也提高了地基的抗滑稳定性。粉煤灰路堤的极限高度可增加30%～40%，节省了地基的处理费用。粉煤灰路堤的安全系数计算，根据部颁《公路路基设计规范》JTG D30—2004进行。

粉煤灰路堤一般填筑在地下水位以上30cm，否则需设置隔离层。施工中先在边坡上填筑黏土保护层，以防止雨水冲刷污染环境。边坡覆盖保护层不小于100cm，路基顶的覆盖层厚度不应小于60cm，如图3-41所示。

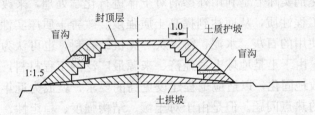

图3-41 粉煤灰路堤结构示意

2. 气泡混合轻质土路堤

气泡混合轻质材料是指含有无数独立气泡的轻质水泥浆体或砂浆等，气泡含量一般介于20%～65%。其中应用比较广泛的有加气混凝土、泡沫混凝土、气泡混合水泥浆、气泡混合轻质土。

3. 土工泡沫塑料路堤

土工泡沫塑料是以有机聚合物为原料制成的泡沫塑料制品，工程上常用的是模制聚苯乙烯泡沫塑料(Expanded polystyrene)，简称为EPS。它具有超轻质量、体形稳定、弹性、耐压缩、低热传导性等性能。一般情况下化学稳定性强，不溶于水，不易老化，耐腐蚀，耐微生物，不受气候变化的影响，可作为轻质材料应用于路堤工程。我国浙江省交通院于1994年11月成立了EPS路堤课题小组，着手制订了《EPS轻质路堤研究工作大纲》，广泛收集了国外的资料，详细地研究了EPS试验路堤的设计，对EPS制造工艺进行考察，并对EPS材料进行了充分的试验，首次在宁波市望童跨线桥桥头路堤上应用。

在沪杭高速公路第五合同段的路基工程中应用了EPS，根据交通量的大小和铺筑的便捷，EPS做成了标准块体，尺寸为0.6m×1.25m×0.5m。为了减少路堤变形，增加路堤的整体稳定性，防止油类渗入破坏，在EPS上直接现浇钢筋混凝土板保护层作为路床的一部分，然后再在其上修筑路面结构层，如图3-42所示。使用EPS材料修筑的路堤为455元/m^3，较其他方法贵一些，但特别低的重度特点在一些路段场合下，还是比较适合的。实践证明，采用EPS填筑处理的桥头路段和涵洞及通道部位其沉降量都明显减少。

由于EPS的抗压强度相对较低，在施工过程中特别是使用传统的压实设

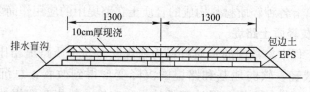

图 3-42 EPS填筑路堤结构示意(单位：cm)

备必须谨慎作业，以防止损伤材料，EPS的不足是其吸水性增加了单位重度，并且一些穴居动物在其打洞筑巢，所以必须做好封裹隔水工作。

3.8.2 土壤固化剂

土壤固化剂实际上是利用外掺剂对土体进行化学处理，来改变土壤的组成和土体的工程性质，从而达到提高土质强度、改善土质压实性的目的。通常工程中所使用的石灰、水泥、粉煤灰等无机结合料，也可认为是最简单的土壤固化剂。由于土是地球上最经济、来源最广泛的工程材料，因此要求对土体进行有效地固化，以适应工程建设更高的要求，就成为近年来国内外争相进行研究的热点问题。但是由于对土壤、结构强度、稳定性、压实标准和耐久性要求的不同，对固化剂的品质和技术要求，也不同于常用的如石灰、水泥等一般无机结合料，因此只有在理解固化剂基本原理、特性和技术标准的基础上，才能正确和有效的使用固化剂。

固化剂作为一种新型的筑路材料，其适应性相当广泛。对粉性土、黏性土、砂砾、风化砂、软土和湿土都可以成功地进行固化。实验表明，固化剂固化土壤的强度较高，水稳性好，抗干缩性能好，土壤经固化后形成板体，成为半刚性路面基层或底基层。由于固化后良好的整体受力性能，能提高道路质量，延长道路使用寿命，是一种具有综合稳定性能的优质筑路材料。早在20世纪30、40年代，欧美等国家便开始大量使用水泥土材料，20世纪80年代初开始，美国和日本利用固化剂固化路基，所建高速公路取得了良好的效果，使固化路基的技术得到迅速发展。我国研究固化剂和固化路基的技术尚处于起步阶段，目前只生产少数固化剂，而且配制固化剂所用的精料大部分从国外引进，价格昂贵。常用固化剂如表3-23所示。

固化剂的种类和适用性的比较　　　　表 3-23

类型	主要成分	掺入量	适用范围	使用效果
TR	石灰、水泥等	4%～6%	各类软土，特别是高含水率的土	加入量多，强度高，耐水性好，固化初期的耐高温性及后期的耐低温性好
EN-1	酸基化合物		适用于各类道路	固化速度快，节省工期，施工速度及施工成本比传统筑路节省约50%以上
TKB	水泥、石灰、粉煤灰、活性激发剂	6%(砂)、8%(黏土)	可加固砂土和黏性土	加入TKR可提高强度约40%以上，成本与石灰土相近，早期强度高

续表

类型	主要成分	掺入量	适用范围	使用效果
NCS	石灰、水泥、无机添料	3%~4%	粉砂含量较高的粉性土	具有高吸水能力，过湿状态下可迅速压实，且压实度高，工程造价低
168	碱土金属、硼、碳、氮、卤、铁等各主元素组和无机物	0.02%	适用于各种路基	固化效果整体性好，无软弹，质地坚硬，防水性能好，通车不粘、不松散、不出现坑槽
石膏、水泥	水泥、石膏	10%~30%	适用于对 CaO、OH^- 吸收量较大的软土	该固化剂加固土，可提高强度 20%~200%，在同等强度下，可节省水泥 10%~40%
SST			适用于各类软土基层	能保证水泥水化反应的水分，提高路基承载能力达 70%

练习与讨论

1. 一般路基和特殊路基如何界定？设计上有哪些不同？
2. 一般路基设计有哪些主要的规定？包括哪些内容？
3. 路基的几何尺寸包括哪三项？概念如何？
4. 路基横断面有哪三种典型类型？从结构上看各种类型又可分为哪些形式？
5. 路堤设计与路堑设计考虑的问题有什么不同？
6. 路基填料选择的依据是什么？如何进行干土法击实和湿土法击实的选择？
7. 简述路基排水的主要目的和工程意义。
8. 路基地表、地下排水设施主要有哪些？各自的适用条件是什么？
9. 路基防护与加固怎样分类？可分为哪些常用的形式？
10. 常用的地基加固的方法有哪些？
11. 路基附属设施主要包括哪些？

> 小组讨论(1)：选定路堤填筑高度主要考虑哪些因素？请讨论矮路堤和高路堤的优缺点。
> 小组讨论(2)：如何选择路基土干土法击实和湿土法击实？同一种土样，两种击实方法得到的最大干密度和最佳含水率有什么关系？为什么？

第4章 路基变形分析与稳定性验算

本章知识点

【知识点】 路基沉降的组成及沉降对道路的影响；路基固结沉降的计算方法及在路基施工控制中的应用；路基稳定性分析的直线法、圆弧滑动面法（Fellenius 法和简化 Bishop 法）、不平衡推理法等；不同类型路基的稳定性验算要求；特殊土路基的特点与路基设计注意点。

【重　点】 路基施工控制与沉降的关系；两种圆弧滑动面法的基本假设与分析特点；稳定性验算要求。

【难　点】 路基抗剪强度参数的选取，滑动圆弧圆心的确定，地震及浸水路基的稳定性验算方法与要求。

4.1 路基变形组成与分析方法

沉降和稳定是路基工程面临的两个技术难题。路基沉降变形分为路基自身的压缩变形和地基沉降变形。由于路基修筑时必须满足规定的压实度要求，对于一般路基而言，其自身压缩变形较小，通常可以忽略不计，路基变形即为地基变形。路堤自身压缩变形可取 1‰～5‰路堤高度，同时，无论路堤多高，均可通过室内试验获取路基土压缩系数后，采用分层总和法计算得到其自身压缩变形。得到路基自身压缩变形后，将其累加到地基沉降中，即为路基沉降。由于路基自身压缩变形在路基沉降中所占比例较低，因此，下文主要分析地基沉降的组成和计算方法。

4.1.1 地基沉降的组成

地基的沉降一般认为是由机理不同的三部分沉降组成：当荷载刚加上时，在很短的时间内产生的沉降 S_d，叫做瞬时沉降，这是主骨架在三个轴向产生弹性和塑性变形的结果；其次是主固结沉降 S_c，是地基土在荷载作用下，孔隙水被挤出而产生渗透固结的结果；最后是次固结沉降 S_s，是地基孔隙水基本停止挤出后，颗粒和结合水之间的剩余应力尚在调整而引起的沉降。

1. 瞬时沉降计算

瞬时沉降的计算采用弹性理论，按下式计算，但注意这时是在不排水条件下没有体积变形所产生的沉降，所以泊松比为 0.5，并采用不排水变形模量和基底附加应力。

$$S_d = \frac{PB}{E}F \tag{4-1}$$

式中 P——地基面中心线上的梯形荷载强度；

B——换算荷载宽度，$B = b + d/2$，b 为路基顶面宽度，d 为路基边坡水平宽度；

E——土的弹性模量（可由无侧限抗压试验得到，取分层厚度的加权平均值）；

F——修筑系数，可依《公路设计手册：路基》取值。

2. 主固结沉降计算

主固结沉降采用分层总和法进行计算。根据所用地基土参数的不同，分为以下三个计算公式：

(1) 采用 e—p 曲线

$$S_c = \sum_{i=1}^{n} \frac{e_{oi} - e_{1i}}{1 + e_{oi}} \Delta h_i \tag{4-2}$$

式中 n——地基分层层数；

Δh_i——第 i 层计算分层厚度(m)，宜为 0.5~1.0m；

e_{oi}——第 i 层土自重应力所对应的孔隙比；

e_{1i}——第 i 层土中点自重应力与附加应力之和下的孔隙比。

(2) 采用压缩模量

$$S_c = \sum_{i=1}^{n} \frac{\Delta p_i}{E_{si}} \Delta h_i \tag{4-3}$$

式中 E_{si}——压缩模量；

Δp_i——地基中各分层中点的附加应力增量。

(3) 采用 e—$\lg p$ 曲线

正常固结、欠固结土层：

$$S_c = \sum_{i=1}^{n} \frac{\Delta h_i}{1 + e_{oi}} C_{ci} \lg \left(\frac{p_{oi} + \Delta p_i}{p_{ci}} \right) \tag{4-4}$$

式中 C_{ci}——土层的压缩指数；

p_{oi}——第 i 层中心的自重应力(kPa)；

e_{oi}——第 i 层中心处的初始孔隙比；

p_{ci}——前期固结压力，正常固结时 $p_{ci} = p_{oi}$。

超固结土层：

$$S_c = S'_c + S''_c$$

对于 $\Delta p > p_c - p_0$ 的土层：

$$S'_c = \sum_{i=1}^{n} \frac{\Delta h_i}{1+e_{oi}} \left[C_{si} \lg\left(\frac{p_{ci}}{p_{oi}}\right) + C_{ci} \lg\left(\frac{p_{oi}+\Delta p_i}{p_{ci}}\right) \right] \quad (4-5)$$

对于 $\Delta p \leq p_c - p_0$ 的土层：

$$S''_c = \sum_{i=1}^{n} \frac{\Delta h_i}{1+e_{oi}} \left[C_{si} \lg\left(\frac{p_{oi}+\Delta p_i}{p_{oi}}\right) \right] \quad (4-6)$$

式中 C_s——回弹指数。

3. 次固结沉降

采用次固结系数计算时，次固结沉降可按下式计算：

$$S_s = \sum_{i=1}^{n} \frac{C_{ai}}{1+e_{oi}} \lg\left(\frac{t_2}{t_1}\right) h_i \quad (4-7)$$

式中 C_{ai}——用孔隙比变化计算时各软土层的次固结系数，$C_a = (e_1 - e_2)/(\lg t_2 - \lg t_1)$；

e_1、e_2——分别为 $e - \lg p$ 曲线在主固结完成后直线段上两点的孔隙比；

t_1、t_2——分别为相应于孔隙比 e_1、e_2 的时间；

h_i——各土层厚度。

4.1.2 地基沉降计算方法

1. 主固结沉降计算的分层总和法

天然地基土一般都是不均匀的，即土层物理力学性质随着深度的变化发生相应的层次变化。要计算总沉降，最好把土层分成多个薄层，分别计算每个薄层的压缩变形，最后叠加而成总沉降的计算方法就成为分层总和法。

分层总和法需要解决计算压缩层土层总厚度的确定方法和单向压缩量计算公式的近似处理两个问题。

（1）关于压缩层厚度的确定，需要满足下面两个条件。

以附加应力 Δp 与自重应力 p_0 之比来确定：

$$\frac{\Delta p}{p_0} \leq n$$

n 介于 0.1~0.2 之间，根据规范及具体工程实际取值。

以压缩层底部 1m 的压缩量不超过压缩层范围内总压缩量的 2.5% 来控制，即：

$$\Delta S_n = 0.025 \sum_{i=1}^{n} S_i \quad (4-8)$$

式中 ΔS_n——压缩层底部向上 1m 厚度的压缩量；

$\sum_{i=1}^{n} S_i$——压缩层范围内的总压缩量。

此法考虑了压缩层的变形压缩量,理论比较严谨,且对于复合地基的确定压缩层厚度接近实际。在实际计算时,应注意如下几点:

① 当软土层不均匀时,会出现软、硬层相间分布。这样在遇到压缩性较小的土层时,以上两个条件可能会满足,但若其下还存在软层时,再向下检验该条件可能又不满足;

② 如硬层埋藏较浅,硬层顶面的应力或其上土层的压缩量不满足以上两个条件时,也只计算到硬层顶为止;

③ 通过对不同地区高等级公路软基沉降量计算,可知在考虑地下水浮力作用下,以比值 $\Delta p/p_0 \leqslant 0.1$ 控制的压缩层厚度,大约为路堤填筑高度的 10 倍左右。

(2) 关于单向压缩量公式的近似处理

路堤荷载为梯形带状荷载,如图 4-1 所示,可看成是两个三角形带状分布荷载之差,经计算可知,路堤中心线下 z 处附加应力系数为:

$$\alpha_z = \frac{2}{\left(1-\dfrac{b_1}{b_2}\right)} \cdot \frac{1}{\pi}\left[\arctan\left(\frac{b_2}{z}\right) - \frac{b_1}{b_2}\arctan\left(\frac{b_1}{z}\right)\right] \tag{4-9}$$

式中 α_z ——路基中心 z 处的附加应力系数;
b_1 ——路基面一半宽度;
b_2 ——路基底面一半宽度;
z ——路堤中心下特定位置距路基底面的深度。

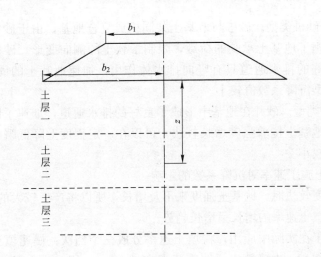

图 4-1 路堤荷载作用下附加应力计算图示

地基的最终沉降量=瞬时沉降+主固结沉降+次固结沉降,但由于瞬时沉降和次固结沉降的计算方法和理论尚不成熟,国内规范推荐常用的方法是经验法,即将分层总和法计算的沉降结果乘以一个经验修正系数,主要用来考虑侧向变形的影响。

$$S = m_s S_c \tag{4-10}$$

式中 m_s——沉降系数；

S_c——分层总和法计算得到的主固结沉降。

2. 沉降系数的影响因素及修正

沉降系数 m_s 为经验系数，与地基条件、荷载强度、加荷速率等因素有关，其范围值为 1.1～1.7，应根据现场沉降观测资料确定。

(1) 荷载对沉降系数的影响

随着路堤荷载的增加，地基的固结沉降增加，同时地基内产生的剪应力相应增加，使得瞬时沉降有所增大。而且随着荷载的增加，在软弱层中的塑性变形区会增大，软土水平向的塑性挤出将使得地基总沉降量增大。

交通部第二公路勘察设计院在广深高速公路软基设计中，按不同填土高度而采用不同的沉降系数，见表 4-1。

填土高度对沉降系数的影响　　　　表 4-1

填土高度 H(m)	≤3.5	3.5～4.5	4.5～5.5	≥5.5
沉降系数 m_s	1.15	1.20	1.25	1.30

(2) 地基处理方法对沉降系数的影响

对软土地基进行处理可以改善软土的工程性质，提高承载能力，所以不同的处理方法对沉降系数有不同程度的影响，同时地基边界条件千差万别，因而无法得出处理方法与沉降系数的准确关系，但可以按不同的类别，大体上区分出处理方法对沉降系数的影响。将软基处理方法分成两种类型：

① 挤密砂桩类型。砂桩与地基土共同构成复合地基，由于砂桩的应力集中作用，分担了地基土承受的荷载，限制了软土的侧向变形。砂桩在地基土中形成了良好的排水通道具有竖向排水体作用，加速地基土的固结。因此，挤密砂桩类型沉降系数值较小。

② 砂井类型。砂井在地基中形成了良好的排水通道，加速了固结，在填土过程中，地基土抗剪强度增长较快，可以在一定程度上降低瞬时沉降，从而沉降系数较小。

(3) 填土施工速率对沉降系数的影响

填土速度较快时，地基土强度来不及增长，所以将产生较大的剪切变形，沉降系数随填土速率的增长呈增长趋势。

为了便于在实际中应用，将填土速率分成三个档次：慢速填土，填土速率小于 0.02m/d；中速填土，填土速率在 0.02～0.07m/d 之间；快速填土，填土速率大于 0.07m/d。

(4) 地质条件对沉降系数的影响

日本《高等级公路设计规范》采用下述经验公式计算瞬时沉降：

$$S_d = \frac{1}{100} A \rho H \tag{4-11}$$

式中 $A = 12.4 - 0.44 E_{qu}$；

ρ——填料单位密度(g/cm^3);

H——路堤填筑高度(cm);

E_{qu}——由无侧限抗压试验得到的弹性模量的平均值。

A 实质上就是一个反映地质条件的系数,土的变形模量越大,其瞬时沉降越小。但是,该式未考虑软土层的位置这一因素。众所周知,附加应力从上至下逐渐减小,对于同样厚度的软土层,表层软土与深层软土瞬时沉降是不同的。

综上所述,可以看出影响沉降系数的因素是多方面的,包括路基中心高度、施工速率、地基处理类型、软土层厚度等方面。应根据现场沉降观测资料确定,也可用下面的经验公式估算:

$$m_s = 0.123\gamma^{0.7}(\theta H^{0.2} + VH) + Y \tag{4-12}$$

式中 θ——地基处理类型系数,地基用塑料排水板处理时取 0.95~1.1,用粉体搅拌桩处理时取 0.85,一般预压时取 0.90;

H——路基中心高度(m);

γ——填料重度(kN/m^3);

V——填土速率修正系数,填土速率在 0.02~0.07m/d 之间时,取 0.025;

Y——地质因素修正系数,满足软土层不排水抗剪强度小于25kPa、软土层厚度大于5m、硬壳层厚度小于2.5m 三个条件时,$Y=0$,其他情况下可取 $Y=0.1$。

4.1.3 地基固结度计算

由于工程上最关心的是路堤修筑完毕后的残余沉降,即工后沉降,因此除总沉降外,还需要计算在施工期间的固结度,即计算任意时刻沉降的完成情况。固结理论是土力学的重要内容,是工后沉降计算的重要组成部分。通过软土地基固结度的计算可较精确地估计变形与时间的关系,推算地基强度的增长,确定适应强度增长的路堤分层填筑加载计划。

实际工程中,预压荷载总是分级施加的,例如路基填土的分级填筑,参见图 4-2。考虑分级加荷的固结度修正方法,最常见有改进的 Terzaghi 法和改进的高木俊介法。

在改进的 Terzaghi 法中,T_i 为第 i 级荷载等速加载时刻,T_{i+1} 为第 i 级荷载等速加载结束时刻,同时还提出了如下的基本假定:

① 分级的每级荷载增量 ΔP_i 所引起的固结过程是单独进行的,与上一级荷载增量无关;

② 总的固结度等于各级荷载增量 ΔP_i 作用下固结度的叠加;

③ 某一级荷载增量 ΔP_i,在等速加荷周期内的某一时刻 $t(\leqslant T_{i+1})$,荷载增量为 $\Delta P_{it}(\leqslant \Delta P_i)$ 的固结度计算的固结时间为 $t' = (t - T_i)/2$,即与 $(t + T_i)/2$ 时刻施加相应瞬时荷载 P_{it} 的固结度计算相同;

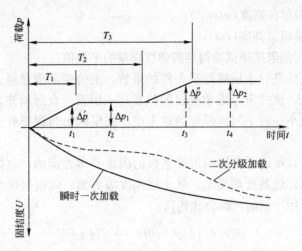

图 4-2 分级等速加荷固结计算

④ 分级加荷 ΔP_i 施加完成后，进入等压周期内某一时刻 $t(t>T_{i+1})$ 的固结度计算，采用固结时间 t' 为等压固结时间 $(t-T_{i+1})$ 加上等速加载的固结时间 $(T_{i+1}-T_i)/2$，即 $t'=(t-T_{i+1})+\dfrac{T_{i+1}-T_i}{2}=t-\dfrac{T_i+T_{i+1}}{2}$；

⑤ 分级加荷 ΔP_i 作用下，计算固结度尚应对总荷载的比例进行修正。由此，可以得到多级等速线性加荷条件下，改进的 Terzaghi 法计算公式为：

$$U_t = \sum_{i=1}^{n} U_{(t-\frac{T_i+T_{i+1}}{2})} \frac{\Delta p_i}{\sum \Delta p_i} \tag{4-13}$$

现行《建筑地基处理规范》JGJ 79—2012 在考虑加载速率影响时，采用了改进的高木俊介法，即根据巴伦理论，考虑变速加荷作用下，竖井地基在水平径向和垂直向排水条件，直接推导出不同加荷速率的竖井地基的平均固结度。其特点是不需要求得瞬时加荷条件下地基固结度，而是可直接求得修正后的平均固结度。设第 i 级荷载加载速率 $\dot{q}_i$，修正后平均固结度为：

$$\overline{U}'_t = \sum_{i=1}^{n} \frac{\dot{q}_i}{\sum \Delta p}\left[(T_m-T_{m-1})-\frac{\alpha}{\beta}e^{-\beta t}(e^{\beta T_m}-e^{\beta T_{m-1}})\right] \tag{4-14}$$

式中 U'_t——t 时刻多级等速加载修正后的地基平均固结度；

　　　$\dot{q}_i$——第 i 级荷载的加载速率；

　　　$\sum \Delta p$——各级荷载的累加值；

　　　T_{m-1}、T_m——分别为第 i 级荷载加载的起始和终止时间，当计算第 i 级荷载加载过程中某时间 t 的固结度时，T_m 改为 t；

　　　α、β——参数，对于不同的排水固结条件其含义不同，根据表 4-2 具体选择。表中 F 为一个综合参数，它由三部分组成，可表示为：

$$F=F_n+F_s+F_r$$

式中 F_n——反映了井径比 n 的影响。当井径比 $n\geqslant 20$，可简化为：

$$F_n=\ln n-\frac{3}{4} \tag{4-15}$$

F_s 反映了施工涂抹扰动影响，按下式计算：

$$F_s = \left(\frac{K_h}{K_s} - 1\right)\ln S \qquad (4-16)$$

$$S = \frac{d_s}{d_w}$$

式中 K_h、K_s——分别为原状土和涂抹区的渗透系数，由于无试验数据按经验取值；

S——土的灵敏度，对于中等灵敏度的土可取 $S=2$。

F_r 反映井阻影响，由下式计算：

$$F_r = \frac{\pi^2 H^2}{4} \frac{k_h}{q_w} \qquad (4-17)$$

式中 k_h——水平向渗透系数；

H——砂井深度；

q_w——砂井纵向排水量。

计算参数 α 和 β 表 4-2

参数	竖向排水	径向排水	竖向径向组合排水	井阻与涂抹
α	$\dfrac{8}{\pi^2}$	1	$\dfrac{8}{\pi^2}$	$\dfrac{8}{\pi^2}$
β	$\dfrac{\pi^2 C_V}{4H^2}$	$\dfrac{8C_r}{F_n d_e^2}$	$\dfrac{8C_r}{F_n d_e^2} + \dfrac{\pi^2 C_V}{4H^2}$	$\dfrac{8C_r}{F d_e^2} + \dfrac{\pi^2 C_V}{4H^2}$

4.2 稳定性分析的基本方法

4.2.1 边坡稳定性分析的极限平衡法

路基边坡的稳定涉及岩土性质与结构、边坡高度与坡度、工程质量与经济等多种因素。一般情况下，对于边坡不高的路基，例如不超过 8.0m 的土质边坡、不超过 12.0m 的石质边坡，可按一般路基设计，采用规定的坡度值，不作稳定性分析计算。地质与水文条件复杂、高填深挖或特殊需要的路基，应进行边坡稳定性的分析计算，据此选定合理的边坡坡度及相应的工程技术措施。

引起路堤边坡滑塌的根本原因在于土体内部某个面上的剪应力达到了抗剪强度，稳定平衡遭到破坏。评价路堤稳定性的方法经过多年的演化，大致可分为图解类比法、可靠性分析理论法、数值计算方法和神经网络等优化算法、极限平衡分析法等。

极限平衡法是在工程实践中应用最多、最广的一种方法，它是通过计算边坡稳定系数判断边坡稳定与否。极限平衡法的基本假设是边坡变形时其破坏面（可以是平面、圆弧面、多级折面、不规则面）满足摩尔库仑破坏准则。早期的边坡稳定性分析假定滑面为平面或圆弧面，并认为滑动土体整体滑动。

随后为提高计算精度和处理复杂滑动面的边坡稳定问题,将滑动体划分为若干个条块,假定条块为刚塑性体,建立静力平衡方程和力矩平衡方程,然后求解析解或迭代求数值解。由于按极限平衡法建立的力学模型是超静定的,所以必须引入一些假定。因采用的假定不同,所形成的最具有代表性的计算方法包括:瑞典条分法(Fellenius)、简化毕肖普法(Bishop)、简布法(Janbu)、斯宾塞法(Spencer)、摩根斯坦-普拉斯法(Morgenstern&Prince)、萨码法(Sarma)等极限平衡法。它们各自的边界条件和假设不同,主要反映在滑动面是否为圆弧、是否垂直条分、是否考虑侧滑面的作用力及力的作用点等。上述方法均着眼于宏观力学概念,基于莫尔库仑准则,而土条则视为刚体,按照极限平衡的原则进行分析,但土条间的内力和底部反力均没有考虑土体本身的应力应变关系,不考虑边坡位移变化。这些与实际情况不符。但从工程使用角度上看,这些简化带来的误差较小,正确使用可以满足工程需要,且物理意义明确,计算结果可靠,已被广泛采纳,仍是边坡稳定分析的主要方法,也是目前各规范推荐使用的边坡稳定分析方法。

大气降雨使土的抗剪强度降低,往往导致路基边坡产生滑坍。根据大量观测,边坡滑坍破坏时会形成一滑动面。滑动面的形状主要因土质而异,有的近似直线平面,有的呈曲面,有的则可能是不规则的折线平面。为简化计算,近似地把滑动破裂面与路基横断面的交线假设为直线、圆曲线或折线,如图 4-3 所示,则有不同的边坡稳定性分析方法与之对应,分别是直线滑动面的边坡稳定分析方法(试算法、解析法),圆弧滑动面的边坡稳定分析方法(Fellenius 法、简化 Bishop 法),折线滑动面的边坡稳定分析方法(不平衡推力法)。

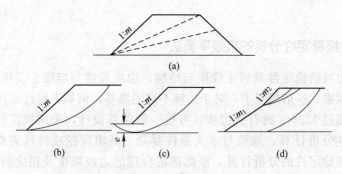

图 4-3 滑动面的形状
(a)砂性土;(b)黏性土;(c)有软弱层;(d)折线形边坡

4.2.2 直线滑动面的边坡稳定性分析

1. 试算法

由图 4-4,按静力平衡可得:

$$K=\frac{R}{T}=\frac{N \cdot f+cL}{T}=\frac{Q \cdot \cos\omega\tan\varphi+cL}{Q \cdot \sin\omega} \tag{4-18}$$

式中 ω——滑动面的倾角；

f——摩擦系数，$f=\tan\varphi$；

L——滑动面 AD 的长度；

N——滑动面的法向分力；

T——滑动面的切向分力；

c——滑动面上的粘结力；

Q——滑动体的重力。

滑动面位置不同，K 值亦随之而变，边坡稳定与否的判断依据，应是稳定系数的最小值 K_{min}，相应的最危险滑动面的倾角为 ω_0。式(4-18)表明，K 值是 ω 值的函数，为此可选择 4～5 个滑动面，计算并绘制 K 与 ω 的关系曲线，如图 4-5 所示，即可确定 K_{min} 及其相应的 ω_0。当 K_{min} 值符合规定，路基边坡为稳定，否则路基断面另行设计与验算，直到符合要求为止。

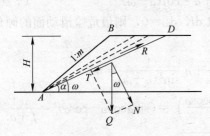

图 4-4 直线滑动面上的力系示意图　　图 4-5 K 与 ω 的关系曲线示意图

对于砂类土，可取 $c=0$，式(4-18)可简化为：

$$K=\frac{\tan\varphi}{\tan\omega}$$

若取 $K=1.25$，则 $\tan\omega=0.8\tan\varphi$。不难看出，用松散性填料修建的路堤，其边坡角的正切值，不宜大于填料摩擦系数的 0.8 倍。

例如，当填料 $\varphi=40°$ 时，$\tan\omega=0.8\tan40°=0.6713$，得 $\omega=33°052'$。如果采用 1∶1.5 的路基边坡，相应于边坡角 $\alpha=33°041'$。由于 $\alpha<\omega$，该边坡稳定。由此类推，如果 $\varphi<40°$，路基边坡应相应放缓。

2. 解析法

利用 $K=f(\omega)$ 的函数关系对式(4-18)求导数，可得边坡稳定系数最小值的表达式，用以代替试算法计算工作可以大为简化。

现以路堑边坡为例，不计行车荷载，计算图式如图 4-6 所示，分析如下。

令滑动面 $AD=L$，式(4-18)可改写为：

$$K=f\cdot\cot\omega+\frac{cL}{Q\cdot\sin\omega}$$

由图 4-6，单位长度路基边坡滑

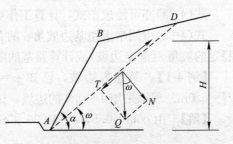

图 4-6 直线滑动面的计算图式

动体△ABD 的重力 Q，表达式为

$$Q = \frac{1}{2}\gamma L \frac{H}{\sin\alpha} \sin(\alpha-\omega)$$

由此可得：

$$K = f \cdot \cot\omega + \frac{2c}{\gamma H} \cdot \frac{\sin\alpha}{\sin(\alpha-\omega) \cdot \sin\omega} \tag{4-19}$$

令 $\frac{2c}{\gamma H} = a$，而 $f = \tan\varphi$，当进行边坡稳定性计算时，a、f 及 α 均为已知值。

为便于求导数，式(4-19)最末项改写成

$$\frac{\sin\alpha}{\sin(\alpha-\omega) \cdot \sin\omega} = \frac{\sin[(\alpha-\omega)+\omega]}{\sin(\alpha-\omega) \cdot \sin\omega} = \cot\omega + \cot(\alpha-\omega)$$

据此，式(4-19)简化成为下式：

$$K = (f+a) \cdot \cot\omega + a \cdot \cot(\alpha-\omega) \tag{4-20}$$

欲求 K_{min} 值，对式(4-20)求导数，取 $dK/d\omega = 0$，则最危险滑动面的倾角 ω_0 表达式如下：

$$dK/d\omega = -(f+a)\frac{1}{\sin^2\omega} + a\frac{1}{\sin^2(\alpha-\omega)} = 0$$

因为 $\frac{\sin^2(\alpha-\omega)}{\sin^2\omega} = \left(\frac{\sin\alpha \cdot \cos\omega - \sin\omega\cos\alpha}{\sin\omega}\right)^2 = (\sin\alpha\cot\omega - \cos\alpha)^2 = \frac{a}{f+a}$

所以

$$\cot\omega_0 = \cot\alpha + \sqrt{\frac{a}{f+a}} \cdot \csc\alpha \tag{4-21}$$

ω_0 的界限为 $\frac{\alpha}{2} \leqslant \omega_0 < \alpha$。

将式(4-20)中的 $\cot(\alpha-\omega)$ 展开，并以 ω_0 代替 ω，得

$$\cot(\alpha-\omega) = \frac{\cot\omega_0 \cdot \cot\alpha + 1}{\cot\omega_0 - \cot\alpha} = \frac{\cot\alpha\left[\cot\alpha + \sqrt{\frac{a}{f+a}} \cdot \csc\alpha\right] + 1}{\left[\cot\alpha + \sqrt{\frac{a}{f+a}} \cdot \csc\alpha\right] - \cot\alpha}$$

$$= \cot\alpha + \frac{\csc\alpha}{\sqrt{\frac{a}{f+a}}} \tag{4-22}$$

式(4-21)与式(4-22)代入式(4-20)，最后得：

$$K_{min} = (2a+f) \cdot \cot\alpha + 2\sqrt{a(f+a)} \cdot \csc\alpha \tag{4-23}$$

式(4-23)亦可绘成图式，计算工作更为简化。

式(4-23)可用来求路基边坡角 α 的 K_{min} 值，亦可在其他条件固定时，反求稳定的坡角 α（确定边坡）或计算路基的限制高度 H。

【例 4-1】 某挖方边坡，已知 $\varphi = 25°$，$c = 14.7 \text{kPa}$，$\gamma = 17.64 \text{kN/m}^3$，$H = 6.0 \text{m}$。现拟采用 1∶0.5 的边坡，试验算其稳定性。

【解】 由 $\cot\alpha = 0.5$，$\alpha = 63°26'$，$\csc\alpha = 1.1181$

$$f = \tan 250 = 0.4663, \quad a = \frac{2c}{\gamma H} = 0.2778$$

代入式(4-23)得，$K_{min}=1.53$。

因为 $K_{min}>1.25$，该路基边坡稳定。

【例 4-2】 上例已知数据不变，考虑到稳定系数偏高，试求允许的边坡坡度。

【解】 令 $K_{min}=1.25$，并将各已知值代入式(4-23)得

$$1.25=1.02 \cdot \cot\alpha + 0.9\frac{1}{\sin\alpha}$$

公式两边同乘 $\sin\alpha$，以 $\cos\alpha=\sqrt{1-\sin^2\alpha}$ 代入整理

$$2.5\sin^2\alpha - 2.19\sin\alpha - 0.21 = 0$$

解方程 $\sin\alpha=0.955$ 得：$\alpha\approx73°$，则 $\cot\alpha\approx0.3$。

所以边坡可以改陡，采用 1∶0.3。

【例 4-3】 例 4-1 数据不变，求允许的最大高度。

【解】 由式(4-23)得：

$$1.25=(2a+0.4663)\times 0.5 + 2\sqrt{a(a+0.4663)}\times 1.1181$$

解得：$a=0.20$，则

$$H_{max}\leqslant\frac{2c}{\gamma a}=8.33\text{m}$$

所以允许路基最大高度为 8.33m。

式(4-23)中，如果 $c=0$，可得：

$$K=\frac{\tan\varphi}{\tan\omega}$$

结果与式(4-18)取 $c=0$ 的结论基本一致。

4.2.3 Fellenius 法

假定滑动面为圆弧形，滑动体沿圆弧面滑动，因此可以用引起滑动的力矩与抵抗滑动的力矩相比较，来评价土坡的抗滑安全程度。如图 4-7 所示土坡，引起滑动的力矩为：

$$M_s = Wa$$

式中 W——滑动体重量；

a——重力作用线到圆心 O 的距离。

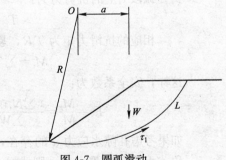

图 4-7 圆弧滑动

而抵抗滑动的力矩是滑面上的抗剪强度提供的，如果抗剪强度是常量，则

$$M_r = \tau_f L R$$

式中 τ_f——抗剪强度；

L——滑弧长度；

R——滑动面的半径。

定义安全系数为抗滑力矩与滑动力矩之比，即

$$F_s = \frac{M_r}{M_s} = \frac{\tau_f L R}{W a} \tag{4-24}$$

当 $F_s > 1$ 时，土坡才是稳定的。

由于抗剪强度 τ_f 沿滑动面是变化的，为了求变化的 τ_f，将滑动体用竖向线划分为若干土条。土条被看作不变形的刚性体，分析土条上力的平衡，从而算出弧段上的抗剪力、抗滑力矩，将它们累加起来就是整体滑动的抗滑力矩，就可用于计算 F_s。

Fellenius 法（又称瑞典条分法或简单条分法）假定土条两侧的侧向力相等、相反且作用在同一条直线上，因而互相抵消，对计算土条在滑面上的抗剪力没有影响。这样重力 W_i 就不作任何改变地作用到滑面上，在滑面上分解为切向力 $S_i = W_i \sin\alpha_i$ 和法向力 $N_i = W_i \sin\alpha_i$。S_i 是引起滑动的力，它对圆心的力矩为 $S_i R = R W_i \sin\alpha_i$，见图 4-8。如果将各土条滑动力矩累加起来就是：

$$M_s = \sum W_i a_i = R \sum W_i \sin\alpha_i$$

式中 α_i 为滑弧段切线与水平线的夹角（仰角），也是土条 i 弧段中心与圆心的连线与竖向线的夹角。从竖向线向坡顶方向转动为正，向坡脚方向为负，图中的 α_i 为正。

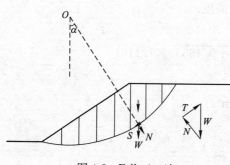

图 4-8 Fellenius 法

假定法向力 N_i 均匀分布在弧段 l_i 上，则法向应力为 $\sigma_i = \dfrac{N_i}{l_i}$。根据库仑强度理论，抗剪强度为：

$$\tau_f = \sigma_i \tan\varphi + c \tag{4-25}$$

弧段 l_i 上的抗剪力为：

$$T_i = \tau_{fi} l_i = N_i \tan\varphi + c l_i$$

相应的抗滑力矩为 $T_i R$，累加起来总的抗滑力矩就是：

$$M_r = \sum T_i R = R \sum (N_i \tan\varphi + c l_i)$$

这样，安全系数为：

$$F_s = \frac{M_r}{M_s} = \frac{\sum(N_i \tan\varphi + c l_i)}{\sum W_i \sin\alpha_i} = \frac{\sum(W_i \cos\alpha_i \tan\varphi + c l_i)}{\sum W_i \sin\alpha_i} \tag{4-26}$$

如果考虑孔隙水应力 u 的存在，用有效应力来分析，强度指标用有效内摩擦角 φ' 和有效黏聚力 c'，则式(4-25)成为：

$$\tau_f = (\sigma_i - u) \tan\varphi' + c' \tag{4-25a}$$

则求解安全系数的公式为：

$$F_s = \frac{\sum(W_i \cos\alpha_i - u_i l_i) \tan\varphi' + c' l_i}{\sum W_i \sin\alpha_i} \tag{4-26a}$$

4.2.4 简化 Bishop 法

Fellenius 法假定土条两边的侧向力可以相互抵消，因此不影响土条受力平衡。但实际上，土条两边的侧向力是不等的，方向也不一致。毕肖普(Bishop)考虑侧向力的不平衡，提出了另一种方法。

分析土条上的受力，有重力 W_i、滑面上的法向力 N_i、切向抗滑力 T_i、两侧面法向力 E_i 和 E_{i+1}（水平向）、切向力 Y_i 和 Y_{i+1}（竖向），如图 4-9(b)所示。它们是平衡的，形成的封闭力多边形示于图 4-9(a)。

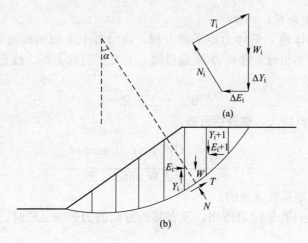

图 4-9 Bishop 法
(a)土条上力的平衡；(b)土坡

根据竖向力平衡条件，有：
$$W_i + \Delta Y_i - T_i \sin\alpha_i - N_i \cos\alpha_i = 0 \tag{4-27}$$

式中 $\Delta Y_i = Y_i - Y_{i+1}$，抗滑力 T_i 是抗剪强度 τ_f 提供的。对于有一定安全性的土坡，抗剪强度并没有全部发挥，仅仅发挥了 $\dfrac{1}{F_s}$。

Bishop 定义安全系数 F_s 为土的实际抗剪强度与保持平衡（指总体平衡）所需要的强度之比，即：

$$F_s = \frac{\tau_f}{\tau} \tag{4-28}$$

保持平衡并不需要发挥全部强度，只要发挥一部分 τ，发挥了这样大的强度整个土坡达到极限平衡。所谓保持平衡需要的强度就是实际发挥的强度，或者说，若滑面上各点的抗剪强度为 $\tau = \dfrac{\tau_f}{F_s}$，则土坡达到极限平衡，当然此时各土条也处于极限平衡状态。安全系数 F_s 是对整个土坡而言的，对各土条均取这一相同的值，意味着假定滑动体各部分强度的发挥程度是一致的。

由式(4-25)和式(4-28)可得：

$$T_i = \tau_i l_i = \frac{(\sigma_i \tan\varphi + c)l_i}{F_s} = \frac{N_i \tan\varphi + cl_i}{F_s} \tag{4-29}$$

将其代入式(4-27)整理后可得：

$$N_i = \frac{1}{m_{ai}} \left(W_i + \Delta Y_i - \frac{cl_i \sin\alpha_i}{F_s} \right) \tag{4-30}$$

其中

$$m_{ai} = \cos\alpha_i + \frac{\tan\varphi \sin\alpha_i}{F_s} \tag{4-31}$$

将 N_i 代入式(4-29)得:

$$T_i = \frac{1}{F_s}\left[\frac{(W_i+\Delta Y_i)\tan\varphi}{m_{\alpha_i}} - \frac{c_i l_i \sin\alpha_i \tan\varphi}{F_s m_{\alpha_i}} + c l_i\right]$$

$$= \frac{1}{F_s m_{\alpha_i}}[(W_i+\Delta Y_i)\tan\varphi + cb] \tag{4-32}$$

式中 b——土条宽,$b = l_i \cos\alpha_i$。

再对滑动体建立整体力矩平衡方程,这时各土条间的侧向力成了内力,在整体方程中不出现,法向力 N_i 通过圆心,又不引起力矩,故总体力矩平衡方程为:

$$\sum W_i a_i - \sum T_i R = 0 \tag{4-33}$$

将式(4-32)代入,整理后可得:

$$F_s = \frac{\sum \frac{1}{m_{\alpha_i}}[(W_i+\Delta Y_i)\tan\varphi + cb]}{\sum W_i \sin\alpha_i} \tag{4-34}$$

式中 ΔY_i 的确定是较麻烦的。

当土坡上只有竖向力作用,没有其他方向的力影响 ΔE_i 时,可近似假定 $\sum \frac{\Delta Y}{m_\alpha}\tan\varphi = 0$

或假定 $\Delta Y = 0$,安全系数公式成为:

$$F_s = \frac{\sum \frac{1}{m_{\alpha_i}}(W_i \tan\phi + cb)}{\sum W_i \sin\alpha_i} \tag{4-35}$$

此方法称为简化 Bishop 法。与式(4-34)相比,计算结果的误差仅 1% 左右,因此简化 Bishop 法被广泛应用。

式(4-35)等号右边的 m_{α_i} 中包含了安全系数 F_s,因此要通过迭代计算确定。开始时取 $F_s=1$,计算 m_{α_i},用式(4-35)求 F_s;再重新计算 m_{α_i},求新的 F_s,如此迭代 3~4 次就能收敛。

值得注意的是当 α_i 为负值时,有可能使 m_α 接近于零,甚至为负,使 N_i 计算不合理,当然 F_s 的计算误差就较大。这与忽略 ΔY 的影响有关,也与选择滑弧圆心位置有关,圆心较低时有可能出现这种情况。这种的圆心所对应的滑弧往往不是危险滑弧,可以跳过。也有学者提出,当 $m_\alpha < 0.2$ 时,误差就较大,并建议考虑 ΔY 的影响。

如果考虑孔隙水压力,用有效应力法计算,则用(4-25a)代入式(4-29)得:

$$T_i = \frac{[(\sigma_i - u_i)\tan\varphi' + c']l_i}{F_s} = \frac{N_i \tan\varphi' - u_i l_i \tan\varphi' + c' l_i}{F_s} \tag{4-29a}$$

再代入式(4-27)得:

$$N_i = \frac{1}{m_{\alpha i}}(W_i + \Delta Y_i - \frac{c l_i \sin\alpha_i}{F_s} - \frac{u_i l_i \tan\varphi' \sin\alpha_i}{F_s}) \tag{4-30a}$$

最后,式(4-35)改为:

$$F_s = \frac{\sum \frac{1}{m_{\alpha_i}}[(W_i - u_i b)\tan\varphi' + c'b]}{\sum W_i \sin\alpha_i} \tag{4-36}$$

若滑动面通过地基，简化 Bishop 法用于有效应力分析时(式 4-36)，对地基中滑动面上孔隙压力 u_i 的分布要有一个合理的估算，因此，在实际工程中难以应用。《公路路基设计规范》JTG D30—2004 中推荐由交通部重庆公路科研所提出的"准 Bishop 法"，该方法考虑到地基和路堤采用不同的强度参数指标，提出以总应力强度参数和地基平均固结度 U 表达的安全系数计算式为：

$$F_s = \frac{\sum K_i}{\sum (W_i + Q_i)\sin\alpha_i} \tag{4-37}$$

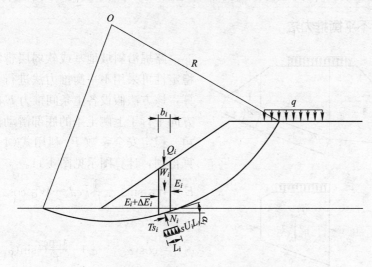

图 4-10 准 Bishop 法计算图示

式中 W_i——第 i 土条重力；
α_i——第 i 土条底滑面的倾角；
Q_i——第 i 土条垂直方向外力；
K_i——系数，依土条滑弧所在位置分别按式(4-38)和式(4-39)计算。

当土条 i 滑弧位于地基中时：

$$K_i = \frac{C_{di}b_i + W_{di}\tan\varphi_{di} + U(W_{ti} + Q_i)\tan\varphi_{di}}{m_{ai}} \tag{4-38}$$

式中 W_{di}——第 i 土条地基部分的重力；
W_{ti}——第 i 土条路堤部分的重力；
b_i——第 i 土条宽度；
U——地基平均固结度；
c_{di}、φ_{di}——第 i 土条滑弧所在地基土层的粘结力和内摩擦角。

当土条 i 滑弧位于路堤中时：

$$K_i = \frac{C_{ti}b_i + (W_{ti} + Q_i)\tan\varphi_{ti}}{m_{ai}} \tag{4-39}$$

式中 c_{ti}、φ_{ti}——第 i 土条滑弧所在路堤土的粘结力和内摩擦角；
其余符号同前。

$$m_{ai} = \frac{\cos\alpha_i + \sin\alpha_i \tan\varphi_i}{F_s} \tag{4-40}$$

式中 φ_i——第 i 土条滑弧所在土层的内摩擦角。滑弧位于地基中时取地基土的内摩擦角，位于路堤中时取路堤土的内摩擦角。

当 $U=0$ 时，计算的是路堤快速填筑、地基未固结的情况，可用于填筑速度较快时路堤施工期间的稳定性分析。当 $U=1$ 时，计算的是路堤填筑速度慢、地基完全固结的情况，可用于填筑速度较慢时路堤施工期间的稳定性或路堤在营运期间的稳定性。当路堤填筑速度使地基固结度处于 0~1 之间时，可结合地基的沉降分析或实测结果估计地基的平均固结度代入式中进行计算。

4.2.5 不平衡推力法

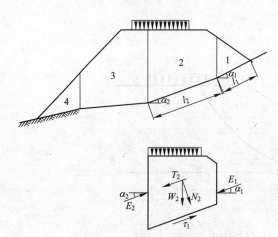

图 4-11 不平衡推力法计算图示

路堤沿斜坡地基或软弱层带滑动的稳定性可采用不平衡推力法进行分析计算，该方法假设各土条间推力 E_i 的作用方向平行于上侧土条的底部滑动面的倾角。稳定安全系数 F_s 利用式(4-42)计算得到，计算图示见图 4-11。

$$E_i = W_{Q_i}\sin\alpha_i - \frac{1}{F_s}[c_i l_i + W_{Q_i}\cos\alpha_i \tan\varphi_i] + E_{i-1}\psi_{i-1} \tag{4-41}$$

$$\psi_{i-1} = \cos(\alpha_{i-1} - \alpha_i) - \frac{\tan\varphi_i}{F_s}\sin(\alpha_{i-1} - \alpha_i) \tag{4-42}$$

式中 W_{Q_i}——第 i 个土条的重力与外加竖向荷载之和；
α_i——第 i 个土条底滑面的倾角；
c_i、φ_i——第 i 个土条底的粘结力和内摩擦角；
l_i——第 i 个土条底滑面的长度；
α_{i-1}——第 $i-1$ 个土条底滑面的倾角；
E_{i-1}——第 $i-1$ 个土条传递给第 i 个土条的下滑力。

用式(4-41)和式(4-42)逐条计算，直到第 n 条的剩余推力为零，由此确定稳定安全系数 F_s。

不平衡推力法适用于任意形状的滑动面，如陡坡路堤或顺层滑坡等，尤其适用于折线滑动面的情况。其特点是，验算时不必求出安全系数值，只需按所规定的容许安全系数值算出 E_n 值，据此来判断坡体的稳定性。当 $E_n \leqslant 0$ 时，坡体是稳定的；当 $E_n > 0$ 时，坡体不稳定。若坡体不稳定，可采取支挡措施，此时 E_n 值则作为支挡结构所受的推力。

4.2.6 各种方法的适用性分析

从滑动面形状而言，直线滑动面的试算法和解析法适用于滑动面为直线的边坡稳定性分析；Fellenius 法和简化 Bishop 法均为圆弧滑动面的条分法的一种；当计算路堤沿斜坡地基或软弱层带滑动的稳定性时，可采用不平衡推力法。

Fellenius 法忽略了条块间力影响，只满足滑动土体整体的力矩平衡条件而不满足条块的静力平衡条件，且通常使用的是总应力强度指标，是一种总应力分析方法。此法应用的时间很长，积累了丰富的工程经验，一般得到的安全系数偏低 10%～20%，且这种误差将随着滑弧圆心角和孔隙水压力的增大而增大，严重时可使算出的安全系数较其他严格方法小一半，但该方法误差偏于安全，故目前仍然是工程上常用的方法。

与 Fellenius 法相比，简化 Bishop 法在不考虑条块间切向力的前提下，满足力多边形闭合条件，就是说，隐含着条块间有水平力的作用，虽然在公式中水平作用力并未出现。所以它的特点是：(1)满足整体力矩平衡；(2)满足各条块间力的多边形闭合条件，但不满足条块的力矩平衡条件；(3)假设条块间作用力只有法向力没有切向力；(4)满足极限平衡条件。由于考虑了条块间的作用力，得到的安全系数较 Fellenius 法高一些。很多的工程计算表明，简化 Bishop 法与严格的极限平衡分析法，即满足全部静力平衡条件的方法相比，结果甚为接近。由于计算不很复杂，精度较高，所以是目前工程中很常用的一种方法。

不平衡推力法在滑面光滑且条分很小时，计算出来的稳定系数大致与简化 Bishop 法相当，而当滑面不光滑、条块下滑面夹角很大时，算得的稳定系数偏大，与严格条分法的误差很大且偏于危险，这种情况下，显然不能应用。为了修正这一误差，必须保证每条块下滑面夹角小于 10°，这样就能算出合理的结果。

【例 4-4】 简单黏性土坡，高 25m，坡比 1∶2，碾压土的重度 $\gamma=20\text{kN/m}^3$，内摩擦角 $\varphi=26.6°$(相当于 $\tan\varphi=0.5$)，粘结力 $c=10\text{kN/m}^2$，滑动圆心 O 点如图 4-12 所示，试分别用 Fellenius 法和简化 Bishop 法求该滑动圆弧的安全系数，并对结果进行比较。

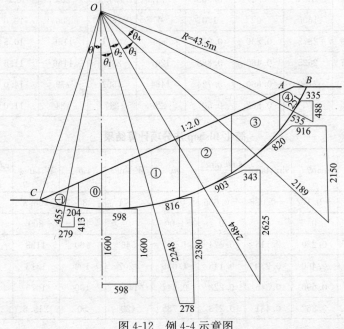

图 4-12 例 4-4 示意图

【解】 为使例题计算简单，将滑动土体只分成6个条块，分别计算各条块的重量，滑动面长度 b_i，滑动面中心与过圆心铅垂线的圆心角 θ_i，然后按 Fellenius 法和简化 Bishop 法进行稳定分析计算。

(1) Fellenius 法

Fellenius 法分项计算见表 4-3。

$$\sum W_i \sin\theta_i = 3584 \text{kN}, \quad \sum W_i \cos\theta_i \tan\varphi_i = 4228 \text{kN}, \quad \sum c_i b_i = 650$$

安全系数：

$$F_s = \frac{\sum(W_i \cos\theta_i \tan\varphi_i + c_i b_i)}{\sum W_i \sin\theta_i} = \frac{4228 + 650}{3586} = 1.36$$

(2) 简化 Bishop 法

根据 Fellenius 法计算结果 $F_s = 1.36$，简化 Bishop 法安全系数稍高于 Fellenius 法。设 $F_{s1} = 1.55$，按简化 Bishop 法列表分项计算如表 4-4。

$$\sum \frac{c_i b_i + W_i \tan\varphi_i}{m_{\theta i}} = 5417 \text{kN}$$

安全系数：

$$F_{s2} = \frac{\sum \frac{1}{m_{\theta i}}(c_i b_i + W_i \tan\varphi_i)}{\sum W_i \sin\theta_i} = \frac{5417}{3586} = 1.51$$

Fellenius 法分项计算结果 表 4-3

条块编号	θ_i(°)	W_i (kN)	$\sin\theta_i$	$\cos\theta_i$	$W_i\sin\theta_i$ (kN)	$W_i\cos\theta_i$ (kN)	$W_i\cos\theta_i\tan\varphi_i$ (kN)	b_i (m)	$c_i b_i$ (kN)
−1	−9.93	412.5	−0.172	0.985	−71.0	406.3	203	8.0	80
0	0	1600	0	1.0	0	1600	800	10.0	100
1	13.29	2375	0.230	0.973	546	2311	1156	10.5	105
2	27.37	2625	0.460	0.888	1207	2331	1166	11.5	115
3	48.60	2150	0.690	0.724	1484	1557	779	14.0	140
4	59.55	487.5	0.862	0.507	420	247	124	11.0	110

简化 Bishop 法分项计算结果 表 4-4

条块编号	$\cos\theta_i$	$\sin\theta_i$	$\sin\theta_i\tan\varphi_i$	$\dfrac{\sin\theta_i\tan\varphi_i}{F_s}$	$m_{\theta i}$	$W_i\sin\theta_i$	$c_i b_i$	$W_i\tan\varphi_i$	$\dfrac{c_i b_i + W_i\tan\varphi_i}{m_{\theta i}}$
−1	0.985	−0.172	−0.086	−0.055	0.93	−71	80	206.3	307.8
0	1.0	0	0	0	1.00	0	100	800	900
1	0.973	0.230	0.115	0.074	1.047	546	100	1188	1230
2	0.888	0.460	0.230	0.148	1.036	1207	100	1313	1364
3	0.724	0.690	0.345	0.223	0.947	1484	100	1075	1241
4	0.507	0.862	0.431	0.278	0.785	420	50	243.8	374.3

简化 Bishop 法安全系数公式中的滑动力 $\sum W_i \sin\theta_i$ 与 Fellenius 法相同。$F_{s1}-F_{s2}=0.04$，按 $F_{s2}=1.51$ 进行第二次迭代计算，结果如表 4-5。

简化 BishoP 法第二次迭代计算结果　　　表 4-5

条块编号	$\cos\theta_i$	$\sin\theta_i$	$\sin\theta_i\tan\varphi_i$	$\dfrac{\sin\theta_i\tan\varphi_i}{F_s}$	$m_{\theta i}$	$W_i\sin\theta_i$	$c_i b_i$	$W_i\tan\varphi_i$	$\dfrac{c_i b_i+W_i\tan\varphi_i}{m_{\theta i}}$
-1	0.985	-0.172	-0.086	-0.057	0.928	-71	80	206.3	308.5
0	1.00	0.0	0	0	1.00	0	100	800	900
1	0.973	0.230	0.115	0.076	1.045	546	100	1188	1232.5
2	0.888	0.460	0.230	0.152	1.040	1207	100	1313	1358.6
3	0.724	0.690	0.345	0.228	0.952	1484	100	1075	1234.2
4	0.507	0.862	0.431	0.285	0.792	420	50	243.8	371

$$\sum \frac{c_i b_i+W_i\tan\varphi_i}{m_{\theta i}}=5404.8\text{kN}$$

安全系数：

$$F_{s3}=\frac{\sum \dfrac{1}{m_{\theta i}}(c_i b_i+W_i\tan\varphi_i)}{\sum W_i\sin\theta_i}=\frac{5404.8}{3586}=1.507$$

$F_{s2}-F_{s3}=0.003$，十分接近，可以认为 $F_s=1.51$。

计算结果表明，简化 Bishop 法安全系数较 Fellenius 法高，约大 0.15，与一般结论相同。

4.3 路基稳定性验算

4.3.1 滑动面位置的选择

采用极限平衡分析方法计算土坡的稳定安全系数，都必须事先假定一个滑动面，而滑动面实际不止一个，稳定系数是其中对应的最小安全系数。关于最危险滑动面的确定，只有少数几何形状及土层分布很简单的土坡（如滑动面为直线的边坡）才有理论解，工程中绝大多数的土坡稳定问题，只能根据经验进行试算或利用电算进行大范围的搜索。对于均质黏性土坡，在进行圆弧滑动分析时常用的经验方法有费伦纽斯、陈惠法和张天宝等人提出的方法；对于复杂土坡在进行电算分析时常采用如遗传算法等优化算法等的方法。这里仅介绍几种常用的确定滑动面位置的经验法。

1. Fellenius 法

Fellenius 经验方法如图 4-13 所示。对于均质黏性土坡，Fellenius 认为其最危险滑弧通常通过坡脚。当 $\varphi=0$ 时，其圆心位置可由图中 AO 与 BO 两线交点确定，图中 a、b 角度值可根据表 4-6 查到。当 $\varphi>0$ 时，最危险滑动面的圆心位置可能在图 4-13 中 EO 的延长线上，自 O 点依次取圆心 O_1、O_2、O_3…，分别通过坡脚做滑弧，并求出相应的安全系数 F_{s1}、F_{s2}、F_{s3}…，然后绘制曲线找到最小的 F_s 值，从而求得最危险滑动面的圆心 O_c。对于非均质土坡或坡面及荷载较复杂时，这样确定的 O_c 还不甚准确可靠，可进行第二轮滑面试算，即在 O_c 点作 OE 的垂直线，在其上再取若干点作为圆心进一步试算确定安全系数最小的圆心。

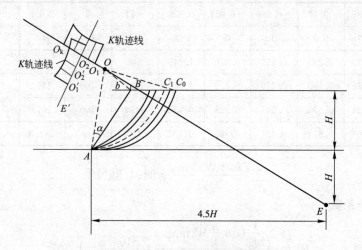

图 4-13 Fellenius 法求解最危险滑动面

确定临界圆弧圆心的 a、b 值　　　　　　　　　　表 4-6

坡率	角 a	角 b	坡率	角 a	角 b
1∶0.5	29°30′	40°	1∶1.75	26°	35°
1∶0.75	29°	39°	1∶2	25°	35°
1∶1	28°	37°	1∶3	25°	35°
1∶1.25	27°	35°30′	1∶5	25°	37°
1∶1.5	26°	35°			

2. 陈惠发法

陈惠发 1980 年根据大量计算经验指出：最危险滑弧的两端在距坡肩点和坡脚点各为 $0.4nH$ 处，且最危险滑弧的圆心在两端连线 ab 的垂直平分线上，如图 4-14 所示。图中 n 为坡比，H 为坡高。只需在此垂直平分线上取若干个点作为滑弧圆心，分别计算其相应的稳定系数，即可找到最小的 F_s 和最危险滑动面位置。

3. 张天宝法

张天宝根据大量电算结果分析认为，无论多么复杂的土坡，其最危险滑动面的圆心的轨迹均类似于双曲线的一侧，如图 4-15 所示。该双曲线的极点是土坡坡面的中点，渐近线为通过坡面中心的铅垂线和中法线。潘家铮更进一步认为可通过坡面中心以 $L/2$ 和 $3L/4$ 为半径作弧交铅垂线和中法线于 a、a'、b、b'，则危险滑动面圆心位置应在 $aa'bb'$ 范围内。

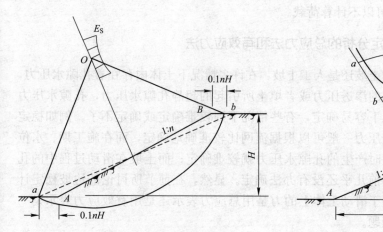
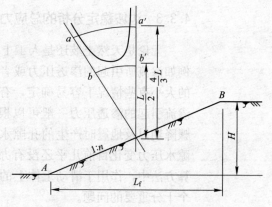

图 4-14 陈惠发法求解最危险滑动面　　图 4-15 张天宝法搜寻最危险滑动面

4.3.2 行车荷载的计算

根据《公路路基设计规范》JTG D30—2004 要求，行车荷载对稳定验算的影响应按静止的土柱作用考虑。而从沉降计算的角度上看，沉降的发生不是瞬间完成的，因此当量土柱不能按最不利的荷载位置换算，而应考虑交通量。但是对于稳定验算，失稳是在外荷载超过地基抗剪强度的某个面上发生的，所以行车荷载需要按最不利位置换算成土柱高度。取单位长度路段，如图 4-16 所示。

稳定验算时，按公式(4-43)将行车荷载换算成当量土柱高度 h_0，即

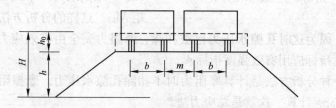

图 4-16 计算荷载换算图

$$h_0 = \frac{NQ}{\gamma BL} \tag{4-43}$$

式中　N——并列车辆数；

　　　Q——一辆车的重力(标准车辆荷载为 550kN)；

　　　L——前后轮轴最大轴距，按《公路工程技术标准》JTG B01—2003 规定对于标准车辆荷载为 12.8m；

　　　B——荷载横向分布宽度，$B = Nb + (N-1)m + d$，其中 b 为后轮轮距，取 1.8m，m 为相邻两辆车后轮的中心间距，取 1.3m，d 为轮胎着地宽度，取 0.6m；γ 为路基填料的重度(kN/m³)。

行车荷载对高边坡路基的稳定性影响较小，高度换算后，可以近似分布于路基全宽上，以简化滑动体的重力计算。采用近似定性方法如(图解类比

法)计算时,亦可以不计算荷载。

4.3.3 边坡稳定分析的总应力法和有效应力法

无论是天然土坡还是人工土坡,在许多情况下土体内存在着孔隙水压力,例如渗流所引起的渗透压力或者填土所引起的超静孔隙水压力,孔隙水压力的大小有些情况下容易确定,有些情况下则较难确定或确定不了。例如稳定渗流引起的渗透压力一般可以根据流网比较准确地确定,而在施工期、水位骤降期以及地震时产生的孔隙水压力就较难确定;而土坡在滑动过程中的孔隙水压力变化目前几乎还没有办法确定。显然,在前节所讨论的边坡稳定计算方法中,作用于滑动土体上的力是用总应力表示还是用有效应力表示是一个十分重要的问题。

图 4-17 表示土坡中因某种原因存在着孔隙水压力。作用在滑动弧面 $\overset{\frown}{AC}$ 上的孔隙水压力也和一般的水压力一样垂直于作用面,也就是说,作用方向垂直于滑动弧面、指向圆心。取土条 i 进行力的分析,将土条重力 W_i 分解成法向力 N_i 和切向力 T_i。T_i 是滑动力,对圆心产生滑动力矩 M_{si}。N_i 是法向力,如果将其扣去孔隙水压力 $u_i l$,剩余部分 $N_i - u_i l$ 在滑动弧面上产生摩擦阻力 $T_{fi} = (N_i - u_i l) \tan\phi'$,摩擦阻力对于圆心产生抗滑力矩 M_{Ri}。这样的分析方法就称为有效

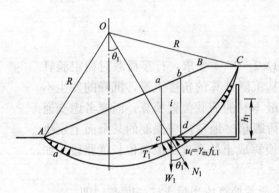

图 4-17 滑动面上孔隙水压力的作用

应力法。因为这时孔隙水压力已被扣除,摩阻力完全由有效应力计算。当然抗剪强度指标应用有效强度指标 ϕ'。

另一种分析方法是计算摩阻力时不扣除孔隙水压力。摩擦阻力直接用式 $T_{fi} = N_i \tan\phi'_i$ 计算。这就是总应力法。

同一种情况用两种计算方法得到的摩擦阻力应该是一样的。为了得出这一结果,必须有 $\varphi_i < \phi'_i$。ϕ_i 就是总应力强度指标。正确的 ϕ_i 值必须能恰当地反映 u_i 所起的作用,使两种方法算得的摩擦阻力一样大。这种依靠不同的试验方法得出适当的强度指标 c、ϕ 值以代替该具体情况下土体中孔隙水压力对强度的影响,就是总应力法的实质。

显然,如果孔隙水压力 u 能够比较容易地计算出来,应该采用有效应力法,这样概念清楚,结果可靠。但是许多情况下,孔隙水压力难以准确计算,就只能采用总应力法。目前在工程界中这两种方法均有应用。但在强度指标的配合选用上,常常存在模糊不清的概念而引起差错。因此,正确使用总应力法或有效应力法以及选择合适的抗剪强度指标,是土坡稳定分析中的关键问题。

如前所述,总应力法是通过控制试验方法,得到合适的强度指标,间接

反应孔隙水压力的影响。例如对于边坡土体已经完全固结的情况，土体内没有超静孔隙水压力时，总应力与有效应力相同，试验方法就应该用直剪试验的慢剪或三轴试验的排水剪，得出的指标与有效强度指标相同，这时总应力法与有效应力法没有什么差别。又如，饱和黏性土施工期的稳定分析情况就不一样，这时土体内可能产生较大的超静孔隙水压力且来不及消散，用总应力法时，抗剪强度试验就应该在不固结不排水条件下进行，即采用直剪试验的快剪指标或三轴试验的不排水剪指标。但是，实验室控制的实验条件是很有限的。常规的做法只有三种，即慢剪（排水剪）、固结快剪（固结不排水剪）和快剪（不固结不排水剪）。用有限的几种试验条件去模拟千变万化的孔隙水压力状态，显然是很粗糙的，有时还可能会有较大的误差。这就是总应力法的缺点。

有效应力法物理概念明确，困难在于孔隙水压力的计算。采用此法时，在取滑动土体进行力的平衡分析上又有两种方法。第一种方法是把土体（包括土骨架和孔隙中的流体——水和气）作为整体取隔离体，滑动面是隔离体的边界面。边界面上受水压力的作用，水压力的大小就是边界面上各点的孔隙水压力值，方向垂直于滑动面。图 4-17 中所表示的就是这种方法。在工程上应用较多。另一种方法则是把滑动土体中的土骨架作为研究的对象，孔隙中的流体作为存在于土骨架中的连续介质。分析滑动土体中土骨架的力的平衡时要考虑流体与土骨架间的相互作用力，即浮力和渗透力。这种方法工程中采用较少，只用于已绘制出渗透流网的情况。

4.3.4 抗剪强度指标的选取

1. 路堤抗剪强度参数

路堤稳定分析成果的可靠性，在很大程度上取决于对抗剪强度试验方法和强度指标的正确选择上，因为不同稳定分析方法之间的差别往往要小于因试验方法引起的抗剪强度指标的差别。S. J. Johnson 曾分析过某土坡施工结束时的稳定性，发现采用不同强度试验方法求出的安全系数在 1.0～1.9 之间，这个范围远超过了仅仅由于稳定分析方法不同的差别。

目前常用的试验手段主要有三轴与直剪两种，前者可以实现控制土中孔隙水压力消散、土的固结等要求，后者不行。因此通过分析三轴与直剪的试验控制条件，可以确定在工程应用中各自的应用范围。

路堤填土的强度参数 c、φ 值，采用直剪快剪或三轴不排水剪试验获得。试样的制备要求及稳定分析各阶段采用的试验方法详见表 4-7。当路堤填料为粗粒土或填石料时，应采用大型三轴试验仪进行试验。

分析高路堤的稳定性时，地基的强度参数 c、φ 值，宜采用直剪的固结快剪或三轴剪的固结不排水剪试验获得。

分析路堤沿斜坡地基或软弱层带滑动的稳定性时，应结合场地条件，选择控制性层面的土层试验获得强度参数 c、φ 值。可采用直剪快剪或三轴剪的不固结不排水剪试验。当可能存在地下水时，应采用饱水试件进行试验。

路堤填土采用的强度指标 表 4-7

控制稳定的时期	强度计算方法	土类	试验方法	采用的强度指标	试样起始状态	备注
施工期	总应力法	渗透系数小于 10^{-7}cm/s	直剪快剪	c_u、φ_u	填筑含水率和填筑密度。当难以获得填筑含水率和填筑密度时,或进行初步稳定分析时,密度采用要求达到的密度,含水率按击实曲线上要求密度对应的较大含水率	
		任何渗透系数	三轴不排水剪			
运营期	总应力法	渗透系数小于 10^{-7}cm/s	直剪固结快剪	c_{cu}、φ_{cu}	同上	用于新建路堤的稳定性分析
		任何渗透系数	三轴固结不排水剪			
		渗透系数小于 10^{-7}cm/s	直剪快剪	c_u、φ_u	同上,但要预先饱和	用于新建路堤边坡的浅层稳定性分析
		任何渗透系数	三轴不排水剪			
		渗透系数小于 10^{-7}cm/s	直剪快剪	c_u、φ_u	取路堤原状土	用于已建路堤的稳定性分析
		任何渗透系数	三轴不排水剪			

2. 路堑边坡岩土体力学参数

岩体抗剪强度指标宜根据现场原位试验确定。试验应符合现行国家标准《工程岩体试验方法标准》GB/T 50266—2013 的规定。当无条件进行试验时,可采用《工程岩体分级标准》GB 50218 及表 4-8 和反算分析等方法综合确定。

结构面抗剪强度指标标准值 表 4-8

结构面类型	结构面结合程度		内摩擦角 φ (°)	粘聚力 c(MPa)
硬性结构面	1	结合好	>35	>0.13
	2	结合一般	35～27	0.13～0.09
	3	结合差	27～18	0.09～0.05
软弱结构面	4	结合很差	18～12	0.05～0.02
	5	结合极差(泥化层)	根据地区经验确定	

注:1. 表中数值已考虑结构面的时间效应;
 2. 极软岩、软岩取表中低值;
 3. 岩体结构面连通性差取表中的高值;
 4. 岩体结构面浸水时取表中的低值。

岩体结构面的结合程度可按表 4-9 确定。

结构面的结合程度 表 4-9

结合程度	结构面特征
结合好	张开度小于 1mm，胶结良好，无充填；张开度 1~3mm，硅质或铁质胶结
结合一般	张开度 1~3mm，钙质胶结；张开度大于 3mm，表面粗糙，钙质胶结
结合差	张开度 1~3mm，表面平直，无胶结；张开度大于 3mm，岩屑充填或岩屑夹泥质充填
结合很差、结合极差(泥化层)	表面平直光滑，无胶结；泥质充填或泥夹岩屑充填，充填物厚度大于起伏差； 分布连续的泥化夹层；未胶结的或强风化的小型断层破碎带

边坡岩体性能指标标准值可按地区经验确定。对于重要边坡应通过试验确定。

岩体内摩擦角可由岩块内摩擦角标准值按岩体裂隙发育程度乘以表 4-10 所列的折减系数确定。

边坡岩体内摩擦角折减系数 表 4-10

边坡岩体特性	内摩擦角的折减系数	边坡岩体特性	内摩擦角的折减系数
裂隙不发育	0.90~0.95	裂隙发育	0.80~0.85
裂隙较发育	0.85~0.90	碎裂结构	0.75~0.80

土体力学参数宜采用原位剪切试验、原状土样室内剪切试验及反算分析等方法综合确定。土质边坡按水土合算原则计算时，地下水位以下的土宜采用三轴试验土的自重固结不排水抗剪强度指标；按水土分算原则计算时，地下水位以下的土宜采用土的有效抗剪强度指标。

路堑边坡稳定性计算应分成以下三种工况。正常工况：边坡处于天然状态下的工况；非正常工况Ⅰ：边坡处于暴雨或连续降雨状态下的工况；非正常工况Ⅱ：边坡处于地震等荷载作用状态下的工况。按正常工况计算时，边坡岩土体计算参数应采用天然状态下的参数；按非正常工况Ⅰ计算时，边坡岩土体计算参数应采用饱水状态下的参数；按非正常工况Ⅱ计算时，边坡岩土体计算参数应采用饱水状态下的参数，同时应考虑地震等特殊荷载。

4.3.5 地震地区边坡稳定性分析

1. 震害与震力

地震会导致软弱地基沉陷、液化，挡土墙等结构物破坏，还会造成路基边坡失稳。路基边坡招致震害的程度，除了地震烈度之外，主要取决于岩土的稳定状况，其中包括岩土的结构与组成等，同时亦与路基的形式与强度有关，包括路基的高度、边坡坡度及土基的压实程度等。

《公路工程抗震设计规范》B02—2013 规定，对于地震烈度为 8 度或 8 度以上的地区，路基设计应符合防震的要求，其中包括软弱地基加固、限制填挖高度、提高路基压实度以及放缓边坡坡度等。

震级是衡量地震自身强度大小的等级,通常是根据地震仪的记录并按下列关系表示:

$$M = \tan A$$

式中 M——震级(一般分为8级);

A——距震中100km处,标准记录的最大振幅(μm)。

地震烈度是地表面遭受地震影响的强弱程度。一次地震仅有一个震级,但有几个烈度。世界各国的烈度划分不一,我国分为12度,并对全国各地的设计烈度作出规定。我国对震级、震中烈度及震源这三者之间关系的规定见表4-11所列。

震级、震中烈度及源关系表　　　　　　　　　　表4-11

震级 \ 震中烈度 \ 震源深度(km)	5	10	15	20	25
2	3.5	2.5	2.0	1.5	1.0
3	5.0	4.0	3.5	3.0	2.5
4	6.5	5.5	5.0	4.5	4.0
5	8.0	7.0	6.5	6.0	5.5
6	9.5	8.5	8.0	7.5	7.0
7	11.0	10.0	9.0	9.0	8.5
8	12.0	11.5	11.0	10.5	10.0

地震时,地面产生地震波的加速度有水平与竖向之分。根据观测资料分析,地震波的最大水平加速度约为最大竖向加速度的1.0~1.5倍,而且较多的记录资料是偏向于大一倍,设计时以此为准。

对于路基边坡,水平加速度 a 产生的水平力 P 危险性最大,设计时假定 P 垂直于边坡面,而且作用的方向朝外,此时对于边坡稳定最不利。

设边坡滑动体的重力为 Q,则:

$$P = ma = \frac{Q}{g}a = K_H Q \tag{4-44}$$

式中 m——滑动体的质量(kg);

g——重力加速度(m/s^2);

K_H——水平地震系数。

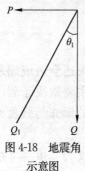

图4-18 地震角示意图

如图4-18所示,滑动体在重力 Q 与水平地震力 P 的共同作用下,将产生一个偏移 θ_S,称为地震角,由此可得 $\tan\theta_S = K_H$ 的关系。

实践证明,上述理论关系还需要引入修正系数 C_H,称为综合影响系数或结构系数,对公路边坡而言,抗震设计时取 $C_H = 0.25$,所以有:

$$\tan\theta_S = 0.25 K_H \tag{4-45}$$

路基边坡稳定性分析中,实际采用的地震水平力为:

$$P = 0.25 K_H Q \tag{4-46}$$

2. 边坡抗震稳定性的计算

(1) 数解法

首先按照非地震地区的路基边坡稳定性分析方法,确定最危险的滑动面(直线或圆弧等),如图4-19所示,然后再考虑地震的作用力。

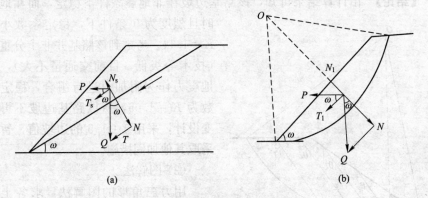

图4-19 地震区边坡稳定性计算图
(a)直线滑动面；(b)圆弧滑动面

根据作用力及静力平衡原理,可得:

$$K = \frac{(\sum N - \sum N_S)f + cL}{\sum T + \sum T_S} \tag{4-47}$$

【例4-5】 某地区地震设计烈度为9°,已知路基边坡最危险滑动体 $Q = 2047.2$kN, $\alpha = 32°$, $\varphi = 28°$, $c = 14.70$kPa, $L = 36.0$m, $\omega = 33°41'(1:1.5)$。试计算其稳定性。

【解】 (1) 按非地震条件下计算

$$\sum N = Q \cdot \cos\alpha = 1736.12 \text{kN}$$

$$\sum T = Q \cdot \sin\alpha = 1084.85 \text{kN}$$

$$K = \frac{\sum N \cdot f + cL}{\sum T}$$

$$= \frac{1736.12 \cdot \tan 28° + 14.70 \times 36}{1084.85} = 1.34$$

(2) 按抗震设计要求计算

由表4-12,烈度为9°, $K_H = 0.4$,由式(4-46),得:

$$P = 0.25 K_H \cdot Q = 204.72 \text{kN}$$

烈度 K_H 与 θ_s 关系表　　　　表4-12

设计烈度	7°	8°	9°	设计烈度	7°	8°	9°
K_H	0.1	0.2	0.4	θ_s	1°33′	3°	6°

按式(4-47)得：

$$N_S = P \cdot \sin\omega = 113.54 \text{kN}$$
$$T_S = P \cdot \cos\omega = 170.35 \text{kN}$$
$$K = \frac{(1736.12 - 113.54) \cdot \tan 28° + 14.70 \times 36}{1084.85 + 170.35} = 1.11$$

【结论】 由计算结果可知，该路基边坡在非地震条件下稳定，而在地震时且烈度为9°条件下，稳定系数小至$K=1.11$。考虑到该路基并非十分重要（技术等级低，目前交通量不大），将地震力作为附加力进行组合，稳定系数为$K=1.05$，所以路基边坡不再改变设计，采用1:1.5的边坡值，暂不采取其他加固措施。

(2) 图解法

用力三角形的图解法，求各土条的法向力和切向力，具体方法与非地震区的路基稳定性计算基本相同，但考虑到地震角θ_S，土条重力偏移方向，如图4-20所示，以合力Q_S代替Q即可，而且$Q_S = \sqrt{Q^2 + P^2}$。

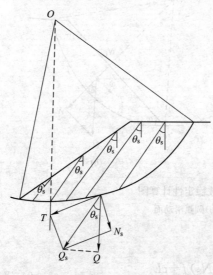

图 4-20 地震时条分法图解示意图

图4-20表示用图解法时，所有土条均偏移θ_S角，各土条的重力Q_{Si}及其分力T_{Si}与N_{Si}，直接由力三角形上量取，稳定系数K值可直接按下式计算：

$$K = \frac{\sum N_i - \cos\omega_i \tan\varphi_i + c_i L_i}{T_i \sin\omega_i} \quad (4-48)$$

4.3.6 浸水路基的稳定性分析

浸水路堤除承受自重和行车荷载作用外，还受到水浮力和渗透动水压力的作用。水的浮力取决于浸水深度，渗透动水压力则视水的落差（坡降）而定。

水位变化对路堤的影响如图4-21和图4-22所示。其中对路基边坡不利的为水流向外，如果落水迅猛，渗透流速高，坡降大，则易带出路堤内的细土粒，动水压力使边坡失稳。

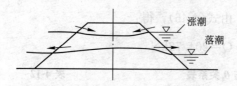

图 4-21 双侧渗水路堤水位变化示意图　　图 4-22 单侧浸水路堤水位变化示意图

透水性强的砂性土路堤，动水压力较小；黏性土路堤经人工压实后，透水性差，动水压力亦不大。介于两者之间的土质路堤，如粉质砂土或粉质黏土等，浸水时的边坡稳定性较差。遇水膨胀及易溶或严重风化的岩土，浸水路堤边坡的稳定性更差。

浸水路堤的设计中，一般按设计洪水位及考虑壅水和浪高等因素选定路堤高程。浸水部分采用较缓边坡（1∶2或更缓），必要时设置护坡道，流速较大时予以防护加固或设置导流结构物。为使设置更加合理，浸水路堤的边坡需进行稳定性计算。

浸水路堤的边坡稳定性计算，通常亦假定滑动面为圆弧，最危险的滑动面通过坡脚，圆心位置的确定与条分法相似。其基本原理和计算步骤与非浸水时的条分法相同，但土条分成浸水与干燥两部分，并直接计入浸水后的浮力和动水压力作用。这样显然比上述两法更符合实际条件，当需要比较精确计算时，可采用此法。

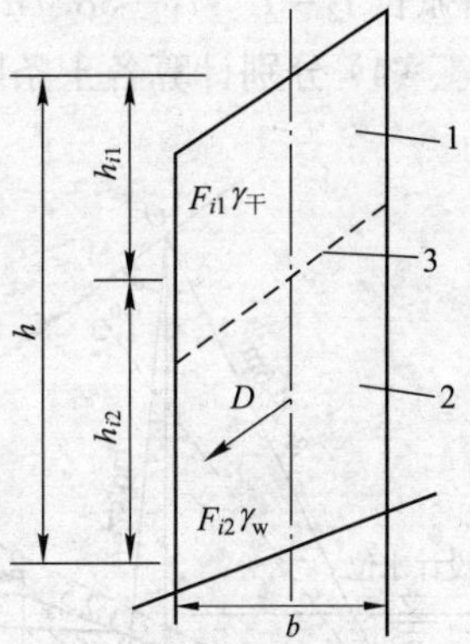

图 4-23 为滑动体的某一部分浸水土条，其重力 Q_i 由上干和下湿两者组成。

图 4-23 浸水土条示意图
1—未浸水部分；2—浸水部分；3—降水线

$$Q_i = F_{i1} \cdot \gamma_干 + F_{i2} \cdot \gamma_w$$

全浸水时，$F_{i1}=0$，未浸水时，$F_{i2}=0$，$\gamma_干$ 与 γ_w 分别为填土的干、湿重度。法向力 $N_i = Q_i \cos\cos\alpha_i$（近似取 $\alpha_i = \alpha_i'$）摩擦力 $N_i \cdot f_x$；粘结力 $c_x \cdot l_i$。

其中 f_x 与 c_x 表示有浸水与非浸水之分，而且未浸水时取 f_2 与 c_2 为零，全浸水时取 f_1 与 c_1 为零，部分浸水时 $f_1 > f_2$ 及 $c_1 > c_2$，l_i 为土条的滑动圆弧长，不论浸水与否，近似取同一数值。

切向力 $T_i = Q_i \cos\alpha_i$（有正、负之分）；动水压力 $D = F_2 \cdot \gamma_0 \cdot I$。

其中 γ_0 为水的相对密度，I 为浸水线的水力坡降，d 为动水压力的力臂。

已知填土的渗透系数 K_w(m/s)时

$$I = \frac{1}{3000\sqrt{K_w}}$$

浸水路堤的边坡稳定系数

$$K = \frac{\sum N_i f_x + \sum c_x l_i}{\sum T_i + D(d/R)} \tag{4-49}$$

【例 4-6】 某浸水路堤 $H_1 = 13.0$m，堤顶宽 $B = 10.0$m，设计最大水深为 7.0m，拟定横断面见图 4-24。试验得知：土的重度 $\gamma = 25.48$kN/m^2，干重度 $\gamma_干 = 18.13$kN/m^3 时，孔隙率 $\eta = 31\%$，$\varphi_1 = 26°$，$\varphi_2 = 22° c_1 = 14.7$kPa，$c_2 = 7.84$kPa，换算土柱高 $h_0 = 1.0$m。试计算其边坡稳定性。

【解】 按条分法的步骤如下：

(1) 按 1∶50 比例作图，用 4.5H 法作圆心辅助线，定圆心 O（本例仅计算一个滑动面）划分 9 个土条；量得：$R = 29.6$m，$d = 25.0$m，干土条 $l_i =$

7.3m，取 $I=0.08$。

(2) 分别量取各土条重心与竖轴的间距 a_i（右正左负），计算 α；量面积 F_i（干与湿分开），分别计算重力 Q_i；其中湿重度

$$\gamma_W=(\gamma+\Delta_0)(1-\eta)=(25.84-9.80)(1-0.31)=10.82 \text{kN/m}^3$$

(3) 量滑动圆弧两端点对竖轴的间距，计算圆心角 α_0 和全弧长 L，浸水圆弧长 $l_2=L-l_1=38.7$m。

(4) 分别计算各土条圆弧面上的法向力 N_i 与切向力 T_i（区分正负）；

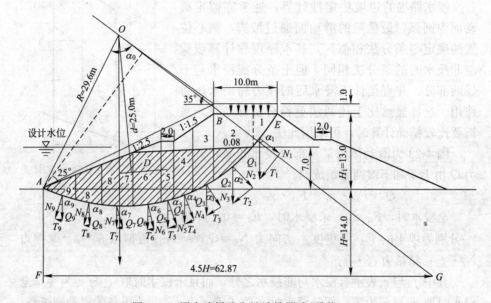

图 4-24 浸水路堤稳定性计算图式（单位：m）

以上所有计算结果，列于表 4-13 中。

条分法浸水路基稳定性验算表　　　　　　表 4-13

土条号	x(m)	α	sinα	cosα	F_i(m²)		Q_i(kN)		Q_1+Q_2	$N_i=Q_i\cos\alpha_i$		$T_i=Q_i\cos\alpha_i$		L(m)
					F_1	F_2	Q_1	Q_2		N_1	N_2	T_1	T_2	
1	24.1	54°53′	0.8142	0.5807	20.0	—	362.2	—	362.2	210.3	—	271.3	—	7.3
2	19.3	40°41′	0.6520	0.7583	28.0	15.0	870.2	162.3	1032.5	—	782.9	—	673.2	
3	14.5	29°20′	0.4899	0.8718	20.4	22.6	369.9	244.5	614.4	—	535.6	—	301.0	
4	10.8	21°24′	0.3649	0.9311	10.5	25.1	190.4	271.6	462.0	—	430.2	—	168.6	
5	8.0	15°40′	0.2703	0.9628	4.0	26.4	72.5	285.6	358.1	—	344.8	—	96.8	38.7
6	5.5	10°42′	0.1858	0.9626	6.5	42.7	117.8	462.0	597.8	—	563.7	—	107.7	
7	-0.5	0°58′	0.0169	0.9999	—	39.7	5.4	429.6	435.6	—	435.0	—	-7.4	
8	-4.5	8°44′	0.1520	0.9884	—	27.5	—	297.6	297.6	—	294.1	—	-44.7	
9	-8.7	17°53′	0.2938	0.9559	—	10.0	—	107.2	108.2	—	103.4	—	-30.4	
合计					—	209.0	—	—		210.3	3489.7	271.3	1264.8	46.0

(5) 计算动水压力：

$$D = I \cdot \gamma_0 \cdot \sum F_2 = 0.08 \times 209.0 \times 9.8 = 163.9 \text{kN}$$
$$f_1 = \tan\varphi_1 = 0.4877 \quad f_2 = \tan\varphi_2 = 0.4040$$

(6) 由式(4-49)得：
$$K = \frac{210.3 \times 0.4877 + 3489.7 \times 0.4040 + 147 \times 73 + 7.48 \times 38.7}{271.3 + 1264.8 + 163.9 \times (\frac{25}{29.6})} = 1.15$$

【结论】 本例第一个圆心的 K 值，不符合稳定要求，应重新设计后再计算，直到同一个图式经 3～5 个以上圆心试算后，取 K_{min} 判别稳定性。

4.3.7 边坡稳定安全系数的取值

从理论上讲，处于极限平衡状态的土坡稳定系数应等于 1。因此，若设计土坡的 F_s 大于 1，理应能满足稳定要求。但在实际工程中，有些土坡的安全系数虽然大于 1，但还是发生了滑坡，而有些土坡的安全系数小于 1，却是稳定的。产生这些情况的主要原因是因为影响安全系数的因素很多，如抗剪强度指标的选用、计算方法等。目前对于土坡稳定容许安全系数的取值，各个行业、各部门尚无统一标准，各自考虑的角度也不一样，在选用时要注意方法、强度指标和容许安全系数必须相互配套。

1. 路堤边坡稳定安全系数

路堤的堤身稳定性、路堤和地基的整体稳定性计算分析得到的稳定安全系数不得小于表 4-14 所列值。

路堤稳定安全系数　　　　　表 4-14

分析内容	计算方法	地基情况	计算采用的地基平均固结度及强度指标	安全系数
路堤的堤身稳定性	准简化 Bishop 法		按表 4-7 确定	1.35
路堤和地基的整体稳定性	准简化 Bishop 法	地基土渗透性较差、排水条件不好	取 $U=0$，地基土采用直剪的固结快剪或三轴剪的固结不排水剪指标，路堤填土按表 4-7 确定	1.20
			按实际固结度，采用直剪的固结快剪或三轴剪的固结不排水剪指标，路堤填土按表 4-7 确定	1.40
		地基土渗透性较好、排水条件良好	取 $U=1$，采用直剪的固结快剪或三轴剪的固结不排水剪指标，路堤填土按表 4-7 确定	1.45
			取 $U=1$，地基土采用快剪指标，路堤填土按表 4-7 确定	1.35
路堤沿斜坡地基或软弱层滑动的稳定性	不平衡推力法		采用直剪的快剪或三轴剪的不排水剪指标，路堤填土按表 4-7 确定	1.30

2. 路堑边坡稳定安全系数

边坡稳定性计算方法应考虑边坡可能的破坏形式，规模较大的碎裂结构岩质边坡和土质边坡宜采用简化 Bishop 计算；对可能产生直线形破坏的边坡宜采用平面滑动面解析法进行计算；对可能产生折线形破坏的边坡宜采用不平衡推力法计算；对结构复杂的岩质边坡，可配合采用赤平投影法和实体比例投影法分析及楔形滑动面法进行计算；当边坡破坏机制复杂时，宜结合数值分析法进行分析。

边坡稳定性验算时，其稳定系数应满足表 4-15 规定的安全系数要求，否则应对边坡进行支护。

路堑边坡安全系数　　　　　表 4-15

公路等级		路堑边坡安全系数
高速公路、一级公路	正常工况	1.20～1.30
	非正常工况Ⅰ	1.10～1.20
	非正常工况Ⅱ	1.05～1.10
二级及二级以下公路	正常工况	1.15～1.25
	非正常工况Ⅰ	1.05～1.15
	非正常工况Ⅱ	1.02～1.05

注：表中安全系数取值应与计算方法对应。

4.4 特殊路基分析

特殊路基包括特殊土（岩）路基、不良地质路基和特殊条件下路基。路线通过特殊路段，应进行综合地质勘察，查明特殊地质体的性质、成因类型、规模、稳定状况及发展趋势；特殊路基设计所需要的物理力学参数，宜采用原位测试的数据，并结合室内试验资料综合分析确定。

特殊路基设计应考虑地质和环境等因素对路基的影响以及这些因素的发展变化规律，路基病害整治应遵循以防为主、防治结合、力求根治的原则，通过综合技术经济比较，因地制宜，采取合理的整治方案和有效的工程措施。如果分期整治，应保证在各种因素的变化过程中不降低路基的安全度。

存在多种特殊土（岩）或特殊地质条件路基的工点应进行综合设计。

4.4.1 软土地区路基

在沿海、滨湖和江河三角洲地带修建道路，常遇到近代沉积的高含水率和大孔隙的黏质土、粉质土、有机质土或泥炭等软土层。软土地基上路基通常面临沉降变形和稳定控制两个技术难题。

1. 设计一般原则

（1）应认真收集沿线的地形、地貌、工程地质、水文地质、气象等资料，按照《公路工程地质勘察规范》JTG C20—2011 有关规定，采用适宜的勘探方法进行综合勘探试验和现场原位测试，进行统计与分析，为设计提供可靠的软土物理力学性质指标。

(2)软土地基上公路路基的设计包括沉降计算、稳定验算及其相应的处治方法的设计;施工中的沉降与侧向位移(稳定)观测的技术要求应作为设计内容。

2. 极限高度(或临界高度)的计算

在天然的软土地基上,基底不作特殊加固处理,用快速施工方法(即不控制填筑速率)修筑路堤所能填筑的最大高度,称为极限高度。当路堤的设计高度超过此极限高度时,路堤或地基必须采取加固或处理措施,以保证路堤的安全填筑和正常使用。

极限高度的大小取决于地基的特性(软土的性质和成层情况,硬壳层的厚度和性质)及填料的性质,可按稳定性分析的结果确定。在施工条件允许时,也可在工地进行填筑试验确定,这是解决路堤极限高度的最可靠方法。一般软土地区路堤的极限高度通常为3~5m左右。

由于极限高度仅为设计施工时的参考数据,通常都近似假设内摩擦角$\varphi=0$,按下列公式进行估算。

(1)均质薄层软土地基的路堤极限高度

软土层较薄时,滑动圆弧与软土层底面相切,则

$$H_c = \frac{c}{\gamma} \cdot N_w \tag{4-50}$$

式中　H_c——极限高度(m);

　　　c——软土的快剪粘结力(kPa);

　　　γ——填土的重度(kN/m³);

　　　N_w——稳定因数,其值与路堤坡角α及深度因素λ值有关,可查图4-25而定。查图时路堤高度H为待定值,需用试算法假定H,计算$\lambda=(d+H)/H$,以查图。若算得的H_c与假定的H相符即可,否则需要重新假定H值,再行计算。

【例4-7】　已知某软土层厚$d=2.0$m,路堤坡角$\alpha=33°41'(1:1.5)$,$c=17$kN/m³。试求极限高度。

【解】　假定$H=1.0$m,则$\gamma=3.0$,查图4-25得:$N_w=5.65$。

由式(4-50)得　$H_c=5.65\times\dfrac{3.00}{17.00}=0.997$

【结论】　由于计算值与假定值相差小于1%,H_c定为1.00m,如果假定值计算结果相差较大,应重新假定,直到满意为止。

(2)均质厚层软土地基的路堤极限高度

软土层很厚时(d值很大),λ值向无穷大数值接近,滑动面不通过基底,由图4-25可知,$N_w=5.52$,故

$$H_c = 5.52 \times \frac{c}{\gamma}$$

鉴于填土的重度一般为17.5~19.5kN/m³,所以实际工程中可以近似取$H_c=0.3c$。

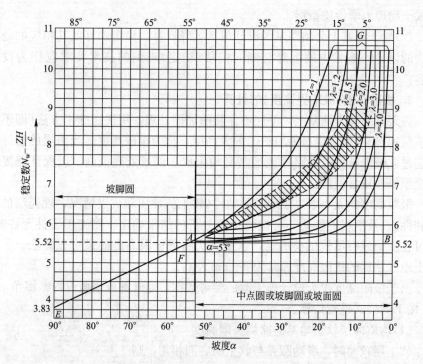

图 4-25 α 与 $\gamma H/c$ 及 λ 关系图($\varphi=0$)

(3) 非均质软土地基的路堤极限高度

非均质软土地基土层比较复杂，各层的性质不同，其路堤极限高度需要用圆弧法计算确定。地基强度指标采用快剪法测定。在施工条件允许时，也可根据工地填筑试验确定。

(4) 有硬壳层的软土地基的路堤极限高度

覆盖在软土层上强度稍高的表层土成为硬壳层。当硬壳层厚度大于 1.5m 时，可考虑其应力扩散、提高承载力、减少地基沉降的效应。此时，路堤极限高度可按式(4-51)估算：

$$H_c = \frac{c}{\gamma} \cdot N_w + 0.5 H_k \tag{4-51}$$

式中 H_k——硬壳层厚度(m)。

3. 地基稳定性与工后沉降控制标准

软土地基处治设计包括稳定处治设计和沉降处治设计。

(1) 地基稳定性

软土地基路堤的稳定验算一般采用 Fellenius 法中的固结有效应力法、改进总强度法，有条件时也可采用准简化 Bishop 法。

Fellenius 法中的固结有效应力法考虑了软基路堤施工的实际情况，即路堤荷载并非瞬间填到设计高度，而是按照一定的施工速率逐渐填筑。当遇到在强度很差的地基上需要修筑高路堤的情况时，可以按照这一计算模式对采取分期加载的方法逐渐使地基强度固结提高后的安全系数进行验算，以保证路堤填筑过程中的稳定满足要求。

Fellenius 法中的改进总强度法是以 $\varphi=0$ 法为基础发展来的，基于 $\varphi=0$ 法利用原位测试资料(采用静力触探试验的贯入阻力(单桥探头)或锥尖阻力(双桥探头)换算的十字板抗剪强度或直接由十字板试验得到的抗剪强度)，借用固结有效应力法计算地基强度随固结增加的思想，采用强度增长系数计算固结过程中强度的增量。采用该方法与静力触探试验相结合，为软基路堤稳定验算提供了一种高效可靠的途径。

准简化 Bishop 法取样试验的工作量比较大，设计中全部采用这种方法计算有一定困难，可以在路堤的重点部位有选择性地应用。

以上三种方法的计算公式如下：

① 采用 Fellenius 法的固结有效应力法验算时，稳定安全系数计算式为：

$$F = \frac{\sum_{A}^{B}(c_{qi}L_i + W_{\mathrm{I}i}\cos\alpha_i\tan\varphi_{qi} + W_{\mathrm{II}i}\cos\alpha_i U_i\tan\varphi_{cqi}) + \sum_{B}^{C}(c_{qi}L_i + W_{\mathrm{II}i}\cos\alpha_i\tan\varphi_{qi})}{\sum_{A}^{B}(W_{\mathrm{I}} + W_{\mathrm{II}})_i\sin\alpha_i + \sum_{B}^{C}W_{\mathrm{II}i}\sin\alpha_i} \tag{4-52}$$

式中 c_{qi}、φ_{qi}——地基土或路堤填料快剪试验测得的内聚力和内摩擦角；

φ_{cqi}——地基土固结快剪试验测得的内摩擦角；

U_i——地基平均固结度，其余符号见图 4-26。

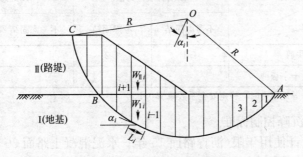

图 4-26 安全系数计算图式

② 采用 Fellenius 法的改进总强度法验算时，稳定安全系数计算式为：

$$F = \frac{\sum_{A}^{B}(s_{ui} + W_{\mathrm{II}i}\cos\alpha_i U_i m_i)L_i + \sum_{B}^{C}(c_{qi}L_i + W_{\mathrm{II}i}\cos\alpha_i\tan\varphi_{qi})}{\sum_{A}^{B}(W_{\mathrm{I}} + W_{\mathrm{II}})_i\sin\alpha_i + \sum_{B}^{C}W_{\mathrm{II}i}\sin\alpha_i} \tag{4-53}$$

式中 S_{ui}——由静力触探试验的贯入阻力(单桥探头)或锥尖阻力(双桥探头)换算的十字板抗剪强度或直接由十字板试验得到的抗剪强度；

m_i——地基土层强度增长系数，按表 4-16 取值。其余符号意义同前。

③ 采用准简化 Bishop 法验算时，稳定安全系数计算式见式(4-38)～式(4-40)。

地基土层强度增长系数　　　　　表 4-16

土名	描述	地基土层强度增长系数 m_i
泥炭	在潮湿和缺氧条件下，由未充分分解的喜水植物遗体堆积而形成的泥沼覆盖层；呈纤维状，深褐色至黑色；有机质含量超过 50%；含水率 50%～2000%，孔隙比一般大于 5	0.35
腐殖质土	喜水植物遗体大部分完全分解后形成的有臭味、呈黑泥状的细粒土；有机质含量超过 50%	0.20
有机质土	在多水环境下由不同分解的植被植物所组成的细粒土，其中混有矿物颗粒；有机质含量超过 25%	0.25
黏质土	塑性指数(76g 锥)大于 17 的土	0.30
粉质土	塑性指数(76g 锥)大于 10，但小于或等于 17 的土	0.25

验算时按施工期和营运期的荷载分别计算稳定安全系数。施工期的荷载只考虑路堤自重，营运期的荷载包括路堤自重、路面的增重及行车荷载。当计算的稳定安全系数小于表 4-17 和表 4-14 规定时，应针对稳定性进行处治设计。地基处治方法详见第 3 章。

稳定安全系数　　　　　表 4-17

方法 安全系数 指标	固结有效应力法		改进总强度法	
	不考虑固结	考虑固结	不考虑固结	考虑固结
直接快剪	1.1	1.2		
静力触探、十字板剪			1.2	1.3

注：当需要考虑地震力时，稳定安全系数减少 0.1。

(2) 工后沉降控制标准

当路面设计使用年限(沥青路面 15 年、水泥混凝土路面 30 年)内的残余沉降(简称工后沉降)不满足表 4-18 的要求时，应针对沉降进行处治设计。地基处治方法详见第 3 章。

容许工后沉降　　　　　表 4-18

工程位置 道路等级	桥台与路堤相邻处	涵洞、通道处	一般路段
高速公路、一级公路	≤0.10m	≤0.20m	≤0.30m
二级公路	≤0.20m	≤0.30m	≤0.50m

4. 路堤断面设计

(1) 路堤加宽

软土地基上填筑路堤的底面宜予加宽，其一侧的加宽量 Δd 为：

$$\Delta d = m S_f \tag{4-54}$$

式中　m——软基路堤的设计边坡值(坡率的倒数)；

S_f——路堤坡脚处预压期末的沉降量。

(2) 路堤的边坡

预压路堤的边坡 n 按下式计算：

$$n=(1-\frac{S_j}{H+S_f})m \qquad (4-55)$$

式中 S_j——路肩处预压期末的沉降量；

H——路基填土高度(m)。

5. 沉降与稳定观测设计

(1) 软土地基上的高填方路堤和桥头路堤应进行沉降与稳定观测设计，其设计内容包括：沉降观测与侧向位移（稳定）测点位置，观测仪选型与布设，观测方法，观测频率。必要时，应进行软土地基深部位移观测。常规观测项目如表4-19所示，必要时尚需开展承载力、地下水位、出水量等辅助观测。

观测项目　　　　　　　　　　　　　　　表4-19

观测项目		仪标名称	观测目的
沉降	地表沉降	沉降板	地表（或原地面）以下土体总沉降量，控制路堤填筑速度
	分层沉降	分层标	观测软土层在沿深度方向各层次的压缩情况
	深层沉降	深层标	确定软土层在某一层位土体的压缩情况
水平位移	地表水平位移	边桩	测定路堤侧向水平位移量，并兼顾地面沉降或隆起量
	地基深层水平位移	测斜管	设置在坡脚地表处，用于测定地基不同深度水平位移
应力	孔隙水压力	孔压计	观测地基孔隙水压力变化，分析地基固结情况，反算固结系数
	土压力	土压力盒	测定测点位置的土应力

软土地基上路堤施工一般分为填筑期、预压期和路面施工期三个阶段。第一阶段，路堤填筑期，每填1层需观测1次，因故停止施工，每3天观测1次；第二阶段，预压期第一个月隔日观测1次，第一个月至第三个月每周观测1次，以后每半月观测1次；第三阶段，当底基层和基层分两次碾压时，一般每碾压半层或者一层须观测1次。如果同一层的两次碾压时间间隔很短时，可只观测一次；面层一般由上面层、中面层、下面层结构组成，故施工时一般要求每填一层观测一次，或每月观测1次。但既定周期并不是一成不变的，当有特殊要求或发现有异常情况时，适当缩短观测周期。

(2) 路堤填土速率应使填筑时间不小于地基抗剪强度增长需要的固结时间；路堤中心沉降每昼夜不得大于10～15mm，边桩位移每昼夜不得大于5mm。

6. 路面铺筑时间的确定

路面铺筑应在沉降稳定后进行，采用双标准控制：即要求推算的工后沉降量小于设计容许值，同时要求连续 2 个月观测的沉降量每月不超过 5mm，方可卸载开挖路槽并开始路面铺筑。

4.4.2 红黏土与高液限土地区路基

红黏土是指碳酸盐岩出露的岩石，经红土化作用形成的棕红色、褐黄色等的高塑性黏土，其液限一般大于 50%。经再搬运后仍保留红黏土基本特征，其液限大于 45% 的土称为次生红黏土。

红黏土主要分布在我国西南、中南和华东地区，以贵州、云南、广西等分布最为广泛和典型，其次在安徽、重庆、粤北、鄂西和湘西也有分布。一般分布在山坡、山麓、盆地或洼地中，主要为坡积、残积类型，是一种区域性的特殊性土。红黏土物理力学性质指标如表 4-20。

红黏土物理力学性质指标表　　　　　　4-20

含水率(%)	孔隙比	液限(%)	塑限(%)	饱和度(%)	压缩系数(MPa^{-1})	渗透系数(cm/s)	自由膨胀率(%)
20~75	0.7~2.1	40~110	20~60	80~100	0.1~0.4	$i \times 10^{-8}$	25~69

由此可见，红黏土的天然含水率、孔隙比、液塑限高，但却具有较高的力学强度和较低的压缩性。红黏土的膨胀势较低，无荷载膨胀率均小于 20%，膨胀压力一般小于 30kPa，其膨胀性极弱；红黏土线缩率 1%~10%，体缩率 5%~28%，收缩系数 0.1~0.8，具有弱至中等收缩性。

液限 $w_L > 50\%$ 的土称之为高液限土，其成因较为复杂，主要与母岩性质有关，其工程性质与红黏土有所区别，但总体上与红黏土相似，可参照红黏土的设计原则进行设计。

1. 设计一般原则

路线通过红黏土或高液限土地区，应查明红黏土或高液限土分布范围、成因类型、土体的结构层次特征、湿度状态及其垂直分带、土体中裂隙分布特征、地下水分布规律、物理力学性质及胀缩性等资料。

红黏土的结构可根据其裂隙发育特征按表 4-21 分类，复浸水特性可按表 4-22 分类。

红黏土的结构分类　　　　　　表 4-21

土体结构	裂隙发育特征	S_t
致密状结构	偶见裂隙(<1 条/m)	>1.2
巨块状结构	较多裂隙(1~2 条/m)	0.8~1.2
碎块状结构	富裂隙(>5 条/m)	<0.8

注：S_t 为红黏土的天然状态与保湿扰动状态土样的无侧限抗压强度之比。

红黏土的复浸水特性分类　　　　　　表 4-22

类别	I_r 与 I'_r 关系	复浸水特性
I	$I_r \geq I'_r$	收缩后复浸水膨胀，能恢复到原位
II	$I_r < I'_r$	收缩后复浸水膨胀，不能恢复到原位

注：$I_r = W_L/W_P$，$I'_r = 1.4 + 0.0066 W_L$

红黏土路基设计应避免高路堤及深路堑,如不能避免,应与桥隧方案进行综合比选确定。应注意边坡排水与支挡工程的综合设计,并与路面结构设计相协调,减少路基过大变形或不均匀沉降而引起路面结构性破坏。

2. 路堤设计

(1) 填料选择

红黏土作为路基填料时,其最小强度应满足规范对不同路堤层位填料CBR的规定。当不能满足时,应进行处治。压缩系数大于 $0.5MPa^{-1}$ 的红黏土不得用于填筑路堤。

高液限土不能直接作为路堤填料。当利用挖方路段高液限土填筑路堤时,应进行处治。在确定路堤填筑的最佳含水率和最大干密度时,宜采用湿土法重型击实试验。

(2) 路堤断面

未经改性处理的红黏土填筑路堤高度不宜大于 10m。边坡高度不大于 10m 的路堤边坡坡率宜为 1:1.5~1:1.75,当边坡高度大于 6m 时,宜设置边坡平台,其宽度不宜小于 2m。当边坡高度超过 10m 时,应通过路基稳定性分析计算确定路堤横断面形式、边坡坡度及路基防护加固措施。

路堤基底应设置排水隔离垫层,厚度 0.3~0.5m,采用渗水性良好的砂砾或碎石填筑,其顶面应设置反滤层。

路堤边坡的防护,经改性处理或用非红黏土和高液限土外包封闭的可按一般路基防护处理。

3. 路堑设计

(1) 路基断面

挖方路基设计应注意复浸水 I 类红黏土的开挖面土体干缩导致裂隙发展及复浸水使土质产生变化的不利影响。边坡稳定性分析计算宜采用饱水剪切试验和重复慢剪试验等强度指标,对于裂隙发育的土应采用三轴剪切试验或无侧限抗压强度试验指标;必要时,可进行收缩试验和复浸水试验。

挖方边坡高度不宜超过 20m,路堑边坡设计应遵循"缓坡率、宽平台、固坡脚"的原则。边坡坡率及平台宽度可按表 4-23 确定,当边坡高度超过 6m 时,挖方路基宜采用台阶式断面,若地形允许,宜放缓边坡。

路堑边坡坡率 表 4-23

边坡高度(m)	边坡坡率	边坡平台宽度(m)
<6	1:1.25~1:1.5	/
6~10	1:1.25~1:1.5	2.0
10~20	1:1.5~1:1.75	≥2.0

应根据红黏土或高液限土的工程性质、公路等级,对路堑路床 0.8m 范围的红黏土或高液限土进行超挖,并换填渗水性良好的砂砾、碎石土或外掺石灰等材料处治。

(2) 排水与边坡防护

应注意路基排水系统的综合设计,及时引排地面水和地下水。根据地下水发育情况,因地制宜在堑坡上设置仰斜式排水孔、支撑渗沟,在边沟下设置渗沟。

同时,应注意路堑边坡坡面防护与支挡加固的综合设计,坡面防护宜采用骨架植物防护,当边坡稳定性不足时应增设支挡工程。对于全封闭的圬工防护,应在墙背设置厚度为0.15m～0.30m的排水垫层。

4.4.3 膨胀土路基设计

膨胀土是一种以蒙脱石、伊利石或伊利石-蒙脱石为基本矿物成分的黏性土,具有遇水膨胀、失水收缩的特征,即胀缩性,是一种特殊膨胀结构的黏土质。因此,如何防水保湿、保持土中水分的相对稳定是膨胀土路基设计的技术关键。由于膨胀土地区的路堑(原状土)与路堤(扰动土)设计中土体状态不同,路基病害类型和程度也不同,所以应分别考虑。

1. 设计一般原则

(1) 膨胀土地区路基设计,应查明膨胀土分布范围、成因类型、土体的结构层次、地下水分布及埋藏条件和膨胀土的矿物成分、物理、力学性质及膨胀特性等资料。

(2) 路基设计应综合考虑膨胀土类型、土体结构与工程特性、环境地质条件与风化深度等因素,保证路基稳定,满足路用要求。

(3) 路基设计应避免大填、大挖,以浅路堑、低路堤通过为宜。当路基填挖大、工程艰巨及稳定性差时,应与桥隧方案比选确定。以路基通过时,必须有保证路基稳定的措施。

(4) 公路通过膨胀土地段时,路基设计应以防水、保湿、防风化为主,结合坡面防护,降低边坡高度,连续施工、及时封闭路床和坡面。

2. 路堤设计

(1) 填料选择

当高速公路及一、二级公路路基填土高度小于路面与路床的总厚度,且基底为膨胀土时,宜挖除地表0.30～0.60m的膨胀土,并将路床换填非膨胀土或掺灰处理。若为强膨胀土,挖除深度应达到大气影响深度,强膨胀土不应作为路堤填料。

高速公路及一、二级公路采用中等膨胀土作为路堤填料时应经改性处理后方可填筑。弱膨胀土作为路堤填料时,若胀缩总率不超过0.7%可直接填筑,并采取防水、保温、封闭、坡面防护等措施;否则,应按公路等级、气候、水文特点、填土层位等具体情况,结合实践经验进行处治。膨胀土改性处理的掺灰最佳配比,以其掺灰后胀缩总率不超过0.7%为宜。

采用弱膨胀土及中等膨胀土作为路床填料,应经改性处理后方可填筑,改性后的胀缩总率不得超过0.70%。

膨胀土填筑的路基,应及时碾压密实。在确定路堤填筑的最佳含水率和最大干密度时,宜采用湿土法重型击实试验。

(2) 路堤边坡

膨胀土路堤边坡可采用直线形或折线形。前者适用于低路堤,后者适用于填土较高的路堤,一般为上徒下缓。

采用弱膨胀土及中膨胀土填筑路堤,其边坡坡率应根据路堤边坡的高度、填料重塑后的性质、区域气候特点,并参照既有路基的成熟经验综合确定。边坡高度不大于 10m 的路堤边坡坡率和边坡平台的设置,可按表 4-24 确定。

膨胀土路堤边坡坡率及平台宽度　　　　表 4-24

膨胀性 边坡高度(m)	边坡坡率		边坡平台宽度(m)	
	弱膨胀	中等膨胀	弱膨胀	中等膨胀
≤6	1∶1.5	1∶1.5～1∶1.75	可不设	
6～10	1∶1.75	1∶1.75～1∶2.0	2.0	≥2.0

膨胀土路堤稳定性验算强度指标的选择,应充分考虑膨胀土的"变动强度"特性。用于验算路堤整体稳定性的强度指标,应选用浸水条件下强度衰减后的抗剪强度值;用于验算路堤边坡表层稳定性的强度指标,应选用湿胀干缩循环条件下强度衰减后的抗剪强度值。

为提高膨胀土路堤边坡的稳定性,通常采用土工格栅加筋膨胀土路堤,结构形式如图 4-27 所示。膨胀土路堤底部的一定范围应采用具有良好压实特性的砾石土填筑,填筑高度 H 应根据地下水位和地表可能的积水位确定。膨胀土路堤的顶部应采用非膨胀性黏土填筑,以避免路表水下渗,填筑厚度不宜小于1.5m。路堤中膨胀土填筑的总高度不宜大于 6m,宜填筑于路堤的中、下部。

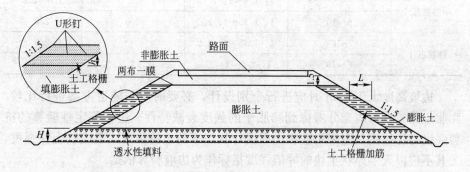

图 4-27　土工格栅加筋膨胀土路堤横断面图(单位:m)

(3) 边坡防护

膨胀土路堤边坡的防护和加固通常采用植被防护(种草、铺草皮等)、片石护坡(干砌和浆砌片石)、坡脚墙等。路堤边坡防护根据填土的工程地质条件及高度可参照表 4-25 设计。

膨胀土路堤边坡防护措施　　　　表 4-25

边坡高度(m)	弱膨胀土	中膨胀土
≤6	植物	骨架植物
>6	植被防护、骨架植物	支撑渗沟加拱形骨架植物

4.4　特殊路基分析

由于膨胀土路堤填土的工程特性较原状土更差，稳定性难以保证，故多在路堤边坡采用支撑渗沟，其作用是将长大路堤坡面分割成短小坡面，加固坡面土体、支撑边坡和加强坡面排水。此外，还采用坡脚片石垛以及填土反压护道等措施加固膨胀土路堤边坡，也可根据实际情况采用坡面支撑渗沟与坡脚片石垛联合加固防护。

3. 路堑设计

（1）路基断面

为适应膨胀土的特殊工程性质，有利于边坡稳定，一般常采用直线形、折线形和台阶形的边坡。其中台阶形更适用于边坡高度大于6m的各种类型的膨胀土路基，其主要优点是将高边坡降低为矮边坡的组合形式，不仅减轻了高边坡土体对坡脚的压力，而且减弱了地面水对坡面的冲蚀，同时平台对坡脚有一定支撑作用，对边坡变形有一定减缓作用。

膨胀土路堑边坡坡率应根据土质的性质、软弱层和裂隙的组合关系、气候特点、水文地质条件，以及自然山坡、人工边坡的稳定坡度等综合确定。边坡设计应遵循"缓坡率、宽平台、固坡脚"的原则。边坡坡率及平台宽度可按表4-26设计。

膨胀土边坡坡率和平台宽度　　　　表4-26

膨胀土类别	边坡高度(m)	边坡坡率	边坡平台宽度(m)	碎落台宽度(m)
弱膨胀土	<6	1:1.5	/	1.0
	6~10	1:1.5~1:2.0	1.5~2.0	1.5~2.0
中等膨胀土	<6	1:1.5~1:1.75		1.0~2.0
	6~10	1:1.75~1:2.0	2.0	2.0
强膨胀土	<6	1:1.75~1:2.0		2.0
	6~10	1:2.0~1:2.5	≥2.0	≥2.0

边坡高度大于10m时应进行个别设计，必要时应与隧道方案进行比较。膨胀土路堑设计应充分考虑到膨胀土的强度衰减特性。边坡稳定性验算的抗剪强度指标原则上应采用膨胀土在设计状态下的土体强度，不应以土块强度，尤其不应以天然原状土块的峰值强度指标作为边坡验算依据。

应对路床0.80m范围内的膨胀土进行超挖，换填符合规范要求的填料，或者进行土质改良或采取其他适宜的加固措施。对强膨胀土、地下水发育、运营中处理困难的路堑，路床的换填深度应加深至1.0~1.5m，并应采取地下排水措施。

（2）排水与边坡防护

边坡应设置完善排水系统，及时引排地面水（包括坡面积水）和地下水。根据地下水发育情况，可采用仰斜式排水孔、支撑渗沟和纵向渗沟排水。边沟应较一般地区加宽、加深，路堑边沟外侧应设平台；对于台阶形高边坡，每一级平台内侧应设排水沟以排除上部坡面水。地面排水沟渠，特别是近路沟渠均应铺砌、加固，以防冲、防渗。

路堑边坡的防护和加固类型依据工程地质条件、环境因素和边坡高度可按表4-27及表4-28确定，边坡开挖后应及时防护封闭。边坡植物防护时，不应采用阔叶树种。圬工防护时，墙背应设置缓冲层。

膨胀土路堑边坡防护措施 表4-27

边坡高度(m)	弱膨胀土	中等膨胀土
≤6	植物防护	骨架植物防护
>6	骨架植物防护、植物防护、浆砌片石护坡	拱形骨架植物防护、支撑渗沟加拱形骨架植物防护

膨胀土路堑边坡支挡措施 表4-28

边坡高度(m)	弱膨胀土	中等膨胀土	强膨胀土
≤6	不设	坡脚墙	护墙、挡土墙
>6	护墙、挡土墙	挡土墙、抗滑桩	桩基承台挡土墙、抗滑桩、边坡锚固

新建膨胀土路堑边坡、膨胀土路堑边坡的滑坍治理可采用土工格栅加筋柔性支护技术进行综合处治。该技术是以土工合成材料加筋边坡土体为主，辅以其他必要综合处理措施的处治技术，既能承受土压力，又允许土体产生一定变形，减小边坡土体因超固结引起的应力释放和含水率变化产生的膨胀力，从而保证边坡稳定，避免发生边坡滑坍等病害。

膨胀土路堑边坡土工格栅加筋柔性支护结构如图4-28所示。其中图4-28(a)可用于新建道路，图4-28(b)可用于边坡的滑坍治理。加筋路堤的膨胀土材料、土工合成材料等的技术要求详见《公路土工合成材料应用技术规范》JTG/T D32—2012

4.4.4 黄土地区路基设计

黄土是在干燥气候条件下形成的富有碳酸盐的多孔性具有柱状节理的黄色粉性土。黄土孔隙率高达35%～60%，湿陷性黄土受水浸湿后在外荷载及自重作用下会产生较大的下沉现象。黄土结构中，以粗粉粒为主体构成骨架，黏粒、腐殖质胶体附在砂粒或粗粉粒表面，或聚积在大颗粒间的接触点处，与易溶盐及碳酸盐一起形成胶结性联结。黄土具有各向异性。原状黄土水平强度最高，垂直方向最低；冲积、洪积黄土因存在有水平层理的关系，水平方向强度最低，垂直方向强度最大。这两种黄土45°方向强度居中。黄土的水理特性与其他土不同，垂直方向的渗透性较水平方向大；黏粒含量多的埋藏黄土或红色黄土几乎不透水。黄土遇水后发生膨胀，干燥后又收缩，多次反复循环则会形成裂缝及剥落。

1. 设计一般原则

(1) 黄土地区路基设计，应查明黄土分布范围、厚度及其变化规律；沿线黄土的成因类型和地层特征；路线所处的地貌单元及地面水、地下水等情况；各种不同地层黄土的物理、力学性质、湿陷性类型和湿陷等级。

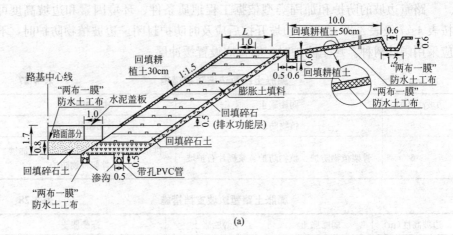

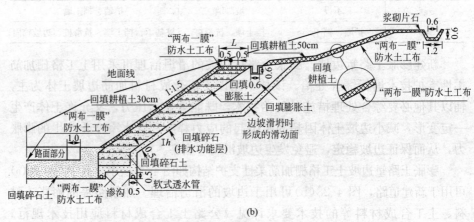

图 4-28 土工格栅加筋膨胀土路堑边坡结构示意图
(a) 新开挖的膨胀土路堑边坡柔性支护处治结构示意图（单位：m）；
(b) 滑坍膨胀土路堑边坡柔性支护处治结构示意图（单位：m）

(2) 黄土塬梁地区，路基应避开有滑坡、崩塌、陷穴群、冲沟发育、地下水出露的塬梁边缘和斜坡地段。如必须通过，应有充分依据和切实可行的工程措施。

(3) 位于冲沟沟头和陷穴附近的路基，应分析评价其发展趋势及对路基的危害程度，并在设计中考虑冲沟和陷穴对路基稳定性影响。

(4) 位于湿陷性黄土地段的路基，宜设在湿陷等级轻微、湿陷土层较薄、排水条件较好的地段。

2. 路堤设计

(1) 填料

新黄土、老黄土均可作为路堤填料。老黄土黏粒含量较高，透水性能差，土体遇水软化，强度迅速降低，路基易变形，路肩及边坡易产生滑塌，因而不宜作路床填料。新黄土的路用性能较好，可用于填筑路床。当用于高速公路的黄土填料的 CBR 值不满足规范要求时，可采用掺灰处理。

(2) 断面形式与边坡坡度

当路堤地基情况良好或经过处理、边坡高度不大于30m时，路堤的断面形式与边坡坡度可按表4-29选用。阶梯形断面适用于年平均降水量大于500mm的地区，在边坡高20m处设宽为2.0～2.5m的边坡平台，边坡平台宜设截水沟，并作防渗加固处理。

路堤断面形式及边坡坡度 表4-29

断面形式	路基以下边坡分段坡度		
	$0<H\leqslant 10m$	$10<H\leqslant 20m$	$20<H\leqslant 30m$
折线形	1:1.5	1:1.75	1:2
阶梯形	1:1.5	1:1.75	1:1.75

(3) 注意事项

当路堤边坡高度大于30m时，路基有可能产生较大变形，或给施工、养护带来困难，因此应与挡土墙、半边桥或跨沟桥等形式，从工程造价、施工难易、养护维修及沉降处理等方面进行综合比较选定。

对高度大于20m的路堤，应按工后沉降量预留路基顶面加宽值；工后沉降量可按路堤高度的0.7‰～1.5‰估算。

黄土地区路基的排水与防护工程的设计要以防冲刷、防渗和有利于水土保持和环境保护为目的，早接远送是措施，而处理好进出水口则是关键。否则会引起土体滑坍、坡面冲沟、地基湿陷。

3. 路堑设计

(1) 边坡形式

黄土路堑边坡形式，应根据黄土类别及其均匀性、边坡高度按表4-30确定。高速公路、一级公路黄土路堑边坡宜采用台阶形。边坡小平台宽度为2.0～2.5m，边坡大平台宽度应根据稳定计算确定，宜为4～6m。年平均降水量大于250mm的地区，平台上应设截水沟，并应予以防护。

黄土路堑边坡形式及适用条件 表4-30

边坡形式		适用条件
直线形（一坡到顶）		1）均质土层，Q_4、Q_3黄土边坡高度$H\leqslant 15m$；Q_2、Q_1黄土边坡高度$H\leqslant 20m$； 2）非均质土层，边坡高度$H\leqslant 10m$
折线形（上缓下陡）		非均质土层，边坡高度$H\leqslant 15m$
台阶形	小平台	1）均质土层，Q_4、Q_3黄土边坡高度$15m<H\leqslant 30m$；Q_2、Q_1黄土边坡高度$20m<H\leqslant 30m$； 2）非均质土层，边坡高度$15m<H\leqslant 30m$
	宽平台	边坡高度$H>30m$

(2) 边坡坡度

挖方边坡高度不超过 30m 时，边坡坡率应根据黄土的地貌单元、时代成因、构造节理、地下水分布、降雨量、边坡高度、施工方法，并结合自然或人工稳定边坡坡率按表 4-31 确定。

黄土地区路堑边坡坡率　　　　表 4-31

分区	分类		边坡高度(m)			
			≤6	6～12	12～20	20～30
Ⅰ 东南区	新黄土 Q_3Q_4	坡积	1∶0.5	1∶0.5～1∶0.75	1∶0.75～1∶1.0	—
		洪积	1∶0.2～1∶0.3	1∶0.3～1∶0.5	1∶0.5～1∶0.75	1∶0.75～1∶1.0
	新黄土 Q_3		1∶0.3～1∶0.5	1∶0.4～1∶0.6	1∶0.6～1∶0.75	1∶0.75～1∶1.0
	老黄土 Q_2		1∶0.1～1∶0.3	1∶0.2～1∶0.4	1∶0.3～1∶0.5	1∶0.5～1∶0.75
Ⅱ 中部区	新黄土 Q_3Q_4	坡积	1∶0.5	1∶0.5～1∶0.75	1∶0.75～1∶1.0	—
		洪积、冲积	1∶0.2～1∶0.3	1∶0.3～1∶0.5	1∶0.5～1∶0.75	1∶0.75～1∶1.0
	新黄土 Q_3		1∶0.3～1∶0.4	1∶0.4～1∶0.6	1∶0.6～1∶0.75	1∶0.75～1∶1.0
	老黄土 Q_2		1∶0.1～1∶0.3	1∶0.2～1∶0.4	1∶0.3～1∶0.5	1∶0.5～1∶0.75
	红色黄土 Q_1		1∶0.1～1∶0.2	1∶0.2～1∶0.3	1∶0.3～1∶0.4	1∶0.4～1∶0.6
Ⅲ 西部区	新黄土 Q_3Q_4	坡积	1∶0.5～1∶0.75	1∶0.75～1∶1.0	1∶1.0～1∶1.25	—
		洪积、冲积	1∶0.2～1∶0.4	1∶0.4～1∶0.6	1∶0.6～1∶0.75	1∶0.75～1∶1.0
	新黄土 Q_3		1∶0.4～1∶0.5	1∶0.5～1∶0.75	1∶0.75～1∶1.0	1∶1.0～1∶1.25
	老黄土 Q_2		1∶0.1～1∶0.3	1∶0.2～1∶0.4	1∶0.3～1∶0.5	1∶0.5～1∶0.75
Ⅳ 北部区	新黄土 Q_3Q_4	坡积	1∶0.5～1∶0.75	1∶0.75～1∶1.0	1∶1.0～1∶1.25	—
		洪积、冲积	1∶0.2～1∶0.4	1∶0.4～1∶0.6	1∶0.6～1∶0.75	1∶0.75～1∶1.0
	新黄土 Q_3		1∶0.3～1∶0.4	1∶0.5～1∶0.6	1∶0.6～1∶0.75	1∶0.75～1∶1.0
	老黄土 Q_2		1∶0.1～1∶0.3	1∶0.2～1∶0.4	1∶0.3～1∶0.5	1∶0.5～1∶0.75
	红色黄土 Q_1		1∶0.1～1∶0.2	1∶0.2～1∶0.3	1∶0.3～1∶0.4	1∶0.4～1∶0.6

注：表内边坡值为设平台后的平均值。

(3) 注意事项

黄土路堑边坡高度超过 30m 时，应与隧道方案进行比较。路堑高边坡应进行个别设计，边坡形式及边坡坡度应根据土的物理力学性质、自然坡面的稳定情况及附近已建工程的边坡稳定性进行分析，采用力学分析法经稳定性验算确定。当采用圆弧滑动法计算时，其稳定系数不小于表 4-15 的规定。

设有大平台的深路堑，除必须对全高边坡作稳定性验算外，还应对大平台毗邻的上下分段边坡作局部稳定验算。

边坡防护类型应根据土质、降雨量、气候条件、边坡高度及坡度、防护材料来源等确定。在有地下水活动的挖方路段，应采取截、排地下水及防止地面水渗漏等措施，设必要的防护工程。应特别注意加强排水，采取拦截、分散的处理原则，设置防冲刷、防渗漏和有利于水土保持的综合排水设施及防护工程，并妥善处理农田水利设施与路基的相互干扰。

4. 湿陷性黄土处理

(1) 黄土地区场地的湿陷类型按实测自重湿陷量或室内压缩试验累计的计算自重湿陷量判定。当实测或计算自重湿陷量不超过70mm时，应定为非自重湿陷性黄土场地；当实测或计算自重湿陷量超过70mm时，应定为自重湿陷性黄土场地。

(2) 湿陷性黄土地基的湿陷等级，应根据基底下各层累计的总湿陷量和计算自重湿陷量的大小等因素按表4-32判定。

湿陷性黄土地基的湿陷等级　　　　　　　　表4-32

湿陷类型		非自重湿陷性场地	自重湿陷性场地	
计算自重湿陷量 Δ_{zs}(mm)		$\Delta_{zs}<70$	$70<\Delta_{zs}\leqslant350$	$\Delta_{zs}>350$
总湿陷量 Δ_s(mm)	$\Delta_s<300$	Ⅰ(轻微)	Ⅱ(中等)	—
	$300<\Delta_s\leqslant600$	Ⅱ(中等)	Ⅱ(中等)或Ⅲ(严重)	Ⅲ(严重)
	$\Delta_s>600$	—	Ⅲ(严重)	Ⅳ(很严重)

注：当 $300\text{mm}<\Delta_s<500\text{mm}$，$70\text{mm}<\Delta_{zs}<300\text{mm}$ 时，定为Ⅱ级；当 $500\text{mm}\leqslant\Delta_s\leqslant600\text{mm}$，$300\text{mm}\leqslant\Delta_{zs}\leqslant350\text{mm}$ 时，定为Ⅲ级。

(3) 高速公路和一级公路通过湿陷性黄土和压缩性较高的黄土地段时，可根据路堤填高、受水湿浸的可能性及湿陷后危害程度和修复的难易程度，按表4-33确定湿陷性黄土处理深度。

湿陷性黄土地基处理深度　　　　　　　　表4-33

湿陷等级与特征　　　路堤高度	经常流水(或浸湿可能性大)				季节性流水(或浸湿可能性小)			
	Ⅰ	Ⅱ	Ⅲ	Ⅳ	Ⅰ	Ⅱ	Ⅲ	Ⅳ
高路堤(>4m)	2～3	3～5	4～6	6	0.8～1	1～2	2～3	5
低路堤(≤4m)	0.8～1.2	1～1.5	1.5～2	3	0.5～1.0	0.8～1.2	1.2～2.0	2

(4) 湿陷性黄土地基的处理应根据道路等级、黄土湿陷等级、处理深度要求、施工条件及材料来源，并经技术经济比较后确定。湿陷性黄土路段，应采用拦截、排除地表积水的措施；对于湿陷等级为Ⅰ～Ⅱ级非自重湿陷性黄土和Ⅰ级自重湿陷性黄土，可采用重锤夯实或冲击碾压；Ⅱ级以上自重湿陷性黄土，可采取强夯、挤密桩(石灰桩、碎石桩)或孔内深层强夯等方法进行压密、加固处理。农田灌溉可能造成黄土地基湿陷时，可对路堤两侧坡脚外5～10m作表层加固防渗处理或设侧向防渗墙。

(5) 对危害路基稳定的黄土陷穴应进行处理。黄土陷穴的处理方法应根据陷穴埋藏深度及大小确定，可采用开挖回填夯实及灌砂、灌浆等方法处理，处理宽度视公路等级而定。黄土陷穴的处理方法和适用条件如下：回填夯实用于明穴；明挖回填夯实用于埋藏浅的暗穴；支撑回填夯实用于埋藏较深的暗穴；灌砂用于小而直的暗穴；灌泥浆用于大而深的暗穴。

为防止产生新的黄土陷穴，对流向陷穴的地面水应采取拦截引排措施；对挖方坡顶上方的裂缝和积水洼地，应填平夯实，防止雨水下渗；对填方路基应做好靠山侧的排水工程,并填平夯实积水洼地;将路基附近的土层夯实或铺筑黏质土等不透水材料或植树种草。

4.4.5 多年冻土地区路基

在天然条件下,年平均气温低于0℃、冻结状态持续三年或三年以上的土层称多年冻土,可根据体积寒冰量分为少冰冻土、多冰冻土、富冰冻土、饱冰冻土和含土冰层,如表4-34所示。

多年冻土公路工程分类　　　　　　　表4-34

土的类别		总含水率(%)(w_n)	体积含冰量(i)	冻土温度	冻土类型
粗颗粒土	粉黏粒含量≤15%	<10	$i<0.1$（少冰冻土）	不考虑	稳定型（Ⅰ）
	粉黏粒含量>15%	<12			
细砂、粉砂		<14			
黏性土		<W_p			
粗颗粒土	粉黏粒含量≤15%	10~16	$i=0.1$~0.2（多冰冻土）	0.0~-1.0	基本稳定型（Ⅱ）
	粉黏粒含量>15%	12~18			
细砂、粉砂		14~21		<-1.0	稳定型（Ⅰ）
黏性土		$W_p<W_n<W_p+7$			
粗颗粒土	粉黏粒含量≤15%	16~25	$i=0.2$~0.3（富冰冻土）	0.0~-1.5	基本稳定型（Ⅱ）
	粉黏粒含量>15%	18~25			
细砂、粉砂		21~28		<-1.5	稳定型（Ⅰ）
黏性土		$W_p+7<W_n<W_p+15$			
粗颗粒土	粉黏粒含量≤15%	25~48	$i=0.3$~0.5（饱冰冻土）	0.0~-1.0	不稳定型（Ⅲ）
	粉黏粒含量>15%	25~48		-1.0~-2.0	基本稳定型（Ⅱ）
细砂、粉砂		25~45		<-2.0	稳定型（Ⅰ）
黏性土		$W_p+15<W_n<W_p+35$			
粗颗粒土	粉黏粒含量≤15%	>48	$i>0.5$（含土冰层）	0.0~-1.0	不稳定型（Ⅲ）
	粉黏粒含量>15%	>48		-1.0~-2.0	基本稳定型（Ⅱ）
细砂、粉砂		>45		<-2.0	稳定型（Ⅰ）
黏性土		>W_p+35			

多年冻土层顶面距地表的深度称冻土上限,其值随地区、土类、潮湿状况、地形及保温情况而变,从0.3~3.3m不等,应通过实测、统计或经验公式确定。冻土上限值是多年冻土地区路基设计的重要数据。低温地带的多年冻土往往含有大量水分或夹有冻层。多年冻土地区路基最常遇到的问题是冻胀,最突出的问题是热融沉陷。

1. 设计一般原则

(1) 多年冻土地区路基设计，应查明沿线多年冻土的分布、类型、冻土层上限及水文地质等情况。在冻土沼泽、冰丘、冰锥、热融湖(塘)地段修筑路基，应详细调查其范围、规模、发生原因及发展趋势等。

(2) 冻土沼泽(沼泽化湿地)、热融湖(塘)地段，应以路堤通过，路堤高度应高出沼泽暖季积水水位加毛细水上升高度加有害冻胀高度再加 0.5m，且满足保温厚度的要求，通过较大的热融湖(塘)，还需考虑波浪雍水的影响。

(3) 按工程环境特点和工程建设不同阶段采用区段设计和场地设计相结合的原则。根据冻土的类型及年平均地温采用保护、一般保护和一般路基的设计原则。

(4) 路基位于少冰冻土、多冰冻土地段，因冻土融化的融沉量很小，不会产生路基病害，可按一般路基设计；位于富冰冻土、饱冰冻土、含土冰层地段，以及冰丘、冰锥、多年冻土沼泽、热融湖(塘)、地下水路堑地段，往往由于突然的、剧烈的、持续的、不均匀的、较大的融沉或冰害而导致路基产生严重的病害，应进行特殊设计。

(5) 路基设计应与路面结构设计综合考虑，减少其路基过大变形或不均沉降而引起路面结构性破坏。

2. 路堤设计

(1) 路堤填料。路基填料设计应考虑冻结层上水的发育情况及填料的冻胀敏感性，有条件时应优先采用卵石土或碎石土作填料。严禁使用塑性指数大于 12，液限大于 32% 的细粒土，富含腐殖质的土及冻土。保温护道填料，应就地取材，采用泥炭、草皮、塔头草或细粒土。

路堑挖方为高含冰冻土时，不得作为路基填料。

(2) 路堤高度。多年冻土地区的路堤最小填土高度应满足防止冻胀和翻浆的要求。在采取保护多年冻土和限制多年冻土融化深度地段，还应满足防止热融沉陷及控制热融沉陷的要求。

保证多年冻土上限不下降的路基最小填土高度，称为下临界高度，记为 h_L，按下两式计算：

砂砾路面：$h_L = 1.41 - 0.31 h_n$

沥青路面：$h_L = 2.88 - 0.42 h_n$

式中　h_n——天然上限。

根据调查与理论分析，路基高度与病害密切相关。路基过高，边坡吸热面增大，阳面边坡下冻土上限明显下降，进而引起路基不均匀变形，加剧了边坡冲蚀，纵向裂缝条数和累计长度都随路基高度增大而增加，且影响行车安全。因此，路堤高度不宜过高，建议路堤上临界高度(h_u)按下式计算：

砂石路面：$h_u = 7.17 - 1.76 h_n$

沥青路面：$h_u = 5.03 - 0.81 h_n$

当路堤高度在 $h_L \sim h_u$ 范围之外时，应进行特殊设计。

路堤较高时，宜设土工格栅或格室加强，以确保路堤稳定性；路堤高度不能满足保护冻土上限不变的最小高度时，可设置工业保温材料层。

(3) 高含冰量冻土地段的路基、富冰冻土、饱冰冻土、含土冰层统称为高含量冻土。

全部用粗粒土填筑时，若填土高度达不到 h_L，可在路堤底部填筑一层细颗粒土，厚度不小于 0.1m，以使形成的复式填土断面填土高度达到最小填土高度。

填土高度达不到 h_L 时，若基底饱冰冻土或含土冰层较薄且埋藏较浅时，应全部挖除换填。如该层较厚，全部换填有困难或不经济时，可部分挖除换填。

3. 路堑设计

路堑的开挖，使多年冻土上限下移，多年冻土季节融化层厚度增加，融沉量加大，因此在路堑设计中，应考虑保护多年冻土上限的相对稳定。

(1) 对高含冰量冻土地段的路堑，基底应根据冻土层的分布、坡面朝向、地温情况及填料的来源采用全部或部分换填处理，如图 4-29 和图 4-30 所示。路堑边坡坡度不宜陡于 1∶1.75。路堑顶应采用包角式断面形式，堑顶包角标高一般高出原地面 0.8m，宽度为 1.0m，外侧边坡坡度为 1∶1.75，内侧边坡坡度与路堑边坡一致。

(2) 若路堑边坡上局部埋藏饱冰冻土或含土冰层，可采用拓宽路堑，若路堑较深可局部换填加固，用细粒土夯填至天然上限以上 0.5 m，如图 4-31 所示。

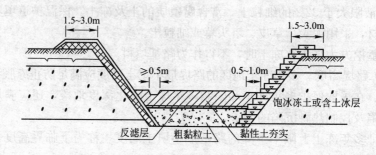

图 4-29 基底全部换填

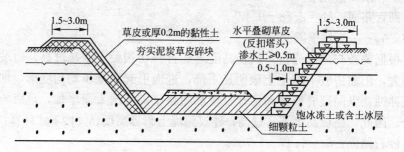

图 4-30 基底部分换填

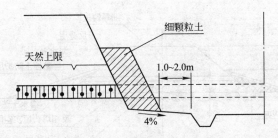

图 4-31 边坡局部换填加固

4. 零填、低填、浅挖路基设计

这些地段均为多年冻土地区路基的薄弱部分，在设计中应力求避免采用，但因地形起伏仍有可能出现在某些局部路段，为此在设计中应当彻底铲除地表的草皮和泥炭层，换填足够厚度的渗水性土。采用卵（砾）石作为换填材料时，应在地面上设置复合土工膜防渗层，防止地表水渗入，防渗层顶面横坡不应小于4%。同时加强路基排水，保持基底干燥，防止路基积雪。

在厚层地下冰地段的零填路基，其基底处理同路堑。对半填半挖路基的填方部分同路堤，但应把填土高度小于0.5m的路堤视为路堑，分别按含冰量多少进行基底换填，并设过渡带。挖方部分同路堑。

5. 保温层设计

保温层在冻土地区路基设计中占有重要地位，保温层要求能保温隔水，基材料宜尽量就地取材。

（1）保温材料。细颗粒土比粗颗粒土有较好的保温性，所以在有保温要求的部位宜尽量使用细粒的黏性土和砂性土。此外，苔藓、草皮、泥炭、塔头草亦是良好的当地保温材料，也可采用矿藻土砖、石棉板、泡沫混凝土、泡沫塑料等建筑和化工产品作为保温材料；一些化工产品（如无规聚丙烯混合料）有很好的保温或隔热性能，也可作保温材料。路堑挖方为高含冰冻土时，不得作为保温护道填料。

（2）保温层形式。有基底保温层、路堑边坡保温层和路堤保温护道三种形式，其中保温护道形式如图4-32所示，保温护脚形式如图4-33所示。

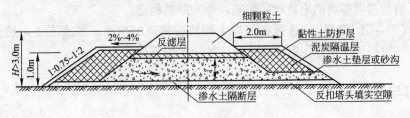

图 4-32 保温护道

6. 路基排水设计

多年冻土地区的路基排水设计与一般公路不尽相同，虽然总的要求是迅速排除地表水，防止路基积水，但冻土地区还应考虑满足保持路基及周围冻土处于冻结状态的要求。

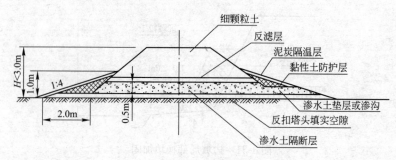

图 4-33 保温护脚

(1) 排水设施应尽量远离路基坡脚,以防止水流渗入影响多年冻土上限的变化。

(2) 高含冰量冻土地段应避免修建排水沟、截水沟,宜修建挡水埝,并采取防渗和保温措施,必要时应采取加固措施。

(3) 在高含冰量冻土地段设计排水沟、截水沟时,应充分考虑冻土及冰层的埋藏深度,采用宽浅的断面形式,断面尺寸按计算确定,排水沟的一般底宽不宜小于 0.6m,边坡不陡于 1∶1。富冰冻土、饱冰冻土地段,排水沟、截水沟、挡水埝内侧边缘,至保温护道坡脚或堑顶或路堤坡脚(无保温护道)的距离不得小于 5m;含土冰层地段不得小于 10m。

(4) 应根据地下水类型、水量、积水和地层情况,采用冻结沟、积冰坑、挡冰堤、挡冰墙或渗沟等措施,排除对路基有危害的地下水。采用渗沟排除地下水时,渗沟及检查井均应采取保温措施。出水口的位置应选在地势开阔、高差较大、纵坡较陡、向阳、避风处,并采用掩埋式椎体或其他形式的保温措施。路堑边坡有地下水出露时,必须将水引排,并应在边坡上采取保温措施。

7. 取土坑设计

(1) 取土坑(场)应符合多年冻土地区环境保护要求,适当远离路线,分段集中取土。取土坑(场)应保持排水通畅、不积水。取土坑(场)的设置应考虑减少取土后土坑对周围地层的热平衡影响,避免造成天然上限下降,引起热融沉陷与滑坍等新的不良地质病害,影响路基稳定。

(2) 取土坑(场)应选择在路堤上侧植被稀疏的少冰、多冰冻土山坡或融区、河滩谷地。饱冰、富冰冻土及含冰层地段不得取土。

练习与讨论

1. 路基变形由哪几部分组成?
2. 如何计算地基变形?
3. 路基边坡稳定性分析的基本原理和基本假定是什么?
4. 路基边坡稳定性分析需要哪些参数?如何合理取值?
5. 路基边坡稳定性分析的方法有哪些?各自适用于哪些情况?

6. 如何确定圆弧滑动面法的滑动面位置?
7. 浸水路基边坡稳定性分析与普通路基边坡稳定性分析的异同点有哪些?
8. 常见的特殊路基设计有哪些?主要的处治思路和措施有哪些?

> 小组讨论(1):为何认为一般情况下的路基变形即为地基变形?
> 　　　　　　请讨论地基沉降变形的两种计算方法的优缺点。
> 小组讨论(2):基于极限平衡分析方法的边坡稳定性分析方法是
> 　　　　　　如何分类的?各自的假定和适用条件怎样?

第5章 挡土墙设计

本章知识点

> 【知识点】 挡土墙的结构类型及构造特点；重力式挡土墙作用的力系及计算方法；重力式挡土墙稳定性验算；浸水挡土墙的受力特点及结构要求，轻型挡土墙和加筋挡土墙的结构特点与设计要求。
>
> 【重　点】 挡土墙的土压力计算；特殊情况下的土压力计算方法；挡土墙极限状态法稳定性与基地应力验算；挡土墙的结构布置。
>
> 【难　点】 主动土压力和被动土压力的计算方法，极限状态法的含义与要求。

5.1 挡土墙的类型和构造

挡土墙是一种能够抵挡侧向土压力，用来支撑天然边坡或人工边坡，保持土体稳定的建筑物。它是公路、铁路、水里及其他土建工程常用的支挡结构。不同位置设置的挡土墙有不同用途(见图 5-1)。

在道路工程中，挡土墙的用途可归纳如下：

① 在路堑地段，若开挖后的路堑边坡不能自行稳定，可在坡脚处设置挡土墙，以支撑边坡降低挖方边坡高度，减少挖方数量，避免山体失稳坍滑；

② 在地面横坡较陡，填筑路基难以稳定，或征地、拆迁费用高的填方路段，可在路肩或填方边坡的适当位置设置挡土墙，以收缩路堤坡脚，减少填方数量或减少拆迁和占地面积，保证路堤稳定性；

③ 对于沿河路基，为避免沿河路基挤缩河床，防止水流冲刷路基，可在沿河一侧路基设置挡土墙；

④ 在某些挖方路段，原地面有较厚的覆盖层或滑坡，可在路堑边坡上方设置挡土墙，防止山坡覆盖层下滑和抵抗滑坡。

其他还有设置于隧道洞口的洞口挡墙和设置于桥头的桥头挡墙等。

在路基设计中，是否需要设置挡土墙，应通过与其他可能的技术方案进行技术、经济比较来确定。

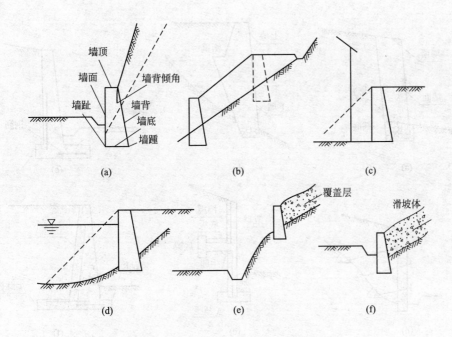

图 5-1 设置挡土墙的位置
(a)路堑墙；(b)路堤墙虚线为路肩墙；(c)路肩墙；
(d)驳岸(路肩墙)；(e)山坡挡土墙；(f)抗滑挡土墙

5.1.1 挡土墙的类型

挡土墙按照墙的位置、材料、结构形式可划分为以下几种类型：

(1) 按照墙的位置，挡土墙可分为路堑墙、路堤墙、路肩墙和山坡墙等类型，如图 5-2 所示；

(2) 按照墙体材料，挡土墙又可分为石砌挡土墙、砖砌挡土墙、混凝土挡土墙、钢筋混凝土挡土墙和加筋土挡土墙等类型；

(3) 按照墙体的结构形式，挡土墙可分为重力式、衡重式、半重力式、悬臂式、扶壁式、锚杆式柱板式、垛式等类型。挡土墙类型应综合考虑工程地质、水文地质、冲刷深度、荷载作用情况、环境条件、施工条件、工程造价等因素选用。

重力式和衡重式挡土墙多用石砌，半重力式挡墙一般用混凝土浇筑，也可在受拉区加少量钢筋，以节省圬工。其他类型挡土墙多用钢筋混凝土就地制作或预制拼装。

重力式和衡重式挡土墙构造简单，断面尺寸较大，墙身较重，墙背侧向土压力主要由墙身自重来平衡。由于墙身重，故对地基承载力要求亦较高。半重力式与重力式相似，但因其整体强度较高，故墙身断面和自重相对较小。

悬臂式和扶壁式挡土墙，由于构造上的特点，其侧向土压力主要不是由

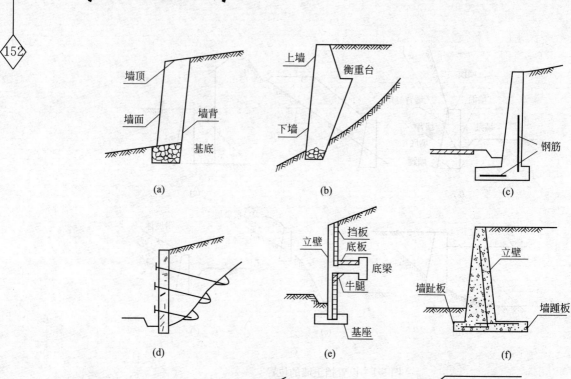

图 5-2　不同类型挡土墙
(a) 石砌重力式；(b) 石砌衡重式；(c) 混凝土半重力式；(d) 锚杆式；(e) 桩柱式；
(f) 钢筋混凝土悬臂式；(g) 钢筋混凝土扶壁式；(h) 加筋土挡墙

墙身自重来平衡，墙身材料强度高，断面较小，自重小，可统称为轻型挡墙。它们的受力特点因构造而异。悬臂式挡土墙由立壁、墙踵板和墙趾板构成倒"T"形刚构，其侧向土压力作用于立壁所产生的弯矩，由墙踵板上的填料重力作用于墙踵板所产生的反弯矩来平衡。扶壁式挡土墙与悬臂式相似，扶壁（肋板）的作用是把墙面板和墙踵板直接联系起来，起到加劲的作用。带卸荷板的柱板式挡土墙，有一个立柱、底梁和拉杆构成的三角形框架，它使由挡板传递给立柱的侧向土压力，与卸荷板上填料的重量形成平衡力系，从而起到卸荷作用。

锚杆式挡土墙是通过锚杆把墙体与墙后的稳定地层联结起来，形成静力平衡体系以维持墙的平衡。锚钉板式挡土墙类似于锚杆式，差别仅在于固定端采用锚钉板。桩板式挡土墙由钢筋混凝土桩和挡板构成,主要利用其深埋的桩柱前地层产生的被动土压力来平衡全墙侧向土压力。如采用锚杆将桩柱锚固在墙后的稳定地层中,则其结构与锚杆式相似,如用锚碇板锚固,则类似于锚碇板式。

加筋土挡墙由填土及在填土中布置的加筋材料和墙面板三部分组成,在垂直于墙面方向,按一定间隔和高度水平地布置加筋材料,然后填土压实,通过填土与拉筋间的摩擦和粘附作用,把土的侧压力传给加筋,从而使土体稳定。这种挡墙施工简便,造型美观,对地基的适应性强,占地少。

5.1.2 挡土墙的构造

常用的重力式挡土墙,一般是由墙身、基础、排水设施和伸缩缝等几部分构成。

1. 墙身构造

(1)墙身断面形式及其特点

根据墙背的倾斜方向,墙身断面形式可分为仰斜、垂直、俯斜、凸型折线和衡重式几种,如图5-3所示。

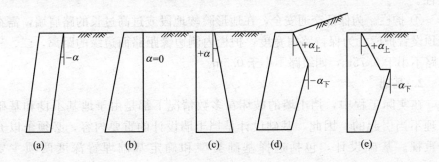

图 5-3 重力式挡土墙的断面形式
(a)仰斜;(b)垂直;(c)俯斜;(d)凸形折线式;(e)衡重式

在其他条件相同时,仰斜墙背所承受的土压力比俯斜墙背小,故其墙身断面亦较俯斜墙背经济。同时,由于仰斜墙背倾斜方向与开挖面边坡一致,故开挖量和回填量均比俯斜墙背小。然而,由于仰斜式挡土墙的基础外移,当墙趾处地面横坡较陡时,会使墙身增高,断面增大。因此,仰斜式挡墙适用于作路堑墙及墙趾处地面平坦的路堤墙或路肩墙。

俯斜墙背所承受的土压力较大。在地面横坡陡峻时,俯斜式挡土墙可用陡直的墙面,以减小墙高。俯斜墙背亦做成台阶形,以增加墙背与填料间的摩阻力。

垂直墙背的特点介于仰斜和俯斜墙背之间。若将仰斜式挡土墙的上部改为俯斜,即构成凸形折线式。与仰斜式比较,其上部尺寸有所减小,故断面亦较节省。垂直墙背多用于路堑墙,也可用于路肩墙。

若在凸形折线式的上、下墙之间增设一平台，并采用陡直墙面，即为衡重式断面。在其他条件相同时，衡重式的断面面积比俯斜式小而比仰斜式大，但其基地应力较大，故对地基承载力要求相对较高。

(2) 墙身断面尺寸

① 墙背坡度。俯斜式墙背坡度一般为 $1:0.15\sim1:0.4$（即 $\alpha=+8°32'\sim+21°48'$）。仰斜式不宜缓于 $1:0.3$（即 $\alpha\leqslant-16°42'$），以免施工困难。衡重式之上墙背为 $1:0.25$（即 $\alpha_\text{下}=14°02'$）左右，上、下墙高比一般采用 $2:3$。

② 墙面。墙面一般为平面，其坡度除应与墙背坡度相协调外，还应密切结合墙趾处的地面横坡合理选择。地面横坡较陡时，为减小墙高，宜采用垂直墙面或仰斜 $1:0.05\sim1:0.20$；地面横坡较缓时，可放得更缓些，但不宜缓于 $1:0.4$，以免过分增加墙高。

③ 墙顶。墙顶最小宽度，浆砌挡土墙不宜小于 0.5m，干砌不宜小于 0.6m。浆砌路肩墙墙顶一般宜采用粗粒石或低强度等级混凝土做成顶帽，顶帽厚约 0.4m。如不做顶帽或为路堑墙和路堤墙，墙顶应以较大块石砌筑，并用砂浆勾缝，或用 M5 砂浆抹平顶面，砂浆厚约 2cm。干砌挡土墙墙顶 0.5m 高度内，用 M2.5 砂浆砌筑，以增加墙身稳定性。

④ 护栏。为保证交通安全，在地形险峻地段或过高过长的路肩墙，需在墙顶设置护栏。为保持路肩宽度，护栏内侧边缘距路面边缘的距离，二、三级路不小于 0.75m，四级路不小于 0.5m。

2. 基础

在实际工程中，挡土墙的破坏在多数情况下都是由于地基不良和基础处理不当引起的。因此，基础设计是挡土墙设计的重要内容，必须予以充分重视。基础设计，包括选择基础类型和确定基础埋置深度两项主要内容。

(1) 基础形式

大多数挡土墙都是直接砌筑在天然地基上的(图 5-4)。当地基承载力不足且墙趾处地形平坦时，为减小基底应力和增加抗倾覆稳定性，常采用扩大基础；当地面陡峻而地基为完整坚实的岩石时，为节省圬工和基础开挖数量，可采用切割台阶基础；如局部地基软弱，挖基困难或需跨越沟涧时，可采用拱形基础跨过。

扩大基础是将墙趾或墙踵部分加宽成台阶，也可同时将两侧加宽，以增大承压面积，减小基底应力。台阶的宽度视基底应力需要减小的程度和加宽后的合力偏心距大小而定，一般不宜小于 0.2m。台阶高度按加宽部分的抗剪、抗弯和基础材料的扩散角（刚性角）要求确定。高宽比可采用 $3:2$ 或 $2:1$。

当基底应力超出地基容许承载力过多时，基底需加宽的数值较大，台阶高度亦随之增加。为减小台阶高度，基础可改为钢筋混凝土底板。底板高度

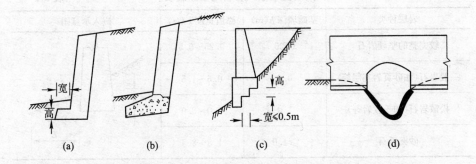

图 5-4 挡土墙的基础形式
(a)加宽墙趾；(b)钢筋混凝土底板；(c)台阶基础；(d)拱形基础

根据剪应力和主拉应力的要求确定。

切割台阶基础，每一台阶的宽度需要根据地形和地质条件而定，高度比不宜大于 2∶1。最下一个台阶的底宽应满足偏心距的有关规定，一般不宜小于 1.5～2.0m。其余台阶的宽度不宜小于 0.5m，高度一般约为 1.0m。

(2) 基础埋置深度

为保证挡土墙的稳定性，必须根据下列要求，将基础埋入地面以下适当深度：

① 应保证基底土层的容许承载力大于基底可能出现的最大应力。不同深度的土层具有不同的承载力。基底应力分布因基础埋置深度不同而有所差异，埋入土中的基础，基底应力分布比置于地面的均匀。所以，将基础置于具有足够承载力的土层上，以避免地基产生剪切破坏，保证基础稳定。

② 应保证基础不受冲刷。在墙前地基受水冲刷地段，如未采取专门的防冲刷措施，应将基础埋到冲刷线以下，以免基底和墙趾前的土层被水淘蚀。

③ 在季节性冰冻地区，应将基础埋置到冰冻线以下，以防止地基因冻融而破坏。

对于上述要求，公路上的一般规定是：

① 设置在土质地基上的挡墙，基底埋置深度一般应在天然地面以下至少 1.0m；受水冲刷时，应在冲刷线以下至少 1.0m；受冻胀影响时，应在冻结线以下不少于 0.25m，并满足最小埋深不小于 1.0m 的要求，当冻深超过 1.0m 时，仍采用 1.25m，但基底应夯填一定厚度的砂砾或碎石垫层，垫层底面亦应位于冻结线以下不少于 0.25m。

② 设置在石质地基上的挡土墙，应清除表面风化层，当风化层厚难于全部清除时，可根据地基风化程度及其容许承载力，将基底埋入风化层中。基础嵌入岩层的深度，可参照表 5-1 确定。

挡墙基础嵌入岩石地基深度表　　　　　　　表 5-1

岩层种类	基础埋深 h(m)	襟边宽度 L(m)	嵌入示意图
较完整的坚硬岩石	0.25	0.25~0.5	
一般岩石（如砂页岩互层等）	0.6	0.6~1.5	
松散岩石（如千枚岩等）	1.0	1.0~2.0	
砂夹砾石	≥1.0	1.5~2.5	

墙趾前地面横坡较陡时，基底埋深必须满足墙趾前的安全襟边宽度 L，以防止地基剪切破坏。

③ 路堑墙基础顶面应低于边沟底面至少 0.5m。

当挡土墙位于地质不良地段，地基内可能出现滑动面时，应进行地基抗滑稳定性验算，将基底埋置在滑动面以下，或采取其他措施，防止挡土墙滑动。

挡土墙可采用锥坡与路堤连接，墙端应伸入路堤内不应小于 0.75m，锥坡坡率宜与路堤边坡一致，并宜采用植草防护措施。挡土墙端部嵌入路堑原地层的深度，土质地层不应小于 1.5m；风化软质岩层不应小于 1.0m；微风化岩层不应小于 0.5m。

3. 排水设施

挡土墙设计一般都是以天然地基容许承载力和自然状态下的墙背土体的土压力为依据的。如排水不良，地基和墙背土体将由于水分增加而改变原来的状态，导致地基承载力降低和土压力增加。同时，土体内水分过多时，将产生静水压力；在冰冻地区，还将产生冻胀压力；对黏性土，水分增加时将产生膨胀压力。显然，当附加的压力过大以致超出设计计算土压力，或地基承载力过分降低以致低于设计基底应力时，挡土墙的稳定性和强度难以保证。因此，设置有效排水设施对保证挡土墙稳定性和强度具有重要的意义。

挡土墙常用的排水设施可分为地面排水和墙身排水两部分。

地面排水主要是防止地表水渗入墙背土体或地基。主要措施包括：在墙后地面设置排水沟、夯实地表松土，必要时采取封闭处理；对路堑挡土墙墙趾前的边沟予以铺砌加固等。

墙身排水主要是为了迅速排除土内积水。其方法是在浆砌挡土墙墙身的适当高度处设置一排或数排泄水孔（图 5-5），泄水孔尺寸一般为 15cm×10cm、10cm×10cm、15cm×20cm 的矩形孔，或直径为 5~10cm 的圆形孔。泄水孔间距一般为 2~3m，干旱地区可适当增大，渗水量大时可适当加密。上、下排泄水孔交错布置。为保证顺利泄水和避免墙外水流倒灌，泄水孔应向外侧倾斜，最下一排泄水孔出口应高出地面或边沟、排水沟及积水地区的常水位 0.3m。为防止水分渗入地基，最下一排的底部需铺设 30cm 厚的黏土隔水层。泄水孔的进水口附近应设置粗粒料反滤层，以免阻塞孔道。当墙背透水性差或可能发生冻胀时,应在最低一排泄水孔至墙顶以下 0.5m 高度范围内铺设砂卵石排水层。

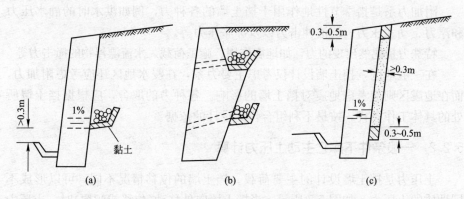

图 5-5 挡墙排水孔及反滤层的构造

4. 沉降缝与伸缩缝

为防止墙身因地基不均匀沉降而引起断裂,需根据地基地质条件和墙身、墙身断面变化情况,设置沉降缝。为防止墙身因圬工砌体硬化收缩,或温度变化所产生的温度应力引起开裂,需设置伸缩缝。

设计时,一般将沉降缝和伸缩缝合并设置,统称为伸缩缝。沿路线方向每隔 10~15m 设一道,缝宽 2~3cm,缝内可用胶泥填塞,但在渗水量大、填料容易流失或冻害严重地区,宜用沥青麻筋或涂以沥青的木板等具有弹性的材料,沿内、外、顶三方填塞,填深不宜小于 15cm。当墙背为填石且冻害不严重时可不填缝。

干砌挡土墙,缝的两侧应选用平整石料砌筑,使其成垂直通缝。

5.2 挡土墙土压力计算

5.2.1 作用在挡土墙上的力系

确定作用于挡土墙上的力系是挡土墙设计的关键,其中主要是确定土压力。

作用在挡土墙上的力系,按其作用性质分为主要力系、附加力系和特殊力。

主要力系是经常作用于挡土墙的各种力,如图 5-6 所示,它包括:

① 挡土墙自重 G 及位于墙上的恒载;

② 墙后土体的主动土压力 E_a(包括作用在墙后填料破裂棱体上的荷载,简称超载),作用点位于墙高 1/3 处;

③ 基地的法向力 N 和摩擦力 T;

④ 墙前土体的被动土压力 E_p,作用点位

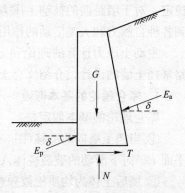

图 5-6 作用在挡土墙上的主要力系

于性埋深 1/3 处。

对于浸水挡墙，主要力系中应尚包括常水位时的静水压力和浮力。

附加力系是指季节性地作用于挡土墙的各种力，例如洪水时的静水压力和浮力、动水压力、波浪冲击力以及冻胀压力等。

特殊力是偶然出现的力，如地震作用、施工荷载、水流漂浮物的撞击力等。

在一般地区，挡土墙设计仅考虑主要力系，在浸水地区还应考虑附加力，而在地震区则应考虑地震对挡土墙的影响。各种力的取舍，应根据挡土墙所处的具体工作条件，按最不利组合作为设计的依据。

5.2.2 一般条件下库仑主动土压力计算

土压力是挡土墙设计的主要荷载。挡土墙的位移情况不同，可以形成不同性质的土压力，如图 5-7 所示。当挡土墙向外移动（位移或倾覆）时，土压力随之减小，直到墙后土体沿破裂面下滑而处于极限平衡状态，此时作用于墙背的土压力称为主动土压力；当墙向土体挤压移动，土压力随之增大，土体被推移向上滑动处于极限平衡状态，此时土体对墙的抗力称为被动土压力；墙处于原来位置不动时，土压力介于两者之间，称为静止土压力。采用哪种性质的土压力作为挡土墙设计荷载，要根据挡土墙的具体条件而定。

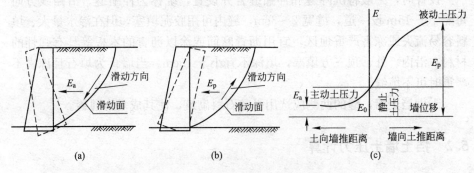

图 5-7 三种不同性质的土压力

路基挡土墙一般都可能有向外的位移或倾覆，因此，在设计中按墙背土体达到主动极限平衡状态，且设计时取一定的安全系数，以保证墙背土体的稳定。对于墙趾前的被动土压力 E_p，在挡土墙基础一般埋深的情况下，考虑到各种自然力和人类活动的作用，一般均不计，以偏于安全。

主动土压力计算的理论和方法，在土力学中已有专门论述，这里仅结合路基挡土墙的设计，介绍库仑土压力的计算方法和具体应用。

1. 库仑理论的基本假设

库仑理论的基本假定是：

① 当挡土墙向前滑移（图 5-8）时，墙后土体将形成一个沿墙背 AB 和破裂平面 BC 向下滑动的破裂棱体 ABC（或称土楔），此时土楔处于主动应力状态。

② 墙后土体为均质松散颗粒，粒间仅有摩阻力而无粘结力存在。挡土墙和土楔都是无压缩或拉伸变形的刚体。

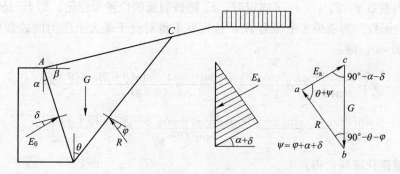

图 5-8　库仑主动土压力计算

③ 土楔刚形成时，土楔在自重 G 与墙背反力 E_a 及破裂面反力 R 的作用下保持静力平衡，故土体处于极限平衡状态。由于土楔与墙背和破裂面间有摩阻力，故 E_a 和 R 分别与各自的作用面的法线呈 δ 角（墙背与土体间的摩阻角，简称外摩阻角）和 φ 角（土的内摩阻角）。

2. 不同边界条件下的库仑主动土压力计算

根据上述假定，即可推得不同边界条件下的挡土墙土压力计算基本公式。

现以破裂面交于路基内边坡的边界条件为例，介绍库仑理论计算土压力的原理。

图 5-8 中 AB 为挡土墙的墙背，BC 为破裂面，BC 与铅垂线的夹角 θ 为破裂角，ABC 为破裂棱体。棱体上作用着 3 个力，即破裂棱体自重 G、主动土压力的反力 E_a 和破裂面上的反力 R。E_a 的方向与墙背法线呈 δ 角，且偏于阻止棱体下滑的方向；R 的方向与破裂面法线呈 φ 角，且偏于阻止棱体下滑的方向，更具力平衡原理，G、E_a 和 R 构成一矢量三角形 abc。取挡土墙长度为 1m 计算，从作用于破裂棱体上的平衡力三角形 abc，按正弦定理可得：

$$E_a = \frac{\sin(90°-\theta-\varphi)}{\sin(\theta+\psi)} \cdot G = \frac{\sin(\theta+\varphi)}{\sin(\theta+\psi)} \cdot G \tag{5-1}$$

式中　　　　　　　　　$\psi = \varphi + \alpha + \delta$

因　　　　　　　　　$G = \frac{1}{2}\gamma \cdot AB \cdot BC \cdot \sin(\alpha+\theta)$

而　　　　　　　　　$AB = H\sec\alpha$

$$BC = \frac{\sin(90°-\alpha+\beta)}{\sin(90°-\theta-\beta)} \cdot AB = H \cdot \sec\alpha \cdot \frac{\cos(\alpha-\beta)}{\sin(\theta+\beta)}$$

$$G = \frac{1}{2}\gamma H^2 \cdot \sec^2\alpha \cdot \frac{\cos(\alpha-\beta)\sin(\alpha+\theta)}{\cos(\theta+\beta)} \tag{5-2}$$

将式(5-2)代入式(5-1)，得：

$$E_a = \frac{1}{2}\gamma H^2 \sec^2\alpha \frac{\cos(\alpha-\beta)\sin(\alpha+\theta)}{\cos(\theta+\beta)} \frac{\cos(\theta+\varphi)}{\sin(\theta+\psi)} \tag{5-3}$$

令　　　　　　　　　$A = \frac{1}{2}H^2\sec^2\alpha\cos(\alpha-\beta)$

则　　　　　　　　　$E_a = \gamma A \dfrac{\sin(\theta+\alpha)\cos(\theta+\varphi)}{\cos(\theta+\beta)\sin(\theta+\psi)} \tag{5-4}$

当参数 γ、δ、φ、α、β 固定时，E_a 随破裂面的位置而变化，即 E_a 是破裂面 θ 的函数。为求最大土压力 E_a，首先要求得对应于最大土压力的破裂角 θ。$dE_a/d\theta=0$，得：

$$\gamma A\left[\frac{\cos(\theta+\varphi)}{\sin(\theta+\psi)}\cdot\frac{\cos(\theta+\beta)\cos(\theta+\alpha)+\sin(\theta+\beta)\sin(\theta+\alpha)}{\cos^2(\theta+\beta)}-\right.$$

$$\left.\frac{\sin(\theta+\alpha)}{\cos(\theta+\beta)}\cdot\frac{\sin(\theta+\psi)\sin(\theta+\varphi)+\cos(\theta+\psi)\cos(\theta+\varphi)}{\sin^2(\theta+\psi)}\right]=0$$

整理化简后，得：

$$P\tan^2\theta+Q\tan\theta+R=0$$

$$\tan\theta=\frac{-Q\pm\sqrt{Q^2-4PR}}{2P} \tag{5-5}$$

式中 $P=\cos\alpha\sin\beta\cos(\psi-\varphi)-\sin\varphi\cos\varphi\cos(\alpha-\beta)$
$Q=\cos(\alpha-\beta)\cos(\psi+\varphi)-\cos(\psi-\varphi)\cos(\alpha+\delta)$
$R=\cos\varphi\sin\psi\cos(\alpha-\beta)-\sin\alpha\cos(\psi-\varphi)\cos\beta$

将式(5-5)求得的 θ 值代入式(5-4)，即可求得最大主动土压力 E_a 值，即：

$$E_a=\frac{1}{2}\gamma H^2 K_a$$
$$=\frac{1}{2}\gamma H^2\frac{\cos^2(\varphi-\alpha)}{\cos^2\alpha\cos(\alpha+\delta)\left[1+\sqrt{\frac{\sin(\varphi+\delta)\sin(\varphi-\beta)}{\cos(\alpha+\delta)\cos(\alpha-\beta)}}\right]^2} \tag{5-6}$$

式中 γ——填土的重度(kN/m^3)；
φ——填土的内摩擦角；
δ——墙背与填土间的摩擦角；
β——墙后填土表面的倾角；
α——墙背倾斜角，俯斜墙背 α 为正，仰斜墙背 α 为负；
H——挡土墙高度(m)；
K_a——主动土压力系数。

土压力的水平和垂直分力分别为：

$$\left.\begin{array}{l}E_x=E_a\cos(\alpha+\delta)\\E_y=E_a\sin(\alpha+\delta)\end{array}\right\} \tag{5-7}$$

因路基形式和荷载分布的不同，土压力有多种计算图式，一种计算图式即为一种边界条件。按照荷载横向分布与破裂棱体相对位置的不同，有三种情况：局部荷载位于破裂棱体上、全部荷载位于破裂棱体上、破裂棱体上无荷载。如果以填方挡土墙的路堤墙为准，路肩墙又是路堤墙的变换。这些不同边界条件下的挡土墙的主动土压力，可用上述类似的方法求得。铁路设计手册《挡土墙》和公路设计手册《路基》中列有各种边界条件下挡土墙的库仑主动土压力计算公式，可以直接选用。表5-2选列出了四种边界条件下的挡墙土压力计算公式，可供学习时参考。

一般土压力计算公式表 表 5-2

编号	类型	边界条件	计算简图	计算公式
1	路堑墙或路堤墙	墙后土体表面为倾斜平面，无超载		$\theta=90°-\varphi-\varepsilon$；$\tan\varepsilon=\dfrac{-\tan(\varphi-\beta)+\sqrt{\tan(\varphi-\beta)[\tan(\varphi-\beta)+\cot(\varphi-\alpha)][1+\tan(\alpha+\delta)\cot(\varphi-\alpha)]}}{1+\tan(\alpha+\delta)[\tan(\varphi-\beta)+\cot(\varphi-\alpha)]}$；$K_a=\dfrac{\cos^2(\varphi-\alpha)}{\cos^2\alpha\cos(\alpha+\delta)\left[1+\sqrt{\dfrac{\sin(\varphi+\delta)\sin(\varphi-\beta)}{\cos(\alpha+\delta)\cos(\alpha-\beta)}}\right]^2}$ $E_a=\dfrac{1}{2}\gamma H^2 K_a$；$E_x=E_a\cos(\alpha+\delta)$；$E_y=E_a\sin(\alpha+\delta)$ $Z_y=\dfrac{1}{3}H$；$Z_x=B-Z_y\tan\alpha$
2	路肩墙	墙后土体水平，条形均布荷载，破裂面交于荷载内		$\tan\theta=-\tan\omega\pm\sqrt{(\cot\varphi+\tan\omega)(\tan\omega-\tan\alpha)}$；$\omega=\varphi+\alpha+\delta$ $E_a=\dfrac{1}{2}\gamma H^2 K_a K_1$；$K_a=\dfrac{\cos(\theta+\varphi)}{\sin(\theta+\omega)}(\tan\theta+\tan\alpha)$；$K_1=1+\dfrac{2h_0}{H}$ $E_x=E_a\cos(\alpha+\delta)$；$E_y=E_a\sin(\alpha+\delta)$ $Z_y=\dfrac{H}{3}+\dfrac{h_0}{3K_1}$；$Z_x=B-Z_y\tan\alpha$

续表

编号	类型	边界条件	计算简图	计算公式
3		墙后土体为折面，条形均布荷载，破裂面交于荷载内		$\tan\theta=-\tan\omega\pm\sqrt{(\cot\varphi+\tan\omega)(\tan\omega+A)}$；$\omega=\alpha+\varphi+\delta$ $A=\dfrac{ab+2h_0(b+d)-H(H+2a+2h_0)\tan\alpha}{(H+a)(H+2h_0)}$ $E_a=\dfrac{1}{2}\gamma H^2 K_a K_1$；$K_a=\dfrac{\cos(\theta-\varphi)}{\sin(\theta+\omega)}$；$K_1=1+\dfrac{2a}{H}\left(1-\dfrac{h_3}{2H}\right)+\dfrac{2h_0 h_1}{H^2}$ $E_x=E_a\cos(\alpha+\delta)$；$E_y=E_a\sin(\alpha+\delta)$；$h_2=\dfrac{d}{\tan\theta+\tan\alpha}$；$h_3=\dfrac{b-a\tan\theta}{\tan\theta+\tan\alpha}$；$h_1=H-h_2-h_3$ $Z_x=\dfrac{H}{3}+\dfrac{a(H-h_3)^2+h_0h_1(3h_1-2H)}{3H^2 K_1}$；$Z_y=B-Z_x\tan\alpha$
4	路堤墙	同上，破裂面交于另一侧边坡		$\tan\theta=\dfrac{-Q\pm\sqrt{Q^2-PR}}{P}$ $\omega=\varphi+\alpha+\delta$ $Q=A_0\cos\varphi\cos\omega+B_0\cot\beta\cos(\omega-\varphi)$；$P=-A_0\sin\varphi\cos(\omega-\varphi)$ $R=A_0[\cot\beta\cos(\omega-\varphi)+\sin\omega\cos\varphi]+B_0\cot^2\beta\cos(\omega-\varphi)$ $A_0=-[L+(H+2a)\cot\beta-H\tan\alpha]^2$；$B_0=\{(H+a)\cot\beta\ [2L+(H+3a)\cot\beta]-ab-H^2\tan\alpha\}+2l_0h_0$ $E_a=\dfrac{\gamma\cos(\theta+\varphi)}{2\sin(\theta-\omega)}\left[\dfrac{A_0\sin\beta\cos\theta}{\cos(\theta-\beta)}+B_0\right]$；$E_x=E_a\cos(\alpha+\delta)$；$E_y=E_a\sin(\alpha+\delta)$ $Z_x=\dfrac{6A}{6C}$ $6A=3(H-h_1+a)h_1^2+(h_1-a+h_6)h_1^2+3(H-h_1-h_2+a)h_2+(2h_1+h_2)+h_2^2(3h_1+h_2)+$ $3(h_4+h_5+a+h_6)h_3(2h_1+2h_2+h_6)+h_3^2(3h_1+3h_2+h_3)+3(h_5+a)h_4(2h_1+2h_2+2h_3+h_5)+h_3^2(3h_1+3h_2+h_4)+(h_5+a)h_3(3H-2h_5)$ $6C=3[2(H-h_1+a)h_3+(h_1-a+h)h_1+2(H-h_1-h_2+a)h_2+2(h_4+h_5+a+h_0)h_3+$ $h_3^2+2(h_5+a)h_4+h_4^2+(h_5+a)h_5]$ $h_6=[L+2b-H(\tan\theta+\cot\beta)]/(\tan\theta+\tan\alpha)$ $h_5=(b-a\tan\theta)/(\tan\theta+\tan\alpha)$ $h_3=l_0/(\tan\theta+\tan\alpha)$ $h_1=H-(b+L-a\tan\alpha)/(\tan\theta+\tan\alpha)$ $h_4=d/(\tan\alpha+\tan\alpha)$ $h_2=h_4$

在计算某一边界条件下的挡土墙土压力 E_a 时,先要求出破裂角 θ,即首先确定产生最大土压力的破裂面。由于这一破裂面将按哪一种边界条件出现,事先并不知道,因此必须试算。计算时可先假定破裂面交于路基的位置(一般是先假定交于荷载中部),按此边界条件图式选择相应的计算公式(如表5-3中的某一边界条件公式)算出 θ 角,再与原假定的破裂面位置(边界条件)相比较,看是否相符。如与假定破裂面位置不符,则根据计算的 θ 角重新假定破裂面位置,按相应的公式重复上述计算,直至相符为止。最后根据此边界条件土压力计算公式及破裂角计算最大主动土压力。在个别情况下,可能出现验证与假定不符,改变图式后仍然不符,此时可假定破裂面交于两种边界条件的分界点(例如交于荷载边缘)来计算破裂角。

第二破裂面土压力计算公式表   表5-3

类型	路堤墙、路堑墙	路肩墙
边界条件	第一破裂面交于边坡	第一破裂面交于荷载内
计算简图	![图]	![图]
破裂角计算式	$\theta_1 = \dfrac{1}{2}(90°-\varphi) + \dfrac{1}{2}(\varepsilon-\beta)$ $\alpha_i = \dfrac{1}{2}(90°-\varphi) - \dfrac{1}{2}(\varepsilon-\beta)$ $\varepsilon = \sin^{-1}\dfrac{\sin\beta}{\sin\varphi}$	$\alpha_i = \theta_1 = 45° - \dfrac{\varphi}{2}$
土压力及土压系数计算式	$E_1 = \dfrac{1}{2}\gamma H_1'^2 K$ $E_{1x} = E_1\cos(\alpha_i+\varphi)$ $E_{1y} = E_1\sin(\alpha_i+\varphi)$ $K = \dfrac{\cos^2(\varphi-\alpha_i)}{\cos^2\alpha_i\cos(\alpha_i+\varphi)\left[1+\sqrt{\dfrac{\sin2\varphi\sin(\varphi-\beta)}{\cos(\alpha_i+\varphi)\cos(\alpha_i-\beta)}}\right]^2}$ $H_1' = H_1\dfrac{1+\tan\alpha_i'\tan\beta}{1+\tan\alpha_i'\tan\beta};\ Z_{1x} = \dfrac{1}{3}H_1'$	$E_1 = \dfrac{1}{2}\gamma H_1^2 K K_1$ $E_{1x} = E_1\cos(\alpha_i+\varphi)$ $E_{1y} = E_1\sin(\alpha_i+\varphi)$ $K = \dfrac{\tan^2\left(45°-\dfrac{\varphi}{2}\right)}{\cos\left(45°+\dfrac{\varphi}{2}\right)}$ $K_1 = 1+\dfrac{2h_0}{H_1};\ Z_{1x} = \dfrac{H_1}{3}+\dfrac{h_0}{3K_1}$

5.2.3 特殊情况下土压力计算

1. 大俯角墙背的主动土压力计算

在挡土墙设计中,往往会遇到俯斜墙背很缓,即墙背倾角 α 很大的情况,如折线形挡土墙上墙墙背、衡重式挡土墙的上墙假想背(图5-9)。当墙后土体达到主动极限平衡状态时,破裂棱体并不沿墙背或假想墙背 CA 滑动,而是沿着土体的另一裂面 CD 滑动，CD 即称为第二破裂面，α_i 和 θ_i 为相应的破裂角，而远离墙的破裂面 CF 称为第一破裂面。这时，挡土墙承受的土压力 E_a 作用于第二破裂面上，E_a 是 α_i 和 θ_i 的函数。而 E_x 是 E_a 的水平分力，因此可以列出以下函数关系：

$$E_x = f(\alpha_i, \theta_i) \tag{5-8}$$

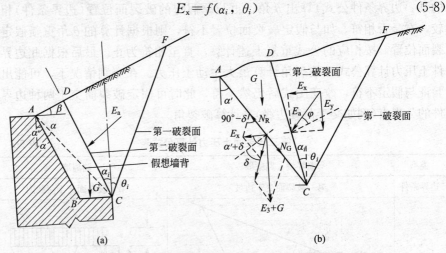

图 5-9 出现第二破裂面的土压力计算

为了确定第二破裂面的破裂角 α_i 和 θ_i 及相应的主动土压力值，可以求解下列偏微分方程组：

$$\left.\begin{array}{l} \dfrac{\partial E_x}{\partial \alpha_i} = 0 \\[2mm] \dfrac{\partial E_x}{\partial \theta_i} = 0 \end{array}\right\} \tag{5-9}$$

并满足下列条件：

$$\left.\begin{array}{l} \dfrac{\partial^2 E_x}{\partial \alpha_i^2} < 0 \\[2mm] \dfrac{\partial^2 E_x}{\partial \theta_i^2} < 0 \\[2mm] \dfrac{\partial^2 E_x}{\partial \alpha_i^2} \cdot \dfrac{\partial^2 E_x}{\partial \theta_i^2} - \left(\dfrac{\partial^2 E_x}{\partial \alpha_i \partial \theta_i}\right)^2 > 0 \end{array}\right\} \tag{5-10}$$

出现第二破裂面的条件是：

① 墙背或假想墙背的倾角 α 或 α' 大于第二破裂面倾角 α_i；

② 在墙背或假想墙背上产生的抗滑力 N_R 大于其下滑力 N_S，使破裂棱体不会沿墙背或假想墙背下滑。

第二个条件又一表达方式为：作用于墙背或假想墙背上的土压力对墙背法线的倾角 δ' 小于或等于墙背摩擦角 δ。

一般，为避免土压力过大，俯斜式挡土墙很少采用平缓背坡，故不易出现第二破裂面。衡重式的上墙或悬臂式挡土墙，因系假想墙背，$\delta = \varphi$，只要满足第一个条件，即出现第二破裂面，设计时应首先加以判别，然后再用相应的公式计算土压力。其做法是先拟定两组破裂面，按相应边界条件公式算

出 θ_i，以确定第一破裂面的位置；如与假定相符，再按与此边界条件相对应的公式计算 α_i；如 $\alpha_i > \alpha'$，表明不会出现第二破裂面，应按一般库仑公式计算土压力；如 $\alpha_i < \alpha'$，表明有第二破裂面出现，应按出现第二破裂面的库仑公式计算土压力。表 5-3 列出了两张边界条件下出现第二破裂面的土压力计算公式，其他边界条件下的第二破裂面土压力计算公式可参考公路或铁路路基设计手册。

2. 黏性土土压力计算

库仑理论只考虑不具有黏聚力的砂性土的土压力问题。若墙背填料为黏性土，则土粒间不仅有摩阻力存在，而且还有黏聚力。显然，这与库仑理论假定是不相符合的，然而迄今为止尚无一种切合实际的有效方法进行黏性土的土压力计算。因此，仍只能采用以库仑理论为基础计算黏性土主动土压力的近似方法——等效内摩阻角法和力多边形法，计算黏性土的土压力。

（1）等效内摩阻角法

这种方法在设计黏性土填料的挡土墙时，将内摩阻角 φ 与单位黏聚力 c，换算成较实有 φ 值大的"等效内摩阻角" φ_D 来代替，然后按砂性土的库仑土压力公式计算土压力。

φ_D 值可以按换算前后土的抗剪强度相等或土压力相等的原则来计算，一般是把黏性土的内摩阻角值增大 $5°\sim10°$，或取等效内摩阻角 φ_D 为 $30°\sim35°$。

由于影响土压力数值的因素是多方面的，包括墙高、墙型、墙后填料的表面以及荷载的情况等，不可能用上述方法为之确定一个固定的换算关系或固定的换算值。用上述方法换算的内摩阻角，只与某一特定的墙高相适应，一般对于矮墙偏于安全，对于高墙则偏于危险。因此在设计高墙时，应按高墙酌情降低 φ_D 值。最好按实测的 c、φ 值，用力多边形法计算黏性土的主动土压力。

（2）力多边形法

如图 5-10 所示，当挡土墙向外有足够位移时，黏性土层顶部将出现拉应力，使土层产生竖向裂缝，裂缝从表面向下延伸到拉应力趋于零处。裂缝伸出 h_c，可按下式计算：

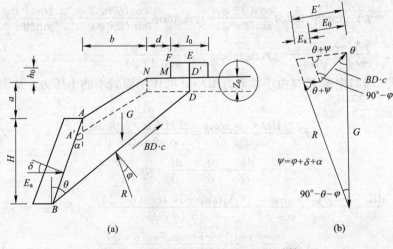

图 5-10 路堤墙黏性土主动土压力计算

$$h_c = \frac{2c}{\gamma}\tan\left(45°+\frac{\varphi}{2}\right) \quad (5\text{-}11)$$

式中 c——填料的单位黏聚力(kPa)。

在垂直裂缝区 h_c 范围内，竖直面上的侧压力等于零，因此在此范围内不计土压力。

根据库仑理论，假设破裂面为一平面，沿破裂面上土的抗剪强度由土的内摩阻力 $\sigma \cdot \tan\varphi$ 和黏聚力 c 组成。墙背和土之间的黏聚力 c'，由于影响因素很多，为简化计算，可忽略不急，偏于安全。

现以路堤墙后破裂面交于荷载内的情况为例，介绍力多边形法计算黏性土压力公式的推导。

图 5-10 为路堤式挡土墙，填土表面有局部荷载，裂缝深度假定从荷载作用面一下产生。BD 为破裂面，破裂棱体为 $ABDEFMN$。在主动极限平衡状态下，棱体在自重 G、墙背反力 E_a、破裂面反力 R 的破裂面黏聚力 $\overline{BD} \cdot c$ 四个力的作用下保持静力平衡，这四个力构成力矢量多边形(图 5-10b)。从力多边形可知，作用在墙背的主动土压力为：

$$E_a = E' - E_c \quad (5\text{-}12)$$

式中 E'——当 $c=0$ 时的土压力，根据公式(5-1)得：

$$E' = \frac{\cos(\theta+\varphi)}{\sin(\theta+\varphi)} \cdot G \quad (5\text{-}13)$$

G——棱体 $ABDEFMN$ 的自重，在图 5-10 所示边界条件下，$G = \gamma \cdot (A_0 \tan\theta - B_0)$。

$$A_0 = \frac{1}{2}(H+a)^2 - \frac{1}{2}h_c^2 + h_0(H+a-h_c)$$

$$B_0 = \frac{1}{2}ab + (b+d)h_0 + \frac{H}{2}(H+2a+2h_0)\tan\alpha$$

将 G 带入式(5-13)得：

$$E' = \gamma(A_0\tan\theta - B_0)\frac{\cos(\theta+\varphi)}{\sin(\theta+\psi)}$$

$$= \gamma A_0(\tan\theta+\tan\psi)\frac{\cos(\theta+\varphi)}{\sin(\theta+\psi)} - \gamma A_0\tan\psi\frac{\cos(\theta+\varphi)}{\sin(\theta+\psi)} - \gamma B_0\frac{\cos(\theta+\varphi)}{\sin(\theta+\psi)}$$

$$= \frac{\gamma A_0}{\cos\psi}\frac{\cos(\theta+\varphi)}{\cos\theta} - \gamma(A_0\tan\psi+B_0)\frac{\cos(\theta+\varphi)}{\sin(\theta+\psi)}$$

式(5-12)中的 E_c 是由于黏聚力 $\overline{BD} \cdot c$ 的作用而减小的土压力，从图 5-10 可得：

$$E_c = \frac{\overline{BD} \cdot c \cdot \cos\varphi}{\sin(\theta+\psi)} = \frac{c(H+a-h_c)\cos\varphi}{\cos\theta\sin(\theta+\psi)} \quad (5\text{-}14)$$

令

$$\frac{dE_a}{d\theta} = \frac{dE'}{d\theta} - \frac{dE_c}{d\theta} = 0$$

得

$$\frac{dE_a}{d\theta} = -\frac{\gamma A_0}{\cos\psi}\cdot\frac{\sin\varphi}{\cos^2\theta} + \frac{\gamma(A_0\tan\psi+B_0)\cos(\varphi-\psi)}{\sin^2(\theta+\psi)} + c(H+a-h_c)$$

$$\cos\varphi\frac{\cos\theta\cos(\theta+\varphi)-\sin\theta\sin(\theta+\varphi)}{\cos^2\theta\sin^2(\theta+\psi)} = 0 \quad (5\text{-}15)$$

表 5-4

粘性土土压力计算公式表

类型与边界条件	计算简图	计算公式
路堑墙、路堤墙、破裂面交于边坡	(图)	$\tan\theta = \dfrac{-Q \pm \sqrt{Q^2 - 4RP}}{2P}$ $\omega = \varphi + \alpha + \delta$ $A = \dfrac{1}{2} H^2 \sec^2\alpha \cos(\alpha - \beta)$ $B = \dfrac{1}{2} h_c^2 \cos\beta$ $P = \cos(\varphi - \omega)\sin\beta\cos\alpha - \cos(\alpha - \beta)\sin\alpha\sin\omega + \dfrac{B}{A}\cos(\varphi - \omega)\sin\omega - \dfrac{M}{A}\cos\beta\cos(\omega + \beta)$ $Q = \cos(\alpha - \beta)\cos(\varphi + \omega) - \cos(\alpha + \beta)\cos(\varphi - \omega) + 2\dfrac{B}{A}\cos\beta\sin\varphi\sin\omega + \dfrac{M}{A\gamma}\sin(\omega + \beta)$ $R = \cos(\alpha - \beta)\sin\alpha\cos\varphi - \cos(\varphi - \omega)\sin\alpha\cos\beta + \dfrac{B}{A}\cos\beta\cos\varphi\sin\omega + \dfrac{M}{A\gamma}\cos\beta\cos(\omega + \beta)$ $M = C[H\sec\alpha\cos(\alpha - \beta) - h_c\cos\beta]\cos\varphi$ $E_c = \dfrac{A\gamma\sin(\theta + \alpha)\cos(\theta + \varphi) - B\gamma\sin\theta\cos(\theta + \varphi) - M}{\cos(\theta + \beta)\sin(\theta + \omega)}$; $E_x = E_c\cos(\alpha + \delta)$; $E_y = E_c\sin(\alpha + \delta)$ $Z_x = \dfrac{1}{3}(H - h_c)$
路肩墙条形均布荷载、破裂面交于荷载内[1]	(图)	$\tan\theta = -\tan\omega \pm \sqrt{\sec^2\omega - D}$; $\omega = \varphi + \alpha + \delta$; $D = \dfrac{A\sin(\varphi - \omega) - B\cos(\varphi - \omega)}{\cos\omega}\left[A\sin\varphi + \dfrac{c}{\gamma}(H - h_c')\cos\varphi\right]$ $A = \dfrac{1}{2}(H - h_c')(H + h_c' + 2h_0)$; $B = -\dfrac{1}{2}H\tan\alpha(H + 2h_0)\dfrac{\cos(\theta + \varphi)}{\sin(\theta + \omega)} - \dfrac{C(H - h_c')\cos\varphi}{\cos\delta\sin(\theta + \omega)}$; $h_c' = h_c - h_0$ $E_c = \dfrac{A\gamma\cos(\theta + \varphi)}{\cos\omega\cos\delta} - \gamma(A\tan\alpha + B)\dfrac{\cos(\theta + \varphi)}{\sin(\theta + \omega)}$; $E_x = E_c\cos(\alpha + \delta)$; $E_y = E_c\sin(\alpha + \delta)$ $Z_x = \dfrac{1}{3}(H - h_c)$

注：[1] 当 $h_c < h_0$ 时，以 h_c' 为负值，$h_c' = 0$ 代入式中，此时 $Z_x = \dfrac{H^2 + 3(h_0 - h_c)H}{3H + 6(h_0 - h_c)}$。

将上式整理化简即可得到破裂角 θ 的计算公式：

$$\tan\theta = -\tan\psi \pm \sqrt{\sec^2\psi - D} \tag{5-16}$$

式中

$$D = \frac{A_0 \sin(\varphi-\psi) - B_0 \cos(\varphi-\psi)}{\cos\psi \left[A_0 \sin\varphi + \dfrac{c}{\gamma}(H + a - h_c)\cos\varphi \right]}$$

将 θ 代入 E_a 的表达式，即可求得主动土压力 E_a。

表 5-4 列出了两种边界条件的黏性土压力计算公式，其他边界条件下的黏性土压力计算公式可参见公路设计手册《路基》。

3. 折线形墙背的土压力计算

凸形墙背的挡土墙和衡重式挡土墙，其墙背不是一个平面而是折面，称为折线形墙背。对于这类墙背，以墙背转折点或衡重台为界，分成上墙和下墙，分别按库仑方法计算上、下墙的主动土压力，然后取两者的矢量和作为全墙的土压力。

（1）上墙土压力计算

计算上墙土压力时，不考虑下墙的影响，凸形墙背上墙按俯斜墙背计算其土压力。衡重式挡墙的上墙，由于衡重台的存在，通常将墙顶内缘与衡重台外缘的连线作为假想墙背，假想墙背与实际墙背间的土楔假设与实际墙背一起移动。计算土压力时，先根据墙背倾角 α 或假想墙背倾角 α' 是否大于第二破裂面倾角 α_i，判断是否出现第二破裂面，如出现第二破裂面，按第二破裂面的主动土压力公式计算作用于上墙的土压力；如不出现第二破裂面，以实际墙背或假想墙背为边界条件，按一般直线墙背库仑主动土压力计算。

（2）下墙土压力计算

下墙土压力计算较复杂，目前有多种简化的计算方法，下面介绍常用的两种计算方法。

① 延长墙背法

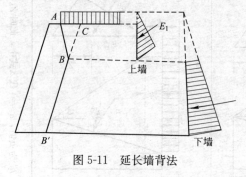

图 5-11 延长墙背法

如图 5-11 所示，在上墙土压力算出后，延长下墙墙背交于填土表面 C，以 $B'C$ 为假想墙背，根据延长墙背的边界条件，用响应的库仑公式计算土压力，并绘出墙背土压力分布图，从中截取下墙 BB' 部分的应力图作为下墙的土压力。将上、下墙两部分的应力图叠加，即为全墙土压力。

这种方法存在着一定的误差。第一，考虑了在延长墙背与实际墙背上土压力方向不同而引起的垂直分力差，但忽略了延长墙背与实际墙背间的土楔及荷载重，两者虽能相互补偿，但未能相抵消；第二，绘制土压力应力图形时，假定上墙破裂面与下墙破裂面平行，但多数情况下两者是不平行的，由此存在计算下墙土压力所引起的误差。由于以上误差一般偏于安全，且计算简便，此法至今仍被广泛采用。

② 力多边形法

在墙背土体处于极限平衡条件下，作用于破裂棱体上的力系，应构成闭合的力矢量多边形。在算得上墙土压力 E_1 后，就可绘出下墙任一破裂棱体的力多边形。利用力多边形来推求下墙土压力，这种方法较力多边形法。

现以路堤墙下墙破裂面交于荷载范围内（图 5-12）的边界条件为例，介绍力多边形法计算下墙土压力的公式推导。

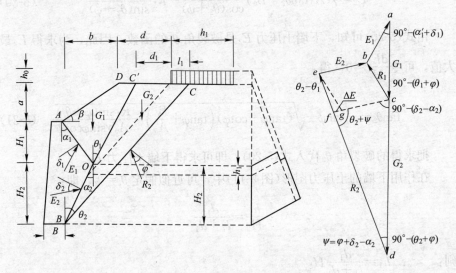

图 5-12 力多边形法求下墙土压力

在极限平衡条件下，破裂棱体 $AOBCD$ 的力多边形为 $abed$，其中 abc 为上墙破裂棱体 $AOC'D$ 的力平衡三角形，$bedc$ 为下墙破裂棱体 $C'OBC$ 的力平衡多边形。图中 $eg//bc$，$cf//be$，$gf=\Delta E$。在 $\triangle cfd$ 中，由正弦定理可得：

$$E_2+\Delta E=G_2\frac{\sin(90°-\theta_2-\varphi)}{\sin(\theta_2+\psi)}$$

$$E_2=G_2\frac{\cos(\theta_2+\varphi)}{\sin(\theta_2+\psi)}-\Delta E \tag{5-17}$$

式中 $\psi=\varphi+\delta_2-\alpha_2$

挡土墙下部破裂棱体重力 G_2 为：

$$G_2=\gamma \cdot S_{C'OBC}=\gamma(A_0\tan\theta_2-B_0)$$

式中 $A_0=\frac{1}{2}(H_2+H_1+a+2h_0)(H_2+H_1+a)$

$B_0=\frac{1}{2}(H_2+2H_1+2a+2h_0)H_2\tan\alpha_2+\frac{1}{2}(\alpha+H_1)^2\tan\theta_1+(d+b-H_1\tan\alpha_1)h_0$

在 $\triangle efg$ 中，有：

$$\Delta E=R_1\frac{\sin(\theta_2-\theta_i)}{\sin[180°-(\theta_2+\psi)]}=R_1\frac{\sin(\theta_2-\theta_i)}{\sin(\theta_2+\psi)} \tag{5-18}$$

在 $\triangle abc$ 中，上墙土压力已求出，则：

$$R_1 = E_1 \frac{\sin[90°-(\alpha_1+\delta_1)]}{\sin[90°-(\theta_i+\varphi)]} = E_1 \frac{\cos(\alpha_1+\delta_1)}{\cos(\theta_i+\varphi)} \quad (5\text{-}19)$$

将 G_2 及 ΔE 代入式(5-17)，得：

$$E_2 = \gamma(A_0\tan\theta_2 - B_0)\frac{\cos(\theta_2+\varphi)}{\cos(\theta_2+\psi)} - R_1\frac{\sin(\theta_2-\theta_i)}{\sin(\theta_2+\psi)} \quad (5\text{-}20)$$

由式(5-20)可知，下墙土压力 E_2 是破裂角 θ_2 的函数。因此，为求得 E_2 最大值，可令 $\dfrac{dE_2}{d\theta_2}=0$，得：

$$\tan\theta_2 = -\tan\psi \pm \sqrt{(\tan\psi+\cot\varphi)\left(\tan\psi+\frac{B_0}{A_0}\right) - \frac{R_1\sin(\psi+\theta_i)}{A_0\gamma\sin\varphi\cos\psi}} \quad (5\text{-}21)$$

把求得的破裂角 θ_2 代入式(5-20)，即可求得下墙土压力 E_2。

在作用下墙的土压力图形(图 5-11)中，可近似假定 $\theta_i = \theta_2$，即：

$$\frac{h_1}{H_2} = \frac{d_1}{l_1+d_1}$$

则：
$$h_1 = \frac{d_1}{l_1+d_1}H_2$$

$$= \frac{d+b-H_1\tan\alpha_1-(H_1+a)\tan\theta_i}{(H_2+H_1+a)\tan\theta_2-H_2\tan\alpha_2-(H_1+a)\tan\theta_i}H_2$$

土压力作用点为：

$$\left.\begin{array}{l} Z_{2x} = \dfrac{H_2^3+3H_2^2(H_1+a+h_0)-3h_0h_1(2H_1-h_1)}{3[H_2^2+2H_2(H_1+a)+2h_0(H_2-h_1)]} \\[2mm] Z_{2y} = B + Z_{2x}\tan\alpha_2 \end{array}\right\} \quad (5\text{-}22)$$

其他边界条件下折线形墙背下土压力的力多边形计算公式，详见公路设计手册《路基》。

5.3 一般挡土墙稳定性验算

挡土墙的设计方法有容许应力法和极限状态法两种。容许应力法是把结构材料视为理想的弹性体，在荷载作用下产生的应力和变形不超过规定容许值。极限状态法是根据结构在荷载作用下的工作特征，在容许应力法基础上发展形成的一种设计方法。这种方法不再采用匀质弹性体的假定，而是承认结构在临近破坏时才进入弹塑性工作阶段，以结构物在各种荷载组合情况下均不得达到其极限状态为前提，同时具有足够的安全储备。目前我国公路路基设计规范中采用以极限状态设计的分项系数法为主的方法进行挡土墙设计。

5.3.1 极限状态设计法的设计原则

当结构的整体或一部分超过某一特定状态时，结构就不能满足所规定的功能要求，此特定状态称为极限状态。挡土墙的极限状态可分为承载能力极限状态和正常使用极限状态。

挡土墙出现以下任何一种状态，即认为超过了承载能力极限状态：①整个挡土墙或挡土墙的一部分作为刚体而失去平衡；②挡土墙构件或连接部件因超过材料强度而破坏，或因过度塑性变形而不适于继续承载；③挡土墙结构变为机动体系或局部丧失稳定。

当挡土墙出现下列状态之一时，即认为超过了正常使用极限状态：①影响正常使用或影响外观的过大变形状态；②影响正常使用或耐久性的局部破坏(包括裂缝)；③影响正常使用的其他特定状态。

极限状态的设计原则是荷载效应的不利组合的设计值小于或等于结构抗力效应的设计值，不同荷载组合采用相应的不同荷载系数和抗力安全系数，其一般表达式为：

$$\gamma_0 S \leqslant R(\cdot) \tag{5-23}$$

$$R(\cdot) = R\left(\frac{R_k}{\gamma_f}, \alpha_d\right) \tag{5-24}$$

式中 γ_0——结构重要性系数，按表 5-5 的规定选用；
S——作用(或荷载)效应的组合设计值；
$R(\cdot)$——挡土墙结构抗力函数；
R_k——抗力材料的强度标准值；
γ_f——结构材料、岩土性能的分项系数；
α_d——结构或结构构件几何参数的设计值，当无可靠数据时，可采用几何参数标准值。

结构重要性系数 γ_0　　　　　　　　　表 5-5

墙高	公路等级	
	高速公路、一级公路	二级及以下公路
≤5.0m	1.0	0.95
>5.0m	1.05	1.0

5.3.2 设计荷载

1. 设计荷载分类及荷载组合

极限状态法的设计荷载分类如表 5-6 所示。

荷载效应组合如表 5-7 所示。作用在一般地区挡土墙上的力，可只计算永久荷载(或作用)和基本可变荷载(或作用)，浸水地区、地震动峰值加速度值为 0.2g 及以上的地区、产生冻胀力的地区，还应计算其他可变荷载(或作用)和偶然荷载(或作用)。

挡土墙设计荷载分类   表5-6

荷载(或作用)分类		荷载(或作用)名称
永久荷载(或作用)		挡土墙结构重力
		填土(包括基础襟边以上土)重力
		填土侧压力
		墙顶上的有效永久荷载
		墙顶与第二破裂面之间的有效荷载
		计算水位的浮力及静水压力
		预加力
		混凝土收缩及徐变
		基础变位影响力
可变荷载(或作用)	基本可变荷载(或作用)	车辆荷载引起的土侧压力
		人群荷载、人群荷载引起的土侧压力
	其他可变荷载(或作用)	水位退落时的动水压力
		流水压力
		波浪压力
		冻胀压力和冰压力
		温度影响力
	施工荷载	与各类挡土墙施工有关的临时荷载
偶然作用(或荷载)		地震作用力
		滑坡、泥石流作用力
		作用于墙顶护栏上的车辆碰撞力

常用荷载(或作用)组合   表5-7

组合	荷载(或作用)名称
Ⅰ	挡土墙结构重力、墙顶上的有效永久荷载、填土重力、填土侧压力及其他永久荷载组合
Ⅱ	组合Ⅰ与基本可变荷载相组合
Ⅲ	组合Ⅱ与其他可变荷载、偶然荷载相组合

注：1. 洪水与地震力不同时考虑；
2. 冻胀力、冰压力与流水压力或波浪压力不同时考虑；
3. 车辆荷载与地震力不同时考虑。

但是，浸水挡土墙墙背为岩块和粗粒土(粉砂除外)时，可不计墙身两侧静水压力和墙背动水压力、墙身所受浮力，应根据地基地层的浸水情况按下列原则确定：砂类土、碎石类土和节理很发育的岩石地基，按计算水位的100%计算；岩石地基，按计算水位的50%计算。作用在墙背上的主动土压力，可按库仑理论计算，并应进行墙后填料的土质试验，确定填料的物理力学指标，当缺乏可靠试验数据时，填料内摩擦角可参照表5-8选用；挡土墙前的被动土压力可不计算，当基础埋置较深且地层稳定、不受水流冲刷和扰动破坏时，可计入被动土压力，但应计入相应的荷载(或作用)分项系数。

填料内摩擦角或综合内摩擦角(°)　　　　　　　　表 5-8

填料种类		综合内摩擦角 φ_0(°)	内摩擦角 φ(°)	重度(kN/m³)
黏性土	墙高 $H \leqslant 6m$	35～40	—	17～18
	墙高 $H > 6m$	30～35	—	
碎石、不易风化的块石		—	45～50	18～19
大卵石、碎石类土、不易风化的岩石碎块		—	40～45	18～19
小卵石、砾石、粗砂、石屑		—	35～40	18～19
中砂、细砂、砂质土		—	30～35	17～18

注：填料重度可根据实测资料作适当修正，计算水位以下的填料重度采用浮重度。

2. 设计状态与荷载系数

挡土墙按承载能力极限状态设计时，各项荷载效应分项系数按表 5-9 取值。

承载能力极限状态荷载(或作用)分项系数　　　　表 5-9

情况	荷载增大对挡土墙结构起有利作用时		荷载增大对挡土墙结构起不利作用时	
组合	Ⅰ、Ⅱ	Ⅲ	Ⅰ、Ⅱ	Ⅲ
垂直恒载 γ_G	0.9		1.2	
恒载或车辆荷载、人群荷载的主动土压力 γ_{Q1}	1.00	0.95	1.40	1.30
被动土压力 γ_{Q2}	0.30		0.50	
水浮力 γ_{Q3}	0.95		1.10	
静水压力 γ_{Q4}	0.95		1.05	
动水压力 γ_{Q5}	0.95		1.20	

3. 车辆荷载的换算

作用于墙后破裂棱体上的车辆荷载，在土体中产生附加的竖向应力，从而产生附加的侧向压力。考虑到这种影响，可将车辆荷载近似地按均布荷载考虑，换算成重度与墙后填料相同的均布土层。

挡土墙设计中，换算均布土层厚度 h_0 可直接由挡土墙高度确定的附加荷载强度计算，即：

$$h_0 = \frac{q}{\gamma} \qquad (5-25)$$

式中　h_0——换算土层厚度(m)；

γ——墙后填土的重度(kN/m³)；

q——附加荷载强度，墙高小于 2m，取 20kN/m²；墙高大于 10m，取 10kN/m²；墙高在 2～10m 之间时，附加荷载强度用直线内插法计算；作用于墙顶或墙后填土上的人群荷载强度规定为 3kN/m²；作用于挡墙栏杆顶的水平推力采用 0.75kN/m，作用于栏杆扶手上的竖向力采用 1kN/m。

5.3　一般挡土墙稳定性验算

5.3.3 挡土墙的稳定性验算

1. 挡土墙的破坏形式及稳定性要求

重力式挡土墙的破坏形式及原因如下：
(1) 由于基础滑动而造成的破坏；
(2) 由于绕墙趾转动所引起的倾覆；
(3) 因基础产生过大或不均匀沉陷而引起的墙身倾斜；
(4) 因墙身材料强度不足而产生的墙身剪切破坏；
(5) 沿通过墙踵的某一滑动圆弧的浅层剪切破坏和沿基地下某一深度（如通过软土下卧层底面）的滑弧的深层剪切破坏。

为避免挡土墙发生上述破坏，保证其具有足够的整体稳定性和强度，设计挡土墙时，一般均应验算沿基地的滑动稳定性，绕墙趾转动的倾覆稳定性，基底应力和偏心距，以及墙身断面的强度，如地基有软弱下卧层存在，还需验算沿基底下某一可能的滑动面滑动的稳定性。

2. 挡土墙的滑动稳定性验算

挡土墙的抗滑稳定性应满足下式（滑动稳定方程）要求：

$$[1.1G + \gamma_{Q1}(E_y + E_x \tan\alpha_0) - \gamma_{Q2}E_p \tan\alpha_0]\mu + (1.1G + \gamma_{Q1}E_y)\tan\alpha_0 - \gamma_{Q1}E_x + \gamma_{Q2}E_p > 0 \quad (5-26)$$

式中 G——作用于基底以上的重力(kN)，浸水挡土墙的浸水部分应计入浮力；
E_y——墙后主动土压力的竖向分量(kN)；
E_x——墙后主动土压力的水平分量(kN)；
E_p——墙前被动土压力的水平分量(kN)，当为浸水挡土墙时，$E_p = 0$；
α_0——基底倾斜角(°)，基底为水平时，$\alpha = 0$；
γ_{Q1}、γ_{Q2}——主动土压力分项系数、墙前被动土压力分项系数，可按表5-9选用。
μ——基底与地基间的摩擦系数，当缺乏可靠试验资料时，可按表5-10的规定选用。

基底与基底土间的摩擦系数 μ 表5-10

地基土的分类	摩擦系数 μ	地基土的分类	摩擦系数 μ
软塑黏土	0.25	碎石类土	0.50
硬塑黏土	0.30	软质岩石	0.40～0.60
砂类土、黏砂土、半干硬的黏土	0.30～0.40	硬质岩石	0.60～0.70
砂类土	0.40		

抗滑动稳定系数 K_c 按下式计算：

$$K_c = \frac{[N + (E_x - E_p')\tan\alpha_0]\mu + E_p'}{E_x - N\tan\alpha_0} \quad (5-27)$$

式中 N——作用于基底上合力的竖向分力(kN)，浸水挡土墙应计浸水部分的浮力；

E_p'——墙前被动土压力水平分量的 0.3 倍(kN)；

K_c——抗滑动稳定系数，其取值不小于表 5-11 的规定值；

其余符号意义同前。

3. 挡土墙的抗倾覆稳定性验算

挡土墙的倾覆稳定性应满足下式(倾覆稳定方程)要求：

$$0.8GZ_G + \gamma_{Q1}(E_yZ_y - E_xZ_x) + \gamma_{Q2}E_pZ_p > 0 \qquad (5-28)$$

式中 Z_G——墙身重力、基础重力、基础上填土的重力及作用于墙顶的其他荷载的竖向力合力重心到墙趾的距离(m)；

Z_y——墙后主动土压力的竖向分量到墙趾的距离(m)；

Z_x——墙后主动土压力的水平分量到墙趾的距离(m)；

Z_p——墙前被动土压力的水平分量到墙趾的距离(m)；

其余符号意义同前。

抗倾覆稳定系数 K_0 按下式计算：

$$K_0 = \frac{GZ_G + E_yZ_y + E_p'Z_p}{E_xZ_x} \qquad (5-29)$$

式中符号意义同前。

抗倾覆稳定系数 K_0 应不小于表 5-11 的规定值。设置于不良土质地基、表土下为倾斜基岩地基及斜坡上的挡土墙，应进行挡土墙地基及填土的整体稳定性验算，其稳定系数不应小于 1.25。

抗滑动和抗倾覆的稳定系数　　　　　表 5-11

荷载情况	验算项目	稳定系数	
荷载组合Ⅰ、Ⅱ	抗滑动	K_c	1.3
	抗倾覆	K_0	1.5
荷载组合Ⅲ	抗滑动	K_c	1.3
	抗倾覆	K_0	1.3
施工阶段验算	抗滑动	K_c	1.2
	抗倾覆	K_0	1.2

4. 基底应力的合力偏心距验算

① 基底合力的偏心距验算

基底合力的偏心距 e_0 可按下式计算：

$$e_0 = \frac{M_d}{N_d} \qquad (5-30)$$

式中 N_d——作用于基底上的垂直力组合设计值(kN/m)；

M_d——作用于基底形心的弯矩组合设计值(MPa)。

基底合力的偏心距 e_0，对于土质地基不应大于 $B/6$，对于岩石地基不应大于 $B/4$。

② 基底应力验算

基底应力 σ 按下列公式计算：

当 $|e| \leqslant \dfrac{B}{6}$ 时：$\qquad \sigma_{1,2} = \dfrac{N_d}{A}\left(1 \pm \dfrac{6e}{B}\right) \qquad$ (5-31)

位于岩石地基上的挡土墙：

当 $e > \dfrac{B}{6}$ 时：$\qquad \sigma_1 = \dfrac{2N_d}{3a_1}, \sigma_2 = 0 \qquad$ (5-32)

$$a_1 = \dfrac{B}{2} - e_0$$

以上各式中：σ_1——墙趾处的压应力(kPa)；

σ_2——墙踵处的压应力(kPa)；

B——基底宽度(m)，倾斜基底为其斜宽；

A——基础底面每延米的面积(m^2)，矩形基础为基础宽度 $B \times 1$；

其余符号意义同前。

基底压应力不应大于基底的容许承载力 $[\sigma_0]$；基底容许承载力值可按现行《公路桥涵地基与基础设计规范》JTG D63—2007 的规定采用，当为荷载（或作用）组合Ⅲ及施工荷载，且 $[\sigma_0] > 150$kPa 时，可提高 25%。

上述挡土墙地基计算时，各类荷载（或作用）组合下，作用效应组合设计值计算式中的作用分项系数，除被动土压力分项系数 $\gamma_{Q2} = 0.3$ 外，其余作用（或荷载）的分项系数规定均为 1。

5. 墙身截面强度和稳定性验算

根据《公路圬工桥涵设计规范》JTG D61—2005 的规定，当构件采用分项安全系数的极限状态设计时，荷载效应不利组合的设计值应小于或等于结构抗力效应的设计值。重力式挡土墙按承载能力极限状态设计时，在某一类荷载（或作用）效应组合下，荷载（或作用）效应的组合设计值按下式计算：

$$S = \psi_{ZL}\left(\gamma_G \sum S_{Gik} + \sum \gamma_{Qi} S_{Qik}\right) \qquad (5-33)$$

式中 S——荷载（或作用）效应的组合设计值；

γ_G、γ_{Qi}——荷载（或作用）的分项系数，按表 5-12 采用；

S_{Gik}——第 i 个垂直恒载的标准值效应；

S_{Qik}——侧向土压力、水浮力、静水压力和其他可变荷载（或作用）的标准值效应；

ψ_{ZL}——荷载效应组合系数，按表 5-13 采用。

圬工构件或材料的抗力分项系数 γ_f　　　　　表 5-12

圬工种类	受力情况	
	受压	受弯、剪、拉
石料	1.85	2.31
片石砌体、片石混凝土体	2.31	2.31
块石、粗料石、混凝土预制块、砖砌体	1.92	2.31
混凝土	1.54	2.31

荷载响应组合系数 ψ_{ZL}　　　　　　　　　表 5-13

荷载组合	ψ_{ZL}	荷载组合	ψ_{ZL}	荷载组合	ψ_{ZL}
Ⅰ、Ⅱ	10	施工荷载	0.7	Ⅲ	0.8

① 强度验算

挡土墙构件轴心或偏心受压时，正截面强度按下式计算：

$$\gamma_0 N_d \leqslant \frac{a_k A R_a}{\gamma_f} \quad (5-34)$$

式中　N_d——验算截面上的轴向力组合设计值(kN)；
　　　γ_0——重要性系数；
　　　γ_f——圬工构件或材料的抗力分项系数，按表5-12取用；
　　　R_a——材料抗压极限强度(kN)；
　　　A——挡土墙构件的计算截面面积(m²)；
　　　a_k——轴向力偏心影响系数，按下式计算：

$$a_k = \frac{1 - 256\left(\frac{e_0}{B}\right)^8}{1 + 12\left(\frac{e_0}{B}\right)^2} \quad (5-35)$$

式中，e_0 为轴向力的偏心距(m)，用公式 $e = \left|\frac{M_0}{N_0}\right|$ 计算确定，且应满足表5-14 圬工结构容许偏心距要求。其中，N_0 和 M_0 分别为某一类荷载(或作用)组合下作用于计算截面上的轴向力的合力(kN)和荷载(或作用)对计算截面形心的总力矩。

重力式挡土墙容许偏心距 e_0　　　　　　　　　表 5-14

荷载组合	容许偏心距	荷载组合	容许偏心距
Ⅰ、Ⅱ	0.25B	施工荷载	0.33B
Ⅲ	0.3B		

注：B为沿力矩转动方向的矩形计算截面宽度。

② 稳定性验算

重力式挡土墙的墙身截面尺寸较大，一般情况下不受稳定性控制，但对于细高(高宽比 $H/B \geqslant 10$)的挡墙截面，则应按下端固定、上端自由的计算图式进行正截面验算，即用下式进行计算：

$$\gamma_0 N_d \leqslant \frac{\psi_k a_k A R_a}{\gamma_f} \quad (5-36)$$

式中　ψ_k——偏心受压构件在弯曲平面内的纵向弯曲系数，按式(5-37)计算确定；轴心受压构件的纵向变曲系数，可采用表5-15的规定；

$$\beta_s = \frac{2H}{B} \quad \psi_K = \frac{1}{1 + \alpha_s \beta_s (\beta_s - 3)\left[1 + 16\left(\frac{e_0}{B}\right)^2\right]} \quad (5-37)$$

　　　α_s——与材料有关的系数，按表5-16采用。

偏心受压构件除验算弯曲平面内的纵向稳定外,还应按轴心受压构件验算非弯曲平面内的稳定。

轴心受压构件纵向弯曲系数 ψ_k　　　　　表 5-15

2H/B	混凝土构件	砌体砂浆强度等级	
		M10、M7.5、M5	M2.5
≤3	1.00	1.00	1.00
4	0.99	0.99	0.99
6	0.96	0.96	0.96
8	0.93	0.93	0.91
10	0.88	0.88	0.85
12	0.82	0.82	0.79
14	0.76	0.76	0.72
16	0.71	0.71	0.66
18	0.65	0.65	0.60
20	0.60	0.60	0.54
22	0.54	0.54	0.49
24	0.50	0.50	0.44
26	0.46	0.46	0.40
28	0.42	0.42	0.36
30	0.38	0.38	0.33

α_s 取值　　　　　表 5-16

圬工名称	浆砌砌体采用的砂浆强度等级			混凝土
	M10、M7.5、M5	M2.5	M1	
α_s 值	0.002	0.0025	0.004	0.002

6. 增加挡土墙稳定性的措施

(1) 增加抗滑稳定性的方法

① 采用倾斜基底(图 5-13)

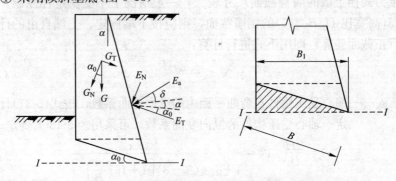

图 5-13　采用倾斜基底增加挡土墙抗滑稳定性

采用向内倾斜的基底，可以增加抗滑力和减小滑动力，从而增加抗滑稳定性，这是增加挡土墙抗滑稳定性的常用方法。

采用倾斜基底时，基底倾角 α_0 越大对抗滑稳定性越有利，但应考虑挡土墙连同地基土体一起滑动的可能性，因此对地基倾斜度应加以控制。通常，对土质地基，不陡于 $1:5$ ($\alpha_0 \leqslant 11°19'$)；对岩石地基，不陡于 $1:3$ ($\alpha_0 \leqslant 16°42'$)。

此外，在验算沿基底抗滑稳定性的同时，还应验算通过墙踵的地基水平面(图 5-13 中 Ⅰ-Ⅰ水平面)的滑动稳定性。

② 采用凸榫基础(图 5-14)

在挡土墙底部设置混凝土凸基础的作用在于利用榫前被动土压力增加挡土墙的抗滑稳定性，增加其抗滑力，从而增加挡土墙的抗滑稳定性。

为了增加榫前被动阻力，应使榫前土楔不超过墙趾。同时，为防止因设凸榫而增加墙背的主动土压力，应使凸榫后缘与墙踵的连线与水平线的夹角不超过土体内摩阻角 φ。因此应将整个凸榫置于通过墙趾并与水平线呈 $45°-\dfrac{\varphi}{2}$ 角线和通过墙踵并与水平线呈 φ 角所形成的三角形范围内，如图 5-14 所示。

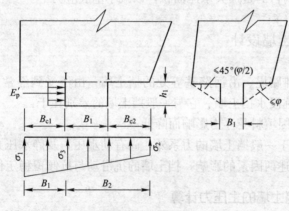

图 5-14 凸榫基础

③ 采用人工基础

采用换土的办法，增加墙底与地基之间的摩阻系数，从而加大抗滑力，增加挡土墙的抗滑稳定性。

(2) 增加抗倾覆稳定性的方法

根据抗倾覆稳定系数的计算原理，应采取加大稳定力矩和减小倾覆力矩的方法增加抗倾覆稳定性。

① 展宽墙趾

展宽墙趾的作用是增大抗倾覆力矩的力臂，从而增加其抗倾覆稳定性，是增加挡土墙抗倾覆稳定性的常用方法。但是，当墙趾前地面较陡时，墙趾加宽过多，将导致墙高和圬工体积显著增加。

② 改变墙面及墙背坡度(图 5-15)

改陡墙背坡度可减小土压力，改缓墙面可加大抗倾覆力矩的力臂。但是，

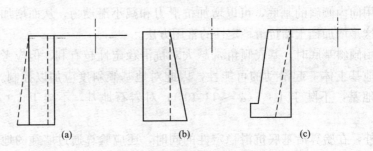

图 5-15 改变胸坡及背坡
(a)改变胸坡；(b)改陡俯斜墙背；(c)改为仰斜墙背

若墙趾前地面较陡，改缓面坡将引起基础外移，使墙高增加。

③ 改变墙身断面形式

（3）提高地基承载力或减小基底应力的方法

① 采用人工基础

通过换土或人工加固地基的办法来提高地基承载力。

② 采用扩大基础

扩大基础的目的是加大承压面积，以减小基底应力。

5.4 浸水挡土墙设计

设置于河滩路堤、沿河路基等处的挡土墙，由于受到经常性或季节性浸水的影响，故称浸水挡土墙。它与一般挡土墙的差别在于：

① 土压力因填料受浮力影响而降低；

② 除作用于一般挡土墙的力系外，尚有动水压力及静水压力；

③ 由于上述两因素的影响，挡土墙的抗滑动与抗倾覆稳定性降低。

5.4.1 浸水挡土墙的土压力计算

由于墙后填料浸水部分的土压力因浮力的作用面减小，因此，作用于整个墙背的总土压力 E_b 亦将相应降低。其大小视填料性质分别按下述方法计算。

（1）填料为砂性土

计算前提：

① 浸水前后内摩阻角不变；

② 破裂面为一平面，由于浸水后破裂面位置的变动对计算土压力的影响不大，因而不考虑浸水的影响；

③ 浸水部分填料重度采用浮重度。

在此情况下，浸水挡土墙墙背土压力 E_b 可采用不浸水时的土压力 E_a 扣除计算水位以下因浮力影响而减小的土压力 ΔE_b（见图 5-16），即：

$$E_b = E_a - \Delta E_b \tag{5-38}$$

$$\Delta E_b = \frac{1}{2}(\gamma - \gamma_f) H_b^2 K_a \tag{5-39}$$

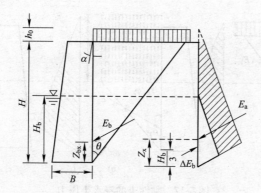

图 5-16 砂性土的浸水土压力

$$\gamma_f = \frac{\gamma_0 - \gamma_w}{1+\varepsilon_0} \tag{5-40}$$

式中 E_a——未浸水的主动土压力(kPa);

ΔE_b——浸水部分因浮力影响而减小的土压力(kPa);

γ、γ_f——填料的干重度及浮重度(kN/m³);

H_b——浸水部分墙高(m);

K_a——土压力系数;

γ_w、γ_0——水及填料的重度,一般 $\gamma_w=9.8$kN/m³;

ε_0——填料的孔隙比。

土压力 E_b 的水平分力 E_{bx} 和垂直分力 E_{by} 分别为:

$$\left. \begin{array}{l} E_{bx}=E_b\cos(\alpha+\delta) \\ E_{by}=E_b\sin(\alpha+\delta) \end{array} \right\}$$

其相应的作用点位置为:

$$\left. \begin{array}{l} Z_{bx}=\dfrac{E_a Z_x - \Delta E_b\left(\dfrac{H_b}{3}\right)}{E_a - \Delta E_b} \\ Z_{by}=B-Z_{bx}\tan\alpha \end{array} \right\} \tag{5-41}$$

(2) 填料为黏性土

由于黏性土浸水后,其内摩阻角度值显著降低,因此将填土上、下两部分视为不同性质的土层,分别计算其土压力,如图 5-17 所示。其方法如下:先求出计算水位以上填土的土压力然后将上层填土重力作为荷载,计算浸水部分的土压力 E_2,E_1 与 E_2 的矢量和即为全墙土压力。

在计算浸水部分的土压力 E_2 时,先按浮重度 γ_f 将上部土层及超载换算的均布土层换算为超载。土层换算厚 h_b 为:

$$h_b = \frac{\gamma(h_0+H_1)}{\gamma_f} = \frac{\gamma}{\gamma_f}(h_0+H-H_b) \tag{5-42}$$

式中符号如图 5-17 所示或同前。

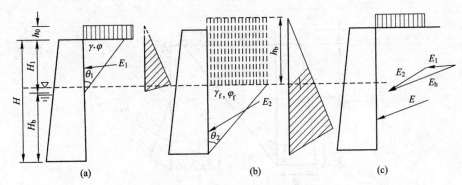

图 5-17 黏性土的浸水土压力
(a)未浸水部分土压力；(b)浸水部分土压力；(c)全墙背总土压力

5.4.2 静水压力、动水压力和上浮力的计算

（1）静水压力 P_1

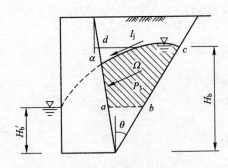

图 5-18 动水压力

如图 5-18 所示，作用于墙面静水压力 P'_1 为：

$$P'_1 = \frac{1}{2}\gamma_w H_b'^2 \frac{1}{\cos\alpha'} \quad (5-43)$$

其水平分力和垂直分力分别为：

$$\left.\begin{array}{l} P'_{1x} = \frac{1}{2}\gamma_w H_b'^2 \\ P'_{1y} = \frac{1}{2}\gamma_w H_b'^2 \tan\alpha' \end{array}\right\}$$

墙背静水压力 P_1 为：

$$P_1 = \frac{1}{2}\gamma_w H_b^2 \frac{1}{\cos\alpha} \quad (5-44)$$

其水平分力与垂直分力分别为：

$$\left.\begin{array}{l} P_{1x} = \frac{1}{2}\gamma_w H_b^2 \\ P_{1y} = \frac{1}{2}\gamma_w H_b^2 \tan\alpha \end{array}\right\}$$

当计算动水压力时，$H_b - H'_b$ 段的静水压力已为动水压力所代替，则墙背静水压力 P_{1x} 为：

$$P_{1x} = \frac{1}{2}\gamma_w (2H_b H'_b - H_b'^2)$$

（2）上浮力 P_2

如图 5-18 所示，作用于基底的上浮力 P'_2 为：

$$P'_2 = \frac{1}{2}\gamma_w (H_b + H'_b) BC \quad (5-45)$$

式中　B——基底宽(m)；

　　　C——上浮力折减系数，表示基底面渗水程度对上浮力的影响，根据墙基底面水的渗透情况而定，见表 5-17。

上浮力折减系数 C 值　　　　表 5-17

墙基底面水的渗透情况	C
透水的地基	1.0
不能肯定是否透水的地基	1.0
岩石地基，在基底与岩石间浇筑混凝土，认为相对不透水时	0.5

墙身受到的上浮力 P_2 是基底上浮力 P_2' 与作用于墙面和墙背上的垂直静水压力之差，即：

$$P_2 = P_2' - P_{1y}' - P_{1x}' = \frac{1}{2}\gamma_w \left[(H_b + H_b')BC - (H_b'^2 \tan\alpha' + H_b^2 \tan\alpha) \right]$$

(5-46)

对于常年浸水的挡土墙，上述静水压力和上浮力在计算时应视作主要荷载组合中的作用力；而对于季节性浸水的挡土墙，则当作附加组合中的作用力。

(3) 动水压力 P_3

当墙后为弱透水性填料时，由于墙外水位急剧下降，在填料内部将产生渗流，由此而引起动水压力 P_3，其大小按下式计算：

$$P_3 = I_j \Omega \gamma_w \tag{5-47}$$

式中　I_j——降水曲线的平均坡度（图 5-18）；

Ω——产生动水压力的浸水面积，即图中阴影部分，可近似地取梯形 $abed$ 的面积。

$$\Omega = \frac{1}{2}(H_b^2 - H_b'^2)(\tan\theta + \tan\alpha) \tag{5-48}$$

动水压力 P_3 的水平分力与垂直分力分别为：

$$P_{3x} = P_3 \cos\alpha \quad P_{3y} = P_3 \sin\alpha \tag{5-49}$$

动水压力 P_3 的作用点为 Ω 面积的重心，其方向平行于 I_j。

透水性材料，动水压力一般很小，可忽略不计。

5.4.3　浸水挡土墙的稳定性验算

作用于浸水挡土墙上的力系如图 5-19 所示。

浸水挡土墙的稳定性验算与一般地区挡土墙的稳定性验算相同，只是验算时注意考虑浸水挡土墙的受力特点。

由于浸水对墙身及填料产生不同的影响，挡土墙的稳定性直接与水位的高低有关。最高水位也并不是在所有情况下都是最不利水位。浸水挡土墙设计应以最不利水位为依据，所谓最不利水位是指稳定系数 K_c 和 K_0 同时出现最小值，或其中一个出现最小值时的水位。为了寻求最不利水位，必须作反复试算。为减少工作量，可采用优选法(0.618 法)试算。

用优选法求最小稳定系数和最不利水位的步骤如下所述。

如图 5-20 所示，设浸水挡墙的高度为 H，试算水位均从挡土墙基底算起。

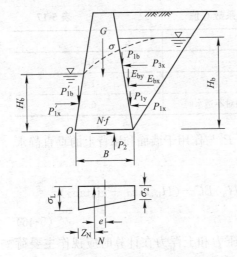
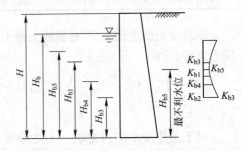

图 5-19　作用在浸水挡土墙上的力系　　图 5-20　按 0.618 法求算最不利水位

① 求算 H_{b1} 处的稳定系数 K_{b1}，$K_{b1}=0.618H_b$；

② 求算与 H_{b1} 对称的 H_{b2} 处的 K_{b2}，$K_{b2}=0.382H_b$；

③ 比较 K_{b1} 和 K_{b2}，若 $K_{b1}<K_{b2}$，则求算剩余段中与 H_{b1} 对称的 H_{b3} 处的 K_{b3}，$H_{b3}=H_{b2}-H_{b1}+H_b=0.764H_b$；

④ 比较 K_{b1} 和 K_{b3}，若 $K_{b1}<K_{b3}$，再求算新剩余段中与 H_{b1} 对称的 H_{b4} 处的 K_{b4}，$H_{b4}=H_{b2}-H_{b1}+H_3=0.528H_b$；

⑤ 再比较 K_{b1} 和 K_{b4}，若 $K_{b1}<K_{b4}$，再求 H_{b5} 之 K_{b5}。

如此试算三五次，并将各试算水位的稳定系数 K_{b1}，K_{b2}…绘成 $K-H_b$ 曲线（图 5-20 右）。从曲线上找到 K_{min}（此例为 K_{b5}），则其相应的水位（H_{b5}）即为最不利水位。

至于基底应力，它随水位的降低而增大，而在枯水位时接近或达到最大，故在浸水挡墙基底应力验算时，通常以枯水位作为验算水位。

5.5　轻型挡土墙设计

重力式挡土墙具有构造简单、施工方便和就地取材的优点，但其稳定性主要靠墙身自重来保证，因而墙身断面较大，占地较多，不能充分发挥建筑材料的强度性能，也不易实行施工的机械化与工厂化。轻型挡土墙则常用钢筋混凝土构件组成，墙身断面较小，墙的稳定性不是或不完全依靠本身重力来维持，因而结构较轻巧，污工量省，占地较少，有利于机械化施工。轻型挡土墙的类型很多，本节仅介绍锚杆挡土墙、悬臂式挡土墙和锚旋板挡土墙的形式和设计。

5.5.1　锚杆挡土墙

1. 锚杆挡土墙的构造与布设

锚杆挡土墙是由钢筋混凝土墙面和钢锚杆组成的一种轻型支挡建筑物，靠锚固在稳定地层内的锚杆对墙面的水平拉力保持墙身的稳定。墙面一般由预制的立柱和挡板组成,称为板柱式墙,也可以就地现浇成整体的板壁式墙。使用的锚杆主要有楔缝式锚杆和灌浆锚杆两种:①楔缝式锚杆,俗称小锚杆,对锚杆施加一定压力后,使杆端楔缝的楔子张开,从而将锚杆卡紧在岩石中。锚孔直径一般为38~50mm,深度3~5m。孔内压注水泥砂浆,以防锈和提高锚杆抗拔能力。②灌浆锚杆,又称大锚杆,用钻机钻孔,锚孔直径一般100~150mm,锚杆插入锚孔后再灌注水泥砂浆。当用于土层时,由于土层与锚杆间的锚固能力较差,尚需采用加压灌浆或内部扩孔方法来提高其抗拔力。楔缝式锚杆多用于岩石边坡的防护与加固工程,灌浆锚杆一般用于路堑挡土墙。

当锚杆挡土墙较高时,应布置成两级或两级以上,两级之间设1~2m宽的平台。每级挡土墙不宜过高,一般为5~6m。为便于立柱及挡土板的安装,以竖直墙背为多。

确定立柱间距应考虑工地的起吊能力和锚杆的抗拔能力,一般可选用2.5~3.5m。每根立柱视其高度可布置2~3根或更多的锚杆,锚杆位置应尽可能使立柱的弯矩均匀分布,方便钢筋布置。

挡土板一般设计成矩形或槽形,长度比立柱间距短10cm左右,以便留出锚杆位置。墙后应回填砂卵石等透水材料,由下部泄水孔将水排入边沟内。

2. 锚杆挡土墙设计

(1) 主动土压力计算

把挡板作为一般挡土墙的墙背,按相应边界条件的库仑主动土压力计算公式,求出土压力E_x,并绘制应力分布图。当采用多级挡土墙时,下墙土压力按延长墙背法计算。

(2) 挡土板的内力计算

挡土板是以立柱为支座的简支梁,其计算跨度L为二立柱间挡土板支承中心间的距离。其荷载q取挡土板所在位置土压力的平均值,即:

$$q=\frac{1}{2}(\sigma'+\sigma'')h \tag{5-50}$$

式中 σ'、σ''——分别为挡土墙高h上、下两边缘的单位土压力(垂直于挡土板方向)。

如图5-21所示,跨中最大弯矩$M_{max}=\frac{1}{8}ql^2$,支座处的剪力$Q=\frac{1}{2}ql$。

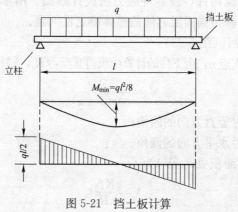

图5-21 挡土板计算

(3) 立柱的内力计算

假定立柱与锚杆连接处为一铰支座,把立柱视为承受土压力的简支梁或连续梁,上端自由,下端视埋置深度、基础强度、嵌固情况,分别视为自由端、铰端或固定端。

挡土板所承受的侧压力是按跨传至立柱,因此,每根立柱在不同高度上所受的土压应力 p_i 应为该高度的单位土压力 σ_i 乘以立柱间距 l,即 $p_i = \sigma_i l$。

① 当上墙立柱仅有两根锚杆,且底端为自由时,可假定成两端为悬臂的简支梁(图 5-22a);

② 当下墙立柱仅有两根锚杆,且底端视为铰端时,按连续梁计算(图 5-22b);

③ 当立柱有两根以上的锚杆且底端为固定时,按一端固定的连续梁计算(图 5-22c)。

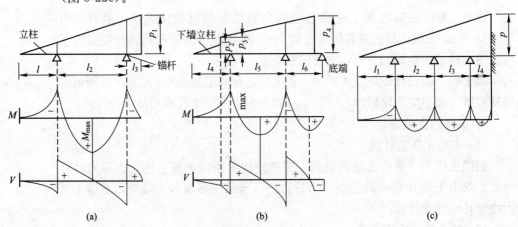

图 5-22 立柱计算
(a)悬臂梁;(b)连续梁;(c)一段固定的连续梁

在求连续梁的支点弯矩时,若计算跨数不超过三跨,可利用三弯矩方程求解;若超过三跨,则用弯矩分配法解较为方便。

立柱与挡板的配筋设计,可采用极限状态法,按《钢筋混凝土结构设计规范》进行计算。

(4) 锚杆设计

锚杆为轴心受拉构件,按容许应力法设计断面。用单锚理论来设计锚杆长度,即不考虑锚杆与锚固层岩体的整体稳定性问题。

① 锚杆截面设计(图 5-23)

取立柱上某一支点 n,由立柱的计算中求得其反力 R_n,锚杆的轴向应力 N_n 为:

$$N_n = \frac{R_n}{\cos(\beta - \alpha)} \tag{5-51}$$

式中 α——立柱对竖直方向的倾角;
β——锚杆对水平方向的倾角。

锚杆所需钢筋面积 $A_g (\text{cm}^2)$ 为:

$$A_g = \frac{K N_g}{R_g} \tag{5-52}$$

式中 K——考虑超载和工作条件的系数,一般取 1.7;

R_g——钢筋抗拉设计强度;

N_g——钢筋轴向力。

锚杆周围用 M30 水泥砂浆填孔,锚杆受力后砂浆发生的裂缝,应不得超过允许值 0.2mm,以防钢筋锈蚀。

② 锚杆长度设计(图 5-24)

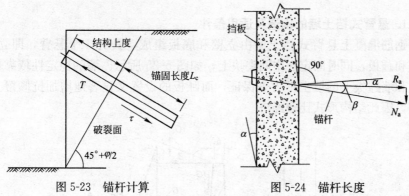

图 5-23 锚杆计算　　图 5-24 锚杆长度

锚杆长度包括两部分:非锚固段长度,又叫结构长度,按墙面与稳定地层之间的实际距离而定;锚固段长度,即锚杆在稳定地层中的长度 L_e,根据地层情况和锚杆的抗拔力确定。

对于岩质边坡,岩层与砂浆间的粘结强度大,锚固长度取决于砂浆对钢筋的锚固力。为了提高锚固力,水泥砂浆不得低于 M30。要求锚固力大于钢筋的抗拉强度,即:

$$\left. \begin{array}{l} K\sigma_g \left(\dfrac{\pi d^2}{4} \right) \leqslant \pi d L_e \cdot \mu \\ L_e \geqslant \dfrac{K\sigma_g d}{4\mu} \end{array} \right\} \quad (5\text{-}53)$$

式中 L_e——最小锚固长度;

σ_g——钢筋极限抗拉强度;

μ——钢筋与砂浆间的粘结力;

K——安全系数,取 2~3;

d——钢筋直径。

如为半岩质或土质边坡,锚固长度取决于砂浆与围岩接触面上的抗剪强度,即:

$$L_e = \dfrac{K N_n}{\pi D \tau_k} \quad (5\text{-}54)$$

式中 K——安全系数,取 2~3;

N_n——锚杆承受的拉力;

D——锚孔直径;

τ_k——锚固段砂浆与围岩接触面间的抗剪强度,或孔壁地层内的抗剪强度,取其中较小值。τ_k 一般通过抗拔试验确定。

为了保证安全，锚杆的有效锚固长度，除应满足上述要求外，在岩层中一般不应小于 4m，在半岩质或土质地层中，一般不应小于 5m。

（5）锚杆与立柱的连接

主要有三种形式：焊短钢筋锚固、螺母锚固、弯钩锚固。弯钩锚固适用于就地浇筑，其余两种适用于预制构件。

5.5.2　悬臂式挡土墙

1. 悬臂式挡土墙的构造及适用条件

钢筋混凝土悬臂式挡土墙由立壁和底板组成，具有 3 个悬臂，即立壁、趾板和踵板，同时固定在中间夹块上，如图 5-25 所示。墙的稳定性依靠墙身自重和墙踵板上的填土重力来保证，而趾板的设置又显著地增加抗倾覆力的力臂，因此结构形式比较经济。

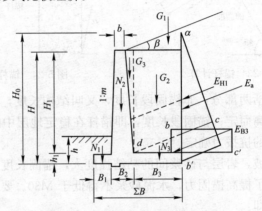

图 5-25　悬臂式挡土墙的受力状态

悬臂式挡土墙构造简单，施工方便，能适应较松软的地基，墙高一般在 6～9m。当墙高较大时，立壁下部的弯矩大，钢筋与混凝土的用量剧增，影响这种结构形式的经济效果，此时可采用扶壁式挡土墙。

2. 悬臂式挡土墙设计

（1）土压力计算

对于悬臂式挡土墙，通常采用朗金理论计算通过墙踵的竖直面上的土压力 E_a，然后结合位于该竖直面与墙背间的土重，得到作用于墙的总压力。

悬臂式挡土墙的土压力分布，如图 5-25 所示。其总土压力为：

$$\left. \begin{aligned} E &= \frac{1}{2}\gamma H^2 K \\ K &= \cos\beta\frac{\cos\beta-\sqrt{\cos^2\beta-\cos^2\varphi}}{\cos\beta+\sqrt{\cos^2\beta-\cos^2\varphi}} \end{aligned} \right\} \quad (5\text{-}55)$$

式中　K——朗金土压力系数，可由有关手册查得。

当地面为水平，$\beta=0$ 时：

$$K=\frac{1+\sin\varphi}{1-\sin\varphi}=\tan^2\left(45°-\frac{\varphi}{2}\right) \quad (5\text{-}56)$$

土压力方向平行于地面。

悬臂式挡土墙的土压力,也可以采用库仑方法计算,计算时应首先验算是否出现第二破裂面。若出现第二破裂面,计算时假定墙踵板上所受的垂直力为第二破裂面以下墙踵板以上的土重与主动土压力的竖直分力之和,立壁则承受主动土压力的全部水平分力,土压力作用于第二破裂面上。

(2) 底板宽度计算

墙底板宽度 B 可分为三部分:墙趾板宽度 B_1、立壁宽度 B_2 和墙踵板宽度 B_3,即 $B=B_1+B_2+B_3$,如图 5-25 所示。

1) 墙踵板宽度 B_3

墙踵板宽度 B_3 根据抗滑稳定性要求确定。即:

$$K_c = \frac{f \cdot \sum N}{E_x} \leqslant [K_c] \tag{5-57}$$

式中　$[K_c]$——容许抗滑稳定系数,对加设凸榫的挡土墙,在未设凸榫前,要求 $[K_c] \geqslant 1.0$;

　　　$\sum N$——底板上承受的垂直荷载;

$$\sum N = \sum G + E_y \tag{5-58}$$

　　　$\sum G$——底板上填土及圬工重力,在墙身尺寸未确定前,暂行估算,根据以下几种情况分别确定。

① 路肩墙:当胸坡垂直,顶面有均布荷载 h_0(见图 5-26),并按路基全宽分布时,$\sum G$ 按下式估算:

$$\sum G = (B_2 + B_3)(H + h_0)\gamma\mu$$

式中　γ——填料重度(kN/m^3);

　　　μ——重度修正系数,由于计算 $\sum G$ 中未计入趾板及其上部土重,故需近似地将其重度加以修正,μ 值见表 5-18。

重度修正系数 μ 值　　　　　　　表 5-18

重度(kN/m³)	摩擦系数 f								
	0.30	0.35	0.40	0.45	0.50	0.60	0.70	0.84	1.00
16	1.07	1.08	1.09	1.10	1.12	1.13	1.15	1.17	1.20
18	1.05	1.06	1.07	1.08	1.09	1.11	1.12	1.14	1.16
20	1.03	1.04	1.04	1.05	1.06	1.07	1.08	1.10	1.12

$$\left. \begin{aligned} [K_c]E_x &= f\sum N = f(B_1+B_2)(H+h_0) \cdot \gamma\mu \\ B_3 &= \frac{[K_c]E_x}{f(H+h_0)\gamma\mu} - B_2 \end{aligned} \right\} \tag{5-59}$$

② 路堑墙或路堤墙:墙顶地面坡角为 β,胸坡垂直时。

$$\left. \begin{aligned} [K_c]E_x &= f\sum N = f(B_3+B_4)\left(H+\frac{1}{2}B_3 T\tan\beta\right)\gamma\mu + fE_y \\ B_3 &= \frac{[K_c]E_x - fE_y}{f\mu\gamma\left(H+\frac{1}{2}B_3 T\tan\beta\right)} - B_2 \end{aligned} \right\} \tag{5-60}$$

③ 当墙胸具有 $1:m$ 的倾斜度时,上面两式应加上胸坡修正宽度 ΔB_3。

$$\Delta B_3 = \frac{1}{2} m H_1 \tag{5-61}$$

2) 墙趾板宽度 B_1

墙趾板宽度 B_1 除高墙受抗倾覆稳定系数 K_0 控制外，一般都由地基应力或偏心距 e 来决定，要求墙踵不出现拉应力，如图 5-25 所示。令偏心距 $e=B/6$，则：

$$Z_N = \frac{\sum B}{3} = \frac{M_y - M_0}{\sum N} \tag{5-62}$$

将 $M_y = \sum N \left(\frac{B_2 + B_3}{2} + B_1 \right)$ 代入式(5-62)后得：

$$\sum B = \frac{3(M_y - M_0)}{\sum N} = \frac{3(B_2 + B_3 + 2B_1)}{2} - \frac{3M_0}{\sum N}$$
$$= B_1 + B_2 + B_3 \tag{5-63}$$

已知：$\sum N = [K_c] E_x / f$，代入式(5-63)得：

$$B_1 = \frac{1.5 M_{0f}}{[K_c] E_x} - 0.25(B_2 + B_3) \tag{5-64}$$

对于路肩墙(图 5-26)：

$$\left. \begin{array}{l} M_0 = \dfrac{H^2}{6}(3\sigma_0 + \sigma_H) \\ B_1 = \dfrac{1}{4} \left\{ \dfrac{H^2(3\sigma_0 + \sigma_H) f}{[K_C] E_x} - (B_2 + B_3) \right\} \end{array} \right\} \tag{5-65}$$

式中 $\sigma_0 = \gamma h_0 K$；$\sigma_H = \gamma H K$；$E_x = \dfrac{H}{2}(2\sigma_0 + \sigma_H)$。

对于路堤墙或路堑墙(图 5-25)：

$$\left. \begin{array}{l} M_0 = E_x \cdot Z_x = \dfrac{1}{3}(H + B_3 \tan\beta) E_x \\ B_1 = \dfrac{0.5(H + B_3 \tan\beta) \cdot f \cdot E_x}{[K_c] E_x} - 0.25(B_2 + B_3) \\ = \dfrac{0.5(H + B_3 \tan\beta) \cdot f}{[K_c]} - 0.25(B_2 + B_3) \end{array} \right\} \tag{5-66}$$

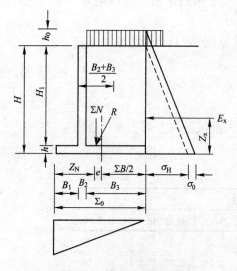

图 5-26 确定底板宽度简图

3) 夹块宽度 B_2

与立壁底部厚度 B_2 相同，计算方法见后面立壁厚度计算。

4) 底板宽度

$$\sum B = B_1 + B_2 + B_3 + \Delta B_3 \tag{5-67}$$

若按 $\sum B$ 计算的地基应力 $\sigma > [\sigma]$ 或 $e > \dfrac{\sum B}{6}$ 时，应根据加宽基础的方法加宽 B_1，以满足上述要求。

(3) 底板厚度计算

底板厚度取决于结构要求和截面强度要求。结构要求：趾板与踵板同厚(指与中间夹块连接处)，趾板端部不宜小于 30cm，踵板顶面要求水平。

强度要求：主要根据配筋率及构件裂缝宽度控制板的厚度。

1) 墙趾板的弯矩和剪力(图 5-27)

趾前埋深 h，取计算截面 A-B，则

剪力：$Q_1 = N_1 - G_1 - G_2$

$$= \left[\sigma_1 B_1 - \frac{1}{2}(\sigma_1 - \sigma_2)\frac{B_1^2}{\sum B} - B_1 h_{pj}\gamma_h - B_1(h - h_{pj})\gamma\right]$$

$$= B_1\left[\sigma_1 - \frac{1}{2}(\sigma_1 - \sigma_2)\frac{B_1}{\sum B} - h_{pj}\gamma_h - (h - h_{pj})\gamma\right] \quad (5\text{-}68)$$

弯矩：

$$M_1 = \sigma_1\frac{B_1^2}{2} - \frac{B_1^2}{6}(\sigma_1 - \sigma_2)\frac{B_1}{\sum B} - \left[\gamma_h h_1\frac{B_1^2}{2} + \gamma_h(h_2 - h_1)\frac{B_1^2}{6} + \gamma(h - h_1)\frac{B_1^2}{2} - \gamma(h_2 - h_1)\frac{B_1^2}{6}\right]$$

$$= \frac{B_1^2}{6}\left[3(\sigma_1 - \gamma h) - (\gamma_h - \gamma)(h + 2h_{pj}) - (\sigma_1 - \sigma_2)\frac{B_1}{\sum B}\right] \quad (5\text{-}69)$$

式中 σ_1、σ_2——墙趾和墙踵处的地基应力；

h_{pj}——趾板平均厚度，$h_{pj} = \frac{1}{2}(h_1 + h_2)$；

γ_h——钢筋混凝土重度；

γ——填土重度。

2) 踵板的弯矩和剪力(图 5-27)

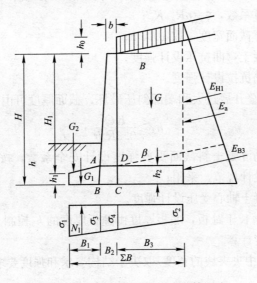

图 5-27 悬臂式挡土墙内力计算图式

剪力 $Q_3 = \gamma H_1 B_3 + \frac{1}{2}\gamma B_3^2 \tan\beta + \gamma h_0 B_3 + E_{B3}\sin\beta - \sigma_2 B_3 - \frac{1}{2}(\sigma_1 - \sigma_2)\frac{B_3^2}{\sum B}$

$$= B_3\left[\gamma(H_1 + h_0) + \gamma_h h_3 - \sigma_2 - 0.5B_3\left(\frac{\sigma_1 - \sigma_2}{\sum B} - \gamma\tan\beta\right)\right] + E_{B3}\sin\beta$$

$$(5\text{-}70)$$

弯矩：

$$M_3 = \gamma H_1 \frac{B_3^2}{2} + \gamma h_0 \frac{B_3^2}{2} + \frac{1}{3}\gamma B_3^2 \tan\beta + \gamma_h h_3 \frac{B_3^2}{2} + E_{B3}\sin\beta Z_{EB3} - \sigma_2 \frac{B_3^2}{2} - \frac{1}{6}(\sigma_1 - \sigma_2)\frac{B_3^2}{\sum B}$$

$$= \frac{B_3^2}{2}\left[3\gamma(H_1 + h_0) + 3\gamma_h h_3 - 3\sigma_2 - B_3\left(\frac{\sigma_1 - \sigma_2}{\sum B} - 2\gamma\tan\beta\right)\right] + E_{B3}\sin\beta Z_{EB3}$$

(5-71)

式中 B_3——墙踵板计算长度；

E_{B3}——作用于踵板上的土压力；

Z_{EB3}——作用于踵板上主动土压力的垂直分力对计算截面的力臂：

$$Z_{EB3} = \frac{B_3}{3}\left[1 + \frac{(h_0 + H_1) + B_3\tan\beta}{2(h_0 + H_1) + B_3\tan\beta}\right]$$

h_3——踵板厚度。

3) 墙趾板和墙踵板的厚度计算

用下述两式计算，取其大者。

① 根据配筋率确定截面厚度。

一般常用的配筋率为 0.3%～0.8%，截面厚度由下式确定：

$$h_3 \geqslant \sqrt{\frac{KM}{A_0 b R_w}}$$

(5-72)

式中 K——钢筋混凝土受弯强度设计安全系数，按《钢筋混凝土结构设计规范》采用；

A_0——计算系数，由选定的配筋率 μ 计算出计算系数 ξ，$A_0 = \xi(1 - 0.5\xi)$；

ξ——计算系数，$\xi = \mu R_g / R_w$；

b——计算截面宽度，取 100cm；

R_w——混凝土弯曲抗压设计强度；

R_g——钢筋抗拉设计强度。

② 为防止裂缝开展过大和端部斜压破坏，截面厚度可由下式确定：

$$h_3 \geqslant \frac{KQ}{0.3 R_a b}$$

(5-73)

式中 K——钢筋混凝土斜截面受剪强度设计安全系数，按《钢筋混凝土结构设计规范》采用；

R_a——混凝土轴心受压设计强度。

由于踵板显著长于趾板，底板厚度由踵板厚度的 h_3 控制。

(4) 立臂厚度计算

立臂厚度(即中央夹块的宽度)取决于结构要求和强度要求。

1) 结构要求

立壁顶部最小厚度采用 15～25cm，路肩墙不宜小于 20cm。胸墙一般不做垂直坡面，以免因挡墙变形、地基不均匀沉陷及设施误差等因素的影响，造成立壁前倾。通常采用的坡率是 1∶0.02～1∶0.05。

2) 立壁弯矩及剪力计算(图 5-27)

土压力：
$$E_{Hi} = \gamma H(0.5 H_i + h_0) K \quad (5-74)$$
$$E_{xHi} = E_{Hi}\cos\beta = \gamma H_i \cos\beta (0.5 H_i + h_0) K \quad (5-75)$$

剪力: $$Q_{Hi} = E_{xHi} \tag{5-76}$$

弯矩: $$M_{Hi} = \frac{1}{6}\gamma H_i^2 \cos\beta (H_i + 3h_0) K \tag{5-77}$$

以上三式中：E_{Hi}、E_{xHi}——墙高为 H_i 时的主动土压力及其水平分力；

$\qquad\qquad Q_{Hi}$——主动土压力对计算截面的剪力；

$\qquad\qquad M_{Hi}$——主动土压力对计算截面中心的弯矩。

3) 立壁厚度计算

厚度计算与底板厚度计算相同，按下列两式计算，取其大者。

① 根据配筋率确定截面厚度（式 5-72）。

$$h \geqslant \sqrt{\frac{KM}{A_0 b R_w}} \tag{5-78}$$

② 以斜裂缝开展控制（式 5-73）。

$$h \geqslant \frac{KQ}{0.3 R_a b} \tag{5-79}$$

(5) 墙身稳定性及基底应力验算

验算方法与重力式挡土墙相同，应满足：

$$K_c \geqslant [K_c]；\ K_0 \geqslant [K_0]；\ e \leqslant [e_0]；\ \sigma_{max} \leqslant [\sigma_{max}]$$

(6) 墙身配筋及裂缝开展宽度计算

按《钢筋混凝土结构》和《钢筋混凝土结构设计规范》计算。

5.6 加筋土挡土墙设计

加筋土挡土墙系由填土、填土中布置的筋带（或筋网）和墙面板三部分组成，如图 5-28 所示。它利用加筋与土体的摩擦作用，改善土体的变形条件，提高土体的工程性能，从而达到稳定土体的目的。它是法国工程师亨利·维达尔（HenriVidal）在 1963 年发明的主要用于挡土墙一类的土工建筑物。

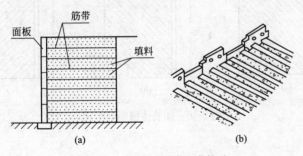

图 5-28　加筋土挡墙基本构造

加筋土挡土墙具有以下特点：①组成加筋土挡土墙的面板和筋带可以预先制作，使施工简便、快速，节省劳动力；②加筋土挡土墙是柔性结构物，能够适应地基的轻微变形和具有较强的抗震能力；③占地少，造型美观；④造价比较低，与石砌重力式挡土墙相比，加筋土挡土墙的造价可节约 20% 以上。

5.6.1 加筋土的基本原理

在加筋土挡土墙结构中，由填土自重和外力产生的侧压力作用于面板，通过面板上的筋带连接件将侧压力传给筋带，企图将筋带从土中拉出。而筋带材料被土压住，筋带与土之间产生的摩阻力阻止筋带被拔出。加筋和土之间的摩阻力传递如图 5-29 所示。

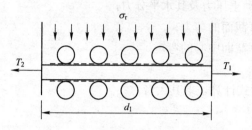

图 5-29 加筋与土粒间的摩阻作用

设土的水平推力在加筋带中引起的拉力沿筋带长度呈非均匀分布，则分析长为 dl、宽度为 b 的微分段加筋带的局部平衡，可以得到加筋与土体之间的摩阻力传递为：

$$dT = T_2 - T_1 = 2bN \cdot f^* dl \tag{5-80}$$

式中　N——垂直作用于加筋带的法向力，包括土重和法向力；

　　　f^*——筋带与土之间的摩擦系数。

从式(5-80)知，若 $dT < 2bNf^* dl$，加筋与土之间就不会产生相互滑动。这时加筋与土之间好像直接相连似地发挥着作用。因此，在只产生摩擦力而不产生滑移的条件下，加筋改良后提高了土的力学特性，通过加筋和土之间的摩擦阻力传递作用，使加筋土挡土墙成为能够支承外力和自重的结构体。

5.6.2 加筋土挡墙的构造

1. 加筋体横断面

加筋体的横断面形式如图 5-30 所示。一般情况下宜用矩形，斜坡地段由于地形条件限制可采用倒梯形断面，在宽敞的填方地段亦可用正梯形断面。

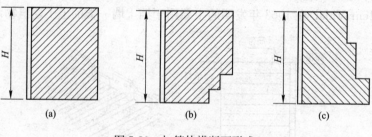

图 5-30 加筋体横断面形式

2. 填料

填料是加筋体的主体材料，由它与筋带产生摩擦力。对填料的基本要求是：

① 易于填筑与压实；

② 能与加筋产生足够摩擦力；

③ 水稳性好；

④ 满足化学和电化学标准。

加筋土挡土墙填料的压实标准如表5-19所示。

加筋土挡土墙填料压实度要求　　　　表5-19

填土范围	路槽底面以下深度(cm)	压实度(%)	
		高速、一级公路	二级及以下公路
距面板1.0m以外	0~80	≥95	≥93
	80以下	≥90	≥90
距面板1.0m以内	全部墙高	≥90	≥90

注：表列压实度的确定系按《公路土工试验规程》JTJ 051—93 重型击实试验标准；对于三、四级公路，允许采用轻型击实标准。

3. 筋带

筋带的作用是承受垂直荷载和水平拉力，并与填料产生摩擦力。因此，筋带材料必须具有以下特性：

① 抗拉能力强，延伸率小，蠕变小，不易产生脆性破坏；
② 与填料之间具有足够的摩擦力；
③ 耐腐蚀和耐久性好；
④ 具有一定的柔性，加工容易，接长及与墙面板的连接简单；
⑤ 使用寿命长，施工简便。

国内以采用聚丙烯土工带、钢塑复合带和钢筋混凝土带为主，国外广泛使用镀锌钢带。对于高速公路和一级公路应用钢带或钢筋混凝土带。

在满足抗拔稳定的前提下，采用的拉筋长度应符合下列规定：

① 墙高大于3.0m时，拉筋最小长度宜大于0.8倍墙高，且不小于5m；当采用不等长的拉筋时，同等长度拉筋的墙段高度，应大于3.0m；相邻不等长拉筋的长度差不宜小于1.0m；
② 墙高小于3.0m时，拉筋长度不应小于3.0m，且应采用等长拉筋；
③ 采用预制钢筋混凝土带时，每节长度不宜大于2.0m。

4. 墙面板

墙面板的作用是防止填土侧向挤出和传递土压力，以及便于拉筋固定布设和保证填料、拉筋与墙面构成具有一定形状的整体。墙面板不仅要有一定的强度，而且要有足够的刚度，以抵抗预期的冲击和振动。墙面板的设计应满足坚固、美观及运输与安装方便的要求。

国内常用混凝土或钢筋混凝土面板。类型有十字形、槽形、六角形、L形、矩形等，具体尺寸可参考公路设计手册《路基》。

加筋土挡土墙的钢筋混凝土、混凝土面板宜采用预制件，其强度等级不宜低于C20，厚度不应小于80mm。

5. 基础

加筋体的墙面若不是砌筑在石砌圬工、混凝土构件上或地基为基岩时，均应设置宽度不小于0.40m、厚度不小于0.20m的混凝土基础。斜坡上的加筋体应设宽度不小于1m的护脚，加筋体面板基础埋置深度从护脚顶面算起。

5.6 加筋土挡土墙设计

混凝土基础形式如图 5-31 所示。

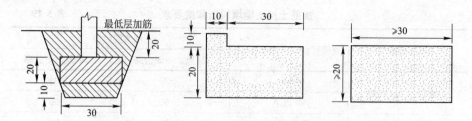

图 5-31　混凝土基础形式(尺寸单位：cm)

当地基为土质时，基础埋置深度不应小于 0.60m，其上宜铺设一层 0.1～0.15m 厚的砂砾垫层，如果地基土质较差，承载力不能满足要求，应进行地基处理，如采取换填、土质改良以及补强等措施。

加筋土挡土墙的基础埋置深度可参考《公路加筋土工程设计规范》JTJ 015—91。

5.6.3　加筋土挡墙的结构计算

1. 加筋土挡土墙的破坏形式和稳定性要求

加筋土挡土墙的破坏形式主要有以下几种：

① 由于筋带裂缝造成的断裂，其原因是筋带强度不足；

② 由于土与筋带之间结合力不足造成的加筋体断裂；

③ 因外部不稳定造成的破坏。

为了避免发生上述破坏，保证加筋土挡土墙在使用过程中发挥应有的作用，设计时一般要进行内部稳定计算和外部稳定计算。内部稳定计算包括筋带的强度验算和抗拔验算，外部稳定计算包括挡土墙沿基底滑动验算、基底承载力验算、承载地基与墙后土体的整体滑动验算等。

2. 加筋土挡土墙的内部稳定性分析

加筋土挡土墙的内部稳定性分析方法很多，包括应力分析法、楔体平衡法、滑裂面法、能量法、剪胀区法等。以下介绍目前设计中用得较多的应力分析法。

(1) 基本假定

应力分析法以朗金理论为基础，视加筋土为复合材料。其基本原理是根据作用在填土中最大拉应力点上的应力来计算筋带的最大拉力。有以下基本假定：

① 加筋体的破坏模式类似于绕墙顶旋转的刚性墙，在极限荷载作用下，加筋体被筋带上的最大拉力点的连线分为活动区和稳定区，并采用简化的破裂面形式(图 5-32)。

② 加筋体中的应力状态，在结构顶部为静止状态，随深度逐步向主动应力状态变动，深度达到 6m 以下便是主动应力状态。

③ 只有稳定区内的筋带与填土的相互作用产生抗拔阻力。

(2) 筋带拉力计算

一个加筋体单元所分担的土压力范围如图5-33所示。

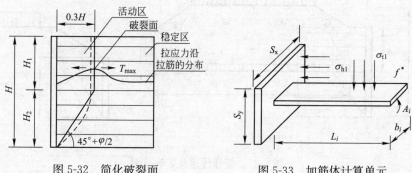

图 5-32 简化破裂面　　图 5-33 加筋体计算单元

① 加筋体自重对第 i 层筋带产生的拉力(T_{hi})

$$T_{hi} = \gamma_1 h_i K_i S_x S_y \tag{5-81}$$

式中　γ_1——加筋体内填料重度(kN/m^3)；

　　　h_i——从加筋体顶面至第 i 节点的距离(m)；

S_x、S_y——筋带水平与垂直方向的间距(m)；

　　　K_0——静止土压力系数，$K_0 = 1 - \sin\varphi$；

　　　K_a——主动土压力系数，$K_a = \tan^2(45° - \varphi/2)$；

　　　K_i——第 i 层筋带处的土压力系数。

$$K_i = K_0 \left(1 - \frac{h_i}{6}\right) + K_a \frac{h_i}{6} \quad (h_i < 6.0\text{m})$$

$$K_i = K_a \quad (h_i \geqslant 6.0\text{m})$$

② 加筋体上路堤填土对第 i 层筋带产生的拉力(T_{Fi})

$$T_{Fi} = \gamma_2 h_F K_i S_x S_y \tag{5-82}$$

式中　γ_2——路堤填土重度(kN/m^3)；

　　　h_F——加筋体上路堤换算成作用于加筋体顶面的连续均布土层的厚度。

h_F 可按下式计算(图5-34)：

$$h_F = \frac{1}{m}\left(\frac{H}{2} - b_b\right) \tag{5-83}$$

式中　a——加筋体上路堤填土高度(m)；

　　　m——加筋体上路堤填土坡率；

其余符号意义同前。

若 $h_F > a$，则取：

$$h_F = a$$

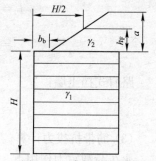

图 5-34 路基式挡土墙填土等代土层厚度计算

③ 车辆(或人群)附加荷载对第 i 层筋带产生的拉力(T_{ci})

车辆荷载换算成等代均布土层后，考虑到这种荷载影响将会随深度的增加而减小，因此路堤式挡土墙采用1:0.5向下扩散来传递荷载，荷载传递及影响范围如图5-35所示。在深度 h_i 处，筋带承受的拉力 T_{ci} 按下述方法计算。

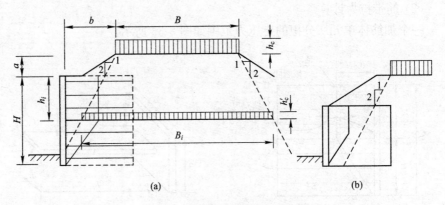

图 5-35 荷载传递及影响范围

l_{oi} 为第 i 层筋带活动区长度(m)，l_{ci} 为第 i 层筋带面板背面至均布土层扩散线外侧的距离(m)，当 $l_{0i} \leqslant l_{ci}$ 时，不考虑车辆荷载引起的附加拉力 T_{ci}。当 $l_{0i} > l_{ci}$ 时：

$$T_{ci} = \sigma_{ci} S_x S_y = h_c \gamma_1 \frac{B}{B_i} K_i S_x S_y \tag{5-84}$$

式中 h_c ——均布土层厚度(m)；
　　　B ——路基宽度(m)；
　　　B_i ——均布土层扩散至第 i 层筋带处的分布宽度(m)。

$$B_i = B + a + h_i \quad (h_i + a \geqslant 2b)$$

$$B_i = B + a + \frac{(a+h_i)}{2} \quad (h_i + a < 2b)$$

对路肩式加筋土挡土墙，T_{ci} 按下式计算：

$$T_{ci} = \sigma_{ci} S_x S_y = h_c \gamma_1 K_i S_x S_y \tag{5-85}$$

④ 第 i 层筋带所受拉力(T_i)的计算
路堤式挡土墙：

$$T_i = T_{hi} + T_{Fi} + T_{ci}$$

$$= \left(\gamma_1 h_i + \gamma_2 h_F + h_c \gamma_1 \frac{B}{B_i}\right) K_i S_x S_y \tag{5-86}$$

路肩式挡土墙：

$$T_i = T_{hi} + T_{Fi} = \gamma(h_i + h_F) K_i S_x S_y \tag{5-87}$$

(3) 筋带抗拔力计算
永久荷载重力作用下，h_i 深度处筋带有效长度所提供的抗拔力 T_{pi} 如下：

$$T_{pi} = 2f' \sigma_i b_i L_{ai} \tag{5-88}$$

式中 f' ——填料与筋带间的似摩擦系数，由试验确定，无可靠试验资料时，可参照表 5-20 采用；
　　　b_i ——节点上的筋带总宽度(m)；
　　　L_{ai} ——筋带在稳定区的有效锚固长度(m)。

填料与筋带之间的似摩擦系数 f' 表5-20

填料类型	黏性土	砂类土	砾碎石类土
似摩擦系数	0.25～0.40	0.35～0.45	0.40～0.50

注：有肋钢带的似摩擦系数可提高0.1；墙高大于12m的高挡土墙，似摩擦系数取低值。

(4) 单个筋带节点的抗拔稳定性验算

单个筋带节点的抗拔稳定性按下式验算：

$$\gamma_0 T_{i0} \leqslant \frac{T_{pi}}{\gamma_{R1}}$$

$$T_{i0} = \gamma_{Q1} T_i \tag{5-89}$$

式中 γ_0——结构重要性系数，按表5-5取用；

T_{i0}——h_i 深度处的筋带所承受的水平拉力设计值(kN)；

γ_{Q1}——加筋体及墙顶填土主动土压力或附加荷载土压力的分项系数，按表5-9取用；

γ_{R1}——筋带抗拔力计算调节系数，按表5-21取用。

计算筋带抗拔力时，不计基本可变荷载的作用效应。

筋带抗拔力计算调节系数 γ_{R1} 表5-21

荷载组合	Ⅰ、Ⅱ	Ⅲ	施工荷载
γ_{R1}	1.4	1.3	1.2

(5) 筋带截面的抗拉强度验算

筋带截面的抗拉强度验算应符合下式规定：

$$\gamma_0 T_{i0} \leqslant \frac{A f_K}{1000 \gamma_f \gamma_{R2}} \tag{5-90}$$

式中 A——筋带截面的有效净截面积(mm^2)；

f_K——筋带材料强度标准值(MPa)，按表5-22取用；

γ_f——筋带材料抗拉性能的分项系数，各类筋带均取1.25；

γ_{R2}——筋带材料抗拉计算调节系数，按表5-22取用。

筋带材料强度标准值及抗拉计算调节系数 表5-22

材料类型	f_K(MPa)	γ_{R2}
Q235扁钢带	240	1.0
HPB235级钢筋混凝土板带	240	1.05
钢塑复合带	试验断裂拉力	1.55～2.0
土工格栅	试验断裂拉力	1.8～2.5
聚丙烯土工带	试验断裂拉力	2.7～3.4

注：1. 土工合成材料筋带的 γ_{R2} 在施工条件差、材料蠕变大时，取大值；材料蠕变小或施工荷载验算时，可取较小值。
2. 当为钢筋混凝土带时，受拉钢筋的含筋率应小于2.0%；
3. 试验断裂拉力相应延伸率不得大于10%。

3. 加筋土挡土墙的外部稳定性验算

加筋土挡土墙的外部稳定性验算中视加筋体为刚体。验算项目一般包括基底滑移与倾覆稳定性验算、基础底面地基承载力验算，必要时还应对整体滑动和地基沉降进行验算。

5.7 挡土墙布置

挡土墙的布置，通常在路基横断面图和墙趾纵断面图上进行（图5-36）。布置前，应现场核对路基横断面图，不足时应补测。测绘墙趾处的纵断面图，收集墙趾处的地质和水文资料。一般做法如下所述。

① 根据地形、地质条件，初步拟定一两个可能的挡土墙类型方案。

路肩挡土墙可充分收缩坡脚，大量减少占地和填方，但其侧向土压力较大，需用圬工较多。当路肩墙与路堤墙的墙高或截面圬工数量相近、基础情况相似时，应优先选用路肩墙，按路基宽布置挡土墙位置。若路堤墙的高宽或圬工数量比路肩墙显著降低，而且基础可靠时，宜选用路堤墙，并作经济比较后确定墙的位置。

路堑挡土墙大多设在边沟旁。山坡挡土墙应考虑设在基础可靠处，墙的高度应保证设墙后墙顶以上边坡的稳定。

沿河路堤设挡土墙时，应结合河流情况来布置，注意设墙后仍保持水流顺畅，不致挤压河道而引起局部冲刷。经上述对比论证，初步确定布置挡土墙的位置、墙的断面形式、基础类型及埋深。

② 在路基横断面图上布置挡墙。在墙高最大处，墙身断面或基础形式变化处，以及其他必要桩号处的路基横断面图上，按拟订方案及其相应位置布置挡土墙，初步确定其断面形式、位置、基础类型及埋深，如图5-36所示。

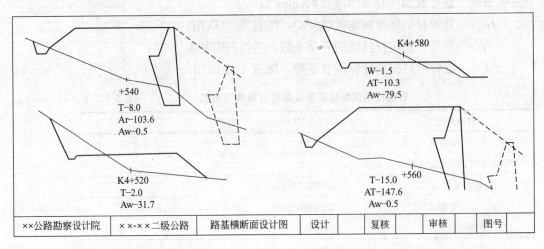

图 5-36 挡土墙在路基横断面上的布置

确定断面形式时，路堑墙宜用仰斜式或折线式。对路肩墙和路堤墙，当地形陡峻时宜选用俯斜式或衡重式，地形平坦时选用仰斜式。

③ 在墙趾纵断面图上布置挡墙。按横向布置初步确定挡墙位置、基础埋深，绘制或补测墙趾纵断面图，并在墙趾纵断面图上纵向布置挡土墙，确定挡土墙的起讫点、墙长、分段、沿纵向的墙高变化、两端与路基或其他结构物的衔接方案和泄水孔位置等，见图5-37。

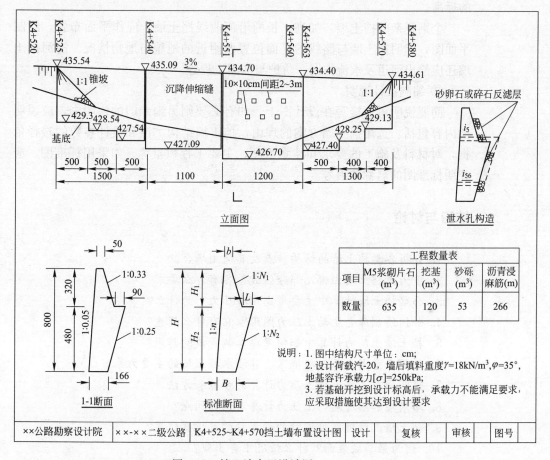

图5-37 挡土墙布置设计图

挡土墙分段按设置沉降伸缩缝的要求进行，一般为10～15m。

挡土墙基础布置应根据地形和地质情况变化而定。墙趾地面有纵坡时，挡土墙的基底可做成不大于5％的纵坡。当地基为岩石时，为减少开挖，可沿纵向做成台阶。台阶尺寸视纵坡大小而定，但其高宽比不宜大于1：2。

挡土墙与路基或其他结构物的衔接方式，关系到前、后工程的衔接是否协调顺适和挡土墙的长度与稳定性。一般，路肩墙与路堤衔接应采用锥坡，与桥台连接需在台尾与挡土墙之间设置隔墙（与挡土墙横断面垂直）和接头墙（与隔墙垂直）。

④ 根据初步确定的墙型、墙高、地基及填料的物理力学指标等设计资料进行验算，以确定墙身断面尺寸。

⑤ 根据验算结果，选择其中最合理经济的断面作为设计断面。

⑥ 根据上述反复计算和调整后得出的断面尺寸方案，绘制挡土墙的横断

面图、纵断面图，必要时还需绘制平面图。

在墙趾纵断面图上，需标明挡土墙的起讫点、墙长、两端连接方式、沉降伸缩缝位置、基底线、泄水孔位置及各特征断面（布置有挡土墙的路基横断面）的桩号，以及墙顶、基础顶面、基底、各特征水位线、冲刷线和冰冻线等的标高。

个别复杂的挡土墙，如高、长的沿河曲线挡土墙，应作平面布置，绘制平面图，标明挡土墙与路线的平面位置及附近的地貌与地物情况。沿河挡土墙还应绘出河道及水流方向、防护与加固工程等。

⑦ 编制设计说明。

简要说明可直接写在设计图上。如有必要则另编专门的说明书，应说明的内容包括：选用挡土墙方案的理由，挡土墙结构类型和设计参数的选择依据，对材料及施工的要求和注意事项，主要工程数量等。如采用标准图，应注明标准图的名称和编号。

练习与讨论

1. 分析各类挡土墙的结构特点及其使用场合。
2. 重力式挡土墙由哪几部分组成？各有什么要求？
3. 公路挡土墙计算中主要考虑何种压力？为什么？
4. 如何绘制库仑主动土压力图形？它有什么用途？
5. 挡土墙土压力计算中如何考虑车辆荷载的作用？
6. 请用示意图表示一般地区、非浸水挡土墙的主要力系。
7. 说明衡重式挡土墙土压力计算的步骤和方法。
8. 路肩墙和路堤墙的土压力计算有何异同点？
9. 挡土墙沉降缝及伸缩缝的设置目的及设置位置？
10. 何为第二破裂面？什么情况下会出现？
11. 与一般挡土墙设计相比，季节性浸水地区挡土墙设计时还需多考虑哪些具体因素？
12. 挡土墙抗滑稳定、抗倾覆稳定或地基承载力不足时，可采取哪些改进措施？
13. 试分析加筋土挡土墙所受的土压力与其他挡土墙有何不同。
14. 挡土墙纵向布置有哪些主要内容？

小组讨论（1）：目前挡土墙设计中，墙后土压力分布有何假定？实际状态如何？此假定对挡土墙结构设计有何影响？

小组讨论（2）：试分析锚杆式挡土墙的主要破坏模式，设计时考虑何种极限状态？

第6章 路基施工

本章知识点

> 【知识点】 路基施工的主要装备及其特点；路基施工的主要方法及其要求；路基土压实的原理及要求；土质路堑施工和石质路堑的施工方法与机具选择及要求；桥梁等结构物与道路路基过渡段的施工要求。
> 【重　点】 土质路基压实度的计算与要求；石质路堑施工爆破施工的方法与要求。
> 【难　点】 路基土压实度的影响因素，土石混填路基的施工控制。

6.1 概述

6.1.1 路基施工的基本概念

公路是线性、带状的永久性土工建筑物，路基是公路的主体工程，路基施工质量的优劣直接影响公路的使用寿命、运营行车安全与实时性舒适性及维护成本。

路基施工的任务是将正确的设计图纸转化为符合工程质量标准的工程实体。路基施工的目标是要达到工程质量优良、造价经济、工期合理、技术先进、安全生产和保护环境。

路基施工的依据是设计文件和施工的有关技术规范，施工质量控制等标准。

路基是路面的基础，具有足够的强度、良好的整体稳定性和水温稳定性的路基，可以提高路面整体强度和平整度，延长路面使用寿命。同时，还亦可降低路面工程造价和公路养护维修费用。反之，若路基工程质量低劣，将会给路面、路基自身埋下隐患，路基病害不断，大大增加公路建成后的养护维修费用。同时，路面的使用品质和使用寿命也会因此而降低，严重时甚至会中断交通，造成重大经济损失。

6.1.2 路基施工特点

路基施工是一项涉及面广、施工时间长、工作量大、技术复杂的工作。

路基施工工地分散、面广,要征用大量土地,有时需要进行建筑物和管线拆迁。上述每一个环节都相互关联和制约,直接影响路基质量、施工进度和工程费用。

路基施工会占用大量的土地,会影响当地的农田水利设施,有大量的土地征用、房屋拆迁等,需要兼顾当地的利益,必须处理好与当地政府和群众的关系。

公路路基施工多为野外作业,自然环境条件变化大、工作面广,工程施工进度受气候条件、交通条件等影响,特别是沿线的水文地质条件不一,可能会遇到各种不良的特殊路段以及隐蔽工程。所以,路基施工必须做好施工前的准备工作。

路基施工需要消耗大量的人工、物资、财力等资源,需要完成的大量土石方开挖、填筑、运输、碾压和维护等内容,各个环节都会影响工程质量、施工进度和工程造价。因此,路基施工必须是科学地、有组织、有计划地进行,并根据人员设备、自然气候条件、交通运输、材料供应等各种条件变化及时调整,保证施工质量和进度。

路基施工通常是公路工程中最早开工的项目,其施工质量和施工进度直接影响整个公路工程的质量和进度。

路基施工是伴随着其他工程施工进行的,必须正确处理好与排水、防护及加固、桥梁与涵洞、隧道、路面等工程的施工的关系。

路基填筑的土石材料土工特性的优劣、施工压实是否得当和充分,是影响路基施工质量的关键因素。所以,要做好地质、土质调查,选择好路基填料,拟定合理的路基填筑和开挖方案,正确地运用和调配施工机械设备,在施工工艺和施工质量的控制等方面层层把关,做到精心施工、严格管理,确保施工质量和施工进度,提高经济效益。

路基施工过程中有大量的土石开挖、运输、填筑,对周边环境有一定的影响。所以,要注意保护生态环境,路基施工时应尽量减少对自然植被及原有地形地貌的破坏,以免造成水土流失,不能避免时应适当进行绿地恢复。施工时清除的杂物应区别情况,予以妥善处理,不得倾弃于河流及水域。

路基施工必须贯彻安全生产的方针,制定施工安全措施,加强安全教育和检查,严格执行安全操作规程,避免造成人员伤亡和财产损失。

6.1.3 路基施工内容

(1) 熟悉设计文件,领会设计意图,做好施工准备工作。
(2) 组织施工队伍,包括人员、机械设备和其他物资准备。
(3) 做好现场调查和场地清理,修建必要施工临时设施。
(4) 选择筑路材料,进行材料的试验。
(5) 拟定施工方案,确定施工工艺。
(6) 按照操作规程进行施工,并且逐项检查施工质量和验收。

6.1.4 施工的基本方法

路基施工按照其施工的手段不同，可分为人工施工、简易机械施工、机械化施工、综合机械化施工及爆破等，具体选择哪种或哪些施工方法，要根据工程性质、岩土类别、工程量大小、施工期限、施工技术条件等确定。

（1）人工施工

人工施工是一种传统的常见施工方法，施工时主要是靠人力和手工工具进行作业，如肩挑人拉、人工夯实。该施工方法在一些局部的或低等级公路的少量工程的施工中使用。由于这种方法劳动强度大、工效低、进度慢，且工程质量难以得到保证，不能适应大规模公路工程施工要求，只能作为其他施工方法的辅助和补充。

（2）简易机械施工

简易机械施工是在人工施工的基础上，对施工过程中劳动强度大和技术要求相对较高的工序用简易的机具或机械完成，一定程度上提高了施工工程进度、施工效率和工程质量。但这种施工方法工效有限，只能用于工程量较小、工期要求不严的路基或构造物施工，不适宜高等级公路和工程数量较大的路基施工。

（3）机械化施工

机械化施工是通过合理选用施工机械，将各种机械科学地组织成有机的整体，优质、高效地进行路基施工的方法。机械化施工是目前公路工程施工中最常用的施工方法。机械化施工是现代公路建设中的主要施工手段，由于施工中广泛采用了大型机械设备，如挖掘机、自卸载重汽车、压路机、平地机等，使施工工效和施工质量大为提高。

（4）综合机械化施工

综合机械化施工是根据现代公路建设的分工越来越细的趋势，按路基施工要求对施工的各工序进行既分工又联合的作业，由若干专业机械施工承包商完成不同施工工序，提高了施工专业水平，降低了机械运营成本。如由路基开挖专业队、土石方运输专业队、路基填筑和压实专业队共同完成路基的施工。综合机械化施工由于专业施工队可以流水作业，最大限度地发挥了各种机械的效能，从而能够降低施工成本、提高施工质量。所以，综合机械化施工是现代路基施工的主要方法。目前，我国高等级公路施工基本已采用综合机械化施工。

（5）爆破法施工

爆破法施工是利用炸药爆炸的巨大能量炸松土石或将其移到预定位置。爆破法主要用于石质路堑或硬土路堑的开挖，亦可用于冻土、泥沼等特殊路基的施工。合理应用爆破法施工，可以提高工程进度，降低工程造价，但对岩层破碎严重的坡面，要注意防止爆破破坏原有岩层的稳定性。

6.1.5 施工准备工作

路基施工由诸多施工环节组成,各个环节相互影响,相互制约。因此,路基施工必须事先做好计划和各项准备工作,使其施工活动有组织、有计划、有序地正常进行。在路基施工过程中,所有的施工活动都必须严格按有关施工技术规范进行,以确保工程质量和施工进度,真正达到优质、高效、安全和经济的目的。

路基施工准备工作可分为组织准备工作、物资准备工作和技术准备工作。

(1) 组织准备工作

组织准备是最先开始的,其内容主要是组建施工队伍、建立和健全工程管理机构和质量保证体系,明确施工任务,做好各项工作的分工,制定施工过程中必要的规章制度,确定工程应达到的目标等。

在我国目前已普遍实行项目经理负责制,具体施工由项目经理部实施,下设各个施工工区或施工队。质量保障体系包括建立工地试验室,落实工地质检人员并配备必要的试验设备,制定和落实技术岗位责任制。

(2) 技术准备工作

路基施工前的技术准备包括制定施工组织计划、进行施工前的技术交底和施工测量,进行原材料试验和施工工艺试验,做好临时工程等各项工作。

① 施工组织计划。施工组织计划是整个施工的指导性文件,亦是其他各项工作的依据。它关系到能否使施工顺利进行,达到预期的目标,影响到整个工程的全过程,在现代公路建设中具有十分重要的意义。因此,要根据工程性质、施工现场条件、设备、人员、材料供应情况和工期要求等,通过认真调查研究和充分论证,尽量做到科学、合理、可行,有利于保证工程质量、工程进度、安全生产和节约造价。

施工组织计划编制的依据是招标文件、设计文件,以及有关的技术规范和质量标准。它包括施工方法和工艺、施工进度计划、施工场地布置方案、施工质量控制规程、劳动力和技术安排、机械设备配备以及关键工程的技术措施等。施工组织计划必须经过监理工程师和业主的审批同意。

② 施工前的技术交底。施工前的技术交底是施工承包商通过阅读施工图纸,与业主、设计人员会商和现场校对,全面熟悉、领会设计意图和工程要求,接受施工现场的测量控制点和控制高程。对设计图纸中与现场不符或施工有困难的,应按有关程序提出修改设计意见并报请变更设计。

施工测量是在开工前的现场测量技术复核和恢复,内容包括导线、中线、水准点复测,恢复并固定路线的交点、平曲线主点等主要控制桩,检查与补测横断和增加水准点等。对路基纵横断面进行检查和核对,并适当补测。根据已经恢复的路中线,按设计文件、施工规定和技术要求等标出路基用地界桩、路堤坡脚、路堑坡顶、边沟及路基附属设施的具体位置。在路基施工过程中应采取有效措施保护所有测量标志，以免增加测量工作量，减少出现错误的可能。

③ 场地整理。做好"三通一平"，即通水、通电、通路（施工便道）和平整施工场地。路基施工前应先办好有关土地的征用，修建施工临时便道，完善施工道路占用手续，依法使用土地和原有道路。路基范围内的既有建筑物、道路、沟渠、通信及电力设施等，施工单位应协同有关部门事先拆除或迁建。对路基附近的危险建筑物应进行适当加固，对文物古迹应妥善保护。

路基施工前应先修筑截水沟、排水沟等排水设施。特别在雨期施工时要加强工地临时排水。做好施工现场的排水工作，便于施工作业。

④ 施工原材料和机械设备的工艺性试验。施工前，应对路基施工范围内的地质、地形、水文情况进行详细调查。根据设计文件提供的资料，对取自挖方、借土场、料场的路堤填料进行复查和原材料取样试验。原材料试验是对用作填料的土按土工试验规程测定其物理、力学等性质，报监理工程师审批。

对特殊地段或使用新材料或新机械设备，除用常规性指标进行试验外，还应进行工艺性试验或铺筑试验路。如软土地基处理试验、路基压实试验，通过试验路铺筑可确定最佳机械配置和施工组织方法，各种填料的最佳含水率、适宜的松铺厚度、相应的碾压遍数等。施工工艺性试验完成时，要提交工艺性试验报告。

(3) 物资准备

物资准备是施工前对所需材料、机械设备、机具等进行订购和采购、调运和储备等，检修或购置施工机械，落实施工用房和生活设施，以及做好后勤保障准备工作。

施工准备工作完成后，承包商要向业主和监理工程师提交开工报告。开工报告批准后，即正式开始施工过程阶段。

6.2 土质路基施工要点

土质路基施工过程包括地面处理、填料选择、路基填筑（开挖）、路基压实、质量控制等。

6.2.1 基本要求

1. 地表处理

稳固的地基是保障路基强度和稳定性的必要条件，天然地面的土质及强度直接影响修建在上面的路基沉降和稳定性，往往需要根据土质、水文、坡度和植被情况及路基填土高度等，进行适当的地表处理，也称基底处理，其内容包括：

（1）地表植被的清理，如砍树挖根、挖除种植土和清除表草和腐殖淤泥。

（2）地表临时排水工作，开挖施工边沟。临时排水设施排出的雨水要引到适当的位置，不得引起沟渠淤塞和冲刷路基；原地面易积水的洞穴、坑槽等应用土填平并按规定压实。

(3) 当地表土强度不符合要求时，应进行换填强度高、水稳定性好的土石，并分层予以压实。

(4) 对于陡坡路堤基底的地表或新老路基横向的结合部位，当地面横坡陡于1：5时，应将原地面挖成台阶并夯实，台阶宽度不小于1m。对于原地面横坡较陡的高速公路和一级公路的半填半挖路基，必须在山坡上从填方坡脚向上挖成向内倾斜的台阶，台阶宽度不小于1m。

(5) 对填筑高度小于1.0～1.5m，以及接近或等于路基工作区的矮路堤基底，其强度往往满足不了要求。需要予以充分压实，必要时需换填强度高、水稳定性好的土，或铺筑砂(砾)石垫层等措施。

对有湿软地基或有软弱下卧层的基底，要进行软基技术处理，使地基的承载能力和沉降值符合设计要求。

2. 填料选择

良好的路基填料性能是保证路基施工质量的前提。填料应该选用具有物理力学性能好、易被压缩、强度高、水稳性好的天然土质，使填筑和分层压实后较易达到规定的施工质量技术，如碎石、砾石、卵石、粗砂等透水性好的材料。

填筑路堤所用的大量填料，一般都是就近取用当地天然的土石材料，其材料力学物理能不一。首先要实地调查和选择土石料场或就近取土坑，通过实地取样并经过土工试验，测定其最大干密度和最佳含水率，对黏性土还要测定其液限和塑限，其指标必须符合工程质量要求。如天然的土石材料不能满足使用要求，则需要经过技术改善处理，满足使用要求后方能投入使用。

用透水性不良或不透水的土如黏土作路堤填料时，必须在最佳含水率时分层填筑并充分压实。粉质土的水稳定性和冰冻稳定性均较差，不宜作路堤填料，在季节性冰冻地区更应慎用，黏质土和高液限黏土可用来填筑高度小于5m的路堤，但应水平分层填筑并压实到规定的密实度。

实践表明，填料颗粒太大或不均匀，将导致路基工后不均匀沉降。所以必须控制填料的最大粒径，越靠近路基顶面即路床，粒径要求小而均匀。

各级公路路基填料的有关指标应符合表2-13的技术要求。

6.2.2 路堤填筑

路堤填筑是路基施工中的关键工序，必须严格按照要求的工程质量控制标准进行施工。

不同的填筑和碾压方法对路基的压实效果不一样，不同的土质和施工条件，需要不同的填筑方法和施工机械设备，才能使路基达到施工质量要求，这些都会影响到路基的施工进度和工程费用。因此，要根据工程特性和施工条件、地形和土质，正确运用机械设备和机具，选择合理的施工方式，保证施工顺利进行。

为保证路基整体强度和稳定性,路堤应采用逐步填筑、逐步压实的施工方法。通常,路基填筑的方法有水平填筑、竖向填筑和混合填筑。

1. 水平填筑法

水平填筑能保证路基的整体性,是路堤填筑中最常见的施工方法。水平填筑将路堤划分为若干水平层次,从最低层开始逐层向上填筑,并逐层压实。每填一层,经压实达到压实度要求后,再进行下一层填筑,如图6-1所示。

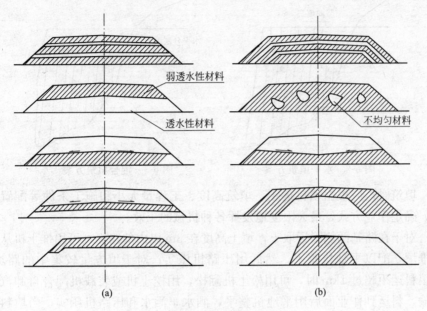

图 6-1 路堤填筑方案
(a)正确填筑方法;(b)不正确填筑方法

对不同土质填筑的路堤,应符合下列填筑工艺要求:

(1) 路堤下层用透水性较小的土填筑时,表面应做成4%的双向横坡,以保证来自上面透水性填土层的水及时排除;

(2) 路堤上层用透水性较差的土填筑时,不应覆盖封闭其下层透水性较大的填料,以保证路堤内的水分蒸发;不得将透水性不同的土混杂填筑,以免形成水囊或滑动面。

(3) 根据强度和稳定性要求,合理安排不同土质的层位,水稳定性较好的土应填筑在路堤上层,相对较差的土填在下层。

(4) 分层填筑的两个不同施工段交接处,或在新旧路基连接处,应在交接处做成交替面,以防止横向开裂。

2. 竖向填筑法

竖向填筑法是将填料沿路线纵向或横向在坡度较大的原地面上倾填,形成倾斜的上层,然后碾压密实,如此逐层向前推进,如图6-2所示。该方法适合当原地面纵向或横向坡度较大(大于12%)、地面高差大或难以采用水平分层填筑时的路段施工。

竖向填筑法由于填土过厚而不易压实,必须采取一定的技术措施以保证压实质量，如路堤全宽应一次填筑，并选用振压式压路机压实，以及采用压缩量较小的砂石等填料填筑。

3. 混合式填筑

混合式填筑是横向填筑法与竖向填筑法的综合使用。填筑时下层用竖向填筑而上部用水平分层填筑，这样可使上部填土获得足够的密实度，如图6-3所示。

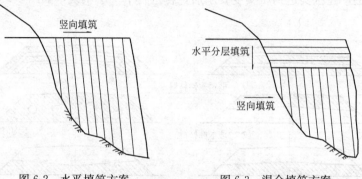

图 6-2　水平填筑方案　　　图 6-3　混合填筑方案

填筑时，应根据填料运距、填筑高度、工程量大小和施工条件等配置机械，确定作业方式，最大限度地发挥各种机械的工效。

对于在路基两侧附近取土，填土高度在3m以内的路堤，可用推土机从两侧推填，配以平地机整平，然后用压路机压实；对于填方量较集中的路堤，当填料运距超过1km时，可用松土机翻松，用挖土机或装载机配合自卸汽车运输，料运到作业面后用平地机整平，洒水车洒水和压路机压实；当填料运距在1km范围内时，可用铲运机运土，辅以推土机开道、翻松硬土、平整取土段、清除障碍及推土。

路基施工质量在很大程度上取决于路基的压实施工，关于路基压实的机理和压实方法将在后面专门介绍。

6.2.3　路堑开挖

路堑开挖是将路基边坡范围内设计标高之上的天然土体挖除并运到指定地点的施工过程，多见于山区道路施工中。

开挖路堑将破坏山体原来的平衡状态。因此，开挖时必须十分注意挖方边坡的稳定性。

根据地形、土质、路堑深度和其他施工条件，路堑开挖的方法有横挖法、纵挖法和混合式开挖法三种施工方法。

1. 横挖法

横挖法是从路堑的一端或两端在横断面全宽范围内向前开挖，主要适用于短而浅的路堑、路堑深度不大的路堑施工。横挖法又分为以下两种：

（1）单层横挖法。单层横挖法是一次挖到设计标高的开挖方式，因其施工面小，能投入的人员设备少，故仅适合于开挖深度不大，工程数量不大的路堑，见图6-4(a)所示。

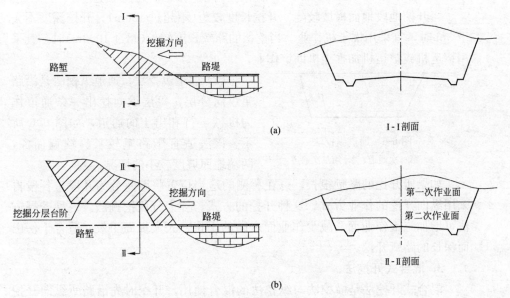

图 6-4 横挖法
(a)单层横挖法;(b)多层横挖法

(2)多层横挖法。多层横挖法是在不同高度上分成几个台阶同时开挖,各施工层面具有独立的出土通道和临时排水设施,如图6-4(b)所示。它增加了作业面,可以容纳更多的施工人员和机械,形成多向出土以加快工程进度。对采用人工开挖时,其施工台阶高度应符合安全施工的要求,一般为1.5~2.0m;若采用机械开挖,则每层台阶高度可为3~4m。当运距较近时用推土机进行开挖,运距较远时宜用挖掘机配合自卸汽车进行开挖,或用推土机推土堆积,再用装载机配合自卸汽车运土。

路堑开挖时应配备平地机或人工分层修刮、整平边坡,并做好排水,及时疏通排水边沟。

2. 纵挖法

纵挖法是开挖时沿路堑纵向将开挖深度内的土体分成厚度不大的土层依次开挖,分为分层纵挖法和通道纵挖法两种。

(1)分层纵挖法。分层纵挖法是在路堑纵断面全宽范围内纵向分层挖掘,适宜于路堑宽度和深度均不大的情况,如图6-5所示。

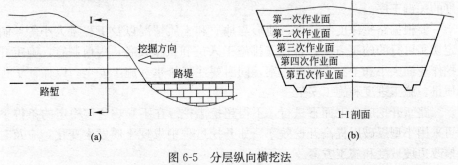

图 6-5 分层纵向横挖法
(a)分层纵向横挖法纵向示意图;(b)Ⅰ-Ⅰ剖面

当开挖地段地面横坡较陡、开挖长度较短(不超过100m)且开挖深度不大于3m时，宜采用推土机作业。当挖掘的路堑长度较长(超过1000m)时，宜采用铲运机或铲运机加推土机助铲作业。

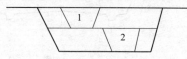

图 6-6 通道纵挖法

1—第一次通道；2—第二次通道

(2) 通道纵挖法。通道纵挖法是沿路堑纵向分层，每层纵向挖出一条通道作为机械运行和出土的通道，如图6-6所示。该法适宜于路堑较长、较宽而深，两端地面坡度较小的情况。

如果所开挖的路堑很长，可在翼侧的适当位置将路堑分为几段，各段再采用纵向开挖的作业方式，这种开挖的方式，称为分段挖掘法。这种挖掘方法可增加施工作业面，减少作业面之间的干扰，大大提高工效，适合于傍山而深长的路堑开挖。

3. 混合式开挖法

混合式开挖法是横挖法与纵挖法的混合使用。开挖时先沿路堑纵向开挖通道，然后从通道开始沿横向坡面挖掘，以增加开挖坡面，每一开挖坡面能容纳一个施工作业组或一台机械，在挖方量较大的地段，还可沿横向再挖通道以安装运土传送设备或布置运土车辆。这种方法适用于路堑纵向长度和深度都很大的地段，如图6-7所示。

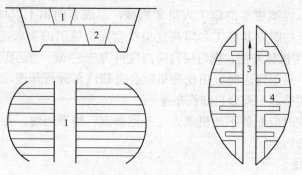

图 6-7 混合挖掘法

1、2—第一、第二通道；3—纵向运送；4—横向运送

4. 路堑开挖的注意事项

深长路堑开挖工程量很大，开挖作业面往往较狭窄，是制约路基施工进度的关键工序。

要根据路堑深度与长度、地形与地质和土质情况以及工程量大小等，制定切实可行的施工方案，合理安排施工人员和机械设备，因地制宜，确定开挖作业面大小和土石方调配方案，同时要注意排水和施工安全，以保证工程质量、施工进度和施工安全。

路堑开挖应自上而下进行，不得超挖滥挖。在不影响边坡稳定的条件下可采用小型爆破以提高开挖效率。如开挖过程中发现土质发生变化，应及时修改边坡坡度和施工方案。

路堑的地表若有有机土层、难以晾干或其他不宜作路床的土时，应用符合要求的土置换，然后按路堤填筑要求进行压实。

6.3 路基压实

6.3.1 路基压实的目的与意义

天然的土或经过挖、运、填等工序后的土较为松散，必须将路基填土充分压实，使路堤具有足够的强度和稳定性。路基压实是路基施工中的关键技术，直接影响路基的强度和稳定性。

路基压实的目的是提高土的密实度，从而提高土的强度和稳定性，使路基的承载力和沉降值满足工程质量要求。因为它是路基施工中的关键性工序，所以必须予以高度重视。

那么，为什么压实会提高土的强度和稳定性，又如何提高压实效果呢？这就需要掌握路基土压实的机理和影响压实效果的因素。

6.3.2 路基压实的机理

土是三相体，即包括气相、液相、固相。土粒为骨架，土粒之间的孔隙为水分和气体所占据。土体的强度主要是靠土粒之间的摩阻力和黏聚力组成，土体颗粒之间越紧密靠紧，则土体的强度就越高。一般的天然土或填筑的土，含有较大的孔隙，强度较低。

土的含水率过多，将使土粒之间的摩阻力降低。在低温下，如果土体中的孔隙较多，水汽会向低温处集聚，又由于水在低温时产生的冻胀，引起土体的冻胀。所以土的压实可以降低土体的孔隙，使土体受外界水的影响减小，水的减少使得温度的影响也减小，从而提高了土体的水稳定性和温度稳定性。

所以，通过压实机械压实土质路基，利用压实机械的重力和冲击振动力产生的压实功能，使三相土体中的团块和粗颗粒重新排列，互相靠近挤紧，使小颗粒土填充于大颗粒间的空隙中，排出土中空气，土的空隙减小，密实度提高，内摩阻力和黏聚力大大增加，从而使路基的强度、水稳定性和温度稳定性得以提高，见图 6-8 所示。

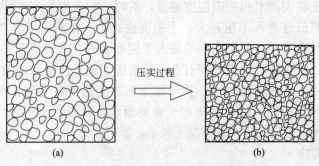

图 6-8 土体压实过程土颗粒密实示意图
(a)压实前；(b)压实后

6.3.3 影响压实效果的因素

路基压实效果受诸多因素的影响。路基的压实效果取决于土质的特性和状态、土的含水率以及施工机具对土所做的压实功。

(1) 含水率

研究成果和实践经验表明，土的含水率是影响压实效果的重要因素之一。图 6-9 是某种土在相同的压实功作用下，不同的含水率 w 与对应的干密度 γ 和弹性模量 E 之间的关系曲线。

对于不同的含水率，土体的压实效果是不一样的。在含水率较小时，干密度 γ 随 w 增加而提高，主要原因是土粒中的水起润滑作用，使土粒间阻力减小，施加外力后，土粒易于被挤紧，从而孔隙减少，γ 得以提高。当 γ 值增大至最大值后，w 再继续增大，γ 反而减小，这是因为土粒中的孔隙被较多的水分占据，而水一般不为外力所压缩，所以土粒不易被挤紧，导致 w 增大时，γ 反而降低，见图 6-9 中曲线 1。

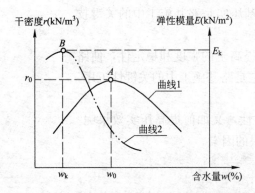

图 6-9 土体含水率与干密度、弹性模量之间关系
曲线 1-干密度与含水率关系；曲线 2-弹性模量与含水率关系

对一种土来说，如果给定了压实功，那么存在一个最佳含水率，在这个含水率下，土体达到最佳的压实效果，见图 6-9 中的 A 点。所以，最佳含水率是指在一定的压实功作用下，使路基土具有最大干密度时路基土所对应的含水率。在最佳含水率下压实，最容易获得最佳压实效果，使土达到最大干密度。此时，所需耗费的压实功能为最少，土的强度最高，水稳定性最好。

各种土在一定压实功能情况下，其最大干密度 γ 与最佳含水率 ω_0 基本固定不变。最佳含水率与土的液限 w_y 的关系，大致为 $\omega_0 = (0.58 \sim 0.62) w_y$。

(2) 土质

不同类型的土，其压实效果也不同。在同一压实功能作用下，土粒越细，则能达到的最大干密度越小，其最佳含水率较大。这是因为土粒越细，其比表面越大，土粒表面水膜所需湿度越多，同时，黏土中的亲水性胶质体物质多，从而，其最佳含水率也越大，干密度也越小。在同一压实功能作用下，土粒的粗颗粒含量多，所能达到的最大干密度较大，其最佳含水率较小，比较容易压实。塑性指数较低的碎石土，其最压实效果比高塑性的土要好。在相同的压实功下，比较亚砂土、粉质黏土和黏土的干密度与含水率的关系，见图 6-10。可以看出，砂质粉土的干密度最大，粉质黏土次之，黏土最小。而最佳含水率，砂质粉土和粉质黏土较小，黏土最大。

(3) 压实功

压实功是影响压实效果的一重要因素。压实功不同，其压实效果不一样。施加的压实功大小和方法，主要体现在施工工艺，如所选择的机械设备的重量、功率以及压实遍数和压实的分层厚度数等。图 6-11 为某种土在施加不同的压实功下，其含水率与干密度之间的关系，其中压实功 1、2、3、4 的大小分别为 3400、2300、1150、600（kN·m）。从该图可以看出，随着压实功的增加，最大干密度也增加，同时，其最佳含水率 w_i 随之减小。

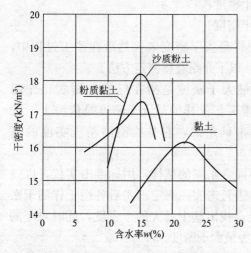

图 6-10　不同土质含水率与干密度关系

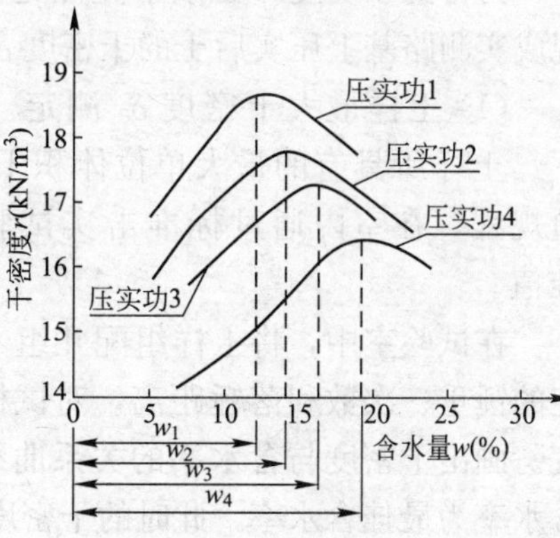

图 6-11　不同压实功能与含水率和干密度关系

含水率相同，土的干密度随着压实功的增大而增大。因此，在路基压实过程中，有时采用增加压实功来提高压实效果。增大压实功的措施有：加大碾压机械的质量和功率，采用振动压路机，增加碾压遍数和碾压时间，控制压实厚度等。

对同一类土，土的干密度随着压实功能的增加而增大。但是，当压实功能增大到一定程度后，最大干密度的提高并不明显。所以，既要保证路基充分压实，也不能单纯通过增大压实功来提高压实效果。

综上所述，土质、含水率、压实功是影响土体压实的主要因素，这些因素又互相制约和关联。为了取得最佳的压实效果，并且又要合理和经济，就应采用良好的土质作为路基的填料，控制压实过程土的含水率，根据不同的土质，选择合适的机械设备，采取合理的施工方法，使路基充分压实，达到施工的质量要求。

6.3.4　路基压实标准与质量控制

路基的强度和稳定性与路基压实后的密实程度相关，所以，路基施工质量的好坏，除了与所选择的填筑材料有关外，最关键的就是要控制路基的压实质量，要有严格的压实控制标准和检测方法来保证现场施工质量。

评定路基压实质量的指标有压实度、回弹模量、CBR 指标等。具体采用那些指标要根据工程性质、公路等级、土质和质量要求等确定。

1. 压实度

压实度是现场路基填筑土的干密度与该土的最大干密度之比,见式(6-1)。

$$K=\frac{\delta}{\delta_0} \tag{6-1}$$

式中　K——现场路基土的压实度;

　　　δ——现场路基压实后测定的干密度;

　　　δ_0——试验室测定的土样最大干密度。

为得到压实度,必须事先测定土样最大干密度 δ_0,然后在施工过程中,现成实测路基上压实后土的干密度 δ,以下介绍具体测定方法。

(1) 土样最大干密度 δ_0 测定。最大干密度是指在标准的压实功作用下,土样所具有的最大单位体积干重度。土样的最大干密度是依照土工试验规程,在室内通过标准击实试验来确定的,它是检测路基压实度的基准值。

在试验室中,将土样组配几组不同含水率的试样,用标准击实仪,以规定的锤重、次数和落锤距离,对试样进行击实;测定击实后各组土样的干密度。画出干密度与含水率的关系曲线,找出其中最大的干密度,此时对应的含水率为最佳含水率,此时的干密度为最大干密度。

(2) 路基土实际干密度 δ 的测定。路基土实际干密度 δ 的测定方法与最大干密度的测定方法 δ_0 不同,测试方法有灌砂法、环刀法、蜡封法、灌水法(水袋法)或核子密度湿度仪测定,其中灌砂法最为常用。在路基施工现场,通过灌砂筒测定路基土的干密度,其方法是:

在现场挖取一小土坑,取出坑内全部土样后立即称其重量,并将土样装好。然后,通过灌砂筒,将标准砂(其单位重量事先标定好)灌入坑内,并计算出灌入坑内砂的质量,从而求出土坑的体积。将从坑内取出的土样烘干后,称其重量,并将其除以土坑的体积,得到现场路基土的实际干密度 δ。

采用灌砂法测定路基压实度需要的仪器设备简单、操作方便,故在我国公路路基施工中得到广泛应用。对以碎石、岩渣(石料场开采后的下脚料)等颗粒较大的填料,有时用灌砂法难以测定其压实度,可以采用固有体积率来表示路基的压实密实程度,具体试验方法可参见有关试验规范。

路基的压实度反映了路基压实的密实程度。对不同等级公路、不同的层位,路基的压实度要求也不一样。对于路基上部,由于汽车荷载产生的应力较大,故压实度要求最高,而路基下部由于受汽车荷载影响较小,压实度要求可适当降低。公路等级和路面等级越高,则路基压实度要求也越高。

二级以上公路路堤基底压实度不小于 85%,当路堤填土高度小于路床厚度(80cm)时,基底压实度不应小于路床的压实度标准。

在施工过程中若出现土质变化,应及时取样并补做试验,确定土样的标准干密度。

在我国路基设计规范中,对土质路基各层位填土的压实度的最低值作了明确的规定,见表 6-1。

土质路基压实标准(重型击实标准) 表 6-1

填挖类型		路床表面以下深度(cm)	压实度(%)		
			高速公路一级公路	二级公路	三、四级公路
路堤	上路床	0~30	≥96	≥95	≥94
	下路床	0~80	≥96	≥95	≥94
	上路堤	80~150	≥94	≥94	≥93
	下路堤	≥150	≥93	≥92	≥90
零填及挖方路基		0~30	≥96	≥95	≥94
		30~80	≥96	≥95	—

施工时对各压实层均应进行压实度检测,检测频率为每 2000m² 检验 8 点,不足 200m² 至少检验 2 点。检验合格后方可进行下一层土的填压。若检验不合格,则应查明原因,进行补压,直至符合要求为止。

2. 路基顶面综合回弹模量

对高等级公路的路基施工,土质路基顶面压实完成后,应进行路基顶面综合回弹模量测试,以检查路基的刚度是否符合设计要求。路基顶面综合回弹模量可以通过承载板法直接测定,也可以通过由回弹弯沉法测定路床表面的弯沉值,再按式(6-2)换算为路基顶面综合回弹模量,具体见路面有关试验规程。

$$l_0 = 1000 \frac{2p\delta}{E_0}(1-\mu_0^2)a_0 \quad (6-2)$$

式中 $p、\delta$——轮胎接地压强(MPa)与当量圆半径(cm);
   l_0——轮隙中心处的回弹弯沉值(0.01mm);
   E_0——路基顶面综合回弹模量(MPa);
   a_0——均匀体弯沉系数,取 0.712;
   μ_0——土的泊松比,取 0.35。

3. CBR 值

在高等级公路的路基施工中,特别在国际招投标中,较多使用 CBR 值作为压实质量控制指标,具体内容见前述。

6.3.5 压实机具的选择与使用

实践表明,合理选择施工机械设备,对提高施工速度和施工质量有很大的影响。在现代公路建设中,由于工程规模越来越大,施工趋于专业化,出现了许多专业化施工机械队伍,专门从事某几项机械施工,提高了施工效率和机械利用率,减低了施工成本,这是当今大型公路项目施工的一个显著特点。

1. 压实机具

压实机具对土体产生的压实效果,与机具的重量、机具与土体的接触面大小、碾压的速度、碾压时间和碾压遍数等因素有关。压实应以足够、有效、合理为原则。一般认为，压实时产生的单位压力应不超过土的抗压强度极限。

通常采用的压实机具主要是各种型号规格的压路机。根据碾压机具的工作特性，压实机具可分为碾压式、夯击式和振动式。

（1）碾压式。亦称静力碾压式，靠机具自身的重量进行压实，包括光面碾压式压路机和气胎碾压路机等。采用重量大的压路机碾压，可获得较好的压实效果。碾压式机具是压实的主要机具。

（2）夯击式。主要靠机具的夯锤、夯板对土体的夯击作用，产生压实效果，包括石硪、木夯、夯锤、夯板、风动夯和蛙式夯等。

（3）振动式。主要靠机具的振动对路基施加的动能产生压实效果，包括振动器、振动压路机。振动压路机通过碾压轮的振动和自重，对土体产生较好的压实效果，它压实的传播深度大，压实作用大，特别适合对填料为碎石的压实。

施工前，要根据工程性质和规模、施工的条件和机械设备配置水平，选择合适的机械种类和操作方案，尽量发挥各种机械的功能和使用效率。

对不同类型的压实机具，其使用范围是不同的，对路基的压实效果也不一样。路基压实的机具选择要根据工程规模、施工场地和施工条件、填料类别、施工质量要求以及气候、施工期的综合因素考虑，有时要几种机具综合使用，达到最佳的压实效率和效果。对砂型类土，一般选用振动式压路机，黏性土类或整修路床时，宜选择静力式压路机，桥头、涵洞或其他建筑物附近局部不适合使用压路机压实的路基，可采用夯击式压实机具进行的压实。

各种土质适宜的碾压机械类型见表6-2。

各种土质适宜的压实机械　　表6-2

机械名称＼土的分类	细粒土	砂粒土	砾石土	巨粒土	备注
6～8t 两轮光轮压路机	A	A	A	A	用于预压整平
12～18t 三轮光轮压路机	A	A	A	B	最常使用
25～50t 轮胎压路机	A	A	A	A	最常使用
羊足碾	A	C或B	C	C	粉、黏土质可用
振动压路机	B	A	A	A	最常使用
凸块式振动压路机	A	A	A	A	最适宜于含水率较高的细粒土
手扶式振动压路机	B	A	A	C	用于狭窄地点
振动平板夯	B	A	A	B或C	用于狭窄地点，机械质量800kg的可用于巨粒土
手扶式振动夯	A	A	A	B	用于狭窄地点

续表

机械名称\土的分类	细粒土	砂粒土	砾石土	巨粒土	备注
夯锤（板）	A	A	A	A	夯击影响深度最大
推土机、铲运机	A	A	A	A	仅用于推平与预压

注：表中符合A代表适用；B代表无适当的机械时可用；C代表不适用。

2. 土质路堤的机械压实

路基压实时必须使填料具有最佳含水率，以达到最佳压实效率和效果。压实操作按先轻后重、先慢后快、先边缘后中间和先低后高（超高段）的原则进行。对相邻两次压实的轮迹应重叠轮宽的1/3，对边角或难以碾压的地方辅以夯击机具压实。

路基填筑必须分层填筑、分层压实，并及时检查每层的密实度，要求达到质量控制标准。

各种压实机械的压实遍数及适宜的压实厚度应考虑土类、土的实际含水率和压实度要求等通过试验段施工，确定碾压方法和遍数。碾压前应对所填土层的松铺厚度、平整度和含水率进行检查，应检查每一层填土的压实度，达到要求后方可进行下一层填筑。

高速公路和一级公路土质路基宜采用振动压路机或35～50t的轮胎压路机进行碾压。振动压路机碾压第一遍时不开振动，随后逐步增大振动强度进行碾压，压路机碾压行进速度宜由慢到快，最大速度不宜超过4km/h。采取纵向进退式碾压，碾压直线段路基时应由两边向中间，碾压小半径平曲线路基时由内侧向外侧进行。在横向接头处，振动压路机碾压轮迹应重叠0.4～0.5m，三轮压路机重叠轮宽的1/2。纵向前后相邻施工段宜搭接1.0～3.5m，应做到无漏压、无死角，确保全面均匀压实。

6.4 石质路基爆破施工

6.4.1 路基爆破施工的作用及流程

在山区公路施工中，经常会遇到需要大量的石质或硬土需要开挖，由于单靠人工、机械难以或不能满足施工要求，必须使用炸药进行爆破。

爆破施工是在岩石或硬土的一定深度或范围内，埋置适当数量的炸药，利用炸药爆炸时产生的巨大冲击能和高温高压，将岩石或土松动、破碎、甚至可抛掷到指定的地点。

利用爆破技术可以进行爆松冻土、淤泥，开挖路堑、开采石料和基础施工等。合理利用爆破技术，可以达到节省人力和机械设备，缩短工期，从而降低了施工成本，往往可以做到事半功倍的效果。所以，爆破施工是石方（或硬土、冻土）地段开挖的重要的施工方法。

爆破技术包括炸药的技术特性、炸药器材和起爆方法、爆破设计和爆破作业以及爆破安全措施等。

爆破施工的流程如下：

6.4.2 爆破作用原理

爆破所使用的炸药称为药包。爆破施工时通常将药包放置在某一岩体的表面或其中。炸药在爆炸的瞬间通过化学反应转化为气体，体积迅速膨胀，增加到数千乃至数万倍，产生了高温高压区，并以每秒高达上千米速度的冲击波，以动压力的形式作用于周围的介质。这种极其巨大的爆炸能，差不多在爆炸的同时自药包中心按球面等量扩展，传递给周围介质，使介质产生各种不同程度的破坏和振动现象，这种现象称为药包的球形爆炸作用，爆炸能随着距药包中心的距离增大而逐渐减小。

按照药包的球形爆炸作用对周围介质的破坏程度不同，大致可以用4个球面区来划分，如图6-12所示。

（1）压缩圈

在紧靠药包的区域，图6-12中的R_1表示压缩圈半径。在这个作用圈范围内，介质直接承受药包爆炸，受极其巨大的作用力。如果介质是可塑性的土，便会遭到压缩形成空腔；如果是坚硬的脆性岩石，便会被粉碎。所以把R_1这个球形区叫做压缩圈或破碎圈。

（2）抛掷圈

在压缩圈R_1范围以外至R_2的区域，爆破作用力较压缩圈内小，但足以使原有

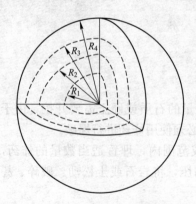

图6-12 爆破作用圈示意

的介质破裂，而且爆破作用力尚足以使这些碎块获得运动速度，如果这个区间的某一部分临空，破坏了的介质碎块便会产生抛掷现象，因而叫做抛掷圈。

(3) 松动圈

在抛掷圈 R_2 以外至 R_3 的区间。爆破的作用力更弱,但能使介质结构受到不同程度的破坏,因而叫做松动圈(即破坏)。

(4) 振动圈

松动圈 R_3 范围以外直至 R_4 所包括的区域,微弱的爆破作用力不能使介质产生破坏。这时介质只能在应力波的传播下,发生振动现象。

而振动圈以外爆破作用的能量就逐渐减弱和消失。爆破施工中要求选择适量的药包,有效地发挥爆破作用,并尽量减少对周围环境的影响。

6.4.3 炸药、起爆器材及起爆方法

1. 炸药的性质

炸药是由碳、氢、氧、氮等化学元素组成,是一种化学性质不稳定的物质。它在外力的冲击、摩擦、挤压作用下或高温影响下易发生爆炸。

炸药爆炸时的爆速高达每秒几千米,爆温高达 1500~4500℃,爆炸所产生的气体比原体积大 1 万倍以上,爆压超过 10 万个大气压,因而对其周围介质具有极大的破坏力。

炸药的性质取决于它所含的化学元素。其主要使用特性如下:

(1) 氧平衡。是指炸药在爆炸过程中所需要的氧是否足够,它直接影响炸药的爆破性能。氧平衡可以分为正氧平衡、零氧平衡和负氧平衡。

零氧平衡指炸药爆炸后,其中氧恰好能够使碳、氢完全氧化生成水蒸气和二氧化碳,无剩余的氧;正氧平衡是氧有多余;负氧平衡是氧不足。

采用零氧平衡的炸药,爆破效果和安全性都较好些。否则,爆破效果将降低,同时产生剧毒的一氧化氮(NO)、二氧化氮(NO_2)和一氧化碳(CO)等气体。因此,在配制炸药时,应接近零氧平衡,或具有不大的正氧平衡。

(2) 炸药的敏感性。是炸药在外界因素激发下起爆的难易程度。特别敏感的炸药在使用时非常危险,而敏感度过低的炸药,又不容易起爆,在使用中不方便。

(3) 爆力。是炸药破坏一定量介质(岩体)的能力。其指标是将一定量炸药放在铅柱孔槽内,以爆炸后体积增大的程度来表示。标准炸药的爆力为 300mL。

(4) 猛度。是炸药在裸置情况下爆炸的威力。用一定量炸药放在直径为 40mm 的铅柱上,以爆炸后压缩铅柱的长度来表示。猛度大对介质的粉碎性就强。标准炸药的猛度为 11mm。

(5) 炸药的湿度。是指炸药内所含水分与炸药重量的百分比。湿度过大的炸药爆速低,甚至不爆炸(拒爆)。

2. 炸药的种类

按照炸药的用途,炸药可以分为起爆炸药和主要炸药。

(1) 起爆炸药。起爆炸药用于激发其他炸药爆炸,它是一种爆炸速度极高

的烈性炸药、爆速可达2000～8000m/s。起爆炸药又可分为正起炸药和副起爆炸药。正起炸药对热能和机械冲击能均具有强烈的敏感性，如雷汞、叠氮铅、黑索金、泰安等；副起炸药须由正起炸药起爆，其爆速甚高，可加强雷管的起爆能量，如三硝基甲硝胺、四硝化戊四醇等。

(2) 主要炸药。直接用以对岩石或其他介质进行爆炸的炸药称为主要炸药，它的敏感性较低，要在起爆炸药爆炸激发下才能起爆。爆速为1000～3500m/s的为缓性炸药，如硝铵炸药、镀油炸药等；爆速为3500～7000m/s的为粉碎性炸药，如TNT、胶质炸药等等。

3. 公路工程中常用的主要炸药成分和性能

(1) 黑色炸药：它是由硝酸钾（或硝酸钠）、硫磺及木炭所组成的混合物。对火星和碰击极敏感，易燃烧爆炸，易潮湿，威力低，适用于开采石料。

(2) TNT（三硝基甲苯）：它呈结晶粉末状，淡黄色，压制后呈黄色，熔铸块呈褐色，不吸湿，爆炸威力大。但由于其本身含氧不足，爆炸时产生有毒的一氧化碳气体，不宜用于地下作业。

(3) 胶质炸药：它是由硝化甘油和硝酸铵（有时用硝酸钾或硝酸钠）的混合物，另加入一些木屑和稳定剂制成的。它对冲击、摩擦和火星都很敏感，如果湿度较高或储存时间过久，容易分解、渗油和挥发。此时对外界的作用更敏感，受冻后尤其危险，它是一种危险性较高的炸药。但胶质炸药威力大，不吸湿，有较大密度和可塑性，适合于在水下和坚石中使用。

(4) 硝铵炸药：它是由硝酸铵、TNT和少量木粉混合而成。具有中等威力和一定的敏感性，是安全的炸药。但是它有吸湿性与结块性，受潮后敏感性和威力显著降低，同时产生毒气。要控制其含水率。

(5) 铵油炸药：它是由硝酸铵、柴油或木粉混合而成。其敏感性低、爆炸威力比硝铵炸药略低，制造简单，是一种廉价、安全的炸药，目前在爆破中应用较多。

(6) 浆状炸药：它是以硝酸铵、TNT（或铝、镁粉）和水为主混合而成的一种浆糊状炸药。其威力大，抗水性强，适用于深孔爆破，但需烈性炸药起爆。

(7) 乳化油炸药：它是以硝酸铵、硝酸钠、高氯酸钠等水溶液，石蜡、柴油和失水山梨醇单油酸酯的乳化剂，以及含有微小气泡的物质如空心玻璃微球或膨胀珍珠岩等，混合而成的一种乳胶状抗水炸药，具有中等威力，8号雷管可直接起爆。

4. 炸药的药包类型

按其形状或集结程度的不同，可以分为集中药包、延长药包和分集药包三种。集中药包的形状接近球形或立方体，体积较小，延长药包为长度或高度超过直径4cm的圆柱体、直角六面柱体，分集药包由两个保持一定距离的子药包组成，它可以提高炸药有效能量利用率，如图6-13所示。

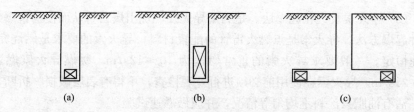

图 6-13 各种药包图示
(a)集中药包;(b)延长药包;(c)分集药包

5. 起爆器材

雷管是最常用的起爆材料,按照引爆方式分为火雷管和电雷管两种。电雷管又分为即发、延期及毫秒雷管。工业上依雷管内起爆药量多少,分成10个号码。通常使用6号和8号两种。6号雷管相当于1kg雷汞的装药量,8号相当于2kg雷汞的装药量。

雷管的构造:雷管由雷管壳、正副装药、加强帽三部分组成,雷管外壳有纸、铜、铁等几种,如图6-14所示。

火雷管:用导火索引爆,在管壳开口的一端留出15mm左右的空隙端,以备导火索插入之用。导火索是点燃火雷管的配置材料,外形为圆形索线,索芯内有黑火药,中间有纱导线,芯外紧缠着一层纱包线或防潮剂,见图6-14。

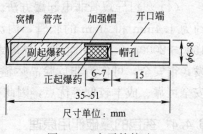

图 6-14 火雷管构造

电雷管:通过电器点火装置引爆,电气点火装置安装在电雷管的一端,并以防潮涂料密封端口。延期和毫秒电雷管是在点火装置和正装药之间加了一段缓燃剂,以控制起爆时间。电雷管有三项主要指标电阻差、最大安全电流和准爆电流。一般电雷管的电阻差彼此不能超过0.250。最大安全电流,是指在电雷管在通电5min左右而不引起爆炸的最大电流,见图6-15。

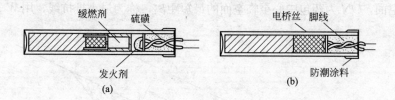

图 6-15 电雷管构造
(a)即发电雷管;(b)延迟迟发电雷管

6. 起爆方法

在工程爆破施工中,根据爆破的规模、主要炸药的类型和施工特点,需要分别采取不同的起爆方法。

(1)电力起爆法。通过电爆网路实现起爆的方法,称为电力起爆法。电爆网路中,电爆管的联结形式有串联、并联和混合联三种。

(2) 导火索及火花起爆法。是利用导火线燃烧引爆雷管从而使药包爆炸的一种起爆方法。导火索是点燃火雷管的配置材料，导火索的要求是燃烧完全、燃速恒定。一般要求导火索的正常燃速为 10～12s/m，缓燃导火索燃速为 18～21s/m。导火索在使用前必须进行外观检查，不得有表层破损、折断、曲折、沾有油脂及涂料不均匀等情况，并应做燃速试验。

(3) 传爆线起爆法。传爆线又称导爆线，其索芯用高级烈性炸药制成，内有双层棉织物：一层为防潮层，一层为缠绕着的纱线。为与导火索区别，表面涂成红色或红黄相间色等。我国制造的传爆线是用黑索金或泰安为索芯的，爆速为 6800～7200m/s。传爆线着火较困难，使用时须在药室外的一段传爆线上捆扎一个 8 号雷管来起爆，传爆网路与药包的联结方式有并联、串联、并簇联等。由于传爆线的爆速快，故在大量爆破的药室中，使用传爆线起爆可以提高爆破效果。但必须严格遵守安全规定。

(4) 塑料导爆管非电起爆方法。塑料导爆管由高压聚乙烯制成内外径分别约为 1.4mm 和 3mm 的软管，内涂以特殊的混合炸药。国产导爆管爆速为 1600～2000m/s，可用雷管、导爆索、火帽、引火头等能产生冲击波的器材激发，很安全，可作为非危险品运输。该起爆法具有抗杂电、操作简单、使用安全可靠、成本较低等优点，因此有逐渐替代导火索和导爆索起爆法的趋势。

6.4.4 药包的爆破作用原理

药包在有限介质内爆炸时，由于药包的球形爆炸作用，在具有临空面的表面会形成漏斗状的爆破坑，这种爆破坑称为爆破漏斗。

爆破漏斗的形状、数量和大小，不但与药包量大小、炸药性能、介质的性质等有关，还与临空面的数量、药包的体积和埋置深度以及所处的边界条件有关。若在倾斜边界条件下，则会形成卧置的椭圆锥体。

爆破时，被破坏的岩（土）首先会沿着阻力最小的方向（ON）隆起或抛掷出去，这就称为最小抵抗线原理。如图 6-16 所示，O 为药包中心，ML 表示介质的临空面，ON 为药包中心至临空面的最短距离，称为最小抵抗线，用 W 表示。

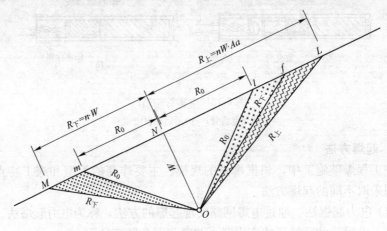

图 6-16 倾斜地形爆破漏斗示意

M、f 两点是以 R_F 为半径的球面与临空面的交点，漏斗 mof 内的岩石被破碎，并部分抛掷出去，称 mof 为抛掷漏斗。在抛掷漏斗之外，是松动漏斗，它由 Mom 和 foL 所围的漏斗组成。在爆破过程中松动漏斗内岩体被推出或因本身自重而崩塌下来，所以又将 oL 与 of 所包围的漏斗称为崩塌漏斗。oM（R_F）和 $om(R_0)$ 在实际中很难区分，故一般都称为下破坏作用半径 R_F。NL 称上破坏作用半径 $R_上$，$R_下$ 与 $R_上$ 所包围的漏斗就是爆破漏斗。$R_下$ 与 $R_上$ 称爆破漏斗口半径。

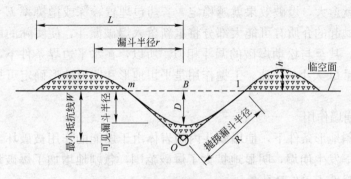

图 6-17　平坦地形爆破漏斗示意图

当地面坡度等于零时，崩塌漏斗消失，爆破漏斗成为倒置的圆锥体。mol 称为可见的爆破漏斗，其体积 V_{mol} 与爆破漏斗体积 V_{MDL} 之比的百分数 E_0，称为平坦地形的抛掷率，r_0 与 W 的比值 n_0 称为平地爆破作用指数，见式 (6-3)。

$$n_0 = \frac{r_0}{W}, \quad E_0 = \frac{V_{MDL}}{V_{mol}}\% \tag{6-3}$$

当临空面不只是一个，而是数个，通过上述各圈或个别作用圈，且最小抵抗线均相等时，则在各临空面内均形成爆破漏斗，爆能将在各临空面内均匀分布。当药包中心至各临空面的最短距离不相等时，其最小的一个才是该药包的最小抵抗线。

在具有最小抵抗线的临空面上，爆能才能充分发挥出来。而在其他几个临空面上，爆能的作用则显著降低，有的则以冲击波传播的形式，被无限介质所吸收。

6.4.5　地形对爆破效果影响

爆破效果与爆破的地形特征有关，或者与爆破的边界条件有关。在爆破中，根据对爆破的影响，地形可以分为：

爆破地形分类表　　表6-3

地形分类	平坦地形	倾斜地形			凸形多面临空地形	凹形地形
		缓坡地形	斜坡地形	陡坡地形		
地形特征	$i=0\sim15$	$i=15\sim30$	$i=30\sim50$	$i>50$	山包地形，爆破表面凸出	垭口地形，爆破表面凹入

注：i 为地面坡度(%)。

实践研究表明，倾斜地形爆破漏斗体积比平坦地形大 1~1.84 倍，多面临空地形比平坦地形大 1.8~2.8 倍。对凹形地形，虽然地面横坡较陡，但爆破漏斗体积可能反而比平坦地形爆破漏斗体积小。

药包在多边界条件下的主要作用

(1) 上抛作用

药包爆炸的一个作用是把介质向上升起，然后再向四周抛掷出去形成爆破漏斗。抛掷效果取决于所产生的动能，用药量愈大，抛得愈高，则所获得的抛掷量就愈大，爆破效果就越稳定。若药包埋置较深或抛掷率 $E<50\%\sim55\%$，被抛起的介质有可能大部分将重新落入爆破漏斗，使实际的可见漏斗体积减小，甚至与松动爆破的漏斗相似。所以，在水平边界条件下，抛掷率 E 与药包量 Q 大小成正比。上抛作用是平坦地形和凹形地形确定可见漏斗体积的依据。

(2) 崩塌作用

在倾斜地形条件下，崩塌漏斗内的岩体由于爆能的作用被破坏，在本身自重作用下发生崩塌，明显地扩大了爆破范围，急剧地增加了爆破量。崩塌作用大大降低了单位耗药量。

崩塌作用可以降低用药量，但使得漏斗内大部分岩体抛不出去，故相应地降低了抛掷率。在缓坡地形最少要降低 30%~40%。在斜坡和陡坡地形，由于侧抛作用似的这种影响小一些。但即使在斜坡地形条件下，由于崩塌作用，路堑内的岩体亦不能全部抛出路基。

(3) 坍滑作用

岩体因爆能的作用破坏成松散岩块所释放出来的位能使岩块向路基外坍滑。它与地面坡度、岩石的爆破安息角、松散系数等有关。

爆破方法应根据工程量的大小和集中程度、地形、地质条件及路基横断面形式等因素确定，做到高效、经济适用和安全可靠。路基爆破施工按照规模大小可以分为中小型爆破、大爆破。

6.4.6 中小型爆破方法

中小型爆破包括裸露药包法、钢钎炮、深孔炮、药壶法(葫芦炮)、猫洞炮等。

1. 裸露药包法

这种方法是将药包放置在被炸岩石表面或经过清理的石缝中，药包表面用草皮、泥土或橡胶条网覆盖，然后实施爆破。由于炸药利用率低，这种方法仅限于爆破孤石或大块岩石的二次爆破。

2. 炮孔法(钢钎炮)

炮孔法是将炸药放置于欲爆破土石方一定深度的孔眼内，然后实施爆破。

炮孔法用药量少，每次爆破的石方量不大。但由于施工操作简便，故适合在工程分散、石方量少以及地形艰险的局部地段。在大规模爆破工程施工中,炮孔法亦可作为辅助爆破方法,用来改造地形,为其他爆破方法创造临空面。

炮孔法的炮孔孔眼直径为7cm,深度小于5m,实际要根据岩石坚硬程度确定,通常等于要炸去的阶梯高度,见式(6-4)。

$$L=CH \qquad (6-4)$$

式中 L——炮孔深度(m);
H——爆破岩石的厚度或阶梯高度(m);
C——系数,坚石为$1.0\sim1.15$,次坚石为$0.85\sim0.95$,软石为$0.7\sim0.9$。

当采用成排炮孔进行爆破时,同排炮孔的间距按下式计算:

$$a=\beta W \qquad (6-5)$$

式中 a——炮孔间距(m);
β——系数,对电雷管起爆为$0.8\sim2.3$;
W——最小抵抗线(m)。

当采用群炮爆破时,炮孔排距约为同排炮孔间距的0.86倍,炮孔应按梅花状布置,装药长度一般为炮孔深度的$1/3\sim2/3$,对松动爆破或减弱松动爆破为$1/3\sim1/4$。

3. 深孔爆破

深孔爆破方法类似于炮孔法,但炮孔孔径大于75cm,深度超过5m时,应采用延长药包。

深孔爆破一次装药量大、爆破量大,所以爆破效率较高,施工进度快。深孔爆破效果容易控制,比较安全,但炮孔施工需要使用大型凿岩机或钻孔机,爆破后仍有10%~25%的大石块需进行二次爆破以方便清方,因此,适合于石方工程量大而集中的爆破作业。

进行深孔爆破时,要先将地面修成阶梯状坡面,倾角最好为60°~75°,高度宜为5~15m。炮孔垂直孔向下,也可为倾斜,见图6-18H′。炮孔孔径以100~150mm为宜,炮孔超钻深度h大致是梯段高度H的10%~15%,岩石坚硬者可取大值。

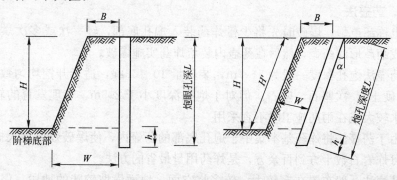

图6-18 垂直孔和斜孔横断面

斜孔的深度：

$$L=\frac{H}{\cos\alpha}+h \quad (6\text{-}6)$$

炮孔的孔距：

$$a=mW \quad (6\text{-}7)$$

底板的抵抗线：

$$W=D\sqrt{\frac{7.85\rho_0\tau L}{K'mH}} \quad (6\text{-}8)$$

式中　L——炮孔深度(m)；

　　　H——爆破岩石的阶梯高度(m)；

　　　h——炮孔超钻深度(m)；

　　　α——阶梯坡面倾斜角(°)；

　　　a——炮孔间距(m)；

　　　D——钻孔直径(mm)；

　　　ρ_0——炸药密度(kg/cm^3)；

　　　K——单位耗药量(kg/m^3)，$K'=K/3$；K 为形成标准抛掷漏斗的单位耗药量，与岩石种类有关，可查有关施工手册；

　　　m——药包邻接系数，约为 0.6~1.4，一般取 0.7~0.8；

　　　τ——深孔装药系数，$H<10m$，$\tau=0.6$，$H=10\sim15m$；$\tau=0.5$；$H>15m$，$\tau=0.44$。

底板抵抗线 W 值确定后，可由式(6-9)估算炮孔与阶梯段顶边缘的施工安全距离 B，即

$$B=W-H\cot\alpha \quad (6\text{-}9)$$

为确保机械作业安全，B 应大于 2~3m。

采用多排深孔爆破时，排与排之间的距离 b 可取为 $b=W$，按下列公式估算用药量：

$$Q=eK'WHa \quad (6\text{-}10)$$

式中　e——炸药换算系数；

　　　Q——炸药用量(kg)。

4. 药壶法

也称葫芦炮，爆破时先将少量炸药装入炮孔底部，经一次或多次烘堂后扩大成葫芦形的药壶，然后在药壶内装填炸药实施爆破。

药壶法炮孔深度一般为 5~7m，装药量 10~60kg，适于开挖均匀致密的黏土(硬土)、次坚石、坚石。但对于炮孔深度小于 2.5m、节理发育的软石、地下水较大或在雨期施工时不宜采用。

由于药壶法将炸药基本集中于炮孔底部的药壶内，使爆破效果大大提高，每次可炸岩石数十方到百余方，是炸药用量最省的方法。

药壶法一般布置在有较大、较多临空面，地面横坡较陡的地段，但不宜靠近设计边坡布设，药壶至设计边坡线的水平距离不宜小于最小抵抗线。炮

孔烘膛后应将药室内的碎渣掏尽。

药壶法爆破的炸药用量按式(6-11)计算：

$$Q = KW^3 \quad (6-11)$$

式中　Q——炸药用量(kg)；

　　　K——单位体积岩石的硝氨炸药消耗量(kg/m³)，软石为 0.26～0.28，次坚石为 0.28～0.34 当采用单排群炮用电雷管起爆时，每排内药包间距为：

$$a = (0.8 \sim 1.0)W \quad (6-12)$$

　　　a——每排内药包间距(m)；

　　　W——相邻两炮孔间最小抵抗线的平均值(m)。

当采用多排群炮时，各排间的药包间距为：

$$b = 1.5w \quad (6-13)$$

当炮孔布置成三角形时，上下层药包间距为：

$$a = W_下 \quad (6-14)$$

式中　$W_下$——下层药包的最小抵抗线(m)。

5. 猫洞法

猫洞法是将集中药包放入水平或略微倾斜的炮洞底部，然后实施爆破，见图 6-19。

该方法的特点是充分利用岩体的崩坍作用，能用较浅的炮洞爆破较厚的岩体，适用于硬土、胶结良好的古河床、冰积层、软石和节理发育的次坚石等，还可以利用坚石的裂隙形成炮洞或药室进行爆破。

猫洞法的炮洞孔径为 20～50cm、深度为 2～6m。炮洞深度应与台阶高度和自然地面横

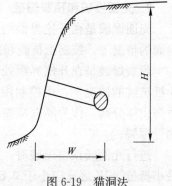

图 6-19　猫洞法

坡相配合，遇高阶梯时应布置多层药包，炮洞可根据岩土类别，分别采用浅眼烘堂、深眼烘堂和内部扩眼等方法形成。

猫洞法的炸药用量应根据岩体的崩坍情况确定。当被炸松的岩石能坍塌出路基时，用药量可根据式(6-15)计算：

$$Q = KWf(\alpha)d \quad (6-15)$$

式中　Q——炸药质量(kg)；

　　　K——形成标准漏斗的单位耗药量(kg)，一般为抛掷爆破的 1/3～1/2；

　　　$f(\alpha)$——猫洞法抛坍系数，$f(\alpha) = 26/\alpha$；

　　　α——地面横坡(°)。

当被炸松的岩石不能坍塌出路基时，用药量按式(6-16)计算：

$$Q = 0.35KW^3 d \quad (6-16)$$

式中　W——最小抵抗线(m)；

　　　d——堵塞系数，可近似取 $d = 3/h$，h 为眼深。

6. 微差爆破

微差爆破是使相邻两个药包或前后排药包以数十毫秒的时间间隔(一般为 15ms～75ms)依次起爆，前发药包为后发药包开创临空面，从而提高爆炸效率的爆破方法。

微差爆破的特点是在装药量相等的条件下，可减振 1/3～2/3 左右，节省 20% 的炸药，同时可降低岩石堆集高度以利清方。

微差爆破的炮孔布置如图 6-20 所示。

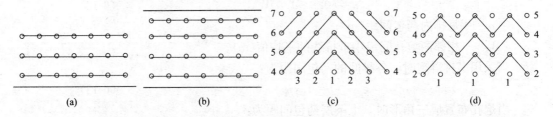

图 6-20 微差爆破起爆网络图

(a)直排依次起爆；(b)直排中心掏槽起槽爆法；(c)V 形起爆网络；(d)V 波形起爆网络

7. 光面爆破和预裂爆破

光面爆破是在开挖界面的周边，适当排列一定间隔的炮孔，在有侧向临空面的情况下，控制抵抗线和落量的方法使爆破后的坡面顺直、平整。

预裂爆破是在开挖界限处按适当间隔排列炮孔，在没有侧向临空面和最小抵抗线的情况下，用控制用药量的方法，预先炸出一条裂隙，使拟爆破岩体与山体分离，作为隔振减振带，从而消除和减弱开挖界面以外山体或建筑物受爆裂。

进行光面或预裂爆破时，应严格保持炮孔在同一平面内，炮孔间距 a 和最小抵抗线 W 之比应小于 0.8。采用恰当的药包结构，并控制装药量，通常是使炮孔直径大于药卷直径 1～2 倍，或采用间隔药包、间隔钻孔装药，预裂爆破的起爆时间应在主炮起爆之前，光面爆破则在主炮起爆之后，间隔时间在 25～50ms 范围内。同一排炮孔必须同时爆破，以免影响起爆质量，最好用传爆线起爆。

光面爆破和预裂爆破的主要设计参数为：

光面炮炮孔间距：
$$a_1 = 16d \tag{6-17}$$

预裂炮炮孔间距：
$$a_2 = (8～2)d \tag{6-18}$$

光面炮最小抵抗线：
$$W = 1.33a_1 = 21.5d \tag{6-19}$$

装药密度：
$$q = 9d^2 \tag{6-20}$$

式中　q——每米钻孔装药量(kg/m)；

　　　d——钻孔直径(cm)；

a、W——为炮孔直径和抵抗线长度(cm)。

6.4.7 大爆破

大爆破为洞室爆破，炸药用量在1000kg以上。具有威力大、效率高、节约劳动力等优点。同时，大爆破也具有很大的破坏性，若使用不当，则会破坏山体自然平衡，产生意外坍方，还可能在路基建成后长期留下事故隐患，所以，要慎重选用。

选择大爆破前，要对地形地质情况进行充分调查，对有断层破碎带、滑坡体、岩层构造软弱面倾向路基或可能引起坍方的地质软弱地段等，以及周围有重要建筑物或人烟稠密的城镇附近等，均不能采用大爆破，要评估大爆破对周围环境可能造成的不良影响，在无法确保其安全时，不能采用大爆破。

实施大爆破多少会对周边产生一定影响，要事先做好必要的安全防范措施，尽量减少其对周围环境的影响。

大爆破分为以下几种：

1. 抛掷爆破(扬弃爆破)

(1) 平坦地形的抛掷爆破。适合于地形平坦或自然地面坡度小于15°的石质、软石地段，如平地拉槽路堑。这种方法为使石方大量扬弃到路基两侧，通常需要较大的用药量，以加强爆破的抛掷作用，设计抛掷率一般为80%左右。由于耗药量很大，爆破时很容易破坏路堑边坡稳定性，因此，这种爆破方法很少在路基施工中使用。

(2) 斜坡地形的抛掷爆破。适用于有较大临空面，自然地面坡度为15°～50°且岩体较松软的路段，如傍山深路堑及半填半挖路基地段。爆破时石块向较低方向抛掷，设计抛掷率一般为60%左右。这种爆破方法耗药量较大，对路堑边坡稳定性影响较大，应慎重选用。

2. 抛坍爆破

这种爆破方法适用于临空面大、地面横坡大于30°、地形地质条件较单一的半填半挖路基地段。爆破时充分利用了岩体本身的自重滑坍作用，使爆破效果得以提高，对路堑边坡影响较小，是一种有效的爆破方法。

3. 定向爆破

定向爆破是利用炸药爆炸能量将大量土石方按预定方向搬运到指定位置的一种爆破方法，这种方法将挖、装、运、填等各工序同时完成，施工效率极高。在路基施工时适用于借方作填或移挖作填的地段，特别适用于深挖高填相间、工程量大的鸡爪形地段的路基。但定向爆破对爆破设计和爆破作业技术要求很高，对地形地质条件要求也很苛刻，故在公路工程实践中很少用。

4. 大型松动爆破

大型松动爆破适合于那些不宜采用抛掷爆破的次坚石、软石路基路段，或配合机械化清方的路段。在坚石中，宜采用深孔松动爆破。

5. 多面临空地形爆破

路线通过波浪起伏的峡谷或鸡爪地形地段、横切山包或山嘴时，常有两个以上的临空面，对实施爆破有利，由于山包或山嘴的石质较周围岩体坚固完整，爆破后可获得较陡而稳定的边坡。

大爆破是一种工效较高的爆破方法，但同时也具有较大的破坏性，在下列工程地质条件下不宜进行大爆破：

6.4.8 爆破作业及注意事项

工程中的爆破方法有许多，各种爆破方法的炸药用量、爆破效果以及实施难易程度均不同，特别是对山体和周边环境的影响等方面有很大的差异。在选择爆破方法时，应考虑地质和地形条件、岩石体积、施工机具使用以及爆破对周边环境的影响等因素，尽量减少对路基边坡稳定性的影响和注意安全问题。

爆破作业采用的器材都是容易引起燃烧和爆炸的物品，稍有不慎，就可能发生重大的安全事故，造成人员伤亡和财产损失，还可能影响工程进展。为此，进行石方爆破时，必须加强安全技术教育，建立健全安全监督和施工责任制度，严格遵守操作规程，确保施工安全。

1. 实施步骤

(1) 爆破作业区的管理。所以，应先对爆破作业范围的地段进行详细调查，内容包括作业区内的人、畜活动情况，空中线缆、地下管线的位置，周边建筑物类型、位置等，根据爆破的安全距离，划定危险区，在危险区边界应设立明显的标志。实施爆破前，应采取必要措施，保证人员、机具设备、各种管线、建筑物的安全。爆破时，必须派驻警戒人员，疏散危险区内的无关人员，禁止人、畜进入危险区。

(2) 爆破器材检查。为保证爆破作业安全，爆破器材在使用前应进行安全检查，检查其产品名称、规格指标、出厂日期应符合要求，不符合施工要求的变质器材不得使用。各器材检查内容还有：

① 炸药。外观颜色是否正常，炸药的含水率应符合要求，对黑火药不大于1%，对硝铵炸药不大于3%，对油炸药不大于5%。对炸药性能指标有怀疑时，应做性能试验。

② 雷管。要求孔外形完整，加强帽不脱落变形，无药粉漏出；火雷管的发火处不得有铜锈，必要时做试爆鉴定。导火索和传爆线。检查外观是否均匀连续，还应做燃速试验，燃速应稳定一致，否则不能在群炮中使用。

(3) 炮孔位置选择。炮孔位置应根据地形、岩石性状与类别、节理发育程度情况等合理选择，炮孔位置选择应注意以下几点：

① 炮孔方向宜与岩石临空面大致平行，一般按岩石外形、节理、裂隙等情况，分别选择正炮孔、斜炮孔、平炮孔或吊炮孔。

② 炮药室炮孔应避开溶洞和大的裂隙，避免在两种硬度相差较大的岩石交界面上设置炮孔、药室。

③ 非群炮的单炮或数次施爆，炮孔宜选在抵抗线最小、临空面较多且与各临空面距离大致相等的位置，为下次布设炮孔创造更多的临空面。群炮炮

孔位置应准确。宜分排或分段采用微差爆破。

（4）钻孔作业。分人工钻眼和机械钻眼两种。人工钻孔使用机具简单、操作简单，但效率低，仅适宜于工程量较小的作业。机械钻眼采用风钻、潜孔钻等机具钻孔，适合工程量大，工期紧的情况。炮孔钻成后，应将其中的石粉、石渣或泥浆清除干净并将孔口塞好。

（5）装药、堵塞与引爆。

① 装药。装药与堵塞炮孔应连续而快速地进行，避免炸药受潮而降低威力。不得在雨雪、大风、雷电、浓雾天气及黑夜装药；可用木片或竹片将药装入孔中，再将导火索插入，用木棍轻轻捣实，不得使用铁器装填散装的黑色火药，可使用散装黄色炸药装填炮孔，也可将包装成条状药包的黄色炸药直接装入，待炸药装入一半时，将插好导火索的雷管放入，再散装另一半炸药，最后用木棍轻轻捣实。

② 堵塞炮孔。炮孔可用细砂土、黏土等堵塞，最好用最佳含水率的黏土、粗砂混合料堵塞。炸药装好后先用干砂灌入并捣实，然后用堵塞料塞满炮孔、捣实。捣实时应保护导火索或电爆线。

（6）引爆。火雷管引爆采用引燃导火索方法，应指定专人按规定顺序，并采用香烟或香火引燃导火索，禁止明火引爆。电雷管引爆采用接通电源方法。引爆前应向安全警戒范围发出引爆信号，以确保施工安全。引爆后，应仔细记录爆炸的炮数，当爆炸的炮与装药引爆的炮数相同时，可解除安全警戒。若炮数不相等，可能出现哑炮，应在最后一炮响过30min，分析原因后，方可进入行现场检查处置。

（7）清除瞎炮。点火后未爆炸的炮称为瞎炮，也叫拒爆药包，必须尽快清除。产生瞎炮的原因有雷管、导火索受潮失效，导火索与雷管接头脱开，堵塞炮孔时导火索被扯断，炮孔潮湿，点炮时漏点等。清除瞎炮时，先找出其位置，在其附近重新打眼，布置新的药包，通过引爆新炮使瞎炮爆炸。若瞎炮为小炮且为一般炸药时，可用水冲洗处理。待瞎炮清除后方可解除警戒。

2. 其他事项

组织爆破施工时应遵守《爆破安全规程》GB 6722—2011。

（1）应根据实际地形、地质及路基横断面等条件，采取合理的爆破方案，正确进行爆破设计，并上报有关部门审批。

（2）爆破施工是一项专业性很强的作业，进行爆破作业的有关人员必须通过专业培训，持有爆破上岗证，操作时按规定穿戴防护用品。装药时无关人员应撤离危险区，装药现场严禁火源、电源。

（3）严格对各种爆破器材的贮运和管理，对爆破器材要有专门人员保管，注意防火、防潮，要防止遗失或失窃，做好使用过程的登记记录。

（4）做好对爆破作业区内安全警戒和安全检查，确定足够的安全警戒线，并及时疏散危险区的人员、牲畜、设备及车辆等。对不能撤离的建筑物应采取保护、加固措施。

（5）起爆后应由专业人员进行安全检查，确认无拒爆、瞎炮后方可解除警戒。

(6) 实施大爆破施工作业时，应由专门设立的机构全面负责组织、指挥、协调和安全等方面的工作。

(7) 爆破随后进行的清方施工，必须严格按操作规程进行，防止被炸松的岩石坍塌，发生事故。

6.5 桥梁及涵洞衔接段施工

公路主要由路基、桥梁与涵洞及隧道等构造物组成。由于桥梁与涵洞通常结构变形很小，且均有圬工砌体扩大基础或桩基础，桥面工后沉降要求小，一般在几毫米之内。而路基一般是采用土石材料直接填筑在天然地基上，尽管采取各种技术措施，但累计工后总沉降量远比桥梁涵洞大。因此路基与桥梁涵洞衔接段往往造成两者之间产生沉降差，可达到数厘米甚至更多，造成纵向高差，形成常见的"桥头跳车"不良现象。

随着高等级公路大量修建，行车速度快，"桥头跳车"现象不仅直接严重影响行车安全性和舒适性，车辆轮胎竖向振动对桥梁和路面产生冲击力，更加快了路基路面沉降和损坏，已经成为许多平原和山区高速公路与高等级公路的常见病害，直接影响公路正常通行与行车安全，必须予以重视和采取必要措施及时解决。

6.5.1 桥洞衔接段路基病害原因分析

桥洞衔接段台背回填区路基的病害表现特征有：回填区路面显著沉降而导致路面严重破坏。桥头搭板路段路面的车辙、推移拥包或开裂，搭板与路基交界处差异沉降导致路面产生横向裂缝，砌石桥台顶的石块松散使得搭板下沉和伸缩缝损坏从而导致路面破裂。

结构物台衔接段路基病害主要原因有：

1. 回填施工方面原因

桥涵结构物由砌石或混凝土结构产生的变形很小，一般只有几毫米或更小，而土石天然材料为主填筑而成的路基变形与土体密实度有关，从几厘米到几米都有，路基回填材料压缩变形需要几个月甚至几年才趋于稳定，时间长短取决于土质、回填施工质量及车辆荷载作用等。由于结构物台背填土往往不便采用大型机具设备施工，是施工的薄弱环节，容易造成压实度不足。因此，路基回填材料选择及施工质量是影响结构物台路基工后沉降的重要原因。

2. 路基地基过大沉降

桥涵结构物圬工砌体扩大基础或桩基础沉降非常小，一般只有几毫米或更小。路基自重及荷载使得地基沉降远大于桥涵地基沉降。特别对于软土地基地段，其总沉降往往需要几个月甚至几年才能趋于稳定，路基地基与桥台沉降的差异性已成为普遍现象，也是目前高等级公路修建中需要重视和加以解决的重要课题。

3. 台背回填区排水不畅及不良气候环境

路基与桥涵衔接段也是结构构造及受力较为复杂的路段，大气雨雪形成的路表水很容易沿路堤与桥涵结构物的连接部位接缝或裂缝渗入，对路面结构层和土基土体产生渗透和冲刷，增加含水率，甚至造成细粒料流失，导致路基回填材料进一步压缩变形，同时也降低了地基的承载能力，使回填区进一步沉降。此外，在季节性冰冻区，回填材料密实度不足和含水率过大，容易发生冻胀、融沉等病害，更加大回填区路基沉降。

6.5.2 台背回填区施工技术

1. 台背回填材料及压实施工

（1）回填材料。回填材料土质特性直接影响压塑变形大小。因此，应该选用相对水稳定性好、强度较高、压缩性较小的土质材料，以减少回填材料变形和水的影响，回填材料粒径不宜过大，以达到最佳压实效果。为减少回填材料压缩变形，对于重载交通的高速公路及其他高等级公路，当采用黏性土或粉性土回填，可添加含量5%～8%的石灰土或1%～2%的水泥进行稳定。也可采用天然砂砾回填材料，粒料最大粒径4.75～8cm，每层施工厚度20～38cm。

（2）压实施工

为防止路基压实过程桥涵结构物台损伤，结构物台背填土往往不宜采用大型机具设备施工，而采用小型振动夯或轻型压路机甚至人工压实。应适当增加碾压分层数，并严格控制各层的压实度，以使其达到压实度要求。对天然砂砾回填材料可采用水冲及振动碾压的施工工艺。最后用手扶式气夯碾压边角处，可取得良好效果。

2. 回填区地基处理

结构物台衔接段路基过大沉降是引起桥头跳车的最主要原因，因此，尽量减少路基的工后沉降是施工中的关键环节。

对于一般没有较厚软土下卧层的地基，可对天然地面清表后，直接进行压实，对厚度不深、地表土质不良的土层，可采取换土或通过砂砾、石灰及水泥等改善稳定，再进行压实，并尽早填筑路基，依靠路基自重对地基进行预压，使地基尽早完成大部分沉降，以最大限度减少路基工后沉降。

对于湿软地基沉降控制，通常采用的工程技术措施方法有：排水固结法，包括超载预压、塑料排水板、砂桩等，以加快地基排水使其沉降稳定；复合地基法，包括石灰、水泥粉喷桩或搅拌桩；化学固结法，使地基形成硬壳层，提高地基承载能力，阻止地基进一步沉降。不同处理方法有各自的特点和使用范围，同时工程造价也相差很大，具体内容参见第7章路基的养护与维修部分内容。

由于路基地基处理受工程量、造价、工期等多种因素相互制约，在实际工程中，还需要针对不同地质水文条件和土质、路基填土高度等，因地制宜、综合各种处理技术措施，以求最佳的技术与经济效果。

3. 回填区路基排水

应加强回填区路基排水。为防止路面地表水渗入，可在基底顶面设置横向排水层，必要时可设横向泄水管或盲沟。日常需保持边沟、排水沟排水通畅、无积水等。

6.5.3 台背回填区路基沉降治理技术

"桥头跳车"是公路普遍存在的病害，由于各种复杂环境和地质水文条件的限制，目前很多情况下治理比较困难。要使得路基地基与桥涵同步沉降，涉及技术内容复杂、技术难度高，还需要不断深入研究和探索。多年来国内外开展一系列桥涵台背回填相关技术研究，也取得了许多成果并得到应用。

1. 设置桥头搭板过渡段

为防止路基与桥涵衔接处的台阶式错台，近十多年来许多高等级公路的桥涵设计中增设了桥头钢筋混凝土搭板，分别支承在路基与桥台之间，形成一段从桥梁到路基的变形过渡段，增加了行车舒适性，取得了良好效果。但在工程实际中发现，由于有些桥头路基局部凹陷使得搭板下部脱空形成简支结构，在行车荷载的作用下很快折断，失去了桥头搭板的功能，产生"二次跳车"现象。桥头搭板使用寿命取决于搭板路基端支撑沉降不能过大，实践中还存在技术难点，所以，近年来很多地方有逐步取消的趋势。

2. 减少台背回填变形

（1）反开挖填贫混凝土

为减少重力式桥台台背回填，可采取反开挖填贫混凝土，以消除结构物台背回填压实的薄弱环节，在广西全黄高速公路得到很好应用，其回填结构图见图 6-21 所示。台背回填施工中，每填筑层后，将临近台背 30~50cm 范围内大型机械无法压实的回填材料挖除，浇筑贫混凝土，养护 7d 后继续向上回填。实体工程的观测结果表明，反开挖填贫混凝土的方法，消除了台背回填的"压实死角"，明显提高了回填材料的整体承载能力。

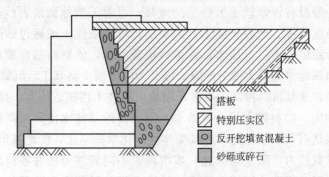

图 6-21 广西全黄高速公路台背回填工程反开挖填贫混凝土

（2）压密注浆

压密注浆利用注浆泵，将配制好的水泥浆液，通过注浆管注入回填材料中,浆液在压力作用下渗入填土的孔隙中,与土粒骨架产生固化反应,进一步提高了台背填土的密实程度,减少了填土与桥台之间的刚度差,从而减小因台背填土的沉降而产生桥头跳车的现象。水泥浆液除能填补填料的空隙外,还能防止雨水下渗对填料的软化作用。

对于由于雨水作用使回填材料部分丧失或地基沉降等,使得结构物台背回填区出现部分空洞缺陷,一般应重新开挖回填压实。但由于路面或桥梁塔板基本完好,开挖施工不仅成本高而且造成交通中断,可采用压密注浆对路基空洞进行填补和加固,以恢复路基原有的承载能力。压密注浆可有效改善台背填土密实度和承载能力,是解决桥头跳车问题的一种有效技术。但在施工中需注意注浆饱满度质量控制以及工程成本控制。

此外,在有些工程路基上部分层铺筑土工格栅或土工格布,均匀化路段沉降变形,可以减缓路桥交界处的错台程度,缓解桥头跳车对行车安全与舒适性的不利影响。

(3) 轻质回填材料

减轻回填材料自重是解决桥头跳车的重要途径之一。我国20世纪80年代开始在高速公路采用粉煤灰工业废渣作为路基台背部分回填填料,减少路基自重,取得了良好效果。

近年些年来,国内外开展土颗粒、泡沫混凝土和土工泡沫轻质固化粉煤灰等轻质工程材料新技术研究,并应用于路基结构物台后回填,在降低台背与路基的差异沉降方面,取得了良好的效果。常见的轻质混凝土材料有:

① 陶粒混凝土。有粉煤灰陶粒、黏土陶粒和页岩陶粒三种,其粒径通常在 5~20mm 之间,根据密度,陶粒可分为超轻型(堆积密度小于 $500kg/m^3$)、结构保温型(堆积密度在 $500~750kg/m^3$ 之间)和高强型(堆积密度在 $750~1000kg/m^3$ 之间)。

② 泡沫混凝土。通过化学或物理的方式根据应用需要将空气或氮气、二氧化碳、氧气等气体引入混凝土浆体中,经过合理养护成型而形成的含有大量细小的封闭气孔,并具有相当强度的混凝土制品,密度等级一般为 $300~1800kg/m^3$,常用泡沫混凝土的密度等级为 $300~1200kg/m^3$。

③ 聚苯乙烯泡沫塑料(即 EPS)。属于超轻型土工合成材料。它是在聚苯乙烯中添加发泡剂,用规定的密度预先进行发泡,再把发泡的颗粒放在筒仓中干燥后填充到模具内加热形成的。EPS 土工泡沫是一种具有密度小,为 $1.3~1.48kg/m^3$,而且还具备抗压性能好、吸水率低、自立性好等优点,已成功应用于德国西部的 A31 高速公路桥梁台背回填等工程中。

人工轻质回填材料在减轻自重方面无疑效果显著,也铺筑一些试验路,同时目前材料成本还较高,回填材料在不同自然环境条件下的耐久性及长期稳定性还有待于工程实践进一步检验,但不失是一种有发展前景的技术。

此外,还可以在路基上部分层铺筑土工格栅或土工格布,均匀化路段沉降变形,以减缓路桥交界处的错台程度,缓解桥头跳车对行车安全与舒适性不利影响。

练习与讨论

1. 路基施工有什么特点？路基施工的基本方法有哪些？
2. 路堤正确填筑应如何进行，填筑方法有哪些，各自使用条件是什么？
3. 路路堑开挖有哪些方式，各自使用条件是什么？
4. 试述路基压实作用，讲述含水率、压实功与压实效果之间的关系。
5. 轻质回填材料有哪些类型，各自有什么特点？
6. 评定路基压实的标准有哪些，如何表示？
7. 有哪些压实机具，各自有什么作用？
8. 简要叙述爆破的作用原理。
9. 炸药的种类有哪些，各自有什么作用，起爆方法有哪些？
10. 在有几个凌空面下，药包的作用有哪些？
11. 中小型爆破与大爆破有什么特点和区别？各自的使用条件与哪些？
12. 试举出石方爆破工程中常用的五种爆破方法。

> 小组讨论（1）：路基填料在平原微丘区主要有黏性土，在山岭重丘区则可能采用爆破后的土石混合料。请结合两种填料路用性质的不同，讨论填料的要求和施工质量控制技术。
>
> 小组讨论（2）：路桥过渡段易出现不均匀沉降，请结合施工时间安排、材料要求、质量控制技术等说明产生的原因及改进的方法。

第7章 路基的养护与维修

本章知识点

> 【知识点】路基的主要病害及其产生的原因；路基各组成部分的内涵及其养护方法；路基翻浆及滑塌、崩塌的防治的方法与要求；特殊土路基特点及破坏原因。
> 【重　点】土质路基和石质路基破坏产生的主要原因及其养护方法。
> 【难　点】土质路基和石质路基破坏的主要原因。

7.1 概述

路基主要由天然土、石材料填筑而成，其强度、整体性和稳定性受气候环境、雨水、地表水与地下水、不良地质水文条件等影响，加上车辆荷载作用，容易产生各种病害甚至损毁。因此，在道路运营过程中必须对路基进行长期的养护与维修。

我国幅员辽阔，不同地域的土质、气候环境及水文地质变化复杂，使得路基病害呈现多样性。早期的公路交通多以中低等级道路为主，交通量小，轴载轻，故养护的要求不高，养护方法与技术也相对比较简单。随着近30多年我国大量高等级公路、山区和特殊地区公路的修建，道路交通量和交通轴载增大，各种极端气候及自然地质灾害不断发生，加剧了路基病害发生的频率，对路基的养护与维修提出了更高的要求。

路基是道路的主体工程，各种路基病害使道路路面丧失有效支撑而破坏，严重影响道路通行的安全性与舒适性。尤其是严重的路基损毁不仅直接危及道路通行人员与行车安全，而且往往导致道路交通中断，通常需要花费大量人力、物力及时间修复，造成很大经济损失。此外，道路中断还直接影响人们正常生活与生产活动，造成不良社会影响。人们已经逐步认识到公路养护的重要性和必要性，当今公路养护已被摆在突出重要地位。截至2012年，全国公路养路覆盖率从2006年迅速已上升到97.2%。我国公路建设与维护理念也已从20世纪80年代"以建代养"转变到21世纪初的"建养并重"，发展到现在更是着重提倡"养护优先"的新理念，全养路时代已经到来。

公路养护是一项长期性工作，需要耗费大量人力、物力，需要有科学和规范的技术准则与标准为依据。为此，世界许多国家制定了养路技术手册和规范，如苏联制定有公路养护技术规范，日本制定有道路养护维修纲要，美国有公路养护手册，我国也制定了《公路养护技术规范》等。路基养护的基本原则归纳起来有以下几点：

（1）提倡"预防为主"，建立和健全日常检查、定期检查和特殊检查，及时消除导致路基损毁的隐患。

（2）增强路基的耐久性、水温稳定性，提高其抗御极端气候及各种自然灾害的能力。

（3）科学分析、因地制宜、因势利导、有的放矢。针对不同类型路基病害，查明原因，采用路基养护技术方法应合理、有效、快捷、适用与经济。

（4）推广先进养护技术与科学管理方法，不断提高养护质量与效率，降低养护成本。

7.2　路基的主要破坏类型及产生的原因

路基以土石材料为主的组成特点决定了路基的强度、整体性指标容易受水和不良地质条件影响。路基各组成部分产生沉降和变形，路基表面不均匀沉降将导致路面开裂乃至破坏，直接影响行车安全与舒适性，路基过大的沉降和严重的整体变形将引起路基边坡失稳和垮塌等，导致中断交通，需尽量避免，一旦发生，则需及时抢修。

7.2.1　路基的病害原因

导致路基破坏的有其外因和内因。

（1）外因。主要包括极端气候环境变化和不良地质条件以及车辆荷载的作用。极端气候环境变化包括降雨、洪水、地下水及低温冰冻等，水对路基浸润作用使得路基土质含水率增大而强度减弱，低温则导致路基膨胀和冻融。不良地质条件包括湿软地基、湿陷性黄土、岩溶及破碎岩层等。

（2）内因。主要是路基填筑土质不良、路基填筑施工质量差、地基技术处理措施不当等导致路基难以承受各种不良气候和地质条件，还有频繁或超重车辆荷载反复作用超出路基承载能力。

路基破坏是外因和内因相互作用的结果。采用良好的路基填筑材料，保证严格的施工质量，对不良地质条件预先做好合理的技术处理措施，提升路基抵御各种极端气候和不良地质水文条件影响，是预防路基破坏的最重要基础。对可能出现的路基病害预先进行监管和养护，包括对可能出现的极端气候影响评估和预测，对已经出现路基病害及时有效采取合理的工程技术措施予以维修和加固，预防进一步破坏而导致更大损失，则是路基维护的基本原则。

因此，为保证道路日常运营的行车安全性和舒适性，必须进行经常性养护与维修。了解路基产生破坏类型和产生的原因，掌握对应的工程防治技术，以使在设计、施工和养护中主动预防、减少和有效治理各种病害。

7.2.2 路基的常见病害

路基病害有各种破坏类型，常见的路基病害有以下几种。

1. 路基的沉陷

路基沉陷的特征是路基表面产生过大的竖向位移，可分为两种类型。

（1）路基本身的变形引起路基表面沉降。产生这种沉陷的主要原因有路基填筑材料选择不当、路基没有充分压实。这种整体沉降一般较为均匀，见图7-1(a)。另外的原因是填筑路基的材料颗粒大小相差悬殊，路基内各部分强度不一。这种沉陷一般不均匀，将导致路面破坏，见图7-1(b)。

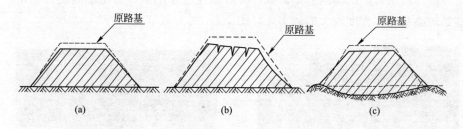

图7-1 路基的沉陷示意图
(a)路基均匀沉陷；(b)路基的不均匀沉陷；(c)软弱地基引起路基沉陷

（2）路基的自重作用下，地基产生过大沉降或向两侧挤出。产生这种沉陷的主要原因是由于路基的天然地面承载能力不足，地基下有较厚的湿软卧层或附近取土坑太靠近，路基修筑前未经处理或处理不当，加上路基填土高度过高使得路基自重加大，导致地面下软弱层产生过大压缩变形而导致，见图7-1(c)。

2. 边坡的滑塌

指路基的部分土体沿边坡向下移动，破坏原有路基边坡的形态。它是路基最常见的病害之一。根据边坡土质类别、破坏原因和滑塌规模不同，可分为以下几种：

（1）溜方。溜方是少量路基土体沿边坡向下移动形成的，一般是指边坡上薄的表层土下溜。它的主要原因是由于路面水冲刷边坡而引起的。

（2）滑坡。滑坡是指路基上较大一部分土体在重力作用下与路基分离，沿某一滑动面滑动。滑坡导致路基整体破坏，这种病害破坏性较大。产生滑坡的主要原因有：路堤边坡过陡、施工填筑不当、路基土体强度不够，或由于坡脚被冲刷、路堑开挖边坡坡度选择不当、边坡稳定性不足等，见图7-2(a)、图7-2(b)、图7-3。

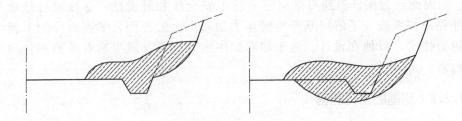

图 7-2 滑坡
(a)路堑边坡的滑坡;(b)路堤边坡的滑坡(沿基底)

(3) 剥落和碎落。剥落是指在大气干湿热冷的循环作用、振动或水的浸蚀作用下,路堑边坡风化岩层表层部分岩石从坡面上滚落向下,见图 7-5(a)。碎落是少量土体沿路堑边坡滚落,它会引起边沟堵塞,有时亦会危及行车安全,见图 7-5(b)。

(4) 崩塌。崩塌是大量的土体脱离坡面沿边坡滚落。在路堑中,由于开挖边坡破坏原来岩层结构的稳定,如连续降雨在水作用下,岩层层间丧失稳定,这是对路基破坏程度较大的病害,见图 7-4、图 7-5(c)。

图 7-3 路基边坡滑坡现场图

图 7-4 路基边坡崩塌现场图

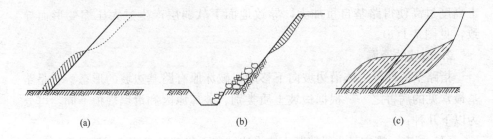

图 7-5 路基边坡病害示意图
(a)剥落;(b)碎落;(c)崩塌

(5) 路基沿山坡滑动。在较陡的山坡填筑路基,若路基底部结合处理不当加上排水不畅,路基底部被水浸湿,从而丧失整体稳定性,整个路基可能沿倾斜的原地面滑动,见图 7-6、图 7-8。

(6) 路基坍散。指路基边坡失去其原有的整体形状,边坡下沉以及路基的大部分毁坏。路基坍散是较为严重的病害。其主要原因是施工方法不正确，没有做好分层压实，路基整体强度不足，见图 7-7、图 7-9。

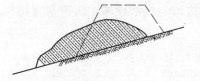

图 7-6　路基沿陡坡地基整体滑动

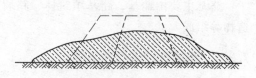

图 7-7　路基坍散

图 7-8　路基沿山坡滑动现场图

图 7-9　路基坍散现场图

（7）不良地质和水文条件造成的路基破坏。路基的不良地质水文条件如泥石流、溶洞、大暴雨、地震、自然灾害等，均可能导致路基的大规模破坏，如图 7-10 和图 7-11 所示。首先在道路勘测设计过程中，应力求避开这些地区。如出现这种类型病害，则首先需要调查产生不良地质灾害的原因，然后采取专门技术措施，保证路基的安全和稳定。

图 7-10　泥石流对道路的毁坏

图 7-11　地震对道路的破坏

7.3 路基各组成部分的养护

路基主要由地基、路基填筑体、路肩与边坡、排水设施、防护与支挡构造物等组成。

7.3.1 路基养护的作业范围

路基养护应通过对公路各部分的日常巡视和定期检查,发现病害,及时查明原因并采取有效措施进行修复或加固,消除病害根源。其作业范围包括:

(1) 维修、加固路肩、边坡。

路基养护中,应对路肩与边坡定期检查与维修,保证路肩平整、坚实,横坡顺适,排水顺畅,硬路肩产生病害应参照同类型路面处治。边坡应保持平顺、稳定,遇有缺口、坍塌、高边坡碎落等病害应立即采取相应加固整修措施。

(2) 疏通、改善排水设施。

路基的强度与稳定性同水的关系十分密切,水的作用是形成路基病害的主要因素之一。路基养护中,对排水设施应定期检查与维修,以保证排水设施能正常使用,水流畅通,并根据实际情况不断改善路基排水条件。

(3) 维护、修理各种防护构造物。

维护、修理路基防护构造物是确保路基强度与稳定性不可缺少的工程技术措施。应加强检查,发现病害应查明原因,并观察发展趋势,采取相应修复、加固措施,损坏严重时可考虑全部或部分拆除重建。

(4) 清除坍方、积雪,处理塌陷,检查险情,防治水毁。

应及时清理塌方、积雪,确保行车畅通安全。对于易发生塌陷、水毁等险情路段,应根据病害特征及当地气候、地理特点因地制宜制定相应防治措施。

(5) 观察和预防、处理翻浆、滑坡、泥石流等病害。

易产生路基翻浆病害的季节性冰冻地区,应做好路基翻浆病害的防治。采取预防为主、防治结合的方针,根据导致路基翻浆病害原因,采取相应预防措施,对翻浆路段应及时处理,并尽快修复。加强不良地质路段边坡崩塌、滑坡、泥石流等病害的巡查、防治及抢修工作。

(6) 有计划、有针对性地对局部路基进行加宽、加高,改善急弯、陡坡和视距不良路段,使之逐步达到所要求的技术标准。

7.3.2 路基各组成部分养护基本要求

(1) 路肩:①横坡适度,边缘顺直;②表面平整、清洁、无杂物;③保持无车辙、坑槽、隆起、沉陷、缺口。

（2）边坡：①边坡稳定；②平顺无冲沟；③坡度符合规定。

（3）排水系统：①保持无杂草、无淤泥；②纵坡适度、水流畅通；③进出口良好；④断面尺寸与坡度符合设计标准规定；⑤加强暗沟、渗沟等隐蔽性排水设施的检查与疏通。

（4）防护构造物：①保持构造物完整无损；②砌体伸缩缝填料良好；③泄水孔无堵塞。

（5）路基病害：①对翻浆路段应及时处理并尽快修复；②对塌方、滑坡、水毁、泥石流、沉陷等，做好防护抢修，尽量缩短阻车时间。

7.3.3　路肩与边坡日常养护

1. 路肩

路肩位于行车道外缘至路基边缘的地带。路肩常见的病害有：路肩车辙、坑槽，路肩与路面错台，路肩积水。对路肩养护的要求有：

（1）路肩应保持平整、坚实，有适当的横坡，坡度顺适。硬路肩横坡与同类型路面横坡相同；土路肩或单皮路肩的横坡应比路面横坡大1%～2%，以利于路面排水。

（2）路肩应经常保持原有几何形态。对车辙、坑槽、与路面产生错台以及堆积物形成的高路肩，必须及时整修或清除。对路肩积水和淤泥及时排出和清除，填平压实，以恢复保持原有几何形态。

2. 边坡

边坡对路基起到支撑和保护作用，是路基的重要组成部分，边坡要求保持平顺、坚实、无裂缝，几何形状和坡度符合技术标准规定。边坡常见病害有边坡几何形状变形过大或过陡，边坡缺口、坍塌及侧滑，对挖方的高边坡坡面碎落及滑坍等。边坡的养护和维修工作的重点是保持整体稳定性。应分别针对具体情况采取各种相应的维修或加固等措施，保持边坡稳定。

7.3.4　路基排水设施的养护

路基排水设施分为地面排水设施和地下排水设施。地面排水设施通常有边沟、排水沟、截水沟、泄水槽、跌水及急流槽、拦水带等。地下排水设施有明沟、暗沟、渗沟、盲沟、有管渗沟、洞式渗沟以及防水隔离层等。路基排水设施是避免或减缓路基受水侵扰的主要构造物。路基排水设施主要病害有边沟积水、路肩盲沟、淤塞、路床积水和边坡冲刷、堵塞和结构损坏等。对路基排水设施的养护要求是确保其汇集和排水功能完好、排水顺畅。应对其进行经常性、预防性的养护和维修。同时，要根据实际使用情况，不断改善路基排水条件。

7.3.5　路基防护工程养护

路基防护工程主要分为防护工程与支撑工程两大类。一般来说，把用作防止路基被冲刷和风化，主要起隔离作用的设施称为防护工程；把防止路基或山体因重力作用而滑塌，主要起支撑作用的结构称为支撑工程。

防护工程的主要形式有植物防护、石砌护坡、抛石或石笼护坡、导流构造物等。植物防护包括铺草皮植树。石砌护坡包括干浆砌片石或块石、护面墙、钢筋混凝土预制挂板等。坡面处治包括抹面、喷浆、勾缝、灌浆、锚固等。

路基防护工程养护要求构造物外观完整、无裂缝和过大沉降及变形，伸缩缝填料良好、满足要求宽度，泄水孔无堵塞，排水通畅。

7.4 路基翻浆的防治

7.4.1 路基翻浆的原因及预防

1. 路基翻浆病害现象

图7-12 路基翻浆

路基翻浆是指季节性路基的加固与改善冰冻地区，春融时路基或路面基层含水率过大，强度急剧降低，在行车作用下造成中期湿软弹簧、路面破裂、冒出泥浆等的现象，如图7-12所示。路基翻浆不仅使得路基强度大大降低，路表凹凸不平甚至开裂，还直接导致路面严重损坏，道路不能正常通行。

冬天寒冷季节，如路基土质的水稳定性不好或路基排水不畅使得路基土含水率迅速增大，随着地表温度开始下降到零度以下，路基的上部土体开始冻结，而路基下部土体温度仍然较高，路基上下部土体产生较大的负温差，水分由温度高处往温度低处聚集，使得路基上部土体中水分显著增多，并随着温度降低而冻结，最终可能导致路基上部土体发生冻胀、隆起，甚至开裂。随着春季气温的逐渐回升，由于路基上部冰冻土体首先温度升高并开始融化，而下层土体尚未解冻，上部土体水分无法下渗，使路床附近土体含水率过高，强度迅速降低，在车辆荷载作用下，路基失去承载能力而破坏，路基出现弹软、裂缝、冒泥浆等病害，产生了翻浆。对于春季雨水多路段，由于频繁大气降水更加剧翻浆病害破坏程度。

路基翻浆多见于我国北方地区，在部分南方地区亦有，是一种较为常见的病害，危害性较大，需及时翻修。

2. 路基翻浆病害原因

翻浆是由于路基中有丰富的水源，与路基填料土质的水稳定性、含水率和温度有关。

粉性土水稳定性较差，其毛细水上升较快且较高，在负温作用下水分聚流严重,土体强度降低快,极易失去整体稳定性从而导致翻浆。黏性土的毛细水上升虽高,但速度慢,只有在路基下部水分充足条件下才可能形成翻浆。砂性土是良好的筑路材料,一般不易发生翻浆。

路基压实度不足,土的孔隙大,也给水提供丰富聚集通道和滞留空间,使得含水率增大。因此,路基压实质量是影响翻浆的重要因素之一。

路基排水设施不完善或排水设施堵塞导致排水不畅,未能及时有效拦截流向路界范围的地表水和排出路界内的降水并阻隔地下水对路基毛细上升作用,导致路基含水率过高。

3. 路基翻浆病害预防

路基翻浆翻修工程不仅需要耗费一定的人力、物力和维修时间,而且直接影响道路正常通行。因此,对路基翻浆首先应当以预防为主。根据导致路基翻浆病害的原因,预防措施主要有:

(1) 优先选择水稳定性良好的土质作为路基填筑材料,如砂性土等。对水稳定性不良的土质,采取一定的稳定措施,如掺加砂石料、石灰或其他工业废渣予以改善,提高其水稳定性。

(2) 路基上部土层充分的压实并严格控制压实度指标,以减少土体孔隙率。

(3) 对于地下水位较高的路基,用砂石材料设置横向隔水层,减缓地下水对路基的毛细作用上升。同时,改善和完善路基的排水设施,包括及时疏通和维护路基排水设施,有效拦截流向路基的地表水。

(4) 随着我国近年来极端气候频频出现,加上交通量和交通轴载不断增大,路基发生翻浆的频率和范围也越来越大。因此,预防路基翻浆的应根据道路所在区域的气候环境与地质水文条件、路线线位走向、路基结构设计、路基填筑材料选择及施工质量控制等方面,合理设计、严格施工、精心和及时有效维护,减缓和避免翻浆发生。

7.4.2 路基翻浆的治理

导致路基翻浆产生的原因有多种,出现翻浆现象首先应通过现场调查分析原因,根据实际情况因地制宜制定切合实际和技术与经济可行的治理方案。通常治理的方法有:

(1) 路基排水。做好路基排水使路基保持中湿或干燥状态。路基开始翻浆时,及时修补路面沟槽和路肩坑洼,路表严重积水时可在路肩上开挖宽30~40cm、间距5~10m、沟深至路面基层并高于边沟底的横沟,将路表积水及时排向边沟。路面经常性严重积水地段,必要时,亦可设置纵向小盲沟或竖向砂桩、渗水井。渗水井需要设置深至路基冰冻层以下,以利于路基上部水分及时竖向排除。

(2) 换填土。对于由不良土质如粉性土填筑路基发生翻浆,可考虑采用挖换土方法。将路基翻浆的不良土挖除,换填40~60cm厚的砂性土或碎(砾)石,分层压实后重铺路面。对于严重翻浆路段,则需要将易翻浆土层全部挖出，就地添加石灰、水泥或其他工业废渣进行稳定改善，或换填水稳性良好的砂砾料并分层压实，分层压实后重铺路面。

（3）换铺粒料。挖除翻浆路段的稀泥，换填碎石、砖块或炉渣等粒料，整平后通车碾压，或挖除稀泥后填入水稳性较好的干土，再铺粒料垫平后通车碾压。

（4）在交通量较小且轴载不重的公路，如翻浆不严重，亦可采用在路表临时放置木料、钢板等维持通车，待天气转晴、路基含水率降低、路基渐趋稳定后，拆除临时放置木料、钢板，恢复路基原状。对翻浆严重路段，现场应进行必要的交通管控，限制交通量、行车速度和重型车辆通过，以免危及行车安全，引起路基进一步损坏。

7.5 路基滑塌、崩塌的防治

7.5.1 路基滑塌、崩塌现象及原因

路基滑塌、崩塌是部分路基边坡土体或岩层失稳，导致路基的大部分毁坏，严重的是路基病害之一，滑塌、崩塌一般是由于极端气候环境引起不良地质水文条件变化，有时则是路基边坡稳定性不足或施工质量不良引起，一般多发生在极端气候引起突发暴雨、洪水的时候。滑塌、崩塌危害性大，极易引起道路中断交通，是严重的路基病害。

7.5.2 路基滑塌、崩塌的治理

路基滑塌、崩塌治理起来工程量大，费用高，工期长，且直接影响道路正常通行。治理原则有：因地制宜、技术可靠且经济、施工方便利于及早开放交通。因此，首先应通过现场地质水文条件调查、边坡坡度和结构分析，找出主要原因，根据治理原则制定切合实际和技术与经济可行的治理方案。针对病害原因和严重程度，通常的治理措施有：

（1）路基排水：地表径流水活跃地段，布置拦截与疏导的排水构筑物，阻止路界外地表水流向路基，并及时排出边坡地下水。

（2）拦截与遮挡碎落物。在坡脚或半坡上设置落石平台和落石槽，以停积崩塌碎落、滚石，修建挡石墙、明洞、棚洞等构造物，以拦截坠石及崩塌物。

（3）锚固。固定边坡。

（4）支挡。在岩石突出或不稳定的大孤石下面修建支柱、支挡墙支撑。

（5）护墙、护坡。在易风化剥落的边坡地段修建护墙，对缓坡进行水泥护坡等。一般边坡均可采用。

（6）削坡。在危石孤石突出的山嘴以及坡体风化破碎的地段，采用刷坡技术放缓边坡。

（7）坡面固化。对坡体中岩层表面破碎、裂隙、空洞，采用灌浆或片石填

补水泥砂浆勾缝等，使坡面整体稳定。

（8）坡面防护。坡面裂隙大时采用灌浆或修建护面墙等对坡面进行加固。

（9）对于可能或已经出现滑塌或崩塌的边坡，应加强对危岩体的监测与预警工作，及时疏散附近人员和重要财产。

7.6 特殊地区路基养护与维修

我国地域辽阔，东西南北从沿海到内地、从山区到平原，地形地貌、气候环境与地质水文条件千变万化，存在许多特殊环境与土质的特殊地区。特殊地区主要指泥沼和软土地区、多年冻土地区、盐渍土地区、黄土地区及沙漠地区等。特殊土在地理分布上存在一定的规律，其土质表现一定的区域特殊性，如西北地区的黄土、云贵高原的红黏土等。

由于特殊地区气候环境和地质水文及土质的特殊性，使得路基易形成各种特殊病害。因此，特殊土地区路基不仅在工程设计和施工时需采取一些特殊工程技术外，在日常养护与维修中亦应采取有针对性的养护与维修方法与技术。

7.6.1 泥沼和软土地区

1. 泥沼和软土特点

软土地区天然地面下有较厚的水下沉积饱和软弱黏性土、淤泥和淤泥质土为主的地层，有时也夹杂有少量腐泥或泥炭层。淤泥和淤泥质土是在静水或缓慢流水环境下沉积而形成的特殊黏性土，最常见的是软土。软土广泛分布在我国的沿海、湖泊、沿河地段。

泥沼地区天然地面以泥炭沉积为主，夹有腐泥或淤泥沉积的低洼潮湿地带。泥沼在我国的大小兴安岭、长白山、三江平原及青藏高原等地区亦有广泛分布。

由于软土和泥沼具有天然含水率高、孔隙比大、压缩性高和强度低的特性，在路基自重和行车荷载作用下，土体中孔隙水被挤出从而产生压缩，引起过大的沉降、滑移，严重时导致路基稳定性破坏。

如在浙江杭甬高速公路的某软土地基路段，工后沉降期长达数年，最大的沉降竟达3m多。地基过大沉降引起路基表面起伏变形，导致路面开裂、错台等破坏。在桥梁涵洞衔接段路基，由于路基过大沉降使得路基与桥梁形成错台，亦所谓"桥头跳车"，严重影响行车舒适性及行车安全，是软土地基地区普遍存在的病害。如何做好湿软地基处理预加固，控制路基工后沉降，是公路建设中迫切需要解决的重要课题。

软土地基的路基破坏特征主要表现为：软土地基沉降是一个缓慢过程，从几个月到几年不等，表征沉降指标主要为沉降速度及总沉降。在施工阶段，过快沉降速度将导致地基土结构性破坏或路基整体性开裂破坏。运营阶段沉降,亦称工后沉降,不均匀工后沉降将导致路面开裂、路面严重错台,使道路破坏不能正常运营。过大的累计沉降,在路基自重及车辆荷载作用下,导致地基发生整体或局部的剪切与挤压破坏,路堤发生整体或局部失稳和沉陷破坏。如在浙江杭甬高速公路的某软土地基试验路段,工后沉降期长达数年,最大的沉降竟达3米多,不仅常年需要花费大量人力物力修复,也严重影响正常交通。

泥沼和软土地基加固的基本原理是采取各种技术措施,排除路基范围的水,降低土中过高的含水率,使土重新固结,达到加固目的。目前具体的技术方法有:

(1) 排水固结法。通过物理方法包括堆土施加额外荷载和排水通道,降低地基土的含水率,使得土体固结和稳定。

(2) 通过一定的工程技术措施,改变软土层物理力学性质,提高软土持力层整体承载能力,从而减少累计沉降。

(3) 减轻路基自重。通过采用比天然土石轻的填筑材料从而减轻土中孔隙水压力,减少土体压缩量,最终达到减少累计沉降的目的。

近20多年来,软土地基的加固新技术不断发展,目前常见的有关湿软地基的加固与处理方法有十几种,每种方法均有各自的特点和适用条件,发生的费用、工期和效果也不一样。公路湿软地基加固的特点是加固范围大,加固工程数量大,加固费用高。一条公路往往要跨越不同的地质水文条件地段,需要对不同地段采用不同的加固方法。所以,应注意方案比较,研究技术和经济方面的可行性,因地制宜,做到实用、有效、经济。

泥沼和软土地区路基常用的加固方法有换填土层、碾压夯实、超载预压和设置塑料排水板、水泥粉喷搅拌桩、石灰搅拌桩、砂井等。另外还有排水固结、振动挤密和化学加固等。土工布是利用化纤材料织成布,铺在软弱地基或填土层中,增强路基基底的抗弯拉强度,亦能收到良好效果。

2. 软土地基处理方法

(1) 换填土层。换填土层法是将基底下一定深度范围的软弱土层除去,换以砂、碎(砾)石、灰土或其他强度较大、性能稳定、无侵蚀性的土类,并予以压实,从而提高地基的承载能力。换填土层施工简单,但只能适合需要换土的土层厚度不深,且处理范围不大的情况下使用。换填方法有挖填、抛石和爆破等。挖填是挖去软弱土层,换填适宜的材料,并予以压实,需要处理的土层不宜太厚,一般不大于2~3m。换填材料如用砂垫层,其厚度一般在0.6~1.0m之间,太厚施工难,太薄效果差。砂料以中粗砂为宜,要求级配良好,颗粒的不均匀系数不大于5,合泥量不超过3%~5%;抛石挤淤是采用抛石方法,将基底的淤泥或泥炭土挤出,再用小块石料填平,设置反滤层,然后填筑路基。它适合于淤泥厚度不大(一般不大于3m),排水困难的洼地、池塘等局部处理。爆破挤淤是将炸药放置于淤泥中,利用炸药爆炸抛掷将淤泥带走,再换填适宜的材料。它只能用在爆破对周围无破坏影响的地段。碾压夯实法是辗压夯实法是通过机械碾压、夯实，增加地基土的密实度，达到提高地基承载力的目的。碾压夯实法施工简单，费用相对较低，但它仅适合于软弱土层不太厚或底下为建筑垃圾土等。碾压夯实法的效果取决于机械设备、施工方法和土质等。对非黏性土及松散杂填土，采用振动压实法效果良好，有效深度为1.2～1.5m。振动时间要合适，过长就会无效。对于主要由矿渣、碎砖、瓦块为主的建筑垃圾，时间约1min即可，含细炉渣等细颗粒填土，振动时间3～5min，有效深度为1.2～1.5m。重锤夯实法是以一定重量的锤，通过一定的落距，对土进行夯击，达到提高地基强度的目的。它适用于地下水位0.8m以下稍湿的一般黏性土、砂土、湿陷性黄土、杂填土等。通常采用钢筋混凝土锤，重为1.5t，直径为1～1.5m左右，落距为2.5～4.5m。一般夯击8～12遍，夯击的有效深度约为锤底直径的一倍左右。强夯法亦称动力固结法，它同重锤夯实法类似，但采用8～12t(甚至200t)的重锤，落距8～20m，最大可达40m。利用重锤产生的冲击波和动应力，对土基产生强力的冲击夯实作用，达到土基加固的目的。强夯法使土体结构破坏，产生液化，排除土中的气和水，使土体重新组合，形成新的更高强度的基础。此项新技术经出现，迅速在国际上得到广泛运用，效果十分显著，我国亦正在研究和推广中。

(2) 排水固结法。排水固结法是利用路基填土或超载土的自重压密地基，并在土中设置一定的排水通道，挤出土中水分，减少土的空隙比，从而提高地基承载能力。排水固结法效果明显，能适合各种不同土质的地基处理，并已积累了一定的施工经验。所以，它是目前我国公路湿软地基加固中最常采用的方法。

排水固结的方法主要有超载预压法、塑料排水板法、砂井堆载预压法等。

① 超载预压法。超载预压是在施工中使路基填筑高度超过设计高度，以增加对地基的挤压力，加快地基土的排水速度。待地基排水完成后，再卸去超出设计高度的填土。这种方法主要优点是操作简单，工程费用较少，缺点是需要较长的预压时间，一般至少需要6～12个月的预压期，预压期要根据软土层厚度和排水沉降速度确定。为保证排水固结法达到实际要求，在超载预压期内要定期进行沉降观测，根据沉降速度控制填筑路堤的速率。为加快排水，通常将超载预压与塑料排水板法、砂井堆载预压法等联合使用。

② 塑料排水板法。塑料排水板法属于竖向排水，通常做法是在地基中设置排水通道，常与超载预压联合使用，以加快排水速度。塑料排水板法采用专门制作的塑料排水板，其表面有若干条沿长度方向的凹槽。施工时，用塑料排水板插板机将塑料排水板插入软土层中，地面一段在砂(碎)石垫层中，砂(碎)石垫层的厚度一般为20～50cm，然后填筑路基，见图7-13。在路基自重作用下，软土层中水受到较大的空隙水压力，土中的部分水就顺着塑料排水板的槽沟上升到垫层中，再在垫层的真空空隙水压力作用下，排向路基两

侧的边沟中。它适合处理厚度在 5～20m 的软弱土层，过深达不到排水效果。相对其他排水的方法，其造价小，且施工技术难度不大，目前被广泛应用。施工中，塑料排水板打入机的功率要合适，通过试桩，确定合理的打入深度。要严格控制塑料排水板的抗拉强度，选择渗水性能良好的材料作垫层，塑料排水板要防止受污染，以免影响其排水性能。

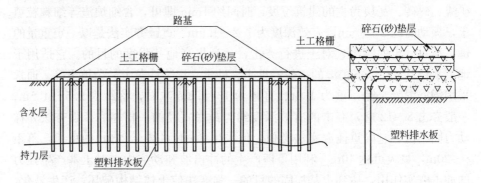

图 7-13　塑料排水板法

③ 砂井堆载预压法。属于竖向排水法，砂井贯穿一定深度土层，利用砂井透水性能较好的特点，在路基自重作用下，土中的水受到较大的空隙水压力，水就顺着砂井上升到填层中，在垫层的真空空隙水压力作用下，排向路基两侧的边沟中。同时，砂桩也适合处理厚度 10～40m 的软弱土层。砂井直径多为 30～40cm，间距大约是井径的 6～8 倍。砂井长度应穿越地基可能的滑动面，井长如能穿越主要受压层，对沉降有利，如果软土层较浅，有透水性下卧层，则井长深入透水层，对排水固结更有利。为加速排水，缩短固结时间，在设置竖井的同时，可加设井顶砂垫层或纵横连通砂井的排水砂沟，砂垫层厚度约 0.5～1.0m。砂井成孔方法有沉管法和水冲法两类。沉管法是用锤击或振动方式将带靴的钢管沉入地基，管内灌砂，在振动作用下拔出钢管，最后在土中形成砂井。水冲法是利用高压水冲孔，孔内灌砂，此法施工速度快，但难以保证孔径匀称，质量较差。砂井的用砂，以中粗粒径为宜，含泥量不宜大于 3%，灌砂量（按体积计）大于井管外径所形成体积的 95%。砂井堆载预压法处理深度大，但造价比塑料排水板高。

(3) 挤密法。在土基中成孔，在孔中灌以砂、石、土、灰土或石灰等材料，捣实而成直径较大的柱体，利用横向挤紧作用，使地基土粒彼此靠紧，孔隙减少，而且孔被填满和压紧，形成具有较高的承载能力群桩体，群桩的面积约占松散土加固面积的 20%，和原土组成复合地基，达到加固的目的。挤密法常用的方法有砂桩、碎石桩等。挤密法的作用是将土挤紧，适用于处理松砂、杂填土和黏粒含量不大的普通黏性土，亦可有效地防止砂土基底的振动液化。饱和软黏土的渗透性较小、灵敏度较大，夯击过程中土内产生的超孔隙压力不易迅速扩散，砂桩的挤密效果较差，甚至能破坏地基土的天然结构。

(4) 复合地基法。通过打入的石灰桩、水泥粉喷搅拌桩等,与地基土层产生共同的承载能力,形成复合地基。通常有深层搅拌石灰桩、深层水泥粉喷搅拌桩、高压喷浆法和灌浆法等。深层搅拌石灰桩、深层水泥粉喷搅拌桩是通过旋转叶片钻孔到一定深度的土层,再喷射石灰或水泥,并进行搅拌,使土与石灰或水泥拌合均匀,使柱体硬化,改善原地基土的性质,减小因周围土的蠕变所引起的侧向位移,形成柱状的桩。它具有挤密和改变土体物理力学特性的双重作用,其加固效果明显,但造价较高,加固深度一般为4～18m。由于深层水泥粉喷搅拌桩形成复合地基,增强地基承载力,减少工后沉降,预压期相对塑料排水板要小,但造价相对较高,所以常用于桥头、涵洞的软基处理,见图7-14。深层搅拌桩的加固效果取决于喷粉量和搅拌是否充分。搅拌机械要有足够的功率,施工前,要通过工艺性试验,确定每米喷粉量和对应机械的功率(转速、电压)以及检验计量仪表。为保证搅拌充分,必须采用二次搅拌法。

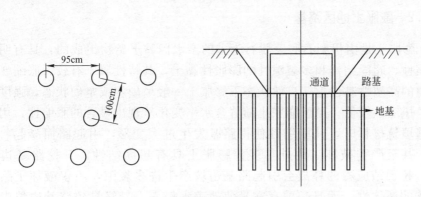

图7-14 粉喷桩加固公路通道软土地基示意

(5) 化学加固法。利用化学溶液或胶结剂,采用压力灌注或搅拌混合等措施,使土颗粒胶结起来,达到对土基加固的目的,又称胶结法。其加固效果取决于土的性质、所用化学剂和施工工艺。常用的化学溶液有:水玻璃浆液、丙烯酸氨类的浆液(丙强)(加固效果较好,但费用过高亦难以广泛采用)、高强度等级的硅酸盐水泥(加速凝剂)浆液、重铬酸盐木质素和木铵(加固效果好,但有毒性,且易污染地下水)。目前仍以水泥浆液使用较多。施工工艺有注浆法、旋喷法(化学搅拌成型法)。旋喷法是用钻机钻孔至设计深度,用高脉冲泵通过安装在钻杆下端的特殊喷射装置,向土中喷射化学浆液,在喷浆的同时,钻杆以一定速度旋转并逐渐向上提升,高压射流使一定范围内的土体结构破坏,被强制破坏的土体与化学浆液混合,胶结硬化后在土层中形成直径较匀称的圆柱体。旋喷的浆液以水泥浆液为主,如果土的掺水性较大或地下水流速较快,为防止浆液流失,浆液中加速凝剂(如三乙醇胺和氯化钙等)。

湿软地基加固受多方面因素的影响和制约,有时需要采用几种不同的加固方法联合使用。湿软地基处理仍然是土木工程的一大难点,如目前在高等级公路软土地基处理中，对预压时间要求较紧迫的多采用水泥(石灰)粉喷搅拌桩，其他则采用塑料排水板、砂井(桩)，并加碎石(砂)垫层作为横向排水，要求有至少6个月的沉降预压期。同时，在垫层上加铺一层或若干层土工布或土工格栅，以增加路基体的抗拉强度。

关于建筑物的湿软地基加固方法已有不下数十种，但是，由于公路路基的路线长，经常跨越多种不同的地质水文地带，所以加固范围和面积大、类型多。在选择加固方法时，必须根据实际情况，考虑加固效果、经济性、时间性和施工工艺可行性等诸多因素，综合比较后选择合理的方案。

近年采用轻质材料作路基填料(粉煤灰、PVS塑料)以降低路基自重，采用加筋土路堤在逐步推广应用中。可以预测，随着我国高等级公路建设的迅速发展，新材料、新技术不断进步，对湿软土地基加固加固工程技术将得到进一步发展。

7.6.2 膨胀土地区路基

膨胀土是由伊利石和蒙脱石为主的亲水性黏土矿物组成的，具有明显胀缩性、超固结性和多裂隙性的膨胀性黏土，其特性属于有较大胀缩变形能力的高塑性黏性土。自然状态下膨胀土一般呈硬塑或坚硬状态，强度较高、压缩性较低。由于膨胀土随着含水率变化呈现出显著的胀缩性，用作路基填筑材料时，其胀缩性使得路基发生过大变形，引起路面隆起、开裂、甚至严重破坏。此外，多数膨胀土具有超固结性，开挖路基边坡时，超固结应力的释放会引起路基边坡产生许多裂隙，不仅破坏了路基土体的整体性，而且裂隙存在易使地表水侵入，最终导致路基边坡失稳而破坏。

膨胀土分布在我国的西南两广、云、贵、川和中西部等地区。

为减轻或消除膨胀土胀缩性对路基路面的危害，膨胀土路基应尽量减少填筑高度和放缓边坡坡度，以减轻边坡坡脚压力和地表水对坡面的侵蚀。路基填筑高度不宜太高，一般控制在3m以下。对于高于6m的路堑边坡，宜做成阶梯状边坡。为使黄土路基土能达到的排水与保湿的目的，可在路基中铺设隔水层或防水土工膜，路面则采用不透水面层等，以阻止路表水渗入路基，也可防止路基土水分过多蒸发。

膨胀土路基的主要病害有路基的沉陷和表面波浪变形，路基边坡溜塌、纵裂和坍塌等。路基养护的主要措施有：

(1) 地表排水与路基保湿。日常做好地面排水沟、边沟疏通、加宽和加深，必要时需对路基边坡进行防护与加固。近年研究表明采用边坡植草皮和种灌木，不仅可起到边坡绿化美观作用，而且通过植被根系对土体的固结作用、滞水和防止地表冲刷作用，减缓边坡土体的干湿循环影响，增加了坡面的防冲刷和抗滑塌能力，是膨胀土路基处理的良好措施。

(2) 膨胀土路基改善和稳定。采用石灰桩、水泥桩、碎石桩等无机结合料对膨胀土路基进行加固和改良，以使路基稳固，也可用开挖换填、堆载预压的方法对路基进行加固处理。

7.6.3 黄土地区路基

黄土是以粉粒为主的黄红色黏性土，其的结构特点为大孔隙、多孔隙、节理发育、具有较强的崩解性和吸水膨胀失水收缩性。由于黄土大量节理和孔隙的存在，其抗剪强度表现出明显的各向异性。黄土在我国特别发育，地层全，厚度大，大致以昆仑山、祁连山、秦岭为界，在其以北呈东西走向的带状分布。总面积约达 63.5 万 km^2。

黄土一般在气候干燥的条件下形成，在形成过程中水分不断蒸发，水中所含的碳酸钙、硫酸钙等盐类不断在土粒表面析出、沉淀，形成土粒间胶结物，使土粒具有足够的抵抗土粒间移动的能力，阻止土的骨架在其上覆土体自重作用下的压密。黄土一旦浸水，水分子契入土粒间，破坏胶结薄膜，溶解可溶盐类，降低土的强度。黄土在自重应力或附加应力作用下土的结构迅速破坏，粒间出现滑动，土骨架被挤密，从而发生湿陷现象。在自重应力作用下发生湿陷的黄土称为自重湿陷性黄土，在自重应力与外荷载产生的附加应力共同作用下发生湿陷的黄土称为非自重湿陷性黄土。

图 7-15　黄土地区道路

黄土地区路基遇水容易发生沉陷、坍塌、边沟冲深和边坡松散等病害，应根据各种病害特征采取相应的处治措施。

黄土路基的养护与维修主要有：

（1）路基排水。水是黄土路基产生湿陷、发生病害的主要外部原因，因此黄土地区路基排水的重点是防冲和防渗。原则是迅速引离、分散径流、降低流速、加固沟渠。对填方高度较大的路段，宜设置拦水带，通过激流槽排水；对挖方路段，应在边坡顶设置截水沟或挡水埝；对有地下水活动的地段，应采取合理的截排和防渗漏措施，以保证路基的稳定。

（2）路基防护与加固。对于高边坡路基，可以修建挡土墙。加筋土挡土墙具有自重小、就地取材和经济等优点，是黄土路基边坡加固有效的防护措施。

（3）黄土湿陷性处理。主要有灰土垫层法、重锤夯实法、强夯法、灰土挤密桩、桩基础、预浸水处理等。

（4）黄土陷穴的处理。黄土中暗沟、暗洞和暗穴等统称为陷穴。陷穴的处理方法根据其规模和埋深定，对明陷穴优先采用直接回填夯实处理，对浅埋暗穴需先开挖上覆土，再进行回填夯实，对较深的暗穴，需先对上覆土进行支撑开挖，再进行回填、间填夯实。对埋藏较深而规模较小的暗穴，可用灌砂处理；而对埋藏深且规模大的暗穴，则可用灌砂、洞内支撑、化学灌浆或打桩等措施进行加固。

7.6.4 盐渍土地区路基

盐渍土(salty soil)是不同程度的盐碱化土,是盐土和碱土及各种盐化、碱化土壤的总称,一般指地表下 1.0m 深的土层内易溶盐平均含量大于 0.3% 的土。盐渍土主要分布在内陆干旱、半干旱地低平地、内陆盆地、局部洼地以及滨海地区低地等。

盐渍土含有的易溶盐主要有氯盐和亚氯盐(NaCl)以及亚硫酸盐(Na_2SO_4)。氯盐的溶解度与温度有关,使得土有明显吸湿性,土体的结晶盐溶解,产生溶陷变形。亚硫酸盐低温下溶解度低,产生吸水结晶使得土体体积膨胀。此外,硫酸盐溶液对混凝土构造物也有腐蚀作用。因此,盐渍土具有溶陷性、盐胀性与腐蚀性,水的作用加剧了地表和路堤盐分聚积,路基容易出现坍塌或溶陷。路基盐渍土病害与地表水和地下水有关,主要有:

(1) 盐胀使路基路面鼓胀开裂,路肩及边坡松散剥蚀,出现不同程度的路面开裂及波浪式鼓包。

(2) 受水浸时,路基强度与稳定性急剧降低,发生溶陷变形、冻胀或翻浆。

(3) 高温使得土中结晶体失水导致土体密实度减小压缩,在车辆荷载作用下产生溶陷。

(4) 对公路构造物中水泥、沥青、钢材等材料侵蚀作用。

因此,盐渍土地区路基施工中做好排水工作,及时疏通路基范围地表积水,降低地下水位。在地下水位较高路段,除疏导地表外,应加深两侧边沟或排水沟,以降低路基下的地下水位。对于厚度较大、渗透性较好的砂砾石土、粉土和黏性盐渍土,有条件时可采用浸水预溶法,即对路基预先浸水,通过路基渗透过程使土中易溶盐溶解,并渗流到较深的土层中,易溶盐的溶解破坏了土颗粒之间的原有结构,使得路基在土自重应力作用下自行压密。浸水预溶可使路基土盐胶结构改变,在一定程度上降低路基土含盐量。浸水完成后 即进入晾晒期,恢复路基正常含水率。

盐渍土地区路基的养护与维修关键是隔断水分侵蚀路基,防止路基土层进一步盐渍化,保证路基整体强度与稳定,故应加强路基排水,并对坡面采取相应的加固措施,主要有:

(1) 边坡排水。做好路基边坡排水,以免雨水、盐分的侵蚀导致路基边坡浸蚀、滑塌、松散和沉陷,可放缓边坡。

(2) 边坡防护。采用带孔透气边坡坡面防护措施,如框格结构护墙,带孔预制块或卵砾石铺砌覆盖等。路堤内设置隔水层时由于地下毛细水被隔断上升通路,更多地向边坡方向转移,隔断层高度以下边坡盐分积聚更多,应优先采取防护措施。

7.6.5 沙漠地区路基

我国沙漠地区主要分布在北方干旱、半干旱地区。由于气候比较干燥，雨量稀少，风沙大，地表植被均稀疏、低矮，容易发生边坡或路肩被风蚀，或整个路基被风积沙掩埋等。

沙漠地区路基主要病害有沙害、水毁，路基的不均匀沉降、凹陷、盐胀与冻胀、翻浆以及路侧防沙设施的毁坏与散失等。

沙漠地区路基沙害使得路基风蚀和沙埋。填方路堤的风蚀主要出现在迎风边坡及路肩边缘，挖方路堑的风蚀，在路堑顶地形变化棱角部位最为严重。沙埋按积沙不同形式，可分为片状积沙、舌状积沙和堆状积沙三种类型。片状积沙的特点是积沙面积大、范围广、积沙成片相连；舌状沙害的掩埋地段为数米至十几米；堆状积沙沙害以沙丘移动方式，使得迎风侧的立式阻沙栅栏毁坏，甚至公路被流沙埋没。

沙漠地区路基养护应采取"固、阻、输、导"等措施进行综合治理，对公路两侧的固沙植物应加强日常管养。沙漠地区路基的养护往往需要大量的防护材料，因此在养护中需要提前做好备料工作。图 7-16 所示为沙漠地区道路施工情况。

7.6.6 多年冻土地区的路基

多年冻土（permafrost），又称永久冻土，指的是寒冷气候使得持续三年或三年以上的冻结不融的土层。多年冻土上部是夏融冬冻的活动层，下部是终年不融的多年冻结层。多年冻土表层冬冻夏融称为季节融化层，多年冻土层顶面距地表的深度称冻土上限，对路基影响最大。如图 7-17 所示为多年冻土地区道路。

图 7-16 沙漠地区道路施工

图 7-17 多年冻土地区道路

多年冻土地区的路基养护，应遵循"保护冻土"的原则，填土路基坡脚 20m 范围内不得破坏原地貌，取土坑应设在坡脚 20m 以外。多年冻土地区路基应注意加强排水，填土路基上方 20m 以外、路堑坡顶 5m 以外应设置截水沟，将雨雪水引到路基以外。对有涎流冰产生的路段，应适当提高路基高度，保持路基高于涎流冰最大壅冰高度加 0.5m。

多年冻土地区路基病害治理一直被视为世界性的难题。国内外也进行了各种技术研究和探索，包括设置隔离层、垫层、冷管、预融等、土工织物加筋、轻质回填材料、桥基础及通风路堤等，在青藏公路等病害整治中采用，总体取得良好此效果。

练习与讨论

1. 路基常见的主要病害有哪些？产生的主要原因是什么？
2. 路基防护和加固的主要措施有哪些？
3. 简述路基各组成部分养护的主要内容。
4. 简述路基滑塌、崩塌的治理技术方法。
3. 路基翻浆的主要原因及处理措施有哪些？
4. 公路湿软土地基处理措施主要有哪些？
5. 简述黄土路基主要的处治思路和措施。
6. 盐渍土路基主要的处治思路和措施有哪些？

> 小组讨论(1)：请结合路基破坏的种类，讨论路基破坏的原因及措施。
> 小组讨论(2)：特殊地区的土质十分复杂，请结合实例，讨论特殊土路基的破坏类型及措施。

第8章 交通荷载及路面设计参数

本章知识点

【知识点】 交通荷载的种类及其统计方法；车辆轴载的轴数与轮胎数；交通荷载的静态作用与动态作用；不同轴载换算的基本原则及换算方法；交通等级划分的方法；无机结合料稳定材料的参数内容的测定方法；沥青混合料的参数内容的测定方法；水泥混凝土的参数内容的测定方法、级配碎石的参数内容的测定方法；各类参数的取值方法与取值范围。

【重　点】 交通轴载的车辆换算方法；不同材料的参数内涵及测定方法。

【难　点】 沥青路面和水泥混凝土路面的轴载换算；沥青路面设计参数确定方法；动态参数测定。

8.1 交通荷载对路面的作用

路面的作用是保证车辆正常行驶，主要包括车辆的停放、行驶等。随着车辆在路面上运动状态的变化，作用在路面上的荷载也在不断变化。停放时，车辆作用在路面上的是垂直静压力；行驶时，作用在路面上的有垂直压力、水平力和振动冲击力。为了保证设计的路面结构达到预计的功能，具有良好的结构性能，首先应对行驶的汽车作分析，包括汽车轮重与轴重的大小与特性、不同车型车轴的布置、设计期限内汽车轴型的分布以及车轴通行量逐年增长的规律、汽车静态荷载与动态荷载特性比较等。

8.1.1 车辆的种类

按照《汽车和挂车类型的术语和定义》GB/T 3730.1—2001 将道路上通行的汽车车辆分为乘用车和商用车。

乘用车(不超过 9 座)分为普通乘用车、活顶乘用车、高级乘用车、小型乘用车、敞篷车、仓背乘用车、旅行车、多用途乘用车、短头乘用车、越野乘用车、专用乘用车 11 类。商用车分为客车、货车和半挂牵引车 3 类。客车细分为小型客车、城市客车、长途客车、旅游客车、铰接客车、无轨客车、越野客车、专用客车。货车细分为普通货车、多用途货车、全挂牵引车、越野货车、专用作业车、专用货车。

乘用车自身重量与满载总重都比较轻，但车速高，一般可达120km/h，有的高档小车可达200km/h以上；中客车一般包括6～20个座位的中型客车；大客车一般是指20个座位以上的大型客车，包括铰接车和双层客车，主要用于长途客运与城市公共交通。

整车货车的货厢与汽车发动机为一整体；牵引式拖车的牵引车与拖车是分离的，牵引车提供动力，牵引后挂的拖车，有时可以拖挂两辆以上的拖车；牵引式半拖车的牵引车与拖车也是分离的，但是通过铰接相互连接，牵引车的后轴也担负部分货车的重量，货车厢的后部有轮轴系统，而前部通过铰接悬挂在牵引车上。货车总的发展趋势是向大吨位发展，特别是集装箱运输水陆联运业务开展之后，货车最大吨位已超过40～50t。

在交通调查中，一般将汽车分为9类：即中小型客车（≤19座）、大型客车（＞19座）、小型货车（载质量≤2t）、中型货车（2t＜载质量≤7t）、大型货车（7t＜载质量≤20t）、特大型货车（载质量＞20t）、集装箱、拖拉机、摩托车。每种汽车应属于何种分类，交通部公管司提供了交通调查分类图。交通调查时，只要先熟悉每种汽车应属于何种类型，便可得出某断面昼夜混合汽车交通量。路面结构设计与验算使用的交通量是标准轴载累计作用次数。

8.1.2 车辆的轴型

无论是客车还是货车，车身的全部重量都通过车轴上的轮子传给路面，因此，对于路面结构设计而言，更加重视汽车的轮数和轴重。

通常，整车形式的客、货车车轴分前轴和后轴。绝大部分车辆的前轴为两个单轮组成的单轴，轴载约为汽车总重量的三分之一。极少数汽车的前轴由双轴单轮组成，双前轴的载重约为汽车总重的一半。汽车的后轴有单轴、双轴和三轴三种，大部分汽车后轴由双轮组组成，只有少量轻型货车由单轮组成后轴。每一根后轴的轴载大约为前轴轴载的两倍。

由于汽车货运向大型重载方向发展，货车的总重有增加的趋势，为了满足各个国家对汽车轴限的规定，趋向于增加轴数以提高汽车总重。因此出现了各种多轴的货车。有些运输专用设备的平板拖车，采用多轴多轮，以便减轻对路面的压力。各种不同轴型的汽车轴型分布如图8-1所示，车辆轴型根据轮组和轴组类型可分为7类(表8-1)，车辆类型根据轴型组合可分为11类(表8-2)。为了控制轴载增加对车辆行驶安全和路面的影响，道路车辆外廓尺寸、轴荷及质量限值(GB 1589—2004)规定了车辆外廓尺寸、轴载及质量限值(表8-3、表8-4)。

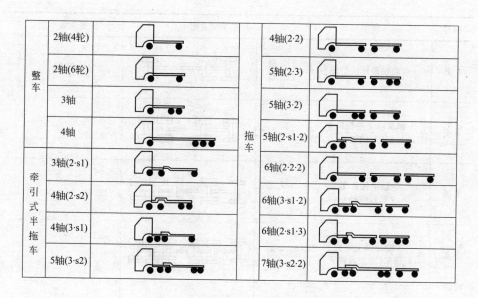

图 8-1　不同轴型的汽车轴型分布示意图

车辆轮组和轴组类型　　　　　　　　　　　　　表 8-1

编号	轴型说明	编号	轴型说明
1	单轴（每侧单轮胎）	5	双联轴（每侧双轮胎）
2	单轴（每侧双轮胎）	6	三联轴（每侧单轮胎）
3	双联轴（每侧单轮胎）	7	三联轴（每侧双轮胎）
4	双联轴（每侧各一单轮胎、双轮胎）		

车　辆　类　型　分　类　　　　　　　　　　　　表 8-2

编号	说明	典型车型及图示	其他主要车型
1 类	2 轴 4 轮车辆	11 型车	
2 类	2 轴 6 轮及以上客车	12 型客车	15 型客车
3 类	2 轴 6 轮整体式货车	12 型货车	
4 类	3 轴整体式货车（非双前轴）	15 型	
5 类	4 轴及以上整体式货车（非双前轴）	17 型	

8.1　交通荷载对路面的作用

续表

编号	说明	典型车型及图示		其他主要车型
6类	双前轴整体式货车	112型 115型		117型
7类	4轴及以下半挂货车（非双前轴）	125型		122型
8类	5轴半挂货车（非双前轴）	127型 155型		
9类	6轴及以上半挂货车(非双前轴)	157型		
10类	双前轴半挂式货车	1127型		1122型 1125型 1155型 1157型
11类	全挂货车	1522型 1222型		

汽车及挂车单轴的最大允许轴载的最大限制(kg) 表 8-3

车辆类型			最大允许轴荷最大限值
挂车及二轴货车	每侧单轮胎		6000①
	每侧双轮胎		10000②
客车、半挂牵引车及三轴以上(含三轴)货车	每侧单轮胎		7000①
	每侧双轮胎	非驱动轴	10000①
		驱动轴	11500

① 安装名义断面宽度超过400(公制系列)或13.00(英制系列)轮胎的车轴，其最大允许轴荷不得超过规定的各轮胎负荷之和，且最大限值为10000kg；
② 装备空气悬架时最大允许轴荷的最大限值为11500kg。

汽车及挂车并装轴的最大允许轴载的最大限制(kg) 表 8-4

车辆类型			最大允许轴荷最大限值
汽车	并装双轴	并装双轴的轴距＜1000mm	11500
		并装双轴的轴距≥1000mm，且＜1300mm	16000
		并装双轴的轴距≥1300mm，且＜1800mm	18000①

续表

车辆类型		最大允许轴荷最大限值
挂车	并装双轴的轴距<1000mm	11000
	并装双轴的轴距≥1000mm，且<1300mm	16000
并装双轴	并装双轴的轴距≥1300mm，且<1800mm	18000
	半装双轴的轴距≥1800mm	20000
并装三轴	相邻两轴之间距离≤1300mm	21000
	相邻两轴之间距离>1300mm，且≤1400mm	24000

注：① 驱动轴为每轴每侧双轮胎且装备空气悬架时，最大允许轴荷的最大限值为19000kg。

8.1.3 静态车辆对道路的作用

汽车对道路的作用可分为停驻状态和行驶状态。当汽车处于停驻状态下，对路面的作用力为静态压力，主要是由轮胎传给路面的垂直压力 p，它的大小受下述因素的影响：

(1) 汽车轮胎的内压力 p_i；
(2) 轮胎的刚度和轮胎与路面接触的形状；
(3) 轮载的大小。

货车轮胎的标准静内压力 p_i 一般在 0.4~0.7MPa 范围内，有时达到 1.0~1.2MPa。通常轮胎与路面接触面上的压力 p 略小于内压力 p_i，约为 $(0.8~0.9)p_i$。车轮在行驶过程中，内压力会因轮胎充气温度升高而增加，因此，滚动的车轮，接触压力也有所增加，达到 $(0.9~1.1)p_i$。

轮胎的刚度随轮胎的新旧程度而有所不同，接触面的形状和轮胎的花纹也会影响接触压力的分布，一般情况下，接触面上的压力分布是不均匀的。不过路面设计中，通常忽略上述因素的影响，而直接取内压力作为接触压力，并假定在接触面上压力是均匀分布的。

轮胎与路面的接触面形状如图8-2所示，它的轮廓近似于椭圆形，因其长轴与短轴的差别不大，在工程设计中以圆形接触面积来表示。将车轮荷载简化成当量的圆形均布荷载，并采用轮胎内压力作为轮胎接触压力 p。当量圆的半径 δ 可以按式(8-1)确定。

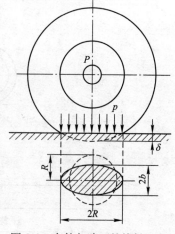

图 8-2 车轮与路面的接触面积

$$\delta = \sqrt{\frac{P}{\pi p}} \qquad (8-1)$$

式中 P——作用在车轮上的荷载(kN)；
p——轮胎接触压力(kPa)；
δ——接触面当量圆半径(m)。

对于双轮组车轴，若每一侧的双轮用一个圆表示，称为单圆荷载；如用两个圆表示，则称为双圆荷载。

8.1.4 运动车辆对道路的作用

行驶状态的汽车除了施加给路面垂直静压力之外,还给路面施加水平力、振动力。此外,由于汽车以较快的速度通过,这些动力影响还有瞬时性的特征。

汽车在道路上等速行驶,车轮受到路面给它的滚动摩阻力,路面也相应受到车轮施加于它的一个向后的水平力;汽车在上坡行驶,或者在加速行驶过程中,为了克服重力与惯性力,需要给路面施加向后的水平力,相应在下坡行驶或者在减速行驶过程中,为了克服重力与惯性力的作用,需要给路面施加向前的水平力。汽车在弯道上行驶,为了克服离心力,保持车身稳定不产生侧滑,需要给路面施加侧向水平力。特别是在汽车启动和制动过程中,施加于路面的水平力相当大。

在路面上行驶的车辆车轮在不制动时,作用在路面上的水平荷载由式(8-2)确定;车轮制动时水平荷载由式(8-3)确定。

$$f_{s1} = fP \tag{8-2}$$

$$f_{s2} = \varphi P \tag{8-3}$$

式中 f_{s1}、f_{s2}——行驶中的车辆在车轮不制动和制动情况下作用在路面上的水平荷载;
   f——滚动摩阻系数(表 8-5);
   φ——滑动摩阻系数(表 8-6);
   P——车辆的垂直荷载(kN)。

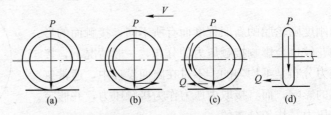

图 8-3 车轮作用于路面的垂直压力与水平力

滚动摩阻系数 f 值表   表 8-5

表面种类	f
平整的水泥混凝土和沥青混凝土	0.01~0.02
水泥混凝土路面有裂缝和垂直位移	0.04~0.05
沥青混凝土有车辙和裂缝	0.04~0.05

表 8-6 所列的 φ 值为实地测量的资料。由表列 φ 值可以看出,φ 的最大值一般不超过 0.7~0.8,同路面类型和湿度以及行车速度有关,相同的路面结构类型,干燥状态的 φ 值比潮湿状态高;路面结构类型与干燥状态相同的情况下,车速越高,φ 值越小。

纵向滑移路面附着系数 φ 表 8-6

路面状况	路面类型	车速(km/h)		
		12	32	64
干燥	碎石	—	0.60	—
	沥青混凝土	0.70~1.00	—	0.50~0.65
	水泥混凝土	0.70~0.85	—	0.60~0.80
潮湿	碎石	—	0.40	—
	沥青混凝土	0.40~0.65	—	0.10~0.50
	水泥混凝土	0.60~0.70	—	0.35~0.55

　　路面表面必须保持足够的附着系数，这是保证正常行车的重要条件。但是从路面结构本身来看，附着系数的大小直接关系结构层承受的水平力荷载。在水平荷载作用下，结构层产生复杂的应力状态，特别是面层结构，直接遭受水平荷载作用，若是抗剪强度不足，将会导致推挤、拥包、波浪、车辙等破坏现象。

　　汽车在道路上行驶，由于车身自身的振动和路面的不平整，其车轮实际上是以一定的频率和振幅在路面上跳动，作用在路面上的轮载时而大于静态轮载，时而小于静态轮载，呈波动状态。轮载的这种波动可近似地看作为呈正态分布，其变异系数(标准离差与轮载静载之比)主要随下述三因素而变化：(1)行车速度，车速越高，变异系数越大；(2)路面的平整度，平整度越差，变异系数越大；(3)车辆的振动特性，轮胎的刚度低，减振装置的效果越好，变异系数越小。正常情况下，变异系数一般均小于0.3。

　　振动轮载的最大峰值与静载之比称为冲击系数，在较平整的路面上，行车速度不超过50km/h时，冲击系数不超过1.30。车速增加或路面平整性不良，则冲击系数还要增大。在设计沥青路面时，由于沥青路面的黏弹性和减振作用以静轮载作为设计荷载，在设计水泥混凝土路面时则必须考虑车辆的冲击等综合因素。

　　行驶的汽车对路面施加的荷载有瞬时性，车轮通过路面上任一点，路面承受荷载的时间是很短的，大约只有0.01~0.10s左右。在路面以下一定深度处，应力作用的持续时间略长一点，但仍然十分短暂。由于路面结构中应力传递通过相邻的颗粒来完成，若应力出现的时间很短，则来不及传递分布，其变形特性便不能像静载那样呈现得那样完全。美国各州公路工作者协会(AASHO)试验路曾对不同车速下沥青路面和水泥混凝土路面的变形进行量测结果表明，当行车速度由3.2km/h提高到56km/h，沥青路面的总弯沉减少36%；当行车速度由3.2km/h提高到96.7km/h，水泥混凝土路面的板角挠度和板边应变量减少29%左右。动荷载作用下路面变形量的减小，主要是因为材料的黏弹性因素而产生的材料阻尼作用，同时也可以理解为路面结构刚度的相对提高，或者是路面结构强度的相对增大。

　　汽车荷载对路面的多次重复作用也是一项重要的动态影响，在行车繁密的道路上，路面结构每天将承受上千次，甚至数万次车轮荷载的作用，在路面的整个使用期限内，承受的轮载作用次数更为可观。路面承受一次轮载作

8.1　交通荷载对路面的作用

用和承受多次重复轮载作用的效果并不一样。对于弹性材料，在重复荷载作用下，呈现出材料的疲劳性质，也就是材料的强度将随荷载重复次数的增加而降低。对于弹塑性材料，如土基和柔性路面，在重复荷载作用下，将呈现出变形的逐渐增大，称为变形的累积，所以对于路面设计，不仅要重视轴重静力与动力的量值，道路通行的各类轴载的通行数量也是重要的因素。

8.1.5 车轮轮迹横向分布

随着疲劳概念在路面结构设计中的应用，路面结构在使用年限内所受到的各种轴载的累计作用次数成为荷载因素方面的设计参数之一。由于车辆轮迹仅具一定宽度，车辆通过时只能覆盖一小部分。因此，路面横断面上各点所受到的轴载作用次数，仅为通过该断面轴载总数的一部分。对于路面横断面上某一宽度（例如轮迹宽度）范围内的频率，也即该宽度范围内所受到的车辆作用次数同通过该横断面的总作用次数的比值称为轮迹横向分布系数。这一系数同各种轴载的累计作用次数相乘，可得到路面结构横断面上各点受到的累计疲劳作用次数。

影响车轮轮迹横向分布规律的主要因素有车辆的类型、主轮轴数量、主轮轴间距及其车轮数量、轮胎宽度、路面宽度和车道宽度、交通组织管理方式、车速和司机驾驶习惯等。

通过现场观测，可以测定在不同等级的道路上轮迹分布状况的数据。车辆驶经观测横断面时，先记录它的后轴轮组外缘所覆盖的条带编号。然后在数据整理时，按行驶状况补充记录其他条带上所受到的作用次数，而后统计出单侧路面上各条带实际受到的作用总次数(N)。各统计条带上的轮迹通过的频率(η_i)可由下式得出：

$$\eta_i = \frac{n_i(各条带上实际作用次数)}{2N(通过该断面的实际作用次数)} \quad (8-4)$$

最后，按路面宽度以及轮迹通过的分布频率绘制出车辆轮迹横向分布图形。

对实测数据的分析表明，轮迹沿行车道宽度的分布符合偶然因素的高斯正态分布规律。如果已知分布曲线的数值特性和使用车辆的容量，便能求得车辆荷载在路面任一断面的作用次数。

沥青混凝土路面的车轮轮迹横向分布系数称为车道系数，水泥混凝土路面车轮轮迹横向分布系数称为轮迹横向分布系数。表8-7列出了沥青混凝土路面车道系数的建议值，表8-8列出了水泥混凝土路面轮迹横向分布系数的建议值。

沥青混凝土路面车道系数的建议值　　　　　　　　表8-7

车道特征	η	车道特征	η
双向单车道	1.0	双向六车道	0.3～0.4
双向两车道	0.6～0.7	双向八车道	0.25～0.35
双向四车道	0.4～0.5		

注：当上下行交通荷载有明显差异时，可按上下行交通特点分别进行结构与厚度设计。

水泥混凝土路面轮迹横向分布系数的建议值   表 8-8

公路等级		纵缝边缘处
高速公路、一级公路、收费站		0.17~0.22
二级及二级以下公路	行车道宽>7m	0.34~0.39
	行车道宽≤7m	0.54~0.62

注：车道、行车道较宽或者交通量较大时，取高值；反之，取低值。

8.2 标准轴载与轴载换算

道路上通行的车辆不仅类型不同、轴重不同，而且通行的车辆数量也各不相同。路面结构设计中，要考虑设计年限内车辆对路面的综合累计损伤作用，必须对现有的交通组成、轴载组成以及增长规律进行调查和预估，并通过适当的方式将它们换算成当量标准轴载的累计作用次数。

8.2.1 交通量

在交通工程中，交通量是指在单位时间内，通过道路某一断面的交通实体数。它是一个随机变量，不同时间、不同地点的交通量都变化。为了准确地衡量交通量，使交通量具有可比性，必须分车种调查，确定各车种间的关系，寻求其换算系数，把不同车型的交通量换算成标准车型的交通量，即交通当量。按不同的交通类型有机动车交通量、非机动车交通量和行人交通量，一般不加说明则指机动车交通量。

各国交通量的定义各不相同，通常选取占交通量比例最大的车种作为标准车种。在美国和日本等私人小汽车发达的国家，通常以小汽车作为标准车种。对车辆的换算，一般根据各种车辆所占道路面积和行车速度的比值，确定其换算系数；也可由其通过某断面的平均车头距离的比值来确定。目前，我国的《公路工程技术标准》JTG B01 确定道路等级时规定的标准车是小客车(表 8-9)，即将混合交通量换算成以小客车为标准的交通当量。

各汽车代表车型与车辆折算系数   表 8-9

汽车代表车型	车辆折算系数	说明
小客车	1.0	≤19 座的客车和载质量≤2t 的货车
中型车	1.5	>19 座的客车和载质量>2t~≤7t 的货车
大型车	2.0	载质量>7t~≤14t 的货车
拖挂车	3.0	载质量>14t 的货车

交通量在表达方式上通常采用某一时间段内的平均值作为该时间段内的代表交通量。初始年平均日交通量为通车第一年的年平均日交通量。

(1) 年平均日交通量($AADT$)

$$AADT = \frac{1}{365}\sum_{365}^{1}Q_i \tag{8-5}$$

式中：Q_i——各规定时间(365天)内的日交通量(辆/d)。

(2) 初始年平均日交通量

8.2.2 标准轴载

道路路面设计所用的交通量与交通工程中的交通量有很大的区别，交通工程中将混合交通量换算成为以小汽车或中型载重汽车为标准的交通当量。而路面结构设计中一般选用一种轴载作为路面结构设计的标准轴载，其他各种轴载按照一定的原则换算成标准轴载。而标准轴载一般要求对路面的响应较大、同时又能反映本国公路运输运营车辆的总体轴载水平。

我国根据公路运输运营车辆的实际，规定公路与城市道路路面设计以100kN作为设计标准轴载。其他国家的设计标准轴载相应为美国 18kip (80.1kN—单轴)(1kN = 224.809lbf)、32kip(142.34kN—双轴)；德国 110kN；印尼 50kN；黎巴嫩 140kN；联合国 141 个成员国的比例如下：小于 100kN 占 67.36%、101～110kN 占 11.56%、111～120kN 占 5.44%、大于 121kN 占 15.64%。

轴重的大小直接关系路面结构的设计承载力与结构强度，标准轴载问题涉及运输经济和路面结构经济性两个方面。目前国外有货车重型化、载客汽车小型化的趋势，使公路运输承受的轴载增加对路面的损坏问题同样日趋严重。在中国，由于市场经济的逐步建立，公路货运的经济性为货运部门主要考虑的因素，重轴载车辆的比例愈来愈大。路面结构的早期破坏与超出规定的重轴载车辆有很大的关系，因此，必须加强管理，尽可能限制超出规定的重轴载车辆的运行。

车辆超载和超限是两个不同的概念。超载运输是指车辆所装载的货物(或人员)超过车辆额定的载货质量(或人员数)。公路超限运输是指在公路上行驶的车辆、工程机械，其总质量、轴载质量、外形尺寸三者之一超过法定的限值标准。其中关于总质量和轴载质量是直接关系到对道路结构破坏的因素。根据 2000 年 4 月 1 日起正式施行的《超限运输车辆行驶公路管理规定》(中华人民共和国交通部令 2000 年第 2 号)中所阐述的车辆总质量和轴载质量限值为：(1)总质量：单车、半挂列车的车货总质量不得大于 40000kg，集装箱半挂列车的车货总质量不得大于 46000kg。(2)车辆轴载：单轴(每侧为单轮胎)载质量不得大于 6000kg；单轴(每侧为双轮胎)载质量不得大于 10000kg；双联轴(每侧为单轮胎)载质量不得大于 10000kg；双联轴(每侧各一单轮胎，双轮胎)载质量不得大于 10000kg；双联轴(每侧为双轮胎)载质量不得大于 18000kg；三联轴(每侧为单轮胎)载质量不得大于 12000kg；三联轴(每侧为双轮胎)载质量不得大于 22000kg。

超载但不超限的车辆对路面的使用寿命有一定的影响，超载且超限的车辆对路面的使用寿命有很大的影响，有的甚至超过路面或桥梁结构的极限承载力，使路面结构出现结构性破坏，使桥梁结构出现整体破坏，产生严重的安全事故。对超载条件下路面结构的设计问题，公路设计技术人员十分重视，目前我国交通部已经颁布并实施了公路超限运输管理条例。

8.2.3 轴载换算

1. 轴载换算方法基本原则

不同轴载在同一路面结构上重复作用不同次数后，使路表弯沉值、层底拉应力或层底拉应变达到同一极限状态。在一定轴载条件下，不同轴载间对路面的作用效果可以互相换算。在进行换算时，应该遵循两项原则：第一，换算以达到相同临界状态为标准。第二，对某一种交通组成，不论以哪种轴载标准进行换算，由换算所得轴载作用次数计算的路面厚度相同。我国现行沥青路面设计方法中采用设计弯沉指标、沥青层层底拉应力和半刚性材料层的层底拉应力为指标，因此，轴载换算时考虑了设计弯沉、沥青层层底拉应力和半刚性材料层的层底拉应力为指标的轴载换算方法。我国现行水泥混凝土路面设计方法中则采用水泥混凝土面板底面的弯拉应力为指标进行轴载换算。

2. 沥青路面的轴载换算方法

沥青路面设计以双轮组单轴载 100kN 为标准轴载，用 BZZ-100 表示。路面作用的其他各种不同类型的轴载按照以下方法换算为标准轴载。

以设计弯沉和沥青层层底拉应力为指标的轴载换算方法为：各级轴载（包括车轮的前、后轴）P_i 的作用次数 n_i 均应按式(8-6)换算成标准轴载作用次数。

$$N_s = \sum_{i=1}^{K} C_1 C_2 N_i \left(\frac{P_i}{P}\right)^{4.35} \tag{8-6}$$

式中 N_s——以弯沉为指标的标准轴载的当量轴次（次/日）；

N_i——被换算车型的各级轴载作用次数（次/日）；

P——标准轴载（kN）；

P_i——被换算车型的各级轴载（kN）；

C_1——轴数系数；

C_2——轮组系数，单轮组 6.4，双轮组 1，四轮组 0.38。

当轴间距大于 3m 时，应按单独的一个轴载进行计算，此时轴数为 $m=1$；当轴间距小于 3m 时，按双轴或多轴进行计算，轴数系数为：

$$C_1 = 1 + 1.2(m-1) \tag{8-7}$$

式中 m——轴数。

以半刚性材料层的层底拉应力为指标的轴载换算方法为：各级轴载（包括车轮的前、后轴）P_i 的作用次数 n_i 均应按下式换算成标准轴载作用次数：

$$N'_s = \sum_{i=1}^{K} C_1 C_2 N_i \left(\frac{P_i}{P}\right)^{8} \tag{8-8}$$

式中 N'_s——以弯拉应力为指标的标准轴载的当量轴次（次/日）；

N_i——被换算车型的各级轴载作用次数(次/日);
P——标准轴载(kN);
P_i——被换算车型的各级轴载(kN);
C_1——轴数系数;
C_2——轮组系数,单轮组 18.5,双轮组 1,四轮组 0.09。

当轴间距大于 3m 时,应按单独的一个轴载进行计算,此时轴数为 $m=1$;当轴间距小于 3m 时,按双轴或多轴进行计算,轴数系数为:

$$C_1' = 1 + 2(m-1) \tag{8-9}$$

3. 水泥混凝土路面的轴载换算方法

水泥混凝土路面结构设计也以 100kN 的单轴-双轮组荷载作为标准轴载。不同轴的作用次数按式(8-10)换算为标准轴载的作用次数。

$$N_s = \sum_{i=1}^{n} N_i \left(\frac{P_i}{100}\right)^{16} \tag{8-10}$$

式中 N_s——100kN 的单轴-双轮组标准轴载的作用次数;
P_i——单轴-单轮、单轴-双轮组、双轴-双轮组或三轴—双轮组轴型 i 级轴载的总重(kN);
n——轴型和轴载级位数;
N_i——各类轴型 i 级轴载的作用次数。

8.2.4 累计标准轴载作用次数

设计使用年限内设计车道的累计标准轴载作用次数按式(8-11)计算。

$$N_e = \frac{365 N_1 [(1+\gamma)^t - 1]}{\gamma} \eta \tag{8-11}$$

式中 N_e——设计年限内一个车道上的累计标准轴载作用次数(次);
t——设计年限(年);
N_1——路面竣工后第一年双向日平均标准轴载作用次数(次/日);
γ——设计年限内的交通量(标准轴载作用次数)平均年增长率(%);
η——沥青混凝土路面称为车道系数,水泥混凝土路面称为轮迹横向分布系数,见表 8-7 和表 8-8。

累计标准轴载作用次数是沥青路面设计和水泥混凝土路面设计时考虑疲劳作用的主要设计参数。

8.3 路面材料的设计参数

路面材料参数主要包括模量和泊松比。泊松比一般比较稳定,在路面设计时一般对特定的材料选用一定的泊松比,如土基和无粘结材料的泊松比取 0.35、无机结合料稳定材料的泊松比取 0.25、沥青混凝土材料的泊松比取 0.25、水泥混凝土材料的泊松比取 0.15 等。路面材料的模量值是表征材料刚度特性的指标,常用的测试方法有单轴压缩试验、直接劈裂试验、弯拉试验等。由于路面结构材料的非线性特性,路面结构模量根据计入变形的不同分为形变模量和回弹模量,形变模量中的变形包括回弹变形和塑性变形,回弹模量中的变形仅考虑材料的回弹变形,目前国内外路面设计一般采用回弹模量。根据加载形式(静态加载和动态加载)的不同,材料回弹模量又可以分为静态模量和动态模量。我国现行《沥青路面设计规范》JTG D50—2006采用抗压回弹模量和劈裂强度进行设计计算,沥青混合料的弯沉计算时抗压回弹模量的试验温度为20℃、弯拉应力验算时抗压回弹模量的试验温度为15℃、劈裂强度的试验温度也为15℃;水泥混凝土路面则采用材料的弯拉弹性模量。无机结合料稳定材料抗压模量值和劈裂强度值应该是设计龄期的抗压模量值和劈裂强度值,水泥稳定类材料的设计龄期为90d,其他稳定类材料的设计龄期为180d。

本节主要讲述无机结合料稳定材料、沥青混合料、水泥混凝土、级配碎石的设计参数的试验方法和取值。

8.3.1 无机结合料稳定材料

1. 无机结合料稳定材料的无侧限抗压强度

无机结合料稳定材料(包括稳定细粒土、中粒土和粗粒土)的无侧限抗压强度是按照预定干密度和压实度用静力压实法制备试件,试件高:直径=1:1的圆柱体、养护时间为7d(整个养生期间的温度应保持20±2℃,养护期的最后一天,将试件浸泡在水中,水的深度应使水面在试件顶上约2.5cm)、侧向没有围压时的单轴抗压强度。

适用于下列不同土的试模尺寸为:

细粒土(最大粒径不超过10mm):试模的直径×高=50mm×50mm;
中粒土(最大粒径不超过25mm):试模的直径×高=100mm×100mm;
粗粒土(最大粒径不超过40mm):试模的直径×高=150mm×150mm。

试件的无侧限抗压强度 R_c 用下列相应的公式计算:

$$\left.\begin{array}{ll}对于小试件: & R_c=P/A=0.00051P \quad (\text{MPa})\\ 对于中试件: & R_c=P/A=0.000127P \quad (\text{MPa})\\ 对于大试件: & R_c=P/A=0.000057P \quad (\text{MPa})\end{array}\right\} \quad (8\text{-}12)$$

式中 P——试件破坏时的最大压力(N);

A——为试件的截面积,$A=\dfrac{\pi D^2}{4}$,D 为试件的直径(mm)。

对于同一无机结合料剂量的混合料,需要制作相同状态的试件数量(即平行试验的数量)与土类及操作的仔细程度有关。对于无机结合料稳定细粒土,至少应该制作6个试件;对于无机结合料稳定中粒土至少应该制作9个,对于无机结合料稳定粗粒土至少应该制作13个试件。

2. 无机结合料稳定材料的无侧限抗压回弹模量

无机结合料稳定材料(包括稳定细粒土、中粒土和粗粒土)的无侧限抗压强度是按照预定干密度和压实度用静力压实法制备试件,试件高:直径=1:

1的圆柱体、养护时间为设计龄期(整个养护期间的温度应保持20±2℃)、侧向没有围压时通过逐级加载和卸载试验计算得到的抗压回弹模量。圆柱体试件的制作和试件个数与无机结合料稳定材料的抗压强度试验相同。

(1) 逐级加荷卸荷试验步骤

加载板上的计算单位压力的选定值：对于无机结合料稳定基层材料，用0.5~0.7MPa；对于无机结合料稳定底基层材料，用0.2~0.4MPa，实际加载的最大单位压力应略大于选定值。

将试件浸水24h后从水中取出并用布擦干后放在加载顶板上，在试件顶面稀撒少量0.25~0.5mm的细砂，并手压加载顶板在试件顶面边加压边旋转，使细砂填补表面微观的不平整，并使多余的砂流出，以增加顶板与试件的接触面积。

先用拟施加的最大荷载的一半进行两次加荷卸荷预压试验，使加载顶板与试件表面紧密接触。第2次卸荷后等待60s，然后将千分表的短指针约调到中间位置。

将预定的单位压力分成5~6等份作为每次施加的压力值。实际施加的荷载应较预定级数增加一级。施加第1级荷载(如为预定最大荷载的1/5)，待荷载作用达60s时，记录千分表的读数，同时卸去荷载，让试件的弹性形变恢复。到30s时记录千分表的读数。试件第2级荷载(为预定最大荷载的2/5)，同前待荷载作用60s，记录千分表的读数，卸去荷载。卸荷后到30s时再记录千分表的读数，并施加第3级荷载。如此逐级进行，直至记录下最后一级荷载下的回弹形变。

(2) 无侧限抗压回弹模量的计算

以单位压力 p_i 为横坐标(向右)，以回弹形变 l_i(l_i=加荷时读数－卸荷时读数)为纵坐标(向下)，绘制 p_i 与 l_i 的关系曲线。修正曲线开始段的虚假形变。

用加载板上的计算单位压力 p 以及与其相应的回弹形变 l 按式(8-13)计算回弹模量 E：

$$E = \frac{pH}{l} \tag{8-13}$$

式中　p——单位压力(MPa)；

　　　H——试件高度(mm)；

　　　l——试件回弹形变(mm)。

3. 无机结合料稳定材料的间接抗拉强度(劈裂强度)

试件的制作与无限抗压强度试验的试件制作相同，只是试验时在侧向测定试件的最大劈裂强度，计算得到无机结合料稳定材料的劈裂强度试验。

侧向加压时应放置压条，并将试件横置在压条上，同时在试件的顶面也放一压条(上下压条与试件的接触线必须位于试件直径的两端，并与升降台垂直)。压条采用半径与试件半径相同的弧面压条，其长度应大于试件的高度。不同尺寸试件采用的压条宽度和弧面半径见表8-10。

试件压条宽度和弧面半径　　　　　　表 8-10

试件尺寸(mm)	宽度(mm)	弧面半径(mm)
50×50	6.35	25
100×100	12.70	50
150×150	18.75	75

试验过程中，应使试验的形变等速增加，并保持速率约为 1mm/min。记录试件破坏时的最大压力 P(N)和相应的变形(m)。

计算试件的间接抗拉强度用下列相应的公式计算：

$$\left.\begin{array}{l} 对于小试件：\quad R_i=0.012526P/H(\mathrm{MPa}) \\ 对于中试件：\quad R_i=0.006263P/H(\mathrm{MPa}) \\ 对于大试件：\quad R_i=0.004178P/H(\mathrm{MPa}) \end{array}\right\} \quad (8\text{-}14)$$

式中　P——试件破坏时的最大压力(N)；
　　　H——浸水后试件的高度(mm)。

4. 无机结合料稳定材料的劈裂回弹模量

试件成型和加载的要求与无侧限抗压回弹模量试验相同，要求在加载过程中，将预定的单位压力分成 5～6 等份，设定的最大压力值不宜超过破坏荷载的 0.6～0.7 倍。施加第一级荷载并稳定 1min，记录千分表的读数；卸载 30s 再记录千分表读数，得到竖向回弹变形 l_Y。绘制单位压力与形变的关系曲线，必要时对曲线进行修正。修正时，一般情况下将第 1 个第 2 个试验点取成直线，并延长此直线与纵坐标轴相交作为新原点。

可用式(8-15)计算作用力为 1/2 破坏载荷时的劈裂模量 E_i：

$$E_i=\frac{p_i-p_0}{dl_X}(0.27+1.0\mu) \quad (8\text{-}15)$$

式中　E_i——劈裂回弹模量(MPa)；
　　　p_i——各级荷载(N)；
　　　p_0——初级荷载(N)；
　　　d——试件直径(mm)；
　　　l_X——水平回弹变形(mm)，在没有条件测试时，可按式(8-16)计算；
　　　μ——泊松比，一般可取 0.25。

$$l_X=\frac{l_Y\times(0.135+0.5\mu)}{1.794-0.0314\times\mu} \quad (8\text{-}16)$$

5. 无机结合料稳定材料的动态抗压回弹模量

动态模量是动态加载条件下测定的材料模量值。国外路面设计方法一般采用动态模量，我国"沥青路面设计指标和参数研究"课题也采用动态模量。

根据无机结合料稳定材料的类型选择试件尺寸，细粒土和中粒土混合料采用直径 $\varphi=100$mm 和高度 100mm、粗粒土混合料采用直径 $\varphi=150$mm 和高度 150mm 的圆柱体试件。试件个数和养护条件同无侧限抗压回弹模量的要求。

首先测定无机结合料稳定材料的无侧限抗压强度，以此作为动态模量试

验的破坏强度 P。输入 Haversine 荷载波形，频率为 10Hz，无间隙时间，荷载级位一般设定为 5~6 级（$0.1P$、$0.2P$、$0.3P$、$0.4P$、$0.5P$、$0.6P$），每级荷载作用次数为 200 次，并对试件施加 $0.3P$ 的荷载，预压 30s。

开始施加荷载，动态荷载 F_t 的波形为 Haversine 波（半正矢波），在一个周期内的函数形式为：

$$F_t = \frac{(1-\cos(\varpi t))F_0}{2} + F_c$$

式中　F_0——荷载振幅（N）；

　　　ϖ——圆周频（rad/s）；

　　　F_c——预压荷载，N。

荷载要求从低级到高级逐级施加，每级荷载的最后 1s，采集连续 10 个荷载波形的最大荷载 P_{max}（N）、最小荷载 P_{min}（N）以及相应的最大变形 l_{max}（mm）、最小变形 l_{min}（mm）。用式（8-17）计算荷载振幅 F_0（N）和变形振幅 l_0（mm）。要求实测荷载振幅与设定荷载振幅的误差不超过 5%。

$$\left.\begin{array}{l} F_0 = P_{max} - P_{min} \\ l_0 = l_{max} - l_{min} \end{array}\right\} \quad (8\text{-}17)$$

用二次曲线模型 $l_0 = aF_0^2 + bF_0 + c$，将测定的变形振幅减去回归常数 c 作为修正后的变形振幅，由此按式（8-18）计算动态模量 E_{dc}（MPa）。

$$E_{dc} = \frac{\sigma}{\varepsilon} = \frac{F_0 h}{(l_0-c)A} \quad (8\text{-}18)$$

式中　h——试件高度（mm）；

　　　A——试件截面积（mm²）。

6. 无机结合料稳定材料疲劳寿命

无机结合料稳定材料的疲劳寿命是通过小梁的疲劳试验，确定其疲劳性能。

根据无机结合料稳定材料的类型选择小梁的尺寸，细粒土选用 50mm×50mm×200mm 的小梁；中粒土选用 100mm×100mm×400mm 的中梁；细粒土选用 150mm×150mm×550mm 的大梁。试件个数和养护条件同无侧限抗压回弹模量的要求。

试验采用三分点施加 Haversine 波的动态周期性荷载进行疲劳试验，如图 8-4 所示。

首先在同一批梁中选择规定数量进行小梁弯拉强度试验，确定其弯拉强度 S。然后根据疲劳试验要求确定 4~6（$K=\sigma/S$）个应力比（无机结合料范围为 0.5~0.85），施加 0.2 倍应力强度比水平的荷载预压 2min，接着施加频率为 10Hz 连续的 Haversine 荷载，记录每个试件断裂时的疲劳作用次数。计算每批试件同一应力比不同保证率的疲劳寿命，按照 $\lg N = a + b\lg(\sigma/S)$ 得到不同保证率的疲劳方程。

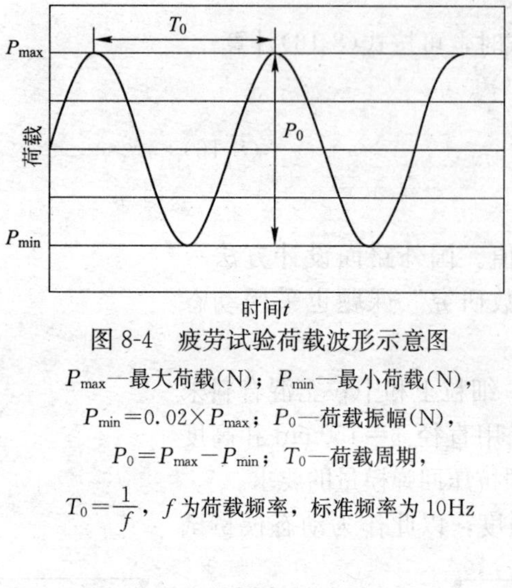

图 8-4　疲劳试验荷载波形示意图

P_{max}—最大荷载（N）；P_{min}—最小荷载（N），$P_{min} = 0.02 \times P_{max}$；$P_0$—荷载振幅（N），$P_0 = P_{max} - P_{min}$；$T_0$—荷载周期，$T_0 = \frac{1}{f}$，$f$ 为荷载频率，标准频率为 10Hz

7. 无机结合料稳定材料的设计参数

无机结合料稳定材料室内制件与现场制件的设计参数比值随材料不同及施工条件而异。一般情况下，现场制件的模量与强度均比室内制件低，其降低的幅度不等，抗压强度降低幅度较小 10%～20%，抗压模量下降 30%～40%，劈裂强度下降 20%～60%，劈裂模量下降 50% 左右。无机结合料稳定材料的设计参数是根据大量试验结果取 95% 的保证率后（均值－1.645×标准差）得到代表值。由代表值提出推荐值时，再考虑现场大规模施工、质量变化较大的情况，将代表值给予适当的折减。推荐的参数值应代表一般专业队伍，机械化施水平。无机结合料稳定材料的抗压模量、劈裂强度设计参数推荐值见表 8-11。

无机结合料稳定材料抗压模量和劈裂强度参数 JTG D50—2006　表 8-11

材料名称	配合比或规格要求	抗压模量 E(MPa)（弯沉计算用）	抗压模量 E(MPa)（拉应力计算用）	劈裂强度 σ(MPa)
水泥砂砾	4%～6%	1100～1500	3000～4200	0.4～0.6
水泥碎石	4%～6%	1300～1700	3000～4200	0.4～0.6
二灰砂砾	7：13：80	1100～1500	3000～4200	0.6～0.8
二灰碎石	8：17：80	1300～1700	3000～4200	0.5～0.7
石灰水泥粉煤灰砂砾	6：3：16：75	1200～1600	2700～3700	0.4～0.55
水泥粉煤灰碎石	4：16：80	1300～1700	2400～3000	0.4～0.55
石灰土碎石	粒料>60%	700～1100	1600～2400	0.3～0.4
碎石灰土	粒料>40%～50%	600～900	1200～1800	0.25～0.35
水泥石灰砂砾土	4：3：25：68	800～1200	1500～2200	0.3～0.4
二灰土	10：30：60	600～900	2000～2800	0.2～0.3
石灰土	8%～12%	400～700	1200～1800	0.2～0.25

由于结构层模量对弯沉、应变和弯拉应力的影响不同，因此从安全的角度，结构层模量代表值与试验均值及试验方差之间的取之方法也不同。以路表弯沉为设计或验算指标时，设计参数采用抗压回弹模量，对于沥青混凝土试验温度为 20℃ 计算路标弯沉时，抗压回弹模量设计值 E 应按式(8-19)计算。

$$E = \overline{E} - Z_a S \tag{8-19}$$

式中　$\overline{E}$——各试件模量的平均值(MPa)；
　　　S——各试件模量的标准差；
　　　Z_a——保证率系数，按 95% 保证率取 2.0。

以沥青层或半刚性材料层结构层层底拉应力为设计或验算指标时，应在 15℃ 条件下测试沥青混合料的抗压回弹模量，半刚性材料应在规定的龄期（水泥稳定类为 90d，非水泥稳定类为 180d）规定的温度测定抗压回弹模量，抗压回弹模量设计值 E 应按式(8-20)计算。

$$E = \overline{E} + Z_a S \tag{8-20}$$

式中符号同式(8-19)。

表 8-11 给出了现行《公路沥青路面设计规范》JTG D50—2006 无机结合料稳定材料设计参数；表 8-12 给出了西部交通建设项目《沥青路面设计指标和参数研究》(2004 318 000 04)提出的无机结合料稳定材料抗压强度和动态回弹模量参数。

无机结合料稳定材料抗压强度和动态回弹模量参数　　表 8-12

材料		抗压强度 (MPa)	弯拉强度 (MPa)	试件回弹模量 (MPa)
水泥稳定碎石、石灰-粉煤灰稳定碎石	强	8.0~12.0	1.3~1.6	18000~28000
	弱	5.0~8.0	1.1~1.3	14000~20000
水泥稳定土、石灰-粉煤灰稳定土		1.5~5.0	0.4~0.6	5000~7000

8.3.2 沥青材料

由于沥青混合料是由沥青和集料组成的混合料，所以，其沥青混合料的特性取决于沥青和集料各自的特性和混合在一起的特性。沥青混合料是一种性能极其复杂的建筑材料，主要是因为：(1)沥青是一种成分十分复杂的高分子有机材料，与矿质混合料仅有极弱的结合能力，而且随不同油源及炼制工艺其性能变化很大；(2)由于组成混合料的配比及混合料的生产工艺与施工方法差异，沥青混合料性质的试验结果差异性较大；(3)沥青混合料的性能受加载时间、温度的影响较大，沥青混合料性能的条件性很强，其性能指标与试验设备、试验条件、试验方法的关系极大，不同单位的实验室、试验人员的试验结果的可比性较差。

沥青混合料的黏弹性力学特征主要表现在以下三方面：(1)沥青混合料的力学特征与加载速度有关。随着加载速度的增加，材料的强度和刚度均会增加；(2)沥青混合料的力学特征对温度十分敏感。随着温度的升高，材料的物理特征表现为变软，强度和刚度变小；(3)材料具有十分明显的蠕变与应力松弛现象。

沥青混凝土的主要设计参数为抗压模量、劈裂强度等。沥青混合料的抗压模量有时也称为劲度模量(stiffness)，因为沥青混合料的模量与加载速度、加载时间、加载时的温度有关，因此，沥青混合料的模量、强度等是一个条件参数。

1. 沥青混凝土的抗压强度和抗压回弹模量

沥青混合料抗压回弹模量主要用于路面结构力学分析。我国规范规定，弯沉计算时抗压回弹模量的试验温度为 20℃、拉应力验算时抗压回弹模量的试验温度为 15℃、劈裂强度的试验温度也为 15℃。

试验采用直径 d(mm)为 100mm、高 h(mm)为 100mm 的圆柱体试件，试验加载的速率为 2mm/min。试件成型采用静压法、轮碾法、搓揉法和旋转压实成型法，试件的密度应符合马歇尔标准击实密度 100%，用于抗压强度试验的试件个数不得少于 3 个，用于抗压回弹试验的试件个数不得少于 3~6 个。对抗压强度要求以 2mm/min 的加载速率均匀加载直至破坏，由破坏荷载 $P(N)$ 和圆柱体试件的面积参数（πd^2）可计算得出试件的抗压强度（MPa）为：

$$R_c = \frac{4P}{\pi d^2} \tag{8-21}$$

对抗压回弹模量，应根据试件的平均抗压强度对应的荷载均匀分成十级，分别取 $0.1P$、$0.2P$、$0.3P$、…、$0.7P$ 七级作为试验荷载。首先以 2mm/min 的加载速率均匀加载至 $0.2P$ 并保持 60s 进行预压和观察两个千分表的读数是否接近，然后以 2mm/min 的加载速率均匀加载至 $0.1P$，立刻记录两千分表的读数和实际的荷载值，再以同样的速率卸载至零荷载，并保持 30s，再次记录两千分表的读数，加载与卸载两次读数之差即为此级荷载作用下的回弹变形 Δl_1(mm)。然后依次加载 $0.2P$、$0.3P$、…、$0.7P$，测定每级荷载作用下的回弹变形 Δl_i。根据各级荷载对应的抗压强度 R_{ci} 和回弹变形 Δl_i 绘制 R_{ci} 和 Δl_i 关系曲线，在经过原点修正后的 R_{ci} 和 Δl_i 关系曲线上读得第五级荷载对应的抗压强度 R_{c5} 和相应的回弹变形 $\Delta l'_5$，沥青混凝土的抗压回弹模量 E(MPa)为：

$$E = \frac{R_{c5} \times h}{\Delta l'_5} \tag{8-22}$$

2. 沥青混凝土的劈裂试验

沥青混凝土的劈裂试验既可以为沥青路面设计提供设计参数，也可以评价沥青混凝土的低温特性。当用于为沥青路面设计提供设计参数时的试验温度一般为 5℃、15℃、20℃、25℃ 或 40℃（规范不同各国推荐的试验温度也不同，如 ASTM D4123 动弹性模量推荐的试验温度为 5℃、25℃ 和 40℃），当用于评价沥青混凝土的低温特性时的试验温度为 -10℃（试验加载速率为 1mm/min）。我国沥青混凝土路面的设计参试采用静参数，采用的试验温度为 15℃、试验加载速率为 50mm/min。试件马歇尔击实成型的方法和轮碾机成型的板体试件和道路现场钻孔试件。采用马歇尔击实成型的试件的尺寸要求为直径 101.6mm、高为 63.5mm；轮碾机成型的板体试件和道路现场钻孔试件的尺寸要求为直径 100mm 或 150mm、高为 40mm。

试验是在试件上下各放一根满足规定的压条，记录试件的变形和荷载，按式(8-23)计算沥青混凝土的劈裂强度，按式(8-24)计算沥青混凝土劈裂模量，按式(8-25)计算沥青混凝土破坏时的拉伸应变。

$$\left. \begin{array}{l} \text{当试件直径为 100mm、压条宽度为 12.7mm 时：} R_T = 0.006287 \dfrac{P_T}{h} \\[6pt] \text{当试件直径为 150mm、压条宽度为 19.0mm 时：} R_T = 0.00425 \dfrac{P_T}{h} \end{array} \right\} \tag{8-23}$$

$$S_T = P_T \times (0.27 + \mu)/(h \times X_T) \tag{8-24}$$

$$\varepsilon_T = X_T \times (0.0307 + 0.0936\mu)/(1.35 + 5\mu) \tag{8-25}$$

式中 R_T——劈裂强度(MPa)；

S_T——破坏拉伸模量(MPa);
ε_T——破坏拉伸应变;
P_T——破坏拉伸荷载(N);
h——试件高度(mm);
X_T——相应最大破坏荷载时的水平方向总变形(mm);
μ——试件的泊松比, $\mu=(0.1350A-1.7940)/(-0.5A-0.0314)$, 其中 $A=Y_T/X_T$ 为试件垂直变形与水平方向总变形的比值。

3. 沥青混凝土的弯曲试验

沥青混凝土的弯曲试验主要用于评价热拌沥青混合料在规定温度和加载速率条件时的弯曲力学性质。试验的温度和加载速率可以根据需要规定,一般用于确定沥青混凝土的抗弯拉参数采用15℃、20℃或25℃,用于确定沥青混凝土的低温抗拉特性是采用-10℃,加载速率一般采用50mm/min。试件采用轮碾法成型后切割成长为25cm、宽为3cm、高为3.5cm的棱柱体小梁试件,试验加载的跨径为20cm。也可在现场切取规定尺寸的试件进行室内弯曲试验。将试件安放在试验架上,保证加载的跨径为20cm,并使两侧等距离,在试件的中央施加集中荷载直至破坏,记录试件的破坏荷载和相应的变形。通过变形修正,确定荷载峰值 P_B(N)和跨中变形峰值 d(mm),并按式(8-26)~式(8-28)分别计算试件破坏时的抗弯强度 R_B、梁底的最大弯拉应变 ε_B 和弯曲劲度模量 S_B。

$$R_B=\frac{3LP_B}{2bh^2} \tag{8-26}$$

$$\varepsilon_B=\frac{6hd}{L^2} \tag{8-27}$$

$$S_B=\frac{R_B}{\varepsilon_B} \tag{8-28}$$

式中 b——跨中试件断面的宽度(mm);
h——跨中试件断面的高度(mm);
L——试件的跨径(mm)。

4. 沥青混凝土的单轴压缩动态回弹模量

沥青混凝土的单轴动态回弹模量是沥青路面设计的参数之一。目前国外大部分设计方法和国内正在编制的沥青路面设计新方法均采用沥青混凝土动态加载条件下测定的回弹模量。

试验采用旋转压实仪成型直径 d(mm)为150mm、高 h(mm)为170mm的试件,然后钻孔并切割得到直径 d(mm)为100mm、高 h(mm)为150mm的圆柱体试件供试验用。测定或计算试件的油石比 V_a、空隙率 VV、骨料间隙率 VMA 等指标。

试验温度分为-10℃、5℃、20℃、35℃及50℃五个等级,因此,试件应在恒温箱中存放4~5h(当试验温度小于等于5℃时,存放应超过8h),试验频率为0.1Hz、0.5Hz、1Hz、5Hz、10Hz、25Hz六个等级。

首先施加总荷载的5%进行预压10s,再用频率为25Hz的偏移正弦波或半正矢波轴向压应力进行200个循环预处理，然后对试件施加偏移正弦波或半正矢波轴向压应力试验荷载，在设定温度从25～0.1Hz由高到低按表8-13给出的重复加载次数逐个进行试验。要求在任意两个试验频率下的时间间隔为2min。试验采集最后5个波形的荷载及变形曲线，并记录试验施加荷载、试件轴向可恢复变形、动态模量及相位角。

各荷载频率下的重复加载次数　　　　　　　表8-13

频率(Hz)	重复次数(次)	频率(Hz)	重复次数(次)
25	200	1	20
10	200	0.5	15
5	100	0.1	15

动态模量按式(8-29)计算：

$$|E^*|=\sigma_0/\varepsilon_0 \tag{8-29}$$

式中　$|E^*|$——沥青混合料动态模量(MPa)；
　　　$\sigma_0=P_i/A$——轴向应力振幅(MPa)；
　　　$\varepsilon_0=\Delta_i/l_0$——轴向应变振幅；
　　　P_i——最后5次循环中轴向试验荷载平均振幅(N)；
　　　A——试件径向横截面面积(mm^2)；
　　　Δ_i——最后5次循环中可恢复轴向变形平均幅值(mm)；
　　　l_0——试件上位移传感器的量测间距(mm)；

5. 沥青混凝土四点弯曲疲劳寿命

沥青混凝土四点弯曲疲劳寿命是确定其在控制应变或控制应力条件下试件的疲劳加载次数，是沥青路面基于疲劳设计的重要参数。

在试验室通过轮碾成型沥青混凝土板块试件或从现场路面获得板块试件，采用厚度50mm、宽度63.5mm和长度380mm的梁式试件，确定试件的空隙率(VV)和矿料间隙率(VMA)。

试验先将小梁放在规定温度的环境箱内存放4h以上，在目标试验应变下预加载50个循环，计算50个循环的试件劲度模量作为初始的劲度模量，然后稳定继续加载直到满足加载，当沥青混凝土的弯曲劲度模量降低到初始弯曲劲度模量的50%时，加载自动停止。

计算每批试件同一应变水平不同保证率的疲劳寿命，按照$\lg N=a+b\lg\varepsilon$得到不同保证率的疲劳方程。

最大拉应力σ_t(Pa)和最大拉应变ε_t按式(8-30)计算：

$$\sigma_t=\frac{L\times P}{w\times h^2}$$
$$\varepsilon_t=\frac{12\times\delta\times h}{3\times L^2-4\times a^2} \tag{8-30}$$

式中　L——梁跨距，即外端两个夹具的间距(m)，一般为0.375m；
　　　P——峰值荷载(N)；

w——梁宽(m);
h——梁高(m);
δ——梁中心最大位移(m);
a——相邻夹头中心间距(m),$a=L/3=0.119$m。

弯曲劲度模量 S(Pa)和相位角(°)按式(8-31)计算:

$$S = \sigma_t/\varepsilon_t$$
$$\varphi = 360 \times ft \qquad (8-31)$$

式中 f——加载频率(Hz);
t——应变峰值滞后于应力峰值的时间(s);

单个循环耗散能 E_{Di}(J/m³)和累计耗散能 E_{CD}(J/m³)按式(8-32)计算:

$$E_{Di} = \pi \times \sigma_t \times \varepsilon_t \times \sin\varphi$$
$$E_{CD} = \sum_{i=1}^{n} E_{Di} \qquad (8-32)$$

6. 沥青混凝土的设计参数

表 8-14 给出了现行《公路沥青路面设计规范》JTG D50—2006 沥青混凝土材料设计参数;表 8-15 给出了西部交通建设项目《沥青路面设计指标和参数(JTG D50—2006)研究》(2004 318 000 04)提出的沥青混凝土材料动态回弹模量参数。

沥青混凝土路面设计参数建议值(JTG D50—2006)　　表 8-14

材料名称		抗压模量(MPa)		15℃劈裂强度(MPa)	备注
		20℃	15℃		
细粒式沥青混凝土	密级配	1200~1600	1800~2200	1.2~1.6	AC-10,AC-13
	开级配	700~1000	1000~1400	0.6~1.0	OGFC
沥青玛蹄脂碎石		1200~1600	1600~2000	1.4~1.9	SMA
中粒式沥青混凝土		1000~1400	1600~2000	0.8~1.2	AC-16,AC-20
密级配粗粒式沥青混凝土		800~1200	1000~1400	—	AC-25
沥青碎石基层	密级配	1000~1400	1200~1600	0.6~1.0	ATB-25,ATB-35
	半开级配	600~800	—	—	AM-25,AM-40
沥青贯入式		400~600	—	—	

常用沥青混合料 20℃、10Hz 动态回弹模量参数建议值　　表 8-15

沥青混合料类型	沥青种类			
	70号道路石油沥青	90号道路石油沥青	110号道路石油沥青	SBS改性沥青
SMA10/SMA13/SMA16	—	—	—	6500~13000
AC10/AC13	7000~13000	6500~12500	6000~11500	7500~13500
AC16/AC20/AC25	8000~14500	7500~14000	6500~13000	8000~14500
ATB25	6000~12000	—	—	—

8.3.3 水泥混凝土材料

1. 水泥混凝土抗折强度和水泥混凝土抗折弹性模量

水泥混凝土抗折强度试件为直角棱柱体小梁,标准试件尺寸为150mm×150mm×550mm,在标准条件下,经养护28d后,按三分点处双点加载(如图8-5)测定其抗折强度(f_{cf}),按式(8-33)计算,以"MPa"计。

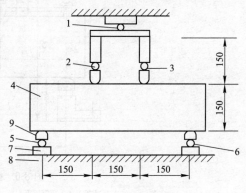

$$f_r = \frac{FL}{bh^2} \quad (8\text{-}33)$$

式中 F——破坏荷载(N);

L——支座间距(mm);

b——试件宽度(mm);

h——试件高度(mm)。

如为跨中单点加荷得到的抗折强度,按断裂力学推导应乘以换算系数0.85。

图8-5 抗折试验装置

图8-5中,1、2、6—1个钢球;3、5—2个钢球;4—试件;7—活动支座;8—机台;9—活动船形垫块。

水泥混凝土抗折弹性模量试件为直角棱柱体小梁,混凝土抗折弹性模量试验应取同龄期者为一组,每组为同条件制备和养护的试件6根,3根用于抗折强度试验,3根用于抗折弹性模量试验。标准试件尺寸为150mm×150mm×550mm,在标准条件下,经养护28d后,按三分点处双点加载。

取抗折极限荷载平均值的50%为抗折弹性模量试验的荷载标准($P_{0.5}$),进行5次加卸荷循环,由1kN起,以0.15~0.25MPa/s的加荷速度均匀而连续地加载(低标号时用较低速度),至3kN刻度处停机(设为P_0),保持约30s(在此段加载时间中,千分表指针应能启动,否则应提高P_0至4kN),计下千分表读数Δ_0,而后继续加载至$P_{0.5}$,保持约30s,计下千分表读数$\Delta_{0.5}$,再以同样速度卸载至1kN,保持约30s,为第一循环(图8-6)。其余加卸荷同第一循环,共进行5个循环。

当断面发生在两个加荷点之间时,抗折弹性模量E_b按式(8-34)或式(8-35)计算,如断面在加荷点外侧,该试验结果无效。

$$E_b = \frac{23PL^3}{1296fJ} \quad (8\text{-}34)$$

$$E_b = \frac{23L^3(P_{0.5}-P_0)}{1296J(\Delta_{0.5}-\Delta_0)} \quad (8\text{-}35)$$

式中 E_b——抗折弹性模量(MPa);

P——荷载(N);

$P_{0.5}$、P_0——终荷载及初荷载(N);

$\Delta_{0.5}$、Δ_0——对应$P_{0.5}$、P_0的千分表读数,(mm);

L——支座间距离,(450mm);

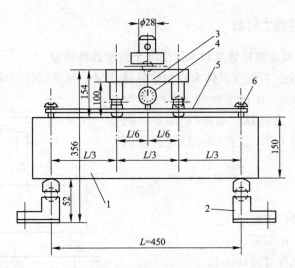

图 8-6 抗折弹性模量试验装置
1—试件；2—可移动支座；3—加荷支座；4—千分表；6—千分表架

f——跨中挠度(mm)；

J——试件断面转动惯量(mm)，$J=\frac{1}{12}bh^3$。

水泥混凝土配合比设计时的混凝土试配弯拉强度的均值按式(8-36)确定。

$$f_{rm}=\frac{f_r}{1-1.04c_v}+ts \tag{8-36}$$

式中 f_{rm}——水泥混凝土试配弯拉强度的均值(MPa)；

f_r——水泥混凝土弯拉强度标准值(MPa)；

c_v——水泥混凝土强度的变异系数；

s——水泥混凝土弯拉强度试验样本的标准差；

t——保证率系数，按样本数 n 参照表 8-16 确定。

保 证 率 系 数　　　　　　　　　　表 8-16

公路等级	判别概率	样本数			
		6	9	15	20
高速公路	0.05	0.79	0.61	0.45	0.39
一级公路	0.10	0.59	0.46	0.35	0.30
二级公路	0.15	0.46	0.37	0.28	0.24
三、四级公路	0.20	0.37	0.29	0.22	0.19

2. 水泥混凝土试样的钻取和劈裂试验

我国目前检验路(道)面混凝土拌合质量是在拌合机处或路(道)面浇现场制备 15cm×15cm×55cm 的混凝土小梁试件，与面板同样的条件养护 28 天，检验其抗折强度是否满足水泥混凝土面板的设计抗折强度，但这样检验由于取样的不随意性和施工人员知晓要取样而在加料和拌合时特别用心，试件的捣实也特别好，与面板的捣实有差异。实际工程中一般采用在混凝土面板进行钻孔,取得圆柱体试件进行劈裂试验,再由劈裂强度推算水泥混凝土面板的抗折强度进行质量检验。

钻孔取芯试件的直径为 150mm,取样长度 150mm≤h≤300mm,以 0.04~0.06MPa/s 的速度连续而均匀加荷。

水泥混凝土试件劈裂强度按式(8-37)计算:

$$R_i = \frac{2P}{\pi F} \quad (\text{MPa}) \tag{8-37}$$

式中　P——极限荷载(N);
　　　F——试件劈裂面面积(mm^2)。

水泥混凝土面板的抗折强度按式(8-38)推算:

$$R_b = 1.868 R_i^{0.871} \tag{8-38}$$

式中　R_b——水泥混凝土面板的抗折强度(MPa);
　　　R_i——水泥混凝土试件的劈裂强度(MPa)。

3. 水泥混凝土路面设计参数的取值

水泥混凝土的强度以 28d 龄期的弯拉强度控制。当水泥混凝土浇筑 90d 后不开放交通时,可用 90d 龄期的弯拉强度。各级交通等级要求的水泥混凝土的弯拉强度标准值不得低于表 8-17 的要求,水泥混凝土抗弯拉模量的参考值见表 8-18。

水泥混凝土的弯拉强度标准值　　表 8-17

交通荷载等级	极重、特重、重	中等	轻
水泥混凝土的弯拉强度标准值(MPa)	≥5.0	4.5	4.0
钢纤维混凝土的弯拉强度标准值(MPa)	≥6.0	5.5	5.0

水泥混凝土强度和弹性模量经验参考参考值　　表 8-18

弯拉强度(MPa)	1.5	2.0	2.5	3.0	3.5	4.0	4.5	5.0	5.5
抗压强度(MPa)	7	11	15	20	25	30	36	42	49
抗拉强度(MPa)	0.89	1.21	1.53	1.86	2.20	2.54	2.85	3.22	3.55
弹性模量(GPa)	15	18	21	23	25	27	29	31	33

8.3.4 级配碎石

粒料回弹模量是沥青路面结构力学响应分析的重要参数之一。粒料的模量是性质、状态(含水率和密实度)和应力状况等的函数。对于处于特定状态(一定含水率和密实度值)的各类粒料和路基土来说,影响其模量取值的主要因素便是应力状况。

道路运营期间,粒料在自路表传递而来的车辆荷载(动脉冲)反复作用下,表现出高度的应力依赖非线性性质,而对于不同交通等级以及不同路面类型和结构组合,不同层位处的粒料层和路基的应力状况不相同,故其模量值也不一样。因而,在粒料和路基土模量参数的测试过程中,一方面要能够近似模拟材料的实际受力模式，另一方面则要遵循反映材料基本特性的要求。

级配碎石的模量与其应力状态有关，表 8-19 归纳了影响粒料层模量的因素，并对部分因素进行了讨论。由于泊松比在 0.1～0.5 范围内对路面厚度影响很小，所以一般假定为 0.35。

影响粒料层模量的因素以及变化趋势　　　　　　表 8-19

影响因素	影响趋势
粗集料比例	比例越大，模量越高
密度	密度越大，模量越高
碾压含水率	提高到最大值，然后降低
应力水平	应力水平越大，模量越高
使用期间含水率	含水率越大，模量越低
龄期	模量不变
温度	模量不变
荷载作用速度	模量不变

级配碎石的弹性模量受应力水平影响很大。对不同粒料类型其影响量和特点也不同。对于级配碎石来说，随着应力水平增加，模量提高。Dunlap 指出级配碎石的回弹模量随侧限压力的增加而增加，只要反复偏应力不产生过大的塑性变形，反复偏应力的大小对级配碎石回弹模量影响较小，回弹模量与侧限压力(围压)的关系如式(8-39)所示：

$$E = k_1 \sigma^{k_2} \tag{8-39}$$

式中　E——模量(kPa)；

　　　σ——侧限压力(围压)(kPa)；

　　　k_1，k_2——试验常数。

Yandell、Seed、Hicks 和 Monismith 得到级配碎石回弹模量是主应力或体积应力(如第一主应力不变量)的函数，即 $K\text{-}\theta$ 模型，后来也称为 AASHTO-1986 的推荐模型。回弹模量与主应力的关系如式(8-40)所示：

$$E = k_1 \theta^{k_2} \tag{8-40}$$

式中　E——模量(kPa)；

　　　θ——应力不变量($\theta = \sigma_1 + 2\sigma_3 = \sigma_d + 3\sigma_3$，$\sigma_d = \sigma_1 - \sigma_3$)(kPa)；$k_1$、$k_2$ 为试验常数。

由于 $K\text{-}\theta$ 模型没有考虑剪切应力对回弹模量的影响，因此只能用于很小范围的应力路径，Uzan 对 $K\text{-}\theta$ 模型进行了修改，通过增加偏应力来说明剪切应力的影响。回弹模量的关系如式(8-41)所示：

$$E = k_1 p_a \left(\frac{\theta}{p_a}\right)^{k_2} \left(\frac{\sigma_d}{p_a}\right)^{k_3} \tag{8-41}$$

式中　E——模量(kPa)；

　　　θ——应力不变量($\theta = \sigma_1 + 2\sigma_3 = \sigma_d + 3\sigma_3$，$\sigma_d = \sigma_1 - \sigma_3$)(kPa)；

　　　p_a——大气压力(kPa)；

k_1、k_2、k_3——试验常数。

AI 法在 DAMA 设计程序中，将土基和所有沥青层作为弹性材料，将级配碎石的粒料基层看成非线性材料，级配碎石回弹模量根据多变量回归的预测计算方法如式(8-42)所示：

$$E = 10.44 h_1^{-0.471} h_2^{-0.041} E_1^{0.139} E_0^{0.287} K_t^{0.868} \quad (8-42)$$

式中 E——级配碎石层模量(kPa)；

h_1、h_2——沥青层和级配碎石层的厚度；

E_1、E_0——沥青层和路基顶面的模量(kPa)；

K_t——与级配碎石材料特性有关的参数(kPa)。

朱洪洲等提出级配碎石回弹模量根据多变量回归的预测计算方法如式(8-43)所示：

$$E = 0.646 h_1^{-0.734} h_2^{0.219} E_1^{-0.267} E_0^{0.241} K_t^{0.778} \quad (8-43)$$

式中 E——级配碎石层模量(MPa)；

h_1、h_2——沥青层和级配碎石层的厚度(cm)；

E_1、E_0——沥青层和路基顶面的模量(MPa)；

K_t——与级配碎石材料特性有关的参数(kPa)。

由式(8-42)，例如路面结构为 15cm 沥青混凝土层(1500MPa)＋30cm 级配碎石＋路基(80MPa)，级配碎石为石灰岩，K_t 为 40000kPa，代入式(8-42)，得级配碎石层模为 289.4MPa，假如沥青层由 15cm 减至 10cm，级配碎石层模为 391.9MPa。说明了级配碎石模量与应力状态的关系。

我国《公路沥青路面设计规范》JTG D50—2006 建议基层连续级配型级配碎石模量范围为 300～350MPa，基层骨架密实型级配碎石模量范围为 300～500MPa，底基层级配碎石模量范围为 200～250MPa。

澳大利亚给出了与上覆层模量和厚度有关的级配碎石模量建议值(表 8-20)

级配碎石模量建议值　　　　　　　表 8-20

上覆层厚度	上覆层模量(MPa)							
	1000	2000	3000	4000	5000	6000	7000	8000
25mm	500	475	465	460	450	445	440	435
35mm	460	440	425	415	410	400	395	385
50mm	420	395	380	365	350	345	335	330
75mm	370	335	315	300	285	275	270	265
100mm	325	290	270	255	245	235	225	220
125mm	290	255	235	220	210	210	210	210
150mm	260	230	210	210	210	210	210	210
175mm	235	210	210	210	210	210	210	210
200mm	215	210	210	210	210	210	210	210
225mm	210	210	210	210	210	210	210	210

续表

上覆层厚度	上覆层模量(MPa)							
	1000	2000	3000	4000	5000	6000	7000	8000
250mm	210	210	210	210	210	210	210	210
275mm	210	210	210	210	210	210	210	210
300mm	210	210	210	210	210	210	210	210

练习与讨论

1. 为什么要进行车辆类型和轴载类型的分类？路面设计用的交通量和道路等级确定的交通量有何差别？

2. 荷载对路面的作用有哪些？什么情况下用哪种荷载作用方式？

3. 什么是标准轴载？我国用什么作为标准轴载？其他国家为什么用不同的标准轴载？

4. 为什么要进行轴载换算？水泥混凝土路面很沥青混凝土路面如何进行轴载换算？

5. 何谓路面设计累计当量轴次 N_e？怎样确定？它在路面设计中有何用处？

6. 不同轴载通行次数是按等效原理进行换算的，请说明该"等效原理"的主要依据是什么？

7. 碎砾石在不同偏应力下抵抗累积变形性能有何不同？

8. 请将下表中的车辆类型按沥青路面要求进行轴载换算系数。

序号	汽车型号	总重力(kN)	载重力(kN)	前轴重力(kN)	后轴重力(kN)	后轴数	后轴轮组数	轴距(cm)
1	解放 CA10B	80.25	40	19.40	60.85	1	双	
2	黄河 JN150	150.60	82.60	49.00	101.60	1	双	
3	延安 SX161	237.00	135.00	54.64	2*91.25	2	双	135.0
4	长征 XD980	182.40	100.00	37.10	2*72.65	2	双	122.0

9. 假如上表中的汽车载重超载 10%、20%、50%，请再按沥青路面要求进行轴载换算系数。

10. 请将上表中的车辆类型按按水泥混凝土路面要求进行轴载换算系数。

11. 假如上表中的汽车载重超载 10%、20%、50%，请再按水泥混凝土路面要求进行轴载换算系数。

12. 请结合规范分析无机结合料稳定材料路面设计参数的内容及测试要求。

13. 请结合规范分析沥青混凝土材料路面设计参数的内容及测试要求。

14. 请结合规范分析水泥混凝土材料路面设计参数的内容及测试要求。

小组讨论(1)：交通荷载是路面设计的最主要参数，请组成小组，进行路段交通量调查，统计分析轴载作用次数。调查时注意：如何获取轴载数据和轴载类型？如何进行轴载分类统计？

小组讨论(2)：超载是我国道路交通的重要问题，请结合习题8到习题11分析超载对路面的影响。对矿区重载道路，请说明应该选择沥青混凝土路面还是选择水泥混凝土路面？

第9章
碎（砾）石路面

本章知识点

【知识点】 碎（砾）石路面材料性质的差异及其力学特点的差异；碎（砾）石基层与面层的特点与施工要求；级配碎石基层的级配要求及参数特点。
【重　点】 级配碎石基层的级配选择及施工控制；级配碎石基层路面结构设计参数的特点。
【难　点】 级配碎石基层级配的确定。

碎(砾)石包括级配碎石、级配砾石、天然砂砾等，碎(砾)石作为路面基层的粒料应具备以下功能：

(1) 具有一定抗剪强度，在荷载尤其是重载作用下，不会发生剪切破坏。
(2) 在重复行车荷载作用下，不发生很大的累积塑性变形而导致路面出现车辙。
(3) 具有较高的承载能力，即有较高模量，不使上面的沥青层底面产生过大的拉应变或拉应力而导致路面过早疲劳开裂。
(4) 具有良好排水性能。

粒料是指不加任何结合料稳定的集料，因为其一般除了加水拌合外不加任何结合料，又称为无结合料集料或非处治集料。我国现行基层施工规范将粒料材料分为两种，即级配型和嵌锁型。

嵌锁型碎石按其施工中是否洒水又分为干结碎石和水结碎石，嵌锁型碎石与级配型碎石相比，存在以下不足：填隙碎石采用大小颗粒的碎石分层撒铺、碾压，施工复杂、工艺烦琐，难以机械化施工，施工速度慢；填隙碎石是多孔隙结构，越往下结构孔隙越大，容易透水、蓄水；结构不稳定，行车作用下易变形。因此我国现行规范规定填隙碎石只可用于各等级公路的底基层或三、四级公路的基层。级配型碎石又分为级配碎石、级配碎砾石、未筛分的碎石、级配砾石(未破碎)(砂砾，未破碎)。其中以材料质优的密级配的级配碎石性能最好，可以作为各级道路的基层、底基层以及沥青面层和半刚性基层之间的过渡层。

级配碎砾石性能较级配碎石差，但是其性能较其他级配类型粒料好。级配砾石、级配碎砾石以及符合级配、塑性指数等技术要求的天然砂砾，可用作二级和二级以下道路的基层，也可以作各级道路的底基层。

9.1 碎(砾)石路面的力学特性

9.1.1 碎(砾)石路面的强度构成

碎(砾)石路面结构强度形成的特点是：矿料颗粒之间的联结强度，一般都要比矿料颗粒本身的强度小得多；在外力作用下，材料首先将在颗粒之间产生滑动和位移，使其失去承载能力而招致破坏。因此，对于这种松散材料组成的路面结构强度，虽然矿料颗粒本身强度十分重要，但是起决定作用的则是颗粒之间的联结强度。凡在强度特性上具有上述特点的材料，均属于松散介质的范畴。对于松散介质范畴的材料，其抗剪强度可用库仑公式表示。因此，由材料的粘结力和内摩阻角所表征的内摩擦力所决定的颗粒之间的联结强度，即构成了路面材料的结构强度。

1. 级配碎石材料

级配碎石材料是按嵌挤原则产生强度，它的抗剪强度主要决定于剪切面上的法向应力和材料内摩阻角。由下列三项因素构成：

(1) 粒料表面的相互滑动摩擦；
(2) 因剪切时体积膨胀而需克服的阻力；
(3) 因粒料重新排列而受到的阻力。

单一粒料在另一有粗糙面但表面平整的粒料上滑动，其摩阻角大多在30°以下；许多粒料相互紧密接触，沿某一剪切面相互变位时，因体积膨胀和粒料重新排列而多消耗的功，可使摩阻角增至40°～50°。

级配碎石粒料摩阻角的大小主要取决于石料的强度、级配、形状、尺寸、均匀性、表面粗糙度以及施工时的压实程度。当石料强度高、形状接近正立方体、级配良好、有棱角、尺寸均匀、表面粗糙、压实度高时，内摩阻力就大。

2. 土—碎(砾)石混合料

这类材料含土少时，也是按嵌挤原则形成强度；当含土量较多时，则按密实原则形成强度。土—碎(砾)石混合料的强度和稳定性取决于内摩阻力和粘结力的大小。为得到最大强度和稳定性而设计的颗粒材料，应具有高内摩阻力来抵抗荷载作用下的变形。内摩阻力和由此而产生的抗剪力在很大程度上取决于密实度、颗粒形状和颗粒大小的分配。在这些因素中，以集料大小的分配，特别是粗细成分比例为最重要。

9.1.2 碎(砾)石路面的强度影响因素

粒料材料的强度、模量较一般稳定类材料的基层差，因此，国内外对级配碎石基层的研究和应用主要在于提高级配碎石的强度和稳定性，以降低行车作用下的变形和永久变形。级配集料的强度、稳定性与集料的类型、集料的最大粒径和级配、集料中细料含量、0.075mm的通过率有关，而材料的水稳定性又与 0.425mm 以下材料的通过率及其塑性指数有关。同时对于粒料材料，其强度、稳定性又与其密实度有很大关系。因此对于级配型集料，主要控制材料的类型、最大粒径、4.75mm、0.425mm、0.075mm 的通过率以及现场压实度。

1. 集料的最大粒径

室内试验表明：集料的粒径越大，其强度、刚度也就越大，同时可以显著提高抗永久变形能力。用不同的最大粒径的密实级配碎石的比较试验结果表明，在同一侧向压力下，级配碎石所能承受的正应力随最大粒径增大而增大。

一般认为，施工良好、粒径较大的级配碎石作为基层，可以显著提高路面的强度，路面弯沉较小且在服务期间变化不大，从而显著提高沥青路面结构的抗疲劳性能，并降低了车辙深度。但最大粒径越大，在运输、摊铺过程中的粗细颗粒离析会成为主要问题，一旦施工中发生离析，其性能会大大降低。采用较大的粒径时，也不容易机械整平，而且用于拌合及整平的设备容易磨损。工程实践表明最大粒径为 37.5mm 的级配碎石施工中离析较大，而 31.5mm 的不易离析，质量均匀。我国规范规定对于高等级公路、一级公路基层、上基层采用摊铺机摊铺，但是采用摊铺机摊铺对于采用较大粒径的级配碎石是不利的，不可避免会产生离析，因此一般偏向于采用最大粒径小一些的级配碎石。

我国 2000 年颁布的基层施工规范(JTJ034)要求，当级配碎石、级配碎砾石用作二级或二级以下道路的基层时，最大粒径为 37.5mm，当级配碎石用作一级、高速公路基层或过渡层(即上基层)时，最大粒径为 31.5mm，各级道路底基层可以采用最大粒径为 53mm 的、37.5mm 的、31.5mm 的级配粒料；同时规定对于高等级公路、一级公路基层、级配碎石过渡层采用中心拌合站厂拌，并采用摊铺机摊铺和重型压路机碾压为宜。

各国主要级配粒料基层、底基层材料的最大粒径情况　　　　表 9-1

国家和地区	基层(mm)	底基层(mm)
英国	50	75
印度	53	75
美国 FHWA	50、37.5、25	63、50
美国得州	45、63	45、63
美国 ASTM	50	50
美国 AASHTO	50、25	
美国加州	50、25	75
日本	53、37.5、31.5	53、37.5、31.5
加拿大魁北克州	31.5	80
加拿大 BC 州	75、50、25	75

续表

国家和地区	基层(mm)	底基层(mm)
法国	40、31.5	40、31.5
荷兰	(45)	(45)、(80)
中国台湾高公局	50、25	50
中国台湾省公路局	50	100
86基层施工规范	40、50、60	53、37.5、31.5
2000基层施工规范	37.5、31.5	

说明：( )为公称最大粒径；加拿大BC即加拿大的大不列颠哥伦比亚州。

2. 细集料含量对级配型碎石强度、稳定性的影响

大部分国家和地区一般将4.75mm筛以下的集料称为细集料，如美国得州、FHWA、ASTM、日本、中国台湾、印度等。也有将2.36mm作为划分细、粗集料的标准。对于级配型碎石，我国大陆地区是以4.75mm作为细、粗集料的划分标准。

国内外对级配集料的研究表明，级配集料中细集料的含量对级配粒料的强度、密实度有很大影响。研究表明4.75mm以下颗粒含量与干密度关系形成一驼峰曲线，表9-2是一些国家和地区级配碎石4.75mm通过率。随着4.75mm含量的增加，干密度逐渐增加，当4.75mm含量继续增加超过某一值后(42.5%)，集料的干密度迅速降低。同时研究表明4.75mm颗粒含量与CBR、三轴抗剪切强度之间的关系也是驼峰关系，在4.75mm含量最佳值(42.5%)时，CBR、三轴抗剪切强度存在最大值。

各国级配碎石4.75mm通过率(%) 表9-2

国家和地区	最大粒径	基层 4.75mm通过率	国家和地区	最大粒径	基层 4.75mm通过率
英国#	50	25～40	日本	50 37.5 31.5	30～65 30～65 30～65
美国FHWA	50 37.5 25	33～47 39～53 49～59	加拿大BC州	75 50 25	20～40 25～55 35～70
美国得州	45 63	35～55 25～55	加拿大 魁北克州	31.5	35～60
美国ASTM	50	35～55	美国加州	50 25	25～45 35～55
美国AASHTO	50	25～55	中国台湾省 公路局	50	(甲)：25～55 (乙)：30～60
我国2000规范	37.5 31.5	29～54 29～54			

注：# 表示筛孔为5mm时通过率。

9.1 碎(砾)石路面的力学特性

3. 0.425mm(我国 0.6mm)通过率与集料塑性指数对集料的密实度、强度的影响

级配集料中 0.425mm(我国为 0.6mm)通过率对集料的密实度、强度产生很大影响,同时 0.425mm(我国 0.6mm)以下料的液限和塑性指数对级配集料的水稳定性产生重要影响。我国早期大量室内试验表明,0.6mm 以下颗粒含量与干密度、CBR、三轴抗剪切强度之间的关系也是驼峰关系,在 0.6mm 含量最佳值时,CBR、三轴抗剪切强度存在最大值,但是在最佳值的左侧,即 0.6mm 通过率较低的一侧,随着 0.6mm 通过率的降低,三轴强度会迅速下降,即在 0.6mm 通过率较低的一侧其对三轴强度影响敏感,而在 0.6mm 通过率大于 0.6mm 最佳通过率的右边,相对而言其通过率对三轴强度的影响敏感性低些,因此,0.6mm 通过率应该取偏大一些。

0.425mm 以下颗粒液限、塑性指数越大,水稳定性越差,随着塑性指数增大,集料的 CBR 值迅速下降。在级配碎石中加入少量塑性细土,集料的 CBR 下降较大,同时相同荷载下的变形也会增大较多,采用塑性指数较低的细料,会明显降低塑性变形或车辙。同时塑性指数较高的细料,其遇水易膨胀,从而降低了材料的透水性和水稳定性,增加了冰冻敏感性。

我国各地几十年来丰富的实践经验表明,级配集料作为沥青混凝土路面的基层,必须严格控制其塑性指数。凡是级配碎石基层材料的塑性指数超过一定值的路段,沥青路面往往会过早破坏,而低塑性的级配碎石使用效果较好。

4. 0.075mm 通过率

一般将 0.075mm 以下料称为细料(fine)。0.075mm 通过率对集料的密度和强度也有很大的影响,表 9-3 是一些国家和地区级配碎石基层 0.075mm 通过率。随着 0.075mm 通过率增加,集料的干重度增加,当达到某一含量后(15%),干重度又会随着 0.075mm 通过率增加而迅速降低。可能此时 0.075mm 以下颗粒太多,已经将粗集料形成的空隙填满,继续增加的粉料会撑开粗集料,从而导致集料的干重度降低。三轴抗剪强度表明随着 0.075mm 通过率增加,集料的抗剪强度增加,当达到某一含量后(5%),抗剪强度又会随着 0.075mm 通过率增加而迅速降低,同样在最佳值的左侧即 0.075mm 通过率较低的一侧,随着其通过率的降低,抗剪强度降低较多,而在最佳值右侧随着通过率的增加,抗剪强度降低缓慢一些。饱水 CBR 试验表明,集料 CBR 值随 0.075mm 通过率增加而迅速降低,这说明集料中细料越多,其水稳定性就越差。同时对于同一料源的材料,0.075mm 通过率越大,级配碎石基层的冻胀值也越大。

各国(地区)级配碎石基层 0.075mm 通过率　　　　表 9-3

国家	最大粒径(mm)	基层(%)	国家	最大粒径(mm)	基层(%)
英国	50	0～8	日本	53、37.5、31.5	2～10
美国 FHWA	50、37.5、25	4～8	加拿大 BC 州	75、50、25	0～5
美国 ASTM+	50	0～8	加拿大魁北克州	31.5	2～7
美国 AASHTO	50	2～8	法国	40、31.5	2～10
美国加州	50、25	2～9	荷兰*	45	0～8
我国 2000 规范	37.5、31.5	0～7	中国台湾高公局	50、25	2～9
AI		不大于 7	中国台湾省公路局	50(甲)	2～8

* 表示细料筛孔为 0.063mm。

9.1.3 碎(砾)石路面的非线性

在公路、城市道路路面及机场道面中使用的粒料类基层材料通常呈现出弹塑性以及黏性性质,即其应力-应变关系通常不是线性关系而是非线性关系(图 9-1),因此其回弹模量不是常数,而依赖于材料的应力状态(图 9-2)。土基和粒料基层材料在路面结构中的实际回弹模量值,随汽车荷载大小、路面结构层及厚度和刚度而异。

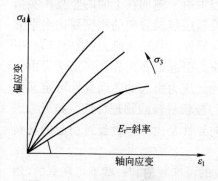 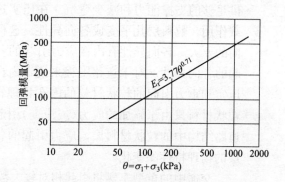

图 9-1　碎、砾石材料应力-应变　　　　图 9-2　干的轧制集料回弹模量随主应力和的变化

柔性道路中无粘结粒料层的力学性能对于整个道路结构中的结构整体性是很重要的。因此对于薄面层的柔性道路应考虑无粘结粒状材料的非线性。为了说明无粘结粒状材料的非线性,通常将粒状材料分成副层以调节回弹模量在交通和荷载的作用下沿深度变化应力改变而发生的变化。现今的分层确定模量的方法有很多,这些方法都各不相同。多层层状弹性方法可以说明竖直应力的变化,但不能有效地解释侧向或水平方向应力的变化。

对于粒状材料的本构模型理论归纳起来,有两大类:一是弹性非线性模型理论,二是弹塑性模型理论。级配碎石基层路面结构非线性分析可采用弹性非线性模型理论来建立反映路面材料非线性的本构模型。

由于粒状材料是非线性特性，因此其弹性模量随着应力水平而变化。级配碎石基层路面结构层状体系中级配碎石层的弹性模量一般采用由重复作用的三轴压缩试验所得的回弹模量。粒状材料的回弹模量随着应力强度的增加而增加，通常回弹模量与第一应力不变量的简单关系可表达为：

$$E = K_1 \theta^{k_2} \tag{9-1}$$

式中　K_1、k_2——试验得到的回归常数；

　　　θ——第一应力不变量为三个主应力 σ_1、σ_2 和 σ_3 之和或者三个法向应力 σ_x、σ_y 和 σ_z 之和 $\theta = \sigma_1 + \sigma_2 + \sigma_3 = \sigma_x + \sigma_y + \sigma_z$。

9.1.4　碎（砾）石路面的各向异性

各向异性被定义为在各向同性应力状况下轴向应变和径向应变之间的比值。内在的各向异性是粒状材料内在的物理特性，主要由于材料的沉降或者排列引起。应力引起的各向异性发生在粒状材料应变过程中。

用简单的规律来定义粒状材料的各向异性很困难。各向异性可能是由于很多因素引起的，例如矿物类型、颗粒材料、密度和级配。研究表明级配粗的材料比级配细的材料对各向异性更加敏感。

道路中的粒料层（基层或者底基层）被压实达到最大密度，这样就可以提供足够的支撑能力和减少弯沉。在压实过程中由于施加在上面的竖直压实荷载作用，粒料层几乎变成各向异性。这样粒料层竖向方向的刚度要比水平方向的要大。各向异性有内在应力引起的各向异性以及长久应力（历史应力）引起的各向异性。对于道路工程来说，内在应力引起的各向异性可定义为由于压实和重力引起的粒状材料的内在物理特性。应力引起的各向异性可定义为粒状材料只由于施加的应力（或应变）引起的粒状材料的物理特性。如果考虑道路结构中的粒状材料层，应力引起的各向异性是由于车辆经过引起的粒料层的物理特性的变化。

交通中的重型车辆将引起相对较大数量的可恢复的和一些不可恢复的（塑性）变形。在塑性变形中一些颗粒之间的接触点消失，一些颗粒破裂，一些颗粒相对的滑动并形成一些新的接触点。作为塑性应变的结果，在交通前存在的内在各向异性发生了改变。因此，粒料层在重复交通之前和之后变形的特性是不同的。

9.1.5　级配碎石混合料的室内试验

1. 室内最大干密度和含水率的确定与不同成型方法

室内试件成型的关键是以多大的压实功或怎样的成型方法最能模拟现场压实机具的有效压实状况。ASTM（表9-4）规定对于无黏聚性的、能自由排水的材料，建议采用振动成型方法，而对于一般的土、土石混填材料、砾石、碎石，要求采用重型击实成型，其他还有轻型击实标准。

ASTM 无结合料室内成型试验方法 表 9-4

成型方法		试筒直径(cm)	锤重(N)	落差(cm)	击实层数/次数	材料尺寸	试样重量	
							现场	室内
击实成型								
轻型标准 D698	A	101.6	24.4	30.5	3/25	4.75mm 筛上料少于 20%	23	16
	B	101.6	24.4	30.5	3/25	4.75mm 筛上料大于 20%、9.5mm 筛上料小于 20%	23	16
	C	152.4	24.4	30.5	3/56	9.5mm 筛上料大于 20%、19mm 筛上料小于 30%	45	29
重型标准 D1557	A	101.6	44.5	45.7	5/25	4.75mm 筛上料少于 20%	23	16
	B	101.6	44.5	45.7	5/25	4.75mm 筛上料大于 20%、9.5mm 筛上料小于 20%	23	16
	C	152.4	44.5	45.7	5/56	9.5mm 筛上料大于 20%、19mm 筛上料小于 30%	45	29
D4718		适合于 19mm 筛上料含量大于 30% 的材料						
振动成型								
振动成型 D4253		适合于无黏聚性的、能自由排水的材料,如卵(漂)石,材料最大粒径不大于 75mm						

AASHTO(表 9-5)无结合料室内成型方法基本与 ASTM 方法相同。AASHTO T99 为轻型击实标准,T180 为重型击实标准,T224 为修正方法,基本原理同 ASTM D4718,只是考虑筛去量相关的一个修正系数,此修正系数对于 ASTM D4718 为 1。

AASHTO 无结合料室内成型试验方法 表 9-5

成型方法		试筒直径(cm)	锤重(kg)	落差(cm)	击实层数/次数	最大粒径	试样重量 室内
击实成型							
轻型标准 T99	A	101.6	25	30.5	3/25	4.75mm	15
	B	152.4	25	30.5	3/25	4.75mm	35
	C	101.6	25	30.5	3/56	19mm	25
	D	152.4	25	30.5	3/56	19mm	55
重型标准 T180	A	101.6	45.4	45.7	5/25	4.75mm	15
	B	152.4	45.4	45.7	5/25	4.75mm	35
	C	101.6	45.4	45.7	5/56	19mm	25
	D	152.4	45.4	45.7	5/56	19mm	55
T224		最大粒径大于 19mm					

2. 级配碎石混合料强度一般标准

一些国家和地区一般将级配碎石的 CBR 值作为其混合料强度标准。

9.1 碎(砾)石路面的力学特性

各国(地区)级配碎石强度要求　　　　表 9-6

部门、国家	基层	底基层	部门、国家	基层	底基层
AI(1971)	100(80)	20(55)	英国	80	底基层 30、垫层为 15
AI(1993)	80(78)	20(55)	日本	80	炉渣、砂为 20～30、其他为 30
AASHTO	80	20	中国台湾高速公路	85	30
美国加州	(78)	(40-60)	新西兰	80	30

CBR 试验试件的成型基本同室内最大干密度的测定试件的成型，其成型的关键在于室内试件是以多大的压实功或怎样的成型方法最能模拟现场压实机具的有效压实状况。ASTM 和 AASHTO 方法规定 CBR 的测定与室内最大干密度的测定试件的成型一般采用重型击实成型，但是对于 50～37.5mm 的颗粒不是筛除而是用等量的 4.75～19mm 颗粒代替。

3. 三轴试验研究

各国采用三轴试验进行级配碎石研究较多，但是一般规范不作为必须要求内容。在美国如 ASTM 和 AASHTO 一般采用三轴试验测定级配碎石的动模量 M_r，LTPP 项目也在研究三轴条件下重复荷载作用下的研究变形。

法国 NF P98-235-1 要求对级配碎石进行重复三轴试验，试件的含水率小于最佳含水率 2%，密实度为重型击实下的最大干密度的 97%，试验要求测定重复荷载下的动模量 E_c 和永久变形 A_{1c}。

4. 现场压实度检测方法

(1) 现场含水率和压实度的测定

现场压实度和含水率的检测一般有两种方法：

一种是破坏型的，即国内的灌砂法。相应的标准有 ASTM D1556 以及 AASHTO T191，这种方法在我国使用较多。ASTM D1556 同时规定对于最大粒径大于 37.5mm 的粒料，应该采用 ASTM D4914 或 D5030，AASHTO T191 要求最大粒径不大于 50mm。

另一种是非破坏方法，即核子仪法。相应标准为 ASTM D2922 或 AASHTO T238，采用核子仪要求用灌砂法校正，校正点不少于 10 个点，任何一个点密度相差不超过 80kg/m^3，平均值不超过 32kg/m^3。各国压实度要求见表 9-7。

各国级配碎石室内最大密度的确定和现场压实度要求　　　　表 9-7

部门	室内最大密度的确定	现场压实度
AASHTO	T180 成型、T224 修正	大于 95%
FHWA	T180 成型、T224 修正	大于 95%
美国加州	T180 成型、T224 修正	大于 95%
AI	T180 成型、T224 修正	大于 100%
日本	重型击实(三层，每层 67 次)	大于 93%
加拿大	ASTM D698	100%
英国	规范为配方式规范，规定每种压实机具的碾压次数，不要求压实度	

(2) 现场级配碎石模量控制

无结合料材料必须按照设计,对现场摊铺、压实后的材料进行承载板试验,检验是否达到了要求的模量。

9.2 碎石路面与基层

碎(砾)石路面是用加工轧制的碎石或天然砾石按嵌挤原理铺压而成的路面。碎(砾)石路面按施工方法及所用填充结合料的不同,分为水结碎(砾)石、泥结碎(砾)石、级配碎(砾)石和干压碎(砾)石等数种。碎(砾)石路面通常用砂、砾石、天然砂石或块石为基层,有时亦可直接铺在路基上。碎(砾)石路面的优点是投资不高,可以随交通量的增加分期改善;缺点是平整度差,易扬尘,泥结碎石路面雨天还易泥泞。

碎(砾)石路面的强度主要依靠石料的嵌挤作用以及填充结合料的粘结作用。嵌挤力的大小主要取决于石料的内摩阻角。粘结作用(用材料的粘结力表示)的大小主要取决于填充结合料本身的内聚力及其与矿料之间的粘附力大小。

碎(砾)石颗粒尺寸大致为 0~75mm,通常按其尺寸大小划分为六类,如表 9-8 所示。

各种碎石尺寸与分类　　　　　表 9-8

编号	碎石名称	粒径范围(mm)	用途
1	粗碎石	75~50	骨料
2	中碎石	50~35	
3	细碎石	35~25	
4	石渣	25~15	嵌缝料
5	石屑	15~5	
6	米石	0~5	封面料

9.2.1 水结碎石路面

水结碎石路面是用大小不同的轧制碎石从大到小分层铺筑,经洒水碾压后而成的一种结构层。其强度是由碎石之间的嵌挤作用以及碾压时所产生的石粉与水形成的石粉浆的粘结作用而形成的。由于石灰岩或白云岩石粉的粘结力较强,是水结碎石的常选石料。水结碎石路面厚度一般为 10~16cm。

水结碎石路面对材料的基本要求是:碎石应具有较高的强度(Ⅲ级以上)、韧性和抗磨耗能力;碎石应具有棱角且近于立方体,长条扁平的石料不超过10%;此外,碎石应干净,不含泥土杂物。碎石的最大尺寸应根据石料品质及碎石层的厚度来确定,坚硬石料不得超过碎石层压实厚度的 0.8 倍。

水结碎石路面施工,一般按下列工序进行:(1)准备工作;(2)撒铺石料并摊平,可分一次或二次撒铺;(3)预碾碎石;(4)碾压碎石并洒水;(5)撒铺嵌缝料并碾压与洒水粘压;(6)撒铺石屑(米石)并洒水碾压成型;(7)初期养护。

水结碎石一般情况应全幅施工。如特殊情况需要半幅施工时，纵向接缝处理必须仔细，以保证路面质量。摊铺主石时，不论分一层或两层均应按压实系数1.25～1.3一次摊铺，并须仔细找平。

碎石的碾压质量与石料性质、形状、层厚、压路机类型和重量、碾压行程次数以及洒水与铺撒嵌缝料的适时与否等因素有关。根据碾压时碎石的移动、嵌挤以及最后成型等情况，水结碎石路面的碾压过程可分为以下三个阶段：

第一个阶段为稳定期：此阶段采用60～80kN(6-8tf)轻型压路机先干压2～3遍后，再随压随洒水。洒水可减少石料之间的摩擦力，目的是促使碎石在压路机作用下就位压实，直至碎石挤紧不再移动为止。

第二阶段为压实期：宜采用80～120kN(8-12tf)中型压路机进行洒水碾压。因在第一阶段碎石一部分被压碎嵌入石料空隙中，使碎石层挤紧，摩阻力增加，碾压效果逐渐减低。故应洒水减少石料之间的摩阻力，以便进一步增加石料间的嵌挤程度。此一阶段碾压直至碎石不再松动，不起波浪，表面无轮迹为止。

第三阶段为成型期：需要撒铺嵌缝料，洒水，并以120kN(12tf)的重型压路机碾压，直至形成密实的表面层不出现碾轮轮迹为止。

各个阶段压路机碾压的行程次数，因压路机重量、石料性质及碎石层厚度而异。根据经验，压路机行程次数大致如表9-9所列，最后还要在路面上撒米石或粗砂，用中型压路机干压3～5遍。

水结碎石路面的碾压行程次数　　　表9-9

阶段	压路机类型	车速(km/h)	行程次数	
			软石	坚石
第一阶段	轻型	头档(1.5～2.25)	6～9 (干压2～3遍后洒水)	8～11 (干压2～3遍后洒水)
第二阶段	中型	头档(1.5～2.25)	10～14(洒水)	
第三阶段	重型	二档(2.5～3.0)	20～25(洒水)	

碾压时，应从路两侧开始，逐渐移向路中。碾压轮迹重叠宽度：对三轮压路机为后轮宽度的1/3～1/2；对双轮压路机则为20～30cm。

当用水结碎石作路面基层时，其所用材料质量、规格要求、施工程序和操作工艺皆与水结碎石路面相同，但不需加铺米石或石屑封面，以增进其与面层的结合。

9.2.2 泥结碎石路面

泥结碎石路面是以碎石作为骨料、泥土作为填充料和粘结料，经压实修筑成的一种结构。泥结碎石路面厚度一般为8～20cm；当总厚度等于或超过15cm时，一般分两层铺筑，上层厚度6～10cm，下层厚度9～14cm。泥结碎石路面的力学强度和稳定性不仅有赖于碎石的相互嵌挤作用，同时也有赖于土的粘结作用。泥结碎石路面虽用同一尺寸石料修筑，但在使用过程中由于行车荷载的反复作用，石料会被压碎而向密实级配转化。

泥结碎石层所用的石料，其等级不宜低于Ⅳ级，长条、扁平状颗粒不宜超过20%。不产石料地区的次要道路，交通量少时，可采用礓石和碎砖等材料。碎砖粒径宜稍大，一般为路面厚度的0.8倍。

泥结碎石层所用黏土，应具有较高的黏性，塑性指数以12～15为宜。黏土内不得含腐殖质或其他杂物。黏土用量一般不超过混合料总重的15%～18%。

泥结碎石层施工方法有灌浆法、拌合法及层铺法三种。实践证明灌浆法具有较高的强度和稳定性，因而目前采用较多。

灌浆法泥结碎石路面施工，一般按下列工序进行：①准备工作；②摊铺碎石；③预压；④浇灌泥浆；⑤撒铺嵌缝料；⑥碾压。

(1) 准备工作：包括放样、布置料堆、整理路槽(或基层)与拌制泥浆等。泥浆一般按水与土为0.8∶1～1∶1的体积比进行拌合配制。如过稠，则灌不下去，泥浆要积在石层表面；如过稀，则易流淌于石层底部，干后体积缩小，粘结力降低，均将影响路面的强度和稳定性。

(2) 摊铺碎石：在路槽筑好以后，按松铺厚度(约为压实厚度的1.2～1.3倍)摊铺碎石，要求大小颗粒均匀分布，纵横断面符合要求，厚度一致。主层矿料粒径底层一般采用1～2号或2～3号碎石，面层一般采用3～4号碎石。

(3) 预压：碎石铺好后，用轻型压路机碾压，碾速宜慢，每分钟约25～30m，轮迹重叠25～30cm。一般碾压6～10遍，至石料无松动为止。过多碾压将堵塞碎石缝隙，妨碍灌浆。

(4) 浇灌泥浆：在预压的碎石层上，浇灌泥浆，浆要浇得均匀、浇得透，以灌满孔隙、表面与碎石齐平为度，但碎石棱角仍应露出泥浆之上。

(5) 撒嵌缝料：灌浆1～2h(小时)后，俟泥浆下注，空隙中空气溢出，表面未干前撒铺5～15mm的嵌缝料(约1～1.5m^3/100m^2)，嵌缝料要撒得均匀。

(6) 碾压：撒过嵌缝料后，即用中型压路机进行碾压，并随时注意用扫帚将石屑扫匀。如表面太干须略微洒水碾压，如表面太湿须待干后再压。最终碾压阶段，需使碎石缝隙内泥浆能翻到路面上与所撒石屑粘成一个坚实的整体为止。

泥结碎石亦能用作路面的基层，但其水稳定性较差，当用作沥青路面基层时一般只适用于干燥路段。泥结碎石作为基层时，主层矿料的粒径不宜小于40mm，并不大于层厚的0.7倍。嵌缝料应与主层矿料的最小粒径相衔接。土的塑性指数以10～12为宜，含土量不宜大于混合料总重的15%。

9.2.3 泥灰结碎石路面

泥灰结碎石路面是以碎石为骨料，用一定数量的石灰和土作粘结填缝料的碎石路面。因为掺入石灰，泥灰结碎石路面的水稳定性比泥结碎石为好。

泥灰结碎石路面的黏土质量规格要求与泥结碎石相同；石灰质量不低于3级。石灰与土的用量不应大于混合料总重的20%，其中石灰剂量为土重的8%～12%。施工程序与质量要求与泥结碎石路面相同。采用拌合法时，应先将石灰与黏土拌合均匀，再撒在石料上拌合，摊铺均匀，边压边洒水，使石灰与土在碾压中成浆并充满空隙。

9.2.4 干压碎石基层

碎石基层可采用干压方法，要求填缝紧密，碾压坚实。如土基软弱，应先铺筑低剂量石灰土或砂砾垫层，以防止软土上挤和碎石下陷。石料和嵌缝料的尺寸，视结构层的厚度而定：如压实厚度为8～10cm，一般采用30～50mm粒径的石料和5～15mm粒径的嵌缝料；如压实厚度为11～15cm，碎石最大尺寸不得大于层厚的0.70倍，50mm以上粒径的石料应占70%～80%，同时应两次嵌缝，其粒径为20～40mm和5～15mm。有些单位使用尺寸较大的碎石(大于80～100mm)铺筑厚度为15～25cm的基层，常称为大块碎石基层。为了减轻碾压工作量，在碾压碎石的过程中，应适当洒些水。

9.3 级配碎石路面

9.3.1 级配砾（石）面层

级配砾(碎)石面层是由各种集料(砾石、碎石)和土，按最佳级配原理修筑而成的路面。由于级配砾(碎)石是用大小不同的材料按一定比例配合，逐渐填充空隙，并用黏土粘结，故经过压实后，能形成密实的结构。级配砾(碎)石路面的强度是由摩阻力和粘结力构成，具有一定的水稳性和力学强度。

级配砾(碎)石路面厚度，一般为8～16cm，当厚度大于16cm时应分两层铺筑，下层厚度为总厚度的0.6倍，上层为总厚度的0.4倍。如基层和面层为同样类型的结构，其总厚度在16cm以下时，可分两层摊铺，一次碾压。

级配砾(碎)石路面所用材料主要为天然砾石或较软的碎石。其形状以接近立方体或圆球形为佳，石料强度应不低于Ⅳ级。表9-10所示为级配混合料的级配范围标准。

级配砾(碎)石矿料级配表　　　　　表9-10

筛孔(mm)	37.5	31.5	26.5	19	16	13.2	9.5	4.75	2.36	1.18	0.6	0.3	0.15	0.075
AG30	100	90～100	—	73～88	—	—	49～69	29～54	19～37	—	8～20	—	—	0～7
AG25		100	92～100	85～100	—	—	52～74	29～54	19～37	—	8～20	—	—	0～7

级配砾(碎)石基层应密实稳定，其粒径级配范围应按表9-10选用。为防

止冻胀和湿软，应注意控制小于0.5mm细料的含量和塑性指数。在中湿和潮湿路段，用作沥青路面的基层时，应在级配砾石中掺石灰，细料含量可适当增加，掺入的石灰剂量为细料含量的8%～12%。在级配砾石中掺石灰修筑基层，主要是为了提高基层的强度和稳定性。

级配砾石有时用来作垫层叫做级配砂砾垫层，其级配砂砾要求颗粒尺寸在5～40mm之间，其中25～40mm含量不少于50%。

9.3.2 级配碎石基层

无结合料处治粒料在国外是一种应用极为普遍的筑路材料，广泛用于柔性路面的基层和底基层，用于基层的常为较优质的碎石层。美国、澳大利亚及南非还把最佳级配的优质碎石用于半刚性基层与沥青面层之间，作为减少沥青路面反射裂缝的措施。我国也在多项大型工程中应用了这类材料和结构，取得了较好的效果。

级配碎石基层除了应具有高的密实度、强度、稳定性外，还应该具有较好的透水性以及时排除从沥青面层进入基层的水分，从而避免因过分饱和的水分会导致结构强度下降。因此，在级配碎石基层混合料设计时适当考虑基层排水是很必要的。级配集料的强度、稳定性不仅受集料的类型及性能的影响，同时与最大粒径、4.75mm、0.5mm、0.075mm的通过率有关。研究级配碎石的级配范围就是研究这些筛孔的合理的通过率，使级配碎石混合料获得最佳的密实状态、力学性能，以期获得高密度、高强度且具有一定排水性能的稳定的级配碎石基层。

1. 材料要求

优质级配碎石基层强度主要来源于碎石本身强度及碎石颗粒之间的嵌挤力。因此，对于碎石基层应保证高质量的碎石，获得高密度的良好级配和良好的施工压实手段。我国《公路工程集料试验规程》JTG E42—2005 在总结国内外经验及国内使用情况的基础上，规定高速公路和一级公路路面级配碎石集料压碎值应不大于26%。研究表明集料中小于0.5mm含量及其塑性指数对级配碎石的力学性质有明显的影响。因此，从结构强度和结构层排水综合考虑，建议液限应小于25%，同时规定小于0.5mm的细料应无塑性，如特殊情况下难以做到，则塑性指数应小于4%。

2. 级配要求

级配是影响级配碎石强度与刚度的重要因素。一般来说，密实的级配易于获得高密度，从而使级配碎石获得高的CBR值和回弹模量。用于高等级公路基层或用于半刚性基层和沥青面层之间的最佳级配优质碎石，其级配应能获得最大密实的轧制集料，并具有较好的透水性。表9-11所示为级配混合料的级配范围标准。

表9-12给出了几种级配的情况。表中ASTM是由美国材料试验协会提供的级配。G_{30}、G_{40}、G_{50}级配分别为最大粒径为30、40、50mm时，用变K法按最大密实度原理推导出的级配。

级配碎石矿料级配表   表 9-11

筛孔(mm)	53	37.5	31.5	26.5	19	16	13.2	9.5	4.75	2.36	1.18	0.6	0.3	0.15	0.075
AG30		100	90~100	79~95	60~85	53~80	48~74	40~65	25~50	18~40	13~32	9~25	6~20	3~13	0~7
AG25			100	90~100	75~95	66~88	59~82	46~71	30~55	18~40	13~32	9~25	6~20	3~13	0~7
AG20				100	90~100	80~92	68~85	52~74	30~55	18~40	13~32	9~25	6~20	3~13	0~7

注：实验要求用水筛。对于干旱地区，0.075mm 通过率取接近上限值，潮湿地区取接近下限值。DGAB20 建议只作调平层用。

几种级配集料通过筛孔百分率情况   表 9-12

筛孔(mm) \ 种类	JTG E42—2005 规范	ASTM（细）	ASTM（中）	ASTM（粗）	G_{30}	G_{40}	G_{50}
50			100	100			100
40						100	91
35			94	88		95	86
30	100				100	88	80
25					93	82	75
20	92.5	100	80	60	84	74	68
10	70	77	59	40	63	55	50
5	40	60	43	25	46	41	37
2.5	22.5	24	16	7	31	30	25
0.5	15				16	14	13
0.074	4	10	5	0	6	5	5

表 9-13 给出了室内标准重型击实试验得到的 7 种级配碎石的最大干密度及相应的最佳含水率。

级配碎石击实试验结果   表 9-13

级配 \ 项目	最大干密度（g/cm³）	最佳含水率（%）	孔隙率
规范级配	2.31	6	0.137
ASTM（中）	2.23	4.5	0.178
ASTM（细）	2.32	7.5	0.133
ASTM（粗）	2.07	3	0.227
G_{30}	2.33	4.6	0.130
G_{40}	2.36	4.0	0.119
G_{50}	2.37	5.0	0.115

3. 参数特点

回弹模量是表征级配碎石刚度的重要指标及设计参数。一般来说，级配碎石的回弹模量明显低于半刚性基层材料，然而与半刚性材料不同的是，级配碎石材料具有较显著的非线性。这种非线性特性使其在刚度较大的下卧层上，表现出较大的回弹模量，从而亦具有足够的抵抗应力和变形的能力，最终使得级配碎石作为上基层不仅具有减缓半刚性沥青路面反射裂缝的作用，同时也具有较好的抗疲劳能力。

级配碎石回弹模量随应力状态而变的非线性关系，表9-14是部分静三轴弹性模量试验结果，表9-15是动三轴弹性模量试验结果。

级配碎石静三轴弹性模量试验结果　　　表9-14

试件编号	含水率(%)	密实度(%)	K_1	K_2	相关系数
1	3	95	6664	0.492	0.93
2	5	100	5116	0.535	0.90
3	7	100	2207	0.642	0.92
4	4	100	5864	0.543	0.91
5	7	97	4841	0.547	0.91
6	7	97	3597	0.584	0.91
7	5	95	5200	0.533	0.92
8	3	95	7843	0.496	0.91
9	3	100	9402	0.453	0.90

级配碎石动三轴弹性模量试验结果　　　表9-15

试件编号	含水率(%)	密实度(%)	K_1	K_2	相关系数
1	3	90	26087	0.420	0.89
2	2.5	93	31925	0.384	0.90
3	5	95	22602	0.416	0.87
4	5	100	21687	0.433	0.90
5	8	90	18936	0.50	0.80
6	7.5	100	16939	0.50	0.80
7	3	95	30025	0.41	0.82
8	5	95	26746	0.451	0.80
9	8	94	17628	0.480	0.90

级配碎石弹性模量随应力状态而变化的非线性特性表明，处于路面结构半刚性基层上的级配碎石上基层和处于土基上的级配碎石底基层，由于所处的应力状态不同，它们的弹性模量取值也不同。表9-16是级配碎石分别用于上基层及底基层时，根据弹性层状理论分析所得到的常规路面结构碎石层所处的应力状态及模量取值的建议范围。

不同层位级配碎石受力状态及模量取值建议范围　　　表9-16

结构层位	最小主压应力 σ_3 (MPa)	最大主压应力 σ_1 (MPa)	应力不变量 θ ($\sigma_1+2\sigma_3$)	回弹模量 E (MPa)
级配碎石上基层①	20~120	120~600	250~800	350~550
级配碎石底基层②	受拉	30~120	30~120	150~250

① 路面结构为5~20cm沥青面层+10~15cm碎石上基层+40~50cm半刚性基层+土基；
② 路面结构为5~20cm沥青面层+20~40cm半刚性基层+20cm碎石底基层+土基。

从表9-6中可以看出，对于常规高等级沥青路面结构，当级配碎石作为上基层防止半刚性基层反射裂缝时，其受力远高于传统结构中作底基层时的应力水平。按此应力水平，并取前述动三轴试件模型（K_1、K_2 取平均值）$E=244432\theta^{0.47}$（MPa），则级配碎石作上基层时，其模量建议取 350～550MPa，此范围对应的沥青面层厚度约为 5～20cm，由于目前高等级公路沥青路面面层厚多为 12～18cm，对应于此结构的碎石基层模量取 400～450MPa 基本合适。而当级配碎石作为传统结构底基层时，若仍按上述动三轴试验模型，则模量可取 150～250MPa，此建议值与在工地上用承载板的实测模量基本一致。

练习与讨论

1. 碎石、砾石及碎砾石三者有何不同？
2. 何为碎(砾)石路面？请简述碎(砾)石路面结构强度形成的特点。
3. 为什么可以采用级配碎石做高级路面的基层？有何好处与缺点？
4. 以土作为结合料或填充料的碎(砾)石路面结构中为什么要限制其中的含土量或土的塑性指数？
5. 级配碎石材料的模量参数有何特点？如何测定级配碎石材料的模量参数？
6. 级配碎石材料的模量参数在实际设计中如何确定参数的值？

> 小组讨论：请分析碎石路面的受力特点及使用场合。级配碎石基层在国外使用很普及，请讨论级配碎石基层、水泥稳定粒料基层、水泥混凝土路面基层的特点及适用场合。

第10章 无机结合料稳定材料基层

本章知识点

【知识点】无机结合料稳定类材料的组成与结构特点；无机结合料稳定材料的应力-应变关系和疲劳特性；无机结合料稳定材料的干缩、温缩特性；石灰稳定类材料的组成设计与施工控制；水泥稳定类材料的组成设计与施工控制；工业废渣稳定类材料的组成设计与施工控制。

【重　点】无机结合料稳定类材料的强度和疲劳特性、试验方法，材料组成设计方法与要求。

【难　点】无机结合料稳定类材料的强度形成机理及对温度、时间的依赖性。

10.1　概述

在粉碎的或原状松散的土中掺入一定量的无机结合料(包括水泥、石灰或工业废渣等)和水，经拌合得到的混合料在压实与养护后，其抗压强度符合规定要求的材料称为无机结合料稳定材料。

粉碎的或原状松散的土，按照土中单个颗粒(指碎石、砾石、砂和土颗粒)的粒径的大小和组成，可分成细粒土、中粒土和粗粒土。不同的土与无机结合料拌合得到不同的稳定材料，常用的基层、底基层无机结合料稳定材料有：石灰土、水泥稳定碎石、水泥稳定砂砾、二灰(石灰、粉煤灰)碎石、二灰土、贫水泥混凝土等。事实上，无机结合料稳定材料应包含水泥混凝土，但工程技术人员一般所称的无机结合料稳定材料都是基层材料，而将水泥混凝土作为面层材料单独列出。

无机结合料稳定材料具有稳定性好、抗冻性强、结构本身自成板体等特点，但其耐磨性差，因此广泛用于修筑路面结构的基层和底基层。

无机结合料稳定材料种类较多，其物理、力学性质各有特点，使用时应根据结构要求、掺加剂和原材料的供应情况及施工条件进行综合技术、经济比较后选定。由于无机结合料稳定材料的刚度介于柔性路面材料和刚性路面材料之间，常称为半刚性材料。以此修筑的基层或底基层亦称为半刚性基层(底基层)。

第10章 无机结合料稳定材料基层

无机结合料稳定材料是目前我国最常用的基层、底基层材料，具有板体性和较高的抗压强度，因而能使得路面结构抵抗车轮荷载压应力的能力大幅提升，与柔性材料相比，其受力更类似于刚性材料，如水泥混凝土路面面层板。我国以前受到经济条件的限制，在大范围提升公路等级和行驶质量的建设过程中，半刚性基层起到了非常关键的作用。

然而，无机结合料稳定材料作基层有其固有缺点。对比普通水泥混凝土路面，为防止混凝土板块的不规则断裂，采用了主动锯缝的技术措施，保证板块胀缩时可以沿预设接缝产生变形。无机结合料稳定材料的模量虽不如水泥混凝土板块，但与水泥混凝土类似，在温度变化时其胀缩变形产生的拉压应力仍较大，除此之外，湿度变化也会使该类材料产生胀缩，而该类材料的抗拉能力有限，往往会出现收缩裂缝。

10.2 无机结合料稳定材料的物理及力学特性

无机结合料稳定材料的物理及力学特性包括组成结构、应力-应变关系、疲劳特性、收缩（温缩和干缩）特性。

10.2.1 无机结合料稳定材料的组成结构

根据基层材料中粗集料和细集料的分布状态，可以将基层材料的结构划分为四种类型：①骨架密实结构，粗集料形成相互嵌挤的骨架，细集料以充分密实的状态填充到骨架间的空隙里（图10-1a）；②骨架孔隙结构，粗集料形成相互嵌挤的骨架，骨架间的空隙部分地被细集料所填充，并留有一定的孔隙（图10-1b）；③悬浮密实结构，粗集料没有形成相互嵌挤的骨架，只是分散地分布在充分密实的细集料当中（图10-1c）；④均匀密实结构，没有粗集料，粒径大小相近的细集料或细粒土处于充分密实的状态（图10-1d）。

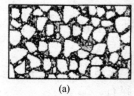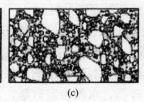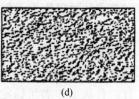

(a) (b) (c) (d)

图10-1 基层材料结构类型
(a)骨架密实结构；(b)骨架孔隙结构；(c)悬浮密实结构；(d)均匀密实结构

对于基层材料来说，这里所说的粗细集料的分界线一般为4.75mm。

从物理概念上讲，骨架密实、骨架孔隙以及悬浮密实三种结构的形成取决于对粗集料的空隙体积与细集料的压密体积的相对关系变化。

按一定体积压实混合料进行检验，将混合料组成中粒径大于4.75mm的粗集料单配出来或筛分出来，进行振动压实，求取其压实后的剩余空隙体积 V_1：

$$V_1 = V_c - \frac{m_c}{\rho_c} \quad \text{或} \quad V_1 = \left(1 - \frac{\rho_{c1}}{\rho_c}\right) \times V_c \tag{10-1}$$

式中 V_1——粗集料的空隙体积；

V_c——粗集料的振实体积；

m_c——粗集料的质量；

ρ_{c1}——粗集料的视密度；

ρ_c——粗集料的振实密度。

再将按一定体积压实的混合料中小于 4.75mm 的细集料单配出来或筛分出来进行密度试验，用结合料稳定时则要和规定比例的结合料一起进行密度试验，求取最大干密度。最后求取细集料和结合料一起压密时的体积 V_2：

$$V_2 = m_F/\rho_F \tag{10-2}$$

式中 V_2——细集料的压密体积；

m_F——细集料的质量；

ρ_F——细集料和结合料混合的最大干密度。

比较粗集料压密后的剩余空隙体积 V_1 和细集料与结合料一起压密后的体积 V_2，$V_1 \approx V_2$ 时形成的是骨架密实结构；$V_1 > V_2$ 时形成的是骨架孔隙结构；$V_1 < V_2$ 时形成的是悬浮密实结构。

10.2.2 无机结合料稳定材料的应力—应变特性

无机结合料稳定路面的重要特点之一是强度和模量随龄期的增长而不断增长。一般规定水泥稳定类材料设计龄期为 90 天，石灰或石灰粉煤灰（简称二灰）稳定类材料设计龄期为 180 天。

表 10-1 给出了水泥稳定碎石抗压强度(R)、抗压回弹模量(E_p)、劈裂强度(σ_{sp})和劈裂模量 E_{sp} 与龄期之间的关系。表 10-2 则为石灰粉煤灰稳定碎石的测试结果。

水泥稳定碎石的力学特性指标与龄期的关系　　表 10-1

力学参数(MPa)	28d	90d	180d	28d/180d	90d/180d
R	4.49	5.57	6.33	0.71	0.88
E_p	2093	3097	3872	0.54	0.80
σ_{sp}	0.413	0.634	0.813	0.51	0.78
E_{sp}	533	926	1287	0.41	0.72

石灰粉煤灰稳定碎石的力学特性指标与龄期关系　　表 10-2

力学参数(MPa)	28d	90d	180d	28d/180d	90d/180d
R	3.10	5.75	8.36	0.37	0.69
E_p	1086	1993	2859	0.38	0.70
σ_{sp}	0.219	0.536	0.913	0.41	0.59
E_{sp}	359	960	1720	0.37	0.56

半刚性材料应力-应变特性试验方法有顶面法、粘贴法、夹具法和承

载板法等。试件有圆柱体试件和梁式（分大、中、小梁）试件。试验内容有抗压强度、抗压回弹模量、劈裂强度和劈裂模量、抗弯拉强度和弯拉模量等。

由于材料的变异性和试验过程的不稳定性，同一种材料不同的试验方法、同一种试验方法不同的材料及同一种试验方法不同龄期试验结果存在差异性。通过各种试验方法的综合比较，认为抗压试验和劈裂试验较符合实际。无机结合料稳定材料的应力-应变特性与原材料的性质、结合料的性质和剂量及密实度、含水率、龄期、温度等有关。劈裂强度与材料的抗拉强度存在一定对应关系，可以建立两者之间的相关关系，然后通过测试劈裂强度来估算抗拉强度。我国规范中的路面设计方法，当采用半刚性材料作（底）基层时，采用的也是抗压和劈裂相关指标。

无侧限抗压强度和劈裂试验的情况如图10-2所示。

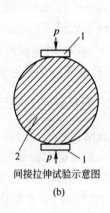

间接拉伸试验示意图

图 10-2 无侧限抗压与劈裂试验情况
(a)无侧限抗压强度试验；(b)劈裂试验
1—压条；2—试件

10.2.3 无机结合料稳定材料的疲劳特性

材料的抗压强度是材料组成设计的主要依据，由于无机结合料稳定材料的抗拉强度远小于其抗压强度，材料往往因抗拉强度不足而造成病害。所以将材料的抗拉强度作为路面结构设计的控制指标，但因抗拉强度试验本身变异性较大，测试过程较复杂，因此通过劈裂与抗拉的关系来确定抗拉性能指标。

抗拉强度试验方法有直接抗拉试验、间接抗拉（劈裂）试验和弯拉试验。常用的疲劳试验有弯拉疲劳试验和劈裂疲劳试验。

无机结合料稳定材料的疲劳寿命主要取决于重复应力与极限应力之比（σ_f/σ_s）。疲劳性能通常用应力比与达到破坏时反复作用次数（N_f）所绘成的散点图来表示。试验证明，应力比与N_f之间关系通常用双对数疲劳方程及单对数疲劳方程回归较为合理：

$$\left.\begin{array}{l}\lg N_f = a + b\lg\dfrac{\sigma_f}{\sigma_s} \\ \lg N_f = a + b\dfrac{\sigma_f}{\sigma_s}\end{array}\right\} \quad (10\text{-}3)$$

式中 a、b——回归系数。

在一定的应力条件下，材料的疲劳寿命取决于材料的强度和刚度。强度愈大刚度愈小，其疲劳寿命就愈长。

由于材料的不均匀性，无机结合料稳定材料的疲劳方程还与材料试验的变异性有关。不同的存活率（到达疲劳寿命时出现破坏的概率）将得出不同的疲劳方程（图10-3、图10-4）。

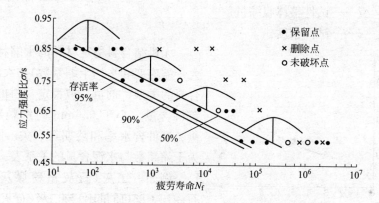

图10-3 二灰砂砾（小梁）应力强度比疲劳寿命曲线

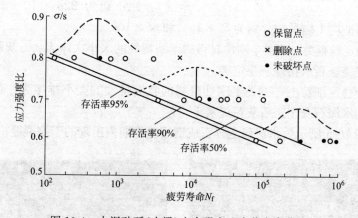

图10-4 水泥砂砾（小梁）应力强度比疲劳寿命曲线

10.2.4 无机结合料稳定材料的干缩特性

无机结合料稳定材料经拌合压实后，由于水分挥发和混合料内部的水化作用，混合料的水分会不断减少。由此发生的毛细管作用、吸附作用、分子间力的作用、材料矿物晶体或凝胶体间层间水的作用和碳化收缩作用等会引起无机结合料稳定材料体积收缩。

描述材料干缩特性的指标主要有干缩应变、干缩系数、干缩量、失水量、失水率和平均干缩系数。失水量是试件失去水分的质量(g);失水率是试件单位质量的失水量(%);干缩量是水分损失时试件的收缩量($\times 10^{-3}$ mm);干缩应变(ε_d)是水分损失引起的试件单位长度的收缩量($\times 10^{-6}$);干缩系数是某失水量时,试件单位失水率对应的干缩应变($\times 10^{-6}$);平均干缩系数 α_d 是某失水量时,试件的干缩应变与试件的失水率之比($\times 10^{-6}$)。

$$\left.\begin{array}{l}\varepsilon_d = \Delta l/l \\ \alpha_d = \varepsilon_d/\Delta W\end{array}\right\} \tag{10-4}$$

式中　ΔW——试件总失水量;
　　　Δl——试件整体收缩量;
　　　l——试件长度。

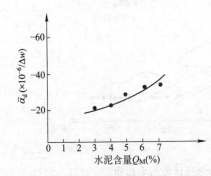

图 10-5　干缩系数与水泥含量的关系

无机结合料稳定材料的干缩特性(最大干缩应变和平均干缩系数)的大小与结合料的类型、剂量、被稳定材料的类别、粒料含量、小于 0.6mm 的细颗粒的含量、试件含水率和龄期等有关。图 10-5 为干缩系数与水泥含量的关系表。

例如,二灰(石灰+粉煤灰):碎石=15:85(质量比)与二灰(石灰+粉煤灰):碎石=20:80时,7d龄期的最大干缩应变分别为 223×10^{-6} 和 273×10^{-6},而平均干缩系数分别为 55×10^{-6} 和 65×10^{-6}。

对稳定粒料类,三类半刚性材料的干缩特性的大小次序为:石灰稳定类＞水泥稳定类＞石灰粉煤灰稳定类。

对于稳定细粒土,三类半刚性材料的收缩特性的大小排序为:石灰土＞水泥土和水泥石灰土＞石灰粉煤灰土。

如图 10-6 所示为水泥稳定碎石成型后养护期内出现的干缩裂缝。

图 10-6　水泥稳定碎石成型后养护期内出现的干缩裂缝

10.2.5 无机结合料稳定材料的温度收缩特性

无机结合料稳定材料是由固相(组成其空间骨架的原材料的颗粒和其间的胶结物)、液相(存在于固相表面与空隙中的水和水溶液)和气相(存在于空隙中的气体)组成。所以,半无机结合料稳定材料的外观胀缩性是三相的不同的温度收缩性的综合效应的体现。一般气相大部分与大气贯通,在综合效应中影响较小,可以忽略。原材料中砂粒以上颗粒的温度收缩系数较小,粉粒以下的颗粒温度收缩性较大。

半刚性材料温度收缩的大小与结合料类型和剂量、被稳定材料的类别、粒料含量、龄期等有关。试验结果表明:石灰土砂砾($16.7×10^{-6}$)>悬浮式石灰粉煤灰粒料($15.3×10^{-6}$)>密实式石灰粉煤灰粒料($11.4×10^{-6}$)和水泥砂砾(5%~7%水泥剂量为$10×10^{-6}$~$15×10^{-6}$)。

无机结合料稳定材料基层一般在高温季节修建,成型初期基层内部含水率大,且尚未被沥青面层封闭,基层内部的水分必然要蒸发,从而发生由表及里的干燥收缩。同时,环境温度也存在昼夜温度差,因此,修建初期的无机结合料稳定材料基层同时受到干燥收缩和温度收缩的综合作用,必须注意养护保护。

经过一定龄期的养护,无机结合料稳定材料基层上铺筑沥青面层后,基层内相对湿度略有增大,使材料的含水率趋于平衡,这时半刚性基层的变形以温度收缩为主。

温缩用温缩应变 ε_t 和平均温缩系数 α_t 表示:

$$\left.\begin{aligned}\varepsilon_t &= \Delta l/l \\ \alpha_t &= \varepsilon_t/\Delta C\end{aligned}\right\} \quad (10-5)$$

式中 ΔC——试件收缩时温差,其余变量含义与干缩时类似。

10.3 石灰稳定类基层

以石灰作为粘结材料的无机结合料稳定材料作基层时,称为石灰稳定类基层。用石灰稳定细粒土时的混合料简称石灰土,相应成型后的基层称为石灰土基层(底基层)。

石灰剂量是石灰质量占土颗粒干质量的百分率,即:石灰剂量=石灰质量/干土质量。石灰稳定类材料适用于各级公路路面的底基层,也可用作二级和二级以下公路的基层,但不宜用作高等级公路的基层。

10.3.1 石灰稳定土强度形成原理

在土中掺入适量的石灰,并在最佳含水率下拌匀压实,使石灰与土发生一系列的物理、化学作用,从而使土的性质发生根本的变化。在初期,主要表现为土的结团、塑性降低、最佳含水率增加和最大密实度减小等,后期主要表现为结晶结构的形成,从而提高其板体性、强度和稳定性。这些相互作用包括：

1. 离子交换作用

土的微小颗粒具有一定的胶体性质，它们一般都带有负电荷，表面吸附着一定数量的钠、氢、钾等低价阳离子（Na^+、H^+、K^+）。石灰是一种强电解质，在土加入石灰和水后，石灰在溶液中电离出来的钙离子（Ca^{2+}）与土中的钠、氢、钾离子产生离子交换作用，原来的钠（钾）土变成钙土，土颗粒表面所吸附的离子由一价变成了二价，减少了土颗粒表面吸附水膜的厚度，使土粒相互之间更为接近，分子引力随之增加，许多单个土粒聚成小团粒，组成一个稳定结构。

2. 结晶作用

在石灰土中只有一部分熟石灰 $Ca(OH)_2$ 进行离子交换作用，绝大部分饱和的 $Ca(OH)_2$ 自行结晶。熟石灰与水作用生成熟石灰结晶网格，其化学反应式为：

$$Ca(OH)_2 + nH_2O \rightarrow Ca(OH)_2 \cdot nH_2O$$

3. 火山灰作用

熟石灰的游离 Ca^{2+} 与土中的活性氧化硅 SiO_2 和氧化铝 Al_2O_3 作用生成含水的硅酸钙和铝酸钙的化学反应就是火山灰作用，其反应式为：

$$xCa(OH)_2 + SiO_2 + nH_2O \rightarrow xCaO \cdot SiO_2(n+1)H_2O$$
$$xCa(OH)_2 + Al_2O_3 + nH_2O \rightarrow xCaO \cdot Al_2O_3(n+1)H_2O$$

上述所形成的熟石灰结晶网格和含水的硅酸钙和铝酸钙结晶都是胶凝物质，它具有水硬性并能在固体和水两相环境下发生硬化。这些胶凝物质在土微粒团外围形成一层稳定保护膜，填充颗粒空隙，使颗粒间产生结合料，减少了颗粒间的空隙与透水性，同时提高密实度，这是石灰土获得强度和水稳定性的基本原因，但这种作用比较缓慢。

4. 碳酸化作用

在土中的 $Ca(OH)_2$ 与空气中的二氧化碳作用，其化学反应式为：

$$Ca(OH)_2 + CO_2 \rightarrow CaCO_3 + H_2O$$

$CaCO_3$ 是坚硬的结晶体，它和其生成的复杂盐类把土粒胶结起来，从而大大提高了土的强度和整体性。

10.3.2 影响强度的因素

1. 土质

石灰的稳定效果与土中黏土颗粒的矿物成分和含量有关。一般而言，各种成因的砂质粉土、黏土、粉土类土和黏土类土都可以用石灰稳定，但黏土颗粒所含活性矿物成分较多，比表面积大，表面能量也较大，掺入石灰后所发生的物理力学反应及物理化学反应都比较活跃，所以石灰土的强度随土的塑性指数的增加而提高。图 10-7 所示为不同种类的土的强度随石灰剂量的变化情况。可以看出，粉质黏土的稳定效果最好；重黏土虽然所含黏土颗粒较多，但由于其不易粉碎和拌合，稳定效果反而较差，而且易产生收缩裂缝。

如果土的塑性指数偏低，则施工中难以碾压成型。因此，一般采用塑性指数10～20的土，这种土易于粉碎均匀，便于碾压成型，铺筑效果较好。塑性指数小于4的土，不宜用石灰稳定。土中某些盐分及腐殖质对石灰土有不良的作用。对硫酸盐含量超过0.8%或腐殖质超过10%的土类，不宜用石灰稳定。

2. 灰质和剂量

石灰中活性CaO和MgO的含量直接影响到石灰与土的反应程度，也影响到石灰土的强度。在石灰剂量相同的情况下，石灰的等级愈高，其CaO和MgO的含量也愈高，稳定效果愈好；石灰的细度越大，其比表面积也愈大，稳定效果也愈好。因此石灰质量应符合Ⅲ级以上的标准，石灰消解后，也应尽量缩短其存放时间，最好在生产后不迟于3个月内投入使用，以免碳化而降低石灰的活性。

石灰剂量是指消石灰占干土重量的百分比。石灰剂量较低时(小于3%～4%)，石灰加入土中后主要起稳定作用，土的塑性、膨胀率、聚水量减小，土的密度及强度得到提高。随着石灰剂量的增加，石灰土的强度和稳定性均得到提高(图10-7)。但当石灰剂量超过一定范围，过多的石灰在土的空隙中以自由灰的形式存在，反而使石灰土的强度下降。在生产中，常用的石灰剂量应不低于6%，不高于18%，一般以10%～14%较为经济实用。具体选用时，应根据结构层要求的强度、水稳定性、冰冻稳定性并结合土质、气候、水文及石灰质量等因素，通过混合料组成设计确定。表10-3中所列的石灰剂量可供初步设计或估算用。

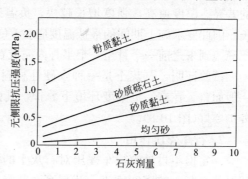

图10-7 石灰土强度随剂量而变化

石灰土石灰的剂量范围(%) 表10-3

结构层位	土类	
	黏性土、粉性土	砂性土
基层	11～14	14～16
底基层	9～11	11～14
垫层	6～9	9～11

3. 含水率

水分是石灰土的重要组成部分，它加速石灰与土的物理化学反应，形成强度，在施工过程中可保证土团得到最大限度的粉碎和均匀拌合，并使其在最小压实功能的情况下达到最大密实度。不同土质的石灰土有不同的最佳含水率，一般而言石灰土的最佳含水率为素土的最佳含水率与拌合过程中蒸发所需的水量(约1.5%)和石灰反应过程中所需水量(约为石灰剂量的20%)之和。

4. 密实度

石灰土的强度随密实度的增加而增长。实践证明，石灰土的密实度每增减1%，其强度可增减4%，而且密实的石灰土其抗冻性、水稳定性能显著提高，收缩开裂现象也明显减少。

5. 龄期

石灰土的强度随龄期而增长。一般石灰土初期强度较低，前期（1～2个月）增长速率较后期快。石灰土的强度与龄期的关系可表示为：

$$R_t = R_i t^{\beta} \tag{10-6}$$

式中　R_i——i个月龄期的抗压强度；
　　　R_t——t个月龄期的抗压强度；
　　　β——系数，0.1～0.5。

6. 养护条件

养护条件主要指温度与湿度。养护条件不同的石灰土，其强度也有一定的差异。温度愈高，强度增长越快，负温条件下，石灰土的强度几乎停止增长。因此要求施工期间的最低温度应在5℃以上，并应在第一次重冰冻（-3～-5℃）到来之前一个月至一个半月内完成石灰土基层的施工。

试验证明，石灰土是一种水硬性材料，其强度的形成需要一定的温度。一般而言，在有一定湿度环境下养护，其强度的形成和增长比在一般空气中养护要好（图10-8）。

7. 行车碾压作用

一定但不过量的行车碾压对石灰土的强度形成有利。这是因为，行车碾压可使石灰土的密实度进一步提高，其强度也随之提高。另外，随着石灰土密实度的提高及行车荷载的压力作用，将使石灰与土颗粒更紧密接触，并使水分均匀地再分布，从而加速了化学反应的进行。图10-9为路面上行车荷载的通过次数对石灰土强度影响的测试资料。该资料充分说明适当的行车碾压，有利于提高石灰土的强度。

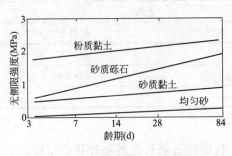

图10-8　石灰土强度增长与龄期的关系

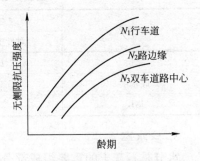

图10-9　石灰土强度增长与行车碾压的关系

10.3.3 石灰土混合料设计

石灰稳定土是由土、石灰和水组成的。混合料的组成设计包括：根据强度标准，通过试验选取合适的土，确定必需的或最佳的石灰剂量和混合料的最佳含水率。

1. 石灰土的强度标准

石灰土的强度标准根据相应的公路等级和在路面结构中的层位而定。在规定温度保湿养护 6d、浸水 1d 后无侧限抗压强度标准如表 10-4。

石灰稳定细粒土的强度(MPa)和压实度标准　　　表 10-4

层位	类别	重、中交通		轻交通	
		压实度(%)	抗压强度(MPa)	压实度(%)	抗压强度(MPa)
基层	集料	—	—	≥97	≥0.8①
	细粒土	—		≥95	
底基层	集料	≥97	≥0.8	≥96	≥0.7②
	细粒土	≥95		≥95	

2. 混合料的设计步骤

(1) 制备同一种土样、不同石灰剂量的石灰土混合料，根据不同的层位，可参照下列石灰剂量进行配制：

做基层用：

砂砾土和碎石土：3%、4%、5%、6%、7%。

塑性指数小于 12 的黏性土：10%、12%、13%、14%、16%。

塑性指数大于 12 的黏性土：5%、7%、9%、11%、13%。

做底基层用：

塑性指数小于 12 的黏性土：8%、10%、11%、12%、14%。

塑性指数大于 12 的黏性土：5%、7%、8%、9%、11%。

(2) 确定混合料的最佳含水率和最大干压实密度(用重型击实标准试验)，至少做三个不同石灰剂量混合料的击实试验，即最小剂量、中间剂量和最大剂量。

(3) 按最佳含水率与工地预期达到的压实密度制备试件，进行强度试验时，做平行试验的试件数量应符合规定。

(4) 试件在规定温度(20±2℃)下保湿养护 6d，浸水 1d，进行无侧限抗压强度试验，根据表 10-4 的强度标准，选定合适的石灰剂量，室内试验结果的平均抗压强度应符合公式(10-7)的要求：

$$\overline{R} \geqslant \frac{R_d}{1-Z_a C_v} \tag{10-7}$$

式中　R_d——设计抗压强度(MPa)；

　　　C_v——试验结果的偏差系数(小数计)；

　　　Z_a——标准正态分布表中随保证率(或置信度 a)而变的系数，重交通道路应取保证率 95%，此时 $Z_a=1.645$；其他道路可取保证率为 90%，即 $Z_a=1.282$。

工地实际采取的石灰剂量应较实验室内试验确定的剂量多 0.5%～1.0%。

10.3.4 石灰土基层的应用

石灰稳定土不但具有较高的抗压强度，而且也具有一定的抗弯强度，且强度随龄期逐渐增加。因此，石灰稳定土一般可以用于各类路面的基层或底基层。但石灰稳定土因其水稳定性较差不宜作高速公路或一级公路的基层，必要时可以用作底基层。在冰冻地区的潮湿路段以及其他地区的过分潮湿路段，也不宜采用石灰土做基层。

10.3.5 碎(砾)石灰土底基层

石灰稳定碎(砾)石土，简称碎(砾)石灰土。将拌合均匀的碎(砾)石灰土经摊铺、整型、碾压、养护后成型的(底)基层，称碎(砾)石灰土(底)基层。

混合料的最佳组成应是碎(砾)石掺入量占混合料总重的80%以上，而且要求碎(砾)石要有一定级配，级配标准可参照级配碎(砾)石基层。按重型击实试验确定材料的最佳含水率和最大干密度。所制成的试件在规定温度下，经6d保湿养护，1d浸水的无侧限抗压强度满足规范规定的强度标准要求。

碎(砾)石灰土(底)基层的施工方法和程序，可参照石灰土施工方法进行。但应把碎(砾)石摊铺在路槽内，然后把先拌均的石灰土均匀地铺在碎(砾)石层上再与碎(砾)石拌均匀(控制含水率为最佳含水率)，经整型、碾压、养护而成型。在具备机械拌合的条件下，也宜用中心站集中拌合法施工。

10.3.6 石灰稳定土基层缩裂防治

石灰稳定土基层防治缩裂的措施有：

(1) 控制压实含水率：石灰稳定土因含水率过多产生的干缩裂缝显著，因而压实时含水率一定不要大于最佳含水率，应按略小于最佳含水率控制。

(2) 严格控制压实标准：实践证明，压实度小时产生的干缩要比压实度大时严重，因此，应尽可能达到最大压实度。

(3) 温缩的最不利季节是材料处于最佳含水率附近，而且温度在0~10℃时。因此，施工要在当地气温进入0℃前一个月结束，以防在不利季节产生严重温缩。

(4) 干缩的最不利情况是石灰稳定土成型初期，因此，要重视初期养护，保证石灰土表面处于潮湿状况，谨防干晒。

(5) 石灰稳定土施工结束后要及早铺筑面层，使石灰土基层含水率不发生大变化，可减轻干缩裂隙。

(6) 在石灰稳定土中掺加集料(砂砾、碎石等)，使其集料含量为60%~70%，使混合料满足最佳组成要求，不但提高强度和稳定性，而且具有较好的抗裂性。

(7) 基层的缩裂会反射到面层，为了防止基层裂缝的反射，国内外常采取以下措施：

① 设置联结层。设置沥青碎石或沥青贯入式联结层是防止反射裂缝的有效措施。

② 铺筑碎石隔离过渡层。在石灰土与沥青面层间铺筑厚 10～20cm 的碎石层或玻璃纤维格栅，可减轻反射裂缝出现。

10.4 水泥稳定类基层

在粉碎的或原状松散的土（包括各种粗、中、细粒土）中，掺入适当的水泥和水，按照技术要求，经拌合摊铺，在最佳含水率时压实及养护成型，其抗压强度符合规定要求，以此修建的路面基层称水泥稳定类基层。当用水泥稳定细粒土（砂性土、粉性土或黏性土）时，简称水泥土。

水泥是水硬性结合料，绝大多数的土类（高塑性黏土和有机质较多的土除外）都可以用水泥来稳定，改善其物理力学性质，适应各种不同的气候条件与水文地质条件。水泥稳定类基层具有良好的整体性、足够的力学强度、抗水性和耐冻性。其初期强度较高，且随龄期增长而增长，所以应用范围很广。近年来，在我国一些路面工程中，水泥稳定土可用于路面结构的基层和底基层，在保证路面使用品质上取得了满意的效果。但水泥土禁止作为高速公路或一级公路路面的基层，只能用作底基层。在高等级公路的水泥混凝土路面板下，水泥土也不应作基层。

10.4.1 强度形成原理

在利用水泥来稳定土的过程中，水泥、土和水之间发生了多种非常复杂的作用，从而使土的性能发生了明显的变化。这些作用可以分为：

化学作用：如水泥颗粒的水化、硬化作用，有机物的聚合作用，以及水泥水化产物与黏土矿物之间的化学作用等。

物理-化学作用：如黏土颗粒与水泥及水泥水化产物之间的吸附作用，微粒的凝聚作用，水及水化产物的扩散、渗透作用，水化产物的溶解、结晶作用等。

物理作用：如土块的机械粉碎作用，混合料的拌合、压实作用等。

其中的主要过程有以下几方面。

1. 水泥的水化作用

在水泥稳定土中，首先发生的是水泥自身的水化反应，从而产生具有胶结能力的水化产物，这是水泥稳定土强度的主要来源。水泥的水化过程反应简式如下所示：

硅酸三钙：$2C_3S+6H_2O \rightarrow C_3S_2H_3+3CH$

硅酸二钙：$2C_2S+4H_2O \rightarrow C_3S_2H_3+CH$

铝酸三钙：$C_3A+6H_2O \rightarrow C_3AH_6$

铁铝酸四钙：$C_4AF+7H_2O \rightarrow C_4AFH_7$

水泥水化生成的水化产物，在土的孔隙中相互交织搭接，将土颗粒包覆连接起来，使土逐渐丧失了原有的塑性等性质，并且随着水化产物的增加，混合料也逐渐坚固起来。但水泥稳定土中水泥的水化与水泥混凝土中水泥的水化之间还有所不同。这是因为：(1)土具有非常高的比表面积和亲水性；(2)水泥稳定土中的水泥含量较少；(3)土对水泥的水化产物具有强烈的吸附性；(4)在一些土中常存在酸性介质环境。由于这些特点，在水泥稳定土中，水泥的水化硬化条件较混凝土中差得多；特别是由于黏土矿物对水化产物中的 $Ca(OH)_2$ 具有极强的吸附和吸收作用。使溶液中的碱度降低，从而影响了水泥水化产物的稳定性；水化硅酸钙会逐渐析出 $Ca(OH)_2$，从而使水化产物的结构和性能发生变化，进而影响到混合料的性能。因此在选用水泥时其他条件相同时，应当优先选用硅酸盐水泥，必要时还应对水泥稳定土进行"补钙"，以提高混合料中的碱度。

2. 离子交换作用

土中的黏土颗粒由于颗粒细小、比表面积大，因而具有较高的活性，当黏土颗粒与水接触时，黏土颗粒表面通常带有一定量的负电荷，在黏土颗粒周围形成一个电场，这层带负电荷的离子称为电位离子。带负电的黏土颗粒表面，进而吸引周围溶液中的正离子，如 K^+、Na^+ 等，而在颗粒表面形成了一个双电层结构，这些与电位离子电荷相反的离子就称为反离子。在双电层中电位离子形成了内层，反离子形成外层。靠近颗粒的反离子与颗粒表面结合较紧密，当黏土颗粒运动时，结合较紧密的反离子将随颗粒一起运动，而其他反离子将不产生运动；由此在运动与不运动的反离子之间便出现了一个滑移面。

由于在黏土颗粒表面存在着电场，因此也存在着电位，颗粒表面电位离子形成的电位称为热力学电位（φ），滑动面上的电位称为电动电位（ξ）；由于反离子的存在，离开颗粒表面越远电位越低，经过一定的距离电位将降低为零，此距离称为双电层厚度。由于各个黏土颗粒表面都具有相同的双电层结构，因此黏土颗粒之间往往间隔着一定的距离。

在硅酸盐水泥中，硅酸三钙和硅酸二钙占主要部分，其水化后所生成的氢氧化钙所占的比例也较高，可达水化产物的 25%。大量的氢氧化钙溶于水以后，在土中形成了一个富含 Ca^{2+} 的碱性溶液环境。当溶液中富含 Ca^{2+} 时，因为 Ca^{2+} 的电价高于 K^+、Na^+ 等离子，因此与电位离子的吸引力较强，从而取代了 K^+、Na^+，成为反离子，同时 Ca^{2+} 双电层电位的降低速度加快。因而使电动电位减小、双电层的厚度降低，使黏土颗粒之间的距离减小，相互靠拢，导致土的凝聚，从而改变土的塑性，使土具有一定的强度和稳定度。这种作用就称为离子交换作用。

3. 化学激发作用

钙离子的存在不仅影响到了黏土颗粒表面双电层的结构，而且在这种碱性溶液环境下，土本身的化学性质也将发生变化。

土的矿物组成基本上都属于硅铝酸盐，其中含有大量的硅氧四面体和铝氧八面体。在通常情况下，这些矿物具有比较高的稳定性，但当黏土颗粒周围介质的pH值增加到一定程度时，黏土矿物中的部分SiO_2和Al_2O_3的活性将被激发出来，与溶液中的Ca^{2+}进行反应，生成新的矿物，这些矿物主要是硅酸钙和铝酸钙系列矿物，这些矿物的组成和结构与水泥的水化产物都有很多类似之处，并且同样具有胶凝能力。生成的这些胶结物质包裹着黏土颗粒表面，与水泥的水化产物一起，将黏土颗粒凝结成一个整体。因此，氢氧化钙对黏土矿物的激发作用，将进一步提高水泥稳定土的强度和水稳定性。

4. 碳酸化作用

水泥水化生成的$Ca(OH)_2$除了可与黏土矿物发生化学反应外，还可以进一步与空气中的CO_2发生碳化反应并生成碳酸钙晶体。其反应如下：

$$Ca(OH)_2 + CO_2 + nH_2O \rightarrow CaCO_3 + (n+1)H_2O$$

碳酸钙生成过程中产生体积膨胀，也可以对土的基体起到填充和加固作用；只是这种作用相对来讲比较弱，并且反应过程缓慢。

10.4.2 影响强度的因素

1. 土质

土的类别和性质是影响水泥稳定土强度的重要因素，各类砂砾土、砂土、粉土和黏土均可用水泥稳定，但稳定效果不同。试验和生产实践证明，用水泥稳定级配良好的碎(砾)石和砂砾，效果最好，不但强度高，而且水泥用量少；其次是砂性土；再次之是粉性土和黏性土。重黏土难于粉碎和拌合，不宜单独用水泥来稳定，因此，一般要求土的塑性指数不大于17。

2. 水泥的成分和剂量

各种类型的水泥都可以用于稳定土。但试验研究证明，水泥的矿物成分和分散度对其稳定效果有明显影响。对于同一种土，通常情况下硅酸盐水泥的稳定效果好，而铝酸盐水泥较差。

在水泥硬化条件相似，矿物成分相同时，随着水泥分散度的增加，其活性程度和硬化能力也有所增大，从而水泥土的强度也大大提高。

水泥土的强度随水泥剂量的增加而增长，但过多的水泥用量，虽获得强度的增加，但在经济上却不一定合理，在效果上也不一定显著，且容易开裂。试验和研究证明，水泥剂量为4%～6%较为合理。

3. 含水率

含水率对水泥稳定土强度影响很大，当含水率不足时，水泥不能在混合料中完全水化和水解，发挥不了水泥对土的稳定作用，影响强度形成。同时，含水率小，达不到最佳含水率也影响水泥稳定土的压实度。因此，使含水率达到最佳含水率的同时，也要满足水泥完全水化和水解作用的需要为好。但含水率过大又会引起干缩程度增加，因此，含水率控制必须严格。

水泥正常水化所需的水量约为水泥重的20%，对于砂性土，完全水化达到最高强度的含水率较最佳密度的含水率为小；而黏性土则相反。

4. 施工工艺过程

水泥、土和水拌合得均匀，且在最佳含水率下充分压实，使之干密度最大，其强度和稳定性就高。水泥土从开始加水拌合到完成压实的延迟时间要尽可能最短，一般要在 6h 以内。若时间过长，则水泥凝结，在碾压时，不但达不到压实度要求，而且也会破坏已结硬水泥的胶凝作用，反而使水泥稳定土强度下降。在水泥终凝时间达不到规定要求时，可以使用一定剂量的缓凝剂，但缓凝剂的品种和具体数量应根据试验确定。

水泥稳定土需湿法养护，以满足水泥水化形成强度的需要。养护温度越高，强度增长的越快，因此，要保证水泥稳定土养护的温度和湿度条件。

10.4.3 材料要求及混合料组成设计

1. 材料要求

（1）土：凡能被粉碎的土都可用水泥稳定。宜做水泥稳定类基层的材料有：石渣、石屑、砂砾、碎石土、砾石土等。碎石或砾石的压碎值对于高速公路和一级公路应不大于 30%，对二级和二级以下公路应不大于 35%。

对于二级公路以下的一般公路：当用水泥稳定土作底基层时，颗粒最大粒径不应超过 37.5mm，对于高速公路和一级公路，颗粒最大粒径不应超过 31.5mm。土的颗粒组成应符合表 10-5 的规定，同时土的均匀系数（土的均匀系数为通过量 60% 的筛孔尺寸与通过量 10% 的筛孔尺寸的比值）应大于 5，细粒土的塑性指数不应超过 9。

骨架密实型水泥稳定材料的颗粒组成　　　　表 10-5(a)

层位	通过下列方筛孔(mm)的质量百分率(%)						
	31.5	19.0	9.50	4.75	2.36	0.6	0.075
基层	100	68～86	38～58	22～32	16～28	8～15	0～3

悬浮密实型水泥稳定材料的颗粒组成　　　　表 10-5(b)

层位	通过下列方筛孔(mm)的质量百分率(%)							
	37.5	31.5	19.0	9.50	4.75	2.36	0.6	0.075
基层		100	90～100	60～80	29～49	15～32	6～20	0～5
底基层	100	93～100	75～90	50～70	29～50	15～35	6～20	0～5

注：集料中 0.6mm 以下颗粒有塑性指数时，小于 0.075mm 的颗粒含量不应超过 5%；细粒无塑性指数时，小于 0.075m 的颗粒含量不应超过 7%。

（2）水泥：普通硅酸盐水泥、矿渣硅酸盐水泥或火山灰质硅酸盐水泥都可以用于稳定土，但应选用终凝时间较长（宜 6h 以上）的水泥。早强、快硬及受潮变质的水泥不应使用。宜采用强度等级较低的水泥，如 32.5 级或 42.5 级水泥。

（3）水：饮用的水，均可以应用。

2. 混合料组成设计

水泥稳定土混合料组成设计与石灰稳定土基本相同。

（1）强度和压实度标准

7d 无侧限抗压强度和压实度应根据公路等级和所在路面结构中的层位确定，如表 10-6 所示。

水泥混合料的强度及压实度标准　　　　　　　表 10-6(a)

层位	稳定类型	特重交通		重、中交通		轻交通	
		压实度(%)	抗压强度(MPa)	压实度(%)	抗压强度(MPa)	压实度(%)	抗压强度(MPa)
基层	集料	≥98	3.5～4.5	≥98	3～4	≥97	2.5～3.5
	细粒土	—	—	—	—	≥96	
底基层	集料	≥97	≥2.5	≥97	≥2.0	≥96	≥1.5
	细粒土	≥96		≥96		≥95	

水泥粉煤灰稳定土的 7d 强度标准及压实度要求　　　表 10-6(b)

层位	类别	特重、重、中交通		轻交通	
		压实度(%)	抗压强度(MPa)	压实度(%)	抗压强度(MPa)
基层	集料	≥98	1.5～3.5	≥97	1.2～1.5
底基层	集料	≥97	≥1.0	≥96	≥0.6

(2) 设计步骤

① 制备同一种土样、不同水泥剂量的混合料，一般按下列水泥剂量配制。

作基层用时：

中粒土和粗粒土：3%、4%、5%、6%、7%；

塑性指数小于 12 的土：5%、7%、8%、9%、11%；

其他细粒土：8%、10%、12%、14%、16%。

作底基层时：

中粒土和粗粒土：3%、4%、5%、6%、7%；

塑性指数小于 12 的土：4%、5%、6%、7%、8%；

其他细粒土：6%、8%、9%、10%、12%。

② 确定最佳含水率和最大干压实密度。

③ 按最佳含水率和计算得到的干压实密度制试件。根据表 10-6 强度标准选定合适的水泥剂量。此剂量下试件室内试验结果的平均抗压强度 R 应符合公式(10-7)的要求。

工地实际采用的水泥剂量应比室内试验确定剂量多 0.5%～1.0%。

10.5 工业废渣稳定基层

随着工业生产的发展，工业废渣的利用越来越受到重视，工业废渣在道路工程中的应用尤为广泛。很多生产部门大量利用石灰稳定工业废渣类混合料取代路面工程中常用的碎石基层等，可提高基层的使用品质，降低工程造价。

路用工业废渣一般用石灰进行稳定，故常称为石灰稳定工业废渣，简称石灰工业废渣，它包括两大类：一类是石灰粉煤灰类，又称二灰类，另一类则为石灰其他废渣类。

石灰工业废渣，特别是二灰材料，具有良好的力学性能和板体性并有较好的水稳定性和一定的抗冻性。石灰工业废渣的初期强度较低，但随着龄期的增长，其强度的增长幅度也加大。在二灰中加入粒料、少量水泥或其他外掺剂可提高其早期强度，但由于其具有干缩和温缩特征，易产生裂缝。石灰工业废渣可用于各种交通等级道路的基层和底基层，但二灰和二灰细粒土不宜用作高等级道路的基层，只能用于底基层。

10.5.1 工业废渣的种类及利用方式

工业废渣的种类很多，用于路面工程的主要有煤炭、电力工业废渣，钢铁工业废渣和化学工业废渣。

（1）煤炭、电力工业废渣。主要有粉煤灰、炉渣和煤矸石，粉煤灰是火力发电厂烟气中收集的细灰，含有硅、铁、铝等金属；炉渣系由煤粉或煤块燃烧后排出，其中也含硅、铁、铝等活性物质；煤矸石则是采煤生产过程中生产的废石，经处理后，可作路用碎石。

（2）钢铁工业废渣。主要有钢渣或铁渣，其利用方式主要有三种：其一，铁渣或钢渣排出后，堆积，经多年自然条件下分解后趋于稳定，用以修筑基层；其二，熔铁渣排出后，经水骤冷，称为水淬渣，水淬渣掺入石灰后铺筑的基层具有很高的强度；其三，铁渣排出后运送至渣场，在空气中自然冷却至600~700℃时洒水降温后的产品称为矿渣碎石，可按密实型或嵌挤型修筑碎石基层或沥青矿渣碎石混合料面层。

（3）化学工业废渣。造纸或印刷厂使用漂白粉后的下脚料称为漂白粉渣，其石灰成分较高；电石消解乙炔气后的废渣称为电石渣，含石灰成分高达50%~55%，硫磺矿渣为生产硫酸的下脚料，加入石灰类灰渣或高炉水淬渣后修筑基层效果良好。

10.5.2 石灰工业废渣强度形成原理及力学特征

1. 强度形成机理

各种工业废渣得以在道路工程中应用的原因是由于这些矿渣中含有较多的 SiO_2、Al_2O_3 或 CaO。活性的 SiO_2 和 Al_2O_3 在水中本身不会硬化，但在饱和的 $Ca(OH)_2$ 溶液中将产生火山灰反应，生成水化铝酸钙和铝酸钙凝胶，从而将混合料中的各种颗粒胶结在一起。因此，含活性 SiO_2 和 Al_2O_3 较多的煤渣或水淬渣同一定比例的石灰渣或电石渣相拌合后，就形成强度高、整体性好的石灰煤渣或石灰水淬渣混合料。在石灰土中掺入一定量的粉煤灰形成二灰土，也可改善和加强石灰土的火山灰反应，从而提高石灰土的强度。

石灰稳定工业废渣的强度主要靠火山灰作用产生，而火山灰作用的反应过程较为缓慢。因此

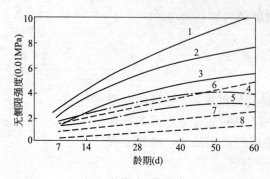

图10-10 石灰工业废渣混合的强度增长
1、2、3—石灰水淬渣；4—石灰粗煤渣(3:7)；
5—石灰细煤渣(2:8)；6—石灰粉煤灰轻黏土；
7—石灰粉煤灰粉质黏土；8—石灰粉煤灰粉土

混合料的强度随龄期的增长也较缓慢。图10-10给出了多种不同的工业废渣混合料强度随龄期增长的试验曲线。图中可以看出，工业废渣混合料的早期强度较低。但经历较长时间后，仍能保持较高的强度增长速度，因此后期强度较高；石灰水淬渣混合料的强度依水淬渣自身的来源不同而有较大的差异，但它仍比其他两类混合料的强度高；另外，二灰混合料的强度与土的类别有关，黏粒含量高，煤渣颗粒较细时，强度也较高。

2. 力学特征

（1）水硬性

各种工业废渣的主要化学成分多为钙、铝、硅及少量镁和其他物质，均属于硅酸盐类材料，经配合、加水拌合压实成型后都具有明显的水硬性。因此，此类材料的强度增长速度与湿度有着密切的关系。这是由于组成混合料强度的水化铝酸钙、硅酸钙等水生物在形成过程中均离不开水，水是其强度形成的重要条件。也正是这种水硬性，要求混合料在碾压时保持适度的水分，并提供一定湿度的养护条件。

（2）缓凝性

工业废渣混合料28d的抗压强度仅为其一年抗压强度的17%~25%，并且在2~3年内仍继续增长。

由于工业废渣与石灰的作用相当缓慢，所以堆积存放了1~2周的混合料仍能凝结硬化，但其成形后强度增长速率随气温的降低而降低。冬期施工的基层，由于气温条件的限制，强度增长缓慢，但一旦气温上升，强度则明显增长。由此可以看出，气温对工业废渣混合料的强度增长有较大影响。

（3）抗裂性、耐磨性及板体性

工业废渣混合料在一定的龄期内，抗弯拉强度和刚度仍然较低，但其抗弯强度与抗压强度之比较大，极限弯拉应变也较大。因此，工业废渣混合料具有较好的抗裂性。但由于其抗磨性较差，一般只适于作基层或底基层。另外，工业废渣混合料经压实成型后，经过一定的时间就具有较高的强度和良好的板体性，作为沥青路面的基层时，可较好地改善其变形性能，减少裂缝的产生。

10.5.3 材料要求及混合料组成设计

1. 材料要求

（1）石灰

工业废渣基层所用的结合料是石灰或石灰下脚料。石灰的质量宜符合Ⅲ级以上技术指标。

（2）废渣材料

粉煤灰是火力发电厂燃烧煤粉产生的粉状灰渣，主要成分是二氧化硅（SiO_2）、三氧化二铝（Al_2O_3）和三氧化二铁（Fe_2O_3），其总含量一般要求超过70%。粉煤灰的烧失量一般要小于20%，如达不到上述要求，应通过试验后，才能采用。干粉煤灰和湿粉煤灰都可以应用。干粉煤灰堆放时应洒水以防飞扬。湿粉煤灰堆放时，含水率不宜超过35％。粉煤灰比表面积宜大于2500m²/g(或70％通过0.075mm筛孔)。

(3) 粒(砾)料

高速公路和一级公路集料的压碎值应不大于30％，二级公路和二级以下公路集料的压碎值应不大于35％。颗粒最大粒径：高速公路和一级公路不大于31.5mm，二级公路和二级以下公路不大于37.5mm。

石灰工业废渣混合料中粒料质量宜占80％以上，并有良好的级配；二灰砂砾混合料应符合表10-7规定。二灰碎石混合料应符合表10-8规定。

悬浮密实型石灰粉煤灰稳定砂砾的级配范围　　　　　　　　　　表10-7

层位	通过下列方筛孔(mm)的质量百分率(%)								
	37.5	31.5	19.0	9.50	4.75	2.36	1.18	0.6	0.075
基层		100	85～98	55～75	39～59	27～47	17～35	10～25	0～10
底基层	100	85～100	65～89	50～72	35～55	25～45	17～35	10～27	0～15

骨架密实型石灰粉煤灰稳定集料的级配范围　　　　　　　　　表10-8(a)

层位	通过下列方筛孔(mm)的质量百分率(%)								
	31.5	26.5	19.0	9.50	4.75	2.36	1.18	0.6	0.075
基层	100	95～100	48～68	24～34	11～21	6～16	2～12	0～6	0～3

悬浮密实型石灰粉煤灰稳定集料的级配范围　　　　　　　　　表10-8(b)

层位	通过下列方筛孔(mm)的质量百分率(%)								
	37.5	31.5	19.0	9.50	4.75	2.36	1.18	0.6	0.075
基层		100	88～98	55～75	30～50	16～36	10～25	4～18	0～5
底基层	100	94～100	79～92	51～72	30～50	16～36	10～25	4～18	0～5

2. 混合料组成设计

石灰工业废渣混合料的组成设计内容包括：根据表10-9规定的7d无侧限抗压强度标准，通过试验选取适宜稳定的土，确定石灰与粉煤灰或石灰与煤渣的比例，确定石灰粉煤灰或石灰煤渣与土的比例(均为质量比)，确定混合料的最佳含水率。

二灰混合料的强度(MPa)和压实度(％)标准　　　　　　　　　表10-9

层位	稳定类型	特重、重、中交通		轻交通	
		压实度(%)	抗压强度(MPa)	压实度(%)	抗压强度(MPa)
基层	集料	≥98	≥0.8	≥97	≥0.6
	细粒土	—	—	≥96	
底基层	集料	≥97	≥0.6	≥96	≥0.5
	细粒土	≥96		≥95	

混合料的设计方法和步骤，可参照石灰稳定土进行。

10.5.4 石灰煤渣类基层

石灰煤渣(简称"二渣")基层是用石灰和煤渣按一定配合比,加水拌合、摊铺、碾压、养护而成型的基层。"二渣"中如掺入一定量的粗骨料便称"三渣";掺入一定量的土,便成为石灰煤渣土。混合料的配合比,应满足表10-9规定的强度标准。各地可根据当地气候、水文地质条件、公路等级及实践经验参照如下配比选用:

采用石灰煤渣作基层或底基层时,石灰与煤渣的比可以是20:80～15:85。

采用石灰煤渣土作基层或底基层时(土为细粒土),石灰与煤渣的比可用1:1～1:4,但混合料的石灰不应小于10%,石灰煤渣与水的比可用1:1～1:4。

采用石灰煤渣粒料作基层或底基层时,石灰:煤渣:粒料可以是(7～9):(26～33):(58～67)。

为了提高石灰煤渣和石灰煤渣土的早期强度,可外加1%～2%的水泥。

石灰煤渣、石灰煤渣土和"三渣"皆具有水硬性,物理力学性质基本上与石灰土相似,但其强度与水稳定性都比石灰土好。石灰煤渣的28d强度可达1.5～3.0MPa,并随龄期而增长。初期强度增长慢,尚有一定的塑性,但达到一定龄期后,处于弹性工作状态,成板体,具有刚性,当冷缩和干缩时,易产生裂缝。研究表明,当采用石灰煤渣粒料时,抗缩裂能力有所改善。

施工程序和方法基本上与石灰土基层相同,但要加强养护,重视提高初期强度,防止早期重交通量下出现早期破坏现象。

10.5.5 石灰粉煤灰类基层

石灰粉煤灰(简称二灰)基层是用石灰和粉煤灰按一定配比,加水拌合、摊铺、碾压及养护而成型的基层。在二灰中掺入一定量的土,经加水拌合、摊铺、碾压及养护成型的基层,称二灰土基层。混合料的配比组成,各地可根据当地的实践经验可参照下面配比选用。

采用石灰粉煤灰土做基层或底基层时,石灰与粉煤灰的比,常用1:2～1:4(对于粉土,以1:2为合适)。石灰粉煤灰与细粒土的比为30:70。

采用石灰粉煤灰与级配的中粒土和粗粒土时,石灰与粉煤灰的比为1:2～1:4,石灰粉煤灰与粒料的比常采用20:80～15:85。

根据最近研究提出,为了防止裂缝,采用石灰与粉煤灰的配比为1:3～1:4,集料含量为80%～85%左右为最佳,既可抗干缩又可抗温缩。不少地区在修筑高级或次高级路面时选用这种基层和底基层,既减少了因基层反射裂缝而引起的面层开裂问题,还可减轻沥青路面的车辙。

石灰粉煤灰类的基层施工,同石灰稳定土基层的施工。施工时,应尽量安排在温暖高温季节,以利于形成早期强度而成型。

练习与讨论

1. 简述无机稳定类材料的种类及其材料组成。
2. 简述无机稳定类材料的组成结构类型。
3. 简述无机结合料稳定类材料的应力-应变特性。
4. 简述水泥稳定类材料强度的影响因素。
5. 如何确定无机结合料稳定类材料的强度与刚度?
6. 在强度形成机理上,石灰稳定类材料和二灰稳定类材料有何异同?
7. 如何评价无机结合料稳定类材料的收缩特性?
8. 石灰稳定类、水泥稳定类和二灰稳定类基层,其干缩特性有何差异?
9. 简述无机结合料稳定类材料组成设计指标、设计内容。
10. 简述工业废渣种类及其在无机结合料稳定材料的中应用特点。

小组讨论(1):石灰土、二灰碎石、水稳碎石都是较常用的基层或底基层材料,它们在性能上的主要区别有哪些?应用场合有什么不同?

小组讨论(2):无机结合料稳定材料为何容易产生裂缝?如何从结构和材料的角度,防止裂缝反射至沥青面层?

第11章 沥青路面及其结构设计

本章知识点

【知识点】沥青路面材料类型及使用特点；沥青路面的破坏类型及成因；沥青路面使用性能的气候分区；沥青路面结构组合设计的基本原则与要求；沥青路面结构分析的基本理论；我国沥青路面设计的指标、标准与方法；沥青路面排水设计的内容与方法；沥青路面改建的设计方法、步骤与要求；沥青路面新技术及国外沥青路面设计方法。

【重　点】沥青路面结构组合与设计原则；沥青路面的破坏状态与设计指标；沥青路面结构厚度的设计方法；沥青路面排水设计方法。

【难　点】根据地质、气候和交通特点进行沥青路面结构组合设计、沥青路面结构层厚度设计、排水设计。

沥青路面是用沥青材料作结合料粘结矿料修筑面层与各类基层和其他功能层所组成的路面结构。

按其力学性质，沥青路面属于柔性路面，刚度较小，并具有较好的变形性能。但由于其一般厚度较薄，因而强度和稳定性在很大程度上取决于基层和土基的特性。

沥青路面具有强度高、表面平整、振动小、噪声低、行车舒适、施工期短及养护维修方便等优点，是道路上使用极为广泛的面层类型，能适应于各种交通条件，尤其适于作为高速公路、干线公路和城市主干道等高等级道路的面层。

11.1 沥青路面的分类及选用

11.1.1 沥青路面的分类

（1）按强度构成原理可将沥青路面分为密实类路面和嵌挤类路面。

密实类沥青路面要求矿料的级配按最大密实原则设计，其强度和稳定性主要取决于混合料的黏聚力和内摩阻力。

嵌挤类沥青路面要求采用颗粒尺寸较为均一的矿料，路面的强度和稳定性主要依靠骨料颗粒之间相互嵌挤所产生的内摩阻力，而黏聚力则起着次要的作用。按嵌挤原则修筑的沥青路面，其热稳定性较好，但因空隙率较大，易渗水，且耐久性较差。

密级配沥青混合料（Dense-graded bituminous mixtures（英），Dense-graded asphalt mixtures（美）），按密实级配原理设计组成的各种粒径颗粒的矿料与沥青结合料拌合而成，设计空隙率较小（对不同交通及气候情况、层位可作适当调整）的密实式沥青混凝土混合料（以 AC 表示）和密实式沥青稳定碎石混合料（以 ATB 表示）。按关键性筛孔通过率的不同又可分为细型、粗型密级配沥青混合料等。粗集料嵌挤作用较好的也称嵌挤密实型沥青混合料。

开级配沥青混合料（Open-graded bituminous mixtures（英），Open-graded asphalt mixtures（美））是矿料级配主要由粗集料嵌挤组成，细集料和填料较少，设计空隙率为 18% 的沥青混合料。

(2) 按施工工艺的不同，沥青路面可分为层铺法施工、路拌法施工和厂拌法施工。

层铺法施工是用分层洒布沥青，分层铺撒矿料和碾压的方法修筑，其主要优点是工艺和设备简便、功效较高、施工进度快、造价较低，其缺点是路面成型期较长，需要经过炎热季节行车碾压之后路面方能成型。用这种方法修筑的沥青路面有沥青表面处治施工和沥青贯入式两种施工。

沥青表面处治路面是指用沥青和集料按层铺法或拌和法铺筑而成的厚度不超过 3cm 的沥青路面。沥青表面处治的厚度一般为 1.5～3.0cm。层铺法可分为单层、双层、三层。单层表处厚度为 1.0～1.5cm，双层表处厚度为 1.5～2.5cm，三层表处厚度为 2.5～3.0cm。沥青表面处治适用于三级、四级公路的面层，旧沥青面层上加铺罩面或抗滑层、磨耗层等。

沥青贯入式路面是指用沥青贯入碎（砾）石作面层的路面。沥青贯入式路面的厚度一般为 4～8cm。当沥青贯入式的上部加铺拌和的沥青混合料时，也称为上拌下贯，此时拌和层的厚度宜为 3～4cm，其总厚度为 7～10cm，沥青贯入式碎石适用于作二级及二级以下公路的沥青面层。

路拌法施工是在路上用机械将矿料和沥青材料就地拌合摊铺和碾压密实而成的沥青面层。此类面层所用的矿料为碎（砾）石者称为路拌沥青碎（砾）石；所用的矿料为土者则称为路拌沥青稳定土。路拌沥青面层，通过就地拌合，沥青材料在矿料中分布比层铺法均匀，可以缩短路面的成型期。但因所用的矿料为冷料，需使用黏稠度较低的沥青材料，故混合料的强度较低。

厂拌法施工是由一定级配的矿料和沥青材料在工厂用专用设备加热拌合，然后送到工地摊铺碾压而成的沥青路面。矿料中细颗粒含量少，不含或含少量矿粉，混合料为开级配的（空隙率达 18%），称为厂拌沥青碎石；若矿料中含有矿粉，混合料是按最佳密实级配配制的（空隙率 6% 以下）称为沥青混凝土。厂拌法按混合料铺筑时温度的不同，又可分为热拌热铺和热拌冷铺两种：

热拌热铺是混合料在专用设备加热拌合后立即趁热运到路上摊铺压实。如果混合料加热拌合后储存一段时间再在常温下运到路土摊铺压实，即为热拌冷铺。厂拌法使用较黏稠的沥青材料，且矿料经过精选，因而混合料质量高，使用寿命长、但修建费用也较高。

（3）根据沥青路面的技术特性，沥青面层可分为沥青混凝土、热拌沥青碎石、乳化沥青碎石。

沥青碎石路面是指用沥青碎石作面层的路面，沥青碎石的配合比设计应根据实践经验和马歇尔实验的结果，并通过施工前的试拌合试铺确定。沥青碎石有时也用作联结层。

沥青混凝土路面是指用沥青混凝上作面层的路面，其面层可由单层、双层或三层沥青混合料组成，各层混合料的组成设计应根据其层厚和层位、气温和降雨量等气候条件、交通量和交通组成等因素确定，以满足对沥青面层使用功能的要求、沥青混凝土常用作高等级公路的面层。

乳化沥青碎石混合料适用于作三级、四级公路的沥青面层，二级公路养护罩面以及各级公路的调平层，国外也用作为柔性基层。

11.1.2 沥青路面类型的选择

采用不同的施工工艺和材料可以修筑成不同类型的沥青路面。因此，必须根据路面的使用要求和施工的具体条件，按照技术经济原则来综合考虑，选定最适当的路面类型。

选择沥青路面的类型，一方面要根据任务要求（道路的等级、交通量、使用年限、修建费用等）和工程特点（施工季节、施工期限、基层状况等），另一方面还应考虑材料供应情况、施工机具、劳力和施工技术条件等因素。

热拌沥青混合料（HMA）适用于各种等级公路的沥青路面。其种类按集料公称最大粒径、矿料级配、空隙率划分，分类见表11-1。

热拌沥青混合料种类　　　　　　　　表11-1

混合料类型	密级配		开级配		半开级配	公称最大粒径（mm）	最大粒径（mm）
	连续级配	间断级配	间断级配		沥青稳定碎石		
	沥青混凝土	沥青稳定碎石	沥青玛琋脂碎石	排水式沥青磨耗层	排水式沥青碎石基层			
特粗式	—	ATB-40	—	—	ATPB-40	—	37.5	53.0
粗粒式	—	ATB-30	—	—	ATPB-30	—	31.5	37.5
	AC-25	ATB-25	—	—	ATPB-25	—	26.5	31.5
中粒式	AC-20	—	SMA-20	—	—	AM-20	19.0	26.5
	AC-16	—	SMA-16	OGFC-16	—	AM-16	16.0	19.0
细粒式	AC-13	—	SMA-13	OGFC-13	—	AM-13	13.2	16.0
	AC-10	—	SMA-10	OGFC-10	—	AM-10	9.5	13.2

续表

混合料类型	密级配			开级配		半开级配	公称最大粒径(mm)	最大粒径(mm)
	连续级配	间断级配		间断级配		沥青稳定碎石		
	沥青混凝土	沥青稳定碎石	沥青玛蹄脂碎石	排水式沥青磨耗层	排水式沥青碎石基层			
砂粒式	AC-5	—	—	—	—	AM-5	4.75	9.5
设计空隙率(%)	3~5	3~6	3~4	>18	>18	6~12		

注：空隙率可按配合比设计要求适当调整。

各层沥青混合料应满足所在层位的功能性要求，便于施工，不容易离析。各层应连续施工并联结成为一个整体。当发现混合料结构组合及级配类型的设计不合理时应进行修改、调整，以确保沥青路面的使用性能。同时沥青面层集料的最大粒径宜从上至下逐渐增大，并应与压实层厚度相匹配。对热拌热铺密级配沥青混合料，沥青层一层的压实厚度不宜小于集料公称最大粒径的2.5~3倍，对SMA和OGFC等嵌挤型混合料不宜小于公称最大粒径的2~2.5倍，以减少离析，便于压实。

沥青类路面一般不宜铺筑在纵坡大于6%的路段上，纵坡大于3%的路段，考虑抗滑的要求，宜采用粗粒式的沥青碎石或粗面式的沥青表面处治。

11.2 沥青路面的破坏状态、设计指标及标准

沥青路面由于环境因素的不断影响和行车荷载的反复作用，经过一段时间的使用，便会产生破坏而失去原有的使用能力。下面着重叙述沥青路面的结构破坏状态及相应的设计标准。

11.2.1 沥青路面的破坏状态

沥青路面破损类型包括：

(1) 裂缝类破损：包括龟裂、块裂及各类单根裂缝等；

(2) 变形类破损：包括车辙、沉陷、拥包、波浪等；

(3) 水损害：包括掉粒、松散、剥落、脱皮等引起的集料坑洞、坑槽等，以及唧浆；

(4) 表面损坏：包括泛油、磨光（抗滑性能差）等。

1. 裂缝

裂缝是沥青路面最主要的破损形式之一，其成因各种各样。从表现形式看，可分为横向裂缝、纵向裂缝和网状裂缝三种类型，见图11-1。

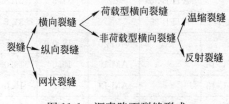

图11-1 沥青路面裂缝形式

(1) 横向裂缝

横向裂缝是指基本上垂直于行车方向的裂缝，见图11-2。按其成因不同，横向裂缝又可分为荷载型裂缝与非荷载型裂缝两大类。

① 荷载型裂缝

荷载型裂缝是路面承载能力下降、强度不足以承担车辆荷载或者反复循环荷载作用引起的疲劳所产生的。由于路面结构设计不当、配合比不当、拌合不均匀或施

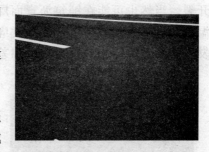

图11-2 横向裂缝

工质量低劣，或者由于车辆严重超载，致使半刚性基层沥青路面在反复的交通荷载作用下，沥青面层或半刚性基层内产生的拉应力超过其疲劳强度而断裂。荷载型裂缝首先在路面的底面发生，在车辆荷载的反复作用下，裂缝逐渐向上扩展至表面。也可能因为下层开裂造成顶面应力集中而引起开裂，或者同时延伸而开裂。由车轮荷载引起的裂缝反映在面层上，往往不是单独的、稀疏的或较有规则的裂缝，而是稠密的、不时互相联系的网状裂缝。我国试验规程定义裂缝与裂缝连接成龟甲状的不规则裂缝，且其短边长度不大于40cm称为龟裂，在路面纵向有平行密集的裂缝，虽未成网但其距离不大于30cm，亦属龟裂。

② 非荷载型裂缝

非荷载型裂缝是横向裂缝的主要形式。非荷载裂缝的形成原因复杂，可以是温缩裂缝、反射性裂缝、不均匀沉降裂缝、冻胀裂缝、施工裂缝（接缝或发裂）、构造物接头（伸缩缝等）裂缝、老化裂缝等。其中最主要的是温缩裂缝和半刚性基层开裂引起的反射性裂缝。

沥青面层缩裂多发生在冬季气温较低的地区或易发生温度骤变的地区。当沥青面层中的平均温度低于其断裂温度时，或者说在降温过程中沥青面层的应力松弛性能降低，所产生的温度应力积聚超过其在该温度时的抗拉强度时，沥青面层即发生断裂。另外，当骤然降温（如南方高温大气突然降雨或北方寒流袭击）时，也会导致沥青面层的开裂。应当指出的是，沥青面层的温缩裂缝经常是在温度应力的反复作用下，裂缝逐渐发展与扩张面形成的温度疲劳裂缝。

当沥青面层宽度较大时，在横向开裂的同时，也会产生纵向开裂，从而成为块裂，见图11-3。试验规程把块裂定义为裂缝与裂缝连接成网，其短边长度大于胁，但长边长度小于3m者。这在我国的广场和城市道路普遍发生。

基层反射裂缝（图11-4）是指半刚性基层先于沥青面层开裂，在荷载应力与温度应力的共同作用下，在基层开裂处的面层底部产生应力集中面导致面层底部在上方大体相对应的位置开裂，而后逐渐向上或向下扩展而使裂缝贯穿，通常伴随着"唧浆"现象。半刚性基层的开裂通常由温缩或干缩引起，多数情况是基层铺筑后，由于未及时按规定进行养生或由于未及时铺

筑沥青面层，使基层长期暴露在大气中，在降温和水分蒸发联合作用下而开裂。当然也可能在铺筑沥青面层后，路面在使用过程中，当基层内的日温差超过某一范围，致使其温度应力超过其抗拉强度时而开裂。后者一般发生在沥青面层相对较薄且日温差较大的地区。

图11-3 伴随纵向开裂的横向裂缝

图11-4 基层反射裂缝

非荷载型横向裂缝一般比较规则，每隔一定的距离产生一道裂缝，其间距大小取决于当地的气温和路面各层材料的抗裂性能。间距短的可能为6～10m，长的可达100m，甚至更长。气温高、日温差变化小、路面材料抗裂性能好的路段，一般间距较大，且出现裂缝的时间也较晚。

(2) 纵向裂缝

纵向裂缝(图11-5)产生的原因有多种，除了荷载作用过大，承载能力不足引起的纵向开裂外，还有以下几种原因引起：由于沥青面层分路辐摊铺时施工纵向接缝没有做好产生的裂缝；路基压实度不均匀或由于路基边缘受水浸蚀产生不均匀沉陷而引起的裂缝；轮胎破坏后轮毂在路面上行走造成的轮毂压裂。

"车辙裂缝"是另一类荷载裂缝，见图11-6。"车辙裂缝"的观点现在受到了世界上的重视，它最早是由日本的松野二郎提出的，其特点是发生在高速公路行车车道两侧轮辙带边缘，由沥青面层表面开始并向下延伸。这种裂缝在车辙部位相当严重，但在跨线桥下不见太阳的阴影下无车辙的部位裂缝也就消失，这种现象表明裂缝源于高温形成的车辙。

图11-5 纵向裂缝

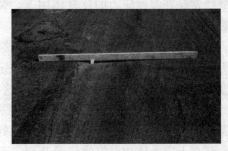
图11-6 车辙裂缝

(3) 网状裂缝

网状裂缝是由单根裂缝发展而引起的(见图 11-7 和图 11-8)。除了由于路面的整体强度不足而产生裂缝外，路面开始出现裂缝后未及时封填，致使水分渗入下层，尤其是在融雪期间冻融交加，会加剧路面的破坏，促进裂缝的形成。沥青在施工期间以及在长期使用过程中的老化也是导致沥青路面形成网裂的原因之一。

图 11-7　网状裂缝(块裂)　　　　　图 11-8　块状裂缝(龟裂)

2. 车辙

车辙是渠化交通的高等级公路沥青路面的主要损坏形式，见图 11-9。由于车辙内积水，极易发生汽车飘滑而导致交通事故。

在正常情况下，沥青路面的车辙有三种类型(或三种机理)。

(1) 第一种类型是由路面基层及路基变形引起的。由于荷载作用传播扩散后仍超过路面各层的强度，发生在沥青面层以下包括路基在内的各结构层的永久性变形，叫做结构性车辙，见图 11-10。这种车辙的宽度较大，两侧没有隆起现象，横断面呈 V 形(凹形)。

 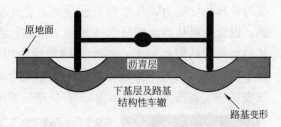

图 11-9　流动性车辙　　　　　图 11-10　结构性车辙

(2) 第二种类型是在温度较高的季节，经车辆反复碾压下产生永久变形和塑性流动而逐渐形成的沥青混凝土的侧向流动变形。这种车辙通常是伴随着沥青面层压缩变形的同时，出现侧向隆起，二者组合起来构成 W 形车辙。在弯道处还明显向外推挤，车道线及停车线因此可能成为变形的曲线。在高温条件下，由于车轮的反复作用，荷载应力超过沥青混合料所能承受的稳定性应力极限，发生流动变形不断累积形成的车辙，叫做沥青路面的流动性车辙，或失稳性车辙,见图 11-11。无疑这部分车辙主要取决于沥青混合料的流动特性。这种车辙的特点是两侧伴随有隆起现象,内外侧呈非对称形状。它尤其容易发生在上坡路段、交叉口附近,即车速慢、轮胎接地产生的横向应力大的地方。

(3) 第三种类型是冬季埋钉轮胎形成的磨损性车辙,这在北欧一些国家较常见。

图 11-11 流动性车辙

在我国,由于基层基本上是半刚性基层,有较大的刚度,路面永久变形主要发生在沥青面层中,车辙基本上都属于沥青混合料的流动性车辙。因此,为了延缓车辙的形成,应主要从提高沥青材料的高温稳定性着手。对这种车辙,可以说没有有效的维修方法,只有采用新的材料或将原有材料再生改造以更换产生车辙的层次。而磨损性车辙在我国几乎是没有的。

值得指出的是,还有一种在国外较少发生的车辙,在我国却常见。它是由于沥青路面本身的压密造成的,是一种非正常的车辙。近年来,有些高速公路施工中,片面追求平整度,在降低温度后碾压,造成压实不足,致使通车后的第一个高温季节混合料继续压密,路面产生压实变形,同时平整度迅速下降,进而形成明显的车辙。这种车辙的特点是只有轮迹带处下凹,也呈 V 形成 W 形,但两侧没有隆起。车辙的形成在初期发展很快,在车道线附近的车轮作用次数少的部位变形很小或保持原状。这已经成为目前一个比较突出的问题。例如沥青面层厚度为 15cm,压实度相差 1%,即会增加 1.5mm 的车辙变形。由于施工要求的压实度一般为 96%,压密到 100% 时,即可产生 6mm 的变形。

3. 水损害

水损害包括坑洞、坑槽以及唧浆。沥青路面在水的作用下,沥青逐渐丧失与矿料的粘结力,从矿料表面脱落,在车辆的作用下沥青面层呈现松散状态,以致集料从路面脱落形成坑槽。产生松散剥落的原因主要是由于沥青与矿料之间的粘附性较差,在水或冰冻的作用下,沥青从矿料表面剥落所致。产生松散剥落的另一种可能性是施工中混合料加热温度过高,致使沥青老化失去黏性。如图 11-12 所示为坑洞/坑槽的发展过程。

图 11-12 坑洞/坑槽的发展过程
(a)丧失粘结力;(b)脱落;(c)发展成坑洞/坑槽

唧浆是半刚性基层顶面遭到严重的冲刷，在路表的裂缝或缺陷部位存留大量的白色灰浆。原因在于路面的裂缝、路面上局部空隙过大处都会造成透水，渗入基层顶部的水在动水压力作用下，基层就会受到严重冲刷，从而发生唧浆（图11-13）。

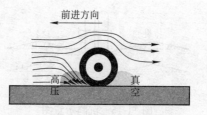

图11-13 行车荷载下的动水压力

4. 表面损坏

沥青路面在使用过程中，在车轮反复滚动摩擦的作用下，集料表面被逐渐磨光，有时还伴有沥青的不断上翻、泛油（图11-14），导致沥青面恶表面光滑，尤其在雨期常会因此而酿成车祸。这种现象与采用了敏感性比较大的沥青混合料级配类型有关。表面磨光的内在原因是集料质地软弱，缺少棱角，或矿料级配不当，粗集料尺寸偏小，矿料偏多或沥青用量偏多等。在集料磨光的同时，路面噪声、水雾、溅水、眩光等一系列表面功能也跟着下降。

图11-14 路面泛油

11.2.2 沥青路面的设计指标与标准

沥青路面的设计包括结构组合、厚度设计与材料设计三部分，而路面结构设计主要包括结构组合和厚度设计两大部分。结构设计的主要任务是根据荷载及材料强度、刚度特性，确定层次组合、结构层厚度、材料强度和模量要求，使沥青路面结构内的应力和位移分量恰当地控制在容许范围之内，这并不是简单的计算工作，而要根据不同地区的典型结构、材料状况、交通组成和荷载特性进行综合设计。

通过上述分析可以看出，我国沥青路面的水损害、表面损坏等破坏，与路面厚度的大小没有直接的关系，与设计方法的理论体系、设计指标无关，解决这些破坏应该依靠结构组合设计和材料设计。路面结构设计主要解决结构的承载力、荷载疲劳等问题。针对上述要求，在路面设计中针对不同的结构层提出相应的控制指标和标准。

1. 路基沉陷

沉陷是路面在车轮作用下表面产生的较大凹陷变形，有时凹陷两侧伴有隆起现象出现，如图11-15所示，当沉陷严重时，超过了结构的变形能力，在结构层受拉区产生开裂而形成纵裂，并有可能逐渐发展成网裂。造成路面沉

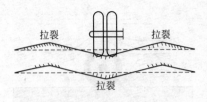

图 11-15 沉陷示意图

陷的主要原因是路基土的压缩。当路基土的承载能力较低，不能承受从路面传至路基表面的车轮压力时，便产生较大的垂直变形即沉陷。

为控制路基土的压缩引起路面的沉陷，可选用路基土的垂直压应力或垂直压应变作为设计指标，如

$$\left.\begin{array}{l}\sigma_{z0} = \overline{\sigma}_{z0} \\ \varepsilon_{z0} = \overline{\varepsilon}_{z0}\end{array}\right\} \tag{11-1}$$

上式中 σ_{z0} 或 ε_{z0} 为路基表面由车轮荷载作用产生的垂直应力或应变，可用弹性层状体系理论求得。$\overline{\sigma}_{z0}$ 或 $\overline{\varepsilon}_{z0}$ 为路基土的容许垂直压应力或应变，其数值同土基的特性（弹性模量）和车轮荷载作用次数有关。

2. 整体性基层和沥青面层底面的开裂

开裂是沥青路面常见的一种破坏类型。开裂的种类及产生的原因有几种。这里讲的开裂是路面在正常使用情况下，由行车荷载的多次反复作用引起的疲劳开裂。疲劳开裂的特点是，路面无显著的永久变形，开裂开始大都是形成细而短的横向开裂，继而逐渐扩展成网状，开裂的宽度和范围不断扩大。产生疲劳开裂的原因，是沥青结构层受车轮荷载的反复弯曲作用，使结构层底面产生的拉应变（或拉应力）值超过材料的疲劳强度（它较一次荷载作用的极限值小很多），底面便开裂，并逐渐向表面发展。经水硬性结合料稳定而形成的整体性基层也会产生疲劳开裂，甚至导致面层破坏。

结构层达到临界疲劳状态时所承受的荷载重复次数称为疲劳寿命。某一种路面结构层疲劳寿命的大小，主要取决于所受到的重复应变（或应力）大小，同时也与路面的环境因素有关。通过室内试验和现场路段的观测，可以建立路面或结构层材料承受重复荷载次数与重复应变（或应力）大小之间的关系，即疲劳方程或疲劳曲线。因而可根据路面的设计使用年限求得累计荷载作用次数，由疲劳方程确定路面结构层所容许的重复应变（或应力）的大小。

以疲劳开裂作为设计指标时，用结构层底面的拉应变或拉应力不超过相应的容许值控制设计，即

$$\varepsilon_r \leqslant \varepsilon_R \tag{11-2}$$

或

$$\sigma_r \leqslant \sigma_R \tag{11-3}$$

其中，ε_r 或 σ_r 分别为按弹性层状体系理论计算的结构层底面的最大拉应变和拉应力，σ_R 和 ε_R 分别为由疲劳方程确定的该结构层容许拉应变和容许拉应力。

3. 车辙

车辙是路面的结构层及土基在行车重复荷载作用下的补充压实，以及结构层材料的侧向位移产生的累积永久变形。这种变形出现在行车轮带处，即形成路面的纵向带状凹陷。车辙是高级沥青路面的主要破坏形式。因为这类

路面的使用寿命较长,即使每一次行车荷载作用产生的残余变形量很小,而多次重复作用累积起来的残余变形总和也将会较大,足以影响车辆的正常行使。

路面的车辙同荷载应力大小、重复作用次数以及结构层和土基的性质有关。根据观测试验结果,国外已提出了表征上述关系的经验公式和设计指标。有代表性的控制车辙深度的指标有两种:一种是路面各结构层(包括土基)的残余变形总和;另一种是路基表面的垂直变形(式 11-1)。

对于前一种,可表示为:

$$L_{re} \leqslant L_{re} \tag{11-4}$$

式中,L_{re} 为路面的计算总残余变形,可由各结构层残余变形经验公式确定(各层应力由弹性层状体系理论计算);L_{re} 为容许总残余变形,由使用要求确定。

4. 低温缩裂

路面结构中某些整体性结构层在低温(通常为负温度)时由于材料收缩受限制而产生较大的拉应力,当它超过材料相应条件下的抗拉强度时便产生开裂。由于路面的纵向尺度远大于横向,低温收缩时侧向约束不大,故这种开裂一般为横向间隔性的裂缝,严重时才发展为纵向裂缝。在冰冻地区,沥青面层和用无机结合料稳定的整体性基层,冬季可能出现这种开裂。

低温缩裂是一项同荷载因素无关的设计指标,即低温时结构层材料因收缩受约束而产生的温度应力 $\sigma_{rt} \leqslant \sigma_{tR}$ 应不大于该温度时材料的容许拉应力 σ_{tR},即

$$\sigma_{rt} \leqslant \sigma_{tR} \tag{11-5}$$

5. 路面整体变形

路面结构的破坏状态和机理是极其复杂的,至今还没有全部为人们所认识,即使有一些破坏状况已为人们认识,但是要从力学机理的角度,从理论上作准确的分析,并且将它列入设计系统中成为一项控制指标也需要漫长的研究过程。弯沉是目前我国力学经验法采用的主要设计控制指标。

路面弯沉是路面在垂直荷载作用下,产生的垂直变形。一般认为,路面弯沉不仅能够反映路面各结构层及土基的整体强度和刚度,而且与路面的使用状态存在一定的内在联系,同时弯沉值的测定也比较方便。所以我国现行的沥青路面设计方法采用设计弯沉作为路面整体刚度的设计指标,即

$$l_s \leqslant l_d \tag{11-6}$$

式中 l_s——拟定结构的计算路表弯沉值(0.01mm);

l_d——设计弯沉值(0.01mm)。

6. 推移

停车站、交叉口等车辆频繁制动地段及紧急制动路段高温情况下,当沥青路面受到较大的车轮水平荷载作用时(例如交叉口、停车场等经常启动或制动路段及弯道、坡度变化处),路面表面可能出现推移和拥起。造成这种破坏的原因是由于车轮荷载引起的垂直力和水平力的综合作用,使结构层内产生

的剪应力超过材料的抗剪强度,同时也与行驶车轮的冲击、振动有关。

为防止沥青面层表面产生推移和拥起,可用面层抗剪强度标准控制设计。也就是在车轮的垂直力和水平力的共同作用下,面层中可能产生的最大剪应力 τ_{max}(由弹性层状体系理论计算的各应力分量求得),应不超过材料的容许剪应力 τ_R,即

$$\tau_{max} \leqslant \tau_R \tag{11-7}$$

11.2.3 沥青路面使用性能的气候分区

由于我国幅员辽阔,气候变化大,各地区对沥青路面使用性能的要求有很大差别。为此,《公路沥青路面施工技术规范》JTG F40—2004 提出了我国"沥青及沥青混合料气候分区指标"及相应的"分区图"。

沥青路面的使用性能除了受温度的影响外,还与水分有关,因此根据高温、低温、雨量三个主要因素的 30 年气象统计资料,按照概率大体相等的原则提出了分区指标的界限及气候分区图(见表 11-2、表 11-3、图 11-16、图 11-17)。

沥青路面气候分区指标　　　　　　　　　　　　　表 11-2

气候区名		温度(℃)	
		最热月平均最高气温	年极端最低气温
1-1	夏炎热冬严寒	>30	<-37
1-2	夏炎热冬寒	>30	-37～-21.5
1-3	夏炎热冬冷	>30	-21.5～-9
1-4	夏炎热冬温	>30	>-9
2-1	夏热冬严寒	20～30	<-37
2-2	夏热冬寒	20～30	-37～-21.5
2-3	夏热冬冷	20～30	-21.5～-9
2-4	夏热冬温	20～30	>-9
3-2	夏凉冬寒	<20	-37～-21.5

沥青及沥青混合料气候分区指标　　　　　　　　　表 11-3

气候区名		温度(℃)		雨量(mm)
		最热月平均最高气温	年极端最低气温	年降水总量
1-1-4	夏炎热冬严寒干旱	>30	<-37	<250
1-2-2	夏炎热冬寒湿润	>30	-37～-21.5	500～1000
1-2-3	夏炎热冬寒半干	>30	-37～-21.5	250～500
1-2-4	夏炎热冬寒干旱	>30	-37～-21.5	<250
1-3-1	夏炎热冬冷潮湿	>30	-21.5～-9	>1000
1-3-2	夏炎热冬冷湿润	>30	-21.5～-9	500～1000
1-3-3	夏炎热冬冷半干	>30	-21.5～-9	250～500

续表

气候区名		温度(℃)		雨量(mm)
		最热月平均最高气温	年极端最低气温	年降水总量
1-3-4	夏炎热冬冷干旱	>30	−21.5～−9	<250
1-4-1	夏炎热冬温潮湿	>30	>−9	>1000
1-4-2	夏炎热冬温湿润	>30	>−9	500～1000
2-1-2	夏热冬严寒湿润	20～30	<−37	500～1000
2-1-3	夏热冬严寒半干	20～30	<−37	250～500
2-1-4	夏热冬严寒干旱	20～30	<−37	<500
2-2-1	夏热冬寒潮湿	20～30	−37～−21.5	>1000
2-2-2	夏热冬寒湿润	20～30	−37～−21.5	500～1000
2-2-3	夏热冬寒半干	20～30	−37～−21.5	250～500
2-2-4	夏热冬寒干旱	20～30	−37～−21.5	<250
2-3-1	夏热冬冷潮湿	20～30	−21.5～−9	>1000
2-3-2	夏热冬冷湿润	20～30	−21.5～−9	500～1000
2-3-3	夏热冬冷半干	20～30	−21.5～−9	250～500
2-3-4	夏热冬冷干旱	20～30	−21.5～−9	<250
2-4-1	夏热冬温潮湿	20～30	>−9	>1000
2-4-2	夏热冬温湿润	20～30	>−9	500～1000
2-4-3	夏热冬温半干	20～30	>−9	250～500
3-2-1	夏凉冬寒潮湿	<20	−37～−21.5	>1000
3-2-2	夏凉冬寒湿润	<20	−37～−21.5	500～1000

高温分区按30年最热月平均最高气温区划为三个区:(1)夏炎热区(>30℃);(2)夏热区(20～30℃);(3)夏凉区(<20℃)。低温分区按30年极端最低气温区划为四个区:(1)冬严寒区(<−37℃);(2)冬寒区(−37～21.5℃);(3)冬冷区(−21.5～−9℃);(4)冬温区(>−9℃)。雨量分区按年降雨量分为四个区:(1)潮湿区(>1000mm);(2)湿润区(500～1000mm);(3)半干区(250～500mm);(4)干旱区(<250mm)。

沥青路面气候分区由高温和低温组合而成(见表11-2);沥青及沥青混合料气候分区由高温、低温和雨量组合而成(见表11-3),数字越小表示气候因素的影响越严重。区划的分界线见图11-16、图11-17。

1. 关于高温指标

使用最热月平均最高气温作为高温指标。将全国划分为>30℃、30～20℃、<20℃三个区。30℃线基本上是沿燕山、太行山、四川盆地及云贵高原边缘走向,与自然的地形、地貌走向一致,符合我国沥青路面使用的实际分界状况。

第11章 沥青路面及其结构设计

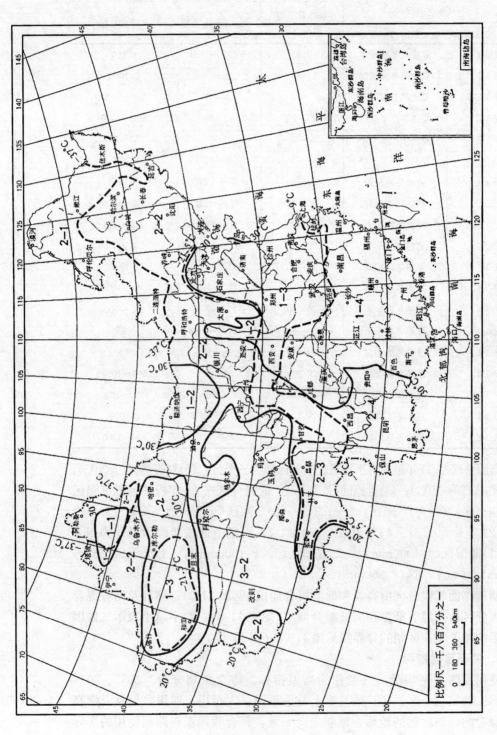

图 11-16 中国沥青路面气候分区图（温度）

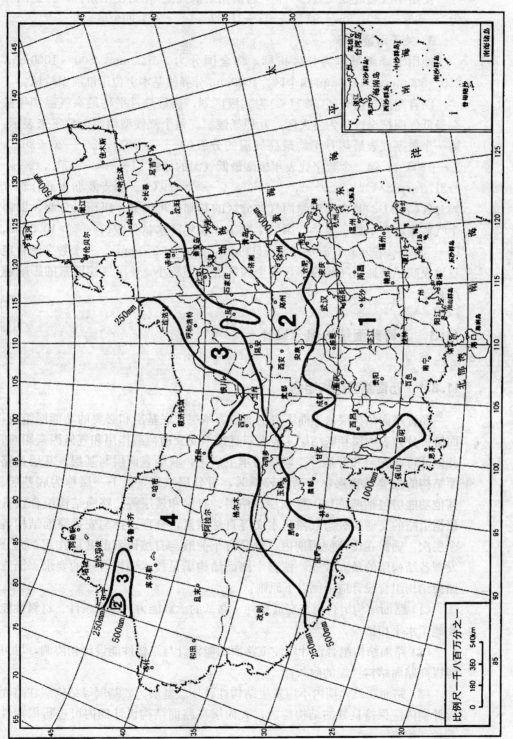

图 11-17 中国沥青路面气候分区图(雨量)

11.2 沥青路面的破坏状态、设计指标及标准

2. 关于低温指标

使用年极端最低气温（30年一遇预期最低气温）作为使用指标，将全国分为＞－9℃，－21.5～－9℃，－37～21.5℃，＜－37℃四个区。

3. 关于雨量指标

使用年降雨量作为分区指标，将全国分为＞1000mm，500～1000mm，250～500mm，＜250mm四个区。1000mm分界线基本上位于淮河秦岭域。

沥青路面气候分区（表11-2）为二级区划，按最热月平均最高气温和年极端最低气温把全国分为三大区，九种气候型。每个气候型用两个数字来表示：第一个数字代表最热月平均最高气温的分级（1——＞30℃，2——20－30℃，3——20℃）；第二个数字代表年极端最低气温的分级（1——＜－37℃，2——－21.5～－37℃，3——－9～－21℃，4——＞－9℃）。沥青及沥青混合料气候分区（表11-3）是在沥青路面气候分区的基础上再增加一级雨量分级，即每个气候型用三个数字表示。第三个数字代表年降水量分级（1——＞1000mm，2——500～1000mm，3——250～500mm，4——＜250mm）。三个数字综合定量地反映了某地的气候特征，每个因素的数字越小，表示气候因素的影响越严重。

11.3 沥青路面结构组合设计

11.3.1 沥青路面结构组合

沥青路面结构层自上而下可由面层、基层、底基层和必要的功能层组成，面层可分为表面层和联结层。表面层直接承受交通荷载作用和气候因素影响，并保证行车安全和舒适性。联结层承上启下，联结表面层与基层。基层是路面结构的主要承重层，当基层较厚时，可分层填筑，最下一层称为底基层。其他功能层包括防冻层、排水层、粘层、封层和透层等。路面结构组合设计根据道路的交通等级与气象、水文等自然因素，合理选择与安排路面结构各个层次，确保在设计使用期内，承受行车荷载与自然因素的共同作用，充分发挥各结构层的最大效能，使整个路面结构满足技术经济合理的要求。沥青路面结构组合设计应遵循以下原则：

（1）路面结构组合应与交通条件、路基的承载能力、环境条件、材料性能和施工水平相适应。

（2）路面结构组合设计应注重路面功能设计与结构性能设计相协调，尽可能提高路面结构性能的耐久性。

（3）路面在设计期内不应发生结构性破坏。基层、底基层等结构层在路面设计期内应保持良好的结构性能，表面层在路面结构设计期内可进行周期性养护、维修。

（4）根据路面结构组合设置适当的粘层、封层和透层等措施，增强路面结构层间的结合。

(5) 结构组合设计时应考虑路面结构的防水、排水,减少水进入或滞留于路面结构内。

沥青路面结构组合按基层材料类型分为四类:无机结合料类基层沥青路面、沥青稳定类基层沥青路面、粒料类基层沥青路面、水泥混凝土作基层的复合式路面。复合式路面的水泥混凝土基层按《公路水泥混凝土路面设计规范》JTG D40 进行设计。应充分考虑各种路面结构组合的技术特性、主要损坏类型及性能衰变规律,如表 11-4、表 11-5 所示。复合式沥青路面的主要损坏类型为设传力杆水泥混凝土板的疲劳开裂、沥青表面层的反射裂缝以及由于沥青表面层与水泥混凝土板之间的层间结合不良而产生的剪切推移变形。对于季节性冰冻地区,还需考虑沥青表面层的低温开裂。

不同结构组合沥青路面的主要损坏类型表 表11-4

结构类型	粒料类基层沥青路面、底基层采用粒料的沥青结合料类基层沥青路面			无机结合料类基层沥青路面、底基层采用无机结合料类材料的沥青结合料类基层沥青路面	
沥青层厚度(mm)	≥150	<150~>50	≤50	≥150	<150
主要损坏类型	沥青层永久变形沥青层疲劳开裂	沥青层疲劳开裂沥青层永久变形	永久变形	面层永久变形基层疲劳开裂面层反射裂缝	基层疲劳开裂面层反射裂缝
季冻地区	面层低温开裂				

沥青路面表面抗滑要求 表 11-5

年平均降雨量(mm)	交工检测指标值	
	横向力系数 SFC_{60}	构造深度 TD(mm)
>1000	≥54	≥0.55
500~1000	≥50	≥0.50
250~500	≥45	≥0.45

注:1. 横向力系数 SFC_{60}——用横向力系数测试车,在 60km/h±1km/h 车速下测得的横向力系数。
  2. 路面宏观构造深度 TD(mm)——用铺砂法测定。

沥青路面结构组合设计粒径与厚度关系可参考表 11-6 和表 11-7 进行。

沥青混合料的压实最小厚度与适宜厚度 表 11-6

沥青混合料类型		最大粒径(mm)	公称最大粒径(mm)	符号	压实最小厚度(mm)	适宜厚度(mm)
密级配沥青混合料(AC)	砂粒式	9.5	4.75	AC-5	15	15~30
	细粒式	13.2	9.5	AC-10	20	25~40
		16	13.2	AC-13	35	40~60
	中粒式	19	16	AC-16	40	50~80
		26.5	19	AC-20	50	60~100
	粗粒式	31.5	26.5	AC-25	70	80~120

续表

沥青混合料类型		最大粒径(mm)	公称最大粒径(mm)	符号	压实最小厚度(mm)	适宜厚度(mm)
密级配沥青碎石(ATB)	粗粒式	31.5	26.5	ATB-25	70	80~120
		37.5	31.5	ATB-30	90	90~150
	特粗式	53	37.5	ATB-40	120	120~150
开级配沥青碎石(ATPB)	粗粒式	31.5	26.5	ATPB-25	80	80~120
		37.5	31.5	ATPB-30	90	90~150
	特粗式	53	37.5	ATPB-40	120	120~150
半开级配沥青碎石(AM)	细粒式	16	13.2	AM-13	35	40~60
	中粒式	19	16	AM-16	40	50~70
		26.5	19	AM-20	50	60~80
	粗粒式	31.5	26.5	AM-25	80	80~120
	特粗式	53	37.5	AM-40	120	120~150
沥青玛蹄脂碎石混合料(SMA)	细粒式	13.2	9.5	SMA-10	25	25~50
		16	13.2	SMA-13	30	35~60
	中粒式	19	16	SMA-16	40	40~70
		26.5	19	SMA-20	50	50~80
开级配沥青磨耗层(OGFC)	细粒式	13.2	9.5	OGFC-10	20	20~30
		16	13.2	OGFC-13	30	30~40

沥青路面结构组合设计参考表 表11-7

面层厚度(mm)	结构组合		交通荷载等级与年平均降雨量(mm)							
	基层	底基层	极重		重、特重		中等		轻	
			>1000	<1000	>1000	<1000	>1000	<1000	>1000	<1000
<50	无机结合料类	无机结合料类	×	×	×	×	×	√	√	√
		粒料类	×	×	×	×	×	√	√	√
	沥青结合料类	无机结合料类	×	×	√	√	√	×	×	×
		粒料类	×	×	√	√	√	×	×	×
	粒料类	无机结合料类	×	×	×	×	×	×	×	×
		粒料类	×	×	×	×	×	×	×	×
	水泥混凝土	无机结合料类	√	√	√	√	×	×	×	×
		粒料类	√	√	√	√	×	×	×	×
50~150	无机结合料类	无机结合料类	√	√	√	√	√	√	√	×
		粒料类	○	○	○	√	√	√	√	×
	沥青结合材类	无机结合料类	√	√	√	√	√	×	×	×
		粒料类	√	√	√	√	√	×	×	×
	粒料类	无机结合料类	×	√	√	√	√	○	×	×
		粒料类	×	○	√	√	√	√	×	×
	水泥混凝土	无机结合料类	√	√	√	√	×	×	×	×
		粒料类	×	×	√	√	×	×	×	×

续表

面层厚度(mm)	结构组合 基层	结构组合 底基层	交通荷载等级与年平均降雨量(mm) 极重 >1000	极重 <1000	重、特重 >1000	重、特重 <1000	中等 >1000	中等 <1000	轻 >1000	轻 <1000
>150	无机结合料类	无机结合料类	√	√	√	√	×	×	×	×
>150	无机结合料类	粒料类	√	√	√	√	×	×	×	×
>150	沥青结合料类	无机结合料类	√	√	√	√	×	×	×	×
>150	沥青结合料类	粒料类	√	√	√	√	×	×	×	×
>150	粒料类	无机结合料类	√	√	√	√	×	×	×	×
>150	粒料类	粒料类	√	√	√	√	×	×	×	×

注：√表示推荐采用，×表示不推荐采用，○表示在论证的基础上可酌情采用。

11.3.2 沥青面层结构

表面层应具有平整、抗滑、耐磨损、抗车辙、抗疲劳开裂、抗低温缩裂和抗水损害等性能。密级配沥青混合料可适用于各种交通荷载等级。极重、特重交通或重交通的表面层，可选用沥青玛琋脂碎石混合料。对雨期抗滑或降低交通噪声有特殊要求的路段，可选用开级配沥青混合料。轻交通或中等交通的三级和四级公路，可选用沥青表面处治或沥青贯入碎石作为表面层。长隧道内沥青路面表面层应注意防水粘结、阻燃、降噪等性能要求，必要时采取改善沥青铺装施工环境的技术措施。联结层应具有平整、抗车辙、抗疲劳开裂和抗水损害等性能。联结层宜选用密级配沥青混合料，极重、特重交通可选用沥青玛琋脂碎石混合料。各沥青层中应设置至少1层密水性好的密级配沥青混合料或沥青玛琋脂碎石结构层。

密级配沥青混合料和沥青玛琋脂碎石混合料的结构层最小厚度不宜小于集料公称最大粒径的2.5~3.0倍。开级配沥青混合料的结构层最小厚度不宜小于集料公称最大粒径的2.0~2.5倍。表面层和联结层的最小厚度如表11-8所示。

不同类型沥青结构层的最小厚度(mm) 表11-8

沥青混合料类型	集料公称最大粒径(mm)					
	4.75	9.5	13.2	16.0	19.0	26.5
密级配沥青混合料(细型)	15	25	30	40	50	75
密级配沥青混合料(粗型)	-	30	40	50	60	75
沥青玛琋脂碎石	-	30	40	50	60	-
开级配沥青混合料	-	19	25	30	-	-
沥青贯入碎石	贯入式沥青碎石40mm，上拌下贯沥青碎石为60mm					
沥青表面处治	单层式10mm，双层式15mm，三层式25mm					

11.3.3 基层和底基层结构

基层和底基层应具有足够的承载能力和抗疲劳开裂性能、足够的耐久性和水稳定性；对于沥青稳定类和粒料类材料还应具有足够的抗永久变形的能力。依据交通荷载等级、材料供应情况和结构层组合要求，按表11-9选用基层和底基层的组成材料种类。

基层和底基层组成材料种类选用　　　　　　表11-9

类型	材料类型	适用场合
无机结合料类	水泥稳定碎石 石灰-粉煤灰稳定碎石	各交通荷载等级的基层和底基层
	贫混凝土	特重或极重交通的基层
	水泥稳定开级配碎石	多雨地区、特重或重交通的排水基层
	水泥稳定未筛分碎(砾)石 石灰-粉煤灰稳定未筛分(砾)石 石灰稳定未筛分(砾)石	轻交通的基层 各交通荷载等级的底基层
	水泥土、石灰土、石灰-粉煤灰土	轻交通的基层 中等交通和轻交通的底基层
沥青结合料类	密级配沥青碎石 半开级配沥青碎石	特重和重交通的基层
	开级配沥青碎石	多雨地区、特重或重交通的排水基层
	沥青贯入碎石	中等和轻交通的基层
粒料类	级配碎石	重交通、中等交通和轻交通的基层和底基层
	级配砾石 未筛分碎石 填隙碎石	轻交通的基层 各交通荷载等级的底基层
再生类材料	厂拌热再生混合料	特重、重交通的基层
	乳化沥青冷再生混合料 泡沫沥青冷再生混合料 无机结合料冷再生混合料	各交通荷载等级的基层和底基层

各种基层和底基层的结构层最小厚度，按所选集料的公称最大粒径和压实效果的要求而定，按表11-10选用，其中再生类材料结构层的最小厚度要求参照《沥青路面再生应用技术规范》JTG F41的规定。基层或底基层的设计层厚超出施工条件所具备的压实能力时，需分层铺筑，且最小厚度满足表11-10的规定。选用无机结合料类材料作基层或底基层时，应控制其与下卧层的相对刚度，且下卧层宜选用细料含量少的材料，以防止产生唧泥病害。无机结合料类基层或底基层的上层可选用由半开级配沥青碎石或开级配沥青碎石层作为反射裂缝减缓层。采用此类结构时，必须设置路面边缘排水系统，将渗入水排引出路基。年降水量大于1000mm的潮湿多雨地区，路基为低透水性细粒土的高速公路和一级公路，可在沥青面层下设置沥青碎石排水基层，并设置路面边缘排水系统。排水基层下应设置不透水的结构层次。

基层和底基层材料的结构层最小厚度　　　表 11-10

材料种类	集料公称最大粒径(mm)	最小厚度(mm)
密级配沥青碎石 半开级配沥青碎石 开级配沥青碎石	37.5	100
	31.5	90
	26.5	80
	19.0	50
沥青贯入碎石	贯入式沥青碎石 40mm，上拌下贯沥青碎石为 60mm	
贫混凝土	31.5	120
无机结合料稳定类	26.5、31.5	150
级配碎石	19.0、26.5	
未筛分碎石	31.5	100
级配砾石、级配碎砾石	31.5	
填隙碎石	53(基层)63(底基层)	100

11.3.4 其他功能层

季节性冰冻地区，应根据道路多年最大冻深等因素，验算路面的防冻厚度。道路多年最大冻深按公式(11-8)计算：

$$Z_{max} = abcZ_d \tag{11-8}$$

式中　Z_{max}——道路多年最大冻深(mm)；

　　　Z_d——大地标准冻深(mm)；

　　　a——大地冻深范围内路基及路面各层材料热物性系数的加权平均值，材料的热物性参数按照表 11-11 确定；

　　　b——路基潮湿系数，按照表 11-12 确定；

　　　c——路基断面形式系数，由表 11-13，按内插法确定。

路基、路面材料热物性系数 a　　　表 11-11

路基材料	黏质土	粉质土	粉土质砂	细粒土质砂、黏土质砂	含细粒土质砾(砂)
热物性系数	1.05	1.10	1.20	1.30	1.35
路面材料	水泥混凝土	沥青混合料	级配碎石	二灰或水泥稳定粒料	二灰土及水泥土
热物性系数	1.40	1.35	1.45	1.40	1.35

路基湿度系数 b　　　表 11-12

干湿类型	干燥	中湿	潮湿
湿度系数	1.0	0.95	0.90

路基断面形式系数 c　　　表 11-13

填挖形式	路基填土高度					路基挖方深度			
	零填	2m	4m	6m	>6m	2m	4m	6m	>6m
断面形式系数	1.0	1.02	1.05	1.08	1.10	0.98	0.95	0.92	0.90

对于季节性冰冻地区中湿和潮湿状态的路基,路面结构厚度小于表11-14规定的最小防冻厚度要求时,应设防冻层。防冻层的宽度应与路基同宽,其最小厚度为150mm。宜采用砂、砂砾、碎石等粒料类材料。

沥青路面结构最小防冻厚度(mm)　　　　表11-14

路基干湿类型	路基土质	道路多年最大冻深(mm)			
		500～1000	1000～1500	1500～2000	>2000
中湿	黏质土	300～450	350～500	400～600	500～700
	粉质土	300～450	400～600	450～700	500～750
潮湿	黏质土	350～550	450～600	500～700	550～800
	粉质土	400～600	500～700	600～800	650～1000

潮湿地区路面底基层为无机结合料类材料时,宜在底基层与路床之间设置粒料层,宽度应与路基同宽,其最小厚度为150mm。

路面各沥青层之间必须喷洒粘层。粘层沥青可选用乳化沥青、改性乳化沥青、热喷沥青或改性沥青等。交通量较大或重要公路的粘层以及用于改建工程加铺层与原路面之间时,宜采用改性乳化沥青或热喷改性沥青。

无机结合料类基层上应设置封层。可采用单层沥青表面处治、改性沥青应力吸收层或稀浆封层等。

粒料类基层和无机结合料类基层顶面宜喷洒透层沥青。透层沥青应具有良好的渗透性,可选用液体沥青(稀释沥青)、乳化沥青等。

11.4 弹性层状体系理论

沥青路面由不同材料的结构层及土基组成的路面结构,在荷载作用下其应力形变关系一般呈非线性特性,且形变随应力作用时间而变化,同时应力卸除后常有一部分变形不能恢复。因此,严格地说,沥青路面在力学性质下属于非线性的弹-黏-塑性体。但是考虑到行驶车轮作用的瞬时性(百分之几秒),在路面结构中产生的黏-塑性变形数量很小,所以对于厚度较大、强度较高的高等级路面,将其视作线性弹性体,并应用弹性层状体系理论进行分析计算将是合适的。

11.4.1 基本假设与解题方法

弹性层状体系是由若干个弹性层组成的,上面各层具有一定厚度,最下一层为弹性半空间体,如图11-18。

应用弹性力学方法求解弹性层状体系的应力、变形和位移等分量时,引入

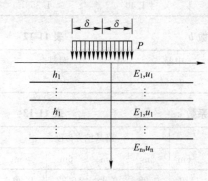

图11-18 弹性层状体系示意图

如下一些假设：

(1) 各层是连续、完全弹性、均质、各向同性，以及位移和形变微小；

(2) 最下一层在水平方向和垂直向下方向为无限大，其上各层厚度为有限、水平方向为无限大；

(3) 各层在水平方向无限远处及最下一层向下无限深处，其应力、形变和位移为零；

(4) 层间接触情况，或者位移完全连续（称连续体系），或者层间仅竖向应力和位移连续而无摩阻力（称滑动体系）；

(5) 不计自重。

求解时，将车轮荷载简化为圆形均布荷载（垂直荷载与水平荷载），并在圆柱坐标体系中分析各分量。在图 11-19 的圆柱坐标 (r, θ, z) 中，在弹性层状体系内微分单元体上，应力分量有三个法向应力，σ_r、σ_θ 和 σ_z 及三对剪应力 $\tau_{rz}=\tau_{zr}$，$\tau_{r\theta}=\tau_{\theta r}$，$\tau_{z\theta}=\tau_{\theta z}$。

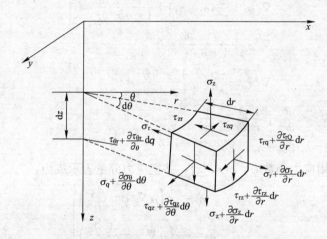

图 11-19　圆柱坐标系中微分单元体受力分析图

当层状体系表面作用着轴对称荷载时，各应力、形变和位移分量也对称于对称轴，即它们仅是 r 和 z 的函数。因而：$\tau_{r\theta}=\tau_{\theta r}=0$，$\tau_{z\theta}=\tau_{\theta z}=0$，三对剪应力只剩下一对 $\tau_{rz}=\tau_{zr}$。下面以这种轴对称的情形为例，简述弹性层状体系各分量的求解方法。

由弹性力学得知，对于以圆柱坐标表示的轴对称课题，其平衡方程（不计体积力）为：

$$\left. \begin{array}{l} \dfrac{\partial \sigma_r}{\partial r}+\dfrac{\partial \tau_{zr}}{\partial z}+\dfrac{\sigma_r-\sigma_\theta}{r}=0 \\[2mm] \dfrac{\partial \sigma_z}{\partial z}+\dfrac{\partial \tau_{zr}}{\partial r}+\dfrac{\tau_{zr}}{r}=0 \end{array} \right\} \qquad (11\text{-}9)$$

表示体系内任一点应力形变关系的物理方程为：

$$\left.\begin{aligned}\varepsilon_r &= \frac{1}{E}[\sigma_r - \mu(\sigma_\theta + \sigma_z)] \\ \varepsilon_\theta &= \frac{1}{E}[\sigma_\theta - \mu(\sigma_z + \sigma_r)] \\ \varepsilon_z &= \frac{1}{E}[\sigma_z - \mu(\sigma_r + \sigma_\theta)] \\ \gamma_{zr} &= \frac{2(1+\mu)}{E}\tau_{zr}\end{aligned}\right\} \quad (11\text{-}10)$$

又知轴对称课题的几何方程为：

$$\varepsilon_r = \frac{\partial u}{\partial r}; \quad \varepsilon_\theta = \frac{u}{r}; \quad \varepsilon_z = \frac{\partial \omega}{\partial z} \quad (11\text{-}11)$$

变形连续方程为：

$$\left.\begin{aligned}\nabla^2 \sigma_r - \frac{2}{r^2}(\sigma_r - \sigma_\theta) + \frac{1}{1+\mu}\frac{\partial^2 \theta}{\partial r^2} &= 0 \\ \nabla^2 \sigma_\theta + \frac{2}{r^2}(\sigma_r - \sigma_\theta) + \frac{1}{1+\mu}\frac{1}{r}\frac{\partial \theta}{\partial r} &= 0 \\ \nabla^2 \sigma_z + \frac{1}{1+\mu}\frac{\partial^2 \theta}{\partial z^2} &= 0 \\ \nabla^2 \tau_{zr} - \frac{\tau_{zr}}{r^2} + \frac{1}{1+\mu}\frac{\partial^2 \theta}{\partial r \partial z} &= 0\end{aligned}\right\} \quad (11\text{-}12)$$

式中 $\nabla^2 = \dfrac{\partial^2}{\partial r^2} + \dfrac{1}{r}\dfrac{\partial}{\partial r} + \dfrac{\partial^2}{\partial z^2}$

$\theta = \sigma_r + \sigma_\theta + \sigma_z$

如果引用应力函数 $\varphi = \varphi(r, z)$，并把应力分量表示成为：

$$\left.\begin{aligned}\sigma_r &= \frac{\partial}{\partial z}\left(\mu \nabla^2 \varphi - \frac{\partial^2 \varphi}{\partial r^2}\right) \\ \sigma_\theta &= \frac{\partial}{\partial z}\left(\mu \nabla^2 \varphi - \frac{1}{r}\frac{\partial \varphi}{\partial r}\right) \\ \sigma_z &= \frac{\partial}{\partial z}\left[(2-\mu)\nabla^2 \varphi - \frac{\partial^2 \varphi}{\partial z^2}\right] \\ \tau_{zr} = \tau_{rz} &= \frac{\partial}{\partial r}\left[(1-\mu)\nabla^2 \varphi - \frac{\partial^2 \varphi}{\partial z^2}\right]\end{aligned}\right\} \quad (11\text{-}13)$$

则将(11-13)式代入(11-9)式及式(11-12)中，式(11-9)的第一个方程自然满足，其余各方程的共同要求是：

$$\nabla^2 \nabla^2 \varphi = 0 \quad (11\text{-}14)$$

如果能从式(11-14)中解得应力函数 φ，代入式(11-13)中即得各应力分量，如将各应力分量代入式(11-10)中则得形变分量。

由式(11-13)、式(11-10)及式(11-11)可得以应力函数表示的位移分量，即

$$\left.\begin{aligned}u &= -\frac{1+\mu}{E}\frac{\partial^2 \varphi}{\partial r \partial z} \\ \omega &= \frac{1+\mu}{E}\left[2(1-\mu)\nabla^2 \varphi - \frac{\partial^2 \varphi}{\partial z^2}\right]\end{aligned}\right\} \quad (11\text{-}15)$$

将解得的应力函数代入上式可以得到位移分量表达式。

求解方程式(11-14)中$\varphi(r,z)$的方法有分离变量法和积分变换法，习惯上多采用汉克尔积分变换法。由汉克尔变换求得解为：

$$\varphi(r,z)=\int_0^\infty [(A+Bz)e^{-\xi z}+(C+Dz)e^{\xi z}]\xi J_0(\xi r)d\xi \quad (11-16)$$

式中　$J_0(\xi r)$——第一类零阶贝塞尔函数；

A、B、C、D——待定系数，由弹性层状体系的层间连续条件和边界条件确定。

将式(11-16)代入式(11-13)和式(11-15)中可得各应力分量和位移分量表达式。对于某种特定的荷载、体系层数与层间连续条件，式中的待定系数就可以确定。例如表面作用圆面积均布垂直荷载的双层连续体系(图11-20)，体系表面荷载作用轴线上的垂直位移(即弯沉)为：

$$\omega=\frac{2(1-\mu_1^2)p\delta}{E_1}\int_0^\infty \frac{2e^{-\xi h}-4\xi h-Me^{2\xi h}}{1+4\xi^2 h^2+ML-Me^{2\xi h}-Le^{-2\xi h}}\times \frac{J_1(\xi h)}{\xi}d\xi$$
(11-17)

式中　$L=\dfrac{(3-4\mu_0)-m(3-4\mu_1)}{3-4\mu_0+m}$

$M=\dfrac{m(3-4\mu_1)+1}{1-m}$

$m=\dfrac{E_0(1+\mu_1)}{E_1(1+\mu_0)}$

E_1、μ_1、E_0、μ_0——分别为上层和半空间体的弹性模量与泊松比。

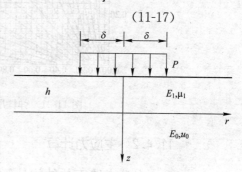

图11-20　双层连续体系受援面积均布荷载计算图示

式(11-17)为含有贝塞尔函数和指数函数的广义积分。所有各分量的表达式都是如此形式，它们的数值计算需借助于电子计算机来进行。在计算机已广泛使用的今天，进行这种计算工作已经没有什么困难了。

为了使用方便，将式(11-17)改写为：

$$\omega=\frac{2p\delta}{E_0}\bar{\omega} \quad (11-18)$$

$$\bar{\varepsilon}=\frac{(1-\mu_1^2)E_0}{E_1}\int_0^\infty \frac{Le^{-2\xi h}-4\xi h-Me^{2\xi h}}{1+4\xi^2 h^2+ML-Me^{2\xi h}-Le^{-2\xi h}}\times \frac{J_1(\xi h)}{\xi}d\xi$$

式中　$\bar{\varepsilon}$——垂直位移系数，其计算结果绘成诺谟图如图11-21所示。计算时取$\mu_0=0.35$，$\mu_1=0.25$。

弹性三层体系由两个弹性层以及弹性半空间体组成。其分量的求解方法与前述双层体系相似，即将应力函数解式(11-16)代入应力分量和位移分量公式(11-13)与式(11-15)，并将层间连续条件和边界条件引入，求得待定系数，从而获得弹性三层体系的各分量表达式。

当弹性层状体系表面作用水平荷载时，属非轴对称课题，其求解较轴对称课题复杂一些。在前述轴对称课题的方程式(11-9)～式(11-15)中，除物理方程式(11-10)外，由于剪应力有三对，所以都变成更为复杂的形式，其求解方法及应力函数表达式也都较为繁复，但求解步骤和轴对称课题大体相同。

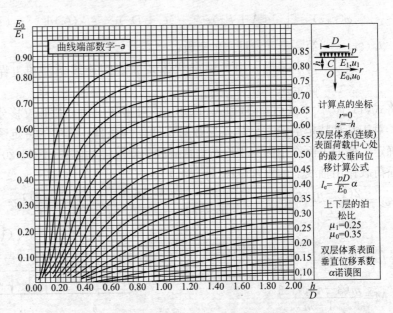

图 11-21　弹性层状体系单圆均布荷载弯沉计算诺谟图

11.4.2　主应力计算

在沥青路面的结构计算中，通常要验算路面结构层的强度，为此需计算弹性层状体系在荷载作用下产生的主应力。根据弹性力学得知，用圆柱坐标表示的空间问题的三个主应力同各应力分量之间的关系为下式的解：

$$\sigma^3 - \theta_1 \sigma^2 + \theta_2 \sigma - \theta_3 = 0 \tag{11-19}$$

式中　$\theta_1 = \sigma_r + \sigma_\theta + \sigma_z$，称为第一应力状态不变量；

$\theta_2 = \sigma_r \sigma_\theta + \sigma_\theta \sigma_z + \sigma_z \sigma_r - \tau_{r\theta}^2 - \tau_{z\theta}^2 - \tau_{zr}^2$，称为第二应力状态不变量；

$\theta_3 = \sigma_r \sigma_\theta \sigma_z + 2\tau_{r\theta} \tau_{z\theta} \tau_{zr} - \sigma_r \tau_{z\theta}^2 - \sigma_\theta \tau_{zr}^2 - \sigma_z \tau_{r\theta}^2$，称为第三应力状态不变量。

公式(11-19)中各应力分量由弹性层状体系理论求得后，则可由代数方法求得此一元三次方程的三个根，即三个主应力 σ_1、σ_2 和 σ_3。

由最大主应力 σ_1 和最小主应力 σ_3 可得最大剪应力，即

$$\tau_{max} = \frac{1}{2}(\sigma_1 - \sigma_3) \tag{11-20}$$

当弹性层状体系上有多个荷载作用时，需先应用叠加原理求出相应的各应力分量，然后由方程式(11-21)解算主应力。根据材料力学中斜截面应力的概念，可以得出多个荷载作用时各应力分量的公式，它们是：

$$\left.\begin{aligned}\sigma_r &= \sum_{i=1}^{n}\left(\frac{\sigma_{ri}+\sigma_{\theta i}}{2}+\frac{\sigma_{ri}-\sigma_{\theta i}}{2}\cos2\alpha_i+\tau_{r\theta i}\sin2\alpha_i\right)\\ \sigma_\theta &= \sum_{i=1}^{n}\left(\frac{\sigma_{\theta i}+\sigma_{ri}}{2}+\frac{\sigma_{\theta i}-\sigma_{ri}}{2}\cos2\alpha_i+\tau_{r\theta i}\sin2\alpha_i\right)\\ \sigma_z &= \sum_{i=1}^{n}\sigma_{zi}\\ \tau_{zr} &= \sum_{i=1}^{n}(\tau_{zri}\cos2\alpha_i-\tau_{z\theta i}\sin\alpha_i)\\ \tau_{r\theta} &= \sum_{i=1}^{n}\left(\frac{\sigma_{ri}+\sigma_{\theta i}}{2}\sin2\alpha_i+\tau_{r\theta i}\cos2\alpha_i\right)\\ \tau_{z\theta} &= \sum_{i=1}^{n}(\tau_{z\theta i}\cos\alpha_i+\tau_{zri}\sin\alpha_i)\end{aligned}\right\} \quad (11\text{-}21)$$

式中 α_i——第 i 个荷载应力分量与计算应力分量之间的夹角。

当只有 n 个轴对称垂直荷载作用时，由于单个轴对称垂直荷载作用于弹性层状体系时属轴对称课题，即 $\tau_{r\theta i}=\tau_{z\theta i}=0$，所以得：

$$\left.\begin{aligned}\sigma_r &= \sum_{i=1}^{n}[\sigma_{ri}\cos^2\alpha_i+\sigma_{\theta i}\sin^2\alpha_i]\\ \sigma_\theta &= \sum_{i=1}^{n}[\sigma_{\theta i}\cos^2\alpha_i+\sigma_{ri}\sin^2\alpha_i]\\ \sigma_z &= \sum_{i=1}^{n}\sigma_{zi}\\ \tau_{zr} &= \sum_{i=1}^{n}\tau_{zri}\cos\alpha_i\\ \tau_{r\theta} &= \sum_{i=1}^{n}\frac{\sigma_{ri}-\sigma_{\theta i}}{2}\sin2\alpha_i\\ \tau_{z\theta} &= \sum_{i=1}^{n}\tau_{zri}\sin\alpha_i\end{aligned}\right\} \quad (11\text{-}22)$$

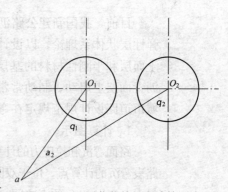

图 11-22 双圆荷载外 a 点计算图式

对于沥青路面设计采用的双圆荷载图式（见图 11-22），如果计算某点 a 的 aO_1 方向的应力分量，则以 aO_1 为计算截面的法线方向，因而 $\alpha_1=0$，$\alpha_2=\theta_2-\theta_1$。

11.5 我国沥青路面厚度设计

国内外沥青路面厚度设计方法很多，主要有壳牌（Shell）设计法、美国地沥青协会（AI）法、美国 AASHTO 法等，本章主要介绍我国沥青路面厚度设计方法。

1949 年以前，我国没有统一的沥青路面设计方法，曾由交通技术委员会提出《公路路面规范草案初稿》，采用过 CBR 方法。自 1958 年参考苏联《柔性路面结构设计须知》发布《路面设计规范(草案)》以来,我国在50余年的实践检验中不断完善,先后发布了6版《沥青(柔性)路面设计规范》。由于各个时期的规范都是在特定的历史条件下形成的,既代表了当时最先进的科研水平,又与实际的技术、经济基础相适应。随着沥青路面技术水平的提高、新材料的出现以及工程经验的累积,解决不同发展阶段中的关键技术问题成为历次规范修订的主导方向。如图11-23所示为我国沥青路面设计指标的变化情况。

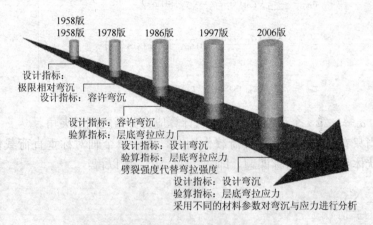

图 11-23 我国沥青路面设计指标的变化

11.5.1 现行设计方法

目前,我国新建公路沥青路面设计采用双圆垂直均布荷载作用下的多层弹性层状体系理论,以设计弯沉值为路面整体刚度的设计指标。对沥青混凝土面层和半刚性材料的基层、底基层应进行层底拉应力的验算。由于汽车在沥青面层上启动、制动常常引起面层表面产生推挤和拥起等剪切破坏,我国城市道路设计规范规定在弯沉和拉应力两项指标之外,增加一项剪应力指标。

1. 计算图示

路面弯沉和拉应力的计算图式分别见图11-24和图11-25。图11-24中,A点是路表弯沉的计算点,位于双圆均布荷载的轮隙中间,验算层底部拉应力时,应力最大点在B和C两点之间,可分别计算图11-25中点B、D、C、E或F、G、J、K的应力,然后确定最大应力。考虑到路面实际使用情况以及计算的合理性,在进行弯沉计算或验算层底拉应力时,层间接触条件设定为完全连续体系。

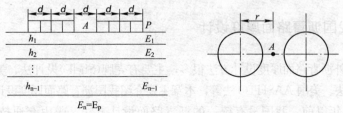

图 11-24 路表弯沉计算图示

 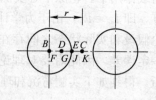

图 11-25 沥青混凝土层和半刚性材料层的层底拉应力计算图式

2. 路面容许弯沉和设计弯沉值

现有路面回弹弯沉值是用杠杆式弯沉仪和具有标准轴载的规定汽车按前进卸荷法测定的。弯沉值的大小反映了路基路面的强弱，在相同车轮荷载下，路面的弯沉值愈大，则路面抵抗垂直变形的能力愈弱，反之则强。在达到相同程度的破坏时，回弹弯沉大小同该路面的使用寿命即轮载累计重复作用次数成反比关系。如果能够找到路面达到某种破坏状态时的重复荷载作用次数与此时弯沉值之间的关系，那么，就可以根据对该种路面所要求的使用寿命来确定它所容许的最大弯沉值，这个弯沉值被称作容许弯沉值。因此，路面容许弯沉值的确切含义是：路面在使用期末的不利季节，在设计标准轴载作用下容许出现的最大回弹弯沉值。

而路面设计弯沉值是根据设计年限内每个车道通过的累计当量轴次、公路等级、面层和基层类型确定的，相当于路面竣工后第一年不利季节、路面在标准轴载 100kN 作用下测得的最大回弹弯沉值。经过大量的测试和分析，得到路面设计弯沉值计算公式如下：

$$L_d = 600 N_e^{-0.02} A_c A_s A_b \qquad (11-23)$$

式中 L_d——路面设计弯沉值(0.01mm)，该值是在标准温度、标准轴载作用下，测定的路表回弹弯沉值，对半刚性基层用5.4m弯沉仪，对柔性基层用3.6m弯沉仪；若用自动弯沉车或落锤式弯沉仪测定时，应建立相应的换算关系进行换算；

N_e——设计年限内一个车道上累计当量轴次；

A_c——公路等级系数，高速公路、一级公路为1.0，二级公路为1.1，三、四级公路为1.2；

A_s——面层类型系数，沥青混凝土面层为1.0；热拌沥青碎石、乳化沥青碎石、上拌下贯或贯入式路面为1.1；沥青表面处治为1.2；中低级路面为1.3；

A_b——基层类型系数，对半刚性基层、底基层总厚度等于或大于20cm时，$A_b=1.0$，若面层与半刚性基层之间设置等于或小于15cm级配碎石层、沥青贯入碎石、沥青碎石的半刚性基层结构时，仍为1.0；柔性基层、底基层或柔性基层厚度大于15cm，底基层为半刚性下卧层时为1.6。

路面厚度是根据弹性多层体系理论、层间接触状态为完全连续，在以双圆均布荷载作用下，轮隙中心实测路表弯沉值 L_s 等于设计弯沉值 L_d 的原则进行计算，即 $L_s = L_d$，由于力学计算模型、土基模量、材料特性和参数等方面在理论假设和实际状态之间存在一定的差异，理论弯沉值和实测弯沉值之间存在一定误差，因此需要对理论弯沉值进行修正。通过对大量的实测资料进行分析，得到如下实测弯沉和理论弯沉关系式：

$$L_s = 1000 \cdot \frac{2p\delta}{E_0} \alpha_c \cdot F \tag{11-24}$$

$$F = 1.63 \left(\frac{L_s}{2000\delta}\right)^{0.38} \left(\frac{E_0}{p}\right)^{0.36} \tag{11-25}$$

式中　L_s——路面实测弯沉值(0.01mm)；

　　　p、δ——标准车型的轮胎接地压强(MPa)和当量圆半径；

　　　F——弯沉综合修正系数；

　　　α_c——理论弯沉系数，$\alpha_c = f\left(\frac{h_1}{\delta}, \frac{h_2}{\delta}, \cdots, \frac{h_{n-1}}{\delta}, \frac{E_2}{E_1}, \frac{E_3}{E_2}, \cdots, \frac{E_0}{E_{n-1}}\right)$，

其中 E_0 为土基回弹模量值(MPa)，E_1、E_2、E_{n-1} 各层材料回弹模量值(MPa)，h_1、h_2、h_{n-1} 为各结构层厚度(cm)。

我国现行沥青路面设计规范要求：

$$l_s \leqslant l_d \tag{11-26}$$

式中　l_s——拟定结构的计算路表弯沉值(0.01mm)；

　　　l_d——设计弯沉值(0.01mm)。

3. 结构层材料的容许拉应力

我国沥青路面设计除了以路面设计弯沉为设计控制指标之外，对高等级道路路面还要验算沥青混凝土面层和整体性材料基层的拉应力，要求结构层底面的最大拉应力不大于结构层材料的容许拉应力，在路面设计中通常表示为：

$$\sigma_m \leqslant \sigma_R \tag{11-27}$$

结构层材料的容许拉应力是路面承受行车荷载反复作用达到临界破坏状态时的最大疲劳应力。这一应力较一次荷载作用的抗拉强度小，减小的程度同重复荷载次数及路面结构层材料的性质有关。这种关系可用下式表示：

$$\sigma_R = \frac{\sigma_{sp}}{K_s} \tag{11-28}$$

式中　σ_R——路面结构层材料的容许拉应力(MPa)；

　　　σ_{sp}——结构层材料的极限抗拉强度(MPa)，由实验确定，我国公路沥青路面设计规范采用极限劈裂强度；

　　　K_s——抗拉强度结构系数。

结构层材料的极限抗拉强度一般用规定尺寸的梁式试件三分点加载测定，或者通过劈裂试验测定。我国现行规范规定用劈裂试验测定 σ_{sp}。沥青混凝土的劈裂强度与温度有关，规范规定以 15℃ 作为测试温度。水泥稳定类材料的龄期规定为 90d，二灰稳定类、石灰稳定类的龄期为 180d。

表征结构层材料的抗拉强度因疲劳而降低的抗拉强度结构系数，根据荷

载应力与达到疲劳临界状态的荷载作用次数之间关系的疲劳方程可表示如下：

对沥青混凝土面层：

$$K_s = 0.09 A_s \cdot N_e^{0.22} / A_c \tag{11-29}$$

对无极结合料稳定集料类：

$$K_s = 0.35 N_e^{0.11} / A_c \tag{11-30}$$

对无机结合料稳定土类：

$$K_s = 0.45 N_e^{0.11} / A_c \tag{11-31}$$

式中 A_s——沥青混合料级配系数；细、中粒式沥青混凝土为 1.0，粗粒式沥青混凝土为 1.1；

A_c——公路等级系数，见式(11-23)。

4. 交通等级和设计年限

我国沥青路面按其承担的交通荷载轻重划分为四个交通等级，即：轻、中等、重、特重，具体以两种划分方法进行计算后取较高等级进行定级，见表 11-15。

交 通 等 级　　　　　　　　　　　表 11-15

交通等级	BZZ-100 累计标准轴次 N_e(次/车道)	大客车及中型以上的各种货车交通量[辆/(d·车道)]
轻交通	$<3\times10^6$	<600
中等交通	$3\times10^6 \sim 1.2\times10^7$	$600\sim1500$
重交通	$1.2\times10^7 \sim 2.5\times10^7$	$1500\sim3000$
特重交通	$\geq 2.5\times10^7$	>3000

沥青路面的设计年限至少应满足表 11-16 的要求。

沥青路面设计年限　　　　　　　表 11-16

公路等级	设计年限(年)	公路等级	设计年限(年)
高速、一级	15	三级公路	8
二级公路	12	四级公路	6

5. 新建路面结构设计步骤

新建沥青路面通常按以下步骤(图 11-26)进行路面结构设计：

(1) 根据设计任务书的要求，确定路面等级和面层类型，计算设计年限内一个车道的累计当量轴次和设计弯沉值。

(2) 按路基土类与干湿类型，将路基划分为若干路段(在一般情况下路段长度不宜小于 500m，若为大规模机械化施工，不宜小于 1km)，确定各路段土基回弹模量值。

(3) 根据已有经验和规范推荐的路面结构，拟定几种可能的路面结构组合与厚度方案，根据选用的材料进行配合比试验及测定各结构层材料的抗压回弹模量、抗拉强度,确定各结构层材料设计参数。

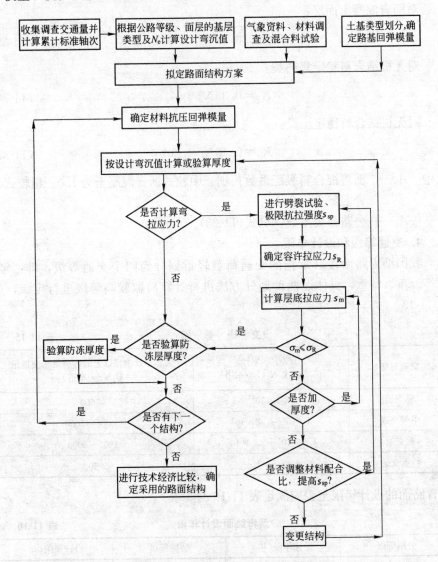

图 11-26 路面结构设计程序框图

(4) 根据设计弯沉值计算路面厚度。对高速公路、一级公路、二级公路沥青混凝土面层和半刚性基层材料的基层、底基层,应验算拉应力是否满足容许拉应力的要求。如不满足要求,或调整路面结构层厚度,或变更路面结构组合,或调整材料配合比,提高材料极限抗拉强度,再重新计算。上述计算应采用弹性多层体系理论编制的程序进行。对于季节性冰冻地区的高级和次高级路面,尚应验算防冻厚度是否满足要求。

【例 11-1】 甲乙两地之间计划修建一条四车道的一级公路,在使用期内交通量的年平均增长率为 10%。该路段处于 II_7 区,为粉质土,稠度为 1.00,沿途有大量碎石集料,并有石灰供给。预测该路竣工后第一年的交通组成如表 11-17 所示,试进行路面结构设计。

预测交通组成表 表 11-17

车型	前轴重(kN)	后轴重(kN)	后轴数	后轴轮组数	后轴距	交通量(次/d)
三菱 T653B	29.3	48.0	1	双轮组	—	300
黄河 JN163	58.6	114.0	1	双轮组	—	400
江淮 HFJ50	45.1	101.5	1	双轮组	—	400
解放 SP9200	31.3	78.0	3	双轮组	>3m	300
湘江 HQP40	23.1	73.2	2	双轮组	>3m	400
东风 EQ155	26.5	56.7	2	双轮组	=3m	400

【解】 1. 轴载分析

路面设计以双轮组单轴载 100kN 为标准轴载。

(1) 以设计弯沉值为指标及验算沥青层层底拉应力中的累计当量轴次

① 轴载换算

轴载换算采用换算公式：$N = \sum_{i=1}^{k} C_1 C_2 n_i \left(\frac{P_i}{P}\right)^{4.35}$，计算结果如表 11-18。

轴载换算结果表(弯沉) 表 11-18

车型		P_i (kN)	C_1	C_2	n_i (次/日)	$C_1 C_2 n_i \left(\frac{P_i}{P}\right)^{4.35}$ (次/日)
三菱 T653B	前轴	29.3	1	6.4	300	8.96
	后轴	48.0	1	1	300	12.3
黄河 JN163	前轴	58.6	1	6.4	400	250.2
	后轴	114.0	1	1	400	707.3
江淮 HF150	前轴	45.1	1	6.4	400	80
	后轴	101.5	1	1	400	426.8
解放 SP9200	前轴	31.3	1	6.4	300	12.16
	后轴	78.0	3	1	300	305.4
湘江 HQP40	后轴	73.2	2	1	400	205.9
东风 EQ155	前轴	26.5	1	6.4	400	7.68
	后轴	56.7	2.2	1	400	74.6
$N = \sum_{i=1}^{k} C_1 C_2 n_i \left(\frac{P_i}{P}\right)^{4.35}$						2091.3

② 累计当量轴次

根据设计规范，一级公路沥青路面的设计年限取 15 年，四车道的车道系数是 0.4~0.5，取 0.45。

累计当量轴次：

$$N_{e1} = \frac{365 N_1 [(1+\gamma)^t - 1]}{\gamma} \eta = \frac{365 \times 2091.3 \times [(1+0.1)^{15} - 1]}{0.1} 0.45$$

$$= 1.09 \times 10^7 \text{ 次}$$

11.5 我国沥青路面厚度设计

(2) 验算半刚性基层层底拉应力中的累计当量轴次

① 轴载换算

验算半刚性基层层底拉应力的轴载换算公式为：$N' = \sum_{i=1}^{k} C_1' C_2' n_i \left(\dfrac{P_i}{P}\right)^8$，计算结果见表11-19。

轴载换算结果表（半刚性基层层底拉应力）　　表 11-19

车型		P_i	C_1'	C_2'	n_i	$C_1'C_2'n_i\left(\dfrac{P_i}{P}\right)^8$
黄河 JN163	前轴	58.6	1	18.5	400	103.6
	后轴	114.0	1	1	400	1141.0
江淮 HF150	后轴	101.5	1	1	400	450.6
解放 SP9200	后轴	78.0	3	1	300	123.3
湘江 HQP40	后轴	73.2	2	1	400	65.9
东风 EQ155	后轴	56.7	3	1	400	12.8
$N' = \sum_{i=1}^{k} C_1' C_2' n_i \left(\dfrac{P_i}{P}\right)^8$						1897.2

注：轴载小于 50kN 的轴载作用不计。

② 累计当量轴次

参数取值同上，设计年限是 15 年，车道系数取 0.45。

累计当量轴次：

$$N_{e2} = \dfrac{365 N_1 [(1+\gamma)^t - 1]}{\gamma} \eta = \dfrac{365 \times 1897.2 \times [(1+0.1)^{15} - 1]}{0.1} \times 0.45$$

$$= 9.9 \times 10^6 \text{ 次}$$

2. 结构组合与材料选取

由上面的计算得到设计年限内一个行车道上的累积标准轴次为 900 万次左右。根据规范推荐结构，并考虑到公路沿途有大量碎石且有石灰供应，路面结构面层采用沥青混凝土（15cm），基层采用水泥碎石（取 25cm），底基层采用石灰土（厚度待定）。

规范规定高速公路、一级公路的面层一般由二层至三层组成，本例采用三层式沥青面层，表面层采用细粒式密级配沥青混凝土（厚度 5cm），中面层采用中粒式密级配沥青混凝土（厚度 5cm），下面层采用粗粒式密级配沥青混凝土（厚度 6cm）。

3. 各层材料的抗压模量与劈裂强度

查表得到各层材料的抗压模量和劈裂强度。抗压模量取 20℃的模量，各值均取规范给定范围的中值，因此得到 20℃的抗压模量：细粒式密级配沥青混凝土为 1400 MPa，中粒式密级配沥青混凝土为 1200MPa，粗粒式密级配沥青混凝土为 1000MPa，水泥碎石为 1500MPa，石灰土 550MPa。各层材料的劈裂强度：细粒式密级配沥青混凝土为 1.4MPa，中粒式密级配沥青混凝土为 1.0MPa，粗粒式密级配沥青混凝土为 0.8MPa，水泥碎石为 0.5 MPa，石灰

±0.225MPa。

4. 土基回弹模量的确定

该路段处于II_7区，为粉质土，稠度为1.00，查规范中"二级自然区划各土组土基回弹模量参考值（MPa）"得土基回弹模量为40MPa。

5. 设计指标的确定

对于一级公路，规范要求以设计弯沉值作为设计指标，并进行结构层底拉应力验算。

(1) 设计弯沉值

路面设计弯沉值根据规式(11-23)计算。本例为一级公路，公路等级系数取1.0，面层是沥青混凝土，面层类型系数取1.0，半刚性基层，底基层总厚度大于20cm，基层类型系数取1.0。

设计弯沉值为：
$$l_d = 600 N_{e1}^{-0.2} A_c A_s A_b = 23.5(0.01\text{mm})$$

(2) 各层材料的容许层底拉应力

细粒式密级配沥青混凝土：
- $\sigma_R = 0.09 \times N_{e1}^{0.22}/AC = 0.4402\text{MPa}$

中粒式密级配沥青混凝土：
- $\sigma_R = 0.09 \times N_{e1}^{0.22}/AC = 0.3144\text{MPa}$

粗粒式密级配沥青混凝土：
- $\sigma_R = 0.09 \times N_{e1}^{0.22}/AC = 0.2515\text{MPa}$

水泥碎石：
$\sigma_R = 0.35 \times N_{e2}^{0.11}/AC = 0.2429\text{MPa}$

石灰土：
$\sigma_R = 0.35 \times N_{e2}^{0.11}/AC = 0.085\text{MPa}$

6. 总结设计资料

设计弯沉值为23.5(0.01mm)相关设计汇总如表11-20。

设计资料汇总表　　　　　　表11-20

材料名称	h(cm)	20℃模量(MPa)	15℃模量(MPa)	容许拉应力(MPa)
细粒式沥青混凝土	4	1400	2000	0.4402
中粒式沥青混凝土	6	1200	1800	0.3144
粗粒式沥青混凝土	8	1000	1200	0.2515
水泥碎石	20	1500	3550	0.2429
石灰土	?	550	1480	0.0850
土基	—	40		

7. 确定石灰土层厚度

通过计算机设计计算得到，石灰土的厚度为29.28cm，实际路面结构的路表实测弯沉值为23.5(0.01mm)，沥青面层的层底均受压应力，水泥碎石层底的最大拉应力为0.2429MPa，石灰土的厚度应为31.17cm，石灰土层底最大拉应力为 0.085MPa，石灰土的厚度应为 40.29cm。

设计结果为石灰土的厚度应为 40cm，满足设计要求。

6. 路面结构的剪应力计算

由于汽车在沥青面层上经常性地启动、制动会引起面层表面产生推挤和拥包等破坏，我国城市道路设计规范规定除了弯沉、弯拉应力两项设计指标外，增加一项剪应力指标。在进行沥青面层的剪应力验算时，要求面层在车轮垂直荷载与水平荷载共同作用下，其破坏面上可能产生的剪应力τ_a，应不超过材料的容许剪应力τ_R，即满足公式(11-32)，路面设计中通常表示为：

$$\tau_a \leqslant \tau_R \tag{11-32}$$

当验算沥青路面面层的抗剪强度时，需要确定易于发生面层表面推移、拥包等现象的夏季高温时沥青混合料的容许剪应力。此容许剪应力为沥青混合料的抗剪强度 τ 除以相应的抗剪切结构强度系数 K_τ，即

$$\tau_R = \frac{\tau}{K_\tau} \tag{11-33}$$

沥青混合料的抗剪切结构强度系数同行车荷载作用情况有关。经调查整理，停车站、交叉路口等缓慢制动处(摩擦系数 $f=0.2$)：

$$K_\tau = \frac{0.35}{A_c} N_\tau^{0.15} \tag{11-34}$$

式中　N_τ——停车站在设计年限内停车的标准轴累计数，对交叉路口考虑到停车时车种的不同，每一次红灯停车轴数应按进入交叉口等待通过的车轴数与车道内车种比例情况确定；

　　　A_c——道路等级系数，同公式(11-23)。在紧急制动时($f=0.5$)：

$$K_{\tau(0.5)} = \frac{1.2}{A_c} \tag{11-35}$$

11.5.2　未来基于使用性能的设计方法

1. 使用性能指标的设计要求

基于使用性能的路面结构设计应保证设计期内，路面结构在环境和交通荷载作用下，路面的使用性能满足要求，包括：沥青层疲劳开裂、无机结合料层疲劳开裂、路基永久变形、沥青层永久变形、低温开裂、抗滑性能和平整度。路面交(竣)工时，应采用落锤式弯沉仪(FWD)实测中心点路表弯沉值。

经过大量的工程实践和成果总结，不少地区形成了相对成熟的典型路面结构。因此，对于二级及以下等级公路，当交通荷载为轻、中等水平时，可依据所在地区经验结构合理选择路面设计方案。

各项使用性能指标的设计要求如下：

(1) 沥青层疲劳开裂：沥青层疲劳寿命 N_{f1} 不小于按照沥青层疲劳等效换算得到的设计车道累计当量轴载作用次数 N_{e1}。

(2) 无机结合料层疲劳开裂：无机结合料层疲劳寿命 N_{f2} 不小于按照无机

结合料层疲劳等效换算得到的设计车道累计当量轴载作用次数 N_{e2}。

（3）路基永久变形：路基顶面的最大竖向压应变应不大于容许压应变值。

（4）沥青层容许永久变形：沥青路面的车辙深度满足表 11-21 的要求。

各等级公路路面车辙容许深度(mm) 表 11-21

公路等级	高速公路、一级公路	二级公路	三级、四级公路
容许车辙深度，不大于	15	20	25

（5）低温开裂：对于高速公路和一级公路，裂缝指数 I 不大于 3.0。

（6）抗滑性能：以横向力系数 $SFCC60$ 和宏观构造深度 TD 为主要指标。公路公路、一级公路路面在交工验收时，其抗滑技术指标满足表 11-22 的要求，二级及以下等级公路参照执行。

沥青路面抗滑技术标准 表 11-22

年平均降雨量 (mm)	交工标准	
	横向力系数 $SFCC60$	构造深度 TD(mm)
>1000	≥54	≥0.55
500~1000	≥50	≥0.50
250~500	≥45	≥0.45

（7）平整度：对于高速公路和一级公路，国际平整度指数 IRI 不大于 2.0m/km，σ 不大于 1.0mm。

2. 使用性能指标分析

（1）路面抗疲劳开裂性能分析

沥青路面疲劳分析的响应为沥青层底面的拉应变、无机结合料层底面的拉应力，分别计算平行于行车方向和垂直于行车方向的力学响应量，确定力学响应的关键位置和方向，采用其中最大的力学响应量进行性能分析。

依据沥青层底面的最大拉应变以及沥青混合料的组成和性质，按公式(11-36)计算沥青层的疲劳寿命。如果按式(11-36)计算得到的沥青层疲劳寿命，大于设计车道的累计当量轴载作用次数 N_{e1}，则所拟定的路面结构满足疲劳开裂的要求，否则应调整路面结构，重新检验，直至满足要求。

$$N_{f1} = 6.32 \times 10^{(15.6-0.37\beta)} K_{t1}^{-1} \left(\frac{1}{\varepsilon}\right)^{3.97} \left(\frac{1}{E_a}\right)^{1.58} (VFA)^{2.72} \left(\frac{1+0.3E_a^{0.43}(VFA)^{-0.85} e^{(0.024k_m-5.41)}}{1+e^{(0.024h_w-5.41)}}\right)^{3.33}$$

(11-36)

式中 N_{f1}——沥青层疲劳寿命(次)；

h_w——沥青层厚度(mm)；

β——可靠度指标，根据公路等级取值；

K_{t1}——温度调整系数；

ε——沥青层层底拉应变(10^{-6})；

E_a——沥青混合料20℃时的回弹模量(MPa);

VFA——沥青混合料的沥青饱和度(%)。

无机结合料层的疲劳寿命,依据该层底面的最大拉应力,按式(11-37)计算确定。无机结合料稳定材料基层与底基层应分别进行疲劳寿命的分析。设计期内设计车道的累计当量轴载作用次数 N_{e2} 应不大于其疲劳寿命 N_{f2}。不符合此要求时,调整路面结构和材料,直到满足为止。

$$\lg N_{f2} = a - b\left(\frac{k_e \sigma_l}{k_s R_s}\right) - k_D \beta + \lg\left(\frac{k_a}{k_{T2}}\right) \tag{11-37}$$

式中 N_{f2}——无机结合料层疲劳寿命(次);

σ_l——无机结合料层的层底拉应力(MPa);

R——无机结合料稳定材料的弯拉强度(MPa),水泥稳定类、水泥-粉煤灰稳定类材料的龄期为90d,石灰稳定类、石灰-粉煤灰稳定类材料的龄期为180d;

β——可靠度指标,根据公路等级取值;

k_e——考虑收缩裂缝影响的应力增大系数,根据无机结合料稳定材料无侧限抗压强度和厚度,按表11-23确定;

k_s——弯拉强度设计值现场综合调整系数,按无机结合料层总厚度和沥青层厚度,参照表11-24确定;

k_a——考虑裂缝扩展的寿命增大系数,按结构层厚度参照表11-25按内插法确定;

k_{T2}——温度调整系数;

a、b——由试验回归得到的参数,根据材料类型,按表11-26选取;

k_D——考虑材料疲劳性能的标准偏差值,按表11-26选取。

应力增大系数 k_e 表11-23

无侧限抗压强度[①](MPa)	计算点位以上无机结合料层的厚度(mm)	
	≤200	>200
<3	1.10~1.15	1.20~1.30
3~12	1.25	1.40

① 水泥稳定类、水泥-粉煤灰稳定类材料的龄期为90d,石灰稳定类、石灰-粉煤灰稳定类材料的龄期为180d。

弯拉强度设计值现场综合调整系数 k_s 表11-24

无机结合料厚度(mm) \ 沥青层厚(mm)	40	80	100	150	180	≥220
200~300	1.63~1.02	1.33~0.97	1.22~0.94	1.01~0.90	0.92~0.86	0.80~0.79
300~450	1.02~0.88	0.97~0.89	0.94~0.86	0.90~0.77	0.86~0.72	0.79~0.65
450~600	0.88~0.72	0.89~0.66	0.86~0.62	0.77~0.55	0.72~0.51	0.65~0.47

裂缝扩展系数 k_a 表 11-25

计算点位以上无机结合料层厚度(mm)	150	200	250	300	350	400	>420
k_a	1.36	1.89	2.63	3.65	5.06	7.03	8.0

无机结合料层疲劳破坏模型参数 k_D 表 11-26

材料类型	a	b	k_D
水泥稳定粒料或二灰稳定粒料	13.24	12.52	1.16
水泥稳定细粒土	12.18	12.79	0.61

(2) 路基永久变形分析

路基顶面的最大竖向压应变应不大于由式(11-38)确定的容许压应变值，不符合要求时，调整路面结构层的组合或增加结构层的厚度，重新检验。

$$\varepsilon_z = 1.25 \times 10^{4-0.1\beta}(k_{T3}N_{e3})^{-0.21} \tag{11-38}$$

式中 ε_z ——路基顶面容许压应变(10^{-6})；

N_{e3} ——设计期内设计车道上的累计当量轴载作用次数(次)；

β ——可靠度指标，根据公路等级取值；

k_{T3} ——温度调整系数。

(3) 沥青层永久变形分析

高速公路和一级公路，宜根据沥青层轮辙试验总变形量 R_0 分析沥青层永久变形。

沥青层的容许永久变形量根据表 11-21 所列路面容许车辙深度确定。对于无机结合料稳定类基层和底基层采用无机结合料类材料的沥青稳定类基层沥青路面，沥青层容许永久变形量等同于路面容许车辙深度；对于粒料类基层和底基层采用粒料类材料的沥青稳定类基层沥青路面，可根据路面容许车辙深度和表 11-27 所列结构层永久变形比例计算沥青层容许永久变形量。

各结构层永久变形所占比重参考值 表 11-27

沥青层厚度(mm)	<50	50~100	100~200	>200
沥青层(%)	30	70	80	100
粒料基层(%)	15	15	10	0
粒料底基层(%)	45	10	5	0
路基(%)	10	5	5	0

对沥青层进行分层，计算各分层的永久变形量，分层要求如下：

① 表面层，采用 10~20mm 为 1 分层厚度进行划分；

② 第二层沥青层，采用 20~25mm 为 1 分层厚度进行划分；

③ 第三层沥青层，其厚度不大于 100mm 时，作为 1 个分层，大于 100mm 时等分为 2 个分层；

④ 第四层及以下的沥青层，作为 1 个分层。

按照式(11~39)计算各分层的永久变形量，沥青层永久变形量为各分层永久变形量之和。

$$R=0.118K(\mu)^{0.48}\left(\frac{T}{T_0}\right)^{2.93}\left(\frac{p}{p_0}\right)^{1.80}\left(\frac{N_{e4}}{N_0}\right)^{0.48}\left(\frac{V}{V_0}\right)^{0.83}\left(\frac{h}{h_0}\right)R_0 \quad (11\text{-}39)$$

式中　　　　　　　　R——沥青层分层的永久变形量(mm)；

T_0，p_0，N_0，V_0，h_0——分层沥青混合料轮辙试验时对应的试验温度(℃)、压强(MPa)、加载次数(次)、试件空隙率(%)和厚度(mm)；

　　　　　　　　T——沥青层永久变形等效温度(℃)；

　　　　　　　　p——沥青层分层顶面的竖向压应力(MPa)；

　　　　　　　N_{e4}——沥青层永久变形设计期内设计车道的标准轴载累计作用次数(次)；

　　　　　　　　v——沥青层施工完成后的初始空隙率(%)；

　　　　　　　　h——分层的厚度(mm)；

　　　　　　　　μ——设计车道上轮迹的横向分布系数，高速公路取0.5，其他等级公路取0.45；

　　　　　　　　R_0——沥青混合料轮辙试验的总变形量(mm)。当轮辙试验温度为60℃，压强为0.7MPa，试件厚度为50mm，加载次数为2520次时，R_0与混合料动稳定度CS的关系可按式(11-40)计算；

$$CS=9365R_0^{-1.48} \quad (11\text{-}40)$$

　　　　　　　　K——综合修正系数，按照式(11-41)~式(11-43)计算。

$$K=(C_1+C_2 \cdot depth) \cdot 0.9731^{depth} \quad (11\text{-}41)$$

$$C_1=-1.61\times10^{-4}h_a^2+9.79\times10^{-2}h_a-17.342 \quad (11\text{-}42)$$

$$C_2=-1.05\times10^{-6}h_a^2-2.686\times10^{-3}h_a+1.0798 \quad (11\text{-}43)$$

式中　$depth$——沥青层分层的深度(mm)，对于第一分层$depth$取15mm，其他分层为路表距沥青分层中点的深度；

　　　　h_a——沥青层总厚度(mm)，h_a大于200mm时，取200mm。

(4) 路面低温开裂分析

季节性冰冻地区的高速公路和一级公路，可按式(11-44)分析路面低温裂缝指数I。裂缝指数I宜满足11.5节的设计标准要求，不满足时，调整沥青类型或沥青的技术要求。

$$I=0.075(T-0.07h_a+0.5a)\lg S_t+1.95\times10^{-3}S_t\lg b \quad (11\text{-}44)$$

式中　I——沥青路面裂缝指数；

　　　T——路面低温设计温度(℃)，取多年极端最低气温；

　　　S_t——路面低温设计温度加10℃的试验温度条件下，沥青弯曲梁流变试验，加载167s时的劲度模量值(MPa)；

　　　h_a——沥青层厚度(mm)；

　　　a——路面低温开裂的设计期(年)，取3~5年；

b——路基类型参数，砂 $b=5$，粉质黏土 $b=3$，黏土 $b=2$。

(5) 路表弯沉检测

路面交(竣)工时采用落锤式弯沉仪(FWD)实测中心点路表弯沉值，测试荷载为 50kN，荷载盘半径为 150mm。路表弯沉检测标准值 l_a 根据选定的路面结构方案和各层材料参数，采用层间连续接触的弹性层状体系理论计算，荷载参数与落锤式弯沉仪相同。

中心点弯沉代表值应符合式(11-45)的要求：

$$l_0 \leqslant l_a \tag{11-45}$$

式中 l_0——路段内实测的路表弯沉代表值(0.01mm)；

l_a——路表弯沉检测标准值(0.01mm)。

测定弯沉时应以 1～3km 为一个评定路段，路段内实测弯沉代表值按式(11-46)计算：

$$l_0 = (\bar{l}_0 + \beta \cdot s) K_1 K_3 \tag{11-46}$$

式中 $\bar{l}_0$——路段内实测的路表弯沉平均值(0.01mm)；

s——路段内实测的路表弯沉标准差(0.01mm)；

β——可靠度指标，据公路等级取值；

K_1——湿度影响系数，根据实测弯沉值通过模量反算得到路基土的反算模量值，对路基土反算模量值进行修正得到结构模量值，最后得出测试状态下弯沉湿度修正系数 K_1，或者根据当地经验确定；

K_3——温度影响系数，按下式确定：

$$K_3 = e^{[9 \times 10^{-6}(\ln E_0 - 1)h_a + 4 \times 10^{-3}](20-T)} \tag{11-47}$$

T——弯沉测定时沥青层中点的实测或预估温度(℃)；

h_a——沥青层厚度(mm)；

E_0——路基回弹模量(MPa)。

3. 设计方法与设计流程

路面结构简化为双圆均布荷载下的多层体系，采用层间完全连续的弹性层状体系理论分析各特征计算点的力学响应量。水平方向计算点为单圆中心点 A、单圆边缘点 B、双圆中心距中心点 C 以及 B、C 两点的中点，如图 11-27 所示。

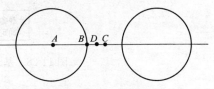

图 11-27 水平方向计算点

计算时，根据初拟的路面结构，按表 11-28 选择对应的设计指标。根据确定的气候、交通参数和结构层材料设计参数，取 4 个计算点的最大力学响应量进行路面结构分析。

初拟路面结构的设计指标分析结果不满足要求时，调整路面结构方案重新分析，直至满足要求。设计设计流程如图 11-28 所示。

不同结构组合路面的设计指标　　　　　表 11-28

基层类型	底基层类型	设计指标
沥青结合料类	粒料类	沥青层永久变形 路基永久变形 沥青层疲劳
	无机结合料类	沥青层永久变形 无机结合料层疲劳
粒料类	粒料类	沥青层永久变形 路基永久变形 沥青层疲劳
	无机结合料类	沥青层永久变形 沥青层疲劳 无机结合料层疲劳
无机结合料类	粒料类或无机结合料类	沥青层永久变形 无机结合料层疲劳
水泥混凝土、贫混凝土		沥青层永久变形

注：除表中所列指标外，对于季节性冰冻地区的高速公路和一级公路，应增加路面低温开裂的分析。

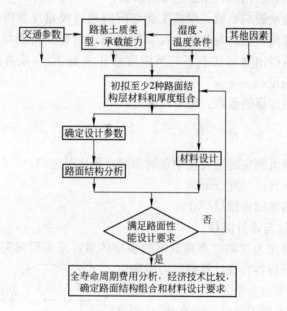

图 11-28　基于使用性能的沥青路面设计流程

11.6　路面结构排水设计

路面工程的实践证明了路面内部排水的重要性。新建的刚性路面需设置各种接缝，而路面在使用期间又会出现各种裂缝、松散、坑槽等病害。降落在路面表面的排水，会通过路面接缝或裂缝、松散等病害处或者沥青路面面层孔隙向下渗入路面结构内部。此外，道路两侧有滞水时，水分也可能侧向渗入路面结构内部。路面内部排水系统的设计通常需满足三方面的要求，一是各项设施应具有足够的泄水能力，排除渗入路面结构内的自由水；二是自由水在路面结构内的渗流时间不能太长，渗流路径不能太长；三是排水设施要有较好的耐久性。

为使渗入路面结构的表面水降至最少，并迅速排除进入路面结构内的水分，需设置完善而有效的路面排水系统。路面排水系统主要由以下部分组成：①路面表面排水；②中央分隔带排水；③路面结构内排水。其中，路面结构内排水系统又由边缘排水系统和排水基层排水系统组成。

11.6.1 路面表面排水

路面表面排水设施主要由路面横坡、拦水带（或矩形边沟）、泄水口和急流槽组成。其主要目的是迅速排除降落在路面和路肩表面的大气降水，以减少表面水下渗并防止路表积水影响行车安全。

挖方路段的表面水，以横向漫流的方式汇集于路堑边沟内排除，而填方路段路表面水可采用坡面漫流和集中排水两种方式排除。

1. 漫流排水

在路线纵坡平缓汇水量不大、路堤不高（即坡面水流路径较短，流速不高）且坡面有较强的耐冲刷能力（坡面已采取了防护措施）的情况下，应优先采用横向漫流分散排放的排水方式。

不同的坡面防护形式具有不同的耐冲刷能力，工程上常以容许流速来表示坡面的耐冲能力。

当采用横向漫流分散排水方式排除路表水时，应计算坡面流速，并根据计算结果采取相应的防护措施。也可根据拟采用防护类型由表11-29确定坡面容许流速，然后根据流速确定应采用的排水方式。

坡面容许流速　　　　　　　　　　表11-29

防护类型	容许流速(m/s)
种草	0.4~0.6
平铺草皮	<1.22
平铺叠置草皮	<1.8
植树	<3.0
单层干砌片石	2.0~3.0
双层干砌片石	3.0~4.0
浆砌片石	4.0~5.0
抛石	3.0
预制块	4.0~8.0

2. 集中排水方式

在表面水有可能冲刷路堤边坡坡面的情况下，应采用将路表水汇集于拦水带内,通过泄水口和急流槽集中排放的方式排除。

如图 11-29 所示,拦水带顶面高度应略高于过水断面的设计水深,可按设计流量公式(11-48)计算确定:

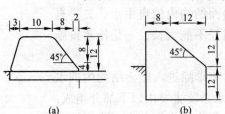

图 11-29 拦水带横断面参考尺寸
(尺寸单位:cm)
(a)沥青混凝土拦水带;(b)水泥混凝土拦水带

$$Q_c = \frac{0.377 \times 1}{i_h n \times h^{\frac{8}{3}} \times I^{\frac{1}{2}}} \quad (11-48)$$

式中 Q_c——过水断面的泄水能力(m^3/s);
i_h——过水断面的横向坡;
n——沟壁或管壁的粗糙系数,见表 11-30;
h——设计水深(m);
I——水力纵坡,拟采用的沟或管的纵坡。

沟壁或管壁的粗糙系数(n)　　　　表 11-30

沟或管类别	n	沟或管类别	n
塑料(聚氯乙烯)	0.010	岩石质明沟	0.035
石棉水泥管	0.012	植草皮明沟(流速 0.6m/s)	0.035~0.050
水泥混凝土管	0.013	植被明沟(流速 0.8m/s)	0.050~0.090
陶土管	0.013	浆砌石明沟	0.025
铸铁管	0.015	干砌石明沟	0.032
波纹管	0.027	水泥混凝土明沟(镘抹面)	0.015
沥青路面(光滑)	0.013	水泥混凝土明沟(预制)	0.012
沥青路面(粗糙)	0.016	土质明沟	0.022
水泥混凝土路面(镘抹面)	0.014	带杂草土质明沟	0.027
水泥混凝土路面(拉毛)	0.016	少砾质明沟	0.025

设在纵坡路段上的泄水口宜做成不对称的喇叭形,而泄水口为提高其泄水能力,需在硬路肩边缘外侧设置逐渐加宽的低凹区(图 11-30),泄水口的泄水及开口长度,低凹区宽度和下凹深度等尺寸应由泄水口的水力计算确定。

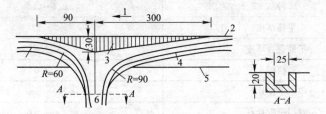

图 11-30 纵坡坡段上拦水带不对称泄水口的平面布置(单位:cm)
1—水流流向;2—硬路肩边缘;3—低凹区;4—拦水带顶;5—路堤边坡坡顶;6—急流槽

在纵坡坡段上的开口式泄水口,其泄水里随开口长度 h_i,低凹区的宽度 B_w 和下凹深度 h_a 以及过水断面的纵向坡度 i_z 和横向坡度 i_h 而变化(见图 11-31),可利用图 11-32 查取截流率(Q_0/Q_c),按过水断面泄水能力 Q_r 确定其泄水量 Q_0。

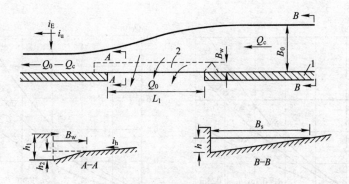

图 11-31 开口式泄水口周围的水流状况
1-拦水带或缘石；2-低凹区

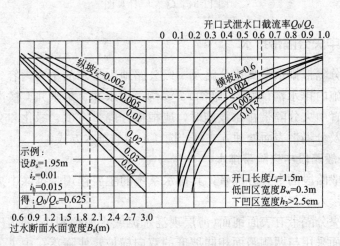

图 11-32 开口式泄水口 Q_0/Q_c 计算诺谟图

图 11-32 中，开口长度 $L_1=1.5\text{m}$；低凹区宽度 $B_w=0.3\text{m}$，下凹深度 $h_s \geqslant 2.5\text{m}$。

设置在凹形竖曲线底部的开口式泄水口，可按泄水口处的水深和尺寸确定其泄水能力。

① 设有低凹区时，如开门处的净高 h_0 不小于由图 11-33 确定的满足堰流要求的最小高度 h_m 可利用图 11-34 确定开口的泄水量或最大水深 h_i。

② 如不设低凹区，按下式确定泄水量：

$$Q_0 = 166 L_i h_i^{1.5} \qquad (11\text{-}49)$$

③ 开口处水深 $h_i > 1.4 h_0$ 时，按下式确定其泄水量：

$$Q_0 = 13.14 h_0 L_i (h_i - 0.5 h_0) \qquad (11\text{-}50)$$

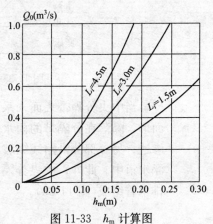

图 11-33 h_m 计算图

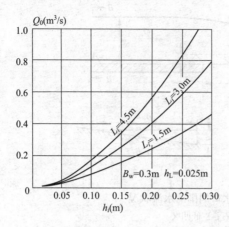 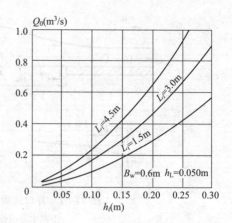

图 11-34　Q_0、h_i 计算图

11.6.2　中央分隔带排水

中央分隔带排水是高速公路及一级公路地表排水的主要内容。中央分隔带排水设施内排水沟（明沟、暗沟）、渗沟、雨水井、集水井、横沟排水管等组成。设置中央分隔带排水设施时，应根据分隔带宽度、绿化和交通安全设施的形式及分隔带表面处理方式等，选择不同的排水方式。

1. 一般路段中央隔带排水

对一般路段的中央分隔带，其排水系统的主要作用是排除中央分隔带范围内表面渗入水。

在中央分隔带有表面铺面（薄层现浇水泥或水泥预制块）的情况下，中央分隔带表面采用与两侧路面相同坡度的双向横坡，使降落在中央分隔带表面的水流向两侧路面进入路面表面排水设施（图 11-35）。

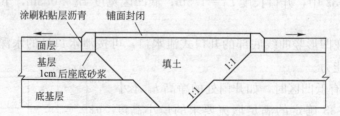

图 11-35　凸形表面有铺面中央分隔带排水

当中央分隔带表面未采用铺面封闭时，分隔带表面做成向内微凹的横断面形，降落在分隔带的雨水，一部分通过中央分隔带内回填土的渗透性向下渗透；另一部分沿路线纵坡流动（在流动过程中水仍可向下渗），最后排至桥涵水道中。此外，中央分隔带排水系统主要由渗沟、渗沟内的集水管和横向排水管组成（图 11-36）。

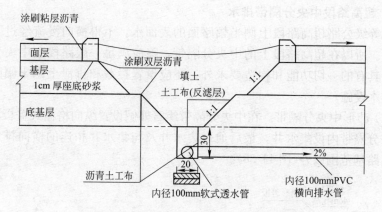

图 11-36 凹形表面无铺面中央分隔带排水

渗沟的纵坡一般与路线纵坡相同，但不得小于 0.25%，若路线纵坡较大，中央分隔带表面沿纵坡方向流动的水，可能对中央分隔带回填土造成冲刷，此时，应对中央分隔带回填土表面进行适当防护。

在降雨强度较大的地区，中央分隔带范围内的设计径流量可能大于表面水的渗入量，而造成较多的水流沿中央分隔带纵向流动。故在凹形曲线底部的流水汇集处均应设置隔栅式泄水口，然后通过横向排水管将这部分水流排出。格栅顶面可与地面齐平，也可稍低于周围地面，并在周围一定宽度范围内设置低凹区，以增加其泄水能力（图 11-37）。纵坡路段上泄水口的泄水量可按式(11-48)计算，格栅孔口所需要的净长度按下式计算：

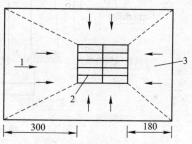

图 11-37 中央分隔栅式泄水口布置
（尺寸单位：cm）
1—上游；2—隔栅；3—低凹区

$$L_g = 0.91 v_g (h_i + t_b)^{0.5} \tag{11-51}$$

式中 L_g——格栅孔口的最小净长度(m)；
v_g——格栅宽度范围内水流的平均流速(m/s)；
t_b——格栅栅条的厚度(m)。

凹形竖曲线底部的格栅式泄水口，其泄水量按其水面深度的不同而采用不同的计算方法。

(1) 当格栅上面的水深 $h_i < 0.12$m 时：

$$Q_0 = 1.66 p_g h_i^{1.5} \tag{11-52}$$

式中 p_g——格栅的有效周边长，为格栅进水周边边长之和的一半(m)。

(2) 当格栅上面的水深 h_i 大于 0.43m 时：

$$Q_0 = 2.96 A_i h^{0.55} \tag{11-53}$$

式中 A_i——格栅孔口净泄水面积的一半(m²)。

(3) 当格栅上的水深度处于 0.12～0.43m 之间时，其泄水量介于按式(11-52)和式(11-53)计算的结果之间，可内插得到。

2. 超高路段中央分隔带排水

高等级公路超高路段上侧半幅路面的表面水，不得横向漫流经过下侧半幅路面。所以在超高路段上的中央分隔带，除应满足一般路段上中央分隔带排水所具有的一切功能和构造要求外，还应设置拦截和排泄上侧半幅路面水流的排水设施。

（1）凸形中央分隔带。在中央分隔带缘石外侧设置纵向格栅式盖板沟，并在中央分隔带内设集水井，最后通过集水井及与集水井相连的横向排水管将水排出路基范围以外（图11-38）。

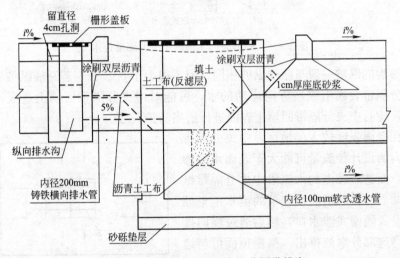

图 11-38 超高路段凸形中央分隔带排水

（2）凹形中央分隔带。在中央带内设置纵向格栅盖板沟，上侧半幅路面的路面表面水直接漫流入中央带内的格栅盖板沟内，并沿沟底纵坡排入集水井内，最后通过与集水井连接的横向排水管将水排出路基范围以外（如图11-39所示）。该种形式的中央分隔带不但能顺畅地排除上侧半幅路面的路面表面水，而且还能有效地排除中央分隔带内的积水。其汇水面积较大，设计径流量较大，在设计中应合理地确定横向排水管的管径及设置间距，以确保其排泄能力。

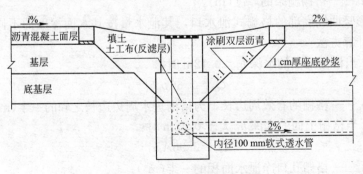

图 11-39 凹形中隔带排水设计

11.6.3 路面内部排水

我国《公路排水设计规范》JTG D33—2012 建议在下列情况下，应设置路面内部排水系统：

① 年降水量 600mm 以上的湿润多雨地区，路基由透水性差的细粒土（渗透系数不大于 10^{-5} cm/s）组成的高速公路、一级公路或重要的二级公路；

② 路基两侧有滞水，可能渗入路面结构内；

③ 严重冰冻地区，路基由粉性土组成的潮湿、过湿路段；

④ 现有路面改建或改善工程，需排除积滞在路面结构内的水分。

《公路排水设计规范》同时还规定，路面内部排水系统的设计应满足下列要求：

① 路面内部排水系统中各项排水设施的泄水能力均应大于渗入路面结构内的水量，下游排水设施的泄水能力应大于上游排水设施的泄水能力；

② 排水设施应能避免被渗流从路向结构、路基或路肩中带来的细颗粒堵塞。

③ 系统的排水功能不应随时间很快降低。

表面渗水路面结构的量，按路面类型分别由下列公式计算：

水泥混凝土路面：

$$Q_i = I_c \left(n_z + n_h \frac{B}{L} \right) \tag{11-54}$$

沥青路面：

$$Q_i = I_a B \tag{11-55}$$

式中　Q_i——纵向每延米路面结构表面水的渗入量 [$m^3/(d \cdot m)$]；

I_c——每延米水泥混凝土路面接缝或裂缝的表面水设计渗入率 [$m^3/(d \cdot m)$]，可按 $0.36 m^3/(d \cdot m)$ 取用；

I_a——每平方米沥青路面的表面水设计渗入率 [$m^3/(d \cdot m)$]，可按 $0.15 m^3/(d \cdot m)$ 取用；

B——单向坡度路面的宽度（m）；

L——水泥混凝土路面的横缝间距，即板长（m）；

n_z——长度范围内纵向接缝和裂缝的条数（包括路面与路肩之间的接缝）；

n_h——L 长度范围内横向接缝和裂缝的条数。

进入路面结构内的自由水，可通过向路基下部渗流而逐渐排走。渗流的速度随路基土的渗透性和地下水位的高度而异，可以利用达西渗流定律，以不同渗透性的路基土的排水时间进行计算分析。自由水在排水层内的渗流时间按下列公式计算：

$$t = \frac{L_s}{3600 V_s} \tag{11-56}$$

$$L_s = B \sqrt{1 + \frac{i_z^2}{i_h^2}} \tag{11-57}$$

$$v_s = \frac{1}{n_e} k_b \sqrt{i_z^2 + i_h^2} \tag{11-58}$$

式中　　t——渗流时间(h)；

L_s——渗流路径长(m)；

v_s——渗流速度(m/s)；

k_b——透水材料的渗透系数(m/s)；

n_e——透水材料的有效孔隙率。

11.6.4　边缘排水系统

沿路面边缘设置由透水性填料集水沟、纵向排水沟、横向出水管和过滤织物组成的边缘排水系统，该系统是将渗入路面结构内的自由水，先沿路面结构层间空隙或某一透水层横向流入纵向集水沟和排水管，再由横向出水管排引出路基。这种方案常用于基层透水性小的水泥混凝土路面，特别是用于改善排水状况不良的旧水泥混凝土路面。水泥混凝土面层板的边缘和角隅处，由于温度和湿度梯度引起的翘曲变形作用以及地基的沉降变形，常出现板底面同基层顶面的脱空。下渗的路表水易积聚在这些脱空内，促使唧泥和错台等损坏的出现。设置边缘排水系统，便于将面层-基层-路肩界面处积滞的自由水排离路面结构。而对于排水状况不良的旧水泥混凝土路面，采用边缘排水设施方案，可以在不改变原路面结构的情况下改善其排水状况，从而提高原路面的使用性能和使用寿命。然而，自由水在路面结构层内沿层间渗流的速率要比向下渗流的速率慢许多倍，并且部分自由水仍有可能被阻封在路面结构内，因而，边缘排水系统的渗流时间较长，路面结构处于潮湿状态的时间要比下面将要介绍的排水层排水系统长许多。边缘排水系统的常用形式见图11-40。

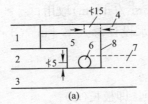 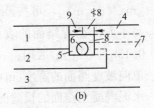

图11-40　边缘排水系统(图注尺寸单位：cm)

(a)新建路面边缘排水系统；(b)改建路面边缘排水系统

1-面层；2-基层；3-垫层；4-路肩面层；5-集水沟；6-排水管；

7-出水管；8-反滤织物；9-回填路肩面层

纵向排水管通常选用聚氯乙烯(PVC)或聚乙烯(PE)塑料管。排水管设3排槽口或孔口，其开口总面积不小于 $42cm^2$ 延米。管径按设计流量由水力计算确定，通常在70～150mm范围内选用。排水管的埋设深度，应保证不被车辆或施工机械压裂，并应超过当地的冰冻深度，在非冰冻地区，新建路面时，排水管管底通常与基层底面齐平；改建路面时，管中心应低于基层顶面。排水管的纵向坡度宜与路线纵坡相同，但不得小于0.25%。

横向出水管选用不带槽或孔的聚氯乙烯塑料管,管径与排水管相同。其间距和安全位置由水力计算并考虑邻近地面高程和公路纵横断面情况确定,一般在50~100m范围内选用。出水管的横向坡度不宜小于5%。埋设出水管所开挖的沟,须用低透水材料回填。出水管的外露端头用镀锌铁丝网或格栅罩住。出水口的下方应铺设水泥混凝土防冲刷垫板或者对泄水道的坡面进行浆砌片石防护,以防止水流冲刷路基边坡和植物生长。出水水流应尽可能排引至排水沟或涵洞内。

透水性填料由水泥处治开级配粗集料组成,其空隙率约为15%~20%。粗集料最大粒径不大于40mm,粒径4.75 mm以下的细粒含量不应超过16%,2.36 mm以下的细粒含量不应超过6%。为避免带孔排水管被堵塞,透水性填料在通过率为85%时的粒径应比排水管槽口宽或孔口直径大1.0~1.2倍。水泥处治集料的配合比,应按透水性要求和施下要求通过试配确定。

集水沟底面的最小宽度,对新建路面,不应小于30cm;对改建路面,应能保证排水管两侧各有至少5cm宽的透水填料。透水填料的底面和外侧围以反滤织物(土工布),以防垫层、基层和路肩内的细粒侵入而堵塞填料空隙或管孔。反滤织物可选用由聚酯类、尼龙或聚丙烯材料制成的无纺织物,能透水,但细粒土不能随水透过。

11.6.5 排水基层的排水系统

基层排水系统是直接在面层下设置透水性排水基层,在其边缘设置纵向集水沟和排水管以及横向出水管等,组成排水基层排水系统(图11-41),采用透水性材料作基层,使渗入路面结构内的水分,先通过竖向渗流进入排水层,然后横向渗流进入纵向集水和排水管,再由横向出水管排引出路基。这种排水系统,由于自由水进入排水层的渗流路径短,在透水性材料中渗流的速率快,其排水效果要比边缘排水系统好得多。一般在新建路面时采用此方案。排水基层设在面层下,作为路面结构的基层或基层的一部分,共同承受车辆荷载的作用。

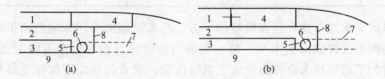

图11-41 排水基层排水系统
1-面层;2-排水基层;3-不透水垫层;4-路肩面层或水泥
混凝土路肩面层;5-集水沟;6-排水管;7-出水管;8-反滤织物;9-路基

排水层也可采用横贯路基整个宽度的形式,不设纵向集水沟和排水管以及横向出水管。渗入排水层内的自由水,横向渗流,直接排泄到路基坡面外。这种形式便于施工,但其主要缺点是,排水层在坡面出口处易生长杂草或被其他杂物堵塞,从而在使用几年后便不再能排泄渗入水,而集中积滞在排水层内的自由水反而使路面结构，特别是路肩部分，更易出现损坏。

在一些特殊地段，如连续长纵坡坡段、曲线超高过渡段和凹形竖曲线段等，排水层内渗流的自由水有可能被堵封或者渗流路径超过45～60m。在这些地段，应增设横向排水管以拦截水流，缩短渗流长度。

排水层的透水性材料可以采用经水泥或沥青处治，或者未经处治的开级配碎石集料。未处治碎石集料的透水性一般比水泥或沥青处治的要低，其渗透系数大致变动于60～1000m/d范围内。而水泥或沥青处治碎石集料的渗透系数则大致在1000～6000m/d范围内，其中沥青处治碎石的透水性略高于水泥处治碎石。未经水泥或沥青处治的碎石集料，在施工摊铺时易出现离析，在碾压时不易压实稳定，并且易在施工机械行驶下出现推移变形，因而一般情况下不建议采用作为排水基层。用作水泥混凝土面层的排水基层时，宜采用水泥处治开级配碎石集料，其最大粒径可选取用25mm。而用作沥青混凝土面层的排水基层时，则宜采用沥青处治碎石集料，最大粒径宜为20mm。材料的透水性同集料的颗粒组成情况有关，空隙率大的组成材料，其渗透系数也大，需通过透水试验确定。表11-31列出了国外一些未处治和水泥或沥青处治集料排水基层的集料级配情况及相应的渗透系数。

未处治和水泥或沥青处治集料排水基层的集料级配与冷透系数　　表 11-31

材料类型		通过下列方筛孔(mm)百分率(%)									渗透系数 (m/d)
		37.5	25	19	12.5	9.5	4.75	2.36	1.18	0.3	0.075	
未处治集料	①	100	95～100	—	25～60	—	0～10	—	0～5	—	0～2	6000
	②		100	90～100	—	20～55	0～10	—	0～5			5400
	③		95～100	—	60～80	—	40～55	5～25				600
	④				0～90		0～8					300
水泥处治	①	100	88～100	52～85	—	15～38	0～16	0～6				1200
	②	100	95～100	—	25～60	—	0～10	0～5	—		0～2	6000
沥青处治	①	100	90～100	35～65	20～45	0～10	0～5		0～2	0～2		4500
	②	100	50～100	—	15～85	0～5						

纵向集水沟布置在路面横坡的下方。行车道路面采用双向坡路拱时，在路面两侧都设置纵向集水沟。集水沟的内侧边缘可设在行车道面层边缘处，但有时为了避免排水管被面层施工机械压裂，或者避免路肩铺面受集水沟沉降变形的影响，将集水沟向外侧移出60～90cm。路肩采用水泥混凝土铺面时，集水沟内侧边缘可外移到路肩面层边缘处。

排水基层下必须设置不透水垫层或反滤层，以防止表面水下渗入垫层，浸湿垫层和路基，同时防止垫层或路基土中的细粒进入排水基层而造成堵塞。

排水垫层按路基全宽设在其顶面。过湿路基中的自由水上移到排水垫层内后，向两侧横向渗流。路基为路堤时，水向路基坡面外排流；路基为路堑或半路堑时，挖方坡脚处须设置纵向集水沟、排水管和横向排水管。

排水垫层一方面要能渗水，另一方面要防止渗流带来的细粒堵塞透水材料。为此,在材料级配组成上要满足关于透水和反滤要求。这些要求的应用示于图 11-42。图中,5 为路基土的级配曲线;所示的阴影部分 6,即为符合这些要求的排水垫层级配范围。

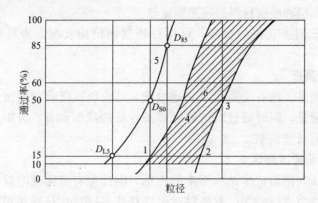

图 11-42 符合渗透和反滤要求的材料设计标准
1-不小于 $5D_{15}$;2-不大于 $5D_{35}$;3-不大于 $25D_{50}$;4-$(D_{60}/D_{10})\leqslant 20$;
5-路基土级配曲线;6-符合上述要求的排水垫层级配范围

11.7 沥青路面改建设计

沥青路面随着使用时间的延续,其使用性能和承载能力不断降低,超过设计使用年限后便不能满足正常行车交通的要求,而需补强或改建。路面补强设计工作包括现有路面结构状况调查、弯沉评定以及补强厚度计算。当原有路面需要提高等级时,对不符合技术标准的路段应先进行线型改善,改线路段应按新建路面设计。加宽路面、提高路基、调整纵坡的路段应视具体情况按新建或改建路面设计。在原有路面上补强时,按改建路面设计。路面补强设计工作包括现有路面结构状况调查、弯沉评定以及补强厚度计算。

11.7.1 原有路面结构调查

进行旧路补强设计以前应对原有路面进行详细调查并收集测定有关资料,其主要目的是了解路面现有结构状况和强度。原有路面调查是补强设计的一个重要环节,其内容包括现有路面的路况调查、交通调查、强度测定,必要时还需做挖坑试验。

1. 路况调查

路况调查包括下述内容:

① 现有道路的基本情况调查。包括路基路面宽度、路拱横坡度、道路纵坡及弯道半径,同时还应收集原路设计、修建和历年养护情况的资料。

② 路基和水文状况调查。该项调查应按沿线桩号调查记录路基土质、填挖高度、地面排水、地下水位和地基潮湿类型等,必要时可采取钻孔取样试验的方法确定土基含水率及地下水位。

③ 现有路面结构和外观调查。主要了解现有路面的结构层次、各层厚度、材料组成及路表状况(如有无裂缝、坑槽、车辙深度、搓板、泛油、推移等病害情况),必要时应开挖试坑或钻孔进行量测,并取样做室内试验。通过调查和试验确定基层和面层材料的回弹模量值。

通过路况调查获得的资料,可供分析路面结构状况,为补强设计提供依据。

2. 交通调查

实地观测路上现有交通量及交通组成,结合以往已有交通统计资料,估算年平均交通量,同时通过对该地区经济发展的规划调查,分析交通增长趋势,预估交通量增长率。

3. 原路面弯沉测定

弯沉是反映路面整体结构强度的指标,因此原有道路现时具有的弯沉值要求在不利季节进行实测。有条件时可选择代表路段作标准承载板测定,以求得回弹弯沉与回弹模量的关系。

11.7.2 现有道路结构强度评定

1. 路段划分

现行公路沥青路面设计规范采用不利季节的实测计算弯沉作为对现有道路的强度评定标准。在确定原路面的计算弯沉时,应将全线划分为若干路段。划分路段时,应考虑下列因素:

① 同一路段路基的干湿类型及土质基本相同。

② 同一路段内各测点的弯沉值比较接近,每段的弯沉值测点每车道应不少于20点。弯沉测定的间距及点位布置,应根据公路等级、路面损坏状况以及路面强度的均匀性等确定,若局部路段弯沉值过大,应先进行修补处理,再进行补强。

③ 各路段的最小长度应与施工方法相适应,一般要求不小于500m,机械化施工时应不小于1km。在水文、土质条件复杂或需要特殊处理的路段,其分段长度可视实际情况确定。

2. 路段设计弯沉值确定

采用标准轴载(BZZ-100)对路段实测的一组弯沉,按下式方法进行整理:

(1) 计算所测弯沉值的平均值及标准差

$$l_0 = \frac{1}{n}\sum_{i=1}^{n} l_i \tag{11-59}$$

$$S = \sqrt{\frac{\sum_{i=1}^{n}(l_i - \bar{l}_0)^2}{n-1}} \tag{11-60}$$

式中 l_i——路段内原路面各测点实测弯沉值(0.01mm);

$\bar{l}_0$——路段内原路面实测弯沉值的平均值(0.01mm);

S——路段内原路面实测弯沉值的标准差(0.01mm)。

(2) 按下式计算各路段的计算弯沉值

$$l_0 = (\bar{l}_0 + Z_a S) K_1 \cdot K_2 \cdot K_3 \tag{11-61}$$

式中　Z_a——保证率系数，见表 11-32；
　　　K_1——季节影响系数，由当地实际情况确定，不利季节测定弯沉时，$K_1=1.0$；
　　　K_2——湿度影响系数，由当地实际情况确定；
　　　K_3——温度影响系数。

保证率系数 Z_a　　　　表 11-32

补强道路等级	公路		城市道路			
	二级及以上	三、四级	快速路、主干路		次干路	支路
Z_n	1.5	1.3	2		1.5	1.3

(3) 当采用非标准轴载测定原路面弯沉时，应按下式将所测弯沉值换算为标准轴载下的弯沉值

$$\frac{l_{100}}{l_i} = \left(\frac{P_{100}}{P_i}\right)^{0.87} \tag{11-62}$$

式中　P_{100}、l_{100}——100kN 标准轴载及对应的弯沉值；
　　　P_i、l_i——非标准轴载及对应的弯沉值。

3. 温度时沥青面层的影响

沥青面层材料的劲度随温度的升高或降低而有所变化，从沥青路面整体结构强度考虑，其路表的弯沉值与测定时的温度密切相关。现行规范规定，以 (20±2)℃作为沥青路面弯沉测定的标准温度，当原有沥青路面厚度大于 5cm 时，应将非标准温度条件下测得的弯沉值修正为标准温度时的弯沉值。修正系数按下列方法计算：

(1) 测定时沥青面层平均温度：

$$T = a + bT_0 \tag{11-63}$$

式中　a、b——与沥青面层厚度 h 有关的系数，
　　　　　　　$a = -2.65 + 0.52h$，　$b = 0.62 - 0.08h$
　　　T_0——弯沉测定时路表平均温度与前 5 小时平均气温之和 (℃)。

(2) 计算沥青路面弯沉温度修正系数：

$T_1 < 20$℃时：

$$K_3 = \exp[0.002h(20 - T_1)] \tag{11-64}$$

$T_1 \geqslant 20$℃时：

$$K_3 = \exp\left[H\left(\frac{1}{T} - \frac{1}{20}\right)\right] \tag{11-65}$$

11.7.3　补强厚度的计算

现行公路沥青路面设计规范及城市道路设计规范均采用理论法计算补强层厚度，理论法利用弹性层状体系理论，分析路面结构的位移和应力，按照新建路面的设计方法和指标，确定补强层厚度。理论法计算补强的技术关键

是如何确切掌握旧路面的结构特征,提供符合实际情况的计算参数。

(1) 原路面当量回弹模量计算

路表顶面当量回弹模量的计算,应根据路段的划分,按下式分别计算:

$$E_t = \frac{2p\delta}{l_0} m_1 m_2 \quad (11\text{-}66)$$

式中 E_t——原路面的当量回弹模量(MPa);
δ——标准轴载当量圆半径(mm);
p——标准轴载轮胎内压力(MPa);
m_1——用标准轴载的汽车在原有路面上测得的弯沉值与用承载板在相同压强条件下所测得的回弹变形值之比,即轮板对比值,应根据各地对比试验结果对比论证确定,在没有对比资料的情况下,推荐 m_1 取值为 1.1;
m_2——原路面当量回弹模量扩大系数。

① 计算与原路面接触的补强层层底拉应力时,m_2 按下式计算:

$$m_2 = e^{0.037 \frac{h'}{\delta}} \left(\frac{E_{n-1}}{p}\right)^{0.25} \quad (11\text{-}67)$$

式中 E_{n-1}——与原路面接触层材料的抗压回弹模量(MPa);
h'——各补强层等效为与原路面接触层 E_{n-1} 相当的等效总厚度:

$$h' = \sum_{i=1}^{n-1} h_i \left(\frac{E_i}{E_{n-1}}\right)^{0.25} \quad (11\text{-}68)$$

h_i——第 i 层补强的厚度(cm);
E_i——第 i 层补强层材料的抗压回弹模量(MPa);
$n-1$——补强层层数。

② 计算其他补强层层底拉应力及弯沉值,$m_2 = 1.0$。

③ 当采用沥青混凝土作为补强层时,取其弯拉回弹模量为 3000MPa,拉压回弹模量为 1500MPa,m_2 按下式计算:

$$m_2 = e^{0.25 \frac{h'}{\delta}} \quad (11\text{-}69)$$

(2) 补强层厚度计算

在确定原有路面的当量回弹模量后,可用弹性层状体系理论进行补强层厚度的计算,若补强单层时,以双层弹性体系为设计计算的力学模型,补强 n 层时,以 $n+1$ 层弹性体系为力学模型计算。补强设计时,仍以设计弯沉值作为路面整体刚度的控制指标;对于二级和二级以上公路,还应进行补强层底面拉应力的验算。设计弯沉值、各补强层底面的容许拉应力的计算方法、弯沉综合修正系数及补强层材料参数的确定与新建路面设计时的各项方法相同。

11.8 现代沥青混凝土路面新技术

11.8.1 桥面铺装

桥面铺装也称行车道铺装(图 11-43),其作用是保护行车道板结构不受车辆（或履带）的直接磨耗，防止主梁遭受雨水的侵蚀，并能对车辆轮重的集中荷载起一定的分散作用。与普通路基相比，桥梁在使用过程中变形大，受外界温度、湿度的影响也较大。因此，桥面铺装应具有抗车辙、行车舒适、抗滑、不透水、刚度好和桥面板结合良好等优点。

图 11-43 桥面铺装

常用的桥面铺装有水泥混凝土、沥青混凝土、沥青表面处治等铺装形式。如图 11-44 所示为桥面铺装示意图。

水泥混凝土耐久性好，适合重载交通。水泥混凝土桥面铺装直接铺设在防水层或桥面板上，层厚一般不宜小于 8cm，其强度等级不应小于 C40，铺设时应避免二次成形。水泥混凝土铺装层内应配置钢筋网，钢筋直径不应小于 8mm，间隔不宜大于 10cm。

图 11-44 桥面铺装结构示意图

沥青面层具有一定的柔性，能有效减少桥梁变形引起的开裂，是目前桥面铺装的主要类型。高速公路、一级公路的桥面铺装厚度宜为 7～10cm，二级、三级公路桥面铺装厚度宜为 5～9cm。表面层厚度不小于 3cm。若桥面铺装为单层时，厚度不宜小于 5cm。此外，表面层必须用密实性沥青混合料，下面层是防水体系的重要组成部分，应具有更好的密水性。在多雨潮湿地区、纵坡大于 3.5% 或设计车速大于 50km/h 的大中型桥面应铺设粗糙表面层。对特大桥、重要桥梁的铺装结构宜进行专项设计，下面层宜用浇筑式沥青混凝土、沥青玛蹄脂碎石（SMA）等。对高速公路、一级公路的大、中、小桥的桥面铺装，一般宜与路线的结构相同，便于施工，但应选用防水效果优良的防水层；视工程具体情况，特大桥、大桥的下面层可选用沥青玛蹄脂碎石（SMA）、浇筑式沥青混凝土等。沥青表面处治桥面铺装，耐久性差，仅在中级或低级公路桥梁上使用。

防水层的功能不仅为了防止雨雪侵害桥面板，同时应加强防水层与铺装层间紧密粘结，抵抗过大的剪切应力。防水层主要包括：卷材、涂膜等专用防水材料；沥青砂、沥青玛蹄脂、热融沥青碎石、稀浆封层等聚合物改性沥青类防水材料；环氧树脂下封层等反应性树脂类防水材料。根据防水材料的需要，可设置专门的底涂层，起联结作用。特大桥、重要桥梁的防水层应设一级防水体系，宜用环氧树脂等下封层，并用卷材、浇筑式沥青混凝土、涂膜专用防水材料及沥青砂、沥青玛琋脂等作防水层。当下面层采用浇筑式沥青混凝土时，可视浇筑式沥青混凝土为防水层。当下面层采用热碾压沥青混凝土时，其下必须设置防水层。

11.8.2 隧道路面

隧道路面(图 11-45)相对处于较为封闭的环境内，受阳光、雨水等因素影响较少，而且隧道内水温变化、基础状况也与一般路段不同。由于其特殊的环境，要求隧道路面、铺装结构密实、水稳定性好、强度高，并具有良好的抗滑性能、耐久性和抗磨耗性；不透水，抗水性好，有良好的排水系统；抗腐蚀能力强，易修补。

图 11-45 隧道路面

隧道路面的形式通常有水泥混凝土路面、沥青路面以及复合式路面。由于技术、经济条件及用户对路面要求的不同，不同国家选择隧道路面结构形式时也存在差别。如欧洲几乎所有的隧道都采用沥青路面，而日本隧道则较多采用水泥混凝土路面。

（1）沥青路面

水泥混凝土路面作为隧道路面，其主要优点是：水稳定性好，地下水对其影响小；结构强度高，承载能力强，耐久性好；颜色浅亮对照明有利。但水泥混凝土路面洞内噪声大，路面结构接缝造成平整度相对较差，行车舒适程度不如沥青路面，一般路面抗滑性能难以满足技术要求；由于颜色浅，路面标线与路面的对比度低，路面标线的效果受到影响；水泥混凝土路面一旦损坏，养护维修困难，由于空间狭小、亮度低，不利于作业和交通组织。

以前隧道内路面较少采用沥青路面，由于隧道内温差小、潮湿，全年保持在一个较低、较恒定的温度，如采用层铺法或路拌法施工的沥青表面处治、沥青贯入式、乳化沥青混合料等，一般不容易成型良好；潮湿的使用环境直接影响沥青路面的使用性能与耐久性，容易产生水损坏，耐久性不如水泥混凝土路面；沥青路面颜色黑，反射率低，直接影响路面的亮度（照明度），其优点是平整度好、抗滑性能易保障、噪声低，行车舒适、安全，且损坏维修方便，与路面标线颜色对比强烈，利于高速公路中的分道行驶。

《公路隧道设计规范》JTJ 026—90 规定，一般情况下，隧道路面建议采用水泥混凝土路面。隧道内干燥无水、施工方便时也可采用沥青路面。但近年来，随着我国公路建设的迅速发展，公路隧道越来越多，尤其是高速公路中的隧道建设，并对隧道路面的汽车行驶的安全性与舒适性、对隧道路面的表面抗滑性能和噪声要求比一般公路隧道提出了更高的要求，一般小型机具施工的水泥混凝土路面难以满足这方面的要求。

在国外大多数的公路隧道路面采用沥青路面。在我国也有专家提出，一般公路隧道采用水泥混凝土路面，但高速公路隧道宜采用沥青路面，特别是高性能的沥青混合料，如 SAC、SMA、OGFC 等。

(2) 复合式路面

复合式路面主要由沥青混合料面层与水泥混凝土基层(或加筋水泥混凝土基层、钢纤维混凝土基层、连续配筋混凝土基层)组成。随着公路修筑技术的发展，复合式路面在隧道中得到越来越广泛的应用。

连续配筋混凝土是在纵向配有足够数量的钢筋以控制混凝土面板纵向收缩产生裂缝的结构形式。由于在纵向配有足够数量的钢筋以控制水泥混凝土路面板纵向收缩产生开裂，因此，连续配筋混凝土除需设置施工缝及构造需要的胀缝外，完全不需设置胀缝及缩缝。在隧道路面结构中使用连续配筋混凝土作为复合式路面的基层时，由于不需设置胀缝及缩缝，其表面能形成完整而平坦的表面，可以改善汽车行驶的平稳性，避免了普通水泥混凝土路面的接缝破坏，同时也增加了路面板的整体刚度，提高了其承载能力。

钢纤维混凝土是将钢纤维均匀地分散于基体混凝土中，通过分散的钢纤维减少动态荷载作用在基体混凝土上引起的应力集中，从而控制混凝土裂缝的产生和发展，提高复合材料的抗裂性。同时由于混凝土与钢纤维界面间有很大的粘结力，因而可将外力传递到抗拉强度大、延伸率高的钢纤维上，使钢纤维混凝土作为一个均匀整体抵抗外力作用。也可以显著提高素混凝土的抗弯拉强度、抗冲击韧性、抗裂性、抗疲劳性能和耐久性等，使本属于脆性材料的混凝土转变为具有良好韧性的复合材料。在隧道路面结构中使用钢纤维混凝土，可以明显减少路面的龟裂、断板破损等病害，显著提高复合式路面的使用寿命。

11.8.3 排水型路面

排水型路面，又称多孔隙沥青路面(Porous Asphalt，简称 PA，见图 11-46)是指用大空隙的沥青混合料铺筑，能迅速从内部排走路表雨水，能够提高雨天时抗滑性能，水雾少、不积水，提高行车可视性、行车安全性和雨天路面标示可辨认性，适用于年降雨量大于 800mm 的地区，可显著提高雨天行车安全性，也适用于城郊、住宅区周边等减少噪声影响的路段。

PA 沥青混合在级配上属于骨架空隙结构型沥青混凝土。其空隙率比普通密级配沥青混凝土要高，通常达到 15%～20%。其优点主要有以下两方面：

(1) 改善行车安全。能够提高雨天时抗滑

图 11-46 PA 沥青路面

性能、水雾少、不积水、提高行车可视性、行车安全性和雨天路面标示可辨认性，高温稳定性好，抗车辙能力比一般沥青混凝土强；噪声低，防眩光；反映在路用性能上是路面摩擦系数提高，刹车距离短，能抑制溅水和起雾，改善雨天行车的能见度，因此能增加行车安全。

(2) 可以降低噪声，改善沿途环境。磨耗层的空隙可以吸收由轮胎引起的空气爆裂声或引擎声。

由于空隙率较大，所以耐久性成为PA沥青路面发展的瓶颈。其空隙率高，沥青容易老化，耐久性差，且空隙容易被堵塞，养护比较困难。这不但和修筑地区的气候条件相关，还与其配合比设计有很大的关系。各国在修筑这种路面时，主要考虑点包括排水、抗滑、降低噪声以及对生态环境的影响，也可以在选料、设计、养护方面采取专门措施，在某种程度上可消除或弥补这些不足。采用高压注水吸出法或双氧水发泡清洗污染等工艺可消除空隙堵塞，保持吸声的功能。

PA沥青混合料虽然能形成骨架，但颗粒之间不能够形成强有力的嵌锁作用，混合料的强度受胶结料的粘结影响很大，要求沥青具有很高的黏性，以确保沥青混合料的强度和稳定性。PA沥青混合料的粗集料达到80%左右，由粗骨料形成骨架结构。因此，粗集料必须石质坚硬，表面粗糙，形状接近立方体，针片状颗粒少，以便嵌挤良好。细集料采用机制砂，要求坚硬、洁净、无风化、无杂质。矿粉的质量对沥青混合料的稳定性及抗车辙能力有重要的影响，采用由石灰石碱性岩石磨细的石粉，必须保持干燥、洁净，能从矿粉仓自由流出。

与普通沥青混合料不同，PA沥青混合料的沥青用量因为其与沥青用量的关系曲线不存在峰值，所以不能用马歇尔试验决定。滴漏试验是开级配沥青磨耗层在高温静态下所能保持的最大沥青用量，据此再求出最佳用油量。当滴漏试验所得到最大用油量能够使混合料情况良好时（膜厚均匀且满足厚度要求），即可作为最佳用量。

11.8.4 低噪声路面

近年来，我国城市快速路的发展非常迅速，汽车数量成倍增长，人们的出行日益便捷，货物运输效益也得到了大幅提高，地区经济得到了飞速发展，但伴随而来的是，原先宁静的工作、生活和生产环境已不复存在，代之的是嘈杂、刺耳的交通噪声。我国城市交通噪声占整个城市噪声的比例长期位于20%以上，同时噪声级别高，严重干扰了城市道路沿线单位、学校和居民区的正常生活秩序，成为城市环境公害之一。

国内外研究学者一致认为，采用抑制噪声源的措施是解决城市噪声的根本途径之一，其中低噪声沥青路面引起了十分广泛的兴趣和重视。低噪声沥青路面降低道路交通噪声与修建声屏障相比，具有经济合理、保持环境原有风貌、降噪效果好和行车安全等特点，目前在世界上已有众多的国家开展了低噪声沥青路面的研究，并且有着广泛的应用。

现有低噪声路面按照结构形态可分为三大类：多孔隙沥青混凝土（空隙率一般达到20%左右）、超薄（小粒径）沥青混凝土（厚度一般仅为2cm左右）和橡胶沥青混凝土。此外还有上述三种组合型低噪声路面，如多孔弹性沥青混凝土路面可看成是多孔隙沥青混凝土与橡胶沥青混凝土相结合的路面结构形式。其中目前应用最广泛的低噪声沥青路面结构是多孔隙沥青路面结构。

(1) 排水式低噪声路面

多孔隙沥青混凝土是目前研究得最多、使用最广泛的降噪沥青路面，其设计空隙率一般达到20%左右，其代表性产品有欧洲的PA(Porous Asphalt)和美国的OGFC(Open-Grade Friction Course)。多孔隙低噪声路面与普通沥青路面的根本区别在于它的孔隙率达到15%~20%，从而保证了其大的连通孔隙率，所以轮胎滚动时被压缩的气体能通畅地钻入路面孔隙内，而不是向周围排射，从而有效破坏了轮胎的"空气泵吸"作用；同时，多孔结构还可以吸收大量的噪声声能，因此多孔性低噪声路面具有显著的降噪效果。

多孔性路面利用了上述原理来降噪，由于路面存在许多连通的小孔，当轮胎滚动时被压缩的空气能够通畅地钻入路面内，而不是向周围排射。同时，在声学上可以将这种路面看成是具有刚性骨架的多孔的吸声材料，具有相当好的吸声性能。即在噪声的辐射过程中吸收衰减了大量声能，研究表明：多孔隙沥青路面与水泥路面相比至少降低6~7dB(A)，与密实性沥青混凝土路面相比至少减少3~4dB(A)，同时多孔隙沥青混凝土路面还具有排水性好、防水溅、抗漂滑和行车安全等优点。这种路面的初期降噪效果很好，但随着飞尘、细料逐步阻塞原有的空隙，其降噪效果将大打折扣（图11-47）；同时这种路面结构容易产生松散和冻融问题，虽然可以采用高黏度沥青来解决这一问题，但对于降噪性能下降的问题并没有很好的解决方法。

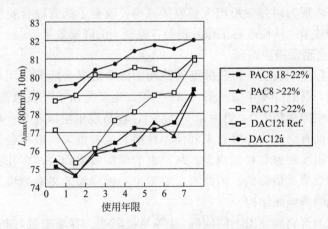

图11-47　多孔隙沥青路面噪音随使用年限的变化

(2) 小粒径低噪声路面

一般把厚度为2~2.5cm的沥青混凝土层称为超薄沥青磨耗层，小粒径沥青混凝土一般用作桥面或路面的表层，其代表性产品有德国的SMA10或

SMA5、法国的超薄面层混合料 Ultra-Thin Asphalt。混合料中集料的最大粒径尺寸小，表面平整，减少了轮胎的振动；同时由于具有发达的表面负纹理（单位面积内表面的构造数量），可以多次反射噪声源形成破坏干涉，从而衰减消耗噪声能量。

小粒径沥青路面由于其发达的路表面纹理（单位面积内表面的构造数量），轮胎/路面接触噪声一方面通过路表面的构造深度和空隙吸收、排泄空气泵气噪声，另一方面通过路表面的纹理多次反射，达到衰减、消耗噪声能量的作用。且由于这种路面使用的集料粒径小，轮胎振动小，因此产生的振动噪声也小。

(3) 弹性低噪声路面

橡胶沥青路面是将一定量的废橡胶粉拌合到沥青混合料中所得到的路面形式，是一种典型的阻尼降噪路面。其降噪机理主要是由于橡胶粉或橡胶颗粒的高弹性，使得路面具有吸收轮胎振动和冲击的效果；同时橡胶沥青混合料是一种内阻尼较大的高分子复合材料，它对轮胎的振动具有较大的衰减功能，因而大大降低了轮胎/路面的振动噪声。

具体而言，橡胶粉沥青路面的降噪原因如下：

① 橡胶粉掺入沥青混凝土，既改变了沥青的性能，又改变了骨料的成分，是在复杂的物理和化学双重反应下产生的作用，使得橡胶粉沥青混凝土表现出与一般沥青混凝土不同的性能。废旧轮胎橡胶粉主要的化学成分是天然橡胶和合成橡胶。有关研究表明，橡胶粉的掺入可以使沥青的弹性恢复能力大大提高，并使得混凝土的孔隙率得到适当提高，所以，橡胶粉与沥青拌合后，可以提高橡胶粉沥青混凝土对空气压力变化的适应能力，从而有效降低交通噪声。

② 由于橡胶粉本身的弹性，沥青混合料中掺加橡胶粉后，混合料的弹性明显增加，表现为回弹变形增大、模量减小，改善了沥青混合料应力扩散和应力吸收的效果。从而改善了橡胶粉沥青混凝土的降噪效果。

(4) 复合型低噪声路面

路面实际使用表明，多孔隙沥青路面的降噪效果会随着使用年限的增加而逐渐衰减，有效降噪年限一般为 3~5 年，主要是由于其孔隙被杂物阻塞，同时由于其空隙率较大（一般为 20% 左右），容易发生松散现象；小粒径沥青路面和橡胶沥青路面的降噪效果和使用性能衰减较慢，一般不会发生多孔隙沥青路面的阻孔现象和松散现象。从目前的降噪效果而言，多孔隙沥青路面的初期降噪效果是最好的，因此有必要提出一种降噪效果衰减慢、使用性能好的新型低噪声路面结构。

多孔隙沥青路面使用上的问题（孔隙易被阻塞、容易松散）源于其较大的空隙率。如果单纯降低多孔隙沥青路面的空隙率，可以缓解孔隙阻塞、松散问题，但其降噪效果将大打折扣，起不到较好的降噪效果，也就失去了低噪声路面的意义。为了缓解这一矛盾，提出了一种双层式多孔隙路面结构，如图 11-48 所示。

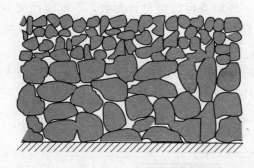

图 11-48　新型城市道路低噪声路面结构

在该结构中，上层采用细粒式沥青混凝土，集料最大粒径在 9.5mm 左右，空隙率控制在 10% 左右；下层采用粗粒式沥青混凝土，集料最大粒径在 16mm 左右，空隙率控制在 20% 左右。这样的结构具有如下优势：①上层空隙率为 10% 左右，下层空隙率为 20% 左右，这样的结构不易被阻塞，即使有细小颗粒阻塞了上部孔隙，在雨天高速行车产生的高压水流将冲刷至下部孔隙中，可通过横向排水排除；②上部空隙率较小，可缓解路面结构的松散问题，路面的耐久性可得到保证；③该结构中下部较大的孔隙，提供了轮胎碾压路面产生的高压气流的排泄通道；上部混合料中集料粒径较小，可进一步减小路面的噪声，使得该结构的降噪效果等同于单层式大孔隙沥青路面结构的降噪效果。实际上，这种路面结构兼具了多孔隙沥青路面和小粒径沥青路面的优点，因此，这种路面是一种具有较大发展潜力的低噪声路面结构。

11.9　国外主要沥青路面设计方法概述

11.9.1　MEPDG 设计方法

美国各州公路和运输官员协会（AASHTO）的路面经验设计方法（分 1972、1986 和 1993 版本）数十年来一直是美国路面设计的主流方法，该方法采用 20 世纪 50 年代末由美国伊利诺伊州的试验路数据建立的路面结构-轴载-使用性能三者间经验关系进行路面结构设计。但是由于初始的方程是在试验路当地特定的气候条件下，针对某种特定路面材料和地基土推导出来的，所以经 20 多年来工程实践，多次进行修订。

1996 年，美国 AASHTO 路面联合工作小组联合美国国家合作公路研究项目（NCHRP）及联邦公路管理局（FHWA）在加利福尼亚州召开了路面设计研讨会，会上提出了到 2002 年推出 AASHTO 力学-经验路面设计指南的目标（当时称为 2002 版路面设计指南）。随后，美国国家战略公路研究项目（NCHRP）于 1996 年开始资助研究项目来发展力学-经验路面设计指南。到 2004 年，公布了力学-经验路面设计指南（缩写为 MEPDG）。MEPDG 基于力学-经验原理，为柔性路面、刚性路面及复合路面的设计提供了统一的基础，并采用共同的交通、路基、环境及可靠度设计参数,不但能预测多种路面性能,还在材料、路面结构设计、施工、气候、交通及路面管理系统之间建立了联系。

MEPDG 设计方法中的柔性路面,包括新建、改建、修复的含有沥青混凝土表层的路面结构,设计过程如图 11-49 所示。

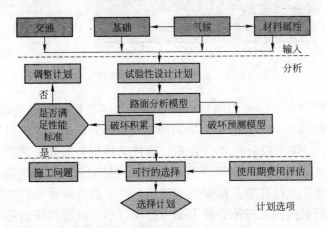

图 11-49　MEPDG 柔性路面设计流程

1. 路面破坏类型与力学指标

柔性路面响应模型的目的是确定交通荷载和环境影响下的结构响应,包括疲劳开裂(由上向下发展、由下向上发展)、永久变形 HMA 温度开裂以及化学稳定层的疲劳开裂,对应的力学指标为:

(1) HMA 层底部/顶部的水平拉应变(HMA 疲劳开裂);

(2) HMA 层的竖向压应力/应变(HMA 的车辙);

(3) 基层/底基层的竖向压应力/应变(粒料基层的车辙);

(4) 土基顶部的竖向压应力/应变(土基车辙)。

每个路面的响应都应在最不利位置进行评估。对于单轮荷载,最不利位置可以观察得到。例如,HMA 层底部的水平拉应变的最不利位置就是轮迹中心线上。对于多轮/多轴结构,最不利位置需要综合考虑轴型和路面结构来确定。

2. 破坏状况预测

(1) 由下而上的疲劳开裂(龟裂)

这种类型的疲劳裂缝最初为沿着轮迹方向短的纵向裂缝,然后迅速发展成网状,最初在 HMA 层底部出现,在重复荷载作用下逐渐向表面传播,其传播机理见图 11-50。

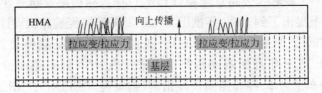

图 11-50　由底部向上发展的疲劳裂缝

由下而上裂缝可由下式计算得到：

$$FC_{\text{bottom}} = \left(\frac{1}{60}\right)\left\{\frac{C_4}{1+e^{[c_1 c_2 + c_2 c_2^* \log(100 DI_{\text{bottom}})]}}\right\} \quad (11\text{-}70)$$

式中，FC_{bottom} 为由下而上疲劳裂缝（占总车道面积百分比）；DI_{bottom} 为由下而上疲劳损坏指数；$C_4 = 6000$（回归系数）；$C_1 = 1$（回归系数），$c_2^* = -2c_2$，$c_2 = 1.0$（回归系数）；$c_2^* = -2.40874 - 39.748 \times (1 + h_{ac})^{-2.856}$。

(2) 由上而下的疲劳开裂（纵向开裂）

疲劳裂缝有的是在表面产生向下发展的，见图 11-51。

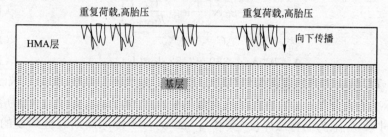

图 11-51 由表面向下发展的疲劳裂缝

由上而下裂缝可由下式计算得到：

$$FC_{\text{top}} = 10.56\left\{\frac{C_4}{1+e^{(c_1 - c_2 \log(DI_{\text{top}}))}}\right\} \quad (11\text{-}71)$$

式中，FC_{top} 为由上而下裂缝，英尺/英里（1 英尺 = 0.3048m，1 英里 = 1.6093km，下同）；DI_{top} 为由上而下疲劳损坏指数；$C_4 = 1000$（回归系数）；$C_1 = 7.0$（回归系数）；$C_2 = 3.5$（回归系数）。

(3) 永久变形或车辙

车辙是由于路面层或土基的塑性变形在轮迹处产生的表面凹陷为沥青层、粒料基层/底基层及路基车辙的总和，并认为化学固结材料层不产生车辙。

MEPDG 对沥青层车辙的预估模型如下：

$$\Delta_{p(\text{HMA})} = \varepsilon_{p(\text{HMA})} h_{\text{HMA}}$$
$$= \beta_{r1} k_z \varepsilon_{r(\text{HMA})} 10^{-3.35412} T^{1.5606 \beta_{r2}} N^{-0.4791 \beta_{r3}} h_{\text{HMA}} \quad (11\text{-}72)$$

式中，$\Delta_{p(\text{HMA})}$ 表示沥青层/子层累积永久变形（1 英寸 = 2.5400cm，下同）；$\varepsilon_{p(\text{HMA})}$ 为沥青层/子层累计的塑性轴向应变；$\varepsilon_{r(\text{HMA})}$ 为沥青层/子层中部回弹（或弹性）应变；$h_{(\text{HMA})}$ 为沥青层/子层厚度，英寸；T 为路面温度（°F）；k_z 为深度围压系数；$k_z = (C_1 + C_2 D) \times 0.328196^D$，$C_1 = -0.1039 \times H_{ac}^2 - 2.4868 \times H_{ac} - 17.342$，$C_2 = 0.0172 \times H_{ac}^2 - 1.7331 \times H_{ac} + 27.428$，$D$ 为路表计算点深度，英寸；H_{ac} 为沥青层总厚度，英寸；N 为荷载次数；β_{r1}、β_{r2}、β_{r3} 为地方标定系数。

MEPDG 对粒状基层及路基层的车辙预测模型如下：

$$\Delta_{p(\text{soil})} = \beta_{s1} k_{s1} \varepsilon v h_{\text{soil}} \left(\frac{\varepsilon_0}{\varepsilon_r}\right) e^{-\left(\frac{\rho}{N}\right)^\beta} \quad (11\text{-}73)$$

式中，$\Delta_{p(\text{soil})}$ 为粒状层/子层永久变形，英寸；N 是交通荷载数；ε_r 为结构响应

第11章 沥青路面及其结构设计

模型计算得到粒状层/子层平均竖向回弹(或弹性)应变; h_{soil} 为粒状层/分层的厚度,英寸; ε_0、β 及 ρ 为材料参数; ε_r 为室内试验时回弹应变; k_{s1} 为修正系数,颗粒基层取 1.673,MEPDG 软件 1.1 版用 2.03,细颗粒材料(路基层)取 1.35,β_{s1} 为地方修正系数。

(4) 温度开裂

温度开裂包括低温缩裂和温度疲劳开裂。低温缩裂主要出现在严寒地区,温度疲劳开裂主要出现在昼夜温差大,季节温差大的地区。

MEPDG 对沥青混凝土温度裂缝的预测公式如下:

$$TC = \beta_{t1} N \left[\frac{1}{\sigma_d} \log \left(\frac{C_d}{h_{HMA}} \right) \right] \tag{11-74}$$

$$\Delta C = A(\Delta K)^n \tag{11-75}$$

$$A = 10^{k_t \beta_t} (4.389 - 2.52) \log(E_{HMA} \sigma_m^n) \tag{11-76}$$

式中,TC 为观测到的温度裂缝(英尺/英里); β_{t1} 为回归系数(400); $N(z)$ 为 z 时的标准正太分布; σ_d 为裂缝深度对数的变准差(0.769)(英寸); C_d 为裂缝深度(英寸); h_{HMA} 为沥青层厚度(英寸); ΔC 为一个冷冻周期裂缝深度的变化; A、n 为沥青混合料断裂系数; k_t 为标定系数(NCHRP1-37A:一级输入为 5.0,二级输入为 1.5,三级输入为 3.0;NCHRP1-40D:一级输入为 1.0,二级输入为 0.5,三级输入为 6.0),E_{HMA} 为混合料间接抗拉模量(psi); σ_m 为混合料抗拉强度(psi); β_t 为地方标定系数。

(5) 半刚性稳定基层的疲劳开裂

半刚性稳定基层的材料由水泥、粉煤灰、石灰-粉煤灰等材料处理过。在重复荷载作用下,微裂缝的出现导致基层的刚度和模量的下降,最终造成开裂,对上面 HMA 层的裂缝传播也有很大影响。

MEDPG 中化学固结层疲劳开裂方程如下:

$$N_{f-CTB} = 10^{\left[\frac{k_{c1} \beta_{c1} - \left(\frac{\sigma_t}{M_R} \right)}{k_{c2} \beta_{c2}} \right]} \tag{11-77}$$

式中,N_{f-CTB} 为化学固结层允许荷载次数; σ_t 为层底拉应力(psi); M_R 为 28d 断裂模量(psi); $k_{c1,c2}$ 为全体标定系数($k_{c1} = 0.972$,$k_{c2} = 0.0825$),β_{c1}、β_{c2} 为地方标定系数。

化学固结层断裂与损坏指数之间的关系如下:

$$FC_{CTB} = C_1 + \frac{C_2}{1 + e^{[C_3 - C_4(DI_{CTB})]}} \tag{11-78}$$

式中,FC_{CTB} 为化学固结层裂缝面积(平方英尺); C_1、$C_2 = 1$(回归系数); $C_3 = 0$(回归系数); $C_4 = 1000$(回归系数); DI_{CTB} 为化学固结层损坏指数。

(6) 平整度(IRI)预测

设计期的 IRI 取决于路面结构的初始 IRI 和破坏的发展两方面。这些破坏包括车辙、由底部向上发展或由顶部向下发展的疲劳开裂、温度开裂。规范中评价平整度用到了初始 IRI、破坏模型及场地条件,包括土基和气候状况。IRI 在整个设计期内是增加的。

MEPDG 对对柔性路面 IRI 的预测公式如下:

$$IRI = IRI_0 + 0.015(SF) + 0.400(FC_{total}) + 0.0080(TC) + 40.0(RD)$$
(11-79)

式中，IRI_0 为施工后初始 IRI（英寸/英里）；SF 为地段因数，$SF = Age \, 0.02003(PI+1) + 0.007947(Precip+1) + 0.000636(FI+1)$；$Age$ 为路面年龄（年）；PI 为土的塑性指数；FI 为平均年冻结指数（°F 天数）；$Precip$ 为平均年降雨量（英寸）；FC_{total} 为疲劳裂缝面积（包括龟裂、纵向裂缝及车轮轨迹内反射裂缝）（占车道面积百分比）；TC 为横向裂缝长度（包括已有沥青路面横向反射裂缝）（英寸/英里）；RD 为平均车辙深度（英寸）。

11.9.2 Shell 法

壳牌（Shell）石油公司于 1963 年提出了柔性路面设计方法，1978 年又进行了补充和完善，形成了具有很大实用价值的方法。Shell 法通过分析路面破坏状态提出设计标准，建立路面模型并进行力学计算，通过试验获取路面材料参数，从而得出一种体系完整的设计方法。

1. 设计标准

（1）路基压应变

路基表面由于行车重复作用产生的压缩变形应不超过某一容许值。根据 AASHO 试验，在标准荷载作用下，路基的容许压应变 ε_z 与重复荷载次数 N 的关系，当耐用性指数降低到 2.5 及 $\mu = 0.35$ 时为：

$$\varepsilon_z = 2.8 \times 10^{-2} \times N^{-0.25}$$
(11-80)

（2）沥青面层拉应变

沥青面层在行车荷载反复作用下，其底面的最大弯拉应变应不超过容许值。该容许弯拉应变随应变产生次数 N 及沥青混合料的模量和类型而变化，通常应在试验室内由试件的重复弯曲试验确定，其关系式为：

$$\varepsilon_r = CN^{-0.25}$$
(11-81)

式中，系数 C 与沥青混合料的类型和模量有关。

（3）整体性基层的拉应力

无机结合料稳定基层的弯拉应力应不超过某一容许值，通过试验，水泥稳定砂砾基层的容许应力与荷载作用次数 N 的关系为：

$$\sigma_r = \sigma_{r1}(1 - 0.075 \lg N)$$
(11-82)

式中　σ_{r1}——一次荷载下的极限抗弯强度。

（4）路面表层的永久变形

路面表面因行车反复作用产生的永久变形，对高速公路，其容许值为 10mm。

2. 路面模型和计算理论

将路面结构看作一种多层线性弹性材料体系，各层材料的弹性特征用弹性模量和泊松比表征。假设各层材料为均质各向同性体，各层在水平方向及最下一层在垂直向下方向为无限大，各层之间的接触面是连续的。

路面表面作用的荷载为一个或几个圆面积均布垂直和（或）水平荷载。

该法的路面计算图式和荷载为三层连续体系，其上作用双圆均布垂直荷载。

计算理论为弹性层状体系理论。计算工作由电子计算机完成。其计算程序有1968年提出的BISTRO程序，可计算多层连续体系任一点的应力、应变和位移；1973年的BISAR程序可以计算N层体系作用垂直和水平荷载，层间完全连续、绝对光滑及具有部分摩擦力时的应力和位移。

3. 材料参数

路基结构层和土基的性质用动弹性模量表征。它们的试验方法和数值如下：

（1）路基

路基的动弹性模量在现场用动弯沉仪或测震仪测定，也可在室内用动三轴仪试验确定。当缺乏上述试验条件，又已知路基土的CBR值时，可按下式近似求得：

$$E_3 = 10^7 CBR$$

（2）松散材料基层

松散材料基层模量受应力的影响很大，由理论分析和试验得知，该种材料的模量E_2决定于它的厚度h_2下面路基的模量E_3，其关系式为：

$$E_2 = K_2 E_3$$

其中$K_2 = 0.2 h_2^{0.45}$，h_2以"mm"计，且$2 < K_2 < 4$。

（3）整体性材料基层

用现场切割小梁进行动弯曲试验确定。对水泥稳定砂砾测得$E_2 = 5 \times 10^9 \sim 10^{10} \text{N/m}^2$。

（4）沥青混合料

考虑到沥青混合料具有黏弹性性质，故用劲度模量表征其力学性质。如果已知沥青的劲度模量S_b和矿质集料的体积含量C_v，可按下式预估沥青混合料的劲度模量S_w。

$$S_w = S_b \left[1 + \left(\frac{2.5}{n} \right) \left(\frac{C_v}{1 + C_v} \right) \right]^n \tag{11-83}$$

式中

$$n = 0.83 \lg \left(\frac{4 \times 10^4}{S_b} \right)$$

$$C_v = \frac{\text{集料体积}}{\text{集料体积} + \text{沥青体积}}$$

4. 荷载

设计用标准轴载为80kN，每个后轮为20kN。轮胎接触压力0.6MPa。轮迹面积半径10.5cm。

对不同轴载的换算，由AASHO结果采用下式：

$$n = \frac{n_1}{n_2} = \left(\frac{P_2}{P_1} \right)^4 \tag{11-84}$$

式中，P_1、P_2和n_1、n_2分别为轴载和轴载作用次数。

为了确定沥青混合料的劲度模量需先求得沥青的劲度模量，因而要知道荷载作用持续时间,这一时间随行车速度、轮迹的横向分布、路面厚度及该点在结构层内的深度而变。按理这些因素都应加以考虑,但实际上不大可能,所以通常取行车速度 50~60km/h 的加荷时间 0.02s 作为路面的荷载作用时间。

关于路面的永久变形即车辙深度,Shell 法按下式计算:

$$\Delta h_1 = C_\omega h_1 \frac{\sigma_{av}}{S_\omega} \tag{11-85}$$

式中 C_ω——动态影响修正系数,用以考虑车辆静载与动载之间的差别,其数值与混合料的类型有关,密级配沥青混合料为 1.2,沥青砂为 2.0;

h_1——沥青层厚度;

S_ω——沥青混合料的劲度模量;

σ_{av}——沥青层的平均正应力,计算时可将该层分成几个亚层,并应用弹性层状体系理论的方法进行计算。

11.9.3 AI 设计法

美国地沥青学会的《沥青路面厚度设计手册(MS—1)》第 9 版(1981 年 9 月),一反过去经验法传统,改用理论分析法。该法用于全厚式沥青路面时采用三层连续体系,即沥青混凝土面层、沥青混凝土或乳化沥青混合料基层、土基。当其下还有粒料底基层时,采用四层连续体系。荷载因式为双圆垂直荷载,以 80kN 单轴载为标准,接地压力为 0.49MPa,每轮当量回半径 δ=11.5cm 两轮中至中间距为 3δ=34.5cm。同样以沥青层底水平拉应变 ε_r 和土基表面压应变 ε_z 为控制标准,他们利用切夫降(Chevron)科研公司的 n 层程序计算路面应力应变,认为临界应变位于双轮荷载对称轴线上,如图 11-52 所示。全部设计工作按其 DWMA 电算程序进行。

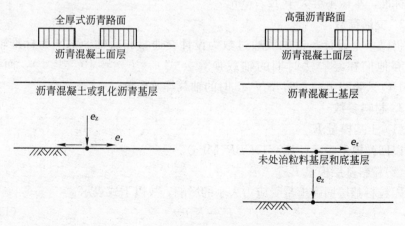

图 11-52 路面结构

AI 法与 Shell 法不同部分简介如下。

1. 设计标准

(1) 沥青层底面的容许拉应变 $[\varepsilon_r]$

根据疲劳试验规律和路上实际情况的修正,得容许拉应变 $[\varepsilon_r]$ 与轴载反复次数 N 间关系如下:

$$N = a\left(\frac{1}{\varepsilon_r}\right)^b \tag{11-86}$$

式中　N——路面开裂时容许的轴载通过次数;

　　　ε_r——轴载通过次数达到 N 次时的拉应变;

　　　a、b——系数,由疲劳试验规律及路上实际修正后而得。

采用芬(F. N. Finm)等人制定的疲劳标难并作适当修正后得到下式:

$$N = 18.4 \times 10^M [4.325 \times 10^{-3} (\varepsilon_r)^{-3.291} \cdot |E^*|^{-0.584}] \tag{11-87}$$

$$M = 4.84\left(\frac{v_L}{v_L + v} - 0.6875\right)$$

式中　v_L、v——分别代表混合料中沥青体积和剩余空隙率,当 $v_L = 11\%$,$v = 5\%$ 时,$M = 0$,这是根据佩尔(P. s. Pell)等人所做的室内疲劳试验而得;

　　　$|E^*|$——沥青混合料的劲度模量,式(11-87)中以(磅/英寸)为单位,改为 MPa 为单位后式(11-87)应成为下式:

$$N = 18.4 \times 10^M [6.25 \times 10^{-5} [\varepsilon_r]^{-3.291} \cdot |E^*|^{-0.584}] \tag{11-88}$$

或

$$[\varepsilon_r] = \frac{0.128 \times 10^{0.304M} |E^*|^{-0.259}}{N^{0.304}} \tag{11-89}$$

(2) 土基表面压应变 $[\varepsilon_z]$

切夫隆科研公司根据 AASHO 试验路数据整理结果得出,控制永久变形的允许荷载重复作用次数可用下式表示:

$$N_d = 1.365 \times 10^{-9} (\varepsilon_z)^{-4.477} \tag{11-90}$$

认为只要路面各层很好压实,沥青混合料经认真设计,路基压应变达到以上标准,车辙不会大于 12.7mm。

2. 交通荷载

仍以一个设计车道轴载通过数为设计交通量和后轴 80KN 为标准轴载,但放弃他们在经验法时期的轴载换算公式 $n = F_i n_i = 10^{0.026(L-82)}$,而采用 AASHO 试验路 $p_i = 2.5$,$SN = 5$ 时的轴载等效系数。

3. 材料参数

(1) 土基模量 E_n

以回弹模量表示,$E_n = 10CBR(\text{MPa})$。

(2) 粒料基层模量 E_3

因粒料基层回弹模量受应力大小的影响,故以下式表示:

$$E_3 = K_1 \theta^{K_2} \tag{11-91}$$

式中　θ——第一应力不变量,$\theta = \frac{1}{3}(\sigma_1 + \sigma_2 + \sigma_3)$

K_1、K_2——经验系数,$K_1 = 0.5$,$K_2 = 6.7 \times 10^2 \sim 10^3$。

粒料基层模量一般采用 $100\sim350$MPa，仅如同壳牌法一样，控制基层模量与路基模量之比在 $2\sim4$ 之间。

(3) 沥青混凝土的模量

沥青混合料以动态模量表示，并以沥青层深度 1/3 处的温度作为沥青层的代表温度，按编入 DAMA 程序中的下列回归方程确定动态模量 $|E^*|$：

$$|E^*|=f(P_{200}, f, v, \eta^0, T, v_L) \qquad (11\text{-}92)$$

式中 P_{200}——通过 200 号筛的集料百分数(%)，一般用 5%；

f——加载频率(Hz)，一般用 10Hz；

v——混合料剩余空隙率(%)，面层 4%，基层 7%；

η^0——70℉即 21℃时沥青的初始绝对黏度(MPa·s)；

T——温度(℃)；

v_L——沥青体积(%)，对于面层和基层均用 11%。

在寒冷地区，月平均温度≤7℃时，为防止因温度应力而产生路面的横向开裂，建议用较软沥青，例如 AC-20（$\eta^0=0.3$MPa·s）、AC-40（$\eta^0=1.3$MPa·s）。

在炎热地区，月平均温度≥24℃时，为改善沥青混合料的疲劳性质和防止永久变形，采用较硬沥青，例如 AC-20（$\eta^0=2.5$MPa·s）、AC-40（$\eta^0=5.0$MPa·s）。

不同沥青混合料的劲度模量 $|E^*|$ 如图 11-53，在 15℃时，AC-40 的的 $|E^*|\approx 10$MPa，AC-5 的 $|E^*|\approx 4\times 10$MPa。

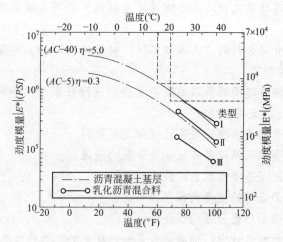

图 11-53 不同沥青混合料的劲度模量

(4) 乳化沥青混合料

Ⅰ类混合料，采用经加工的厂拌密级配混合料，质量类似沥青混凝土，在 $23\sim38$℃范围内 $|E^*|\approx 4\times 10^3\sim 2\times 10^3$MPa。

Ⅱ类混合料，采用半加工统货碎石、未筛碎石等的混合料，在 $23\sim38$℃范围内，$|E^*|\approx 2.5\times 10^3\sim 6\times 10^2$MPa。

Ⅲ类混合料，采用砂或粉砂的混合料，在 $23\sim38$℃范围内，$|E^*|\approx 10^3\sim$

3×10^3 MPa。

以上数据是完全硬化后的模量值,在还未完全硬化前的模量值要按下式折减:

$$E_{T,t} = E_{T,f} - (E_{T,f} - E_{T,i})(RF)_T \tag{11-93}$$

式中 $E_{T,t}$——在温度为 T、硬化时间为 t 时的模量(MPa);

$E_{T,f}$——在温度为 T、并已完全硬化时的模量(以 6 个月为完全硬化期)(MPa);

$E_{T,i}$——在温度 T,但还未硬化的初期模量(MPa);

$(RF)_T$——折减系数,如图 11-54。

4. 设计方法

路面结构各层厚度可利用 DAMA 计算机计算程序在满足 ε_r 与 ε_z 设计标准条件下得到,并取其大值。根据交通量、路基回弹模量、面层和基层的典型材料确定的模量值,已按 DAMA 程序算得的结果绘成设计图供工程设计使用。

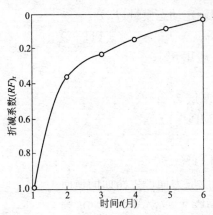

图 11-54 乳化沥青混合料硬化折减系数

练习与讨论

1. 为什么道路交叉口处易出现波浪或搓板?在沥青路面结构设计中如何对其进行考虑?
2. 试用沥青混合料的"高温稳定性"解释沥青路面上重复停车地段出现的波浪、推挤等现象。
3. 为什么沥青路面的低温缩裂多呈横向间隔性裂缝?如何区分路面裂缝是沥青层缩裂还是反射裂缝?
4. 简述沥青路面水损害发展的过程及其原因。
5. 简述沥青路面结构层产生疲劳开裂的原因。
6. 为何要规定各类结构层的最小厚度?
7. 沥青路面设计的主要内容包括哪些?
8. 沥青路面如何进行结构组合设计?
9. 在路面结构设计中,标准轴载是如何规定的?为什么要进行轴载换算?轴载换算的原则是什么?
10. 弹性层状体系理论的基本假设是什么?
11. 沥青路面在力学性质上属于非线性的弹-黏-塑性体,为何又能应用弹性层状体系理论对它进行应力应变分析?
12. 我国沥青路面结构设计采用哪些指标?各设计指标与路面损坏之间有何联系?
13. 设计弯沉与容许弯沉关系如何?为什么?

14. 在一个多层弹性体系中,请标出各特征点的位置:路面弯沉计算点、各层的弯拉应力验算点,并写出这些点的 r、z 坐标值。

15. 路面排水的目的是什么?路面排水系统主要由哪几部分组成?

> 小组讨论(1):请结合路面结构设计计算与分析,讨论道路工程中应用半刚性基层材料的具体受力情况,并从结构与材料角度分析使用得失!
>
> 小组讨论(2):试从理论基础、设计指标、轴载换算方法、路面结构组合、材料设计参数等方面说明我国现行沥青路面设计方法和国外设计方法的差异。

第12章 水泥混凝土路面及其结构设计

本章知识点

> 【知识点】水泥混凝土路面的类型与各自特点；水泥混凝土路面的基本构造要求；水泥混凝土路面结构分析的基本理论；水泥混凝土路面温度变形与温度应力；水泥混凝土路面结构可靠度；水泥混凝土路面结构组合设计的基本要求；水泥混凝土路面厚度设计；水泥混凝土路面排水设计的内容与方法；特种水泥混凝土路面设计要点。
>
> 【重　点】水泥混凝土路面基本构造布置；水泥混凝土路面温度应力产生的原因分析；水泥混凝土路面基层及其作用；水泥混凝土路面排水设计要求；水泥混凝土路面板厚确定方法。
>
> 【难　点】水泥混凝土路面可靠度分析；不同结合状态的水泥混凝土路面结构设计。

12.1 概述

水泥混凝土路面，包括普通混凝土、钢筋混凝土、连续配筋混凝土、预应力混凝土、装配式混凝土和钢纤维混凝土等面层板以及基（垫）层所组成的路面。目前采用最广泛的是就地浇筑的普通混凝土路面，简称混凝土路面。

与其他类型路面相比，混凝土路面具有以下优点：

（1）强度高。混凝土路面具有很高的抗压强度和较高的抗弯拉强度以及抗磨耗能力。

（2）稳定性好。混凝土路面的水稳性、热稳性均较好，特别是它的强度能随着时间的延长而逐渐提高，不存在沥青路面的那种"老化"现象。

（3）耐久性好。由于混凝土路面的强度和稳定性好，所以它经久耐用，一般能使用20~40年，而且它能通行包括履带式车辆等在内的各种运输工具。

（4）有利于夜间行车。混凝土路面色泽鲜明、能见度好，对夜间行车有利。

但是，混凝土路面也存在一些缺点，主要有以下几方面：

（1）对水泥和水的需要量大。修筑 0.2m 厚、7m 宽的混凝土路面，每 1000m 需耗费水泥约 400～500t 和水约 250t，尚不包括养护用的水在内，这给水泥供应不足和缺水地区带来较大困难。

（2）有接缝。一般混凝土路面要建造许多接缝，这些接缝不但增加施工和养护的复杂性，而且容易引起行车跳动，影响行车的舒适性，接缝又是路面的薄弱点，如处理不当，将导致路面板边和板角处破坏。

（3）开放交通较迟。一般混凝土路面完工后，要经过 28d 的养护，才能开放交通，如需提前开放交通，则需采取特殊措施。

（4）修复困难。混凝土路面损坏后，开挖很困难，修补工作量也大，且影响交通。

12.2 水泥混凝土路面的分类与构造

12.2.1 水泥混凝土路面的分类

混凝土路面的面层一般采用普通混凝土，也可采用钢筋混凝土、连续配筋混凝土、钢纤维混凝土、碾压混凝土等。不同的面层类型具有各自的特点及使用范围。

1. 普通混凝土面层（JPCP, Jointed Plain Concrete Pavement）

普通混凝土面层又称有接缝素混凝土面层，是目前应用最广泛的一种面层类型。这种面层除接缝和一些局部范围（如角隅、边缘或孔口周围）外，板内不配置钢筋。混凝土面层通常采用等厚式断面，根据轴载大小和作用次数以及混凝土强度确定其厚度。面层混凝土通常采用整体式浇筑，也可采用双层浇筑方式。

2. 钢筋混凝土面层（JRCP, Joint Reinforced Concrete Pavement）

钢筋混凝土面层为在其内配制纵向和横向钢筋或钢筋网，以防止混凝土面层产生的裂缝缝隙张开，并在其内部设置接缝。由于板的长度大、接缝缝隙宽，因此横缝内应设置传力杆以提供相邻板的传荷能力。这种面层的厚度与普通混凝土面层相同。

3. 连续配筋混凝土面层（CRCP, Continuously Reinforced Concrete Pavement）

连续配筋混凝土面层内配置连续的纵向钢筋及横向钢筋，一般不设接缝，仅在临近构造物处和末端设胀缝，施工需要时设施工缝。连续配筋混凝土面层的厚度与普通混凝土面层相同。为了约束连续配筋混凝土面层端部的过量纵向位移，以减小对邻接构造物或其他路面的推力，在其端部须采用矩形地梁或灌注桩等锚固措施，并接连设置多条胀缝。这类面层由于钢筋用量大、造价高，一般仅用于高速公路或交通繁重的道路，包括旧路面加铺层。

4. 钢纤维混凝土面层钢纤维混凝土面层

该面层是在面层混凝土中掺拌钢纤维，以提高混凝土的强度和韧性，减少收缩量。钢纤维的用量以体积掺量即占混凝土体积的百分率表示，通常为0.6%～1.0%。钢纤维混凝土的弯拉强度高于普通混凝土，它所需要的厚度为普通混凝土面层的0.65～0.75倍。钢纤维混凝土的造价高，一般用于标高受限制路段、收费站路面、混凝土加铺层及桥面铺装等。

5. 碾压混凝土面层

碾压混凝土含水率低，通过振动碾压成型达到高密度、高强度。特干硬性的特点和碾压成形的施工工艺，使碾压混凝土面层具有节约水泥、收缩小、施工速度快、强度高等技术经济上的优势。然而，其表面的平整度较差，拌合物性质的变异性较大，接缝处难以设置拉杆或传力杆。二级及二级以下公路、服务区停车场，可选用碾压混凝土作面层。此外，碾压混凝土可用做下面层，在其上面铺筑普通混凝土、钢纤维混凝土或沥青混凝土上面层。

6. 混凝土预制块面层

混凝土预制块面层即采用混凝土预制块铺筑的面层。预制块有异形块或矩形块。这种路面结构由面层、砂稳平层和基层组成，基层类型同普通混凝土路面。服务区停车场、二级及二级以下公路桥头引道沉降未稳定段的路面，可采用混凝土预制块面层。

7. 复合式路面

复合式路面的面层由两层不同类型材料和力学性质的结构层复合而成。这种面层有水泥混凝土复合面层(PCC-PCC)，及在水泥混凝土板上铺筑沥青混凝土上面层(PCC-AC)。前者一般下层采用碾压混凝土、贫混凝土或低强度等级混凝土，上层采用普通混凝土或连续配筋混凝土。后者下面层亦采用各种形式的混凝土，上层采用沥青混凝土，可在一定程度上改善行车的舒适性，并便于养护维修。承受特重交通的高速公路可采用由沥青混凝土上面层和连续配筋混凝土或横缝设传力杆的普通混凝土下面层组成的复合式路面。

12.2.2 水泥混凝土路面构造

水泥混凝土路面结构的组成包括路基(垫层)、基层以及面层。

1. 路基

路基应稳定、密实、均质，对路面结构提供均匀的支承，即路基在环境和荷载作用下不产生不均匀变形。

理论分析表明，外荷载通过刚性面层和基层的分散作用传到土基上的压力很小，一般不超过0.05MPa，因此，混凝土板下不需要有坚强的土基支承。然而，如果土基的稳定性不足，在水温变化的影响下出现较大的变形，特别是不均匀沉陷，则仍将给混凝土面板带来很不利的影响。实践证明，由于土基不均匀支承，使面板在受荷时底部产生过大的弯拉应力，导致混凝土路面产生破坏。因此，混凝土路面下的路基必须密实、稳定和均匀。一般要求处于干燥或中湿状态，过湿状态或强度与稳定性不符合要求的潮湿状态的路基必须经过处理。

高液限黏土、高液限粉土及含有机质细粒土，不适用作路基填料。因条件限制而必须采用上述土做填料时，应掺加石灰或水泥等结合料进行改善。地下水位高时，宜提高路基顶面标高，同时应采取在边沟下设置排水渗沟等降低地下水位的措施。岩石或填石路基顶面应铺设整平层。

路基的不均匀支承可能由下列因素所造成：

（1）不均匀沉陷：湿软地基未达充分固结；土质不均匀，压实不充分，填挖结合部以及新老路基交接处处理不当。

（2）不均匀冻胀：季节性冰冻地区，土质不均匀，对冰冻敏感性不同；路基潮湿条件变化。

（3）膨胀土：在过干或过湿（相对于最佳含水率）时压实；排水设施不良等。

（4）基层唧泥：基层在荷载和水的综合作用下，容易出现软化，并导致基层的细颗粒材料在接缝中喷出。随着时间的延长和唧泥量的增加，基层将出现脱空。随着基层脱空量的增加，在荷载的作用下的附加应力明显增加，由此导致路面板的断裂。

控制路基不均匀支承的经济有效的方法是：①把不均匀的土掺配成均匀的土；②控制压实时的含水率接近于最佳含水率，并保证压实度达到要求；③加强路基排水设施，对于湿软地基，则应采取加固措施；④加设垫层，以缓和可能产生的不均匀变形对面层的不利影响。

2. 垫层

在温度和湿度状况不良的城市道路上，应设置垫层，以改善路面结构的使用性能。在基层下设置垫层的条件：

（1）在季节性冰冻地区，道路结构设计总厚度小于最小防冻厚度要求时，根据路基干湿类型和路基填料的特点设置垫层。其差值即是垫层的厚度。

（2）水文地质条件不良的土质路堑，路基土湿度较大时，宜设置排水垫层。

（3）路基可能产生较大不均匀沉降或不均匀变形时，宜加设半刚性垫层。

垫层的宽度应与路基宽度相同，其最小厚度为150mm。

防冻垫层和排水垫层宜采用砂、砂砾等颗粒材料。半刚性垫层宜采用低剂量水泥、石灰等无机结合稳定粒料或土类材料。

3. 基层

混凝土面层下设置基层的目的是：

（1）防唧泥：混凝土面层如直接放在路基上，会由于路基土塑性变形量大、细料含量多和抗冲刷能力低而极易产生唧泥现象。铺设基层后，可减轻以至消除唧泥的产生。但未经处治的砂砾基层，其细料含量和塑性指数不能太高，否则仍会产生唧泥。

(2) 防冰冻：在季节性冰冻地区，用对冰冻不敏感的粒状多孔材料铺筑基层，可以减少路基的冰冻深度，从而减轻冰冻的危害作用。

(3) 减小路基顶面的压应力，并缓和路基不均匀变形对面层的影响。

(4) 防水：在湿软土基上，铺筑开级配粒料基层，可以排除从路表面渗入面层板下的水分以及隔断地下毛细水上升。

(5) 为面层施工提供方便，如立侧模、运送混凝土混合料等。

(6) 提高路面结构的承载能力，延长路面的使用寿命。

因此，除非土基本身就是具有良好级配的砂砾类土，而且是良好排水条件的轻交通道路之外，都应设置基层。同时，基层应具有足够的强度和稳定性，且断面正确，表面平整。采用整体性好的材料修筑基层，如具有较高的弹性模量如贫混凝土、沥青混凝土、水泥稳定碎石、石灰粉煤灰稳定碎石、级配碎石等，可以确保混凝土路面良好的使用特性和延长路面的使用寿命。因此，基层材料的技术要求必须符合《公路路面基层施工技术规范》的要求。

基层材料的选用原则：根据道路交通等级和路基抗冲刷能力来选择基层材料。特重交通宜选用贫混凝土、碾压混凝土或沥青混凝土；重交通道路宜选用水泥稳定粒料或沥青稳定碎石；中、轻交通道路宜选择水泥或石灰粉煤灰稳定粒料或级配粒料。湿润和多雨地区以及繁重交通路段宜采用排水基层。

现场调查表明，在沥青混凝土表面直接加铺水泥混凝土路面的破坏明显减少。因此，水泥混凝土路面设置下封层十分必要。有些路段采用稀浆封层作为水泥混凝土路面的下封层，且施工时要求清扫、润湿、透层，再做稀浆封层。虽然增加一些费用，但对延长水泥混凝土路面的使用寿命有十分重要的作用。

无机结合料稳定类基层为混凝土路面最适用的基层类型，特别在交通繁重的路段上。如因条件限制只能采用未经处治的粒料基层时，必须严格控制细料含量并保证压实要求。

基层厚度以20～40cm左右为宜。研究资料表明，用厚基层来提高土基的支承力，或者说借以降低面层应力或减薄面层厚度一般是不经济的。但是随着稳定类基层厚度的减小，基层底面的弯拉应力随之增大，因此基层厚度不宜太薄。

基层宽度应比混凝土路面板每侧各宽出至少30cm(采用小型机具施工时)或50cm(轨道式摊铺机施工)或65cm(采用滑模摊铺机施工)，或与路基同宽，以供施工时安装模板，并防止路面边缘渗水至土基而导致路面破坏。

为防止下渗水影响路基，排水基层下应设置由水泥稳定粒料或密级配粒料组成的不透水底基层，底基层顶面宜铺设沥青封层或防水土工织物。

在冰冻深度大于0.5m的季节性冰冻地区，为防止路基可能产生的不均匀冻胀对混凝土面层的不利影响，路面结构应有足够的总厚度，以便将路基的冰冻深度约束在有限的范围内。路面结构的最小总厚度，随冰冻线深度、路基的潮湿状态和土质而异，超出面层和基层厚度的总厚度部分可用基层下的垫层(防冻层)来补足。

4. 混凝土面层

目前我国多采用普通(素)混凝土板。水泥混凝土面层应具有足够的强度、耐久性、抗冻性，表面抗滑、耐磨、平整。

混凝土板在温度变化影响下会产生胀缩，因此面层需设置纵向接缝、横向接缝、胀缝等。对于特重及重交通等级的混凝土路面，横向胀缝、缩缝均设置传力杆。当板厚按设传力杆确定的混凝土板的自由边不能设置传力杆时，应增设边缘钢筋，自由板角上部增设角隅钢筋。

纵向接缝：根据路面宽度和施工铺筑宽度设置。一次铺筑宽度小于路面宽度时，应设置带拉杆的平缝形式的纵向施工缝。一次铺筑宽度大于 4.5m 时，应设置带拉杆的假缝形式的纵向缩缝，纵缝应与线路中线平行。

横向接缝：横向施工缝尽可能选在缩缝或胀缝处。前者采用加传力杆的平缝形式，后者同胀缝形式。特殊情况下，采用设拉杆的企口缝形式。

胀缝设置：除夏季施工的板，且板厚大于等于 200mm 时可不设胀缝外，其他季节施工时均应设胀缝。胀缝间距一般为 100~200m。混凝土板边与邻近桥梁等其他结构物相接处或板厚有变化或有竖曲线时，一般也均设胀缝。横向缩缝为假缝时，可等间距或变间距布置，一般不设传力杆。

目前国内外常采用等厚式断面。理论分析表明，轮载作用于板中部时，板所产生的最大应力约为荷载作用于板边部时的 2/3。因此，理论上面层板的横断面应采用中间薄两边厚的形式，以适应荷载应力的变化。但是厚边式路面对土基和基层的施工带来不便，而且使用经验也表明，在宽度变化转折处，易引起板的折裂。

混凝土面层应具有较大的粗糙度，即应具备较高的抗滑性能，以提高行车的安全性。因此可采用刻槽、压槽、拉槽或拉毛等方法形成一定的构造深度。

5. 排水系统

水是危害公路的主要自然因素。路基沉陷、冲刷、坍塌和翻浆，沥青路面松散、剥落和龟裂，水泥混凝土路面唧泥、错台和断裂等病害，都不同程度地与地表水和地下水的侵蚀有关。水的作用加剧了路基和路面结构的损坏，加快了路面使用性能的变坏，缩短了它们的使用寿命。因而，公路排水系统是公路工程的重要组成部分，对保证公路的使用性能和使用寿命具有十分重要的作用。

降落在路面表明的水，会通过路面裂缝、接缝或面层空隙下渗到路面结构内部。地下水位高时，地下水会通过毛细管上升进入路面结构下部。此外，中央分隔带及道路两侧有临时滞水时，水分也有可能进入路面结构内部。路面结构中截留的水产生的有害影响可归纳如下：

(1) 使无粘结粒状材料和地基土的强度降低。

(2) 由于移动车辆产生高动水压力，会使路面基层的细颗粒产生唧泥，使面板失去支承。

(3) 混凝土路面因板底脱空产生错台、开裂和整个路肩破坏。

12.2 水泥混凝土路面的分类与构造

(4) 在冰冻深度大于路面厚度的北方地区,高地下水位会造成冻胀,并在冻融期间降低承载能力。

(5) 水使冻(膨)胀土产生不均匀冻(膨)胀。

当前,在高等级公路建设中,为使渗入路面的表面水降至最低程度及迅速地排除进入路面结构内的水分,所采用的路面排水系统主要由四个部分组成:①路面表面排水;②中央分隔带排水;③路面结构内部排水;④桥面铺装体系排水。

对于交通繁重的高速公路和一级公路,采用路面排水设施所增加的资金投入,可以很快从使用寿命的增加和养护工作的减少中得到补偿。国外的一些对比分析和试验路段观测结果表明,设置完善的路面排水设施的路面,其使用寿命要比未设的提高30%(沥青混凝土路面)和50%(水泥混凝土路面)左右。因而,有的国家在路面结构设计方法中(如美国 AASHTO 方法),把路面结构的排水质量(以排除渗入路面结构内水分所需的时间为标准)作为一项设计因素考虑在内。

防止和减少水损害应该从结构本身入手。设置路面排水系统,将积滞在路面结构内的水分迅速排出路面和路基结构,改善路面的使用性能,是国外工程实践中用得较多的一项措施。综合起来有以下几类:

(1) 排水性土工织物中间层

国外自20世纪70年代以来就广泛使用土工织物,在道路工程中多用于隔离、加固、排水、防冻和分散集中应力。所用土工织物多为编织尼龙、无纺聚丙烯和玻璃纤维几种,土工织物的排水效果有好有坏,以无纺聚丙烯效果较好。

(2) 排水性基层

在水泥混凝土面板下铺设高渗透性、强度足够的处治碎石上基层,迅速排除渗入水是路面结构排水系统的一个很好的发展方向。

(3) 路面边缘排水系统

我国路面排水系统的设计及研究进入了较为深入的研究阶段,对路表及路基排水设计作了较具体的研究。近年来,在路肩(路面边缘排水系统)及中央分隔带下设置排水系统已经形成了系统的设计方法(见《公路排水设计规范》JTG D33—2012)。

12.3 弹性地基板理论

12.3.1 简介

水泥混凝土路面的应力分析一般以弹性地基上的薄板为基本的力学模型。水泥混凝土路面板具有较高的力学强度,混凝土面层板的厚度不到其平面尺寸的十分之一,荷载作用下板的挠度又远小于其厚度,因此可把水泥混凝土路面板看作是支撑于弹性地基上的小挠度弹性板,用弹性地基板理论进行分析计算。

由于对弹性地基采用的模型不同，可以得出不同弹性地基板的理论解。弹性地基包括文克勒(Winkler)地基、弹性半空间地基与弹性层状体系地基，前两种地基模型较常用。具有代表性的地基模型有如下几种：

1. 文克勒(Winkler)地基模型

文克勒地基也称作稠密液体地基，地基如同由许多竖向紧密排列而互不关联的线性弹簧所组成，地基顶面任一点的挠度仅同作用于该点的压力成正比，而与其他点上的压力无关。这种地基模型采用弹性模量 E_0 和泊松比 μ_0 来表征其弹性性质。这一假说首先由捷克工程师文克勒(E. Winkler)提出，故称文克勒地基。

2. 弹性半空间地基模型

地基看作是均质的半无限连续介质。地基顶面任一点的挠度不仅同作用于该点的压力有关，也同顶面其他点的压力有关。这种地基模型有时也称作弹性半无限体地基模型或弹性半空间体地基模型，采用弹性模量和泊松比来表征其弹性性质。

3. 巴斯特纳克(Pasternak)地基模型

假设文克勒地基的弹簧单元之间存在一定程度的剪切阻尼作用，类似于弹簧顶部与由不可压缩的梁或板单元组成的剪切层相联结，层内各单元间由于横向剪切而变形。此模型采用地基反应模量和剪切模量 G 两项系数来表征地基的性质。当剪切模量 G 为零时，此模型即为文克勒地基模型；当 G 增大时，可通过增加横向联系来调整地基的反应，使之趋近于半空间地基。因而这是一种介于文克勒地基和半空间地基之间的过渡模型。

弹性地基板在承受局部荷载作用时的挠度和应力分析，可以采用解析法或数值法（主要是有限元法）。前者可以得到较精确的显示解；而后者则为近似的数值解，但可考虑较复杂荷载状况、边界条件或材料性质。

混凝土板在自然条件下，存在沿板厚方向的温度梯度，会产生翘曲现象，如果受到约束，会在板中产生翘曲应力；荷载多次重复作用，温度梯度反复变化，混凝土板有疲劳现象。因此设计时，要考虑荷载疲劳应力和温度疲劳应力两种应力的综合作用。

12.3.2 荷载应力分析

1. 小挠度弹性薄板挠曲面

在弹性力学里，两个平行面和垂直于这两个平行面所围成的柱面或棱柱面简称板。两个板面之间的距离 h 称为厚度，平分厚度 h 的平面称为板的中面。如果板的厚度 h 远小于中面的最小边尺寸 b，这种板称薄板。当薄板弯曲时，中面所弯成的曲面称为薄板的弹性曲面，而中面内各点在竖向的（即垂直于中面方向的）位移称挠度。水泥混凝土板属于挠度弹性薄板，也就是说虽然板很薄，但仍然具有相当的弯曲刚度，因而其挠度远小于厚度。研究弹性小挠度薄板在垂直于中面的荷载（板顶为局部范围内的轮载，板底为地基反力）

作用下的弯曲时,通常采用下述三项基本假设:

(1) 垂直于中面方向的应变极其微小,可以忽略不计。也就是说,薄板全厚度范围内的所有各点都具有相同的位移。

(2) 垂直于中面的法线,在弯曲变形前后均保持为直线并垂直于中面,因而无横向剪切应变。

(3) 中面上各点无平行于中面的位移。

由 3 点假设,应用几何方程可得到应变与竖向位移的关系式:

$$\varepsilon_x = -z \frac{\partial^2 w}{\partial x^2}$$

$$\varepsilon_y = -z \frac{\partial^2 w}{\partial y^2}$$

$$\gamma_{yx} = -2z \frac{\partial^2 w}{\partial x \partial y} \tag{12-1}$$

对于弹性地基薄板,板与地基的联系又采用了如下假设:

(1) 在变形过程中,板与地基的接触面始终吻合,即板面与地基表面的竖向位移是相同的。

(2) 在板与地基的接触面之间没有摩阻力(可以自由滑动),即接触面上的剪应力视为零。

从板上割取长和宽各为 dx 和 dy,高为 h 的单元,作用于单元上的内力和外力,如图 12-1 所示。根据单元的平衡条件($\sum Z = 0$,$\sum M_y = 0$,$\sum M_x = 0$)可导出当板表面作用竖向荷载 p,地基对板底面作用竖向反力 q 时,板中心挠曲面的微分方程为:

$$D \nabla^2 \nabla^2 W = p - q \tag{12-2}$$

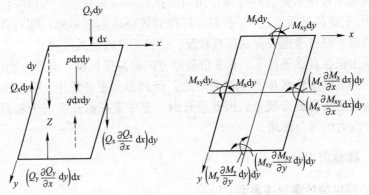

图 12-1 弹性地基板微分单元受力分析

式中 ∇^2——拉普拉斯算子;

D——板的弯曲刚度,即 $D = \dfrac{E_c h^3}{12(1-\mu_c^2)}$,其中 E_c、μ_c 分别为板的弹性模量和泊松比,h 为板厚。

荷载 p 及反力 q 如同竖向位移 w 一样,均为平面坐标 (x,y) 的函数。

在求得板的挠度 w 解后,即可由式(12-3)计算板的应力:

$$M_x = -D\left(\frac{\partial^2 W}{\partial x^2} + \mu_c \frac{\partial^2 w}{\partial y^2}\right)$$

$$M_y = -D\left(\frac{\partial^2 W}{\partial y^2} + \mu_c \frac{\partial^2 w}{\partial x^2}\right) \quad (12\text{-}3)$$

$$M_{xy} = -D(1+\mu_c)\frac{\partial^2 w}{\partial x \partial y}$$

对式(3-3)进行积分，则可得到截面上的弯矩和扭矩：

$$\sigma_x = \frac{E_c z}{-1-\mu_c^2}\left(\frac{\partial^2 w}{\partial x^2} + \mu_c \frac{\partial^2 w}{\partial y^2}\right)$$

$$\sigma_y = \frac{E_c z}{-1-\mu_c^2}\left(\frac{\partial^2 w}{\partial y^2} + \mu_c \frac{\partial^2 w}{\partial x^2}\right) \quad (12\text{-}4)$$

$$\tau_{xy} = \frac{E_c z}{-1+\mu_c^2}\frac{\partial^2 w}{\partial x \partial y}$$

在微分方程(12-2)中有两个未知数，即位移 w 和地基反力 q，因此必须建立附加方程将 w 和 q 联系起来，才能求得方程(12-2)的解 w。对地基的受力变形采取不同的假设，即不同的地基模型，那么建立的 w 和 q 的关系方程也就不同。

2. 文克勒地基与弹性半空间体地基

反力是地基对板块支承的竖向应力分布。荷载形式不同，地基反力在面板底 xy 平面内的分布也不同，根据不同的地基反力特性定义两种地基(图 12-2)：

(1) 文克勒地基：反力与该点的挠度成正比，而与其他点的挠度无关；

(2) 弹性半空间体地基：假定地基是各向同性的弹性半空间体，这时地基在荷载作用范围内、外均产生变形和反力。

3. 文克勒地基板的荷载应力分析

文克勒地基是以反应模量 K 表征的弹性地基。它假设地基上任一点的反力仅同该点的挠度成正比，而与其他点无关，即地基相当于由互不相联系的弹簧组成。地基反力 $q(x,y)$ 与该点的挠度 $w(x,y)$ 的关系为：

$$q(x,y) = Kw(x,y) \quad (12\text{-}5)$$

式中 K——地基反应模量(MPa/m^3)。

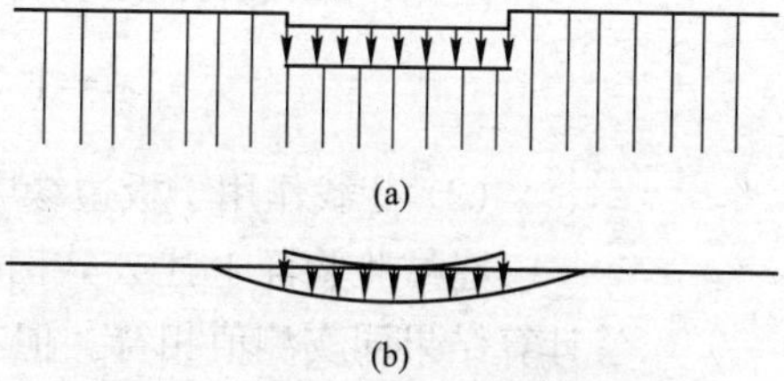

图 12-2 不同假设地基的表面变形图
(a)文克勒地基；(b)弹性半空间地基

威斯特卡德(H. M. S. Westergaard)采用这一地基假说，分析了图 12-3 所示三种车轮荷载位置下板的挠度和弯矩，即：

(1) 轮载作用于无限大板中央，分布于半径为 R 的圆面积内；

(2) 轮载作用于受一直线边限制的半无限大板的边缘，分布于半圆内；

(3) 轮载作用于受两条相互垂直的直线边限制的板的角隅处，压力分布的圆面积的圆心距角隅点为 $\sqrt{2}R$。

在解微分方程(12-2)时，附加 $q=Kw$ 并引入边界条件得出挠度 w，再代入式(12-3)，最后得如图 12-3 所示的三种荷载情形的最大应力计算公式。

(1) 荷载作用于板中，荷载中心处板底最大弯拉应力。

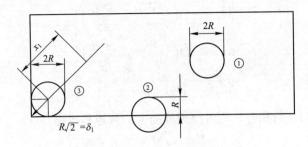

图 12-3 三种荷载位置
①板中；②板边缘中部；③板角隅

$$\sigma_i = 1.1(1+\mu_c)\left(\lg\frac{l}{R}+0.2673\right)\frac{P}{h^2} \tag{12-6a}$$

当荷载作用面积较小时，压强 p 可能很大。这时，如果仍采用假设薄板理论计算应力，会得出偏大的结果。威斯特卡德分析了薄板与厚板理论计算结果的差异，提出了一种把小半径实际荷载面积放大成当量计算半径 b 的近似方法。

b 和 R 的关系按下式确定：

当 $R<1.724h$ 时，$b=\sqrt{1.6R^2+h^2}-0.675h$

当 $R>1.724h$ 时，$b=R$

一般说来，当 $R\geqslant 0.5h$ 时，按 R 和按 b 算得的应力值相差并不大，因而在这种情况下，可不必按当量半径计算应力；而当 $R<0.5h$ 时，则必须把 R 换算成 b 以后，才能应用式计算应力。

因此，式(12-6a)改写为：

$$\sigma_i = 1.1(1+\mu_c)\left(\lg\frac{l}{b}+0.2673\right)\frac{P}{h^2} \tag{12-6b}$$

(2) 荷载作用于板边缘中部，荷位下板底的最大弯拉应力。

在试验验证上述公式时发现，当板处于同地基保持完全接触的状态时，计算结果同实测值相符。但在板边缘由于板温度翘曲变形或地基塑性变形而同地基脱空时，实测应力值要比计算结果偏高 10% 左右。为此，凯利 (E. F. Kelley) 根据试验结果，提出了经验修正公式：

$$\sigma_c = 2.116(1+0.54\mu_c)\left(\lg\frac{l}{R}+0.08975\right)\frac{P}{h^2}$$

$$\left.\sigma_c' = 2.116(1+0.54\mu_c)\left(\lg\frac{l}{R}+\frac{1}{4}\lg\frac{R}{2.54}\right)\frac{P}{h^2}\right\} \tag{12-7}$$

计算板边应力时，当 $R<0.5h$ 时，也应将 R' 改成 b 进行计算。

(3) 荷载作用于板角隅，最大拉应力产生在板的表面离荷载圆中心为 x_1 的分角线，如图 12-3。

$$\left.\begin{aligned}\sigma_c &= 3\left[1-\left(\frac{\sqrt{2}R}{l}\right)^{0.6}\right]\frac{P}{h^2}\\ x_1 &= 2\sqrt{\delta_1 l \delta_1}=\sqrt{2}R\end{aligned}\right\} \tag{12-8}$$

在温度梯度和地基塑性变形的影响下,板角隅也会发生同地基相脱空的现象。试验表明,板角隅上翘时,实测应力值要比(12-8)算得的大30%～50%。对此,凯利又提出了经验修正公式:

$$\sigma_c = 3\left[1-\left(\frac{R}{l}\right)^{1.2}\right]\frac{P}{h^2}$$

$$l = \sqrt[4]{\frac{D}{K}} = \sqrt[4]{\frac{E_c h^3}{12(1-\mu_c^2)K}} \tag{12-9}$$

在以上诸式中,P 为车轮荷载,l 为板的相对刚度半径,即上述三种荷位时的最大应力计算公式可写成一般形式:

$$\sigma = C\frac{P}{h^2} \tag{12-10}$$

4. 弹性半空间地基板的荷载应力分析

弹性半空间地基是以弹性模量和泊松比表征的弹性地基。它假设地基为一各向同性的弹性半无限体。地基在荷载作用范围内及影响所及的以外部分均产生变形,其顶面上任一点的挠度不仅同该点的压力,也同其他各点的压力有关。根据霍格理论,无限大地基上无限大圆板上作用轴对称竖向荷载 $q(r)$(图 12-4)时,竖向挠度位移表达式:

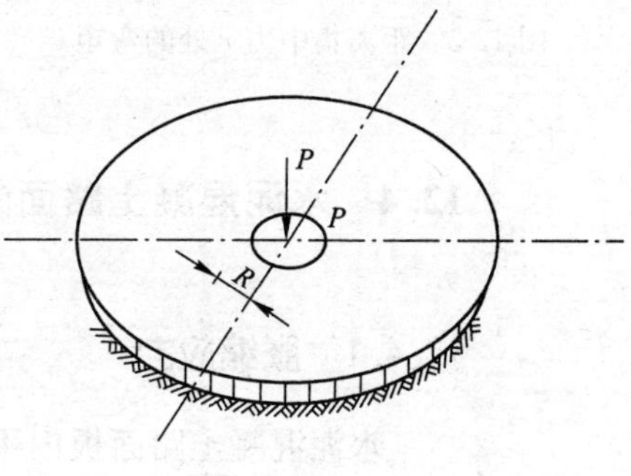

$$w(r) = \frac{2(1-\mu_s^2)}{E_s}\int_0^\infty \bar{q}(\xi)J_0(\xi r)\mathrm{d}\xi \tag{12-11}$$

图 12-4 在无限大板上的圆形均布荷载

式中 $\bar{q}(\xi)$ ——荷载函数的零阶 Hankel 变换式;

$J_0(\xi r)$ ——零阶第一类 Bessel 函数;

ξ ——任意参数;

E_s、μ_s ——地基的弹性模量和泊松比。

轴对称条件下的径向、切向弯矩表达式:

$$\left.\begin{array}{l}M_r = -D\left(\dfrac{d^2}{dr^2}+\dfrac{\mu_c}{r}\dfrac{d}{dr}\right)w(r) \\ M_r = -D\left(\dfrac{1}{r}\dfrac{d}{dr}+\mu_c\dfrac{d^2}{dr^2}\right)w(r)\end{array}\right\} \tag{12-12}$$

将式(12-11)表达式带入小挠度弹性薄板公式得到:

$$\left.\begin{array}{l}q(r) = \displaystyle\int_0^\infty \dfrac{\bar{p}(\xi)J_0(\xi r)}{1+\alpha^{-3}\xi^3}\xi\mathrm{d}\xi \\ w(r) = \dfrac{2(1-\mu_s^2)}{E_s}\displaystyle\int_0^\infty \dfrac{\bar{p}(\xi)J_0(\xi r)}{1+\alpha^{-3}\xi^3}\mathrm{d}\xi\end{array}\right\} \tag{12-13}$$

其中:$\bar{p}(\xi)$ ——荷载函数的零阶 Hankel 变换式;

α ——弹性特征系数,$\alpha = \dfrac{1}{h}\sqrt[3]{\dfrac{6E_s(1-\mu_c^2)}{E_c(1-\mu_s^2)}}$;

E_s、μ_s ——地基的弹性模量和泊松比;

E_c、μ_c——水泥混凝土的弹性模量和泊松比；

h——板厚。

从而得到圆形均布荷载下，板在单位宽度内产生的最大弯矩：

$$M_r = M_t = \frac{CP(1+\mu_c)}{2\pi aR} = \overline{M_0} P \tag{12-14}$$

荷载圆距离计算点一定距离时，可将其视为作用在圆心的集中力，距离集中力r处（如图12-5）板在单位宽度内的弯矩为：

$$\left. \begin{array}{l} M_t = (A + \mu_c B)P = \overline{M_t}P \\ M_r = (B + \mu_c A)P = \overline{M_r}P \end{array} \right\} \tag{12-15}$$

其中：A、B是随ar值变化的系数，C是随aR值变化的系数，其中r是弯矩求解点与荷载圆心的距离，R为荷载圆半径。对于多个荷载圆作用时，某点应力可通过分别计算，然后叠加的方法求出。叠加时要将极坐标下数值向统一的xy坐标转换。

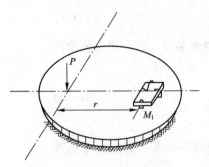

图12-5 距离集中力r处的弯矩

12.4 水泥混凝土路面的温度应力分析

12.4.1 胀缩应力

水泥混凝土路面板内不同深度的温度随外界气温的变化而变化。这种变化使得混凝土路面板出现膨胀和收缩的变形。当变形受到阻碍时，在板内就会产生胀缩应力和翘曲应力。

当气温缓慢变化时，混凝土板内温度均匀升降，面板沿着断面的深度均匀胀缩。平面尺寸很大的板，其板内任一点在温差影响下的应变为：

$$\left. \begin{array}{l} \varepsilon_x = \frac{1}{E}(\sigma_x - \mu\sigma_y) + \alpha\Delta t \\ \varepsilon_y = \frac{1}{E}(\sigma_y - \mu\sigma_x) + \alpha\Delta t \end{array} \right\} \tag{12-16}$$

式中 x——板的纵轴；

y——横轴；

ε_x、ε_y——板纵向和横向应变；

σ_x、σ_y——板纵向和横向温度应力(MPa)；

α——水泥混凝土的线膨胀系数，约为1×10^{-5}；

Δt——板温差(℃)。

当受到地基摩阻力作用，板中心点不产生平面位移时，$\varepsilon_x = \varepsilon_y = 0$，代入式中可以得到这时板胀缩完全受阻时候产生的应力为：

$$\sigma_x = \sigma_y = -\frac{E\alpha\Delta t}{1-\mu} \tag{12-17}$$

板纵向边缘或窄长板时，则：

$$\sigma_x = -E_c\alpha\Delta t \tag{12-18}$$

12.4.2 翘曲应力

由于混凝土板、基层和土基的导热性能较差,当气温变化较快时,使板顶面与底面产生温度差,因而板顶与板底的胀缩变形大小也就不同。当气温升高时,板顶面温度较其底面高,板顶膨胀变形较板底大,则板中部隆起;相反,当气温下降时,板顶面温度较其底面板低,板顶收缩变形较板底大,因而板的边缘和角隅翘起,如图 12-6 所示。由于板的自重、地基反力和相邻板的钳制作用,使部分翘曲变形受阻,从而使板内产生翘曲应力。由气温升高引起的板中部隆起受到限制时,板底面出现拉应力;而当气温降低引起的板四周翘起受阻时,板顶面出现拉应力。

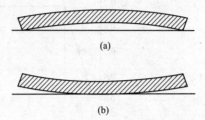

图 12-6 混凝土路面板的翘曲变形
(a)气温升高;(b)气温降低

威斯特卡德在对文克勒地基上的板作翘曲应力分析时作了进一步假定:温度沿板断面呈线性变化;板与地基始终保持接触。这样,对于有限尺寸板,沿板长和板宽方向上的翘曲应力(板长 L,板宽 B):

$$\left. \begin{aligned} \sigma_x &= \frac{E_c\alpha\Delta t}{2} \cdot \frac{C_x+\mu_c C_y}{1-\mu_c^2} \\ \sigma_y &= \frac{E_c\alpha\Delta t}{2} \cdot \frac{C_y+\mu_c C_x}{1-\mu_c^2} \end{aligned} \right\} \tag{12-19}$$

板边缘中点:

$$\sigma_x = \frac{E_c\alpha\Delta t}{2} \cdot C_x$$

$$C_x \text{ 或 } C_y = 1 - \frac{2\cos\lambda\cosh\lambda}{\sin 2\lambda + \sinh 2\lambda}(\tan\lambda + \text{th}\lambda) \tag{12-20}$$

式中 Δt——板顶面与板底面温度差(℃),按如下式计算:

$$\Delta t = T_g \cdot h \tag{12-21}$$

h——板厚度(m);

T_g——板的温度梯度,根据不同地区的公路自然区划来取值(表 12-1);

水泥混凝土面板的温度梯度公路自然区划　　　　表 12-1

公路自然区划	Ⅱ、Ⅴ	Ⅲ	Ⅳ、Ⅵ	Ⅶ
最大温度梯度(℃/m)	83~88	90~85	86~92	93~98

C_x、C_y——与 L/l 或者 B/l 有关的系数,除了按式(12-20)计算外,还可以查图 12-7 得到。

计算 C_x 时,$\lambda = L/(\sqrt{8}l)$,计算 C_y 时,$\lambda = B/(\sqrt{8}l)$,其中 l 是板的相对刚性半径。

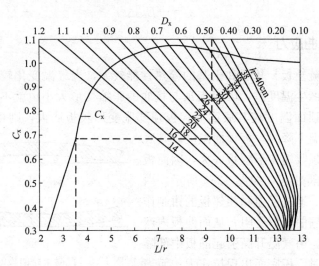

图 12-7 板温度翘曲应力系数值

12.5 水泥混凝土路面的破坏状态、设计指标和标准

12.5.1 水泥混凝土路面的破坏状态

因为水泥混凝土具有较高的力学强度和弹性模量,因此水泥混凝土路面的承载能力大部分由路面板提供,而板下的基层和路基,则主要起支承作用,这使得混凝土路面板在轮载作用下产生的应力成为路面板厚度设计的主要控制指标。由于混凝土的抗弯拉强度要比抗压强度低得多,在车轮荷载作用下,混凝土板受弯拉部分最易破坏。理论研究和工程实践证明,在车轮荷载的重复作用下,尽管荷载应力小于混凝土的极限抗弯拉强度,路面板仍会产生疲劳破坏。此外,混凝土的热胀冷缩会使板产生温度胀缩应力,板顶面和底面的温差使板产生温度翘曲应力,板的尺寸越大,所产生的这些应力就越大,为了减小这些应力必须把混凝土路面划分成较小的板块并设置各种类型的接缝。水泥混凝土路面板由于刚度高,脆性大,又需要设置接缝,在行车和环境等因素的不断作用下就会产生破坏。水泥混凝土路面的损坏形式及其原因与柔性路面不同,通常采用弹性地基板理论分析。

水泥混凝土路面常见的破坏有:裂缝、板边缘和角隅的损坏、接缝的损坏、板面磨损和错台等。按破坏形式可分为以下四类:

第一类是裂缝类,包括:横向裂缝、纵向裂缝、斜向裂缝、交叉裂缝、板角断裂和网裂;

第二类为变形类,包括:沉陷、胀起等;

第三类是接缝损坏类,包括:接缝碎裂、填缝料损坏、接缝张开、错台、唧泥、拱起;

第四类为表面损坏类,包括:纹裂、网裂、起皮、磨损、露骨、坑槽、孔洞、磨光等。

(1) 断裂

面层板因为板内应力超过混凝土强度而出现纵向、横向、斜向或板角隅断裂裂缝，裂缝严重时，裂缝交叉而使面层板破碎成碎块。导致应力过量的原因是多种多样的，例如，板太薄或轮载过重，板的平面尺寸过大，地基不均匀沉降或过量塑性变形使地板失去支承，施工养护期间收缩应力过大等。断裂的出现，使板的结构整体性遭到破坏，使板丧失大部分以至全部承载能力。因而，断裂可看做是混凝土铺面结构破坏的临界状态。

(2) 唧泥

车辆行经接缝时，从缝内喷溅出稀泥浆的现象称作唧泥。这是由于在重轮载的频繁作用下，板边缘和角隅下的基层由于塑性变形累积而同面层底面脱离接触，沿接缝或外侧边缘下渗的水分积聚在上述脱空区的空隙内，板在轮载作用下的弯曲变形使空隙水变为有压水，并高速流动冲刷基层表面而形成泥浆，沿接缝缝隙喷溅出来。唧泥的产生，扩大了脱空区，使板边缘和角隅更大范围地失去支承。

(3) 错台

错台系指接缝或裂缝两侧面层板端部出现高程差(竖向相对位移)。唧泥的产生和发展过程中，带有基层被冲蚀材料的高压水把这些材料冲击在后方(进近)板的板底脱空区内，从而使该板抬高；而前方(驶离)板由于板下基层材料被冲蚀而下沉，由此形成了错台。错台的出现，使行车的平稳性和舒适性降低。

(4) 接缝碎裂

接缝碎裂系指邻近横向和纵向接缝数十厘米(约60cm)范围内，板边缘混凝土的开裂、断裂或成碎块(碎屑)。碎裂通常并不扩展到整个板厚。胀缝内滑动传力杆排列不正或不能正常滑动，接缝内落入坚硬杂屑而阻碍板的膨胀变形等，均可使混凝土在膨胀时受到较高的挤压应力而裂成碎块。

(5) 拱起

在春季和炎热夏季，混凝土面层板在热膨胀受到约束时，横缝两侧的数块板块突然出现向上拱起的屈曲失稳现象，并伴随出现板块的横向裂缝。接缝缝隙增大，坚硬碎屑落入缝隙内，阻碍板的膨胀变形，从而长生较大的热压应力。这是板出现纵向失稳的一个主要原因。

(6) 板面起皮、剥落

水泥混凝土路面表层上下脱开，这种板面浅层内所发生的病害称为起皮。距接缝40cm宽度内的板边、板角40cm半径内不垂直贯通板的破碎现象称为剥落。起皮主要是由于施工过程中水灰比过大或因混凝土施工时表面砂浆有泌水现象引起。剥落则主要是由混凝土强度不足，缝内进入杂物所引起。

(7) 坑槽、孔洞

水泥混凝土路面板表面有局部破损，形成一定深度的洞穴称为孔洞。面层骨料局部脱落而产生的沟槽称为坑槽。孔洞和坑槽的形成主要是由于砂石材料含泥量过大，混凝土内有泥土或杂物所致。

(8) 麻面、露骨

水泥混凝土表面结合料磨失，成片或成段的呈现过度的粗糙称为麻面。路面混凝土保护层脱落形成骨料裸露称为露骨。麻面主要是由于混凝土施工时遇雨所致。露骨则主要是混凝土表面灰浆不足，泌水提浆造成混凝土路面表面强度降低。

(9) 松散

水泥混凝土路面由于结合料不足或失效，成片或成段的呈现过度的粗糙和砂石材料分离的现象称为松散。松散主要是由于砂石含泥量较大，水泥质量较差或用量较少，冻胀与碱集料反应或混凝土强度不足引起。

(10) 磨光

水泥混凝土路面磨成光面，其摩擦系数已下降到极限值以下，磨光的主要原因是由于水泥路面水泥砂浆层强度低和水泥等原材料耐磨性差。

(11) 填缝料损坏

接缝内无填料、填料破损、缝内混杂砂石均称为填缝料损坏。填缝料损坏主要是由于填缝料脆裂、老化、挤出及与板边脱离造成。质量较差的填缝料，在短时间内就会发生填缝料损坏的现象。

12.5.2 设计指标

1. 可靠度相关指标

我国现行规范采用可靠度设计方法，其理论依据将在12.6节介绍，这里先给出其设计指标标准。

各级公路水泥混凝土路面结构的设计安全等级及相应的设计基准期、目标可靠指标和目标可靠度，应符合表12-2的规定，各安全等级路面的材料性能和结构尺寸参数的变异水平等级，可按表12-2的建议值选用。

材料性能和结构尺寸参数的变异水平分为低、中、高三级，各等级主要设计参数的变异系数变化的规定，表12-3和表12-4可用于控制施工中的质量变异。

可靠度设计指标　　　　　　　　表12-2

公路技术等级	高速公路	一级公路	二级公路	三级公路	四级公路
安全等级	一级		二级	三级	
设计基准期(年)	30		20	15	10
目标可靠度(%)	95	90	85	80	70
目标可靠指标	1.64	1.28	1.04	0.84	0.52

变异系数 C_V 的变化范围　　　　　　　　表12-3

变异水平等级	低	中	高
水泥混凝土弯拉强度	$0.05 \leqslant C_v \leqslant 0.10$	$0.10 < C_v \leqslant 0.15$	$0.15 < C_v \leqslant 0.20$
基层顶面当量回弹模量	$0.15 \leqslant C_v < 0.25$	$0.25 \leqslant C_v \leqslant 0.35$	$0.35 < C_v \leqslant 0.55$
水泥混凝土面层厚度	$0.02 \leqslant C_v < 0.04$	$0.04 < C_v \leqslant 0.06$	$0.06 < C_v \leqslant 0.08$

可靠度系数   表12-4

变异水平等级	目标可靠度(%)			
	95	90	85	80
低	1.20~1.33	1.09~1.16	1.04~1.08	—
中	1.33~1.50	1.16~1.23	1.08~1.13	1.04~1.07
高	—	1.23~1.33	1.13~1.18	1.07~1.11

注：变异系数在表12-3所示的变化范围的下限时，可靠度系数取低值；上限时，取高值。

2. 水泥混凝土材料强度

水泥混凝土的强度以28d龄期的弯拉强度控制。当混凝土浇筑后90d内不开放交通时，可采用90龄期的弯拉强度。各交通等级要求的混凝土弯拉强度标准值不能低于表12-5的规定。

混凝土弯拉强度标准值   表12-5

交通等级	极重、特重、重	中等	轻	轻
水泥混凝土的弯拉强度标准值(MPa)	≥5.0	4.5	4.0	4.0
钢纤维混凝土的弯拉强度标准值(MPa)	≥6.0	5.5	5.0	5.0

3. 交通量指标

水泥混凝土路面结构设计以100kN的单轴-双轮组荷载作为标准轴载及最大荷载，同时也作为设计荷载。不同轴载的作用次数，按式(6-6)或式(12-22)换算为设计轴载的作用次数。

轴载换算公式为：

$$N_s = \sum_{i=1}^{n} N_i \left(\frac{P_i}{P_s}\right)^{16} \tag{12-22}$$

式中 N_s——100kN的设计轴载的作用次数；
  P_i——各级轴载单轴或双轴总重(kN)；
  P_s——设计轴载总重(kN)；
  N_i——各类轴载的作用次数；

水泥混凝土路面所承受的轴载作用，按设计基准期内设计车道所承受的标准轴载累计作用5级，分级范围如表12-6。

交 通 分 级   表12-6

交通荷载等级	极重	特重	重	中等	轻
设计基准期内设计车道承受的标准轴载(100kN)累计作用次数 N_e(10^4)	>1×10⁶	1×10⁶~2000	2000~100	100~3	<3

12.5.3 设计标准

水泥混凝土为脆性材料，其面层板的结构性损坏基本都表现为断裂。从保证铺面结构承载能力的角度，混凝土铺面结构设计应以防止面层板出现断裂作为主要的设计标准。然而，形成新断裂的原因是多方面的。有的断裂是在施工期间形成的,这种断裂可以通过控制施工质量(水灰比、水泥品质、缩缝锯切时间等)予以防止。有的裂缝则是由于地基不均匀沉降或基层受冲蚀而使面层板底面出现脱空后板内应力增大而引起的。对于脱空现象,主要通过对路基、垫层和基层采取适当的结构措施以提供足够的刚度、耐冲刷和排水条件而予以减轻或避免。有的断裂是由于板块尺寸过大,所产生的温度翘曲应力超过混凝土的抗弯拉强度而导致横向裂缝。通过设置纵向和横向接缝,缩小板块的尺寸,可以降低低温度翘曲应力。车辆荷载的重复疲劳作用,积累到一定程度后,可引起面层板出现横向或纵向的疲劳裂缝。这类疲劳裂缝被选作确定混凝土面层厚度时所需考虑的主要损坏模式。

在分析水泥混凝土路面板温度应力引起的疲劳效应时比较特殊,因考虑了导致温度应力产生的约束将随温度应力作用次数增加而弱化,其修正系数("温度疲劳应力系数")小于1。

混凝土的极限应力根据其是否被修正,分别被称为:"荷载应力"、"荷载疲劳应力"和"温度应力"、"温度疲劳应力"。

根据混凝土板断裂发生时的两种可能状况,我国现行《公路水泥混凝土路面设计规范》JTG D40—2011设想了两种破坏状态,并以此作为建立设计的极限状态:

(1) 板在重复荷载(以100kN为标准换算的累计标准轴次)作用下产生疲劳断裂;

(2) 板在单次最重荷载(一次性作用,大于100kN)作用下产生突然断裂。

第二种极限状态是新增加的一种极限状态,所谓"最重荷载"指的是在路面建成后,路面上通行的车辆荷载中,可能出现的最大轴载。两种极限状态的公式(12-23)如下(等号成立时为极限状态):

$$\begin{cases} \gamma_r(\sigma_{pr}+\sigma_{tr}) \leqslant f_r \\ \gamma_r(\sigma_{p,\max}+\sigma_{t,\max}) \leqslant f_r \end{cases} \quad (12\text{-}23)$$

式中 σ_{pr}——面层板在临界荷位产生的行车荷载疲劳应力(MPa);

σ_{tr}——面层板在临界荷位产生的温度梯度疲劳应力(MPa);

$\sigma_{p,\max}$——最重的轴载在临界荷位处产生的最大荷载应力(MPa);

$\sigma_{t,\max}$——所在地区最大温度梯度在临界荷位处产生的最大翘曲应力(MPa);

γ_r——可靠度系数,依据所选目标可靠度、变异水平等级及变异系数通过计算确定;

f_r——水泥混凝土弯拉强度标准值(MPa)。

对于贫混凝土或碾压混凝土作基层时,应以设计基准期内行车荷载不产生疲劳断裂作为设计标准,其极限状态表达式(12-24)为:

$$\gamma_r \sigma_{bpr} \leqslant f_{br} \quad (12\text{-}24)$$

式中 σ_{bpr}——基层内产生的行车荷载疲劳应力(MPa);

f_{br}——基层材料的弯拉强度标准值(MPa)。

极限状态的表达式以路面上的临界荷位为计算点,所谓临界荷位指的是混凝土路面板上的某一位置(一般是纵缝边缘中部),当设计荷载作用在该位置时，板内出现的弯拉应力最大。公式中还引入了可靠度设计方法，可靠度系数的来源、意义及其取值方法将在12.6节讨论。

12.6 路面结构设计的可靠度理论

12.6.1 概述

由于混凝土等筑路材料本身非均质性和施工偏差，以及道路在使用年限内的环境和荷载条件的变化，使混凝土路面结构的各项设计参数都具有一定的变异性。在传统的结构设计方法中，这些结构设计参数的变异性对结构功能的影响，通常用两种方法加以考虑。一种是通过所谓的"安全系数"，即对路面结构本身的"能力"加以某种缩小或对"外部"作用予以某种放大；另一种是根据各个参数的数理统计结果，对设计取值加上一定的"保证率"，即对"有利"结构功能的参数值按均值减去数倍的均方差取值，而对"不利"结构功能的参数按均值加上数倍均方差取值。由于缺乏各设计参数变异性对设计结果影响的定量分析，在确定"安全系数"和"保证率"时，有着很大的主观性，同时即便取相同的"安全系数"或"保证率"，也不能保证参数变异水平不同的路面结构处于相同状态。而对不同设计指标，同一设计参数的"有利"、"不利"标准不是唯一的，且使设计指标的可检验性大大下降，给施工控制和质量检验带来了许多难以克服的困难。

为了使设计更加合理和更能反映实际情况，以及施工控制和质量检验的需要，各设计参数变异性对结构功能的影响必须加以定量的研究。可靠性理论的出现和发展为我们提供了理论基础和分析手段。

结构可靠度定义为：在规定的时间内，在规定的条件下，结构能完成预定功能的概率。当前，根据可靠性理论计入设计参数变异性影响的可靠性设计方法已成了结构设计方法的发展趋势。我国颁布的国家标准《建筑结构设计统一标准》规定在各类建筑结构中必须采用基于可靠性理论的设计方法，以取代传统的定值设计法。我国铁路、公路、港口、水利等部门的结构可靠度设计统一标准也正在编制中。

12.6.2 可靠性理论

从可靠性理论中的可靠度一般定义出发，路面可靠度可广义地定义为："在设计使用年限内，在将遇到的环境条件和荷载作用下，路面能够发挥其预期功能的概率。"路面的功能是为行车提供一个平整、坚实、抗滑的表面。但是，目前的路面结构设计往往并不意味着满足路面所需各项功能的要求，而只是通过对一项或几项设计指标的控制，以避免路面在使用期内出现某种或某几种的损坏。因此，路面结构可靠度的定义也应对于相应的结构设计方法进行具体化。

1. 路面结构进行状态函数

我国现行的混凝土路面设计规范中采用的结构设计方法是以混凝土路面

板在车辆荷载应力和温度应力综合作用下在纵缝边缘中部出现纵向疲劳开裂作为临界损坏状态，设计时以荷载应力和疲劳温度应力的叠加小于等于混凝土疲劳强度作为设计标准。与水泥混凝土材料疲劳方程的一般回归形式为：

$$\frac{\sigma_f}{\sigma_s} = A - B\lg N \tag{12-25}$$

式中　σ_f——混凝土疲劳强度（MPa）；

　　　σ_s——混凝土极限抗折强度（MPa）；

　　A、B——混凝土疲劳方程的两个回归系数；

　　　N——当量标准轴载作用次数。

路面结构的极限状态函数可表示为：

$$\sigma_p + \sigma_t \leqslant \sigma_f = \sigma_s(A - B\lg N) \tag{12-26}$$

式中　σ_t——温度应力（MPa）

　　　σ_p——荷载应力（MPa）

混凝土路面结构可靠度可相应地定义为：在设计使用年限内，在车辆荷载应力和温度应力综合作用下，路面板纵缝边缘中部不出现疲劳开裂的概率，即

$$P_s = P(\sigma_p + \sigma_t \leqslant \sigma_f) \tag{12-27}$$

在保持失效模式的实质不变的前提下，也可采用路面结构疲劳寿命（结构允许当量标准轴载作用次数 N）大于（预计的）累计当量标准轴载作用次数 n 作为路面结构极限状态函数，即

$$N > n \tag{12-28}$$

路面在设计使用期内要经受该期间交通荷载的累计作用。各种路面或各种设计方法和指标，都可将路面服务能力表示为达到某一预定的使用性能（结构的或功能的）最低要求之前（这段时间可以称之为路面使用性能寿命期），路面结构所能承受的交通荷载的累计作用。而交通荷载的累计作用，可以转换为某一选定的标准轴载的当量累计作用次数。这样，采用不同设计方法和指标的各种路面结构，可以采用统一的可靠度定义：路面使用性能退化到预定的最低水平，路面结构所能承受的标准轴载作用次数 N 超过设计使用期内标准轴载累计作用次数 n 的概率，表示为：

$$P_s = P(N > n) \tag{12-29}$$

采用上述定义分析路面结构的可靠度，就有可能使不同路面类型或者采用不同设计方法和指标的可靠度计算值具有了可比性，从而有利于路面结构方案的比较和选择，也有利于多指标路面结构设计方法中各设计指标间的平衡设计。

2. 可靠度系数与可靠度指标

根据试验数据和经验，路面结构使用性能寿命预估变量 N 的概率分布可以用对数正态或者威布尔函数表示，交通荷载预估变量的概率分布可以用对数正态函数表示。

如果变量 N 和 n 的概率分布都采用对数正态函数表示，则下式可改写为：

$$P_s = P(\ln N > \ln n)$$

或
$$P_s = P(\ln N - \ln n > 0) \tag{12-30}$$

根据上式表述的可靠度定义，路面结构极限状态方程可写成：
$$z = \ln N - \ln n > 0 \tag{12-31}$$

式中，z 称为极限状态函数。

而结构的失效条件为：
$$z = \ln N - \ln n \leqslant 0 \tag{12-32}$$

由于 $\ln N$ 和 $\ln n$ 均为正态分布，极限状态函数 z 也服从正态分布，其概率密度函数为：

$$f_z(z) = \frac{1}{\sqrt{2\lambda} s_z} \exp\left[-\frac{1}{2}\left(\frac{z-\mu_z}{s_z}\right)^2\right] \tag{12-33}$$

式中　μ_z——平均值，$\mu_z = \mu_{\ln N} - \mu_{\ln n}$；

s_z——标准差，$s_z = \sqrt{s_{\ln N}^2 + s_{\ln n}^2}$。

由此可求得 $z < 0$ 的概率分布函数，也即失效概率：

$$P_f = F_z(0) = \int_{-\infty}^{0} f_z(z) = \int_{-\infty}^{0} \frac{1}{\sqrt{2\lambda} s_z} \exp\left[-\frac{1}{2}\left(\frac{z-\mu_z}{s_z}\right)^2\right] dz \tag{12-34}$$

引入标准化变量：
$$t = \frac{z-\mu_z}{s_z}, \quad dz = s_z dt \tag{12-35}$$

则上式可改写成：

$$P_f = \frac{1}{\sqrt{2\lambda}} \int_{-\infty}^{-\mu_z/s_z} e^{-\frac{t^2}{2}} dt = \phi\left(-\frac{\mu_z}{s_z}\right) = \phi(-\beta) \tag{12-36}$$

式中　ϕ——标准正态分布函数；

β——可靠指标，为变异系数的倒数，即

$$\beta = \frac{\mu_z}{s_z} = \frac{\mu_{\ln N} - \mu_{\ln n}}{\sqrt{s_{\ln N}^2 + s_{\ln n}^2}} \tag{12-37}$$

β 是极限状态函数 z 的均值 μ_z 离原点（失效状态 $z=0$）的距离。当 s_z 保持不变，随着均值 μ_z 增大，β 也增大，而失效概率 P_f 减小，可靠度 P_s 增大。因而，可靠指标 β 可直接反映结构可靠度的大小。表 12-7 中所列即为可靠度 P_s 与可靠指标 β 的对应关系。

可靠度 P_s 与可靠指标 β 的对应关系　　　　表 12-7

P_s(%)	99	98	97	96	95	93	90	85	80	75	70	60	50
β	2.32	3.07	1.89	1.75	1.65	1.48	1.28	1.04	0.84	0.67	0.52	0.25	0

利用正态概率分布函数的两个特征值（均值 μ_z 和标准差 s），求可靠指标 β，而后确定结构可靠度 P_s 的方法，称作一次二阶矩法。它有表达式简单，计算方法和精度可为工程接受的优点。应用这一方法，只要分析清楚路面结构极限状态函数的总标准差 s_z，就可以按极限状态函数的均值 μ_z，推算结构的可靠指标 β 和相应的可靠度 P_s；或者，按要求的目标可靠指标或目标可靠度，

12.6　路面结构设计的可靠度理论

确定极限状态函数的设计均值。美国 AASHTO 路面结构设计方法即是采用这种方法分析结构的可靠度。

3. 路面结构的目标可靠度

路面结构的目标可靠度是在满足高等级公路行驶安全和舒适性要求的前提下，考虑道路初建费用、养护费用与用户费用对目标可靠度的影响后综合确定的。通常采用"校准法"来确定目标可靠度。所谓"校准法"，就是对按现行规范或设计方法所设计的路面进行隐含可靠度的分析。以这些隐含可靠度作为目标可靠度，则所设计的路面结构具有与原确定型设计方法相同的可靠度水平。也即，它接纳了以往多年的工程设计和使用经验，包含了与原有设计方法相等的可接受性和经济合理性。

综合分析和考虑我国沥青路面和水泥混凝土路面设计的隐含可靠度情况以及国外分析数据，我国公路工程结构可靠度设计统一标准规定了各级公路的目标可靠度和相应的目标可靠指标值(表 12-2)。

4. 路面结构的可靠性设计步骤

在路面结构可靠性设计中，为了能考虑各设计参数变异性影响，可以通过引入一个可靠度系数，将可靠度概念应用到了考虑荷载应力和温度应力综合疲劳作用的路面结构设计方法中，它不改变原设计方法的步骤。

路面结构可靠度系数 v_t 定义为疲劳方程求得的最大允许应力 $[\sigma_p+\sigma_t]$ 与实际最大应力 $\sigma_p+\sigma_t$ 之比，$v_t=\dfrac{[\sigma_p+\sigma_t]}{\sigma_p+\sigma_t}$。它的倒数 $\dfrac{1}{v_t}$，就是混凝土极限抗折强度的折减系数。

理论分析表明：对路面结构本身而言，可靠度主要取决于水泥混凝土的弯拉(抗折)强度 σ_s 和弯拉模量 E_c、面板厚度 h 及基层顶面的当量回弹模量 E_t。其均值对路面可靠度 R 与路面可靠度系数 v_t 之间关系几乎无影响，在 R 一定时，v_t 大小取决于各参数的变异水平。图 12-8 给出了各设计参数的变异

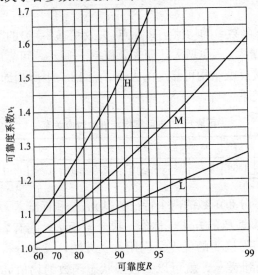

图 12-8 可靠度系数与路面可靠度关系

系数按变异水平低(L)、中(M)、高(H)三级,各设计参数的变异系数取值如表 12-8 情况下 R-v_t 关系曲线。

变 异 系 数 取 值　　　　　　　表 12-8

变异水平	$C_v(\sigma_s)$	$C_v(h)$	$C_v(E_c)$	$C_v(E_t)$
低	0.06	0.02	0.10	0.15
中	0.10	0.05	0.15	0.30
高	0.15	0.09	0.22	0.50

在实际应用中,可根据不同公路等级和相应安全等级,确定合理的目标可靠度和相应可靠度系数,及其相对应的各指标(水泥混凝土的弯拉(抗折)强度 σ_s 和弯拉模量 E_c、面板厚度 h 及基层顶面的当量回弹模量 E_t)可接受的变异范围,以指导施工。

12.7 水泥混凝土路面结构组合设计

12.7.1 水泥混凝土路面板类型

1. 普通水泥混凝土面层

普通混凝土面层或称素混凝土面层,是指除接缝处和一些局部范围(如角隅和边缘)外,板内不配置钢筋的水泥混凝土面层。这是目前应用最为广泛的一种面层,它通常采用整体(整层)式浇筑,但也有采用分层(双层)式浇筑,上层采用较小粒径的混合料。

普通混凝土通常采用常规的振捣方法进行铺筑。近年来出现采用新的碾压工艺铺筑混凝土的方法(类似于铺筑水泥稳定粒料的方法),这种混凝土称作碾压混凝土。

2. 钢筋混凝土面层

为防止混凝土板产生的裂缝缝隙张开,在板内配置纵向和横向钢筋的混凝土面层称为钢筋混凝土面层。它仅在下述情况下采用:

① 板的长度较大,如 10~20m;
② 板下埋有地下设施和路基有可能产生不均匀沉降;
③ 板的平面形状不规则或有孔等。

3. 连续配筋混凝土面层

除了在与其他铺面交接处或邻近结构物处设置胀缝以及视施工需要设置施工缝外,路段长度内不设置横缝的一种纵向连续配置钢筋的混凝土面层,称为连续配筋混凝土面层;其纵向钢筋的配筋率通常为 0.6%~0.7%。面层产生的横向裂缝平均间距为 1.0~4.5m 左右,平均缝隙宽为 0.2~0.5mm 左右。连续配筋混凝土面层的厚度约为普通混凝土面层厚度的 80%~90%。

4. 预应力混凝土面层

预应力混凝土指对混凝土或钢筋施加预应力的无筋或钢筋混凝土面层,

这种面层目前尚未大量推广应用。

5. 钢纤维混凝土面层

在混凝土内掺低碳钢或不锈钢纤维形成均匀而多向配筋的混凝土面层。

6. 混凝土块料铺面混凝土块料铺面

由混凝土预制块铺砌而成的面层，依靠块料间的嵌锁作用承受荷载。其结构设计方法接近于柔性铺面。

12.7.2 水泥混凝土路面板类型选择

水泥混凝土面层板应具有足够的强度、耐久性、表面抗滑、耐磨、平整等良好的路用性能，一般采用设接缝、不配筋的普通混凝土路面板。在交通荷载等级为重交通以上的增设角隅钢筋，对有些基础薄弱、未设传力杆或与其他构造物衔接的位置需配纵向钢筋。

当面层板的平面尺寸较大或形状不规则，路面结构下埋有地下设施，位于高填方、软土地基、填挖交界段等有可能产生不均匀沉降的路基段时，应采用接缝设置传力杆的钢筋混凝土面层。连续配筋混凝土、碾压混凝土和钢纤维混凝土等其他面层类型可依据适用条件选用(表12-9)。

其他混凝土路面面层类型选择　　　　　　表12-9

面层类型		适用条件
连续配筋混凝土面层		高速公路
复合式面层	密级配沥青混合料上面层	极重、特重交通荷载的高速公路
	连续配筋混凝土下面层 设传力杆普通混凝土下面层	
碾压混凝土面层		二级及二级以下公路
钢纤维混凝土面层		高程受限制路段、混凝土加铺层
混凝土预制块面层		二级及二级以下公路桥头引道沉降未稳定段、服务区停车场

普通混凝土、钢筋混凝土、碾压混凝土或钢纤维混凝土面层板一般采用矩形分仓，用纵横接缝分隔，纵向和横向接缝应垂直相交，纵缝两侧的横缝不得相互错位。纵缝间距按路面宽度在3.0～4.5m范围内确定。普通混凝土面层板的横缝间距一般为4～6m。面层板的长宽比不宜超过1.35，平面尺寸不宜大于25m^2。碾压混凝土或钢纤维混凝土面层板的横缝间距一般为6～10m，钢筋混凝土面层板一般为6～15m，面层板长宽比不宜超过2.5，面积不宜大于45m^2。

钢筋混凝土、碾压混凝土和连续配筋混凝土面层的计算厚度，可依据交通荷载等级、公路等级和变异水平等级，参照普通水泥混凝土路面计算方法确定。各种混凝土面层的设计厚度应依据计算厚度加6mm磨耗层后，按10mm向上取整。

钢纤维混凝土的钢纤维体积率宜为0.6%～1.0%，面层厚度宜为普通混凝土面层厚度的0.75～0.65倍，按钢纤维掺量确定。特重或重交通荷载时，其最小厚度应为180mm；中等或轻交通荷载时，其最小厚度应为160mm。

复合式路面的沥青混凝土上面层的厚度不宜小于40mm。水泥混凝土下面层的计算厚度按普通水泥混凝土路面方法计算。水泥混凝土下面层与沥青混凝土上面层之间应设置粘层。混凝土面层板的厚度决定于公路和交通等级，普通混凝土、钢筋混凝土、碾压混凝土或连续配筋混凝土面层板所需的厚度可参考表12-10所列的范围初步选定。

水泥混凝土面层厚度的参考范围　　　　　　　　　表12-10

交通荷载等级	极重	特重		重			
公路等级	一	高速	一级	二级	高速	一级	二级
变异水平等级	低	低	中	低	中	低	中	中
面层厚度(mm)	≥320	320～280	300～260	280～240		270～230	260～220

交通荷载等级	中等				轻		
公路等级	二级		三、四级		三、四级		
变异水平等级	高	中	高	中	高	中	
面层厚度(mm)	250～220	240～210	230～200	220～190	210～180		

注：在水泥混凝土板上设置沥青混凝土层时，增加4cm沥青混凝土层可减少1cm面板厚度。

为保证行车安全，路面混凝土板表面构造应采用刻槽、压槽、拉槽或拉毛等方法制作。构造深度在使用初期应满足表12-11的要求。

各级公路水泥混凝土面层的表面构造深度(mm)要求　　　　表12-11

公路等级	高速公路、一级公路	二、三、四级公路	公路等级	高速公路、一级公路	二、三、四级公路
一般路段	0.70～1.10	0.50～1.0	特殊路段	0.80～1.20	0.60～1.10

注：1. 特殊路段——对于高速公路和一级公路系指立交、平交或变速车道等处；对于其他等级公路系指急弯、陡坡、交叉口或集镇附近；
2. 年降雨量600mm以下的地区，表列数值可适当降低。

12.7.3 基层设计

水泥混凝土面层具有较大的刚性和承载能力，因而往往不需要设置具有承重层性质的基层。混凝土面层下设置基层和垫层的作用有下述三方面：

（1）防止或减轻唧泥和错台现象的出现：唧泥的产生是荷载、水、地基刚度和侵蚀多方面因素综合作用的结果。设置基层或垫层，可以减少唧泥的产生，而要达到这一点，必须对基层或垫层在刚度、细粒土含量、耐冲刷和排水等方面有一定的要求；并且，交通越繁重，降水量越大，对基层或垫层的上述要求便越高。

（2）有助于控制或减少路基不均匀冻胀或体积变形对混凝土面层的不利影响。

（3）为面层施工提供稳定而坚实的工作面：面层施工时，需在基层或垫层顶面设立侧模，供混凝土摊铺和振捣机械在上面行驶。基层或垫层的刚度不足，会使侧模跟随变形而影响浇筑后混凝土面层的平整度。同时，运送混凝土的车辆或其他车辆需在基层或垫层顶面行驶，因而，基层或垫层必须有承受施工车辆作用的能力。

基层和垫层有粒料类（碎石、砂砾等）、稳定类（水泥、石灰、沥青稳定粒料或土）和贫混凝土（或经济混凝土）三大类，它们分别具有不同的刚度、耐冲刷能力和透水性。

在交通繁重的道路上，选用水泥或沥青稳定粒料或者贫混凝土作为混凝土路面的基层，具有下述优点：

(1) 可以为混凝土面层提供更为均匀而坚实的支承。

(2) 可以增加路面结构的整体刚度，从而减小面层板的挠度。而挠度量减小可以降低板底的脱空量和增加缩缝传荷能力的耐久性。图 8-1 所示为水泥稳定类基层和砾石基层上混凝土面层接缝的传荷能力随荷载作用次数的增加而降低的试验曲线，从中可看出水泥稳定类基层上接缝传荷能力的耐久性明显高于砾石基层。

(3) 可以减少基层和垫层在重复荷载作用下的固结变形，从而减少板底脱空量，并改善接缝的传荷能力。图 12-9 和图 12-10 为水泥稳定砂砾基层和不同压实度的砂砾基层的塑性变形积累量随荷载重复作用次数而增长的试验曲线，从中可看出，水泥稳定砂砾基层的变形累积量明显小于砂砾基层，因而可预料其板底脱空量将明显低于砂砾基层。

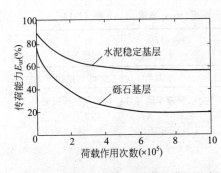

图 12-9 基层类型对接缝传荷能力的影响　　图 12-10 重复荷载作用下不同基层累积变形量

(4) 可以增加抗冲刷能力，从而减轻唧泥和错台等损坏的程度。

(5) 为侧模和摊铺机械提供坚固的支承，并保证施工活动不受气候的影响。

然而，水泥稳定粒料或贫混凝土基层的刚度较大，混凝土面层会由此而产生较大的温度翘曲变形和应力，使板底易出现同基层顶面的脱空现象。同时，在未采取隔离措施（如铺设塑料薄膜等）时，由于混凝土板同基层的粘结，水泥稳定砂砾或贫混凝土基层的收缩裂缝会反射到面层上来。

粒料类基层和垫层，包括碎石、砂砾、轧碎或粒状矿渣，或者上述材料的不同组合。粒料类基层和垫层也能满足混凝土面层对基层和垫层的要求，但材料必须符合下述要求，以控制唧泥的出现：

(1) 最大粒径不超过基层或垫层厚度的 1/3；

(2) 小于0.074mm的细料含量不超过15%；

(3) 塑性指数不大于6，液限不大于25。

粒料基层和垫层可采用密级配或开级配。前者接近于不透水，后者则为透水基层或垫层。其级配组成应符合密级配或开级配混合料的级配要求。

混凝土路面的基层应具备足够的抗冲刷能力和一定的刚度。对于湿润和多雨地区，路基为低透水性细粒土的高速公路和一级公路或者承受特重交通或重交通的二级公路，宜采用排水基层。各类基层的适宜交通等级与适宜厚度范围见表12-12。

水泥混凝土路面基层材料选择表 表12-12(a)

交通荷载等级	基层材料类型	底基层材料类型
极重、特重	贫混凝土、碾压混凝土	级配碎石，水泥稳定碎石，石灰、粉煤灰稳定碎石
	沥青混凝土	
重	密级配沥青稳定碎石	
	水泥稳定碎石	
中等、轻	级配碎石	未筛分碎石，级配碎石，或不设
	水泥稳定碎石，石灰、粉煤灰稳定碎石	

各类基层适宜交通等级与适宜厚度的范围 表12-12(b)

材料种类		适宜施工层厚(mm)
贫混凝土、碾压混凝土		120～200
无机结合料稳定粒料		150～200
沥青混凝土	集料公称最大粒径9.5mm	25～40
	集料公称最大粒径13.2mm	35～65
	集料公称最大粒径16mm	40～70
	集料公称最大粒径19mm	50～75
沥青稳定碎石	集料公称最大粒径19mm	
	集料公称最大粒径26.5mm	75～100
多孔隙水泥稳定碎石		100～150
级配碎石、未筛分碎石、级配砾石或碎砾石		100～200

基层的宽度应比混凝土面板每侧宽出300～650mm。路肩采用混凝土面层，其厚度与行车道面层板相同时，基层宽度宜与路基同宽。

采用碾压混凝土作为基层时，应设置与混凝土面层板相对应的纵、横接缝。采用贫混凝土作为基层时，若弯拉应力超过1.5MPa，应设置与混凝土面层板相对应的横向接缝；一次摊铺宽度大于7.5m，还应设置纵向缩缝。

承受极重、特重或重交通荷载的路面，基层下应设置底基层；承受中等或轻交通荷载时，可不设底基层。当基层采用无机结合料稳定类材料，且上路床由细粒土组成时，应在基层下设置粒料类底基层。

基层采用无机结合料稳定类材料时，底基层宜选用小于 0.075mm 颗粒含量少于 7%的粒料类材料。

贫混凝土或碾压混凝路基层上应铺设沥青混凝土夹层，层厚不宜小于 40mm。无机结合料稳定碎石基层上应设置封层，封层可采用单层沥青表面处治或适宜的膜层材料等。当采用单层沥青表面处治时，层厚不宜小于 6mm。

多雨地区，路基由低透水性细粒土组成的高速公路和一级公路或者承受极重或特重交通荷载的二级公路，宜设置由开级配沥青稳定碎石或开级配水泥稳定碎石组成的排水基层。排水基层下应设置由密级配粒料或水泥稳定碎石组成的不透水底基层。底基层顶面宜铺设沥青封层或防水土工织物。

各种基层和底基层的结构层适宜压实厚度，应按所选集料的公称最大粒径和压实效果的要求而定。基层或底基层的设计层厚超出相应材料的适宜压实厚度范围时，宜分层铺设和压实。

贫混凝土或碾压混凝路基层设计厚度应依据计算厚度按 10mm 向上取整。

开级配沥青稳定碎石或水泥稳定碎石排水基层的计算厚度应满足排除表面水设计渗入量的需要。排水基层的设计厚度宜依据计算厚度按 10mm 向上取整后再增加 20mm。

12.7.4 路基和垫层设计

水泥混凝土的弹性模量为 $(25\sim40)\times1000$MPa，因此，混凝土面层板具有很高的刚度和扩散荷载的能力，通过面层板传到路床顶面的荷载应力值很小，一般情况下小于 0.05MPa，所以，水泥混凝土铺面不要求有强度大或承载力高的路基。然而，如果路基的稳定性较差，在周围水温变化的影响下出现较大的变形，特别是不均匀变形，则仍会因不均匀支承而给面层带来损坏。

路基产生不均匀支承，可能有以下三方面的原因：

(1) 不均匀沉陷——湿软地基未达到充分固结，填料土质不均匀，压实不均匀，新、老路基交接等都可能产生不均匀沉降；

(2) 不均匀冻胀——季节性冰冻地区土质不均匀（对冰冻敏感性不同的土类）和路基潮湿条件变化；

(3) 膨胀土——在过干或过湿（相对于最佳含水率）时压实或排水设施不良等，均会促使膨胀土产生不均匀变形。

为了保证路基支承的均匀性，遇有上述情况时，宜分别采取相应的处理措施。这些措施包括：

(1) 选择低膨胀性土（塑性指数在 10 以下）或以冰冻不敏感的土作填料；将膨胀性高或对冰冻敏感的土放在路堤的下层，而在上层用好填料填筑；对不同来源和性质的填料进行适当的拌合等；

(2) 控制压实度和压实时的含水率；

(3) 尽可能提高路基设计标高或加深边沟底部深度，以增加铺面同地下水位之间的距离；

(4) 对路基上层土采用低剂量石灰或水泥等结合料作稳定处理；

(5) 设置路基排水设施，以拦截透水层流向路基的渗透水或降低地下水位。

在可能有不均匀支承的路基上，除了采用上述有关措施外，还应加设垫层以缓和可能产生的不均匀变形对面层的不利影响。

混凝土路面垫层结构一般是为应对路基的特殊需求而设置，分为防冻垫层、排水垫层与加固垫层三类。

在季节性冰冻地区修筑混凝土路面，当路面结构总厚度不能满足最小防冻要求时，应设置防冻垫层，保证总厚度满足最小防冻厚度的要求。

对于水文地质条件不良的土质路基，路床土的湿度较大时，为防止地下水对路面结构的侵蚀，应设置排水垫层。

当路基土特别软弱，经加固后，仍有可能出现不均匀沉降、变形时，应设置加固垫层以增强路床的承载能力。

有时候，以上三种情况兼而有之，在选择垫层结构材料时，也应兼顾，具备多种功能。一般情况，垫层多数选用当地廉价材料修筑，或取当地材料掺少量无机结合料处治后使用，如砂、砂砾料、低剂量无机结合料稳定粒料等。垫层厚度一般为150~200mm。

水泥混凝土路面的路基应满足稳定、密实、均质、耐久的要求，为路面结构提供均匀的支承。因此对路基土质的要求很严格，一般高液限黏土及含有机质细粒土均不能用于高速公路和一级公路的路床填料，也不能用于二级和二级以下公路的上路床填料，高液限粉土及塑性指数大于16或膨胀率大于3%的低液限黏土不能用作高速公路和一级公路的上路床填料。因条件限制而必须采用上述土作填料时，应掺加石灰或水泥等无机结合料进行处治。

地下水位较高的路段，应提高路堤设计标高。若设计标高受限制，路基达不到中湿状态的临界高度时，应选用粗粒土或低剂量石灰或水泥稳定细粒料做路床填料；未能达到潮湿状态的路基临界高度时，除采用上述填料之外，还应采取在边沟下设置排水渗沟等降低地下水位的措施。

路基压实度应符合《公路路基设计规范》JTG D30—2004的要求，岩石或填石路床顶面应铺设整平层，整平层可采用未筛分碎石和石屑或低剂量水泥稳定粒料，其厚度视路床顶面不平整程度而定，一般为100~150mm。

《公路水泥混凝土路面设计规范》JTG D40—2011中规定：路床顶面的综合回弹模量不得低于40MPa，中等或重交通荷载等级时，不得低于60MPa，特重或极重交通时不得低于80MPa。

12.7.5 路肩设计

混凝土铺面板同路肩的交界面处，路表水易渗入而侵蚀板边缘下的基层、垫层和路基，造成板边缘底部的脱空，导致唧泥和断裂等损坏现象的出现。可以采用加宽外侧车道宽度(0.70m以上)的措施，以避免车辆沿板边缘行驶，从而减小板边应力。或者，可设置带拉杆的混凝土路肩，以减少板边挠度和应力。

路肩的层次结构和材料选择，除了考虑承载力外，还应结合铺面排水系统的布置和要求，使渗入铺面的水分能有排水通道，迅速排离出铺面结构。

路肩铺面可采用沥青面层或水泥混凝土面层。

采用水泥混凝土面层时，其厚度可比行车道混凝土面层薄一些（例如，15cm）或者与行车道面层厚度相同。其材料组成与行车道面层相同。路肩与行车道面层的纵向接缝，在混凝土一次浇筑时采用锯切缩缝形式；而在混凝土分别浇筑时，可采用平缝或企口缝形式；缝内应设置拉杆。路肩面层的构缝间距和布置与行车道面层完全一致。行车道面层的横缝内设传力杆时，路肩面层内也相应设传力杆，但其间距可大些。

12.8 水泥混凝土路面厚度设计

我国公路水泥混凝土路面设计规范是按重复荷载产生的荷载应力和温度应力综合作用所产生的疲劳损坏确定混凝土板厚的。混凝上面板厚度设计，应按照《公路水泥混凝土路面设计规范》JTG D40—2011 设计标准的要求，确定满足设计年限内使用要求所需的混凝土面层的厚度。具体设计流程如图 12-11 所示。

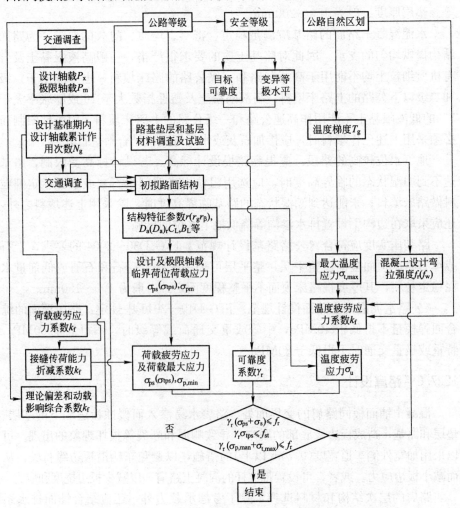

图 12-11　混凝土路面板厚度设计流程

1. 交通分析

（1）标准轴载与轴载换算

我国《公路水泥混凝土路面设计规范》JTG D40—2011 规定，选定 100kN 轴载为设计轴载，同时规定了该条道路的极限轴载作为验算轴载。

（2）交通分级和累计作用次数

设计基准期内设计车道的标准轴载累计作用次数与第一年的交通量、交通组成和交通量的增长情况等因素有关。应进行详细调查、观测与预测，然后确定设计使用年限内设计车道的标准轴载累计作用次数。

为了从双向交通量得到设计车道（一般是最外的车道）上的交通量，必须按表 12-13 确定车道分配系数。

交通量车道分配系数 λ　　　　表 12-13

单向车道数		1	2	3	4
车道分配系数	高速公路	—	0.70～0.85	0.45～0.60	0.40～0.50
	其他等级公路	1.00	0.50～0.75	0.50～0.75	—

由设计车道上的交通量计算临界荷位（纵缝边缘中部）的交通量，要按表 12-14 确定车道分配系数。

车辆轮迹横向分布系数 η　　　　表 12-14

公路等级		纵缝边缘处
高速公路、一级公路、收费站		0.17～0.22
二级及二级以下公路	行车道宽>7m	0.34～0.39
	行车道宽≤7m	0.54～0.62

注：车道、行车道较窄，交通量较大时，取高值；反之，取低值。

2. 初拟路面结构

水泥混凝土路面结构组合设计参考 12.7 节进行，初拟路面结构，包括路基（垫层）、基层和面层的材料类型和厚度，并按表 12-9、表 12-10 的水泥混凝土面层厚度建议范围、材料类型、施工层厚度等，依据交通等级、公路等级和所选变异水平等级初选混凝土板厚度和材料类型。

3. 路面材料参数确定

根据表 12-5 和表 12-15 确定水泥混凝土的设计强度和弹性模量。

水泥混凝土弯拉弹性模量经验参考值　　　　表 12-15

弯拉强度(MPa)	1.5	2.0	2.5	3.0	3.5	4.0	4.5	5.0	5.5
抗压强度(MPa)	7	11	15	20	25	30	36	42	49
抗拉强度(MPa)	0.89	1.21	1.53	1.86	2.20	2.54	2.85	3.22	3.55
弹性模量(GPa)	15	18	21	23	25	27	29	31	33

12.8.1 弹性地基的综合回弹模量

规范设计方法中的各种模型所选用的地基模型及分析方法基本相同，都是用地基顶面的综合回弹模量 E_t（亦称为当量回弹模量）来表征。但需要注意的是，该"弹性层状地基"根据基层组合及面板层数等情况的不同而有所不同，需加以区别：

① 单层水泥混凝土路面板下，以粒料类材料作基层时，将粒料层及其以下层看作地基，包含粒料层本身；

② 单层水泥混凝土路面板下，以非粒料层为基层时，将基层以下各层看作地基，不含基层本身；

③ 结合式双层板下，无论基层材料类型，将基层以下各层看作地基，包含基层本身；

④ 旧沥青路面加铺水泥混凝土路面板时，以旧路面顶测试的指标换算出当量回弹模量。

简而言之，除采用粒料基层的单层板结构或旧沥青路面加铺混凝土面板时，面板以下各层均属于地基外，其他结构都是去除最上面两层后的部分作为地基。当量回弹模量以地基顶面指标形式给出。不同的模型均采用相同的回归计算公式。

$$E_t = \left(\frac{E_x}{E_0}\right)^{\alpha} E_0 \tag{12-38}$$

$$\alpha = 0.86 + 0.26\ln h_x \tag{12-39}$$

$$E_x = \frac{\sum_{i=1}^{n} E_i h_i^2}{\sum_{i=1}^{n} h_i^2} \tag{12-40}$$

$$h_x = \sum_{i=1}^{n} h_i \tag{12-41}$$

式中 E_0——路基顶面的综合回弹模量(MPa)；

α——与地基内除路基以外各层的总厚度 h_x 有关的回归系数；

E_t——地基顶面当量回弹模量(MPa)；

h_x——地基内除路基以外各层的总厚度(m)；

n——弹性地基分层数(不包括路基半空间体)；

E_i、h_i——第 i 结构层的回弹模量(MPa)和厚度(m)。

在旧沥青混凝土路面上铺装水泥混凝土面层时，地基顶面当量回弹模量可根据落锤式弯沉仪（荷载 50kN，承载板直径 30cm）的中心点弯沉的测定结果，按式(12-42)计算：

$$E_t = 18621/w_0 \tag{12-42}$$

根据贝克曼梁（后轴重 100kN 的车辆加载）的弯沉测定结果按式(12-43)计算：

$$E_t = 13739/w_0^{1.04} \tag{12-43}$$

式中 w_0——路段代表弯沉值(0.01mm)，按式(12-44)计算：

$$w_0 = \overline{w} + 1.04 s_w \tag{12-44}$$

$\overline{w}$——路段弯沉平均值(0.01mm)；

s_w——路段弯沉的标准差(0.01mm)。

12.8.2 单层板模型的设计方法与实例

1. 荷载应力

(1) 混凝土面层板荷载疲劳应力计算

① 设计轴载在四边自由板的临界荷位处产生的荷载应力 σ_{ps}

$$\sigma_{ps}=1.47\times10^{-3}r^{0.70}h_c^{-2}P_s^{0.94} \qquad (12\text{-}45)$$

$$r=1.21\sqrt[3]{\frac{D_c}{E_t}} \qquad (12\text{-}46)$$

$$D_c=\frac{E_c h_c^3}{12(1-\nu_c^2)} \qquad (12\text{-}47)$$

式中　P_s——设计轴载的单轴重(kN)；

h_c、E_c、ν_c——混凝土面层板的厚度(m)、弯拉弹性模量(MPa)和泊松比；

r——混凝土面层板的相对刚度半径(m)；

D_c——混凝土面层板的截面弯曲刚度(MN·m)；

E_t——板底地基当量回弹模量(MPa)。

② 确定三个修正系数 k_r、k_c、k_f。

应力折减系数 k_r，因接缝的传荷能力，对板的应力降低有正面效果，是一个小于等于1的数。因临界荷位在纵缝边缘，因此主要由路肩情况决定：采用混凝土路肩时，0.87~0.92(路肩面层与路面面层等厚时取低值，减薄时取高值)；采用柔性路肩或土路肩时为1。

考虑理论与实际差异及动载等因素影响的综合系数 k_c，按公路等级查表 12-16 确定。

综合系数 k_c　　　　　表 12-16

公路等级	高速公路	一级公路	二级公路	三、四级公路
k_c	1.15	1.10	1.05	1.00

荷载疲劳应力系数 k_f，与累计轴次 N_e 有关，由公式(12-48)确定：

$$k_f=N_e^\lambda \qquad (12\text{-}48)$$

式中　N_e——设计基准期内设计轴载累计作用次数；

λ——材料疲劳指数，普通混凝土、钢筋混凝土、连续配筋混凝土采用 0.057；碾压混凝土和贫混凝土采用 0.065；钢纤维混凝土按式(12-49)计算：

$$\lambda=0.053-0.017\rho_f\frac{l_f}{d_f} \qquad (12\text{-}49)$$

式中　ρ_f——钢纤维的体积率(%)；

l_f——钢纤维的长度(mm)；

d_f——钢纤维的直径(mm)。

③ 计算荷载疲劳应力

$$\sigma_{pr} = k_r k_c k_f \sigma_{ps} \tag{12-50}$$

(2) 面层板在最重轴载作用下的荷载应力计算

① 最重轴载(或称极限荷载)在四边自由板的临界荷位处产生的荷载应力 σ_{pm}，计算公式与 σ_{ps} 相同，但要用最重轴载 P_m 代替式中的标准轴载(或设计轴载)P_s。

② 确定修正系数 k_r、k_c。k_r、k_c 的确定方法与计算荷载疲劳应力时相同，无须重复计算。

③ 最重轴载在临界荷位产生的最大荷载应力 $\sigma_{p,max}$ 为：

$$\sigma_{p,max} = k_r k_c \sigma_{pm} \tag{12-51}$$

式中符号意义同前。

2. 温度应力

温度应力与荷载是重复荷载还是单次最重荷载作用没有直接关系，但将荷载应力与温度应力相加时，存在与现实状态的相似性问题。温度应力在路面刚开始进入使用期时，因地基约束较强，产生的温缩和翘曲内应力较大，后期在应力反复作用下，界面上的约束将减弱，因此温度疲劳应力减小。考虑疲劳作用时，采用荷载疲劳应力，温度应力也应采用温度疲劳应力。在考察最重轴载的作用时，因其作用是一次性的，因此无须考虑疲劳，选择最大温度应力。

(1) 面层板最大温度应力 $\sigma_{t,max}$

① 计算综合温度翘曲应力和内应力的温度应力系数 B_L

$$B_L = 1.77 e^{-4.48 h_c} C_L - 0.131(1 - C_L) \tag{12-52}$$

$$C_L = 1 - \frac{\sinh t \cos t + \cosh t \sin t}{\cos t \sin t + \sinh t \cosh t} \tag{12-53}$$

式中 C_L——混凝土面层板的温度翘曲应力系数；

L——面层板的横缝间距，即板长(m)；

r——面层板的相对刚度半径(m)；

$$t = \frac{L}{3r}。$$

② 计算最大温度应力

$$\sigma_{t,max} = \frac{\alpha_c E_c h_c T_g}{2} B_L \tag{12-54}$$

式中 α_c——混凝土的线膨胀系数，根据粗集料的岩性按表 12-17 取用；

T_g——公路所在地 50 年一遇的最大温度梯度，按表 9-8 取用。

水泥混凝土线膨胀系数经验参考值　　　　表 12-17

粗集料类型	石英岩	砂岩	砾石	花岗岩	玄武岩	石灰岩
水泥混凝土线膨胀系数 ($10^{-6}/℃$)	12	12	11	10	9	7

最大温度应力得到后，可与最大荷载应力相加，代入最重轴载作用下极限状态表达式中。

(2) 面层板温度疲劳应力 σ_{tr}

① 确定温度疲劳应力系数 k_t

$$k_t = \frac{f_r}{\sigma_{t,\max}} \left[a_t \left(\frac{\sigma_{t,\max}}{f_r} \right)^{b_t} - c_t \right] \quad (12\text{-}55)$$

式中 a_t、b_t、c_t——回归系数，按所在地区的公路自然区划查表 12-18。

回归系数 a_t、b_t 和 c_t 表 12-18

系数	公路自然区划					
	Ⅱ	Ⅲ	Ⅳ	Ⅴ	Ⅵ	Ⅶ
a_t	0.828	0.855	0.843	0.871	0.837	0.834
b_t	1.323	1.355	1.323	1.287	1.382	1.270
c_t	0.041	0.041	0.058	0.071	0.038	0.052

② 计算温度疲劳应力 σ_{tr}

$$\sigma_{tr} = k_t \sigma_{t,\max} \quad (12\text{-}56)$$

得到温度疲劳应力后，与荷载疲劳应力相加，代入重复荷载作用下极限状态表达式中。

3. 单层板设计实例

【例 12-1】 某地拟新建一条连接两个地级市的二级公路省道，路线总长 58km，双向四车道，路面宽度为 16m，该地属公路自然区划Ⅳ区，路基为低液限黏土，路床顶距地下水位平均高度 1.8m，本地石料以玄武岩为主。拟采用普通水泥混凝土路面，根据表 12-2 查得设计基准期 20 年。

设计过程：

(1) 交通量调查分析与预测

① 调查与分析：

因是新建公路，所以无直接调查数据。通过两个地级市过去 10 年的经济发展状况（GDP）分析及人口增长率分析及机动车总量分析，综合确定其交通量发展趋势，确定 20 年设计基准期内，年平均增长率为 5%；根据临近区域公路网交通流量分析及本路线建成后对路网的分流情况分析，确定初始年平均日混合交通量为 17517 辆/日。

对已建成公路收费站调查数据分析及现场抽样调查发现，最重轴载为 150kN。

② 交通量数据处理：

确定设计车道的初始年平均日交通量。先查表 12-13 确定车道分配系数为 0.50~0.75，查表 12-14 确定轮迹横向分布系数 η 为 0.34~0.39，综合行车道宽度和交通量大小情况，取 0.36。双向交通量基本相当，根据现场调查情况，选为 0.65。

$N = 17517 \times 0.5$（双向转单向）$\times 0.65$（车道分配系数）$= 5693$ 辆

根据轴型构成调查情况，剔除 2 轴 4 轮及其以下的客货车后，按比例将 N 经轴载换算后得到设计车道初始年平均日标准轴载作用次数 N_s 为 164 次

(过程略),计算 N_e 为:

$$N_e = \frac{N_s \times [(1+g_r)^t - 1] \times 365}{g_r} \times \eta = \frac{164 \times [(1+0.05)^{20} - 1] \times 365}{0.05} \times 0.36 = 712558 \text{次}$$

参考表 12-6,属"中等"交通荷载等级。

(2) 可靠度系数的确定

通过调研发现,本地类似工程及可能的投标施工企业资质较好,机械化施工水平高、管理水平也普遍较高,且本工程所在地区原材料丰富,所用材料均由甲方供应,类似工程中检测数据分析表明,变异水平等级可控制到"低"级别范围内的中等水平。

查表 12-2,二级公路安全等级为"二级",目标可靠度 85%,结合调研的安全水平等级为"低",查表 12-4 确定可靠度系数范围 1.04~1.08,按中等水平取中值,$\gamma_f = 1.06$。

(3) 路基参数的确定

根据低液限黏土土质查表,得到其路基回弹模量范围 50~100MPa,代表值 70MPa,根据本地工程资料,回弹模量取 80MPa。根据地下水位距路基顶面平均高度 1.8m,查表内插得到其湿度调整系数范围,取为 0.8,乘以代表值,路基综合回弹模量最终为 64MPa。

(4) 结构组合初拟与设计参数确定

因本路段属中交通荷载等级,参考表 12-12,适宜的基层材料为:级配碎石、水稳碎石、二灰碎石等。中等交通可不设底基层,或设置未筛分碎石、级配碎石等底基层。

初步拟定的结构组合:

普通水泥混凝土路面板(h_c)+级配碎石基层(20cm)+路基(综合回弹模量 64MPa)。其中 h_c 根据预估板厚,二级公路、"中"变异水平的厚度为 210~240mm,本路段变异水平为"低",初定为 22cm。弯拉强度标准值查表 12-15,取为 4.5MPa,弯拉模量 29GPa,泊松比取为 0.15,采用花岗岩石料粗集料,其线胀系数为 $1.0 \times 10^{-5}/℃$。

查表得级配碎石回弹模量为 300MPa。

(5) 平面尺寸、接缝及路肩形式选择

平面尺寸:5m 长,4m 宽。

接缝:缩缝为不设传力杆的假缝,纵缝为带拉杆的平头真缝。

路肩:基层材料与路面相同,面层采用水泥混凝土,与路面板间设拉杆连接。

(6) 计算地基综合回弹模量

选择模型:因单层级配碎石基层属粒料类材料,因此选择弹性地基上的单层板模型。

因除路基外只有单层基层,所以,$E_x = 300$MPa,$h_x = 0.20$m,则

$$\alpha = 0.86 + 0.26 \ln 0.20 = 0.86 - 0.26 \times 1.61 = 0.442$$

地基综合回弹模量:

$$E_t = \left(\frac{E_x}{E_0}\right)^\alpha E_0 = \left(\frac{300}{64}\right)^{0.442} \times 64 = 126.69 \text{MPa}$$

(7) 荷载应力计算

① 设计轴载(100kN)在四边自由板的临界荷位处产生的荷载应力 σ_{ps}

板的弯曲刚度：

$$D_c = \frac{E_c h_c^3}{12(1-v_c^2)} = \frac{29000 \times 0.22^3}{12(1-0.15^2)} = 26.3 \text{MN} \cdot \text{m}$$

面板的相对刚度半径：

$$r = 1.21\sqrt[3]{\frac{D_c}{E_t}} = 1.21\sqrt[3]{\frac{26.3}{126.7}} = 0.716 \text{m}$$

荷载应力：

$$\sigma_{ps} = 1.47 \times 10^{-3} r^{0.70} h_c^{-2} P_s^{0.94} = 1.47 \times 10^{-3} \times 0.716^{0.70} \times 0.22^{-2} \times 100^{0.94} = 1.824 \text{MPa}$$

② 确定三个修正系数 k_r、k_c、k_f

应力折减系数 k_r 由路肩情况决定，采用混凝土路肩时，0.87(路肩面层与路面面层等厚)。

考虑理论与实际差异及动载等因素影响的综合系数 k_c，按二级公路查表 12-16 为 1.05。

荷载疲劳应力系数 k_f，与累计轴次 N_e 有关，由下面的公式确定：

$$k_f = N_e^\lambda = 712558^{0.057} = 2.16$$

③ 计算荷载疲劳应力

$$\sigma_{pr} = k_r k_c k_f \sigma_{ps} = 0.87 \times 1.05 \times 2.16 \times 1.824 = 3.60 \text{MPa}$$

④ 面层板在最重轴载作用下的荷载应力计算

最重轴载(或称极限荷载)在四边自由板的临界荷位处产生的荷载应力 σ_{pm} 为：

$$\sigma_{pm} = 1.47 \times 10^{-3} r^{0.70} h_c^{-2} P_m^{0.94} = 1.47 \times 10^{-3} \times 0.716^{0.70} \times 0.22^{-2} \times 150^{0.94} = 2.670 \text{MPa}$$

最重轴载荷载应力计算公式与 σ_{ps} 相同，但要用最重轴载 P_m 代替式中的标准轴载(或设计轴载)P_s。

最重轴载在临界荷位产生的最大荷载应力 $\sigma_{p,\max}$ 为：

$$\sigma_{p,\max} = k_r k_c \sigma_{pm} = 0.87 \times 1.05 \times 2.670 = 2.439 \text{MPa}$$

(8) 温度应力计算

① 面层板最大温度应力 $\sigma_{t,\max}$

$$t = \frac{L}{3r} = \frac{5}{3 \times 0.716} = 2.328$$

面层板的温度翘曲应力系数

$$C_L = 1 - \frac{\sinh t \cos t + \cosh t \sin t}{\cos t \sin t + \sinh t \cosh t} = 1 - \frac{\sinh 2.328 \cos 2.328 + \cosh 2.328 \sin 2.328}{\cos 2.328 \sin 2.328 + \sinh 2.328 \cosh 2.328}$$

$$= 1 - \frac{5.0758 + 0.2103}{0.0406 + 26.3012} = 1 - 0.2007 = 0.7993$$

计算综合温度翘曲应力和内应力的温度应力系数 B_L

$$B_L = 1.77 e^{-4.48 h_c} C_L - 0.131(1 - C_L)$$

$$= 1.77 e^{-4.48 \times 0.22} \times 0.7993 - 0.131 \times (1 - 0.7993)$$
$$= 1.77 \times 0.3732 \times 0.7993 - 0.131 \times 0.2007$$
$$= 0.5017$$

计算最大温度应力

Ⅳ区最大温度梯度范围 86~92℃/m，取 88℃/m

最大温度应力

$$\sigma_{t,max} = \frac{\alpha_c E_c h_c T_g}{2} B_L$$
$$= \frac{1 \times 10^{-5} \times 29000 \times 0.22 \times 88}{2} \times 0.5017$$
$$= 1.408 \text{MPa}$$

② 面层板温度疲劳应力 σ_{tr}

A. 确定温度疲劳应力系数 k_t

Ⅳ区，查表 12-18 得 a_t、b_t 和 c_t 分别为 0.843、1.323、0.058，计算温度疲劳应力系数

$$k_t = \frac{f_r}{\sigma_{t,max}} \left[a_t \left(\frac{\sigma_{t,max}}{f_r} \right)^{b_t} - c_t \right]$$
$$= \frac{4.5}{1.408} \left[0.843 \times \left(\frac{1.408}{4.5} \right)^{1.323} - 0.058 \right]$$
$$= 0.394$$

B. 计算温度疲劳应力 σ_{tr}

$$\sigma_{tr} = k_t \sigma_{t,max} = 0.394 \times 1.408 = 0.55 \text{MPa}$$

（9）设计极限状态验证

弹性地基上单层板模型，只需要检验单层板的极限状态

$$\begin{cases} \gamma_r(\sigma_{pr} + \sigma_{tr}) = 1.06 \times (3.60 + 0.55) = 4.40 \text{MPa} \leqslant f_r = 4.5 \text{MPa} \\ \gamma_r(\sigma_{p,max} + \sigma_{t,max}) = 1.06 \times (2.67 + 0.55) = 3.41 \text{MPa} \leqslant f_r = 4.5 \text{MPa} \end{cases}$$

（10）设计方案优化

考虑到 22cm 板厚时，疲劳极限状态的综合疲劳应力达 4.40MPa，与材料的弯拉强度标准值相差 2%左右，结构厚度进一步优化的空间不大，取计算值为 22cm。

根据规范规定加 6mm 磨耗层，并按 10mm 向上取整，最后的设计厚度为 23cm。

（11）排水设计

本路段大部分路段为填方，且路堤高度不大，排水条件相对较好，加之级配碎石基层的排水效果较好，可起到结构层内排水作用。为进一步保证排水安全，设置路面内部排水管道，并与路基排水沟管衔接，具体排水设计略。

12.8.3 分离式双层板模型设计方法与实例

采用碾压混凝土或贫混凝土作基层时，需验算基层的荷载疲劳应力是否超过材料能力。其他材料基层时，与前述弹性地基上单层板理论相比，虽在

计算公式中考虑了基层刚度大时的影响,但无须考虑基层的极限状态,也就无须针对基层计算其各应力分量,在选用公式进行实际计算时需加以注意。

1. 荷载应力

(1) 荷载作用在四边自由板上的临界荷位产生的荷载应力

上层板的荷载疲劳应力计算与单层板模型类似,但设计轴载 P_s 作用下的荷载应力计算公式不同。

① 上层板在设计荷载作用下的荷载应力

$$\sigma_{ps} = \frac{1.45 \times 10^{-3}}{1+\frac{D_b}{D_c}} r_g^{0.65} h_c^{-2} P_s^{0.94} \quad (12-57)$$

$$D_b = \frac{E_b h_b^3}{12(1-\nu_b^2)} \quad (12-58)$$

$$r_g = 1.21 \sqrt[3]{\frac{D_c + D_b}{E_t}} \quad (12-59)$$

式中 D_b——下层板的截面弯曲刚度(MN·m);

h_b、E_b、ν_b——下层板的厚度(m)、弯拉弹性模量(MPa)和泊松比;

r_g——双层板的总相对刚度半径(m);

h_c、D_c——上层板的厚度(m)和截面弯曲刚度(MN·m)。

② 上层板在最重轴载作用下的荷载应力

采用的公式同上,但用最重轴载 P_m 代替设计轴载 P_s。

③ 下层板在设计荷载作用下的荷载应力

碾压混凝土、贫混凝土或水泥混凝土下层板需要计算其荷载应力

$$\sigma_{bps} = \frac{1.41 \times 10^{-3}}{1+\frac{D_c}{D_b}} r_g^{0.68} h_b^{-2} P_s^{0.94} \quad (12-60)$$

(2) 荷载疲劳应力与最大荷载应力

① 荷载疲劳应力的修正系数 k_r、k_c、k_f

上层板:三个修正系数的确定与弹性地基上单层板相同,计算荷载疲劳应力公式相同。

② 下层板在最重轴载作用下的最大荷载应力

下层板的两个修正系数 k_r、k_c 确定方法与弹性地基单层板相同,最大荷载应力计算公式相同。

2. 温度应力

下层板不考虑其温度应力。

(1) 上层板的最大温度翘曲应力

与弹性地基单层板模型相比,温度翘曲应力系数 C_L 计算公式不同,其他都相同:

$$C_L = 1 - \left(\frac{1}{1+\xi}\right) \frac{\sinh t \cos t + \cosh t \sin t}{\cos t \sin t + \sinh t \cosh t} \quad (12-61)$$

$$t = \frac{L}{3r_g} \quad (12-62)$$

$$\xi = -\frac{(k_n r_g^4 - D_c) r_\beta^3}{(k_n r_\beta^4 - D_c) r_g^3} \quad (12\text{-}63)$$

$$r_\beta = \sqrt[4]{\frac{D_c D_b}{(D_c + D_b) k_n}} \quad (12\text{-}64)$$

$$k_n = \frac{1}{2}\left(\frac{h_c}{E_c} + \frac{h_b}{E_b}\right)^{-1} \quad (12\text{-}65)$$

式中 ξ——与双层板结构有关的参数；

r_β——层间接触状况参数(m)；

k_n——面层与基层之间的竖向接触刚度，上下层之间不设沥青混凝土夹层或隔离层时，按上式计算，设隔离层，则取为3000MPa/m。

(2) 上层板的温度疲劳应力

温度疲劳应力计算中，除 C_L 不同、计算出的 $\sigma_{t,max}$ 不同外，其他修正系数及公式与弹性地基单层板模型相同。

3. 设计实例

【例 12-2】 其他条件与例 12-1 的相同，但 N_e 增大到 1020 万次。试进行普通水泥混凝土路面结构设计。

设计过程：

(1) 交通量调查分析与预测

N_e = 1020 万次。

参考表 12-6，属"重"交通荷载等级。设计轴载仍采用 100kN，最重轴载与前例相同，为 150kN。

(2) 可靠度系数的确定

与例 12-1 相同，确定可靠度系数 γ_f = 1.06。

(3) 路基参数的确定

重及以上交通荷载等级要求路基综合回弹模量大于 80MPa，取该值为 80MPa。

(4) 结构组合初拟与设计参数确定

因本路段属重交通荷载等级，参考表 12-12，适宜的基层材料为：水稳碎石、密级配沥青稳定碎石等；必须设置底基层，适宜材料类型：级配碎石、水稳碎石、二灰碎石等。

初步拟定的结构组合：

普通水泥混凝土路面板(h_c)＋水稳碎石基层(20cm)＋水稳碎石底基层(20cm)＋路基(综合回弹模量 80MPa)

其中 h_c 根据预估板厚，与上例类似，初估板厚 22cm。但从水泥混凝土材料角度，重及以上交通荷载等级要求弯拉强度标准值 5.0MPa，弯拉模量 31GPa，泊松比仍取 0.15，线胀系数仍为 $1.0 \times 10^{-5}/\text{℃}$。

上下两层水稳碎石在水泥用量上和集料方面有差异，上层要优于下层，经初步材料试验，7d 浸水抗压强度分别为 5.5MPa 和 2.5MPa，参考规范中的经验参考值表，取上层水稳碎石回弹模量为 2500MPa，下层水稳碎石为

1500MPa，上层的泊松比取为 0.20。

(5) 平面尺寸、接缝及路肩形式选择

与例 12-1 相同，平面尺寸：5m 长，4m 宽。

接缝：规范规定，重及以上交通荷载等级，缩缝必须为设传力杆的假缝，纵缝为带拉杆的平头真缝。

与例 12-1 相同，路肩：基层材料与路面相同，面层采用与面层同厚度水泥混凝土，与路面板间设拉杆连接。

(6) 计算地基综合回弹模量

首先选择模型：因双层水稳碎石基层不属粒料类材料，因此选择分离式双层板模型。

因除路基外只有单层基层，所以，$E_x = 1500\text{MPa}$，$h_x = 0.20\text{m}$，则

$$\alpha = 0.86 + 0.26 \ln 0.20 = 0.86 - 0.26 \times 1.61 = 0.442$$

地基综合回弹模量：

$$E_t = \left(\frac{E_x}{E_0}\right)^\alpha E_0 = \left(\frac{1500}{80}\right)^{0.442} \times 80 = 292.25\text{MPa}$$

(7) 荷载应力计算

A. 上层板在设计荷载作用下的荷载应力

上层板弯曲刚度：

$$D_c = \frac{E_c h_c^3}{12(1-v_c^2)} = \frac{31000 \times 0.22^3}{12(1-0.15^2)} = 28.14\text{MN} \cdot \text{m}$$

下层板弯曲刚度：

$$D_b = \frac{E_b h_b^3}{12(1-v_b^2)} = \frac{2500 \times 0.20^3}{12(1-0.20^2)} = 1.74\text{MN} \cdot \text{m}$$

双层板总相对刚度半径：

$$r_g = 1.21 \sqrt[3]{\frac{D_c + D_b}{E_t}} = 1.21 \sqrt[3]{\frac{28.14 + 1.74}{292.25}} = 0.566\text{m}$$

100kN 轴载作用下的荷载应力：

$$\sigma_{ps} = \frac{1.45 \times 10^{-3}}{1 + \frac{D_b}{D_c}} r_g^{0.65} h_c^{-2} P_s^{0.94} = \frac{1.45 \times 10^{-3}}{1 + \frac{1.74}{28.14}} \times 0.566^{0.65} \times 0.22^{-2} \times 100^{0.94} = 1.478\text{MPa}$$

下层板材料为水稳碎石，无须计算其荷载应力。

B. 确定三个修正系数 k_r、k_c、k_f

与前例相同，应力折减系数 $k_r = 0.87$。

考虑理论与实际差异及动载等因素影响的综合系数 $k_c = 1.05$。

荷载疲劳应力系数 k_f：

$$k_f = N_e^\lambda = 10200000^{0.057} = 2.51$$

C. 计算荷载疲劳应力

$$\sigma_{pr} = k_r k_c k_f \sigma_{ps} = 0.87 \times 1.05 \times 2.51 \times 1.478 = 3.39\text{MPa}$$

D. 面层板在最重轴载作用下的荷载应力计算

最重轴载（或称极限荷载）在四边自由板的临界荷位处产生的荷载应力 σ_{pm} 为

$$\sigma_{pm}=\frac{1.45\times10^{-3}}{1+\dfrac{D_b}{D_c}}r_g^{0.65}h_c^{-2}P_m^{0.94}=\frac{1.45\times10^{-3}}{1+\dfrac{1.74}{28.14}}\times0.566^{0.65}\times0.22^{-2}\times150^{0.94}=2.164\text{MPa}$$

上层板在最重轴载作用下的荷载应力计算公式与 σ_{ps} 相同，但要用最重轴载 P_m 代替式中的标准轴载（或设计轴载）P_s。

最重轴载在临界荷位产生的最大荷载应力 $\sigma_{p,\max}$ 为：

$$\sigma_{p,\max}=k_r k_c \sigma_{pm}=0.87\times1.05\times2.164=1.977\text{MPa}$$

(8) 温度应力计算

① 面层板最大温度应力 $\sigma_{t,\max}$

计算综合温度翘曲应力和内应力的温度应力系数 B_L，下层板不考虑其温度应力，面板计算与弹性地基单层板模型相比，温度翘曲应力系数 C_L 计算公式不同，其他都相同：

$$k_n=\frac{1}{2}\left(\frac{h_c}{E_c}+\frac{h_b}{E_b}\right)^{-1}=\frac{1}{2}\left(\frac{0.22}{31000}+\frac{0.20}{2500}\right)^{-1}=5740.74\text{MPa/m}$$

$$r_\beta=\sqrt[4]{\frac{D_c D_b}{(D_c+D_b)k_n}}=\sqrt[4]{\frac{28.14\times1.74}{(28.14+1.74)\times5740.74}}=0.130\text{m}$$

$$\xi=-\frac{(k_n r_g^4-D_c)r_\beta^3}{(k_n r_\beta^4-D_c)r_g^3}=-\frac{(5740.74\times0.566^4-28.14)\times0.130^3}{(5740.74\times0.130^4-28.14)\times0.566^3}=0.257$$

$$t=\frac{L}{3r_g}=\frac{5}{3\times0.566}=2.945$$

$$C_L=1-\left(\frac{1}{1+\xi}\right)\frac{\sinh t\cos t+\cosh t\sin t}{\cos t\sin t+\sinh t\cosh t}$$

$$=1-\left(\frac{1}{1+0.257}\right)\frac{\sinh 2.945\cos 2.945+\cosh 2.945\sin 2.945}{\cos 2.945\sin 2.945+\sinh 2.945\cosh 2.945}=0.9124$$

$$B_L=1.77e^{-4.48h_c}C_L-0.131(1-C_L)$$

$$=1.77e^{-4.48\times0.22}\times0.9124-0.131\times(1-0.9124)$$

$$=1.77\times0.3732\times0.9124-0.131\times0.0876$$

$$=0.5912$$

Ⅳ区最大温度梯度取 88℃/m，计算最大温度应力：

$$\sigma_{t,\max}=\frac{\alpha_c E_c h_c T_g}{2}B_L$$

$$=\frac{1\times10^{-5}\times31000\times0.22\times88}{2}\times0.5912$$

$$=1.774\text{MPa}$$

② 面层板温度疲劳应力 σ_{tr}

A. 确定温度疲劳应力系数 k_t

Ⅳ区，查表得 a_t、b_t 和 c_t 分别为 0.843、1.323、0.058，计算温度疲劳应力系数

$$k_t = \frac{f_r}{\sigma_{t,max}}\left[a_t\left(\frac{\sigma_{t,max}}{f_r}\right)^{b_t} - c_t\right]$$

$$= \frac{5.0}{1.774}\left[0.843 \times \left(\frac{1.774}{5.0}\right)^{1.323} - 0.058\right]$$

$$= 0.440$$

B. 计算温度疲劳应力 σ_{tr}

$$\sigma_{tr} = k_t \sigma_{t,max} = 0.440 \times 1.774 = 0.78 \text{MPa}$$

(9) 设计极限状态验证

弹性地基上单层板模型，只需要检验单层板的极限状态

$$\begin{cases} \gamma_r(\sigma_{pr} + \sigma_{tr}) = 1.06 \times (3.39 + 0.78) = 4.42 \text{MPa} \leqslant f_r = 5.0 \text{MPa} \\ \gamma_r(\sigma_{p,max} + \sigma_{t,max}) = 1.06 \times (1.98 + 1.77) = 3.98 \text{MPa} \leqslant f_r = 5.0 \text{MPa} \end{cases}$$

(10) 设计方案优化

22cm 板厚时，疲劳极限状态的综合疲劳应力达 4.42MPa，与材料的弯拉强度标准值相差较多，结构厚度可进一步优化，考虑到面板厚度最小 21cm，优化时考虑将底基层改为 20cm 的级配碎石层，模量取为 200MPa。经计算：

$$\begin{cases} \gamma_r(\sigma_{pr} + \sigma_{tr}) = 1.06 \times (4.09 + 0.63) = 5.00 \text{MPa} \leqslant f_r = 5.0 \text{MPa} \\ \gamma_r(\sigma_{p,max} + \sigma_{t,max}) = 1.06 \times (2.61 + 1.58) = 4.44 \text{MPa} \leqslant f_r = 5.0 \text{MPa} \end{cases}$$

刚好满足要求，根据规范规定加 6mm 磨耗层，并按 10mm 向上取整，最后的设计厚度为 23cm。

12.8.4 复合板模型设计方法

1. 面层复合板

面层复合板可将结合在一起的两层板当一层看待，基于单层板设计计算方法分析，但其 D_c 和 h_c 指标要修正，其他计算参数与公式用修正后的 $\widetilde{D}_c$ 和 $\widetilde{h}_c$ 计算，所作修正如下。

(1) 对 D_c 和 h_c 的修正

$$\widetilde{D}_c = \frac{E_{c1}h_{c1}^3 + E_{c2}h_{c2}^3}{12(1-\nu_{c2}^2)} + \frac{(h_{c1}+h_{c2})^2}{4(1-\nu_{c2}^2)}\left(\frac{1}{E_{c1}h_{c1}} + \frac{1}{E_{c2}h_{c2}}\right)^{-1} \quad (12-66)$$

$$\widetilde{h}_c = 2.42\sqrt{\frac{D_c}{E_{c2}d_x}} \quad (12-67)$$

$$d_x = \frac{1}{2}\left[h_{c2} + \frac{E_{c1}h_{c1}(h_{c1}+h_{c2})}{E_{c1}h_{c1} + E_{c2}h_{c2}}\right] \quad (12-68)$$

式中　E_{c1}、h_{c1}——面层复合板上层的弯拉弹性模量(MPa)和厚度(m)；

E_{c2}、ν_{c2}、h_{c2}——面层复合板下层的弯拉弹性模量(MPa)、泊松比和厚度(m)；

d_x——面层复合板中性轴至下层底部的距离(m)。

(2) 面层复合板的最大温度应力修正

$$\sigma_{t,\max}=\frac{\alpha_c T_g E_{c2}(h_{c1}+h_{c2})}{2}B_L\zeta \qquad (12\text{-}69)$$

$$\zeta=1.77-0.27\ln\left(\frac{h_{c1}E_{c1}}{h_{c2}E_{c2}}+18\frac{E_{c1}}{E_{c2}}-2\frac{h_{c1}}{h_{c2}}\right) \qquad (12\text{-}70)$$

式中 B_L——面层复合板的温度应力系数，计算方法与单层板模型相同，其中，面层板厚度 h_c 取复合板总厚度（$h_{c1}+h_{c2}$），温度翘曲应力系数 C_L，单层板时按单层板模型公式计算，双层板时按分离式双层板模型公式计算；

ζ——面层复合板的最大温度应力修正系数。

2. 基层复合板

基层为复合板时，相当于有三层刚性层的情况，类似于碾压混凝土或贫混凝土基层用结合式双层板代替的情况。要应用分离式双层板模型前，基层（复合板）弯曲刚度需修正：

$$D_{b0}=D_{b1}+D_{b2} \qquad (12\text{-}71)$$

$$\sigma_{bpr}=\frac{\widetilde{\sigma}_{bpr}}{1+\dfrac{D_{b2}}{D_{b1}}} \qquad (12\text{-}72)$$

式中 D_{b0}——基层复合板的弯曲刚度（$MN \cdot m$）；

D_{b1}、D_{b2}——基层和底基层的弯曲刚度（$MN \cdot m$），分别按基层和底基层的厚度 h_{b1} 和 h_{b2} 以及弹性模量 E_{b1} 和 E_{b2} 计算得到；

$\widetilde{\sigma}_{bps}$——按分离式双层板计算得到的基层复合板的名义荷载应力，其中，以基层厚度 h_{b1} 替代式中基层厚度 h_b，以复合板弯曲刚度 D_{b0} 替代式中基层板弯曲刚度 D_b。

将以上基层复合板的弯曲刚度代替分离式双层板模型计算公式中的基层弯曲刚度，计算双层板的荷载应力和温度应力。

基层为贫混凝土或碾压混凝土时，复合板中基层的荷载疲劳应力 σ_{bpr} 应按上式计算，其他类型基层不需进行荷载疲劳应力计算。

12.9 水泥混凝土路面结构排水设计

水是危害公路的主要自然因素之一，水泥混凝土路面的病害如：唧泥、脱空、错台、路面板破损及断裂等，都不同程度地与地表水和地下水的侵蚀有关。水是造成路面过早损坏的主要因素之一，它加剧了路基和路面结构的损坏，加快了路面使用性能的变坏，同时缩短了公路的使用寿命，因此在路面设计时，应该重视路面的排水设计问题。

12.9.1 排水设计的基本要求

路面排水设计，除了应考虑道路等级、地形、地质、气候、年降雨量、地下水等条件外，还必须和路基排水结合起来综合考虑，使路基、路面形成良好的排水系统。

路面排水设计应遵循下述原则：

（1）路面内部排水系统中各项设施的泄水能力应足以排除渗入路面结构内的自由水；并且，由于渗入量的估计和透水材料渗透系数的测定精度较低，设施的泄水能力应留有较大的安全度，通常可对设计泄水量采用两倍以上的安全系数。

（2）系统中各项设施的泄水能力应从上游到下游逐渐增加，例如，对于排水基层排水系统，排水基层的泄水能力要大于路表水渗入量，集水沟和集水管的泄水能力要大于排水基层的泄水能力，出水管的泄水能力要大于集水沟和集水管的泄水能力，出水口的泄水能力要大于出水管的泄水能力。

（3）自由水在路面结构内的渗流时间不能太久，渗流路径不能太长，以避免自由水滞留时间过长，而使路面结构处于饱水状态的时间过久，或者在冰冻地区使水分在排水层内结冰。公路排水设计规范的建议标准为：最大渗流时间不超过 1h（冰冻地区）、2h（其他地区，重交通路段）或 4h（其他地区，轻交通路段），渗流路径长度不宜超过 40～60m。

（4）各项排水设施应考虑采取反滤措施以及防止细粒随渗流水进入而堵塞失效，同时，所设计的设施要便于进行经常性的检查和清扫或疏通。

12.9.2 排水设计

1. 一般路段

高等级公路因平、纵、横三方面均要求较高，所以路基填挖较大。如果采取路表水沿横坡自行排出的方法，在暴雨时高填方路堤顶面处的雨水就会集中冲刷填方坡面，造成坡面拉沟，甚至冲毁路基。为此，一般需设置拦水带，拦水带形式有两种，如图 12-12 所示。

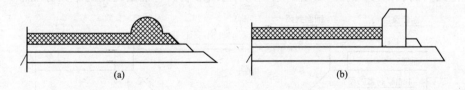

图 12-12　拦水带

图 12-12(a)所示拦水带与路面连成一整体，采用同种材料，与硬路肩路面一次铺设，碾压形成，所以整体性好且美观。图 12-12(b)所示拦水带是镶在路面内，与一般路缘石类似，其材料为水泥混凝土，在石料丰富的地区，亦可采用条石。

当采用设置拦水带汇集表面水的方式时，拦水带均设置在硬路肩外侧，并隔一定间距设置簸箕，通过急流槽、消力池将路表水集中排入边沟、涵洞或天然河沟中，其过水断面原则上限制在路缘带、硬路肩、拦水带之内。拦水带过水断面内的水面，对于高速公路和一级公路，不得漫过右侧车道外边缘；对于二级和二级以下公路，不得漫过右侧车道中心线。

2. 超高路段

设有超高的路段，由于横坡倾向行车道一侧，上述排水方式不再适用，此时需作超高路段排水设计，通常有三种方式可供选择：

（1）在靠近中央分隔带的路缘带内设置其独立的排水体系，即在路缘带下设置纵向排水沟或排水管，将路面集水通过横向排水管、急流槽、消力池将路表水排出，并间隔一定距离设置清淤井。这种排水方式适用于凸型中央分隔带，其特点是能避免与中央分隔带内设置的其他管道相互干扰。

（2）在中央分隔带内设置纵向排水沟，然后通过集水井、横向排水管、急流槽、消力池将路表水排出。这种排水系统无论是凸形或凹形中央分隔带均可采用，尤其是凹形，其排水更为方便；由于中央分隔带内无车辆行驶，对排水沟本身的强度要求不高，所以这种方式较方式（1）节省材料。

（3）设置间断式的中央分隔带或不设中央分隔带而采用防撞栏或双排铁栅代替，让超高一侧的水从另一侧排出。这种方式的特点是工程量少、施工简便，但对于另外一侧的路面排水增加了压力，而且在夜间行车时，对向行驶的车辆因眩光会有所干扰。

3. 中央分隔带

降落到分隔带上的表面水会渗入分隔带土体内。分隔带带一般都是回填土，并埋设各种地下管、井，这必然给渗入的水向路基深处渗透留下通道。同时渗流还会顺着纵坡向低凹处集中，导致低处的地基土含水率过大。降雨量大的多雨地区，这种渗入水量很大，有可能影响到两侧行车道的路基和路面结构的稳定，因此，中央分隔带排水是高等级公路地表排水的重要内容。

（1）一般路段的中央分隔带

对于一般路段的中央分隔带，其排水系统的主要作用是排除中央分隔带范围内的表面渗入水，如图12-13所示为凸形表面有铺面封闭的中央分隔带。

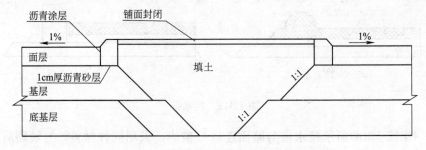

图12-13 凸形表面有铺面封闭的中央分隔带

在有表面铺面封闭的情况下，中央分隔带表面采用与两侧路面相同坡度的双向横坡，降落在中央分隔带上的表面水，就会流向两侧路面，进入路面表面排水设施。

当中央分隔带未采用铺面封闭时，分隔带表面要做成向内微凹的横断面形式。降落在中央分隔带上的表面水就会横向流向低凹处，汇集在分隔带的中央部分，一部分水通过中央分隔带回填土的渗流性向下渗流，一部分水沿纵坡方向流动，排泄到桥涵水道中。因此，在这种情况下，中央分隔带排水系统主要由渗沟、渗沟内的集水管和每隔一定距离设置的横向排水管组成。

渗沟的纵坡一般与路线的纵坡相同，为能迅速地将渗沟内的水流排向横向排水管，纵坡不应缓于1%。但是，当路线纵坡较大时，中央分隔带表面沿纵坡方向流动的表面水，将会产生很大的流速，会对中央分隔带回填土造成冲刷，因此，在中央分隔带表面，应种植草皮进行防护。

在降雨强度较大地区，中央分隔带范围内的设计径流量大于表面水的渗入量，造成较多水流沿中央分隔带纵向流动。如果这些水流漫过中央分隔带的缘石侵入路面，或者在凹形曲线底部以及这些水流的坡面流距过长，造成坡面流速过大时，都应在中央分隔带内每侧每隔一定距离处设置格栅式泄水口，然后通过横向出水管排泄这部分水流。另外横向排水管的管径和间距，是影响中央分隔带排水系统排泄表面渗入水能力的主要变量，设计时应综合考虑，以保证中央分隔带内的水流能迅速有效地排除。

(2) 超高路段的中央分隔带

超高路段的中央分隔带，除了应具有一般路段中央分隔带具有的一切功能和构造要求外，还应设置明沟拦截上半幅路面漫流过来的路表水。针对不同的中央分隔带形式，目前，在高等级公路建设中主要采取两种方式来排除这部分水流。

凸形中央分隔带，采用在中央带缘石外侧设置纵向格栅盖板沟，并每隔一定间距设置集水井，使水排向集水井，再通过与集水井连接的横向排水管将水排出路基范围以外，如图12-14所示。

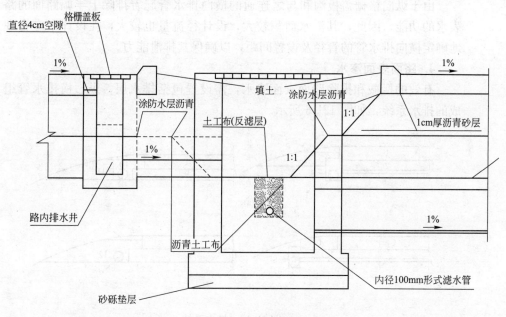

图 12-14 凸形中央分隔带

另外，对于宽度较小的中央分隔带，采用凸形，具有较美观的特点。因此，在高等级公路中，凸形中央分隔带得到了广泛的应用。

凹形中央分隔带，采用在中央带缘石内侧设置纵向格栅盖板沟，上半幅路面的路表水直接漫流入中央带的格栅盖板沟内，并沿沟的纵坡排向每隔一定间距设置的集水井内，再通过与集水井连接的横向排水管将水排出路基范围以外，如图12-15所示。

相对凸形中央分隔带来说，此种形式的中央分隔带不但能顺畅地排除上半幅路面的路表水，而且还能有效地排除中央分隔带内的积水，因此，这种排水系统具有简单、有效且便于施工的优点。但是，纵向格栅盖板沟的设置，也妨碍了中央分隔带内植物的种植，因此，对于宽度较窄的中央分隔带一般较少采用这种形式。

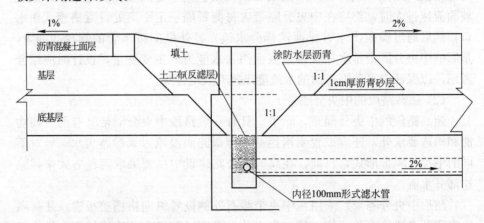

图12-15 凹形中央分隔带

由于纵向格栅盖板沟和与之连通的横向排水管起着排除上半幅路面的路表水的功能，因此，其汇水面积较大，设计径流量也较大，在设计中应合理地确定横向排水管的管径及设置间距，以确保其排泄能力。

4. 路面表面渗水

有效的拦截和排除路面表面渗水，需设置包括排水层，纵、横排水管组成的排水系统，如图12-16所示。

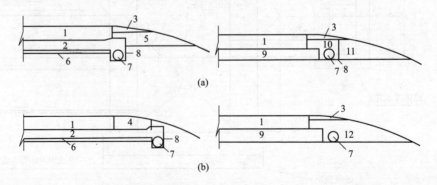

图12-16 排水系统
(a)透水基层排水系统；(b)密实基层排水系统
1—混凝土面层；2—透水基层；3—沥青路肩；4—混凝土路肩；5—路肩基层；6—过滤层；
7—集水管；8—过滤织物；9—密实基层；10—多孔混凝土；11—未处治粒料；12—透水材料

(1) 排水层及纵向排水管

在设计排水层时建议首先考虑采用处治过的透水基层。透水基层是一个稳定基层，可用沥青处治，也可用水泥处治。它既能提供足够的承载力，又能起到排水的作用。路槽内水分通过基层材料中的空隙沿横坡排离基层的外侧，并由纵向排水管（一般采用开孔塑料管）汇集后排出路基（如图12-16a）。在地势低洼的水田区或过湿路段，路面必须具有一定的高程才能保证水从透水性基层中迅速排出。如果做不到这一点，则建议采用密实基层。

当采用密实基层时，下渗的水沿面层和不透水基层的界面流向路肩。为迅速排除这部分下渗水，可在路肩下设置排水层（透水性材料，如开级配粒料或多孔贫混凝土等）。水量大时，可增设纵向排水管（见图12-16b）。

(2) 横向排水集水管

当采用透水性基层时，对于那些水能进入透水基层而遇到不透水路面端部的构造物（如桥梁引道板、路面枕板）等情况，其路面排水系统设计应特别注意。一般而言，对于这种情况均应设置横向排水集水管，不同地点的横向排水集水管的纵向断面布置见图12-17。

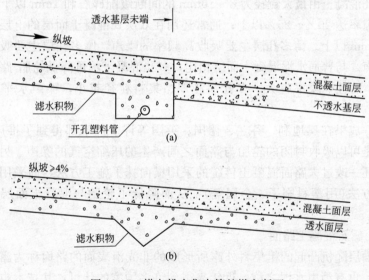

图 12-17 横向排水集水管的纵向断面
(a)端部横向排水；(b)中部横向排水

对于其他等级公路的路面排水，除了通过路面横坡、路肩横坡和边沟排出外，还应对土路肩进行加固，以防止混凝土板同路肩的交界面处路表水的渗入，侵蚀板边缘下的基层、垫层和路基，造成板边缘底部的脱空和板断裂等病害。路肩的结构层次和材料的选择，除了考虑承载能力外，还应结合路面排水系统的布置和要求，使渗入路面的水能有排水通道，并迅速排出路基之外。此外，由于砂土、粉砂土路基易于冲刷和流失，所以要采取拦水、泄水措施，以保证路肩和边坡的稳定。

12.10 特种水泥混凝土路面设计

12.10.1 低噪声水泥混凝土路面

道路交通噪声是由各种各样的复杂因素造成的，从声源角度看，主要来自汽车噪声。汽车综合噪声由发动机噪声、传动机件噪声、排气噪声、进气噪声、交通气流和轮胎-路面噪声等组成。当车速较低时，车辆自身系统噪声是交通噪声的主要来源；当车速较高时（60km/h），轮胎-路面的相互作用成为交通噪声的主要来源。胎地相互作用的噪声同许多因素有关，如轮胎类型、轮胎材料性能、轮载、轮压、路面材料性能、路表的粗糙度等。采用的路面铺筑技术有纵向整平技术、双层混凝土铺筑和湿接双层单机滑膜摊铺施工技术。为了降低轮胎和路面之间摩擦产生的噪声，目前国内外采用了以下三种可减小噪声的混凝土路面：

(1) 多孔水泥混凝土路面

多孔混凝土由最大粒径为 8～10mm 的间断级配碎石和 1mm 以下的砂组成，空隙率达 20%～25%以上；通常还用在双层式混凝土面层的上层，厚度在 4～5mm 以上。薄多孔层主要吸收高频率的噪声，厚多孔层主要吸收低频率的噪声。与普通水泥混凝土面层相比，多孔混凝土约可降低轮胎-路面噪声约 6dB，而且空隙率越大、多孔层越厚、集料粒径越小，噪声水平降低得越多。

这一成果在奥地利、芬兰、德国、英国等许多国家都得到了推广应用。其作用是可以吸收封闭的轮胎与路面之间产生的压缩空气的噪声。另外，上述国家还一改过去路面混凝土传统的采用横向抹平施工方法，而采用纵向抹平施工方法（用塑料刷子、金属等），从而降低了轮胎与混凝土面层间的摩擦声。

(2) 露石混凝土路面

将面层随机凸起的粗集料外露所形成的非光滑表面的路面称为露石混凝土路面，也有消声水泥之称，近年来得到许多国家的认可，其技术也不断被完善。用这种材料筑路，可以使汽车轮胎接触地面时几乎是压在凸露的粒料表面，可以最大限度地降低接触点的噪声。尤其是双层铺筑效果更好，可广泛应用于路面、桥面和隧道等工程中。

露石混凝土露面积在 60%以上，其抗滑降噪性能好，所用材料主要有：抗磨光、有棱角、近似立方体、表面粗糙的酸性岩石。施工时用缓凝、无污染的露石剂。其作用是在施工表面 2～3mm 延缓凝结，使露石高度在 1.5～2.0mm。喷洒露石剂的时间控制 40～60min，刷洗时间与环境温度、材料、水灰比有关，常温 15～30min。施工工艺首先需要人工，机械刷洗，再进行养护、喷洒刷洗层等，此种结构的水泥混凝土可以降噪 3dB(A) 以上。

(3) 无细集料混凝土路面

该路面是用水泥和水作结合料，将单一粒径的粗集料粘结而形成混凝土。无细集料混凝土路面由开级配粗集料组成，它的结构不同于通常的密级配或半密级配水泥混凝土，而属于骨架空隙结构的开级配，具有低噪声、排水快的特点。有调查显示，在比利时铺筑的无细集料混凝土路面，当厚度为44mm、空隙率19％、最大粒径为4~7mm时，可降低5~6dB的噪声。

在旧混凝土路表面喷涂聚合物沥青或环氧树脂等结合剂，再粘撒小石屑或轧碎3~4mm粒径的铬矿渣，经碾压后形成马赛克式镶嵌结构，可使旧混凝土路面降噪。这种结构可使旧混凝土路面减少噪声6~7dB，但其价格较昂贵。

对横向沟槽过深、过宽的旧混凝土路面，可采用金刚砂研磨机纵向研磨沟槽脊背，以适当减少横向沟槽的深度或形成新的纵向粗构造，从而降低行车噪声。经研磨的路面可将行车噪声降低4dB左右，并能增加道路的路表抗滑性能。

12.10.2 高弯拉强度混凝土路面

随着社会进步、经济发展，交通流量越来越大，车辆轴载越来越大，加之大量超载车辆的违规运营，普通水泥混凝土路面越来越难以承受如此之重负，破损现象日益增多，使用寿命日渐缩短。解决水泥混凝土路面由于车辆荷载导致的早期破损严重、耐久性不足的问题，从路面结构设计方面而言，可以使路面结构层加厚；而从路面材料角度而言，可以提高材料的韧性、强度，提高材料的疲劳性能，采用高弯拉强度混凝土是措施之一。

1. 对原材料的技术要求

高弯拉强度混凝土对原材料的要求和施工过程中的控制比普通混凝土更加严格。

水泥：高弯拉强度混凝土路面所用水泥须采用旋窑硅酸盐水泥或普通硅酸盐水泥，有条件时优先采用旋窑道路硅酸盐水泥，水泥强度等级不宜低于42.5级。

集料：对于粗集料而言，配制高弯拉强度混凝土采用的粗集料应为碎石，不应采用卵石或碎卵石，碎石最大粒径控制在26.5mm。岩石抗压强度要求不低于80MPa，压碎指标按Ⅰ类集料控制，针片状颗粒含量、含泥量、泥块含量按高于Ⅱ类、接近于Ⅰ类指标控制。由于高弯拉强度混凝土水胶比较低，粗集料的吸水率应控制在1.5％以内。细集料应采用中砂，细度模数控制在2.5~2.9，含泥量和泥块含量按Ⅰ类细集料进行控制。

掺合料：配制高弯拉强度混凝土必须采用"双掺"技术，即掺加掺合料及外加剂。配制高弯拉强度混凝土采用的掺合料一般为粉煤灰和硅灰，采用的粉煤灰要求为Ⅰ级灰。

外加剂：在高弯拉强度混凝土施工过程中一般采用复配的缓凝高效减水剂，根据高弯拉强度低水胶比要求，减水率不小于20％；缓凝效果根据混凝土拌合物运距、气温、摊铺时间等满足施工工作性的要求，缓凝时间不宜过长,一般控制在2~4h,否则会影响强度。

2. 设计原则

高弯拉强度水泥混凝土路面28d弯拉强度标准值规定为6.0MPa,与钢纤维混凝土路面弯拉强度标准值一致;弹性模量根据试验确定,若无条件,可取为33.0GPa;其他设计参数、环境条件的选取同普通水泥混凝土路面。

复掺粉煤灰、硅灰的混凝土路面,若路面施工工期较长,可采用混凝土的56d弯拉强度标准值进行设计。若路面开放交通时间不足56d,则仍使用混凝土的28d弯拉强度进行设计。单掺硅灰的混凝土,按28d弯拉强度标准值进行设计。

高弯拉强度混凝土路面用于提高路面承载能力时,不减小路面厚度。

高弯拉强度混凝土荷载疲劳应力和温度疲劳应力计算方法参照《公路水泥混凝土路面设计规范》JTG D40—2011中相关规定,疲劳系数取普通混凝土的0.97~1.0倍。

3. 配合比设计方法

高弯拉强度路面混凝土配合比设计在兼顾经济性的同时,应满足下列三项技术要求。

(1) 弯拉强度

高弯拉强度混凝土适用于重、特重交通等级的高等级水泥混凝土路面,或有特殊用途的水泥混凝土路面。普通水泥混凝土路面的弯拉强度标准值为5.0MPa,而高弯拉强度水泥混凝土路面混凝土弯拉强度标准值不低于6.0MPa,施工配制弯拉强度要求不小于标准值的1.15~1.2倍。

(2) 工作性

根据水泥混凝土路面施工工艺和施工机械的要求,高弯拉强度混凝土的工作性应符合表12-19的规定。

高弯拉强度混凝土工作性要求　　　　表12-19

摊铺方法	滑膜摊铺	三辊轴摊铺
出机坍落度(mm)	50~70	40~60
摊铺坍落度(mm)	30~50	20~40

(3) 耐久性

根据当地路面有无抗(盐)冻要求,确定路面混凝土含气量和硬化后混凝土最大平均气泡间距系数,应分别满足表12-20和表12-21的要求。路面高弯拉强度混凝土磨耗量不应超过1.5kg/m²。严寒地区高弯拉强度混凝土抗冻等级不宜小于F30号;寒冷地区高弯拉强度混凝土抗冻等级不宜小于F25号。

路面高弯拉强度混凝土含气量要求　　　　表12-20

环境条件	无抗冻要求	有抗冻要求	有抗盐冻要求
含气量范围(%)	3~4	4~5	5~6

路面高弯拉强度混凝土最大平均气泡间距系数　　　表 12-21

环境条件		气泡间距系数(μm)
严寒地区	冰冻	300
	盐冻	250
寒冷地区	冰冻	250
	盐冻	200

12.10.3 彩色水泥混凝土路面

彩色水泥混凝土路面系由普通硅酸盐水泥或白色硅酸盐水泥＋砂＋碎石＋颜料＋外加剂(减水剂、分散剂)而形成的混合料,通过生产加工可制成色泽鲜艳、装饰性好的彩色水泥混凝土路面,可进行现场预制或现场浇筑施工,彩色水泥混凝土路面是当代国外高度重视的一项新工艺,是与环境美学、土木工程技术密切相关的建筑科学。

目前,国外将彩色水泥混合料制品或路面用于美化环境,如城市道路、住宅区道路停车场、旅游区道路、安全标志设施等,也可用作桥面铺装、隧道路面、港口码头、机场地平等设施建设,采用多种色彩拼成图案用以美化城市和周围环境,随着城镇日新月异的建设发展,彩色水泥路面技术具有广阔的发展前景。

1. 对原材料的技术要求

水泥:作为混合料中的胶凝材料,是保证强度、耐久性和胶结颜料、集料的主要原材料。其强度高低、品质好坏、颜色如何对彩色水泥混合料质量起着决定性作用。根据工程实践经验,彩色水泥混合料所用的水泥品种主要有:白色硅酸盐水泥、普通硅酸盐水泥和矿渣硅酸盐水泥等,其强度一般不应低于 32.5MPa,水泥的选用应根据工程需要和试验确定,必须符合国家建材标准。

集料:在彩色水泥混合料中起着骨架作用并具备一定的强度,其本身的色泽深浅及表面粗糙程度,直接影响彩色水泥混合料中颜色的用量、效果及着色牢固度;所用的有常规砂和规格碎石,在镶嵌式砌块中可用白云石子作为面层集料。

颜料:是彩色水泥混合料区分于普通水泥混合料的特征材料,不仅要具备优异的染色、遮盖性能和分散性,并在碱性条件下不得褪色。在道路工程长年经受风吹、日晒、雨淋、冻融、摩擦的条件下,颜料应具有较好的耐久性、耐水性和耐蚀性。通过工程实践,在彩色水泥混合料中采用无机类氧化铁颜料进行配色,可达到预期效果。主要有氧化铁红、氧化铁黄、氧化铁棕和氧化铁黑四种颜料。

2. 配合比设计

在目前尚无全国统一标准试验方法的情况下,主要控制抗压强度、色度、磨耗度、收缩性能、冻融性能等技术指标。配制多种彩色水泥净浆、砂浆、混凝土；与普通水泥、砂浆配合比基本相同，按照正交试验确定目标配合比。唯有在颜色的选用上，选择品种、性质和掺量。

无机颜料实际上是不溶于凝胶材料而又均匀分散很细的固体颗粒，掺入后主要依靠水泥的慢凝固结作用而使砂浆、混凝土着色形成彩色水泥砂浆或混凝土。

彩色混凝土人行道板配和比选择：不但要具有足够的强度，而且要具有一定的耐磨性和鲜艳的色彩，并在彩色水泥净浆和彩色水泥砂浆配合比试验的基础上，在不同颜料掺量的情况下对混凝土产生敏感的影响，因此可以严格控制用水量，适当增加水泥用量，以弥补混凝土的强度损失，可掺入高效减水剂降低混凝土的水灰比。

彩色水泥混凝土或砂浆制品，其强度和外观均能够达到工程的力学使用的要求，由于颜料和外加剂（减水剂、分散剂）的化学机理原因，导致构建的裂缝现象，建议在设计与施工时采用掺入纤维稳定剂的原理即可解决该技术问题。

12.10.4 碾压混凝土路面

碾压混凝土简称RCC，是一种含水率低、通过振动碾压施工工艺达到高密度、高强度的水泥混凝土。其特干硬性的材料特点和碾压成型的施工工艺特点，使碾压混凝土路面具有节约水泥、收缩小、施工速度快、强度高、开放交通早等技术经济上的优势。

碾压混凝土路面成本的降低取决于三个方面：一是提高路面施工效率，降低铺筑施工成本。二是由于接缝减少，使接缝的成本降低。三是常规水泥混凝土路面的水泥用量一般在 $350\sim400kg/m^3$，碾压混凝土路面水泥用量大约是 $250\sim300kg/m^3$，至少节约水泥 $50kg/m^3$ 以上。

碾压混凝土路面与普通水泥混凝土路面所用材料基本相同，均为水泥、砂、碎石、水及外掺剂，不同之处是碾压混凝土为用水量很少的特干硬性混凝土，比同强度普通水泥混凝土节约水泥10%～20%左右。碾压混凝土配合比设计是按正交设计试验法和简捷设计试验法设计，以"半出浆改进VC值"稠度指标和小梁抗折强度指标作为设计指标，小梁抗折强度试件按95%压实度计算试件质量，采用上振式振动成型机振动成型。

1. 对原材料的技术要求

水泥：路面碾压混凝土应采用抗折强度高、初凝时间长、强度发展快、水化热及耐磨性好的水泥，一般采用硅酸盐水泥、普通硅酸盐水泥和道路硅酸盐水泥。

细集料：应采用质地坚硬、耐久、洁净的天然砂、机制砂或混合砂，并要限制粉尘、泥土、有机质和盐类等有害物质的含量，一般采用Ⅱ级中砂。

粗集料：采用质地坚硬、耐久、洁净的碎石、碎卵石和卵石，并符合《公路水泥混凝土路面施工技术规范》JTG F30—2003的规定。公路混凝土路面使用的粗集料级别要不低于Ⅱ级，尽量采用压碎值小及针片状颗粒含量小并具有较大磨光值的粗集料。

粉煤灰：采用品质不低于Ⅱ级的干排粉煤灰，其品质指标应符合现行国家标准《粉煤灰混凝土应用技术规范》GB/T 1596—2005 规定的要求。

外掺剂：碾压混凝土的施工时间比较长，宜采用缓凝型减水剂或缓凝引气型减水剂。

2. 设计原则

现行规范中碾压混凝土设计理论尚不成熟，更多的是依据实际经验。与现行的规范方法相比，碾压混凝土设计方法应充分考虑到由于采用沥青混凝土路面施工工艺所引起的碾压混凝土路面结构与普通水泥混凝土路面结构特性的差异。另外还应考虑了温度应力的影响，使之更接近于实际情况。其主要步骤包括：确定荷载应力系数，确定疲劳应力，确定温度应力，确定 RCC 板厚度。

12.10.5 其他水泥混凝土路面

1. 高效预应力混凝土路面

高效预应力混凝土路面的力学模型，一般简化为有纵向预应力、普通钢筋、温度应力、板底摩阻力的混凝土板；其有限元模型采用 20 节点空间等参元。宽度不大于 2 车道，厚度一般为 140～240mm。配筋时，预压应力扣除基层摩阻力后来确定预应力配筋。滑动层要设置防水材料、细粒材料、沥青材料，一般不大于 20mm。伸缩缝采用钢梁型或毛勒型，采用板端部加厚锚固，采用后张法进行二次张拉。

2. 贫混凝土基层路面

贫混凝土按空隙率不同可分为密实贫混凝土和多孔混凝土。贫混凝土是用粗细级配集料与少量水泥（集料质量的 7%～10%）和水拌合而成。多孔混凝土是水泥、粗集料和水拌制而成，有时添加少量砂。配合比设计方法主要有：经验公式法、试验法。贫混凝土的物理力学特性主要有如下：7d 抗压强度（7～10MPa）、28d 弯拉强度（2～3MPa）、弹性模量（18～23GPa）、疲劳特性、收缩性、抗冻性、抗冲刷性等。多孔混凝土排水基层材料组成设计指标有：空隙率（20%～30%）、渗透系数（≥1.05cm/s）、7d 抗压强度（重交通 3～5MPa，特重交通 5～8MPa）。其路用性能有：排水性能、强度、弹性模量、疲劳特性、收缩性、抗冻性等都合乎规范要求。贫混凝土基层混凝土路面结构设计主要应用应力分析、结构设计的方法。其施工技术与普通水泥混凝土不同在于需要碾压，然后进行振捣。

3. 柔性纤维混凝土和聚合物混凝土路面

柔性纤维混凝土和聚合物混凝土路面是为了提高水泥混凝土面层的抗裂性能而设计的。在水泥混凝土中掺入 0.15%～0.20% 聚丙烯纤维，以提高水泥混凝土的抗拉性能。试验证明，柔性纤维混凝土和聚合物混凝土路面的抗压性能增加幅度较小，但其弯拉强度在纤维掺量 0.2% 时能提高 7%～15%；纤维掺量在 0.5%，强度可以提高 10%～20%。抗疲劳性能也有显著提高。

聚合物混凝土材料组成所用的聚合物为复配聚合物乳液，水泥种类为普通硅酸盐 32.5 级水泥，聚合物和水泥剂量的比值在 10%～15%之间。聚合物混凝土物理力学性质为：抗压强度在 20～40MPa 之间，弯拉强度在 10～15MPa 之间，路面结构形式和普通水泥混凝土面层结构相似。聚合物混凝土主要应用于路面、桥面铺装和隧道路面。

4. 连续配筋混凝土路面

连续配筋混凝土路面设计指标包括极限状态下的疲劳断裂、冲剪。连续配筋混凝土路面纵向配筋率有如下要求：允许的裂缝间距大于 1m；缝隙宽度小于 1mm；钢筋屈服强度符合规范。连续配筋混凝土路面需要进行板厚、配筋、端墙的结构设计，其主要的施工技术应控制以下几个阶段：①施工准备；②钢筋固定；③混凝土浇筑。

12.11　现代水泥混凝土路面新技术

改革开放以来，我国公路交通量增大，重型运输车辆的比重越来越大，这对公路路面结构强度和使用性能提出了更高的要求。与沥青路面相比，水泥混凝土路面具有强度高、稳定性好、耐水性好、对环境污染小、使用寿命长、建造费用低、养护费用低等优点。尽管有以上优点，但目前在国内建设的高等级公路主要仍是沥青路面。这是由于水泥路面存在的三大难题造成的：

(1) 各省、区 10 余年前使用小型机具工艺建成的某些高速公路水泥路面的破损速度过快、破损率过大。

(2) 水泥路面的行车舒适性不及沥青路面。

(3) 水泥路面破损快，难修复，养护时间长，阻碍交通时间长。

近年来针对这三大难题产生了许多的新材料、新技术的创新与发展，并且在水泥混凝土路面施工中不断推广和应用，产生了巨大的社会与经济效益。下面通过结合如何解决这三大难题来介绍现代水泥混凝土路面新技术。

12.11.1　解决水泥路面早期破损多而快问题的新技术

高速公路水泥路面尤其在前 3～5 年，断板率、塌陷碎板率是比较高的，究其原因，最主要问题是新建高速公路的路堤较高，一般在 4m 以上，新建高速公路高路堤欠稳定，不仅总沉降量较大，导致面板产生碎板破坏的差异沉降量也较大。一些公路通过增加面板厚度来延缓路面的早期破损。但无论多厚的面板，在路基不稳定路段最多只能推迟半年到一年便碎板破坏，过多地加厚面板已经不是解决问题的根本办法。

通过对刚性路面的总体结构层及其合理组合以及强化和稳固路基技术的研究，解决了因路基过大差异沉降而造成的早期破损多而快这一问题。主要的技术有以下几项：

1. 路基沉降观测与预测技术

路基的变形主要包括路基本体变形和地基变形，其沉降机理是指在外部荷载作用下,地基内部产生了附加应力,使得土体原有的应力状态发生变化,土层空隙发生压缩变形。高速公路水泥混凝土路面的早期断板破坏绝大多数情况下是由于路基不稳定、沉降过大造成的。为了防止这种现象,我们首先应对高速公路水泥混凝土路面路基进行全线沉降观测,对沉降较大的路段进行了施工图阶段的细化补强设计,计算出摊铺永久性水泥混凝土路面的不均匀沉降界限值,从而有效保证了高速公路水泥混凝土路面路基质量和稳定性,延长了水泥混凝土路面的使用寿命。

通过对高速公路局部或全线路基进行施工期间及工后的沉降进行连续观测,一是了解路基的沉降速率,解决何时适宜进行路面结构层特别是面板摊铺施工,要求路基沉降曲线过拐点,路基基本稳定后,方可进行路面结构层的施工;二是对可能的工后沉降量及其差异数值依据土力学原理进行预估,以便采取局部加强路面或缓冲差异沉降的综合技术措施。

20世纪90年代中期,沪宁高速公路的建成通车,为我国高速公路的稳定与安全监测工作积累了丰富的经验。由于沪宁高速公路沿线软土广泛分布,地质情况复杂,对路基的沉降要求较高,沉降安全监测的工作显得尤为重要。徐泽中、白忠良、何良德等对沪宁高速建设过程中的安全监测资料作了全面的整理,在高速公路的软基沉降观测规范化、确保观测成果的准确和可靠应采取的措施等有关问题做了有益的探索。为公路的沉降观测技术向规范化方向发展作出了贡献。

2. 水泥混凝土路面路床稳定新技术

根据水泥混凝土路面比沥青路面对路基稳定更敏感的特性,要求高等级公路水泥混凝土路面的路基填筑提高一级压实标准。对于粒径在壤土以下的粒料土、沙土等采用重型压路机强行击实;对于塑性能指数较高的黏性土,使用路床石灰改善土稳定技术。

在多段高速公路采用了提高压实标准和重型压路机压实措施,并使用路床石灰改善土稳定技术,强有力地保证了高速公路水泥混凝土路面路基或基层质量和稳定性,大大地延长了水泥混凝土路面的使用寿命。路基改善土技术是针对压实度达不到要求的高塑性黏土、软基土或路基填挖频繁路段采用的技术,一方面提高软土路基强度、承载力及稳定性;另一方面,路床改善土相当于增加一层坚实的底基层,对提高水泥混凝土路面使用寿命将起到巨大的作用。

3. 粒料"活"结构层技术

为了使最终差异沉降量控制在2~3mm以内,满足水泥路面及基层下部不脱空,相关研究提出了在水泥路面设计中增加具有缓冲差异沉降能力的"活"结构层:粒料垫层。突破了设计规范仅在潮湿、石方和冻土超过冰冻深度的路段设置粒料垫层的要求。通过在全线设置粒料垫层这个"活"结构层,并在相应的填挖交界、高填方、软基路段根据沉降观测及预估数值,加厚垫层,不仅解决强化后的路基也无法消除的5%~10%的残余差异沉降量;而且还可,隔离重车振动导致的行车道路基的加速沉降破坏,同时具有优良的渗

12.11 现代水泥混凝土路面新技术

透排水、隔热、防冻功能。

新建公路的路基不稳定是绝对的，而稳定是相对的，对于水泥路面的设计应采用"以活结构层对付活路基"的水泥路面总体结构层设计新观念。用这层粒料"活"结构层，解决"活"路基造成的一系列水泥路面快速破损。要保证水泥路面的正常使用，并减少碎板破损，在路基已经采用了各种办法进行了强化稳固处理的基础上，再加上路面结构层底部的粒料垫层这个缓冲残余差异沉降的"活"结构层，通过采取一系列综合技术措施，最终是确保半刚性基层、刚性基层、水泥路面底部不脱空，极大地减少水泥路面的早期破损。在2005年，相关研究人员首次提出将粒料垫层作为各级公路水泥路面的必备结构层的要求。不仅高等级公路必须使用粒料垫层，即使在中、轻交通的县乡公路和农村公路水泥路面板下部，允许不使用半刚性基层，但粒料垫层必须设置。

12.11.2 提高水泥路面行车舒适性的新技术

水泥路面行车舒适性不及沥青路面是不争的事实。水泥路面作为一种刚性路面，缺乏减震缓冲效果，因而引起车辆较大振动，不仅平整度欠佳，噪声也比较大。影响水泥路面舒适性主要有平整度、错台及噪声三项，下面从以上三个方面对提高水泥路面行车舒适性的一些新技术进行阐述。

1. 高平整度水泥路面滑模摊铺技术

在高速公路上，尽管我们使用现代滑模摊铺施工技术，能够将静、动态平整度做得与沥青路面相同，但是由于沥青路面是柔性路面，车辆在高速行驶过程中有路面和车辆两级减振；水泥混凝土刚性路面本身不仅不能减振，而且由于其弹性模量与刚度过大，有一点颠簸反而会放大振动，较大的颠簸造成了更多的不舒适感。因此，相同平整度情况下，水泥路面的颠簸感觉比柔性路面大，舒适性不及沥青路面。

目前我国高速公路和一级公路滑模摊铺水泥混凝土路面的静态3m直尺平整度不大于3mm的普通达到90%以上；总体动态平整度基本上在$\delta=1.0$左右，最好的水泥混凝土路面一个标段已经达到$\delta\leqslant 0.76$左右，最好6km单副路面已达到$\delta\leqslant 0.45$，比验收标准规定的$\delta\leqslant 1.5$小得多。这些数据表明，我国高平整度的水泥混凝土路面已经与国际先进水平相当；同时，表明我国滑模摊铺水泥混凝土路面的平整度还有进一步提高的潜力；最终，我国滑模板摊铺水泥混凝土路面的平整度将与沥青路面相当。

2. 解决错台问题的综合技术措施

影响高速公路水泥路面舒适性的因素除了平整度而外，最大的不舒适原因是普通混凝土路面5年后的平整度长期保持效果因板底冲刷形成接缝错台的剧烈衰减。为了解决错台问题，我国水泥路面现行设计、施工与养护规范采取了以下三项重要的综合技术措施：

一是设计与施工规范共同规定"特重、重交通水泥混凝土路面缩缝应插传力杆"，采用预支钢筋支架和滑模摊铺机自动插入(DBI)两种施工方式，确保插入的传力杆精度。在滑模摊铺条件下,使用滑模摊铺机配备的自动传力杆插入装置在每条横向缩缝中插入传力杆。每条缩缝插传力杆不仅是在相同应力水平下可以减薄面板厚度,反之,厚度相同时,由于传力杆对弯拉应力的传递,轮载直接作用面板内实际弯拉应力有所降低,弯拉强度安全储备有所提高,抵抗超载的能力更强。由于插传力杆使弯拉应力水平降低,相同破损率条件下的水泥路面可延长使用寿命,并且可以消除错台、跳车现象,改善行车舒适性。

二是板底隔离封闭层技术,彻底解决了由于接缝、断板缝漏水造成的上基层表面冲刷脱空错台。使用上基层表面沥青表处或稀浆滑动封闭层新技术的主要优点在于:有利于防止断板;有利于防止半刚性基层长期水冲刷破坏;有利于基层养护;有利于防止施工期间运输车轮压坏或碾松基层表面;有利于基层越冬防护。不过,采用沥青滑动封闭层后为了防止胀缝隆起,应将胀缝板宽度增大5mm。

三是施工规范优化了填缝材料和填缝设计,要求在高速公路上使用树脂和橡胶类填缝材料,接缝设计上除了切缝新要求外,按接缝不啃边兼顾填缝材料老化变形,首次增加了略宽的填缝槽,力图从填缝材料与填缝结构两方面入手,延长接缝防水密封效果和使用年限,长期保持密封状态,不漏或少漏水进入板底形成长期冲刷脱空破坏,施工规范采用了上述三管齐下的技术措施来确保水泥路面免冲刷,不错台、更舒适。

3. 低噪声水泥混凝土路面技术

据研究水泥路面噪声比沥青路面大2dB,这是由于其施工拉毛时使用的是均匀间距的叉形弹簧钢齿,其所形成的沟槽与车轮摩擦产生的噪声是同一频率,车速越高,噪声越大。因此提出了两种解决方案:(1)使用无规律的、不等间距的叉形弹簧钢齿进行拉毛。(2)铺一薄层(5cm)耐磨指数较高的单一粒径(8~10mm)的露石面层。具体方法为该面层摊铺完成后,立即撒一层缓凝剂,然后铺上塑料薄膜养护,12~24h后刷去表面浮浆,形成露石面层。

以120km/h车速进行测试,前者噪声比沥青混凝土路面稍高,但比传统水泥混凝土路面噪声低很多;而后者比沥青混凝土路面噪声还低3~4dB。这一成果在奥地利、芬兰、德国、英国等许多国家都得到了推广应用。

12.11.3 水泥路面养护新技术

传统水泥混凝土路面的缺点之一就是当需要换板养护时不易挖补,且需中断交通28天进行养护,这极大地阻碍了水泥路面的大面积应用。此问题通过交通部西部建设项目"水泥混凝土路面养护技术研究",使用快速换板的两项技术:预制拼装面板6小时通车,现浇快通混凝土技术12小时通车,已经实现了当晚完成换板修复,基本不阻碍高速公路交通的目的。

1. 快速修复通车技术

目前这两项技术尚未得到有效推广和普及,现在的问题是碎板快速清除需要相应的机械设备,面板清除后的换板和快通混凝土浇筑已经解决,拼装换板需要建立预制面板的制品厂，按破碎板尺寸制作好要更换的混凝土板，在预制场内养护8天龄期后，运到现场，吊装灌缝后即可通车，对混凝土没有任何特殊要求，所增加的仅为吊装费用，试验表明4m×5m大板吊装困难时，可使用1/4板，尺寸：2m×2.5m小板，用轻型吊车吊装。现浇快通混凝土使用普通硅酸盐水泥加早强剂实现，增加的仅为早强剂费用，吊装费与早强剂费用均不超过普通混凝土的10%，不仅对于我国所有收费公路，而且对一般公路而言，只要公认不阻碍交通带来的效益，这点增加的费用均可以接受。加速快通混凝土养护新技术的推广和普及，是改变大家对于水泥路面修复难、慢、拖认识的关键，技术难题已经解决。

2. 水泥混凝土路面裂缝控制技术

进一步掌握滑模摊铺水泥混凝土路面裂缝控制技术，首先可防止施工期间的塑性收缩裂缝；其次是可防止使用初期的温差、湿差裂缝和断板；更重要的是提出了消除纵向裂缝的施工技术及控制指标。应该讲，防止水泥混凝土路面开裂任重道远，目前，真正掌握该项技术的人员并不多，实际工作如不小心，仍然有开裂和断板现象。解决开裂断板的主要技术措施有：在刮风天，防止塑性收缩开裂，使用抗裂的混凝土配合比，并提早喷洒养护剂加强养护措施施工；使用沥青滑动封闭层，降低上基层表面对面板的年温差、季节湿差收缩裂缝及断板；加深所有插拉杆和传力杆接缝的切缝深度($h/4 \sim h/3$)，并提早其切缝时间，防止纵向断裂。

3. 水泥混凝土路面抗冻、抗盐冻研究

在国内首次研究并使用了水泥混凝土路面抗冻及抗盐冻性滑模摊铺技术(1998年黑龙江、吉林)，明确提出了混凝土路面含气量、气泡间距检测方法和标准，为解决我国北方地区水泥混凝土路面表层冰冻及盐冻脱层，提供了有效技术措施，表明我国北方也可以建设不脱层的优质水泥混凝土路面。

目前，此项内容尚需要将黑龙江等省直接采用欧盟的抗盐冻试验方法，通过研究制定我国的标准试验方法。另外，急需进行水泥混凝土路面抗盐冻机理和防治措施的研究。

12.11.4 其他水泥路面新技术

1. 高弯拉强度路面滑模混凝土

改革开放以来，随着市场经济的不断深化、国民经济的飞速发展，国家对基础设施的投入力度增大，使我国交通事业迈上了一个新台阶。随之而来的是交通量增大，车辆荷载的重型化，载货汽车的超载日益严重，引起实际累计标准轴载的剧增，直接导致路面出现严重的损坏。因此对于重载水泥路面技术的研究具有重大意义。

使用高弯拉强度水泥混凝土路面滑模摊铺技术，主要采用了高性能道路混凝土掺外加剂和粉煤灰的"双掺技术"，用于超重载交通减薄板厚，并增强了面板对断裂的抵抗能力，提高了路面对超重轴载破损的安全储备。目前我国使用高性能道路混凝土技术滑模摊铺的路面实测平均弯拉强度在6.5～

7.5MPa之间，这是迄今为止，我们在国际上各种文献中未见的高弯拉强度，居于国际领先水平。

2. 钢纤维混凝土材料新技术

随着国民经济建设和公路交通事业的飞速发展，城市道路和国道干线公路上的车辆荷载及密度越来越大，行驶速度越来越快，致使路面的损坏也日趋严重。特别是对损坏的水泥混凝土路面而言，它不仅翻修投资大，且施工周期较长，严重影响交通畅通及行车安全。如用普通水泥混凝土修复路面，虽有强度高、板块性好、有一定的抗磨性及承受气象作用的耐久性好等特点，但它的最大缺陷是脆性大、易开裂、抗温性差，路面板块容易受弯折而产生断裂，所以就要求路面面板应有足够的抗弯、抗拉强度和厚度。用钢纤维混凝土修筑路面，就是意将钢纤维均匀地分散于基体混凝土中（与混凝土一起搅拌），并通过分散的钢纤维，减小因荷载在基体混凝土引起的细裂缝端部的应力集中，从而控制混凝土裂缝的扩展，提高整个复合材料的抗裂性。同时由于混凝土与钢纤维接触界面之间有很大的界面粘结力，因而可将外力传到抗拉强度大、延伸率高的纤维上面，使钢纤维混凝土作为一个均匀的整体抵抗外力的作用，显著提高了混凝土原有的抗拉、抗弯强度和断裂延伸率。特别是提高了混凝土的韧性和抗冲击性。实践证明，采用钢纤维混凝土这一新型高强复合材料修理路面，既可提高路面的抗裂性、抗弯曲、耐冲击和耐疲劳性，而且可改善路面的使用性能，延长使用寿命，从而减少老路开挖，对节省工程造价等具有重要的经济效益和社会效益；为提高道路补强与改造提供了良好的途径。

3. 小块与砌块混凝土路面设计与施工技术

小块混凝土路面原理是面板尺寸越小，相同荷载下的应力越小。应力小，板厚就可减薄。极限情况下，面板尺寸减小到≤1.0m×1.0m的砌块路面时，相同应力水平下的面板厚度将比4.0m×5.0m的大板厚度减薄一半，将20~30cm厚的大面板改为砌块路面，使用厚度10~15cm就够了。厚度减薄了一半，混凝土方量就可节省一半。水泥路面工程建造投资节省将近一半。

砌块路面和小块路面将不限制公路等级，即使在高速公路水泥路面上，对于局部路基确实难于稳固的路段，也可使用，问题是平整度将受较大的影响，运营一段时间后，需要将沉降量较大路段的砌块路面掀起来，下部重新垫实，再多次砌筑，这是便于维修的一种"活"面板结构。它既节省了造价，又实现了多次快速翻修的目的。在发达国家的城市和农村，砌块路面得到了非常广泛的应用，我国公路施工规范尚无此结构，排斥其理由是国内一些专家认为砌块路面行车平整度较差，舒适性差，殊不知发达国家在人口密集城镇采用砌块路面的重要理由恰恰要使车辆更颠簸，不舒适，达到减速行车，以便确保人车混行道路上的行人更加安全。

4. 砂石统料混凝土路面新技术

在中、西部农村公路上，路边就有碎石场，但计算投资，买不起碎石，只能到就近河床中去采卵石与砂的河床统料，将砂石料筛分开来的钱也不够，在这样苛刻的限制条件下,只好直接使用河床砂石统料。砂石统料的控制组合级配区间是以上限:弯拉强度不小于 4.5MPa;下限:含砂量高,砂率高时,普通混凝土路面施工期间不产生塑性收缩裂缝。砂石统料的筛分曲线满足试验研究给出的组合级配区间,砂石统料混凝土就允许使用在中、轻交通设计弯拉强度标准值 4.0MPa 的三级公路、县乡公路和农村公路低造价水泥路面中,不允许使用在二级及其以上高等级公路水泥路面中。这样,在我国不少地方,相当多的河床砂石统料能够用来建造中、轻交通下的低造价农村公路水泥路面。

5. 聚合物水泥混凝土表面功能层或加铺层

聚合物彩色水泥混凝土路面表层,主要是制作表面抗滑、降噪、排水、耐磨、着色功能层或加铺层。不仅可以提高水泥路面的行车安全,而且环保降噪,美化交通环境。由于超薄表面功能层厚度较薄(2.0~3.0cm),且与水泥混凝土路面的模量相差较大,极易发生剪切、推移破坏,因此必须采取适当的措施加强表面功能层混合料的抗剪性能并提高层间粘结性能。

12.12 国外主要水泥混凝土路面设计方法概述

12.12.1 美国波特兰水泥协会设计法

1984 年波特兰水泥协会(PCA)出版了《公路与城市道路混凝土路面厚度设计方法》,以替代 1966 年的版本。该方法可用于有接缝混凝土路面(JPCP)、有接缝钢筋混凝土路面(JRCP)和连续配筋混凝土路面(CRCP)的路面板厚度设计。此设计法考虑了一些之前的其他设计方法没有考虑的下列设计情况:

(1)不同路面类型提供的横向接缝位置的荷载传递程度;

(2)使用混凝土路肩的影响,混凝土路肩能够减小车辆荷载引起的弯拉应力和挠度;

(3)使用贫混凝土底基层的影响,当货车通过接缝时,贫混凝土底基层能够减小路面应力和挠度,提供相当大的支撑,并且能够抵抗由于重复路面弯沉引起的底基层冲刷;

(4)两个设计指标:①疲劳分析,将由于重复荷载引起的路面应力保持在安全范围内从而阻止疲劳开裂;②冲刷分析,限制路面弯沉对板边缘处、接缝和角隅处的影响从而控制基础和路肩材料的冲刷,冲刷指标是有必要的,因为一些路面病害例如唧泥、错台和路肩病害和疲劳并无直接关系;

(5)设计中考虑了三轴,公路上三轴的车辆荷载在不断增多,三轴对于冲刷设计指标的影响比对于疲劳指标的影响要大。

该路面设计方法可以采用表和图来完成,或者用 PCA 提供的计算机程序进行计算。

1. 设计准则

(1) 疲劳分析

疲劳分析是根据图12-18所示荷载位于最不利位置时，横缝之间板边中部的应力进行分析。由于荷载靠近板的中部，远离横缝，所以横缝的间距和荷载传递类型(传力杆或集料嵌挤)对板边应力的大小没什么影响。当混凝土路肩由拉杆与主车道路面相连接时，极限应力值明显减小。

疲劳分析采用累积损伤概念。对于整个设计年限，地基反应模量 k 值仅取平均值，而且不考虑翘曲应力。之所以将翘曲应力排除在外，是因为通常情况下板底的含水率和温度都高于面板顶面。设计年限内，全部荷载组产生的累积损伤率 D_r 可按式(12-73)计算，设计年限末累积损伤率应小于1。

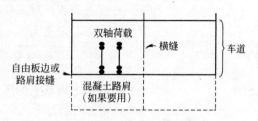

图12-18 疲劳分析的不利荷载位置

$$D_r = \sum_{i=1}^{m} \frac{n_i}{N_i} \tag{12-73}$$

式中 D_r——设计年限内，全部荷载组产生的累积损伤率；

m——荷载组的总数；

n_i——第 i 个荷载组的预期重复作用次数；

N_i——第 i 个荷载组的允许重复作用次数，其值可由疲劳方程确定。

图12-19给出了当量边缘应力系数，用该系数乘以边缘荷载应力，将能得到与给定的货车位置分布下相同的疲劳损伤程度。该设计表中选用了最为危险的情况，即边缘处货车分布率为6%的情况，此时对应的当量边缘应力系数为0.894。

(2) 冲刷分析

唧泥、地基冲刷和接缝错台等路面损坏与路面挠度的关系比弯拉应力更直接。当轴载位于接缝的角隅附近，如图12-20所示，路面极限挠度发生在板角。

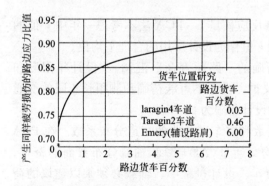

图12-19 当量边缘应力系数与路边
　　　　货车百分数关系曲线

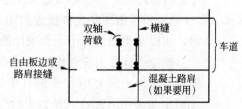

图12-20 冲刷分析的不利荷载位置

在AASHTO道路试验中，根据板的厚度和在小范围内调整地基反应模量，采用不同的挠度准则值便能预测其路用性能。在使用性能与功率之间得到较好的相互关系。该功率定义为板角挠度 w 与板和地基界面上压力 p 的乘积除以弯沉盆的长度，该长度为相对刚度 l 的函数。根据这个概念，弯沉盆小的薄板比厚板更容易受荷载冲断。导得了下列方程式(12-74)，计算允许的荷载重复作用次数：

$$\lg N=14.524-6.777(C_1P-9.0)^{0.103} \qquad (12-74)$$

式中　N——PSI 等于 3.0 时的允许荷载重复作用次数；
　　　C_1——修正系数，对未处理的底基层该值为 1，对稳定底基层为 0.9；
　　　P——功率，定义为：

$$P=268.7\frac{p^2}{hk^{0.73}} \qquad (12-75)$$

　　　p——板角下地基上的压力(psi)，对于液体地基该值等于 kw；
　　　h——板厚(in)；
　　　k——地基反应模量(pci)。

冲刷损伤的方程为：

$$\text{冲刷损伤百分数}=100\sum_{i=1}^{m}\frac{C_2n_i}{N_i} \qquad (12-76)$$

式中　C_2——对于不设混凝土路肩的路面为 0.06，对于有拉杆混凝土路肩的路面为 0.94。

有混凝土路肩时，货车荷载位置对板角挠度影响不大，因此应采用大的 C_2。冲刷损伤百分数应小于 100%。

2. 设计因素

在决定了是否采用有拉杆的接缝和混凝土路肩之后，厚度设计由混凝土弯折模量、土基和底基层支承、设计年限和交通四个设计因素确定。

混凝土的抗弯拉强度定义为弯折模量，它是用 ASTM "C74-84 混凝土抗弯拉强度用简支梁三分点加载标准试验方法" 在 28d 确定。将 28d 抗弯抗强度用作为设计强度。在疲劳分析中应考虑强度的变异性和强度随龄期的增长。

土基和底基层支承定义为地基反应模量 k。PCA 法不考虑一年中 k 值的变化，可以采用正常夏季或秋季的 k 值作为设计所用的合理平均位。

"设计年限" 不应和定义不精确的 "路面寿命" 混淆。"设计年限" 和 "交通分析年限" 是比较接近的同义词。由于不可能精确预测很长年限的交通量，所以在路面设计中通常采用的设计年限为 20 年。

确定设计交通应考虑其增长系数和多车道公路的车道分布系数。在 PCA 设计方法中，需要用货车的日平均交通量(ADTT)和轴载分布方面的资料。ADTT 只考虑六轮或六轮以上的货车。设计过程中，轴载必须乘以建议的荷载安全系数。

3. 设计方法

评价疲劳损伤和冲刷损伤分别采用两套不同的图表。在建立图表时采用了如下参数值：混凝土弹性模量为 28GPa(4×10^6psi)，混凝土泊松比为 0.15，传力杆直径对每英寸板厚取 $\frac{1}{8}$in，传力杆间距为 305mm(12in)，传力杆支承模量为 543GN/m³(2×10⁶pci)，集料嵌锁接缝的弹簧常数为 35MPa(5000psi)，设有拉杆的混凝土路肩弹簧常数为 173MPa(25000psi)。

(1) 疲劳损伤

疲劳损伤是以板边应力为根据的。已知板厚和地基反应模量 k，可从设计方法的表格中查到单轴 80kN(18kip)或双轴 160kN(36kip)荷载下的当量应力。由于不设混凝土路肩的主车道路面板边应力比设有拉杆混凝土路肩时大很多，因此对于不设混凝土路肩和设有混凝土路肩情况设有两张不同的表。

当量应力确定之后，可以用当量应力除以设计抗弯拉强度，算出应力比，这样用图 12-21 便可得出允许的荷载重复作用次数。图中已经考虑了抗弯拉强度折减 15% 和抗弯拉强度随龄期的增长，因此使用者仅需输入 28d 强度作为设计抗弯拉强度。不论路面是否有混凝土路肩，图 12-21 都可以使用。若是允许重复作用次数落在图的范围之外，则允许重复作用次数无限制。

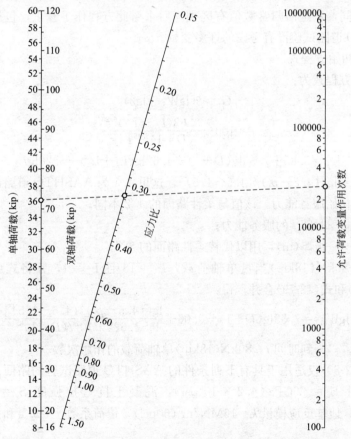

图 12-21 疲劳分析-应力比与允许荷载重复作用次数之间的关系

(2) 冲刷损伤

由于冲刷损伤发生在板角，而且受接缝类型的影响，所以将有传力杆的接缝和集料嵌锁型接缝分开，采用不同的表格。对于设有或不设混凝土路肩的面板，冲刷准则也需有两张不同的用图。

已知板厚和地基反应模量 k，可从设计方法的表格中查到单轴 80kN(18kip)或双轴 160kN(36kip)荷载下的冲刷系数。在查得冲刷系数之后，同样可由设计方法的图中查得允许荷载重复作用次数。应注意，图中所示允许荷载重复作用次数已经除以 C_2（$C_2=0.06$），为此不需要如式（12-75）所示那样，将预期重复作用次数乘以 C_2。

另外，PCA 研制了在没有轴载数据可供使用时，选用路面厚度的一系列表格。考虑的因素为交通、土基-底基层强度和混凝土弯拉强度。

12.12.2 美国各州公路与运输工作者协会（AASHTO）设计法

1986 版《AASHTO 刚性路面设计指南》的编制是根据 AASHTO 道路试验和进一步按理论和经验修正的经验方程来进行的。本书仅介绍厚度设计。

1. 设计方程式

由 AASHTO 道路试验推导的刚性路面基本方程式，与柔性路面的方程式形式相同，只是回归常数值有区别。后来对此方程作了修正，包括了原先 AASHTO 道路试验没有考虑的许多变量。

(1) 初始方程式

回归方程式为：

$$G_1 = \beta(\lg W_1 - \lg \rho) \tag{12-77}$$

$$\beta = 100 + \frac{3.63(L_1+L_2)^{5.20}}{(D+1)^{8.46} L_2^{3.52}} \tag{12-78}$$

$$\lg \rho = 5.85 + 7.35\lg(D+1) - 4.62\lg(L_1+L_2) + 3.28\lg L_2 \tag{12-79}$$

式中 $G_1 = \lg[(4.5-p_t)/(4.5-1.5)]$，这里 4.5 为 AASHTO 道路试验时刚性路面的初始服务能力，该值与柔性路面的 4.2 不同；

p_t——时间 t 的服务能力；

D——板厚（in），用以代替柔性路面的 SN。

对于 80kN(18kip)当量单轴荷载，$L_1=18$ 且 $L_2=1$，并将式（12-77）、式（12-78）和式（12-79）合并，得：

$$\lg W_{t18} = 7.35\lg(D+1) - 0.06 + \frac{\lg[(4.5-p_t)/(4.5-1.5)]}{1+1.624\times 10^7/(D+1)^{8.46}} \tag{12-80}$$

式中 W_{t18}——到时间 t，80kN(18kip)单轴荷载的作用次数。

式（12-80）仅适用于具有下列条件的 AASHTO 道路试验的路面：混凝土弹性模量 $E_c = 29\text{GPa}(4.2\times 10^6 \text{psi})$，混凝土抗弯拉强度 $S_c = 4.8\text{MPa}$(690psi)，地基反应模量 $k = 16\text{MN/m}^3$(60pci)，传荷系数 $J = 3.1$ 和排水系数 $C_d = 1.0$。

(2) 修正方程式

为了考虑与道路试验不同的其他条件，必须按经验和理论对式（12-80）进行修正。将道路试验路面量测的应变计算所得的应力，与理论解作比较之后，AASHTO 选用角隅加荷的史潘格勒（Spangler）方程作为式（12-80）扩大应用与其他条件的简化形式。同时对排水的影响与可靠度设计进行了深入研究,由此形成的 AASHTO 最新刚性路面设计方程式如式(12-81),设计用图如图 12-22 所示。

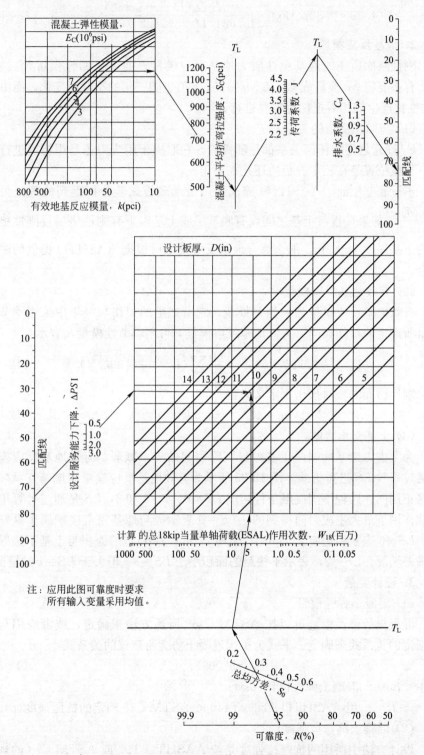

图 12-22 基于均值的刚性路面设计用图(1in＝25.4mm,1psi＝69kPa,1pci＝271.3kN/m³)

$$\lg W_{18} = Z_R S_0 + 7.35\log(D+1) - 0.06 + \frac{\log[\Delta PSI/(4.5-1.5)]}{1+1.624\times 10^7/(D+1)^{8.46}}$$
$$+ (4.22-0.32p_t)\log\left\{\frac{S_c D_d (D^{0.75}-1.132)}{215.63 J[D^{0.75}-18.24/(E_c/k)^{0.25}]}\right\} \quad (12\text{-}81)$$

2. 地基反应模量

刚性路面所用的地基土性质为地基反应模量 k 而不是回弹模量 M_R。因此，有必要将 M_R 换算成 k。和 M_R 一样，k 值也随一年的季节而变化，而由于 k 的变化产生的相对损伤也需要进行计算。

(1) 与回弹模量的关系

k 与 M_R 之间的任何关系都是随机的，它取决于用应力还是用挠度进行比较，加载位置是在板中、板边还是在板角。

不设底基层时，AASHTO 建议采用由承载板试验分析得到的理论关系 $k = \frac{M_R}{19.4}$。如果在板与土基之间设有底基层或土基以下有刚性垫层且刚性垫层上的土基深度小于 3m，那么综合地基反应模量可根据 AASHTO 提供的图来确定。

(2) 有效地基反应模量

有效地基反应模量为一当量模量，它所产生的损伤与一年中采用季节性模量所产生的损伤相同。有效地基反应模量 k 可用季节性模量 k_i 表示：

$$(D^{0.75}-0.39k^{0.25})^{3.42} = \frac{1}{n}\sum_{i=1}^{n}(D^{0.75}-0.39k_i^{0.25})^{3.42} \quad (12\text{-}82)$$

刚性路面的相对损伤率定义为：

$$u_r = (D^{0.75}-0.39k^{0.25})^{3.42} \quad (12\text{-}83)$$

(3) 土基支承减弱

为考虑因地基冲刷或土基差异沉降引起的支承减弱，有效地基反应模量应通过系数 LS 进行折减。图 12-23 所示为有效地基反应模量因地基支承减弱的修正用图。四种不同接触条件，取 LS=0、1、2 和 3，LS 是通过计算单轴荷载作用下最大主应力而得到的。LS=0 表示板与地基完全接触属于最好情况。LS=3 表示板边有 2.7m(9ft) 长和 22m(7.25ft) 宽的面积与土基不接触属于最差情况。LS=2，表示不接触的面积小于 LS=3，但大于 LS=1 的情况。

3. 设计变量

(1) 混凝土弹性模量

混凝土的弹性模量可以按 ASTM C469 所述方法来确定，或者应用与抗压强度的关系式来确定。下式为美国混凝土协会所建议的关系式：

$$E_C = 57000(f'_c)^{0.5} \quad (12\text{-}84)$$

式中 E_C——混凝土弹性模量(psi)；

f'_c——用 AASHTO T22、T140 或 ASTM C39 确定的抗压强度(psi)。

(2) 混凝土抗弯拉强度

设计方法中所用的抗弯拉强度是按 AASHTO T97 或 ASTM C78 的规定在 28d 后用三分点加载试验确定的平均值。若采用中心点加载，应建立两种

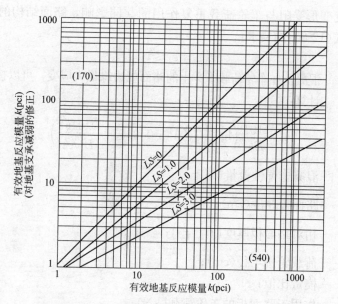

图 12-23 有效地基反应模量因地基支承减弱的修正（1pci＝271.3kN/m³）

试验方法之间的关系式。

（3）传荷系数

传荷系数 J 是刚性路面设计中采用的一个系数，用于考虑混凝土路面结构在接缝和裂缝处传递荷载的能力。应用荷载传递装置和设有拉杆的混凝土路肩，使荷载传递量增加而传荷系数减小。

（4）排水系数

排水系数 C_d 具有和传荷系数 J 相同的作用。增加 C_d 值相当于减小 J 值，两者均会使 W_{18} 增大。AASHTO 根据排水的质量和路面结构含水率接近饱和状态的时间百分数提出了 C_d 建议值，时间百分数取决于年均降水量和基本的排水状况。

12.12.3 其他设计方法概述

俄罗斯的水泥混凝土路面设计方法经过了长期的深入研究，形成了较为完整的体系。主要特点是以弹性力学与土力学理论作为设计体系的理论基础，在理论上较为严密，但工程试验研究比较薄弱。俄罗斯的水泥混凝土路面设计方法是以弹性地基上弹性薄板模型为基础，根据荷载作用点（在板中、板角或板边）的不同，计算确定其极限应力值作为路面板厚度设计的依据。经过系统研究，为了保证路面的可靠度，俄罗斯已采用多因素安全系数来设计路面板厚度。当面板承受的最大弯矩 M 经计算确定以后，用多因素安全系数方法设计可确定路面板厚度。这些因素包括：水泥混凝土的工作条件；混凝土材料强度随时间而增长；混凝土强度在路面板各部位分布的均匀性；使用期间交通车辆的重复特点等。但根据大量实验表明，混凝土路面出现第一条裂缝时的相对变形 $\varepsilon = 10^{-4} \sim 2 \times 10^{-4}$。因此，以应变作为设计指标更为合理，考虑到温度变形受阻与车轮荷载重复作用的共同影响，路面结构的极限应变必须满足式(12-85)的要求：

$$\varepsilon_b \varphi_1 + \varepsilon_T \leqslant 10^{-4} \tag{12-85}$$

式中 ε_b——混凝土在车轮荷载下产生的路面板边缘最大应变，可以按式(12-86)计算：

$$\varepsilon_b = \frac{10P}{Eh^2}\left(\lg \frac{B^4}{107}\sqrt[3]{A^4} + 0.0163 + \frac{0.0163}{B\sqrt[3]{A}}\right) \tag{12-86}$$

E——混凝土弹性模量(MPa)；

h——路面板厚度(cm)；

B——相对路面板厚度$\left(B = \dfrac{h}{R}\right)$；

R——荷载轮迹半径(cm)；

A——模量比值；

P——作用于路面板的车轮荷载(kN)；

φ_1——为标准轴载通行次数对变形增大的影响系数，可以按式(12-87)计算：

$$\varphi_1 = \frac{\varphi}{\left(\lg \dfrac{10^9}{N}\right)^{0.38}} \tag{12-87}$$

N——标准轴载通行次数，$N = N_1/K_1$；

K_1——轴载换算系数(以100kN为标准轴载)；

N_1——非标准轴载通行次数，可按式(12-88)计算：

$$K_1 = \left(\frac{100}{P_i}\right)^4 \tag{12-88}$$

P_i——任意轴载(kN)；

φ——影响系数，通过查图可得到。

$$\varepsilon_T = 0.19 \times 10^{-4} \beta \tag{12-89}$$

$$\beta = \left(\frac{T_{\max} - T_{\min}}{2} + \Delta T\right)/10 \tag{12-90}$$

式中 $T_{\max}$——四月的最高气温(℃)；

$T_{\min}$——四月的最低气温(℃)；

ΔT——四月的最大昼夜温度差(℃)。

对于设计精度要求较高规模较大的水泥混凝土路面工程，或者在基层反应模量特别小(或特别大)、重交通的交通量极大以及工程本身要求采用特殊板厚等情况下的路面工程，才有必要进行设计计算！

日本目前采用的设计计算方法认为水泥混凝土路面板受力条件较差的部位不是在板角(因为横向接缝均设置传力杆)，而是在板的纵向边缘(有拉杆的纵缝和自由边)，因此，设计方法主要计算板的纵向边缘的荷载应力和温度应力，以荷载应力和温度应力引起的综合应力在路面的使用期限内不致导致路面板的开裂破坏作为设计基准。

法国公路水泥混凝土路面厚度设计采用典型结构图设计方法。设计内容包括混凝土路面板厚度及基层结构厚度，设计依据包括交通分级（分为 T_1、T_2、T_3、T_4 四级）和地基支承分级（分为 S_1、S_2、S_3、S_4 四级）。法国采用单轴重 13t 为标准轴载，以载重 50kN 以上的货车车道初始交通量作为分级标准。在使用年限为 15～20 年中，交通量年增长率为 7%。法国按土的颗粒组成和塑形指数或砂当量将土基分为四级。典型结构图如表 12-22 所示。

典型结构图　　　　　表 12-22

地基交通	T_1	T_2	T_3	T_4
S_1 S_2	水泥混凝土(27) 水泥稳定砂砾(75)	水泥混凝土(25) 水泥稳定砂砾(15)	水泥混凝土(22) 水泥稳定砂砾(15)	水泥混凝土(20) 水泥稳定砂砾(15)
S_3 S_4	水泥混凝土(25) 水泥稳定砂砾(25)	水泥混凝土(23) 水泥稳定砂砾(15)	水泥混凝土(20) 水泥稳定砂砾(15)	水泥混凝土(18) 水泥稳定砂砾(10)

注：1. 以多轴货车为主的道路，混凝土路面厚度可增加 2cm；
　　2. 表中括号为厚度，单位"cm"。

练习与讨论

1. 水泥混凝土路面有哪些优、缺点？
2. 水泥混凝土路面的主要分类有哪些？一般水泥混凝土路面都有哪些主要构造？
3. 为什么弹性地基板理论适用于水泥混凝土路面？主要弹性地基模型有哪些？文克勒地基与弹性半空间体地基有什么异同？
4. 水泥混凝土路面的温度应力主要由哪几个方面产生？
5. 请简述混凝土路面常见的破坏形态及原因。
6. 水泥混凝土路面的设计指标有哪些？对路面结构设计有什么指导意义？
7. 为什么要对水泥混凝土路面的可靠度理论进行研究？对路面结构设计有何影响？
8. 水泥混凝土路面结构组合设计的主要步骤有哪些？
9. 水泥混凝土路面结构排水设计对于一般和特殊路段有哪些要求？
10. 美国波特兰水泥协会设计法进行疲劳分析时不考虑翘曲应力是否合适？试比较美国两种水泥混凝土设计法中设计参数的相同点和不同点。
11. 阻碍水泥混凝土路面在我国高等级公路建设与推广的主要难题是什么？针对这些难题，产生了哪些新技术？
12. 低噪声水泥混凝土路面包括哪几种？旧水泥混凝土路面的降噪措施有哪些？

第 12 章 水泥混凝土路面及其结构设计

> 小组讨论(1)：近年来，由于公路交通事业的迅速发展，出现了路面结构类型多样化的趋势。随着路面舒适性等要求的提高，沥青路面的比例增加，水泥路面会不会被沥青路面完全取代？然而，公路采用何种类型路面不是一个能简单回答的问题。请根据所学的路面知识，讨论分析在选择路面类型的时候如何取舍。
>
> 小组讨论(2)：根据教材中介绍的水泥混凝土路面新技术，结合自己查找的资料，选择自己感兴趣的技术进行讨论，并谈谈水泥混凝土路面未来的发展方向。

第13章 路面施工

本章知识点

> 【知识点】 路面施工的主要方法及设备配置；级配碎石的组成设计与施工；无机结合料稳定材料的组成设计与施工；沥青路面的组成设计与施工；水泥混凝土路面的组成设计与施工；沥青路面的再生利用技术。
>
> 【重　点】 无机结合料稳定材料的组成设计方法与施工要求；无机结合料结构层防裂措施；沥青路面的组成设计方法与施工要求；水泥混凝土路面的组成设计方法与施工要求。
>
> 【难　点】 无机结合料及沥青混合料的组成设计要求；沥青路面的再生利用技术。

13.1 概述

13.1.1 路面施工的特点、重要性及发展

路面直接承受大气环境降水和温度变化以及车辆荷载反复作用，要求在长期运营过程有足够的强度、耐久性、平整度、抗疲劳、抗水、抗滑性等路用性能。路面行车安全性、舒适性及路用性能与路面的施工质量的优劣密切相关，科学与合理的施工组织管理、先进的施工工艺技术及严格的质量控制不仅可以大大提高路面质量，提高路用性能，而且还可以有效降低路面的施工成本和运营过程的养护费用。路面施工涉及材料性能与选择、混合料组成设计及拌合、运输与摊铺压实，以及质量检测与控制等诸多环节及相关，是路面工程的重要内容。

路面工程施工属于野外作业，施工工作面广，受气候环境降雨与温度、交通条件、材料供应等影响，干扰施工质量与进度的因素多。路面施工必须精心组织、科学管理，因地制宜并根据实际条件变化合理调整，保证施工质量、进度、安全，降低施工成本，提高经济效益。

早期路面由于路面交通量及承受荷载小，路面多数以天然土石碾压而成土路或低等级公路为主。随着社会经济发展，道路交通运输方式和运输工具

发生巨大转变，道路交通运输车辆通行量及载量越来越大，道路通行载重汽车从几吨增大到的几十吨，公路交通量从每昼夜几百几千，甚至许多高速公路达到每昼夜数万，对路面承载能力要求越来越高。路面施工技术早已从过去的人工、简易及小型机具为主，转变成为集材料、力学、土木工程、工程机械、计算机与信息等综合性技术。

随着现代公路不仅要求路面具有良好的行车安全性、舒适性与耐久性，目前和今后也更加强调路面施工的环保与节能、并不断提升路面抵御自然灾害能力。

现代材料、机械与自动化控制、计算机信息与遥感通信科技突飞猛进发展，促进一大批路面新材料、新工艺、新技术、新型路面施工机具设备等成果出现并逐步推广应用，不仅丰富了路面施工的技术内容，而且极大推进了路面工艺技术水平科技进步。

针对我国公路建设与运营维护发展的要求，现代路面施工需要科学管理和精心组织，并向机械化、自动化与智能化、标准化与工厂化以及环保与节能等方面发展。综合国内外路面施工技术发展趋势如下：

（1）科学管理。在施工组织与管理方面，综合考虑气候环境与地质水文及施工场地条件、材料选择与供应、材料运输及储存、施工技术方法与机具设备调配、施工工艺流程、施工质量控制与成本管理等因素，运用计算机科学管理方法进行精心施工组织管理和方案优化，以保证施工的进度和质量，降低施工成本以获取最佳经济效益。

（2）路面环保方面。旧沥青路面、旧水泥混凝土再生利用、工业废料利用等施工工艺技术及装备开发与推广应用。

（3）沥青路面摊铺施工技术装备。智能化自动化沥青同步摊铺机研究成果已经开始逐步推广应用，将实现沥青路面多结构层同步摊铺的自动化施工，运用电子与激光传感技术，实现对施工摊铺全程的智能化自动质量控制，不仅大大提高摊铺质量，而且多层同时摊铺也可降低摊铺温度，增强各结构层联结，从而达到降低施工能耗和提高施工质量的目的，是未来沥青路面摊铺施工技术发展方向之一。

（4）施工检测技术。向自动化与智能化、快速无损和低成本方向发展。运用激光与遥感技术的路面平整度、纹理深度、裂缝等自动连续激光检测仪，以及连续路面弯沉仪和曲率半径仪已经逐步推广应用；利用雷达、冲击波、超声波技术测定路面密实度、强度的检测技术、采用同位素方法核子密度仪测定路基路面密实度和厚度。运用远红外温度感应摄像技术进行沥青路面摊铺的粒料的颗粒均匀性及温度均匀性测量系统已经开发并在工程中得到应用。

（5）施工方法。采用标准化和工厂化生产预制块结构，现场铺装，不仅克服了现场拌合与预制带来成本高和质量难以控制的缺点，而且还可加快施工进度，提高质量。

（6）新材料与新工艺。温拌沥青是近几年得到推广的环保节能沥青施工技术。纤维沥青、高黏沥青、超薄沥青罩面、阻燃沥青、排水降噪沥青推广应用前景广阔。

（7）特殊路面施工技术。近年来柔性基层长寿命沥青路面、玄武岩纤维复合式长寿命路面、钢筋混凝土连续配筋路面、预应力连续配筋水泥混凝土路面也得到进一步发展和推广应用。

13.1.2 路面施工基本要求与主要步骤

路面施工必须进行合理的施工组织设计，路面设计、施工管理、施工监理和施工单位之间必须协调配合，各司其职，做到精心设计、认真施工、严格监理。因此在路面施工中必须层层把关、严格要求，进一步优化施工工艺，提高路面施工质量。在施工中要保证原材料质量合格、配合比准确、拌合均匀、摊铺平整、粗集料不离析、碾压密实、接缝平整等技术环节，确保路面的工程质量。

道路路面施工需在完成路基施工并且路基沉降稳定后进行，或完成桥涵结构物主体工程后进行，其主要步骤包括：路基验收、施工组织设计、原材料选择及检验、混合料施工配合比设计、混合料拌合、运输与摊铺、碾压（振捣）以及养护、路面检测与验收。

13.1.3 路面施工基本方法

路面施工主要包括基层施工、沥青混凝土面层施工、水泥混凝土面层施工以及其他连接层与封层等施工，不同类型路面结构层的施工方法与步骤基本相同，但具体工艺参数、施工机械设备运用及质量控制指标等有所不同。

1. 摊铺施工基本方法

（1）层铺法。将集料通过现场分层拌合撒布，分层碾压而形成路面结构层。层铺法对施工工艺和设备要求简单，主要采用人工辅以少量机具即可以施工，适合对结构层材料拌合要求高的基层或低等级路面，如砂砾、碎基层、泥结碎砾石、泥灰碎砾石基层等，以及有些限于施工拌合和运输条件的水泥及工业废渣稳定土基层，沥青路面表面处治、沥青贯入式也采用层铺法施工。由于层铺法是就地拌合，所以材料的均匀性和联结性能相对差些。

（2）路拌法。将混合料在路旁以简易拌合设备进行拌合，就近分层摊铺、分层碾压而形成路面结构层。路拌法主要用在要求不高沥青路面结构层施工，如沥青路面局部养护，在边缘交通不便地区对沥青表面部分修复；但许多公路等级较低，工程量较小的水泥混凝土路面施工，亦可采用路拌法施工，即在现场安装若干小型混凝土拌合机，完成水泥混凝土路面的拌合，但要求严格控制混合料配合比称重计量及现场水灰比。

（3）厂拌法。将混合料在拌合厂（站）集中，按照标准化工艺与质量控制方法进行拌合，再运送到现场进行分层摊铺，分层碾压而形成路面结构层。厂拌法由于混合料拌合实现工厂化标准化生产，所以混合料拌合质量得到保证。对于高速公路和高等级公路沥青路面及水泥混凝土路面，均要求采用厂拌法施工。

此外，对于预制块路面，则是将工厂化预制块运送到现场，进行铺装而成。近年来国外开发了移动式现场拌合与摊铺联合连续作业的成套机械设备，改变了传统的施工方法，是路面施工先进新技术，但由于设备投资大，加上施工实践经验尚少，有待于进一步开发。

2. 摊铺与压实施工原理

压实是路面施工中要环节，混合料均匀摊铺后，采用机具设备进行压实，一般混合料压实分为三个阶段。

(1) 初压期。摊铺后初期需要施加一定压实功，促使混合料能均匀地结合一起，形成结构骨架。一般采用轻型或轮胎压实机具进行静压。

(2) 成型期。通过一定压实功，使得混合料骨料结构基本密实。

(3) 终压期。以充分的压实功，使得混合料骨料结构进一步密实并达到质量标准要求。

压实过程需要遵循先两边后中间、先慢后快原则，使混合料逐步密实，又不破坏其均匀性和骨料结构。

13.1.4 路面施工主要机械设备

路面施工过程最重要工艺环节是混合料的拌合、混合料的摊铺与压实等，直接影响路面工程质量。合理选择和正确运用各种施工机具设备则是路面施工各关键工艺技术能否达到施工质量与进度的要求、降低施工成本的必要条件。采用技术先进、功能强、施工效率高的施工机械不仅大大提高路面施工质量和效率，而且还可以降低施工成本，是路面施工技术发展的趋势。

路面施工机械设备主要包括混合料拌合设备、摊铺设备、碾压设备以及辅助机具设备等，常用的路面施工机具设备主要有：

1. 稳定土拌合设备

稳定土拌合设备通常分为稳定土路拌机械设备和厂拌机械设备两大类。

(1) 路拌机械设备。是一种在施工现场低速行驶过程中就地破碎土，并与稳定材料均匀拌合的机械，可在路面摊铺施工现场完成各种无机结合料稳定土拌合工艺，见图13-1。按行走方式分为履带式和轮胎式两种。履带式的特点是附着力大，整机稳定性好但其机动性差，不便于运输转移。轮胎式的特点是机动性好，在施工中应用较广。相对厂拌机械设备，路拌机械设备机动性灵活、设备费用低、施工工艺简单，但施工每批次拌合量小，工作效率低。适合需要就地拌合的无机结合料如石灰土或中小规模的中低等级公路的混合料拌合。

(2) 稳定土厂拌设备。在工地附近固定地点集中完成无机结合料稳定土拌合工艺，再将拌合好的混合料运送到路面摊铺现场进行摊铺。稳定土厂拌设备一般由供料系统、拌合系统、控制系统、输送系统和成品储存系统五大部分组成，如图13-2所示。

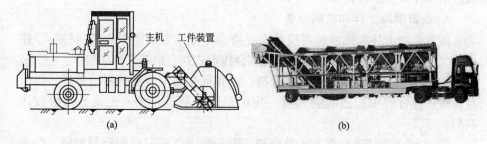

图 13-1 路拌机机械设备
(a)轮胎式路拌机；(b)移动式路拌机

图 13-2 稳定土厂拌设备示意图

稳定土厂拌设备因为实行标准化和工厂化拌合，可有效控制原材料技术指标、配合比精度和拌合工艺，混合料拌合效果好、质量容易控制。缺点是拌合的混合料需要车辆运送到路面摊铺施工现场。对高等级公路路面施工应尽可能采用厂拌设备施工。

2. 水泥混凝土搅拌设备

水泥混凝土搅拌设备一般主要由搅拌筒、进料装置、卸料装置、传动装置和配水系统等部分组成。按搅拌原理可分为自落式和强制式两类，按出料方式分倾翻式和非倾翻式；按拌筒结构形式分梨式、鼓筒式、双锥、圆盘立轴式和圆槽卧轴式等。按安装方式分固定式和移动式，简介如下：

(1) 移动式搅拌设备

移动式搅拌设备多为小型搅拌机机，适合小规模工程，可分为自落式搅拌机和强制式搅拌机。按搅拌筒的形状和出料方式的不同，可分为鼓筒式、锥形反转出料式和双锥形倾翻出料式。移动式搅拌设备机动性强，设备投资少，但拌合效率低，且质量控制较难，仅适合小规模工程施工。

(2) 固定式搅拌设备。固定式搅拌设备属于大型联合施工机具设备，也称为水泥混凝土厂拌设备，适合大规模集中拌合。因可保证水泥混凝土拌合过程的质量控制，适合各类水泥混凝土路面施工。高速公路及高等级公路均要求采用厂拌设备进行拌合。

3. 沥青混凝土拌和机械设备

沥青混凝土拌和机械设备按其作业特点，可分为循环作业式（间隙式）拌合机、连续作业式（连续式）拌合机和综合作业式拌合机等三种类型。

① 循环作业式沥青混凝土拌合机。沥青混合料中各类材料的称量、烘干与加热、拌合等工艺过程都是按一定的间隔周期进行的，也就是按份数拌制的。

② 连续作业式沥青混凝土拌合机。混合料中各和配料的定量加料、烘干与加热、拌合与出料等工艺都是连续进行的。

③ 综合作业式沥青混凝土拌合机。混合料中各砂石料的供给与烘干加热过程是连续进行的，而砂石料与沥青的称量、拌合以及成品的出料则按分周期式进行。

4. 水泥混凝土路面摊铺机械

水泥混凝土摊铺机械设备按其施工方法可分为轨道式和滑模式两种。

（1）轨道式。轨道式摊铺机支撑在平底型轨道上，它既可以固定在宽基钢边架上，也可以安放在预制的混凝土板上或补强处理后的路面基层上，摊铺机的水平调整由轨道的平整度控制，而垂直调整根据摊铺机类型，采用不同的调整控制方式。轨道式摊铺设备大致由下列机械组成：进料器、摊铺机（包括刮板式、箱式和螺旋式）、振实机和修整机，见图13-3、图13-4。

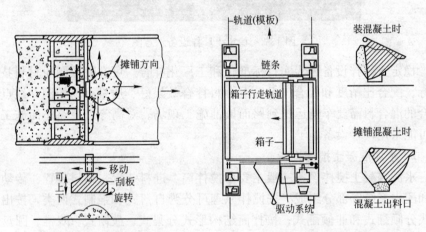

图13-3　刮板式摊铺机　　　　　图13-4　箱式摊铺机

（2）滑模式。滑模式摊铺机是安装在履带底盘上，行走装置在模板外侧移动，支撑侧边的滑动模板沿机器长度方向安装。在机器的宽度以内，机器的方向和水平位置靠固定在路面两侧桩上拉紧的导向钢丝和高强尼龙绳来控制。机器底盘的水平位置靠与导向钢丝相接触的传感装置来自动控制。附设的传感器也同时促动摊铺机的转向装置，以使导向钢丝和滑模之间保持一定的距离。滑模式摊铺机作业时，不需要另架设轨道和模板，就能按照要求使路面板挤压成型，见图13-5。滑模式摊铺机不需要搭设侧面模板，施工效率高，目前是一种先进的摊铺设备。

图 13-5 滑模式摊铺机摊铺过程示意图

5. 沥青路面摊铺机械

沥青混合料摊铺机是用来将拌制好的沥青混合料均匀地摊铺在已整修好的路面基层上的专用设备。按行走方式可分为自行式和拖式两种。高等级公路路面施工中常用前者。自行式摊铺机又可分为履带式、轮胎式及复合式三种。

(1) 轮胎式摊铺机。轮胎式摊铺机的前轮为一对或两对实心小胶轮，可以起到增强承载能力、避免因其受荷载变化而变形的作用。后轮大多为大尺寸的充气轮胎。轮胎式沥青混合料摊铺机的优点是：行驶速度快、可自驶转移工地、机动性和操纵性能好。对单独的小面积高堆或深坑适应性较好，不致过分影响铺层的平整度；弯道摊铺质量好；结构简单，造价低。其缺点是：对路面平整度的敏感性较强；受料斗内的材料多少会改变后驱动轮胎的变形量，从而影响铺层的质量。为了避免这种现象，自卸汽车应分次卸料，但这又会影响汽车的周转。

(2) 履带式沥青混合料摊铺机。履带式摊铺机的履带大多加装有橡胶垫块，以免刺履对地面造成压痕，同时也可借此降低对地面的压力，见图 13-6。履带式摊铺机的优点是：牵引力与接地面积都较大，减少对下层的作用力，对下层的平整度不太敏感。其缺点是：行驶速度低，不能很快地自行转移工地；对地面较高的凸起点适应能力差；机械传动式摊铺机在弯道上作业时会使铺层边缘不整齐；此外，其制造成本较高。

图 13-6 履带式沥青混合料摊铺

(3) 复合式沥青混合料摊铺机。作业时，利用履带行走装置；运输时，采用充气轮胎装置。广泛应用于小规模沥青混合料摊铺施工。

6. 沥青及碎石洒布机

在采用沥青下封层、表面处理式、乳化沥青稀浆混合料、贯入式施工工艺铺筑沥青路面时，是用沥青或碎石洒布机将碎石或热，石油沥青取较高温态沥青（沥青的工作温度 120～180℃，石油沥青取较高温度，煤沥青取较低温度）洒布到碾压好的碎石基层、沥青层等路面结构的一定层位上的设备，见图 13-7～图 13-12。

图 13-7　人工洒布沥青

图 13-8　机械洒布沥青

图 13-9　机械摊铺乳化沥青稀浆混合料

图 13-10　机械摊铺乳化沥青稀浆混合料

图 13-11　机械洒布碎石图

图 13-12　同步碎石封层

沥青路面施工时使用的沥青洒布机大致可分为手动式和自动式两种。

（1）手动式沥青洒布机。该机适用于高等级公路岔道、辅道等中、小型贯入式路面和沥青表面处治工程的半机械化施工。其特点是移动方便，洒布效率高，可降低劳动强度，喷洒均匀，可根据工作面大小，配备几台用以平行作业，加快工程进度。

（2）自行式沥青洒布机。是将沥青箱和洒布系统等工作设备装在汽车底盘上，可以作远距离移动；并可根据路面宽度、作业要求调节排管长度及各阀门操作位置，进行自动洒布。它具有机动性能好，洒布速度快，工效高，作业能力大，洒布质量也较易掌握等优点，在高等级公路贯入式路面和沥青表处路面施工中应用广泛。

自行式沥青洒布机主要包括：沥青箱、加热系统、传动机构、洒布机构和操纵机构五部分装置。

7. 振捣与碾压设备

(1) 水泥混凝土振捣机械

水泥混凝土捣实机械的类型按其工作方式不同可分为：插入式振动器、附着式振动器及平板式振动器、台式振捣器。

(2) 插入式振动器。插入式振动器又称内部振动器。由电动机、软轴和振动棒三部分组成。振动器通过棒体将振动能量直接传给混凝土实现振动密实。

按振动棒激振原理的不同，插入式振动器可分为偏心轴式和行星滚锥式（简称行星式）两种，见图 13-13。由于行星式振动器是在不提高软轴的转速情况下，利用振子的行星运动，即可使振动棒获得较高的振动率，与偏心式振动器比较，具有振动效果好，机械磨损少等优点，因而得到普遍地应用。

(3) 附着式振动器及平板式振动器。附着式振动器又称外部振动器。它在电动机两侧伸出的悬臂轴上安装有偏心块，故当电动机回转时，偏心块便产生振动力，并通过轴承基座传给模板，通过模板将振动能量传递给混凝土，达到使混凝土密实的目的，如图 13-14 所示。

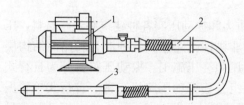
图 13-13　插入式振动器示意图
1—电动机；2—软轴；3—振动棒

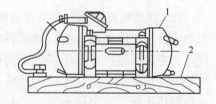
图 13-14　平板式振动器示意图
1—电子振子；2—振捣底板

(4) 台式振捣器。也是外部振捣器，它的激振原理是由两行频率相等、转向相反的偏心锤装置而产生的，因此只有上下的单向振动而无前后左右的振动。振动台的构造如图 13-15 所示。

(5) 水泥混凝土浇筑的配套机械。

混凝土浇筑的配套机械有真空混凝土机组（包括真空泵、真空吸垫）、抹光机、振动梁、压纹机、锯缝机等。

8. 路面压实机械

各种碎砾石级配、无机结合料稳定土和沥青混合料等经拌合、摊铺后，依靠压实机械本身的重力作用使被碾压层产生永久变形，达到应有的密实度和强度，路面压实是路面施工中很重要的关键工序。路面压实机械主要设备为压路机，属于重型机械设备，也是公路工程施工中最重要的设备之一，其技术性能指标直接影响路面施工的压实效果。压路机的技术指标主要是压实方式和工作质量。压路机可分钢轮式和轮胎式两类。

（1）静作用光轮压路机。静作用光轮压路机双轴三轮式自重为 8~12t、12~15t，双轴双轮式自重一般为 6~8t。

（2）轮胎压路机。轮胎压路机根据其大小，可装 5~11 个光面橡胶轮，其工作质量一般为 12~18t。轮胎压路机可获得压实骨料分布较均匀，用来进行接缝处的预压、沥青路面复压、弯道预压、消除裂纹及薄摊铺层的压实作业见图 13-16。

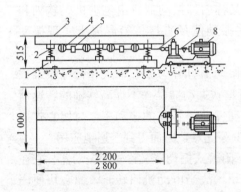

图 13-15 振动台的构造示意图
1—支撑架；2—消振弹簧；3—工作台；4—偏心锤；
5—偏心盘；6—转动轴；7—离合器；8—电动机

图 13-16 轮胎压路机

（3）振动压路机是利用其自身的重力和振动压实各种建筑和筑路材料，压实功大，压实厚度深，适宜压实各种非黏性土路基、各种混合料路面结构层施工。振动压路机适合压实过程的中压和终压施工。振动压路机分为自行式单轮振动压路机、串联振动压路机及组合式振动压路机三种。自行式单轮振动压路机工作质量大致为 12~20t，振动轮的振幅 0.9~1.2mm，振动频率最大可达 30Hz。串联振动压路机大致为 14~16t，见图 13-17、图 13-18。

图 13-17 单轮压路机

图 13-18 双轮压路机（静压与振动）

施工压实机具需根据路面结构层类型、厚度和和压实工艺过程要求选择。沥青混凝土路面碾压时应根据混合料的摊铺厚度选择压路机的重量、振幅及振动频率。通常，在铺层厚度小于60mm的薄铺层上，最好使用振幅为0.35～0.60mm的2～6t的小型振动式压路机，以免出现堆料、起波和破坏骨料结构等现象。对于厚度大于100mm的厚铺层，应使用高振幅（可高达1.0mm）、6～10t的大中型振动式压路机。高级路面路基的底层，最好选用轮胎压路机或轮胎驱动振动压路机进行压实，以获得均匀的密实度。

13.2 级配碎石层的组成设计与施工

13.2.1 级配碎石材料要求及级配组成

级配碎石路面是采用具有密实级配的粗细碎石混合料经摊铺、压实后形成的路面结构层，其厚度一般为8～20cm，多用作提高路面抗疲劳变形和减缓裂缝、增强结构层排水功能的缓冲结构层。级配碎石的强度的形成主要是依靠集料间的嵌锁力，是经碾压密实联结所构成，级配碎石层的级配是影响级配碎石强度和刚度最重要的因素。

级配碎石的级配组成可以参见有关规范提供的级配上下限，针对原材料的矿料粒径筛分结构，得出施工级配，一般应采用密实型级配。级配碎石不仅要求有较高的密实度以提高其回弹模量及抗永久变形能力，但同时要求具有较好透水性，以利于排水，所以需要通过级配优化设计，以获取最佳级配。

13.2.2 施工要求

级配碎石基层施工质量取决于材料、级配组成以及压实施工工艺，级配碎石基层要求具有均匀的高密实度，施工技术要求如下：

（1）原材料：严格控制矿料的强度、压碎值、细料（<0.5mm）塑性指数以及集料中针片状颗粒含量等指标在规定范围内。

（2）级配：施工级配称重计量准确，严格控制细粒土的含量及塑性指数，保证有高密实度、高强度及良好透水性施工级配。

（3）压实度。压实度≥100%，以保证碎石基层具有高强度和良好抗永久性变形性能。

（4）均匀性。拌合均匀，在最佳含水率下加强压实，达到要求的密实度。

13.2.3 级配碎石基层施工

级配砾（碎）石路面，当总厚度大于20cm时应分两层铺筑，一般下层厚度为总厚度的 0.6 倍,上层为总厚的 0.4 倍。

级配砾石路面一般按拌合法施工,施工顺序为:

(1) 准备下承层。下承层表面应平整、密实,具有规定的拱度,没有任何松散的材料和软弱地点,强度和稳定性满足要求。

(2) 备料。根据各路段基层或底基层的厚度、宽度及预定的干密度,计算各段(20～50m)所需材料数量,碎石可以直接放在路槽内,砂及细料可放在路肩上。

(3) 铺料。先铺碎(砾)石,后铺砂,再铺黏土。如是一种满足级配要求的材料,可直接按计算材料用量摊铺在下承层上。每层的压实厚度不得大于 16cm,人工摊铺混合料时,松铺系数可事先通过做试验路段确定,一般为 1.45～1.55。

(4) 拌合与整型。可用平地机和拖拉机牵引多铧犁进行,边拌合边洒水加湿,使混合料的含水率超过最佳含水率约 1%～2%。用平地机拌合时,每段作业长度宜为 300～500m;犁拌时每段作业长度宜为 100～150m。

(5) 碾压。先用轻型压路机碾压 2～3 遍,再用中型压路机碾压成形。碾压过程要注意控制现场混合料的实际含水率,必要时要适当洒水。

(6) 养护。

(7) 现场检测。压实后的级配碎石必须进行材料含水率、现场压实度、筛分析、平整度试验,并检测压实后的结构厚度是否满足要求。同时进行弯沉、承载板回弹模量测定。级配碎石的现场检测频率见表 13-1。

级配碎石的现场检测频率　　　　　表 13-1

实验内容	质量要求	试验方法	试验频率
施工含水率	与要求含水率相差不超过 2%	挖坑	随时观测,发现有异常时须进行
筛分析	符合级配范围	室内筛分	每段结构至少 10 个点
离析情况	基本上无离析	目测	随时
现场压实度	98%或者 100%	挖坑灌砂法	每段结构至少 10 个点
弯沉	实测	贝克曼梁或 FWD	每车道 25m 一个测点
回弹模量	实测	承载板	每段结构至少 10 个点
平整度	8mm	3m 直尺	每 200m 两次,每次连续 10 尺
	标准差不大于 3mm	连续式平整度仪	
厚度	平均值—8mm 单点—15mm	挖坑	每段结构至少 10 个点

13.3　无机结合料稳定材料基层的施工与质量控制

13.3.1　施工机具设备及检测仪器

1. 施工机械

施工机械是保证施工质量的必要条件,包括拌合、运输、摊铺、压实等机械设备。

施工前需要对各种机具设备进行保养、调试和试机工作。

无机结合料稳定材料基层施工根据基层的类型和设计要求,有层铺法和集中厂拌法。

(1) 拌合设备

拌合设备有路拌设备和集中拌合设备两大类。路拌设备主要有移动式拌合机,适合于石灰土、中小规模工程且道路等级较低的就地拌合的路面施工。集中拌合需要大型拌合设备,施工现场附近建设安装集中拌合场(站)。

拌合机械设备的工作性能指标及生产能力直接影响混合料的拌合质量及生产进度,拌合设备类型及生产能力应根据工程规模、路面类型及设计要求、施工现场条件、材料供应以及摊铺能力等合理选择。拌合设备的所有料斗、水箱、罐仓都要求装配高精度电子动态计量器,并经相关标定方可使用。

(2) 摊铺设备

摊铺设备工作性能直接影响混合料摊铺的均匀性和摊铺进度,应根据路面基层的宽度、厚度,参考摊铺机的参数选用合适的摊铺机械,并与混合料拌合生产能力相配套。

基层施工一般应配置两台摊铺机梯队作业,并要求两台摊铺机的工作性能参数接近,便于施工进度与质量的管理与控制。

(3) 压路机

压路机的工作质量和功率等指标直接影响压实效果。通常需要配备12t左右轻型压路机1~2台,18~20t的稳压用压路机2~3台,振动压路机2~3台和胶轮压路机2台。压路机的吨位和台数必须与拌合机及摊铺机生产能力相匹配,使从加水拌合到碾压终了的时间不超过2h,以保证施工进度和质量。

(4) 其他。自卸汽车、装载机、洒水车、水泥和其他填料钢制罐仓。

2. 质量检测仪器

施工现场的工地试验室配置的常规试件检测仪器设备包括:水泥质量测定设备、水泥剂量测定设备、重型击实仪、水泥稳定碎石抗压试件制备与抗压强度测定设备、标准养护室、基层密度测定设备、标准筛(方孔)和土壤液、塑限联合测定仪、压碎值仪、弯沉仪、承载板等。

13.3.2 摊铺施工

摊铺前需要做好下基层或土基的中间质量检测验收,不合格的需要进行重新压实,直到符合要求为止。还须进行必要的整平修正以及施工放样。

摊铺需配备足够的拌合、运输、摊铺、压实机械,按照分层摊铺分层压实进行施工,每层最大压实厚度一般不大于20cm以确保结构层充分压实。

碾压宜按先轻后重、先低后高、先侧面后中间的顺序进行,直至无明显轮迹。

施工温度应不低于5℃,并应尽量安排在温暖高温季节,要加强养护,以利于尽快形成早期强度而成形,防止施工重载车辆通行引起早期破坏。

1. 石灰土基层施工

石灰土基层是天然土经过破碎并掺加适量石灰、水,经过拌合、碾压和养护形成。

石灰土基层施工关键技术是有正确施工配合比,石灰土中石灰充分消解并与土充分密实,碾压后做好养护。

(1) 备料。按路面设计断面在路槽进行放样,按路面结构层厚度、宽度以及预定的压实度,考虑松铺系数,计算各段需要用土数量。石灰土的松铺系数一般为 1.5~1.70,实际中可通过试铺加以确定。石灰土所用的土,土块应打碎,并消除 1.5cm 以上的土块。石灰应在使用前 5~10d 充分消解完毕,并保持一定的潮湿度。

(2) 拌合、铺筑。可分为现场拌合与场外集中拌合两种。现场拌和采用拌合机拌合,拌合的含水率要等于或略大于最佳含水率或最佳值。

(3) 碾压。碾压是施工关键技术环节,要注意控制灰土处于最佳含水率状态,并充分压实。根据气候情况,表面水分蒸发过多时,应补充洒水后再行压实。

(4) 养护。石灰土养护是施工过程保证结构层强度形成,防止开裂的重要环节,养护期间结构层要保持有足够湿度,需经常洒水,也可采用覆盖砂、低塑性土和塑料膜等进一步增强保湿效果,养护期一般不少于一周,以促进强度的增长,避免干缩裂缝。养护期应避免重型车辆通行,并严格控制车速。

(5) 施工的压实度等质量标准要求可见有关施工技术规范。

2. 水泥稳定基层施工

(1) 底基层准备。按底基层的有关检验标准进行复检,凡不合格的路段应进行整修,使其达到标准。

(2) 备料。

(3) 拌合与摊铺混合料应在中心拌合厂拌合,可采用间歇式或连续式拌合设备。拌合要均匀,含水率略大于最佳值,使混合料运到现场摊铺碾压时的含水率不小于最佳值。用平地机或摊铺机按松铺厚度摊铺,摊铺要均匀,防止粗细料离析现象。

(4) 碾压、养生与质量检测。与石灰土相类似。

3. 工业废渣类稳定基层施工

石灰煤渣、石灰粉煤灰的基层施工方法和步骤与石灰、水泥稳定土相同,对于高等级公路混合料一般应采用厂拌法施工。

13.4 沥青混凝土路面摊铺施工与质量控制

沥青路面摊铺施工方式主要有层铺法、拌合法和厂拌法,不同的施工方法有各自特点和使用条件。沥青路面类型与其采用的摊铺施工方式密切相关。

13.4.1 沥青表面处置

沥青表面处治按层铺方法施工，是通过分层撒布热沥青，分层铺撒矿料，再进行碾压而形成，一般厚度不大于3.5cm，简称"沥青表处"。

沥青表面处治属于次高级路面，当采用乳化沥青时，称为乳化沥青表面处治路面。条件许可时也可采用厂拌法施工，以提高质量。

沥青表面处治构成路面表面的磨耗层，保护其下面结构层免受行车车轮直接磨耗，起到封闭表面、防止地表水渗入基层和土基的作用。同时，还起到改善路面行车条件和延长路面使用寿命的作用。

沥青表面处治可作为基层的封面或中低级道路面层，也可作为高等级道路使用初期临时的罩面层。除此以外，沥青表面处治还可以用作修复旧路面的补强层。

沥青表面处治按其厚度或浇洒沥青及撒铺矿料的次数多少可分为单层式、双层式及三层式三种。单层式厚度为1.0～1.5cm，双层式厚度为1.6～2.5cm，三层式厚度为2.5～3.5cm。

1. 材料要求

（1）沥青。沥青表面处治所用的沥青材料要求渗透性好，凝结时间短，有较大的粘结力，能牢固地粘住矿料，便于浇洒和施工，且耐久性较好，不易老化等。

道路石油沥青是修筑沥青表面处治的理想材料，它与矿料的粘附性好，热稳定性也好，使用期长。但当施工气温较低时，初期成型较难。

由于道路石油沥青的渗透性较差，为了提高沥青面层和基层之间的结合，铺筑表处层前在基层上应浇洒透层油。

（2）矿料。表面处治矿料的尺寸应与厚度相当，单一尺寸矿料的嵌锁性能较好，能防止矿料被行车推移和泛油，并能获得较高的抗滑性能。矿料的标称尺寸的最大与最小粒径之比要求不大于2，符合粒径规格的颗粒含量一般不得少于80%。

（3）材料用量。矿料用量按一石层原则，要求矿料颗粒紧密排列成一个石子层，无露油、无重叠。沥青用油量以每平方米路面的沥青重量控制。夏季施工沥青稠度可低些，道路日照良好的沥青用量可偏少些；反之沥青用量偏多些，见表13-2。

沥青表面处治材料规格和用量 表13-2

沥青种类	类型	厚度(mm)	集料(m³/1000m²)					沥青或乳液用量(kg/m²)			
			第一层		第二层		第三层		第一次	第二次	第三次	合计用量
			规格	用量	规格	用量	规格	用量				
石油沥青	单层	1.0	S12	7～9					1.0～1.2			1.0～1.2
		1.5	S10	12～14					1.4～1.6			1.4～1.6
	双层	1.5	S10	12～14	S12	7～8			1.4～1.6	1.0～1.2		2.4～2.8
		2.0	S9	16～18	S12	7～8			1.6～1.8	1.0～1.2		2.6～3.0
		2.5	S8	18～20	S12	7～8			1.8～2.0	1.0～1.2		2.8～3.2
	三层	2.5	S8	18～20	S12	12～14	S12	7～8	1.6～1.8	1.2～1.4	1.0～1.2	3.8～4.4
		3.0	S6	20～22	S12	12～14	S12	7～8	1.8～2.0	1.2～1.4	1.0～1.2	4.0～4.6

续表

沥青种类	类型	厚度(mm)	集料(m³/1000m²)						沥青或乳液用量(kg/m²)			
			第一层		第二层		第三层		第一次	第二次	第三次	合计用量
			规格	用量	规格	用量	规格	用量				
乳化沥青	单层	0.5	S14	7～9					0.9～1.0			0.9～1.0
	双层	1.0	S12	9～11	S14	4～6			1.8～2.0	1.0～1.2		2.8～3.2
	三层	3.0	S6	20～22	S10	9～11	S12 S14	4～6 3.5～4.5	2.0～22	1.8～2.0	1.0～1.2	4.8～5.4

2. 层铺法施工

沥青表面处治的层铺法施工气温要求不低于15℃，并宜在寒冷季节，即日最高气温低于15℃的季节到来以前半个月结束，以便确保施工后能有一段时间的高温条件，借助行车碾压使其矿料嵌紧密实，并同沥青裹覆粘牢，使路面"反油稳定成型"。

(1) 清理基层。在表面处治层施工前，应将路面基层整平、清扫干净。若局部强度不足，应先予补强。

(2) 洒布沥青。在浇洒沥青透层后4～8h，浇洒第一次沥青，沥青要均匀洒布，不应有空白或积聚现象，以免日后产生松散或拥包、推挤等病害。

(3) 铺撒矿料。洒布沥青后应趁热迅速铺撒矿料，按规定用量一次撒足，矿料要铺撒均匀。

(4) 碾压。铺撒矿料后，随即用60～80kN双轮压路机或轮胎压路机及时碾压。碾压用从一侧路缘压向中心，然后再从另一边开始压向路中心。碾压时，每次轮迹重叠约30cm，碾压约3～4遍。压路机行驶速度开始为2km/h，以后可适当提高。

双层式和三层式沥青表面处治的二、三层施工，可重复(2)、(3)、(4)工序。

3. 拌合法施工

沥青表面处治的拌合法施工是用一定级配的矿料与沥青拌合后，再进行摊铺、碾压而成。由于沥青与骨料在摊铺前进行拌合，使其强度和稳定性有所提高。其施工工艺要求同沥青碎石路面，具体内容见后面的沥青碎石路面。

沥青表面处治在碾压结束后即可开放交通，但应禁止车辆快速行驶(不超过20km/h)，要控制车辆的行驶路线，使路面全幅宽度获得均匀碾压，加速处治层反油稳定成型。对局部泛油、松散、麻面等现象，应及时修整处理。

13.4.2 沥青贯入式路面

沥青贯入式是在初步压实的碎石(或轧制砾石)上，分层浇洒沥青、撒布嵌缝料，经压实而成的路面结构层，其厚度通常为4～8cm。当采用乳化沥青时称为乳化沥青贯入式路面。根据沥青材料贯入深度的不同，沥青贯入式可分为深贯入式，厚度为6～8cm；浅贯入式，厚度为4～5cm。

沥青贯入式可用作高级路面，也可作高级路面的联结层或基层，它强度较高、稳定性好和不易产生裂缝，此外施工简便，工程造价经济和等优点。

沥青贯入式路面的强度主要依靠矿料之间的嵌挤作用，受温度变化的影响小，温度稳定性好。但由于采用层铺法施工，沥青与矿料组合混合料强度和稳定性不如厂拌法施工。另外，沥青贯入式孔隙率较大，路表水容易渗入。

20世纪80年我国公路研究人员公路创造性提出"上拌下贯"路面结构类型，即在沥青贯入式结构层上，铺筑2～4cm的拌合式沥青混合料面层，以减缓和阻止路表水浸入沥青贯入式，增强路面结构的耐久性和抗水性。由于这种类型沥青路面施工简单，工程造价低，且有一定防止地表水渗入作用，并能承受中等交通量荷载作用，当时我国正进入大规模公路建设，该种类型在当时被广泛应用，在解决路面施工技术和机具设备相对落后以及工程建设资金紧张困难方面，发挥了重要作用，并取得了良好的经济和社会效益。

1. 材料要求

（1）沥青。沥青材料标号的选择，应根据路面施工条件、地区气候及矿料质量和尺寸而定。可采用道路石油沥青、煤沥青或乳化沥青。用量及规格按表13-3选用。

沥青贯入式面路面材料规格和用量　　　　　表 13-3

（用量单位：集料：m³/1000m²，沥青及沥青乳液：kg/m²）

沥青品种	石油沥青					
厚度(cm)	4		5		6	
规格和用量	规格	用量	规格	用量	规格	用量
封层料	S14	3～5	S14	3～5	S13(S14)	4～6
第三遍沥青		1.0～1.2		1.0～1.2		1.0～1.2
第二遍嵌缝料	S12	6～7	S11(S10)	10～12	S11(S10)	10～12
第二遍沥青		1.6～1.8		1.8～2.0		2.0～2.2
第一遍嵌缝料	S10(S9)	12～14	S8	12～14	S8(S6)	16～18
第一遍沥青		1.8～2.1		1.6～1.8		2.8～3.0
主层石料	S5	45～50	S4	55～60	S3(S4)	66～76
沥青总用量		4.4～5.1		5.2～5.8		5.8～6.4

沥青品种	石油沥青				乳化沥青			
厚度(cm)	7		8		4		5	
规格和用量	规格	用量	规格	用量	规格	用量	规格	用量
封层料	S13(S14)	4～6	S13(S14)	4～6	S13(S14)	4～6	S14	4～6
第五遍沥青								0.8～1.0
第四遍嵌缝料							S14	5～6
第四遍沥青						0.8～1.0		1.2～1.4
第三遍嵌缝料					S14	5～6	S12	7～9
第三遍沥青		1.0～1.2		1.0～1.2		1.4～1.6		1.5～1.7
第二遍嵌缝料	S10(S11)	11～13	S10(S11)	11～13	S12	7～8	S10	9～11
第二遍沥青		2.4～2.6		2.6～2.8		1.4～1.6		1.6～1.8
第一遍嵌缝料	S6(S8)	18～20	S6(S8)	20～22	S9	12～14	S8	10～12
第一遍沥青		3.3～3.5		4.4～4.2		2.2～2.4		2.6～2.8
主层石料	S2	80～90	S1(S2)	95～100	S5	40～45	S4	50～55
沥青总用量		6.7～7.3		7.6～8.2		6.0～6.8		7.4～8.5

注：1. 煤沥青贯入式的沥青用量可较石油沥青用量增加15%～20%；
2. 表中乳化沥青是指乳液的用量，并适用于乳液浓度约为60%的情况，如果浓度不同，用量应予换算；
3. 在高寒地区及干旱风砂大的地区，可超出高限，再增加5%～10%。

(2) 矿料。沥青贯入式路面的集料应选择有棱角、嵌挤性好的坚硬石料,其规格和用量宜根据贯入层厚度按表13-22选用。主层集料中大于粒径范围中值的数量不宜少于50%,最大粒径宜与贯入层厚度相当。当采用乳化沥青时,主层集料最大粒径可采用厚度的0.8~0.85倍,数量宜按压实系数1.25~1.30计算。

不加铺拌合层的贯入式路面在施工结束后每$1000m^2$宜另备$2\sim3m^3$与最后一层嵌缝料规格相同的细集料等供初期养护使用。

2. 施工工艺

沥青贯入式的施工程序如下:

(1) 放样和安装路缘石。

(2) 清扫基层。

(3) 浇洒透层沥青或粘层沥青。对厚度为4~5cm的贯入式路面,透层沥青用量$0.8\sim1.0kg/m^2$,粘层沥青用量$0.4\sim0.6kg/m^2$。

(4) 撒铺主层矿料。矿料撒铺应尽量均匀,避免大小颗粒集中,并应检查其松铺厚度。

(5) 主层矿料碾压。主层矿料摊铺后按以下顺序施工:

① 先用60~80kN压路机进行初压。碾压应自路边缘逐渐移向中心,每次轮迹要重叠30cm,接着应从另一侧以同样的方式压至路中心,碾压速度宜为2km/h。碾压一遍后应检查路拱和纵坡,当有不符合要求时应找平然后再碾压2遍,至矿料基本稳定、无明显推移为止。

② 再用100~200kN压路机进行碾压,每次轮迹应重叠1/2以上,并应碾压4~6遍。碾压要求以主层矿料嵌挤紧密、无明显轮迹而又有一定孔隙,能使沥青贯入为准。

(6) 浇洒第一次沥青。主层矿料碾压完毕后,即可浇洒第一次沥青。

(7) 撒第一次铺嵌缝料。主层沥青浇洒后,即趁热铺撒嵌缝料,撒铺应均匀,撒铺后立即扫匀,个别不足处要及时补充。

(8) 嵌缝料碾压。嵌缝料扫匀后应立即用100~120kN压路机进行碾压,随压随扫,使嵌缝料均匀嵌入。约碾压4~6遍。如因气温高,在碾压过程中发生蠕动现象时,应立即停止碾压,待气温稍低时再继续碾压。

(9) 以后施工程序为浇洒第二次沥青、第二次嵌缝料、碾压;浇洒第三次沥青、撒铺封面料;最后终压。上面各工序的施工要求与(6)、(7)、(8)工序相同。终压可采用60~80kN压路机碾压2~4遍,完成后即可开放交通。

施工时的初期养护工作等与沥青表面处治相同。

13.4.3 热拌沥青混合料路面施工

1. 材料与设备准备

(1) 沥青材料准备

沥青材料应采用导热油加热。普通沥青结合料的施工温度宜通过在135℃及175℃条件下测定的黏度—温度曲线按表13-4的规定确定。缺乏黏温曲线数据时,可参照表13-4的范围选择,并根据实际情况确定使用高值或低值。温度应调节到能使拌和的沥青混合料出厂温度符合《公路沥青路面施工技术规范》JTG F40—2004。表13-4的要求，并保证按均匀温度把沥青材料源源不断地从贮料器输送到拌和机内。

确定沥青混合料拌和及压实温度的适宜温度　　　　表13-4

黏度	适宜于拌合的沥青结合料黏度	适宜于压实的沥青结合料黏度	测定方法
表观黏度	(0.17±0.02)Pa·s	(0.28±0.03)Pa·s	T 0625
运动黏度	(170±20)mm²/s	(280±30)mm²/s	T 0619
赛波特黏度	(85±10)s	(140±15)s	T 0623

(2) 集料准备

集料应符合《公路沥青路面施工技术规范》JTG F40—2004对沥青混合料用集料的质量要求。集料在送进拌合设备时的含水率不应超过1‰。干燥滚筒拌合机出料时的混合料含水率不应超过1%（按AASHTO T—110标准测定）。

(3) 沥青混合料拌合设备

热拌沥青混合料采用厂拌法集中拌合。拌合设备的产量应和生产进度相匹配，拌合设备安装地点远离居民区（不少于1km），配备必要集尘器，注意保护环境。

2. 沥青混合料的拌合

(1) 沥青混合料拌合配合比应符合施工配合比要求，变异值需控制在容许偏差范围内。

(2) 沥青采用导热油加热，严格掌握沥青和集料的拌合加热温度以及沥青混合料的出场温度。

(3) 拌合时间由试拌确定，拌合的沥青混合料应均匀一致、无花白料、无结团成块或严重的粗细料分离现象。沥青混合料拌合成品不立即铺筑时，可放入成品储料仓储存，其温度下降不应超过5℃，储存时间一般不宜超过24h，最多不得超过48h。

(4) 每天记录当天每批次生产混合料的各种矿料的用量和温度，应用拌合总量检验矿料的配合比和沥青混合料的油石比的误差。

(5) 定期对拌合设备的各种计量和测温系统进行校核，以保证设备正常运行。

3. 沥青混合料的运输

(1) 热拌沥青混合料宜采用较大吨位的运料车运输，混合料宜用毡布覆盖以保温、防雨、防污染。

(2) 摊铺过程中运料车应在摊铺机前100～300mm处停住，空挡等候，由摊铺机推动前进开始缓缓卸料，避免撞击摊铺机。在有条件时，运料车可将混合料卸入转运车经二次拌合后向摊铺机连续均匀的供料。运料车每次卸料必须倒净，尤其是对改性沥青或SMA混合料，如有剩余，应及时清除，防止硬结。

(3) SMA及OGFC混合料在运输、等候过程中，如发现有沥青结合料沿车厢板滴漏时，应采取措施以予避免。

4. 沥青混合料的摊铺

（1）沥青混合料摊铺机

沥青混合料摊铺设备应是自动式的具有一定摊铺宽度的摊铺机，并安装有可调的活动熨平板或整平组件，整平板保持理想的坡度，精度在±0.1%范围内。

（2）温度控制

沥青混合料的摊铺温度应符合《公路沥青路面施工技术规范》JTG F40—2004 的要求（表 13-5），并应根据沥青标号、黏度、气温、摊铺层厚度选用。

热拌沥青混合料的施工温度（℃） 表 13-5

施工工序		石油沥青的标号			
		50 号	70 号	90 号	110 号
沥青加热温度		160～170	155～165	150～160	145～155
矿料加热温度	间隙式拌合机	集料加热温度比沥青温度高 10～30			
	连续式拌合机	矿料加热温度比沥青温度高 5～10			
沥青混合料出料温度		150～170	145～165	140～160	135～155
混合料贮料仓贮存温度		贮料过程中温度降低不超过 10			
混合料废弃温度，高于		200	195	190	185
运输到现场温度，不低于		150	145	140	135
混合料摊铺温度，不低于	正常施工	140	135	130	125
	低温施工	160	150	140	135
开始碾压的混合料内部温度，不低于	正常施工	135	130	125	120
	低温施工	150	145	135	130
碾压终了的表面温度，不低于	钢轮压路机	80	70	65	60
	轮胎压路机	85	80	75	70
	振动压路机	75	70	60	55
开放交通的路表温度，不高于		50	50	50	45

注：1. 沥青混合料的施工温度采用具有金属探测针的插入式数显温度计测量。表面温度可采用表面接触式温度计测定。当采用红外线温度计测量表面温度时，应进行标定。
2. 表中未列入的 130 号、160 号及 130 号沥青的施工温度由试验确定。

聚合物改性沥青混合料的施工温度根据实践经验并参照表 13-6 选择。通常宜较普通沥青混合料的施工温度提高 10～20℃。对采用冷态胶乳直接喷入法制作的改性沥青混合料，集料烘干温度应进一步提高。

聚合物改性沥青混合料的正常施工温度范围（℃） 表 13-6

工序	聚合物改性沥青品种		
	SBS 类	SBR 胶乳类	EVA、PE 类
沥青加热温度	160～165		
改性沥青现场制作温度	165～170	—	165～170
成品改性沥青加热温度，不大于	175	—	175
集料加热温度	190～220	200～210	185～195
改性沥青 SMA 混合料出厂温度	170～185	160～180	165～180

续表

工序	聚合物改性沥青品种		
	SBS 类	SBR 胶乳类	EVA、PE 类
混合料最高温度(废弃温度)	195		
混合料贮存温度	拌合出料后降低不超过 10		
摊铺温度，不低于	160		
初压开始温度，不低于	150		
碾压终了的表面温度，不低于	90		
开放交通时的路表温度，不高于	50		

注：1. 同表 13-24。

2. 当采用表列以外的聚合物或天然沥青改性沥青时，施工温度由试验确定。

5. 沥青混合料的碾压

沥青混合料的碾压是沥青路面施工过程的关键工序之一。

（1）应选择合理的压路机组合方式及碾压步骤，以达到最佳效果。沥青混合料压实宜采用钢筒式静态压路机与轮胎压路机或振动压路机组合的方法，初压严禁使用轮胎压路机，以确保面层横向平整度，压路机的数量应根据生产率决定。

（2）沥青混凝土的压实层最大厚度不宜大于 100mm，沥青稳定碎石混合料的压实层厚度不宜大于 120mm，但当采用大功率压路机且经试验证明能达到压实度时允许增大到 150mm。

（3）沥青路面施工应配备足够数量的压路机，选择合理的压路机组合方式及初压、复压、终压（包括成型）的碾压步骤，以达到最佳碾压效果。高速公路铺筑双车道沥青路面的压路机数量不宜少于 5 台。施工气温低、风大、碾压层薄时，压路机数量应适当增加。

（4）压路机应以慢而均匀的速度碾压，压路机的碾压速度应符合表 13-7 的规定。压路机的碾压路线及碾压方向不应突然改变而导致混合料推移。碾压区的长度应大体稳定，两端的折返位置应随摊铺机前进而推进，横向不得在相同的断面上。

压路机碾压速度(km/h) 表 13-7

压路机类型	初压		复压		终压	
	适宜	最大	适宜	最大	适宜	最大
钢筒式压路机	2~3	4	3~5	6	3~6	6
轮胎压路机	2~3	4	3~5	6	4~6	8
振动压路机	2~3 (静压或振动)	3 (静压或振动)	3~4.5 (振动)	5 (振动)	3~6 (静压)	6 (静压)

（5）压路机的碾压温度应符合表 13-5 的要求，并根据混合料种类、压路机、气温、层厚等情况经试压确定。在不产生严重推移和裂缝的前提下，初压、复压、终压都应在尽可能高的温度下进行。同时不得在低温状况下作反

复碾压，使石料棱角磨损、压碎，破坏集料嵌挤。

6. 施工接缝的处理

（1）沥青路面的施工必须接缝紧密、连接平顺，不得产生明显的接缝离析。上下层的纵缝应错开 150mm（热接缝）或 300~400mm（冷接缝）以上。相邻两幅及上下层的横向接缝均应错位 1m 以上。接缝施工应用 3m 直尺检查，确保平整度符合要求。

（2）纵向接缝部位的施工应符合下列要求：

① 摊铺时采用梯队作业的纵缝应采用热接缝，将已铺部分留下 100~200mm 宽暂不碾压，作为后续部分的基准面，然后作跨缝碾压以消除缝迹。

② 当半幅施工或因特殊原因而产生纵向冷接缝时，宜加设挡板或加设切刀切齐，也可在混合料尚未完全冷却前用镐刨除边缘留下毛楂的方式，但不宜在冷却后采用切割机作纵向切缝。加铺另半幅前应涂洒少量沥青，重叠在已铺层上 50~100mm，再铲走铺在前半幅上面的混合料，碾压时由边向中碾压留下 100~150mm，再跨缝挤紧压实。或者先在已压实路面上行走碾压新铺层 150mm 左右，然后压实新铺部分。

（3）高速公路和一级公路的表面层横向接缝应采用垂直的平接缝，以下各层可采用自然碾压的斜接缝，沥青层较厚时也可做阶梯形接缝（见图 13-19）。其他等级公路的各层均可采用斜接缝。

图 13-19　横向接缝的几种形式
(a)斜接缝；(b)阶梯形接缝；(c)平接缝

（4）斜接缝的搭接长度与层厚有关，宜为 0.4~0.8m。搭接处应洒少量沥青，混合料中的粗集料颗粒应予剔除，并补上细料，搭接平整，充分压实。阶梯形接缝的台阶经铣刨而成，并洒粘层沥青，搭接长度不宜小于 3m。

（5）平接缝宜趁尚未冷透时用凿岩机或人工垂直刨除端部层厚不足的部分，使工作缝呈直角连接。当采用切割机制作平接缝时，宜在铺设当天混合料冷却但尚未结硬时进行。刨除或切割不得损伤下层路面。切割时留下的泥水必须冲洗干净，待干燥后涂刷粘层油。铺筑新混合料接头应使接楂软化，压路机先进行横向碾压，再纵向碾压成为一体，充分压实，连接平顺。

13.4.4　沥青路面的质量检测

1. 原材料：包括沥青、粗集料、细集料、填料的技术指标。
2. 混合料：包括油石比、矿料级配、稳定度、流值、空隙率。
3. 混合料温度：包括出场温度、运到现场温度、初压温度、碾压终了温度。

4. 上面层终了检查：厚度、平整度、宽度、高程、横坡度、偏位。
5. 路表构造特性：路面构造深度、摆式摩擦系数。
6. 压实度：一般采用钻孔取样，钻孔频率每公里1个，测定密实度，同时通过试样外观分析拌合摊铺均匀性。

沥青混凝土上面层施工阶段的质量检查标准列于表13-8。沥青路面铺筑过程中必须随时对铺筑质量进行评定，质量检查的内容、频度、允许差应符合表13-9的规定。

热拌沥青混合料的频度和质量要求　　　　表13-8

项目		检查频度及单点检验评价方法	质量要求或允许偏差		试验方法
			高速公路一级公路	其他等级公路	
混合料外观		随时	观察集料粗细、均匀性、离析、油石比、色泽、冒烟、有无花白料、油团等各种现象		目测
拌合温度	沥青、集料的加热温度	逐盘检测评定	符合本规范规定		传感器自动检测、显示并打印
	混合料出厂温度	逐车检测评定	符合本规范规定		传感器自动检测、显示并打印，出厂时逐车按T 0981人工检测
		逐盘测量记录，每天取平均值评定	符合本规范规定		传感器自动检测、显示并打印
矿料级配（筛孔）	0.075mm	逐盘在线检测	±2%（2%）	—	计算机采集数据计算
	≤2.36mm		±5%（4%）	—	
	≥4.75mm		±6%（5%）	—	
	0.075mm	逐盘检查，每天汇总1次取平均值评定	±1%	—	JTG F40附录G总量检验
	≤2.36mm		±2%	—	
	≥4.75mm		±2%	—	
	0.075mm	每台拌合机每天1~2次，以2个试样的平均值评定	±2%（2%）	±2%	T 0725抽提筛分与标准级配比较的差
	≤2.36mm		±5%（3%）	±6%	
	≥4.75mm		±6%（4%）	±7%	
沥青用量（油石比）		逐盘在线监测	±0.3%	—	计算机采集数据计算
		逐盘检查，每天汇总1次取平均值评定	±0.1%	—	JTG F40附录F总量检验
		每台拌合机每天1~2次，以2个试样的平均值评定	±0.3%	±0.4%	抽提T 0722、T0721
马歇尔试验：空隙率、稳定度、流值		每台拌合机每天1~2次，以4~6个试件的平均值评定	符合本规范规定		T 0702、T 0709、JTG F40附录B、附录C

续表

项目	检查频度及单点检验评价方法	质量要求或允许偏差		试验方法
		高速公路、一级公路	其他等级公路	
浸水马歇尔试验	必要时（试件数同马歇尔试验）	符合本规范规定		T 0702、T 0709
车辙试验	必要时（以3个试件的平均值评定）	符合本规范规定		T 0719

注：1. 单点检验是指试验结果以一组试验结果的报告值为一个测点的评价依据，一组试验（如马歇尔试验、车辙试验）有多个试样时，报告值的取用按《公路工程沥青与沥青混合料试验规程》的规定执行。
2. 对高速公路和一级公路，矿料级配和油石比必须进行总量检验和抽提筛分的双重检验控制，互相校核，表中括号内的数字是对SMA的要求。油石比抽提试验应事先进行空白试验标定，提高测试数据的准确度。

公路热拌沥青混合料路面施工过程中工程质量的控制标准　　表 13-9

项目		检查频度及单点检验评价方法	质量要求或允许偏差		试验方法
			高速公路、一级公路	其他等级公路	
外观		随时	表面平整密实，不得有明显轮迹、裂缝、推挤、油盯、油包等缺陷，且无明显离析		目测
接缝		随时	紧密平整、顺直、无跳车		目测
		逐条缝检测评定	3mm	5mm	T 0931
施工温度	摊铺温度	逐车检测评定	符合本规范规定		T 0981
	碾压温度	随时	符合本规范规定		插入式温度计实测
厚度①	每一层次	随时，厚度50mm以下 厚度50mm以上	设计值的5% 设计值的8%	设计值的8% 设计值的10%	施工时插入法量测松铺厚度及压实厚度
	每一层次	1个台班区段的平均值 厚度50mm以下 厚度50mm以上	-3mm -5mm	—	附录G 总量检验
	总厚度	每2000m² 一点单点评定	设计值的-5%	设计值的-8%	T 0912
	上面层	每2000m² 一点单点评定	设计值的-10%	设计值的-10%	
压实度②		每2000m²检查1组逐个试件评定并计算平均值	实验室标准密度的97%（98%） 最大理论密度的93%（94%） 试验段密度的99%（99%）		T 0924、T 0922 JTG F40 附录E

续表

项目		检查频度及单点检验评价方法	质量要求或允许偏差		试验方法
			高速公路、一级公路	其他等级公路	
平整度（最大间隙）④	上面层	随时，接缝处单杆评定	3mm	5mm	T 0931
	中下面层	随时，接缝处单杆评定	5mm	7mm	T 0931
平整度（标准差）	上面层	连续测定	1.2mm	2.5mm	T 0932
	中面层	连续测定	1.5mm	2.8mm	
	下面层	连续测定	1.8mm	3.0mm	
	基层	连续测定	2.4mm	3.5mm	
宽度	有侧石	检测每个断面	±20mm	±20mm	T 0911
	无侧石	检测每个断面	不小于设计宽度	不小于设计宽度	
纵断面高程		检测每个断面	±10mm	±15mm	T 0911
横坡度		检测每个断面	±0.3%	±0.5%	T 0911
沥青层层面上的渗水系数③		每1km不少于5点，每点3处取平均值	300mL/min（普通密级配沥青混合料）200mL/min（SMA混合料）		T 0971

① 表中厚度检测频度指高速公路和一级公路的钻坑频度，其他等级公路可酌情减少状况，且通常采用压实度钻孔试件测定。上面层的允许误差不适用于磨耗层。
② 压实度检测按规范规定执行，钻孔试件的数量按规定执行。括号中的数值是对SMA路面的要求，对马歇尔成型试件采用50次或者35次击实的混合料，压实度应适当提高要求。进行核子仪等无破损检测时，每13个测点的平均数作为一个测点进行评定是否符合要求。实验室密度是指与配合比设计相同方法成型的试件密度。以最大理论密度作标准密度时，对普通沥青混合料通过真空法实测确定，对改性沥青和SMA混合料，由每天的矿料级配和油石比计算得到。
③ 渗水系数适用于公称最大粒径等于或小于19mm的沥青混合料，应在铺筑成型后未遭行车污染的情况下测定，且仅适用于要求密水的密级配沥青混合料、SMA混合料。不适用于OGFC混合料，表中渗水系数以平均值评定，计算的合格率不得小于90%。
④ 3m直尺主要用于接缝检测，对正常生产路段，采用连续式平整度仪测定。

13.5 水泥混凝土路面的施工与质量控制

13.5.1 施工前的准备工作

水泥混凝土路面施工主要包括材料选择、混凝土配合比设计（见《公路水泥混凝土路面施工技术细则》JTG/T F30—2014）、拌合、浇筑、振捣、接缝筑做和养护等，要求施工连贯、有序，技术准备充分，对机械设备、人员组织安排到位，才能保证施工顺利进行和完成。因此，要做好施工前的准备工作。

1. 编制施工组织设计

熟悉设计文件，按照设计图纸要求，结合施工技术、设备条件确定合理施工方案，编制施工组织设计。

2. 现场准备

了解施工现场条件，根据施工路段长短，选择运输工具和施工方法，选择好堆料场地和搅拌地点。

3. 室内试验

根据设计文件对混凝土面层板的技术要求、施工方法及当地材料供应情况，做混凝土各组成材料的技术性质试验，进行配合比设计。

4. 现场技术复核

根据设计文件，复测平面和高程控制桩，定出路面中心、路面宽度和纵横高程放样桩。

5. 基层的检查与整修

对基层的宽度、路拱与标高、表面平整度和压实度，均应检查是否符合要求。

13.5.2 施工程序和施工技术

水泥混凝土路面混凝土面层浇筑施工的主要程序包括基层检查、清理修整，立模板，安放传力杆，混凝土配料与拌制，混凝土运输、摊铺、振捣、抹面、拉毛、湿养、拆模、切缝与填缝等工序。

水泥混凝土路面的施工方法通常有人工摊铺法和机械摊铺法。

人工摊铺法是人工进行混凝土摊铺，再以辅助机械设备完成其他工序，是目前中小型混凝土路面广泛采用的施工方法。

机械摊铺法则采用水泥混凝土摊铺机完成混凝土摊铺、振捣、抹面等工序，其机械化程度高，不但能大大加快施工进度，而且也能提高施工质量。

1. 人工摊铺法

人工摊铺法施工程序：安装模板──→安设传力杆──→混凝土的拌合与运输──→混凝土摊铺与振捣──→接缝筑做──→整修表面──→混凝土的养护与填缝。

（1）安装模板

混凝土面板两侧牢固安装模板，模板高度与混凝土板厚相同。模板有木模和钢模，采用木模板时，板厚宜为5cm。钢模通常采用A3型钢（槽钢）制成。应优先采用钢模板，当用机械摊铺时，则必须采用钢模。模板内侧应涂肥皂液、废机油或其他润滑剂，以利拆模。

（2）传力杆安设

模板安装好后，在需要设传力杆的胀缝或缩缝位置上安设传力杆。胀缝传力杆的做法是一般在嵌缝板上预留圆孔以便传力杆穿过，嵌缝板上设木制或铁制压缝板条，其旁再设一块胀缝模板。传力杆的位置和间距由胀缝模板挖的U形槽控制，传力杆两端固定在钢筋支架上，支架脚插入基层内，见图13-20(a)。

对于混凝土板不连续浇筑结束时设置的胀缝，宜用顶头木模固定传力杆的安装方法，见图13-20(b)。

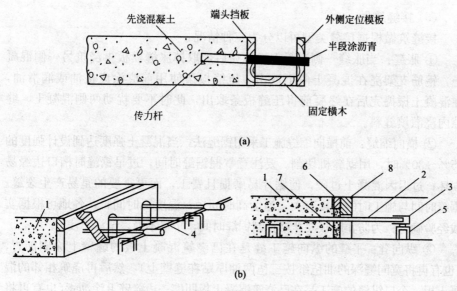

图 13-20 传力杆安设示意
(a)顶头木模固定传力杆；(b)支架固定传力杆
1—先浇筑的混凝土；2—传力杆；3—金属套筒；4—钢筋；
5—支架；6—压缝板条；7—接缝板；8—胀缝模板

(3) 混凝土拌合与运输

① 混凝土拌合优先选择集中拌合。采用工地拌合机拌制时，要及时准确掌握配合比，要严格控制用水量，每天应根据天气变化和测得砂、石的含水率，调整拌制时的实际用水量。

所有的组成材料均应过秤，量配的精确度为：水泥±1%；粗细骨料为±3%；水为±1%；外加剂为±1%。搅拌机装料顺序为砂、水泥。碎(砾)石，边拌边加水。拌制的时间取决于拌合机的性能和拌合物的和易性，一般为1.5~3.0min，可参照施工技术规范确定。

② 在中心拌合场地(厂拌)集中拌制，而后由搅拌运输车运送到施工现场。根据工程规模和运送距离，混凝土可采用用手推车、翻斗车或自卸汽车运送。混凝土运送时间不宜过长，当运距远时，宜采用搅拌运输车运送。混凝土从搅拌机出料至浇筑完毕的允许时间，根据水泥初凝时间和气温确定，夏季不宜超过30~40min；冬季不宜超过60~90min。高温天气运送混凝土混合料要覆盖，以防水分蒸发。

(4) 摊铺和振捣

① 摊铺。混凝土混合料运送到摊铺地点后，如不离析可直接摊铺均匀，如离析经重新拌均匀后再摊铺。模板边部用锹反扣进行，虚铺高度可高出设计厚约10%。振实后与面层标高相符。

② 振捣。混合料摊铺均匀后应用平板振捣器，插入振捣器和振动梁配合作业。最后将直径为15~100mm的钢管两端放在侧模上进行滚压，使表面平整并反上水泥浆。

(5) 接缝筑做

接缝筑做根据接缝类型可以分为三种情况：

① 胀缝：当胀缝一侧混凝土浇筑完后，取掉胀缝模板再浇筑另一侧混凝土，钢筋支架浇在混凝土内不取出。压缝板条使用前应涂废机油或润滑油，在混凝土振捣完后在终凝前将压缝板条取出，此时不要扰动两侧混凝土，缝隙内浇灌填缝料。

② 横向缩缝：前横向缩缝施工采用锯缝法，当混凝土强度达到设计强度的 25%~30% 时，用锯缝机切割。要注意掌握锯缝时间，过早锯缝时槽口边缘易损坏；过迟因混凝土过硬，使锯片易磨损且费工，而更重要的是易产生裂缝。锯缝时间与施工时的温度有关，温度高时间短，温度低时间长，各地可根据实践经验确定。为防止断板要严格控制锯缝时间，宁早不晚，宁深不浅。

③ 纵向缝：平缝的纵向施工缝是在已浇筑混凝土板的缝壁上涂刷沥青，（也有再将宽同缝深的油毡纸按三毡两油厚贴在缝壁上），然后再浇筑相邻的混凝土板。企口纵缝的施工是在已浇筑混凝土板凹榫一边缝壁上涂沥青（也有再将宽同缝深的油毡纸按三毡两油厚贴在缝壁上），再浇筑凸榫一侧混凝土板。

(6) 表面整修。

当用滚筒反复滚压、整平、提浆后，即开始进行表面整修。表面整修时，先用大抹子反复粗抹找平，再用铁抹板拖抹，小抹子精平，最后用拖光带横向拖几次，个别部位再用小抹子精抹找补，使之达到平整度要求。

为了保证行车安全、高速，混凝土表面应粗糙，因此在抹平后的混凝土表面上沿垂直路中心方向进行拉毛或压槽，深为 1~2mm，拉毛或压槽的间距应均匀，大小以达到表面粗糙色泽一致为宜。国内拉毛的做法不一，效果也不一样，在国外有的用切槽机切成深 5mm、宽 2mm 的横槽，我们应进一步总结这方面经验。

(7) 养护与填缝

① 养护。混凝土需湿润养护，以防止混凝土板水分蒸发过速而产生缩裂，保证混凝土水化过程的顺利进行。养护在抹面 2h 后混凝土有相当硬度时开始。一般采用覆盖湿麻袋或草袋、塑料薄膜等养护，或在混凝土表面覆盖 2~3cm 厚的湿砂，每天均匀洒水几次的方法。

② 填缝。理想的填缝材料应是能长期保持弹性、韧性，热天不软化挤出，冷天不脆硬，与缝壁粘牢，能适应混凝土板收缩，不溶水，防止水进入缝的耐久性材料。

按施工温度分为加热施工式填缝料和常温施工式填缝料两种。加热式施工填缝料有：沥青橡胶类、聚氯乙烯胶泥类和沥青玛琋脂类等；常温施工式填缝料有：聚氨酯焦油类、氯丁橡胶类、乳化沥青橡胶类等。

为了保证填缝质量，填缝时应首先清缝，同时填缝料应满足《公路水泥混凝土路面设计规范》JTG D40—2011 提出的技术要求。

2. 机械摊铺法

(1) 滑模式摊铺机铺筑混凝土路面

采用滑模摊铺机直接铺筑混凝土路面，无须在基层上安装模板。在摊铺过程，模板固定在摊铺机上，随着摊铺机前进，模板逐渐向前滑动，同时完成、摊铺、振捣、成型、打传力杆等工序(图 13-21)。

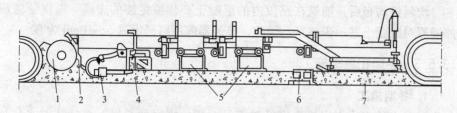

图 13-21 滑模式摊铺机铺筑工艺过程图
1—螺旋摊铺器；2—刮平器；3—振捣器；4—刮平板；5—振动振平板；6—光面带；7—混凝土面层

施工中要注意以下几点：

准确控制摊铺面板位置与高程。准确布设定位引向导线，要调整好方向传感器位置，以准确确定引向导线与路面板边距离。要调整好高程传感器的位置，确定成型板尾部高度。成型板尾部为摊铺高程的控制平面，直接控制摊铺厚度。

混凝土配合比。注意解决适合应用滑模摊铺机施工的水泥混凝土配合比，它与人工摊铺法施工的配合比不同，一般水灰比较小、砂率较大，且水泥用量不超过 320kg/m³。故应合理地应用减水剂调整施工和易性，保证滑模前进后的混凝土及时成型。

滑模式摊铺机施工的其余工序，如表面整修、锯缝、养护、填缝等与人工摊铺法相同。

(2) 轨道式摊铺机铺筑混凝土路面

轨道式摊铺机铺筑混凝土路面，首先在基层上安装轨道和钢模板，然后将运送卸下的混凝土用均料机均匀分布在铺筑路段内，当摊铺机在轨道上行驶时，通过螺旋摊铺器或叶片摊铺器将事先初步均布的混凝土进一步摊铺整平，并在机械自重作用下对路面进行初压，同时用插入振捣机组或弧形振捣梁进行捣实，整平机进行整平(图 13-22)。

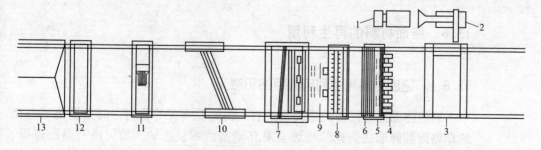

图 13-22 轨道式摊铺机铺筑工艺过程图
1—尾卸式货车；2—侧向进料器；3—箱斗式摊铺机；4—刮平桨叶；5—振动梁；
6—修整梁；7—振实—修整机；8—横缝传力杆安置机；9—纵缝拉杆安置机；
10—斜向整平梁；11—表面构造机；12—洒养护剂；13—罩棚

余下工序如表面整修拉毛、锯缝清缝、养护填缝等均与人工摊铺法相同。其施工要点是：严格控制基层强度、平整度和高程；轨道模板必须安装牢固，校对高程，在摊铺行驶过程中不能出现错位现象。

均料机均布后，铺筑在路段内的混凝土要预留足够的虚高，以保证螺旋摊铺器对混凝土进一步整平，因此，摊铺器前用料高度以 5~10cm 为宜。

13.5.3 冬期和夏季施工

1. 冬期施工

混凝土的水化作用当温度低时进行缓慢，强度增长慢，水结冰时水化反应停止，混凝土不形成强度。因此，当室外日平均气温连续五天低于 5℃ 时，应按冬期施工进行，并采取如下措施：

(1) 采用高强度等级(32.5级以上)快凝水泥或掺早强剂，或增加水泥用量，水灰比不应大于 0.45。

(2) 混凝土混合物浇筑的温度不应低于 5℃，当气温在 0℃ 以下或混凝土浇筑温度低于 5℃ 时，应采取将水加热，或将水和集料同时加热，但混合料拌合物不应超过 35℃，水不超过 60℃，砂、石不应超过 40℃。

(3) 混凝土层上覆盖蓄热保温材料，必要时加盖养护暖棚。

2. 夏季施工

夏季施工因温度过高，促使混凝土中水分蒸发过快，再加上水泥的水化作用易出现干缩裂缝。因此，当施工气温在 30~35℃ 时，应按夏季施工进行，并采取如下措施：

(1) 对混凝土混合料运输时加以遮盖，尽可能缩短施工时间，浇筑完毕后及时覆盖，加强洒水养护。

(2) 搅拌站加设遮荫棚和挡风设施，以减少水分蒸发。

(3) 气温高时尽量避开中午施工，可在夜间进行，防止因温度影响而引起缩裂。

(4) 注意天气预报，遇雨停止施工，并对终凝前的混凝土面层采取防雨保护措施。

13.6 路面材料的再生利用

13.6.1 路面材料再生利用的目的和意义

修建路面需要耗费大量天然土石、沥青及水泥等材料，而大量使用寿命终期路面翻修形成的建筑垃圾会对环境造成不良影响。如何协调路面建设、维护与环境保护与资源节约协调，需要不断深入研究、开发与推广旧路面再生利用新技术，也是我国目前和今后公路建设与维护面临的重大课题。

早在 100 年前美国及其他国家就开展研究旧沥青路面再生利用，但直到 20 世纪 70 年代爆发的世界石油能源危机，引发各国重视和加快旧沥青路面再生利用技术研究及成果推广应用,形成一系列效果良好的再生添加剂新材料及新工艺技术,推出相应的旧沥青路面再生利用技术指南和规范,在工程中得到大量应用,取得良好效果。许多国家还制定了路面再生利用的强制性法规。

水泥混凝土路面再生利用技术在日本、丹麦、德国、俄罗斯等国家已经得到广泛应用(表13-10)。

部分国家水泥混凝土路面再生利用情况　　　　表 13-10

国家	美国	日本	丹麦	荷兰	德国	俄罗斯
利用率(%)	80	70	67	90	80	70
碎石化工艺	G	G	G	G	G	G
打裂压稳工艺	G	L	G	G	G	G

注:G标识普遍采用;L标识有限采用。

我国从20世纪80年代开始陆续开展一系列沥青路面材料再生利用、旧水泥路面破碎就地再生利用等研究,取得一定成果,并在一些旧路面改造工程中也得到较好应用,但总体数量不大。我国在路面再生利用技术研究与应用方面与世界交通强国相比还有很大差距。由于我国近30年以来正值公路建设高峰期,造成"重建轻维护"观念,旧路面再生利用技术研究曾经一度停滞不前,当前我国明确提出路面建设必须走可持续发展道路并重视环境保护和节约资源理念,旧路面再生利用重新被人们所重视。

我国每年约有12%的高等级公路需要大修,每年沥青路面废弃量约几百万吨。回收利用这些废料用于路面新建或维修具有十分显著的经济和社会效益。

我国近年来先后引进许多国外再生新材料与新技术,同时国内相关科研院校也研发开发一批具有自主知识产权的再生剂及工艺技术。旧路面材料的再生利用在我国方兴未艾,发展前景十分广阔。

旧路面材料的再生利用主要包括旧沥青路面的沥青混合料的再生利用和旧水泥路面的混凝土板再生利用,所采用的再生技术方法与工艺不同。旧路面材料的再生利用技术内容丰富,应用前景广阔,详细可参见有关资料。

13.6.2 沥青路面材料的再生利用

沥青路面在长期阳光辐射、雨水渗透、空气氧化等自然条件作用下,表面会逐步干枯、脆化、进而出现开裂、松散等,最终损坏,即沥青路面的"老化"病害。沥青路面老化原因是其所含沥青的老化。

1. 沥青路面材料的再生原理

沥青再生基本原理实际是实现沥青老化的逆过程,沥青再生采取的技术途径,在理论上为:调节旧沥青的黏度,使之降低至所需要的黏度范围;调节旧沥青的流变行为,使旧沥青的非牛顿特性减弱。当旧沥青黏度高于1000000Pa.s(针入度小于40)时通过添加适量再生剂,并使它与旧沥青相互混溶,以有效地恢复原有沥青路面各项性能指标。

2. 再生剂

(1)沥青再生剂。材料特性及性能指标对沥青路面再生效果起决定性作用，其主要成分是低黏度、低饱和度的矿物油料，其黏度约在 0.1～20Pa.s 范围内。再生剂具有溶解和分散沥青质的能力，降低沥青的非牛顿性质，改善沥青的流变性质。

(2) 泡沫沥青。泡沫沥青泡沫沥青是在高温沥青中加水滴形成蒸汽泡、产生连锁反应、显著提高沥青与冷湿集料的胶合与裹覆性能，增加了混合料的黏聚性，并压实作用下粘结粗集料形成强度。泡沫沥青黏聚性强且稳定，形成的混合料可以长时间储存。泡沫沥青冷再生技术用铣刨机清洗沥青面层，削下来的废料可集中储存再生利用。摊铺新路面作业不受天气条件限制，冷天、阴雨天仍可进行施工，摊铺压实后可立即开放交通，具有优越的技术先进性及节能环保优点。有工程实践表明采用泡沫沥青可节约10%沥青并减少拌合时间10%～20%，是路面工程中一个具有很好推广应用前景的新技术。泡沫沥青的核心技术是泡沫沥青冷再生机，这方面我国与其他先进国家还有一定距离，需要进一步加强自主创新研发。

3. 再生沥青混合料设计

(1) 旧沥青路面材料取样进行抽提试验，测定旧沥青含量。
(2) 确定旧沥青性能、旧料级配。
(3) 旧沥青路面材料性能进行评价，确定旧料与新料的比例，调整级配。
(4) 确定再生剂的用量和新沥青添加数量。

4. 再生沥青路面的施工方法

按照再生路面组成材料的拌和温度及拌合地点，可将沥青路面再生方法分为厂拌热再生、就地热再生、厂拌冷再生和就地冷再生四类。

(1) 厂拌热再生（图 12-23）

厂拌热再生，是将旧沥青路面沥青面层，经过翻挖、铣刨，回收集中到再生拌合厂，根据需要进行破碎筛分预处理，再掺入一定比例的新骨料、新沥青、再生剂等，用改装的或特制的再生沥青混凝土搅拌设备进行加热拌合后，运至施工现场，热铺成为新的沥青路面结构层。

(2) 就地热再生（图 12-24）

图 13-23　厂拌热再生拌合设备

图 13-24　就地热再生

就地热再生，是将旧沥青路面上面层，经过表面加热、翻松铣刨，并掺入一定比例的新骨料、新沥青、再生剂等，利用移动式现场拌合设备进行加热拌合，热铺成为新的沥青路面面层。

就地热再生针对的是沥青路面表面层，对表面层进行性能恢复、整型，改善沥青路面包括排水性能的功能性服务性能。

(3) 厂拌冷再生(图12-25)

厂拌冷再生，是将旧沥青路面面层或基层，经过翻挖、回收、破碎、筛分，再掺入一定比例的新胶粘剂(乳化沥青、泡沫沥青、水泥等)、新骨料等，利用工厂拌合设备进行冷态拌合，铺筑成为新的沥青路面结构层。

沥青路面的冷再生是在自然环境温度下完成沥青路面的翻挖、破碎、新材料的添加、拌合、摊铺及压实成型，重新形成路面结构层的一种工艺方法。由于胶粘剂是在冷态状态下拌合形成，其分布均匀性和粘附性并不理想，与粒料的粘结性也相对较差。所以，厂拌冷再生混合料主要用于沥青混凝土路面基层、底基层的铺筑，也可用于已铺好碎石和喷好油的低等级路面面层。利用冷再生方法，可掺用较大比例的沥青路面旧料，可以看出，针对旧沥青路面粒料基层，厂拌冷再生方法较为适合，但针对沥青面层旧料，它只是把价格高昂的沥青旧料当作"粒料"来利用，其再生利用意义相对不高。

(4) 就地冷再生(图12-26)

图13-25　厂拌冷再生设备　　　图13-26　就地冷再生

就地冷再生，是将旧沥青路面面层或部分基层，经过冷破碎、翻松，掺入一定比例的新胶粘剂(乳化沥青、水泥、泡沫沥青等)、新骨料(当路面的沥青含量太高或是需要改善骨料的级配时)，利用现场移动式拌合设备在再生的路面上进行冷态拌合施工，铺筑成为新的沥青路面结构层。

沥青路面的就地冷再生也是在自然环境温度下完成沥青路面的翻挖、破碎、新材料的添加、拌合、摊铺及压实成型等工艺。同样的原因，就地冷再生混合料也主要用于沥青混凝土路面基层、底基层的铺筑，其上面一般要进行沥青混合料面层的铺筑。利用就地冷再生方法，可100%利用路面旧料，可以看出，针对较低等级沥青路面，就地冷再生方法较为适合。

13.6.3　水泥混凝土路面材料的再生利用

对于破损但整体性基本完好的水泥混凝土路面，可以选择进行补强后加铺沥青罩面层，形成复合式路面，回复原有承载能力。对于破损严重的水泥混凝土路面，为避免大量凿除旧路面产生的废料对环境严重污染，应将旧水泥混凝土板破碎后就地再生利用。

1. 旧水泥混凝土路面再生原理及技术要点

水泥混凝土路面的就地再生利用技术，是通过专用设备和工艺将旧水泥路面破碎，再添加新的结合料，经过拌合、碾压，形成新的稳定路面结构层，实现废旧水泥路面原有材料的循环利用。旧水泥混凝土再生利用技术可分为就地再生和集中拌合厂再生。

2. 旧水泥混凝土路面就地再生碎石化施工工艺

采用专门破碎机具设备将旧水泥混凝土路面板破碎成表面小于8cm、底部小于40cm的紧密结合、内部嵌挤的混凝土块，破碎并压实的破碎混凝土块组成的紧密结合、内部嵌挤、高密度的材料层，具有优良的抵抗反射裂缝性能，可作为新铺的沥青路面或水泥混凝土路面基层或反射裂缝结构层。

碎石化施工关键技术是破碎的机具设备性能及破碎工艺过程。我国早期是利用装在挖掘机臂架上的液压破碎镐进行破碎，但因施工速度慢和效率低，难以适应大面积工程的要求。国外近年来开发一系列专用破碎设备，破碎工艺的质量与效率主要取决于采用的机具设备，冲击镐凿碎工艺、门板式打裂压稳工艺施工设备简单，但效率较低，适合小型工程。多锤头破碎机具设备由于采用自动化液压智能控制破碎过程，如图13-27所示，施工效率高、进度快，且施工质量稳定，施工成本低，适合大规模工程施工，是目前最为先进的破碎技术，但目前设备主要依靠进口，一次性费用投入大。图13-28所示为冲击压实设备。

(a) (b)

图13-27 多锤头破碎施工工艺

(a)冲击镐凿碎工艺；(b)多锤头破碎施工工艺

图13-28 冲击压实设备

如何快速、有效并最大限度减少破碎冲击过程振动对路基及周边构造物以及噪声对周边人们生活的影响,是旧水泥混凝土路面板破碎施工中的技术关键,也是今后需要进一步研究的课题。

练习与讨论

1. 简述路面施工的特点及重要性。
2. 简述路面施工的主要内容及步骤。
3. 路面施工基本方法有哪些?各自优缺点是什么?
4. 路面施工主要机具设备有哪些?各自主要用途是什么?
5. 简述级配碎石施工基本要求及主要步骤。
6. 无机结合料稳定材料组成设计有哪些内容?
7. 简述无机结合料稳定材料施工内容与步骤。
8. 简述沥青表面处置施工步骤及适用范围。
9. 简述沥青贯入式施工要点及适用范围。
10. 什么是"上拌下灌"路面,有什么技术特点?
11. 沥青混凝土配合比设计的主要内容有哪些?
12. 马歇尔试验主要有哪些指标?
13. 简述热拌沥青混合料碾压技术要点。
14. 简述水泥混凝土配合比设计的依据及目的。
15. 简述水泥混凝土拌合方式有哪些?各自适用条件及优缺点是什么?
16. 水泥混凝土板接缝构造有哪些?
17. 沥青路面的质量检测内容有哪些?
18. 简述沥青路面材料的再生利用主要方法。
19. 简述泡沫沥青的技术特点及适用范围。
20. 水泥混凝土路面碎石化工艺关键技术有哪些?

> 小组讨论(1):由于无机结合料稳定的材料强度与温度和时间有关,因此路面施工的质量检查有的指标也与温度和时间有关,请结合实际分析无机结合料稳定路面的施工质量控制。
>
> 小组讨论(2):水泥混凝土路面改造是一个技术难题,主要是由于水泥混凝土路面板底脱空导致混凝土路面板支撑不均匀。因此,请结合水泥混凝土路面直接加铺和破碎后加铺两种技术分析其技术合理性。

第14章 路面养护与管理

本章知识点

> 【知识点】 沥青路面和水泥混凝土路面主要病害及养护管理措施；路面破损状况、行驶质量、结构承载能力、抗滑性能的检测指标与手段、路面综合性能评价方法；路面养护管理系统（PMS）的分级与结构组成。
>
> 【重　点】 路面行驶质量和结构状况的评价方法；路面破坏状态的分析。
>
> 【难　点】 路面管理系统的内涵及作用；路面预防性养护和矫正性养护的特点与作用；路面使用性能的综合评价。

14.1 概述

道路路面结构在交通与自然因素的反复作用下，路面结构逐渐出现破坏，其使用性能会不断衰减，从而影响行车舒适性和安全性。由于沥青路面和水泥混凝土路面在路面材料、结构受力特点等方面的差异，往往表现出不同的病害特征。因此要根据两种路面的不同病害成因机理，采取适当的养护维修措施。

随着路面使用性能在使用过程内的不断衰减，必须采取相应的养护、补强和改建措施，使路面的使用性能得到部分恢复，甚至提高（如图14-1），延长路面使用寿命。

为了掌握路面使用性能的变化情况，以便及时采取各种养护和改建措施，延缓其衰变和恢复路面性能，必须定期对现有路面状况进行调查，以评定路面的使用性能及其剩余寿命。路面使用性能包括功能、结构和安全三方面。

功能方面的使用性能是路面为道路使用者提供方便和舒适的程度，主要指行驶舒适性或行驶质量。结构方面的使用性能指路面的物理状况，包括路面损坏状况和结构承载能力。安全方面的使用性能主要指路面表面的抗滑能力。路面使用性能的三个方面既有区别又有一定的内在联系。目前仍采用不同的定义和评价方法分别对以上三方面使用性能进行评价。

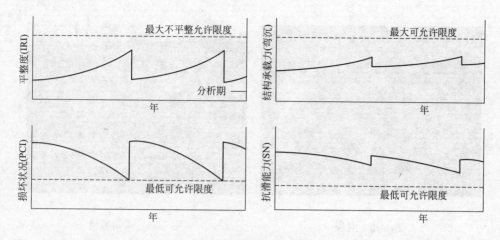

图 14-1 路况随时间变化曲线

14.2 沥青路面主要病害及处治

沥青路面在使用过程中,由于行车荷载作用和环境因素的影响,将使路面逐渐产生各种破损。路面的损坏可以分为两类:一类是结构性损坏,包括路面结构整体或部分结构层的破坏,使路面失去支承行车荷载的能力;另一类是功能性损坏,它可能并不伴随结构性损坏而发生,但由于平整性和抗滑能力等的下降,使其不再具有预定的服务功能,从而影响服务质量。我国半刚性基层沥青路面主要病害类型有裂缝、车辙、松散、坑槽、泛油、沉陷等,应分析路面病害的不同成因针对性地行进防治。

(1) 裂缝

沥青路面产生裂缝的原因及其表现形式是很复杂的。按其成因可分为荷载型裂缝和非荷载型裂缝两类;按其形式分则有纵向裂缝、横向裂缝、龟裂与网裂几种。纵向裂缝产生的主要原因,一是填土压实不够,特别是路基拓宽时新老土基密实度不同产生的不均匀沉陷;二是因冻胀作用时的冻胀量不同所造成;三是沥青混合料施工时接缝处理不当或碾压不够密实,在重复行车作用下所形成。

当冬季气温下降时,沥青面层产生收缩,由于路面几何形状的关系,收缩的主轴为路线的纵向,因此形成的裂缝一般都是与道路中心垂直的横缝(如图 14-3)。土基干缩或冻缩,以及半刚性基层温缩和干缩引起路面的反射裂缝,一般也以横缝居多。

当路面结构强度不均匀,局部范围的路基整体强度不足或基层失稳以及沥青面层老化,会形成荷载型裂缝,沥青路面在多次重复荷载作用下会出现疲劳现象,形成疲劳开裂。这类裂缝一般表现为网裂,并在行车作用下发展为块状龟裂(如图 14-2)。因路面强度和稳定性引起的网裂和龟裂,通常还伴随有路面沉陷变形。

图 14-2　网裂　　　　　　　　　图 14-3　横向裂缝

对于轻微且无变形的裂缝，可在高温季节采用喷洒沥青并撒料压入方法处理，或进行小面积封层；在低温潮湿季节可采用阳离子乳化沥青封层或采用乳化沥青稀浆封层。由于基层收缩引起的反射裂缝以及面层的温度收缩裂缝，缝宽在 6mm 以内的可将缝隙清扫干净、清除尘土后采用热沥青或乳化沥青灌缝的方法进行封堵；缝宽大于 6mm 的，应剔除缝内杂物和松动的缝隙边缘，或沿裂缝开槽后进行清除，采用砂粒式或细粒式热拌沥青混合料填充、捣实，并用烙铁封口，随即撒砂、扫匀，也可采用乳化沥青混合料封填。对于大面积的网裂、龟裂，如因基层、土基的原因所引起的，应分析原因先处理土基或补强基层后再修复面层。

图 14-4　车辙

(2) 车辙

车辙是沥青路面的一种主要损坏形式，大都发生在实行渠化交通的高等级公路上（如图 14-4）。路面在车轮荷载的反复作用下，由于路面面层、基层与路基的进一步压密、沉降，特别是高温下沥青面层的压密和侧向流动隆起，使路面沿行车轮迹逐渐产生纵向带状凹槽变形，在车道横断面方向上多呈 W 形，当车辙达到一定的深度，辙槽内就会积水并影响车速和行车的舒适和安全，因此必须采取措施处治。

车辙的修理，可采用路面铣刨机或风镐将车辙表面翻松至一定深度，清理干净后，喷洒 $0.3 \sim 0.5 kg/m^2$ 粘层沥青，然后采用与原路面结构相同的沥青混合料铺筑，碾压密实，并保持路面横坡，周围接茬处予以烙平密合。如车辙是由不稳定夹层所引起的，则应清除不稳定层后，重铺面层；对于属于局部下沉造成的车辙，可按处理路面沉陷的方法进行修理。

(3) 松散、坑槽

松散(如图 14-5)多发生在沥青路面使用的初期,其原因是使用的沥青稠度偏低,用量偏少,与矿料的粘附力不足;或因沥青加热温度过高造成沥青老化失去黏性;或所用矿料过湿、铺撒不匀以及嵌缝料不合规格而未能被沥青牢固粘结所致。坑槽是由于路面松散、龟裂等破损后在行车作用下不断扩展恶化而形成的一种路面损坏。

对于由面层所引起的大面积松散,可将松散材料清除,然后重铺沥青面层;轻微的可采用封面的方法处治。对于因基层或土基引起的松散,应先处理基层或土基后再重铺沥青面层。对于局部的严重松散以及因油温过高、沥青失去黏性造成的松散,应采用挖补法处理。如因采用酸性石料与沥青粘附性差而造成的松散,则应在沥青中掺加抗剥离剂、增黏剂或用部分干燥的生石灰粉、消石灰粉、水泥代替填料以及用石灰浆处理粗集料等抗剥离措施,以改善沥青与矿料的粘附力,提高沥青混合料的水稳性。对于路面基层完好,仅面层有坑槽(如图 14-6)时,可将面层开槽填补与原路面相同的新沥青混合料并压实。如路面基层甚至土基已遭破坏,应先将土基和基层分别妥善修理处治后,再铺补面层。

图 14-5 松散

图 14-6 坑槽

(4) 泛油

泛油(如图 14-7)多数是由于沥青面层的沥青用量过大、稠度太低或热稳定性差等原因所引起,但有时也可能由于低温季节施工,层铺法沥青路面的嵌缝料散失过多,在气温转暖后,在行车作用下多余沥青溢至表面而形成。泛油使路面在行车时产生轮迹和粘轮现象,并使路面抗滑性能下降,严重影响行车安全和周围环境。

处治泛油应先对泛油路段取样做混合料抽提试验,根据其油石比确定采用不同的处治方法。轻度泛油,可撒 3~5mm 的石屑或粗砂,控制车辆碾压至不粘轮为止。泛油较重路段,根据情况可先撒 5~10mm 的碎石,引导行车均匀碾压,待其稳定后,再撒 2~5mm 的石屑或粗砂,控制行车碾压成型。严重泛油路段,先撒一层 10~15mm 或更粗的碎石,用压路机强行压入,待其基本稳定后,再分次撒布 5~10mm 碎石和 3~5mm 石屑,引导行车碾压成型。处治泛油，必须掌握先撒粗料后撒细料和少撒、勤撒、撒匀的原则。不应过多重复使用细料，以免形成软的沥青层，影响路面稳定。

(5) 拥包

拥包(如图 14-8)是由于沥青面层中沥青含量偏高，黏度和软化点偏低，矿料级配不良，细料偏多，空隙率太低，致使面层材料自身的高温抗剪强度不足，或因基层含水率过大，水分难以蒸发而滞留于基层表面或基层浮土清扫不净、粘层沥青洒布不合要求等原因影响面层与基层之间的结合，造成层间抗剪强度的不足，在行车水平力作用下使路面产生推拥、挤压而在路面两侧或行车道范围内所形成的一种局部的不规则隆起变形。

图 14-7 泛油

图 14-8 拥包

对于轻微且已稳定的拥包，可在高温时直接铲平。由于面层原因引起的较严重的拥包，可在气温较高时，用加热罩(器)烘烤待其发软后铲除，而后找补平顺，夯实后用烙铁熨平；面层较厚、拥包范围较大、气温较低时，可用路面铣刨机铣平。属于层间结合原因引起的较严重拥包，应采用挖补法先处理基层后，再铺补面层。

(6) 沉陷

沉陷是路面在行车荷载作用下，车轮带处的路面出现较大的凹陷变形，有时在凹陷两侧伴随出现隆起现象。当沉陷较大时，路面结构的变形能力不能适应这样大的变形量，便在受拉区产生以纵向为主的裂缝，并可能发展为网裂。产生沉陷的主要原因是路基水文地质条件很差而过于湿软，路基承载力较低而难以承受通过路面传至路基表面的荷载应力，从而产生较大的竖向变形所致。

对不均匀沉陷引起的路面裂缝和下沉，如路面和土基已经密实稳定，对裂缝可按前述处治裂缝的办法处理。不均匀沉陷影响路面平整度时，如面积不大，可在拉毛、扫净、洒布粘层沥青后，根据沉陷的程度采用不同粒径的热拌沥青混合料予以补平；如面积较大，可采用罩面处治。对基层和路基结构破坏引起的沉陷，必须先将基层和土基妥善处治后，再修复面层。对于路基下坑洞、沟槽等引起的局部沉陷，应采用砂砾石、碎石、干砌或浆砌片石等将其重新回填密实，面积较大或有暗流时，宜用桥涵跨越。

14.3 水泥混凝土路面主要病害及处治

水泥混凝土路面的使用性能在行车和自然因素的作用下不断下降，以致出现各种类型的损坏现象，其形式可分为接缝破坏和混凝土面板损坏两个方面，损坏性质也可分为功能性损坏和结构性损坏两个范畴。

1. 接缝破坏

（1）挤碎

挤碎出现于横向接缝（主要是胀缝）两侧数十厘米宽度内，如图14-9所示。这是由于胀缝内的滑动传力杆位置不正确，或滑动端的滑动功能失效，或施工时胀缝内局部有混凝土搭接，以及胀缝内落入坚硬的杂屑等原因，阻碍了板的伸长，使混凝土在膨胀时受到较高的挤压应力，当其超过混凝土的抗剪强度时，板即发生剪切挤碎。若接缝出现碎裂，先在破碎部位外缘，切割成规则图形，其周围切割面应垂直于面板，底面宜为平面，清除混凝土碎块，吹净灰尘杂物，并保持干燥状态，用经过改性的环氧树脂类材料或经乳化反应过的环氧树脂乳液等高强材料进行填充维修，待修补材料强度达到通车要求后方可通车。

（2）拱起

拱起是指水泥混凝土面板在受热膨胀受阻时，某一接缝两侧的板突然向上拱起，如图14-10所示。这是由于板收缩时缝隙张开、填缝料失效，坚硬碎屑等不可压缩的材料塞满缝隙，使板在膨胀时产生较大的热压应力，从而出现纵向压曲失稳。板端拱起但路面完好时，应根据板块拱起高低程度，计算要切除部分板块的长度。先将拱起板块两侧附近1~2条横缝切宽，待应力充分释放后切除拱起端，逐渐将板块恢复原位，在缝隙和其他接缝内应清缝，并灌填缝材料。

图14-9 接缝挤碎

图14-10 拱起

（3）错台

错台是指横向接缝两侧路面板出现的竖向相对位移，如图14-11所示。当胀缝下部嵌缝板与上部缝隙未能对齐，或胀缝两侧混凝土壁面不垂直，使缝旁两板在伸胀挤压过程中，会上下错开而形成错台。地面水通过接缝渗入基础使其软化，或者接缝传荷能力不足，或传力效果降低时，都会导致错台的产生。当交通量或基础承载力在横向各幅板上分布不均匀，各幅板沉陷不一致时，纵缝也会产生错台现象。

错台的处治方法有磨平法和填补法，可按错台的轻重程度选定。高差小于等于10mm的错台，可采用磨平机抹平，或人工凿平。处理时应从错台最高点开始向四周扩展，边磨边用三米直尺找平，直至相邻两块板齐平为止（见图15-13）。磨平后将接缝内杂物清除干净，并吹净灰尘，及时将嵌缝料填入。高差大于10mm的严重错台，可采取沥青砂或水泥混凝土进行填补处治。

(4) 唧泥

唧泥是指汽车行经接缝时，由缝内喷溅出稀泥浆的现象，如图14-12所示。在轮载的频繁作用下，基层由于塑性变形累积而同面层板脱空；地面水沿接缝下渗而积聚在脱空的缝隙内；在轮载作用下积水变成有压水而同基层内浸湿的细料混搅成泥浆，并沿接缝缝隙喷溅出来。唧泥的出现，使面板边缘部分失去支承，因而往往在离接缝1.5~1.8m以内导致横向裂缝。此外，纵缝两侧的横缝前后搓开、纵缝缝隙拉宽、填缝料丧失和脱落也都属于接缝的破坏。对于水泥混凝土面板下脱空可采用弯沉测定法判断面板脱空程度，然后采用沥青灌注、水泥砂浆灌注法进行板下封堵。

图14-11 错台

图14-12 唧泥

2. 混凝土板本身破坏

混凝土板的破坏主要是断裂、裂缝和面层表层类病害。

(1) 断板

面板由于所受内应力超过了混凝土的强度而出现横向或纵向以及板角的断裂和裂缝，如图14-13所示为混凝土板破碎图，其原因是多方面的：板太薄或轮载太重；行车荷载的渠化作用（荷载次数超过允许值）；板的平面尺寸太大，使温度翘曲应力过大；地基过量塑性变形使板底脱空失去支承；养护期间收缩应力过大；由于材料或施工质量不良，混凝土未能达到设计要求等。断裂裂缝破坏了板的结构整体性，使板丧失应有的承载能力，一般应进行换板处理。

（2）表层类病害

表层类病害主要表现为由于混凝土混合料中集料的耐磨性较差而出现的磨损和露骨；施工养护不当造成的纹裂、网裂和起皮；活性集料反应引起的网裂、粗集料冻融裂纹、坑洞等，如图14-14所示为路面表面剥落。水泥混凝土路面局部路段出现磨光，应采取机械刻槽的方法，以恢复路面的平整度和粗糙度；对较大范围的磨损和露骨可铺设沥青类磨耗层。

图14-13 混凝土板破碎

图14-14 表面剥落

14.4 路面破损状况评价

路面损坏状况是对路面结构完好程度最直接的表观反映。路面损坏状况的评价不仅可提供路面结构完好程度等信息，还可以为确定所需的养护和改建措施提供依据，并可为设计、施工、养护提供反馈信息。

路面结构的损坏状况，须从损坏类型、损坏严重程度、损坏的范围或密度三方面进行描述。综合这三方面，方能对路面结构的损坏状况作出全面的估计。

14.4.1 损坏类型

促使路面出现损坏的原因是多方面的，主要有荷载、环境、施工、养护等，因而结构损坏所表现出的形态和特征也是多种多样的。各种损坏对路面结构完好程度和路面使用性能有不同程度的影响，需相应采取不同的养护或改建对策。因此，进行路面结构损坏状况调查前，要依据损坏的形态、特征和肇因，对损坏进行分类，并对每一类损坏规定明确的定义。

路面常见的主要损坏类型，可按损坏模式和影响程度的不同而分为五大类（见表14-1）：

（1）裂缝或断裂——结构的整体性因裂缝或断裂而受到破坏；

(2) 永久变形——路面保持整体性，但形状产生较大的变化；
(3) 松散——表层部分出现局部范围材料的散失或分离等；
(4) 接缝损坏——水泥混凝土接缝及其邻近范围出现的局部损坏；
(5) 其他——如泛油、修补等。

路面损坏分类　　　　　　　　　　　　表 14-1

分类	沥青路面	水泥混凝土路面
裂缝类	龟裂、不规则裂、纵裂、横裂	纵向、横向、斜向裂缝、断角、交叉裂缝
变形类	沉陷、车辙、波浪、拥包	唧泥、错台、拱起、沉陷
松散类	坑槽（含啃边）、松散（含脱皮、麻面）	露骨、剥落、坑洞
接缝类		接缝材料破损、接缝破碎
其他	泛油、修补损坏	修补损坏

14.4.2 损坏分级

各种路面损坏都有其产生和发展的过程。处于不同阶段的损坏对于路面使用性能有不同程度的影响。因而，为了区别同一种损坏对路面使用性能的不同影响程度，对各种损坏须按其影响的严重程度划分为 2～3 个等级。

损坏严重程度分级的调查，往往通过目测进行。为了使不同调查人员得到大致相同的判别，对分级的标准要有明确的定义和规定。

各种损坏出现的范围，对于沥青路面，通常按面积、长度或条数量测，除以被调查子路段的面积或长度后，以损坏密度（以‰或 Σ条数/子路段长表示）。而对于水泥混凝土路面，则调查出现该种损坏的板块数，以损坏板块数占该子路段总板块数的百分率计（见表 14-2）。损坏调查通常由 2 人调查小组沿线通过目测进行。调查人员鉴别调查路段上出现的损坏类型和严重程度并丈量损坏范围后，记录在调查表格上。同一个调查路段上如出现多种损坏或多种严重程度，应分别计量和记录。

路面损坏分级依据　　　　　　　　　　表 14-2

损坏类型	严重程度分级依据	损坏密度评定	
		计量单位	密度计算
单条裂缝	裂缝宽度、裂缝边缘碎落程度、裂缝填封情况	延米	延米×0.3m 宽/A
龟裂	裂隙宽度、缝边碎落程度、裂块尺寸及松动程度	m^2	m^2/A
块裂	裂隙宽度、缝边碎落程度、裂块尺寸及松动程度	m^2	m^2/A
角隅断裂	同单条裂缝，或不分级	块数	块数/总块数
破碎板	碎裂成的板块数	块数	块数/总块数
沉陷、搓板、车辙	深度、波峰与波谷的平均高差	m^2	m^2/A
错台	相邻板的高差	块数	块数/总块数

续表

损坏类型	严重程度分级依据	损坏密度评定	
		计量单位	密度计算
唧泥	泥浆或水出现的程度，或不分级	块数	块数/总块数
磨光、松散、泛油	不分级	m²	m²/A
修补	完好程度	m²	m²/A

注：A 为调查区段的路面面积。

目测调查很费时。如果调查的目的不是为了确定养护对策和编制养护计划，则可采用抽样调查的方法，不必对整个路网每一延米的各种损坏都进行调查。通常可采取每公里抽取其中 100m 作为代表路段，但每次调查都要在同一路段上进行，以减少调查结果的变异性和保证各次调查结果的可比性。

14.4.3 损坏状况评价

每个路段的路面可能出现各种不同类型、不同严重程度和范围的损坏。为了使各路段的损坏状况或程度可以进行定量比较，需采用一项综合评价指标，把这三方面的状况和影响综合起来。通常采用的是扣分法。对于不同的损坏类型、严重程度和范围规定不同的扣分值，按路段的损坏状况累计其扣分值后，以剩余的数值表征或评价路面结构的完好程度。

$$PCI = C - \sum_{i=1}^{n}\sum_{j=1}^{m} DP_{ijk} W_{ij} \tag{14-1}$$

式中 PCI——路面状况指数，以百分制计量；

C——初始（无损坏时）评分值，百分制时一般取 $C=100$；

i，j——相应为损坏类型数（共 n 种）和严重程度等级数（共 m 级）；

DP_{ijk}——i 种损坏、j 级严重程度和 k 范围的扣分值；

W_{ij}——多种损坏类型和严重程度时的权函数。

各种损坏类型和严重程度对路面完好程度及其衰变速率有不同程度的影响，对路面使用要求的满足程度有不同影响，对养护和改建措施有不同的需要。其间很难建立明确的定量关系。因而，只能采用主客观相结合的方法（类似于行驶质量评价中采用的方法）确定不同损坏类型、严重程度和范围的扣分值 DP_{ijk}。

首先制定一个统一的分级和评分标准表。例如，将路面状况划分为特优、优、良、中、差和很差 6 个等级，采用百分制，为每一等级规定相应的级差范围和相应的养护对策类型，如表 14-3。

路面损坏状况评价标准 表 14-3

损坏状况评级	特优	优	良	中	差	很差
路面状况指数 PCI	91～100	81～90	71～80	51～70	31～50	≤30
养护对策	不需	日常养护	小修	小修、中修	中修、大修	大修、重建

选择一些仅具有单一损坏类型的路段,组织由道路管理部门人员组成的评分小组,按上述评价标准对路段进行评分。整理这些评分结果,可以为每种损坏类型确定扣分曲线或扣分表,如表14-4所示。

沥青路面损坏单项扣分值表　　　　　　　表14-4

类型	严重程度	损坏密度(%)					
		0.1	1	5	10	50	100
龟裂	轻	8	12	18	30	50	60
	中	10	14	22	35	55	75
	重	12	17	28	45	70	90
块裂	轻	5	8	16	25	32	40
	重	8	12	20	35	62	68
车辙	轻	1	5	10	20	45	60
	重	3	10	20	30	60	80
沉陷	轻	2	10	20	33	65	75
	重	4	12	27	40	75	100
坑槽	轻	1	12	25	42	67	80
	重	10	17	30	52	77	100
泛油	不分	1	5	10	12	20	30

路段上有时常出现几种损坏类型或严重程度等级。如果分别按单项扣分值累加得到多种损坏(或严重程度)路段的扣分值,有时会出现超过初始评分值100,或超过对多种损坏路段进行评分的结果。因此需对多种损坏的情况进行修正,通过评分小组对各种损坏路段的评分结果和各项单项扣分值,进行多次反复试算和调整,可得到多种损坏时的修正权函数 w_{ij},如图14-15所示。

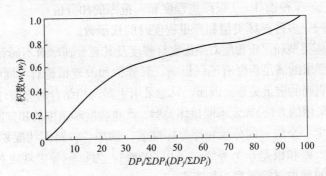

图14-15　多种路面损坏类型(或严重程度)时的权函数曲线

14.5 路面行驶质量评价

路面的基本功能是为车辆提供快速、安全、舒适和经济的行驶表面。路面行驶质量反映路面满足这一基本功能的能力。路面平整度可定义为路面表面诱使行驶车辆出现振动的高程变化。路面不平整所引起的车辆振动，会对车辆磨损、燃油消耗、行驶舒适、行车速度、路面损坏和交通安全等产生直接影响。因此，平整度是度量路面行驶质量的一项性能指标。

14.5.1 平整度测定方法

路面平整度测定方法可划分为两大类型：第一类，断面类平整度测定；第二类，反应类平整度测定。

1. 断面类平整度测定

断面类平整度测定是直接沿行驶车辆的轮迹量测路面表面的高程，得到路表纵断面，通过数据分析后采用综合统计量作为其平整度指标。属于这一类的方法主要有：

(1) 水准测量

采用水准仪和水准尺沿轮迹量测路面表面的高程，得到精确的路表纵断面。这是一种测定结果较稳定的简便方法，但测量速度很慢和费工。

(2) 梁式断面仪

梁式断面仪测定路面平整度包括 3m 直尺法和连续式平整度仪法。两种方法均为目前我国路面平整度检测评价的标准方法。

3m 直尺法，采用 3m 直尺连续 10 尺量测测试点轮迹处路表同直尺间的最大高程差(间隙)，由此得到路表纵向起伏情况，并通过计算最大间隙平均值、不合格尺数、合格率对测试段基路面平整度进行评价，这种方法较水准测量速度要快些。

连续式平整度仪法原理和方法为：牵引 3m 连续式平整度仪于测试路段上匀速行驶，速度宜为 5km/h，最大不得超过 12km/h。通过安装于连续式平整度仪纵梁上的测试轮和传感器、数据采集装置每 10cm 间隔采集路表凸凹偏差位移值 d_i(mm)，计算测试路段内各测点连续 100m 区间的平整度标准差 σ(mm)、各评定路段平整度的平均值、标准差、变异系数及不合格区段数。

(3) GMR 断面仪和 APL 惯性断面仪

GMR 断面仪原理如图 14-16 所示，测试车身上安装 2 只同地面接触的跟随小轮，利用线性位移计量测车身与测试小轮接触的路表面间的相对位移 $W-Z$，并由装在小轮上方位置车身内的加速度仪量测其加速度，通过对信号的二重积分获得车身的位移 Z。将车身位移与相对位移叠加，经处理后可得到小轮随地面起伏的竖向位移 W，即轮迹的路表断面。由于行驶速度过快和路面较不平整时，跟随轮会发生跳动而影响测试结果。因此，GMR 断面仪的测试速度一般不超过 65km/h，适用于路表面较平整的路面或路面竣工验收时采用。

APL 惯性断面仪原理如图 14-17 所示，由跟随路表面起伏的车轮、车轮支撑臂、装有压载的框架和低频惯性摆组成测试拖车。惯性摆提供水平参考

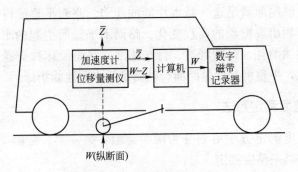

图 14-16 GMR 断面仪示意图

系，通过量测车轮支撑臂相对于水平惯性摆的角位移，计算出跟随轮沿路表的竖向位移。

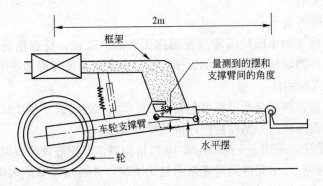

图 14-17 APL 惯性断面仪示意图

(4) 激光断面平整度测定仪

激光断面平整度测定仪是一种与路面无接触的测量仪器，具有测试速度快、精度高、耐久性和可靠度好等特点。这种仪器还可同时进行路面纵断面、横坡、车辙等测量，因此也被称为激光路面断面测试仪。

激光断面平整度测定仪由一台装有激光传感器、加速度计和陀螺仪的测试车构成，同时配备有先进的数据采集与处理系统。测试车以一定速度行驶，固定在汽车底盘上的一排激光传感器通过测试激光束反射回读数器的角度测试到车身与路表面的距离，信号处理系统将来自激光传感器的模拟信号转换为数值信号并记录下来。测试车最快速度为 130km/h，一般每隔 0.1m 采集一次数据，通过数据分析系统，可得到国际平整度指数 IRI、车辙、横坡等。

断面类平整度测定方法的主要优点是可直接得到轮迹带路表面的实际断面，从而对路面平整度的特性进行分析。主要缺点是，对于前两种方法来说，测定速度太慢，不宜用于大范围的平整度数据采集；对于惯性断面仪和激光断面平整度测定仪来说，仪器精密度高，测试速度快，但操作和维修技术要求高，随着路面测试技术的发展，这类测试设备将逐步广泛应用于路面的快速检测与评定。

2. 反应类平整度测定

反应类平整度测定系统是在主车或拖车上安装由传感器和显示器组成的仪器。可以传感和累积车辆以一定速度行驶在不平路表面时悬挂系统的竖向位移量。反应类平整度测定系统的优点是价格低廉，操作简便，可用于大范围内的路面平整度快速测定。由于这类测定系统是对路面平整度的间接度量，测定结果同测试车辆的动态反应状况有关，即随测量车辆机械系统的振动特性和车辆行驶的速度而变化。因此，反应类平整度测定系统存在三项主要缺点：①时间稳定性差，同一台仪器在不同时期测定的结果，会因车辆振动特性随时间的变化而不一致；②转换性差，不同部门测定的结果，由于所用测试车辆振动特性的差异而难以进行对比；③不能给出路表的纵断面。

为克服时间稳定性差的缺点，需经常对测定仪器进行标定。标定路段的平整度采用断面类平整度测定方法测定。测定仪器在标定路段上的测定结果与标准结果建立回归关系，即为标定曲线。利用此曲线，可将不同时期的测定结果进行转换。为克服转换性差的缺点，需寻找一个通用的平整度指标，把不同仪器或不同部门测定的结果，统一转换成以通用指标表示的平整度值。这样，它们就能够进行相互比较。

14.5.2 国际平整度指数（IRI）

反应类平整度仪测定的结果，通常以车辆行驶一段距离后的累积计数值，Σ计数/km 表示。若把每一种反应类平整度仪的计数以相应的悬挂系竖向位移量表示，则测定结果可表示为"m/km"，它反映了单位行驶距离内悬挂系的累积竖向行程。

国际平整度指数（IRI）是一项标准化的平整度指标。它同反应类平整度测定系统类似，但是采用数学模型模拟 1/4 车（即单轮，类似于拖车）以规定速度（80km/h）行驶在路面上，分析悬挂系在行驶距离内由于动态反应而产生的累积竖向位移量，单位为"m/km"。

对标定路段的平整度，由精密水平仪测定路段上每隔 0.25m 测点的标高后通过计算确定国际平整度指数 IRI(m/km)，然后与反应类平整度仪的测定结果建立相关关系，即标定曲线，利用此标定曲线，可以将不同反应类平整度仪的测定结果统一换算为国际平整度指数 IRI，从而克服反应类平整度仪转换性差的缺点。此外，不同测定方法的测定结果，采用 IRI 表示后，具有良好的可比性和相关性。因而，国际平整度指数是表征路面平整度的通用指标。

14.5.3 行驶质量评价

路面行驶质量同路表面的不平整度、车辆的动态响应和人的感受能力三方面因素有关。因而，不同的乘客乘坐同一辆车行驶在同一个路段上，由于各人对行驶舒适性的要求和颠簸的接受能力不同，对该路段的行驶质量会作出不同的评价。由于评价带有个人主观性，为了避免随意性，提出了主客观相结合的评价方法。一方面邀请具有不同代表性的乘客，分别按各人的主观意见进行评分，而后汇总以平均评分值代表众人的评价。另一方面对各评价路段进行平整度量测。通过回归分析建立主观评分同客观量测结果的相关关系。由此建立的评价模型，便可用来对路面行驶质量进行较统一的评价。

对行驶质量的评价可以采用5分或10分评分制。评分小组的成员应能覆盖对行驶舒适性有不同反应的各类人员（不同职业、年龄、社会经济和文化背景等）。所选择的评分路段，其平整度和路面类型应能覆盖可能遇到的范围和情况。评分时所乘坐的车辆，应选择其振动特性具有代表性的试验车。整个评分过程中，采用相同的试验车和行驶速度。

整理各评分路段的主观评分和客观量测结果后，通过回归分析可建立线性或非线性的评价模型。

$$RQI = 11.5 - 0.75 IRI \tag{14-2}$$

式中 RQI——行驶质量指数，数值范围为0~10，如出现负值，则RQI取0；如计算结果大于10，RQI值取10；

IRI——国际平整度指数（m/km）。

表14-5所列为路面行驶质量评定标准。

路面行驶质量评定标准　　　　　表14-5

评价指标	优	良	中	次	差
行驶质量指数 RQI	≥8.5	≥7.0~<8.5	≥5.5~<7.0	≥4.0~<5.5	<4.0

14.6 路面结构承载能力评价

路面结构承载能力是指路面能够承受的交通荷载重复作用次数。通过对路面结构承载能力的评定，可以确定路面的剩余寿命，预估何时需进行改建，并为加铺层设计提供有用的参数。

14.6.1 评定方法

路面结构承载能力的评定方法可分为破坏和无破坏两类。

1. 破坏类评定法

路面结构承载能力的破坏类评定，是从路面各结构层内钻取试样，通过室内试验，确定各项计算参数，估算出结构承载能力。由于不可能在路面上大量取样，所得参数反映的路面情况有一定的局限性。

2. 无破坏类评定法

无破坏类评定，一般通过路表弯沉测定来估算路面结构承载能力。常用弯沉仪有如下几种：

（1）静态弯沉仪

测定缓慢移动车轮下路表的回弹弯沉值(车轮驶离测头)或总弯沉值(车轮驶向测头)。常用的仪器是贝克曼梁(Benkleman beam)。国外应用较普遍的是自动化的贝克曼梁，如英国 TRRL、法国 LCPC 和美国加州的自动弯沉仪，可连续进行，每隔一定间距量测一次路表弯沉量。

(2) 稳态弯沉仪

利用振动力发生器在路上作用一固定频率的正弦动荷载，通过沿荷载轴线相隔一定间距布置的速度传感器，量测路表的动弯沉曲线。目前应用广泛的有轻型动弯沉仪(如 Dynaflect 和 Road Rater)，所作用的动荷载(达到峰值)约 5000kN；重型动弯沉仪，作用的动荷载约达 150000kN。为了保证施加振动荷载时仪器不跳离路面，仪器的自重必须大于动荷载。因此在施加动荷载前，路面实际上已受到一较大的静载作用，这将影响测定结果的精度。

(3) 脉冲或落锤式弯沉仪

落锤式弯沉仪(Falling Weight Deflectometet，简称 FWD)，它以 500~3000kN 重量从 2~40cm 高度落下，作用于橡胶缓冲系统，通过 30cm 直径承载板，传给路面半正弦脉冲力，脉冲力作用时间约为 0.028s，利用沿荷载轴线布置的速度传感器量测路表的动弯沉曲线如图 14-18 所示。通过改变重量或落高，可以施加不同级位的动荷载(15000~1250000kN)。由于仪器本身的重量轻，因而路面受到的预加荷载较小。

动态弯沉测定可以得到路表的动弯沉曲线。作用于路表的动荷载向路面结构内部的应力扩散呈圆锥形，应力锥与路面各结构层界面的交点以外的路表弯沉值只受到此交点所在界面以下各结构层回弹模量的影响，根据这一原理，可以依据应力锥和路面各结构层次布置传感器的位置，利用测定的弯沉曲线，采用弹性层状体系理论反算路面各结构层的弹性模量值。

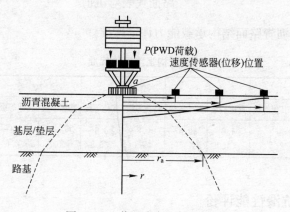

图 14-18　落锤式弯沉仪示意图

14.6.2　路面结构承载能力的评价

将调查路段分为若干均匀路段，整理各均匀路段的实测弯沉资料，求得代表弯沉或计算弯沉。

利用设计(或容许)弯沉同标准轴载累计作用次数的关系曲线，可大致估算相应于代表弯沉值(或计算弯沉值)的容许标准轴载作用次数 N。同弯沉测定前路面实际承受的轴载作用次数 n 相比,可以判断路面的剩余寿命(以标准轴载数表示)。根据剩余寿命的长短,可鉴别路面结构强度的潜在能力。

如图 14-19 中,A 点代表弯沉为 25×10^{-2} mm,已承受标准累计轴载 3.0×10^6 次,则由弯沉曲线可推断出当可靠度为 90% 时,其剩余寿命为 12×10^6 次。

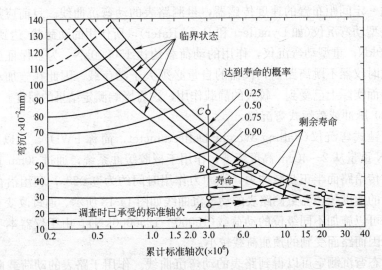

图 14-19 设计弯沉同标准轴载累计作用次数的关系曲线

沥青路面通常采用强度系数 SSI 作为结构承载力评定标准。

$$SSI = \frac{路面允许弯沉}{路面代表弯沉值}$$

表 14-6 为沥青路面结构承载能力评定标准。

路面结构强度评价标准　　　　　　　　　　表 14-6

评价指标	优		良		中		次		差	
公路等级	高速一级	其他等级	高速一级	其他等级	高速一级	其他等级	高速一级	其他等级	高速一级	其他等级
强度系数 SSI	≥1.2	≥1.0	≥1.0~<1.2	≥0.8~<1.0	≥0.8~<1.0	≥0.6~<0.8	≥0.6~<0.8	≥0.4~<0.6	<0.6	<0.4

14.7 路面抗滑性能评价

路面抗滑性能是指车辆轮胎受到制动时沿路表面滑移所产生的抗滑力。抗滑性能通常被看作是路面的表面特性,并定义为路面摩阻系数。然而笼统地说路面具有某一摩阻系数值是不确切的。应该对轮胎在路面上的滑移条件给予规定。不同的条件和测定方法,可以得到不相同的摩阻系数值。因此需规定标准的测定方法和条件。

14.7.1 测定方法

路面抗滑性能可采用 4 种方法进行测定：①制动距离法；②锁轮拖车法；③偏转轮拖车法；④摆式仪法。

1. 制动距离法

以一定速度在潮湿路面上行驶的 4 轮小客车，当 4 个车轮被制动时，车辆减速滑移到停止的距离，可用以表征非稳态的抗滑性能，以制动距离数 SDN 表示：

$$SDN = \frac{v^2}{225 L_s} \tag{14-3}$$

式中　v——刹车开始作用时车辆的速度（km/h）；

　　　L_s——滑移到停车的距离（m）。

测试路段应为材料组成均匀、磨耗均匀和龄期相同的平直路段。测试前和每次测定之间，先洒水润湿路表面到完全饱和。制动速度以 64.4km/h 为标准速度。也可采用其他速度，但不宜低于 32km/h。每个测试路段至少选择 2 个试验段，而在每个试验段上每种规定速度至少测定 3 次，以算术平均值代表试验段和测试路段的制动距离数 SDN。

2. 锁轮拖车法

装有标准试验轮胎的单轮拖车，由汽车拖拉，以要求的测定速度在洒水润湿的路面上行驶。抱锁测试轮，通过测定牵引力确定在载重和速度不变的状态下拖拉测试轮时，作用在轮胎和路面间的摩阻力。以滑移指数 SN 表征路面的抗滑性能：

$$SN = \frac{F}{W} \times 100 \tag{14-4}$$

式中　F——作用在试验轮胎上的摩阻力（N）；

　　　W——作用在轮胎上的垂直荷载（N）。

轮上的载重为 4826N，标准测试速度为 64.4km/h。牵引力由力传感器量测，速度由第五轮仪量测。测试路段应选择材料组成均匀、磨耗均匀和龄期相同的平直路段。每个测试路段至少测定 5 次，以算术平均值代表该测试路段的抗滑能力。

3. 偏转轮拖车法

拖车上安装有两只标准试验轮胎，它们对车辆行驶方向偏转一定的角度（7.5°~20°）。汽车拖拉以一定速度在潮湿路面上行驶时，试验轮胎受到侧向摩阻力的作用。记下此侧向摩阻力，除以作用在试验轮上的载重，可得到以侧向力系数 SFC 表征的路面抗滑性能：

$$SFC = \frac{F_s}{W} \tag{14-5}$$

式中　F_s——作用在试验轮胎上的侧向摩阻力（N）；

　　　W——作用在轮胎上的垂直荷载（N）。

目前我国《公路路基路面现场测试规程》关于路面侧向力系数 SFC 的测

定，规定采用摩擦系数测定车（通常为 SCRIM 型）测定，SCRIM 型摩擦系数测定车主要由车辆底盘、测量机构、供水系统、荷载传感器、仪表及操作记录系统、标定装置等组成，如图 14-20 所示。

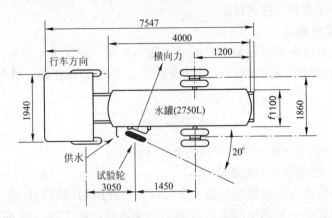

图 14-20　摩擦系数测定车测定原理示意图

测试轮与车辆行驶方向呈 20°角，作用于测试轮上的荷载为 2kN，测试车速为 50km/h，可连续或断续测试设定计算区间（5m、10m 或 20m）的侧向力系数 SFC，并计算和打印每一个评定路段的侧向力系数值统计个数、平均值、标准差、变异系数等。偏转轮拖车法都具有测定时不影响路上交通，可连续并快速进行的优点。

4. 摆式仪法

这是一种主要在室内量测路面材料表面摩阻特性的仪器，也可用于野外量测局部路面范围的抗滑性能。

摆式仪的摆锤底面装一尺寸为 6.35mm×25.4mm×76.2mm 的橡胶滑块，当摆锤从一定高度自由下摆时，滑动面同试验表面接触。由于两者间的摩擦而损耗部分能量，使摆锤只能回摆到一定高度。表面摩阻力越大，回摆高度越小。通过量测回摆高度，可以评定表面的摩阻力。回摆高度直接从仪器上读得，即摆值 BPN。试验前用水浇洒测试路面，每一测试地点需测试 5 次，取平均值代表该测点的抗滑值，以 BPN 表示。

5. 构造深度测定

影响路面抗滑性能的因素有路面表面特性（细构造和粗构造）、路面潮湿状况和行车速度。

路表面的细构造是指集料表面的粗糙度，它随车轮的反复磨耗作用而逐渐被磨光。通常采用石料磨光值（PSV）表征其抗磨光的性能。细构造在低速（30～50km/h 以下）时对路表抗滑性能起决定作用。而高速时起主要作用的是粗构造。它是由路表外露集料间形成的构造，其功能是使车轮下的路表水迅速排除，以避免形成水膜。粗构造由构造深度表征其性能。平均构造深度越大，高速行驶时抗滑性能越好。平均构造深度（MTD）可采用铺砂法进行测定。

将已知容量（25cm³）的标准砂摊填在干净而干燥的路表面空隙内，量测其覆盖的面积，按下式计算平均构造深度 MTD：

$$MTD=\frac{4V}{\pi d^2} \quad (14\text{-}6)$$

式中 V——砂样容量(mm^3)；

d——砂摊填面积的平均直径(mm)。

每个测试路面任意选择 4 个以上测点，测量并计算构造深度，以算术平均值作为该测试路段路面的平均构造深度 MTD。路面构造深度也可采用路面激光深度仪或路面激光纹理测试仪进行测定。

14.7.2 抗滑性能评价

路表面应具有的最低抗滑性能，视道路状况、测定方法和行车速度等条件而定。各国根据对交通事故率的调查和分析，以及同路面实测抗滑性能间建立的对应关系，制定有关抗滑指标的规定。有的国家除了规定抗滑性能的最低标准外，还对石料磨光值和构造深度的最低标准作出了规定，如英国 TRRL 对路面的抗滑能力，针对不同路段和交通量水平提出了侧向力系数 SFC 和石料磨光值 PSV 最低值两项指标。我国对路面抗滑性能评定规定以摆式仪摆值(BPN)、横向力系数(SFC)和构造深度(MTD)表示。

表 14-7 为路面抗滑性能评价标准。

路面抗滑性能评价标准　　　　　　　　　　　表 14-7

评价指标	优	良	中	次	差
横向力系数 SFC	≥0.5	≥0.4～<0.5	≥0.3～<0.4	≥0.2～<0.3	<0.2
摆值 BPN	≥42	≥37～<42	≥32～37	≥27～<32	<27

14.8 路面使用性能综合评价

路面的综合评价采用 PQI 作为评价指标，PQI 用分项指标加权计算得出。PQI 的范围为 0～100，其值越大，路况越好。

$$PQI=PCI'\times P_1+RQI'\times P_2+SSI'\times P_3+SFC'\times P_4$$

式中，P_1、P_2、P_3、P_4 分别为相应指标的权重，按 PCI、RQI、RRI、SFC（或 BPN）的重要性确定。建议值见表 14-8，PCI'、RQI'、RRI'、SFC' 的赋值见表 14-9。

权重建议值　　　　　　　　　　　表 14-8

权重	取值	建议值	
	高速公路、一级公路	二级公路	二级以下公路
P_1	0.25	0.30	0.35
P_2	0.35	0.25	0.20
P_3	0.10	0.25	0.35
P_4	0.30	0.20	0.10

PCI'、RQI'、RRI'、SFC' 的赋值   表 14-9

等级 权值	PCI、RQI、RRI、SFC(或 BPN)评定结果				
	优	良	中	次	差
相应指标的赋值	92	80	65	50	30

路面综合评价的评价标准宜符合表 14-10 的规定。

路面综合评价标准   表 14-10

等级 评价指标	优	良	中	次	差
路面综合评价指标 PQI	≥85	70～85	55～70	40～55	<40

14.9 路面养护管理系统(PMS)概述

14.9.1 路面管理与路面管理系统

路面在使用过程中,其使用性能会因行车荷载和环境因素的不断作用而逐渐衰变。路面使用性能降低,将增加车辆的运行费用,包括燃油、轮胎和保修材料的消耗以及行程时间等费用。因而,在路面使用期内,还需继续投入大量资金以维护(包括养护和改建)路面,使之保持一定的使用性能。这就需要考虑怎样把有限的资金分配到最需要采取措施并能取得最佳效果的路段上,使现有路网保持合理的服务水平。因而,无论是新建路面或是维护现有路面,都需要进行有效的管理。

路面管理工作,包括规划、设计、施工、养护、路况监测和评价、研究等方面。其主要内容和相互关系如图 14-21 所示。这些活动分属不同的管理层

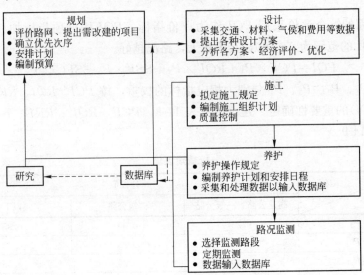

图 14-21 路面管理的组成

次。如规划活动主要关心的是网级水平上的投资决策和计划安排,而设计或施工活动主要涉及各个工程项目的技术管理。

每个道路管理部门都必须考虑如何向上级申请投资和决定如何使用好分配到的资金。这就需要对路网内路面的使用性能进行监测,对其现状作出评价,由此确定哪些项目需要投资,在预算容许的范围内按优先次序资助尽可能多的急需项目。项目优先次序的安排,需依据该项目的使用性能或服务水平现状决定。而路面的现状显然同其结构、荷载、环境和其他因素等历史状况有关,它是以前所作出的某些管理决策的结果,同样,目前所作出的管理决策也将对未来的路面状况产生影响。因此,作出管理决策时既要考虑它们的直接影响,也要预期它们对未来的影响,即不仅需考虑目前的需要和所需的费用,也要考虑对将来的需要和费用所带来的后果。

因此,路面管理是协调和控制同路面有关的各项活动,其目的是使管理部门通过这一过程能有效地使用资源(资金、劳力、机具设备、材料、能源等),以最低的资源消耗,在预定使用期内提供并维持具有足够服务水平的路面。

路面管理系统则是通过应用系统分析的方法,综合考虑技术、经济、社会和政治等方面因素,协调各项路面管理活动,促使路面管理过程系统化。它是为管理部门的决策人提供分析的工具和方法,帮助他们考虑和分析比较各项可能的对策,定量地预估各项对策的后效,在预定的标准和约束条件下,选用费用—效益最佳的方案。因而,路面管理系统的建立和实施,可以帮助管理部门改善所作出决策的效果,扩大决策的范围,为决策的效果提供反馈信息,以积累管理经验,并保证部门内各级单位决策的协调一致性。

14.9.2 路面管理系统的分级

路面管理系统,一般划分为网级管理系统和项目级管理系统两个层次。

1. 网级路面管理系统

网级管理系统通常包括一个地区,如省、市的公路网或一大批工程项目。其主要任务是为管理部门在进行关键性的行政决策时提供对策,包括:

① 路况分析——路网内路面现有状况的分析及路面状况变化预估;
② 路网规划——确定路网内需要新建、改建和养护的项目;
③ 安排计划——确定进行上述项目的合适时间和各项目的优先次序;
④ 预算安排——确定各年度的投资额;
⑤ 资源分配——各行政区域或不同等级道路或养护改建和新建之间的资源分配。

为实施上述任务,网级管理系统包含图 14-22 所示各项基本要素。

其中,管理方面的输入包括:

① 使用性能目标——为路网规定的在使用性能方面应达到的总水平;
② 政策约束条件——事先规定投资的地区分配比例或新建、改建和养护的投资分配比例等;

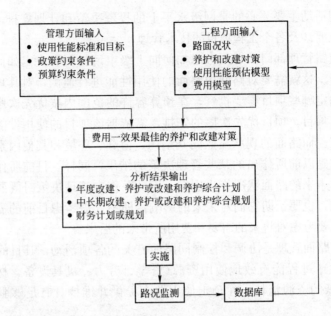

图 14-22 网级路面管理系统的基本要素

③ 预算约束条件——可以用于路面工程的资金。

工程方面的输入包括：

① 路面现状——调查、评定现有路面在结构和功能方面的使用性能状况；

② 养护和改建对策——对不同类型和不同路况的路面拟定若干典型的养护和改建对策；

③ 使用性能预估模型——预测路面在结构和功能方面的使用性能随时间或交通量变化而变化的情况；

④ 费用模型——不同养护、改建对策的养护费用、建筑费用和用户费用等。

2. 项目级路面管理系统

项目级管理系统仅针对一个工程项目。它的主要任务是为管理部门对某一工程进行技术决策时提供对策，以选择费用—效果最佳的方案。

项目级管理系统的基本要素及其同网级管理系统的关系，如图 14-23 所示。由网级管理系统的输出，可以得到某一工程项目的三方面目标：行动目标(采取哪一种新建、改建或养护行动)、费用目标(可分配到的投资额)和使用性能目标(在预定期限内应具有的使用性能指标)。项目级管理系统则是通过进一步采集特定的现场资料，拟定备选路面方案，并结合具体条件进行详细的结构计算和经济分析，以确定采用费用—效果最佳或者更合理的行动方案。

14.9.3 路面管理系统的结构与组成

路面管理系统通常由三个子系统所组成：数据管理系统、网级管理系统和项目级管理系统。

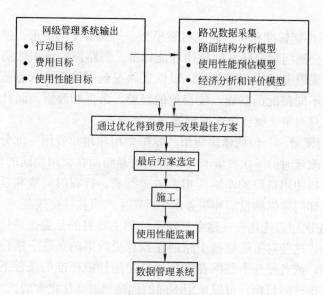

图 14-23 项目级路面管理系统的基本要素

1. 数据管理系统

路面管理系统必须建立在大量信息的基础上,即必须以数据系统作为支撑,才能保证系统提出的对策具有客观性。数据管理系统通常包含下述四类信息:

① 设计和施工数据——交通参数、道路等级、几何参数、路面厚度、所用材料及性质试验结果、路基土性质及试验结果等;

② 养护和改建数据——曾进行过的养护和改建的类型、实施的日期和费用等;

③ 使用性能数据——主要包括 4 方面:行驶质量、路面损坏状况、结构承载能力和抗滑能力,通过路况监测系统定期采集得到;

④ 其他——环境(降水、温度、冰冻)、材料单价等。

数据管理系统由两部分组成:数据库和路况监测(数据采集)系统。数据采集是一项既费时又费钱的工作,而数据库的容量又有一定限制,因此,在采集数据前,必须先仔细分析哪些数据是必需的,避免把非必需的数据纳入系统。

2. 网级管理系统

网级路面管理系统通常由下述几部分组成:

① 使用性能评价模型——对于通过监测系统采集到的路况资料,进行评级或评分,要由多方面的属性来表征路面所处的状态,例如损坏、平整度、结构承载能力或抗滑能力等。

② 使用性能预估模型——仅靠路况数据和评价,难以比较各种对策方案,或保证得到最佳对策,因为尚不知道采取某项对策后的效果(路况的变化)。因此,需建立使用性能预估模型,即建立处于某种状态的路面在采取某项养护或改建措施后路况的有关属性(使用性能参数)随时间或交通的变

化关系。

③ 使用性能标准和养护改建对策模型——根据使用要求、经济分析和经济条件，为公路网规定路面的使用性能标准。当路面的使用性能达不到这一要求时，须采取养护或改建措施，以恢复路况到可接受的状态。同时，要为不同等级和不同路况的路面，按当地的经验、条件和政策，制订出若干典型的养护和改建对策，供提出各种对策方案时参考。

④ 费用模型——包括建筑费用、养护费用和用户费用三部分。建筑费用是指新建或改建时的一次投资。养护费用则是路面在使用期间的日常养护费。用户费用是指使用道路的车辆所担负的运行费、行程时间费和延误费等。它反映了公路部门提供的投资和服务水平所产生的直接社会效益。

⑤ 优先次序或优化——建立管理系统的主要目的是提供最佳的路网养护和改建对策。这些对策能使整个路网在预算受约束的条件下维持最高的路况（服务）水平，或者使整个路网在满足最低使用性能标准的条件下所需的投资最少。为实现这一目标，可以采用不同的优先规划或优化方法。

目前，各国和各地区所建立的网级管理系统各具不同的形式。有的包含使用性能预估模型；有的并未包含；有的简单地按路面服务水平的高低规划先后次序；有的则采用线性规划或整数规划法以达到优化的目的。

3. 项目级管理系统

项目级管理系统的组成基本上与网级系统相同。由于项目级系统的主要任务是为网级系统所确定的工程项目提供在预定分析期内的费用-效果最佳的改建方案，因此必须采集更为详细和结合当地情况的资料，并进行具体的结构和功能分析。项目级和网级所采用的使用性能参数基本相同，但在数据采集和路况评价方面有重要差别。

14.9.4 路面管理系统的功能

路面管理系统的功能主要表现在以下几方面：
① 通过监测系统采集到的客观数据评价道路的现状；
② 利用具有一定可靠度的使用性能预估模型，预测各种养护和改建对策的后果；
③ 以客观的数据作为申请投资的依据，并可以论证不同投资（预算）水平对路网服务水平和路况的改善和影响；
④ 为合理地和有效地分配投资和资源提供费用-效果最佳的对策；
⑤ 合理地评价各种设计方案；
⑥ 利用监测系统采集到的数据，考察和评价设计、施工和养护方法，并为修改或制定规范提供依据。

为了保持和改善现有路网的服务水平和路面状况，如何使用好有限的资金，提供尽可能高服务水平的路面，是各级管理部门需优先解决的任务。因此，建立和完善依赖于管理科学、系统工程和计算机技术的路面管理系统是解决这一问题强有力的工具。

练习与讨论

1. 分析沥青路面的主要病害及产生原因。
2. 分析水泥混凝土路面的主要病害及产生原因。
3. 路面行驶质量如何评价?
4. 路面结构承载能力如何评价?
5. 路面抗滑性能如何评价?
6. 路面管理系统分为哪两级,各有何特点?
7. 简述路面管理系统的作用及构成。

> 小组讨论(1):除了教材所列路面性能,你认为路面还应具备哪些性能?应该如何评价?
>
> 小组讨论(2):某省计划建立本省的高速公路路面养护管理系统,试帮其制定一份高速公路路面养护管理系统建设的工作方案。

参 考 文 献

[1] 中华人民共和国行业标准. 公路工程技术标准 JTG B01—2003. 北京：人民交通出版社，2003.

[2] 中华人民共和国行业标准. 公路工程抗震规范 JTG B02—2013. 北京：人民交通出版社，2013.

[3] 中华人民共和国行业标准. 公路建设项目环境影响评价规范 JTG B03—2006. 北京：人民交通出版社，2006.

[4] 中华人民共和国行业标准. 公路项目安全性评价指南 JTG/T B05—2004. 北京：人民交通出版社，2004.

[5] 中华人民共和国行业标准. 国家高速公路网命名和编号规则 JTG A03—2007. 北京：人民交通出版社，2007.

[6] 中华人民共和国行业标准. 公路工程地质遥感勘察规范 JTG C21—01—2005. 北京：人民交通出版社，2005.

[7] 中华人民共和国行业标准. 公路工程水文勘测设计规范 JTG C30—2003. 北京：人民交通出版社，2003.

[8] 中华人民共和国行业标准. 公路工程物探规程 JTG/T C22—2009，北京：人民交通出版社，2009.

[9] 中华人民共和国行业标准. 公路排水设计规范 JTG/T D33—2012，北京：人民交通出版社，1997.

[10] 中华人民共和国行业标准，公路环境保护设计规范 JTG B04—2010. 北京：人民交通出版社，2010.

[11] 中华人民共和国行业标准. 公路路基设计规范 JTG D30—2004，北京：人民交通出版社，2004.

[12] 中华人民共和国行业标准. 沙漠地区公路设计与施工指南 JTG/T D31—2008. 北京：人民交通出版社，2008

[13] 中华人民共和国行业标准. 公路沥青路面设计规范 JTG D50—2006. 北京：人民交通出版社，2006.

[14] 中华人民共和国行业标准. 公路土工试验规程 JTG E40—2007. 北京：人民交通出版社，2007

[15] 中华人民共和国行业标准. 公路工程水泥及水泥混凝土试验规程 JTG E30—2005. 北京：人民交通出版社，2005.

[16] 中华人民共和国行业标准. 公路工程岩石试验规程 JTG E41—2005. 北京：人民交通出版社，2005.

[17] 中华人民共和国行业标准. 公路工程集料试验规程 JTG E42—2005. 北京：人民交通出版社，2005.

[18] 中华人民共和国行业标准，公路工程无机结合料稳定材料试验规程 JTG E51—2009. 北京：人民交通出版社，2009.

[19] 中华人民共和国行业标准，公路路基路面现场测试规程 JTG E60—2008. 北京：人民交通出版社，2008.

[20] 中华人民共和国行业标准，多年冻土地区公路设计与施工技术细则 JTG/T D31—04—2012. 北京：人民交通出版社，2012.

[21] 中华人民共和国行业标准. 公路软土地基路堤设计与施工技术细则 JTG/T D31—02—2013. 北京：人民交通出版社，2013.

[22] 中华人民共和国行业标准. 公路工程沥青及沥青混合料试验规程 JTG E20—2011. 北京：人民交通出版社，2011.

[23] 中华人民共和国行业标准. 公路水泥混凝土路面设计规范 JTG D40—2011. 北京：人民交通出版社，2011.

[24] 中华人民共和国行业标准. 公路路基施工技术规范 JTG F10—2006. 北京：人民交通出版社，2006.

[25] 中华人民共和国行业标准. 公路沥青路面施工技术规范 JTG F40—2004. 北京：人民交通出版社，2004.

[26] 中华人民共和国行业标准. 公路沥青路面再生技术规范 JTG F41—2008. 北京：人民交通出版社，2008.

[27] 中华人民共和国行业标准. 公路工程质量检验评定标准（土建工程）JTG F80/1—2004. 北京：人民交通出版社，2004.

[28] 中华人民共和国行业标准. 公路工程施工监理规范 JTG G10—2006. 北京：人民交通出版社，2006.

[29] 中华人民共和国行业标准. 公路养护技术规范 JTG H10—2009. 北京：人民交通出版社，2009.

[30] 中华人民共和国行业标准. 公路技术状况评定标准 JTG H20—2007. 北京：人民交通出版社，2007.

[31] 中华人民共和国行业标准，公路土工合成材料应用技术规范 JTG/T D32—2012. 北京：人民交通出版社，2012.

[32] 中华人民共和国行业标准. 公路路面基层施工技术规范 JTJ 034—2000. 北京：人民交通出版社，2000.

[33] 中华人民共和国行业标准. 建筑地基处理规范 JGJ 79—2012. 北京：中国建筑工业出版社，2012.

[34] 中华人民共和国行业标准. 公路工程地质勘察规范 JTG C20—2011. 北京：人民交通出版社，2011.

[35] 中华人民共和国国家标准. 工程岩体试验方法标准 GB/T 50266—2013. 北京：中国计划出版社，1999.

[36] 中华人民共和国国家标准. 工程岩体分级标准 GB 50218—94. 北京：中国计划出版社，1994.

[37] 中华人民共和国行业标准. 公路水泥混凝土路面施工技术细则 JTG/T F30—2014. 北京：人民交通出版社，2014.

[38] 中华人民共和国行业标准. 公路工程名词术语 JTJ 002—87. 北京：人民交通出版社，1987.

[39] 中华人民共和国行业标准. 公路自然区划标准 JTJ 003—86. 北京：人民交通出版社，1986.

[40] 邓学钧 编著. 路基路面工程（第一版）. 北京：人民交通出版社，2000.

参 考 文 献

[41] 邓学钧 编著．路基路面工程(第二版)．北京：人民交通出版社，2005．
[42] 邓学钧 编著．路基路面工程(第三版)．北京：人民交通出版社，2008．
[43] 黄晓明 等．编著路基路面工程(第一版)．南京：东南大学出版社，2006．
[44] 黄晓明 等 编著路基路面工程(第二版)．南京：东南大学出版社，2011．
[45] 方福森 编著．路面工程(第二版)．北京：人民交通出版社，1987．
[46] 方左英 编著．路基工程．北京：人民交通出版社，1987．
[47] 姚祖康 编著．道路路基和路面工程．上海：同济大学出版社，1994．
[48] 邓学钧，陈荣生编著．刚性路面设计(第二版)．北京：人民交通出版社，2005．
[49] 邓学钧，黄晓明 编著．路面设计原理与方法．北京：人民交通出版社，2001．
[50] 尤晓．现代道路路基路面工程(第三版) [M]．北京：清华大学出版社，北京交通大学出版社，2010．
[51] 沙爱民．路基路面工程 [M]．北京：高等教育出版社，2011．
[52] 郑健龙，杨和平．公路膨胀土工程 [M]．北京：人民交通出版社，2008．
[53] 郑健龙，张军辉．高速公路软土地基路堤设计与施工控制 [M]．北京：人民交通出版社，2013．
[54] 陈仲颐，周景星，王洪瑾．土力学 [M]．北京：清华大学出版社，1994．
[55] 交通部第二公路勘察设计院．公路设计手册（路基）[M]．北京：人民交通出版社，2004．
[56] 殷宗泽等．土工原理 [M]．北京：中国水利水电出版社，2007．
[57] 袁聚云，钱建固，张宏鸣，梁发云．土质学与土力学 [M]．北京：人民交通出版社，2007．
[58] 刘玉卓．公路工程软基处理 [M]．北京：人民交通出版社，2002．
[59] 沈金安 主编．沥青及沥青路用性能．北京：人民交通出版社，2001．
[60] 沈金安 著．高速公路沥青路面早期破坏现象及预防．北京：人民交通出版社，2001．
[61] 张登良 编著．沥青路面．北京：人民交通出版社，1998．
[62] 张登良 主编．沥青路面工程手册．北京：人民交通出版社，2003．
[63] 胡长顺 主编．高等级公路路基路面施工技术．北京：人民交通出版社，1994．
[64] 王秉纲 主编．路面力学数值计算．北京：人民交通出版社，1992．
[65] 王秉纲 主编．水泥混凝土路面设计与施工．北京：人民交通出版社，2004．
[66] 沙爱民 著．半刚性路面材料结构与性能．北京：人民交通出版社，1998．
[67] 陆鼎中 主编．路基路面工程．上海：同济大学出版社，1992．
[68] 王明怀 主编．高等级公路施工技术与管理．北京，人民交通出版社，1999．
[69] 张润 编著．路基路面施工及组织管理．北京：人民交通出版社，2002．
[70] 何兆益 主编．路基路面工程．重庆：重庆大学出版社，2001．
[71] 林绣贤 编著．柔性路面结构设计方法．北京：人民交通出版社，1988．
[72] 黄仰贤 著．路面分析与设计．北京：人民交通出版社，1998．
[73] 沙庆林 编著．沥青路面．北京：人民交通出版社，1988．
[74] 沙庆林 编著．高等级公路半刚性基层沥青路面．北京：人民交通出版社，1999．
[75] 沈金安．改性沥青与SMA路面．北京：人民交通出版社，1999．
[76] 沈金安 主编．国外沥青路面设计方法总汇．北京：人民交通出版社，2004．
[77] 沈金安 主编．高速公路沥青路面早期损坏分析与防治对策．北京：人民交通出版社，2004．

[78] 潘玉利 主编. 路面管理系统原理. 北京：人民交通出版社，1998.

[79] 刘中林 等 编著. 高等级公路沥青混凝土路面新技术. 北京：人民交通出版社，2002.

[80] 徐培华、陈忠达 主编. 路基路面试验检测技术. 北京：人民交通出版社，2000.

[81] 于书翰. 道路工程. 武汉：武汉工业大学出版社，2000.

[82] 杨春风. 道路工程. 北京：中国建材工业出版社，2000.

[83] 夏连学等 编著. 路基路面工程. 北京：人民交通出版社，1998.

[84] 交通部第二公路勘察设计院. 公路设计手册. 路基(第二版)，北京：人民交通出版社，1996.

[85] M. Karasahin, Anisotropic characteristics of granular material. Proceedings of the fifth international symposium on unbound aggregates in roads. 2000. P139~P142.

[86] Sean Davitt, Irish Experience in the Use of Unbound Aggregates in Roads 1970—2000. Unbound Aggregates in Road Construction, 2000.

[87] Milberger, L. J. and Dunlop, W. A. (1966). "A Gyratory Compactor for Molding Large Diameter Triaxial Specimens of Granular Materials." Texas Transportation Institute Report No. 99-2.

[88] Moore, W. M. and Milberger, L. J. (1968). "Evaluation of the TTI Gyratory Compactor." Texas Transportation Institute Report No. 1999. 3.

[89] E. Tutumluer & U. Seyhan, Effects of fines content on the anisotropic response and characterization of unbound aggregate.

[90] Alex Adu-Osei, Characterization of unbound granular layers in flexible pavements, research report sponsored by Aggregate Foundation for Technology.

[91] Lekarp, F., Isaacson, U. and Dawson, A. (2000). "State of the Art. I: Resilient Response of Unbound Aggregates." *Journal of Transportation Engineering*, ASCE, Vol. 126, No. 1, 66-75.

[92] Seed, H. B., Chan, C. K. and Monismith, C. L. (1955). "Effects of Repeated Loading on the Strength and Deformation of Compacted Clay." *Proceedings*, *Highway Research Board*, 34, Washington, DC, 541-558.

[93] Allen, J. J. (1973). "The effects of Non-Constant Lateral Pressures on Resilient Response of Granular Materials." Ph. D. Dissertation. University of Illinois at Urbana-Champaign, Il.

[94] Uzan, J. (1985). "Characterization of Granular Material." *Transportation Research Record* 1022, TRB, National Research Council, Washington DC, 52-59.

[95] USACE(1989), Flexible Pavement Design for Airfield (Elastic Layered Method). Departments of the Army and the Airforce Technical Manual 5-825-2-1/AFM 1988. 6.

[96] SHELL(1978). Shell Pavement Design Manual.

[97] EDWARDS, J. M, VALKERING, C. P(1974). Asphalt Pavements for Road Vehicles. Hwy and Road Construction, Feb., pp 4-9.

高等学校土木工程学科专业指导委员会规划教材（专业基础课）
（按高等学校土木工程本科指导性专业规范编写）

征订号	书名	定价	作者	备注
V21081	高等学校土木工程本科指导性专业规范	21.00	高等学校土木工程学科指导委员会	
V19954	理论力学（含光盘）	45.00	韦林	土建学科专业"十二五"规划教材
V20707	土木工程概论（赠送课件）	23.00	周新刚	土建学科专业"十二五"规划教材
V20628	土木工程测量（赠送课件）	45.00	王国辉	土建学科专业"十二五"规划教材
V20813	建设工程项目管理（赠送课件）	36.00	臧秀平	土建学科专业"十二五"规划教材
V20630	材料力学（赠送课件）	35.00	曲淑英	土建学科专业"十二五"规划教材
V20619	流体力学（赠送课件）	28.00	张维佳	土建学科专业"十二五"规划教材
V20666	土木工程施工组织（赠送课件）	25.00	赵平	土建学科专业"十二五"规划教材
V20689	土木工程试验（含光盘）	32.00	宋彧	土建学科专业"十二五"规划教材
V20814	建设工程经济（赠送课件）	30.00	刘亚臣	土建学科专业"十二五"规划教材
V21249	建设工程法规（赠送课件）	36.00	李永福	土建学科专业"十二五"规划教材
V20828	钢结构基本原理（赠送课件）	40.00	何若全	土建学科专业"十二五"规划教材
V20827	土木工程施工技术（赠送课件）	35.00	李慧民	土建学科专业"十二五"规划教材
V21529	结构力学（赠送课件）	45.00	祁皑	土建学科专业"十二五"规划教材
V21517	土木工程材料（赠送课件）	36.00	白宪臣	土建学科专业"十二五"规划教材
V22183	工程荷载与可靠度设计原理（赠送课件）	28.00	白国良	土建学科专业"十二五"规划教材
V23002	土力学（赠送课件）	39.00	王成华	土建学科专业"十二五"规划教材
V23001	混凝土结构基本原理（赠送课件）	45.00	朱彦鹏	土建学科专业"十二五"规划教材
V22992	工程地质（赠送课件）	35.00	王桂林	土建学科专业"十二五"规划教材
V22611	基础工程（赠送课件）	45.00	张四平	土建学科专业"十二五"规划教材
V22994	土木工程制图（含习题集、赠送课件）	68.00	何培斌	土建学科专业"十二五"规划教材